U0141875

21世紀舊約導論

an introduction to the old testament

狄拉德 (Raymond B. Dillard)、
朗文 (Tremper Longman III) 合著

劉良淑 譯

21 世紀舊約導論

作者：狄拉德、朗文
譯者：劉良淑
編輯：許一琴

出版兼 發行者	校園書房出版社 台北市羅斯福路四段 22 號 台北市郵政 13 支 144 號信箱 電話：(02)23653665 　　　　(02)23644001 傳眞：(02)23680303 網址：http://www.campus.org.tw 郵政劃撥第 01105351 號
發行人	饒孝楫
本社登記證 字　號	行政院新聞局局版臺業字 第 1061 號
承印者	亞益印刷製版有限公司

中華民國 88 年 (1999 年) 9 月初版

國家圖書館出版品預行編目資料

21 世紀舊約導論 / 狄拉德(Raymond B. Dillard
), 朗文(Tremper Longman III)作；劉良淑譯
. -- 初版. -- 臺北市：校園書房, 民 88
　　面；　　公分
　　含索引
　　譯自：An introduction to the Old
Testament
　　ISBN 957-587-624-5(精裝)

　　1. 聖經 - 舊約 - 註釋

241.1　　　　　　　　　　　　　88011542

An Introduction to the Old Testament

by Raymond B. Dillard and Tremper Longman III
Originally published in the U. S. A. under the title
An Introduction to the Old Testament
by Zondervan Publishing House, Grand Rapids, Michigan
© 1994 by Roymond B. Dillard and Tremper Longman III
Chinese edition published by permission
© 1999 by Campus Evangelical Fellowship
P. O. Box 13-144, Taipei 10098, Taiwan, R.O.C.
All Rights Reserved

First Edition: Sep. 1999

ISBN 957-587-624-5

在愛裏
獻給我們的妻子
安‧狄拉德和愛麗斯‧朗文

目　錄

序

　　這本書歷時八年，費盡心血才完成。付梓之時，旣感高興，又覺悲哀。高興的是，這項工作總算結束，令人鬆一口氣。如果我早知道寫這樣一本書，要投注這麼多精力，或許不敢開始。不過，我還是以能夠寫成這本書爲樂。因爲若不是由於參與這項任務，有些事我或許會不想去面對。

　　我感到悲哀，是因爲和我一起寫作的狄拉德（Ray Dillard），我的導師、同工、好友，無法和我一同分享這個時刻。他於一九九三年十月一日，因心臟病突發而過世，享年四十九歲，就在本書寫作完成之前三個月。

　　過去這些年來，我很榮幸能和他一同在神學院工作，一同到各地教會和學術機構去演講，一同寫這本書。在他過世時，我們只剩下短短幾章還未處理。他已經寫完他的部分，只是和我切磋我所寫的材料。

　　在他過世之前幾個月，我們談到這本書應當獻給誰。我們都清楚對象，就是我們的妻子：他的妻子安，和我的妻子愛麗斯；她們一直支持我們的服事。如果沒有她們的幫助和鼓勵，我們絕對無法完成這項研究。

　　我們也要感謝我們的孩子：他的約珥、約拿單、約書亞，和我的特倫普（四世）、提摩太和安德烈。這六個男孩子讓我們的生活忙碌而充滿歡樂。

　　狄拉德從一九七一年起，便在韋斯敏斯德神學院任教，直到一九九三年；我則於一九八〇年才開始在這個學校擔任教職。就教書與寫作而言，沒有比這個環境更好的地方了。行政人員非常支持，又富創意；同事都十分友善，才華橫溢；學生個個可取，來自三十

個不同的國家，對於所學的都極有興趣。我們也感謝神學院這些年來，在經濟與精神方面提供的支持。

此外，我們也謝謝宗德帆出版社（Zondervan）的信任，邀請我們寫這本書。特別感激甘德里（Stan Gundry）、高斯（Len Goss）、麥思（Ed van der Maas）等幾位，尤其是史都普（William L. Stroup Jr.）在校稿階段給了我很大的幫助。

這本書不僅是學術的演練，為此我衷心感謝。狄拉德和我都相信，聖經是神的話。因此我們希望，這本書能服事教會，幫助學生與牧者，從文學之美與神學的能力等角度，更深刻來了解神的話。最後，也是最重要的，我要感謝神，讓我有這個機會，並給我力量，能完成這本書。

特倫普・朗文（三世）

（Tremper Longman Ⅲ）

寫於韋斯敏斯德神學院

簡寫一覽

AB	Anchor Bible
AJSL	*American Journal of Semitic Languages and Literature*
AnBib	Analecta Biblica
ANETS	*Ancient Near Eastern Texts*, 3d ed., ed. J. B. Pritchard(Princeton, 1969)
ASTI	*Annual of the Swedish Theological Institute*
ATANT	*Abhandlungen zur Theologie des alten und Neuen Testaments*
ATD	*Das Alte Testament Deutsch*
AUSS	*Audrews University Seminary Studies*
BA	*Biblical Archaeologist*
BAR	*Biblical Archaeological Review*
BASOR	*Bulletin of the American Schools of Oriental Research*
BAT	Botschaft des Alten Testaments
BBB	Bonner biblische Beiträge
BETL	Bibliotheca Ephemeridum Theologicarum Lovaniensium
BHS	Biblia Hebraica Stuttgartensia
Bib	*Biblica*
BibRes	*Biblical Research*
BibSac	*Bibliotheca Sacra*
BibThBul	*Biblical Theology Bulletin*
BJRL	*Bulletin of the John Rylands Library*
BJS	Brown Judaic Studies
BKAT	Biblischer Kommentar: Altes Testament
BN	*Biblische Notizen*
BS	Bibliotheca Sacra
BSC	Bible Student's Commentary
BST	Basel Studies of Theology
BWANT	Beiträge zur Wissenschaft vom Alten und Neuen Testament
BZ	Biblische Zeitschrift
BZAW	*Beihefte zur Zeitschrift für die alttestamentliche Wissenschaft*
CAT	Commentaire de l'Ancien Testament
CBC	Cambridge Bible Commentary
CBQ	*Catholic Biblical Quarterly*
CBQMS	Catholic Biblical Quarterly Monograph Series
CC	Communicators Commentary
CEB	Commentaire Evangélique de la Bible

CTM	*Concordia Theological Monthly*
CurrTM	*Currents in Theology and Missions*
DH	Deuteronomic History
DSB	Daily Study Bible
EBC	Expositor's Bible Commentary
EphTL	*Ephemerides Theologicae Lovanienses*
ETRel	*Études Théologiques et Religieuses*
EvQ	*Evangelical Quarterly*
EvTh	*Evangelische Theologie*
FCI	*Foundations of Contemporary Interpretation* Series
FOTL	Forms of Old Testament Literature Series
FRLANT	Forschungen zur Religion und Literatur des Alten und Neuen Testaments
FTS	Frankfurter theologische Studien
GraceTJ	*Grace Theological Journal*
HAT	Handbuch zum Alten Testament
HebAnnRev	*Hebrew Annual Review*
HSM	Harvard Semitic Monograph Series
HTR	*Harvard Theological Review*
HUCA	*Hebrew Union College Annual*
IB	*Interpreter's Bible*
ICC	International Critical Commentary
IDB	*Interpreter's Dictionary of the Bible*
IEJ	*Israel Exploration Journal*
Interp.	*Interpretation*
IOT	*Introduction to the Old Testament*, R. K. Harrison
ITC	International Theological Commentary
JAOS	*Journal of American Oriental Society*
JBL	*Journal of Biblical Literature*
JBR	*Journal of Bible and Religion*
JETS	*Journal of Evangelical Theological Society*
JJS	*Journal of Jewish Studies*
JNES	*Journal of Near Eastern Studies*
JNWSL	*Journal of North West Semitic Languages*
JPS	Jewish Publication Society
JR	*Journal of Religion*
JRel	*Journal of Religion*
JSOT	*Journal for the Study of the Old Testament*
JSOTS	Journal for the Study of the Old Testament Supplements
JSS	*Journal of Semitic Studies*
KAT	*Kommentar zum Alten Testament*
LXX	The Septuagint
MGWJ	*Monatsschrift für Geschichte und Wissenschaft des Judentums*

MT	Masoretic Text
NCB	New Century Bible
NICOT	New International Commentary on the Old Testament
Ost	*Ostkirchliche Studien*
OTI	*The Old Testament: An Introduction*, R. Rendtorff
OTL	Old Testament Library Commentary Series
OTM	Old Testament Message Series
OTS	*Old Testament Survey*, W. S. LaSor, D. A. Hubbard, and F. W. Bush
OTSWA	*Oud Testamentiase Werkgemeenschap in Suid-Afrika*
PTR	*Princeton Theological Review*
RB	*Révue Biblique*
RdQ	*Revue de Qumran*
RSciRel	*Recherches de Science Religieuse*
RTP	*Review of Theology and Philosophy*
RTR	*Reformed Theological Review*
RvExp	*Review and Expositor*
Sanh	*Sanhedrin* (Talmudic tractate)
SBLDS	Society of Biblical Literature Dissertation Series
SBLMS	Society of Biblical Literature Monograph Series
SBT	Studies in Biblical Theology
SCM	Studies in the Christian Movement
SEÅ	Svensk exegetisk årbok
SJT	*Scottish Journal of Theology*
SOT	*A Survey of the Old Testament*, A. E. Hill and J. H. Walton
SOTI	*A Survey of Old Testament Introduction*, G. L. Archer
SPCK	Society for the Propagation of Christian Knowledge
SSN	Studia semitica Neerlandica
ST	*Studia Theologica*
TBC	Torch Bible Commentaries
TDOT	*Theological Dictionary of the Old Testament*
TOTC	Tyndale Old Testament Commentaries
TynBul	*Tyndale Bulletin*
TZ	*Theologische Zeitschrift*
USQR	*Union Seminary Quarterly Review*
VT	*Vetus Testamentum*
VTSup	*Vetus Testamentum* Supplements
WBC	Word Biblical Commentary
WEC	Wycliffe Exegetical Commentary
WMANT	Wissenschaftliche Monographien zum Alten und Neuen Testament
W/JKP	Westminster/John Knox Press
WTJ	*Westminster Theological Journal*
YNER	Yale Near Eastern Researches

ZAW	*Zeitschrift für die alttestamentliche Wissenschaft*
ZDMG	*Zeitschrift der Deutschen Morganländischen Gesellschaft*
ZNW	*Zeitschrift für die neutestamentliche Wissenschaft*
ZTK	*Zeitschrift für Theologie und Kirche*

9/7/2003

導　論

入門

書目

Anderson, B.W. *Understanding the Old Testament* (Prentice-Hall, 1975); **Archer,** G. L. *A Survey of Old Testament Introduction* (SOTI; Moody, 1964); **Childs,** B. S. *The Book of Exodus* (Westminster, 1974); idem. *Introduction to the Old Testament as Scripture* (IOTS; Fortress, 1979); **Craigie,** P. C. *The Old Testament. Its Background, Growth, and Content* (Abingdon, 1986); **Eichhorn,** J. G. *Einleitung in das Alte Testament,* 3 vols. (Leipzig, 1780-83); **Eissfeldt,** W. *The Old Testament. An Introduction* (OTI; Oxford, 1965); **Harrison,** R.K. *Introduction to the Old Testament* (IOT; Eerdmans, 1969); **Kaiser,** O. *Introduction to the Old Testament* (Oxford, 1975); **Kaufmann,** Y. *The Religion of Israel* (University of Chicago Press, 1960); **Laffey,** A.L. *An Introduction to the Old Testament: A Feminist Perspective* (Fortress, 1988); **LaSor,** W. S., D. A. **Hubbard,** and F. W. **Bush** *Old Testament Survey* (OTS; Eerdmans, 1982/中譯：賴桑、赫伯特、畢斯合著，《舊約縱覽》，種籽，1988); **Rendtorff,** R. *The Old Testament:An Introduction* (OTI; Fortress, 1986); **Rivetus,** A. *Isagoge, seu introductio generalis, ad scripturam sacram veteris et novi testamenti* (Leiden, 1627); **Soggin,** J. A. *Introduction to the Old Testament* (Westminster, 1976); **Sternberg,** M. *The Poetics of Biblical Narrative* (Indiana University Press, 1985); **Young,** E. J. *An Introduction to the Old Testament* (IOT; Eerdmans, 1949/中譯：楊以德，《舊約導論》，道聲).

文體

　　在舊約研究中，導論這個文體佔有重要的一席。要認真研讀聖經原文的人，最初要讀的，必然涵蓋這方面的書籍。從「導論」這兩個字便可以看出，它所探討的是前提性的問題。比本書兩位作者更早就在韋斯敏斯德神學院任教的著名教授，楊以德（E. J. Young），曾經說明，「導論」一詞源於拉丁文 *introducere*，意思是

「導入」或「引介」（Young, IOT, 15）。

　　所以，這個導論也像其他的導論一樣，目的是要使讀者熟悉一些研讀舊約必須了解的資訊。用當代的說法，我們的目標是要提供學生必要的資源，以進行夠水準的研讀（J. Culler, *Structuralist Poetics: Structuralism, Linguistics, and the Study of Literature* [Cornell 1975], 113-30）。

　　在聖經研究的歷史中，許多人寫過導論。這個文體的歷史，可以在其他書中找到（Young, IOT, 15-37, 和 Childs, IOTS, 27-47）；此處不再重複。不過，我們將指出幾個重要的轉捩點，讓讀者感受到文體的演進過程，也作為本書的架構提示。

　　教父們並沒有為舊約寫下我們今日所謂的導論，但是他們曾談到一些題目，就是後人以導論為名所討論的問題。例如，耶柔米、奧古斯丁、俄利根等人，都寫到作者、文學形式、正典、經文，及神學問題。不過他們的意見都散在各篇章中，沒有集中成為一本書。

　　至於真正的現代舊約導論究竟始於何時，蔡爾茲（Childs）和楊以德的意見不同。後者（*IOT*, 18）認為是沃特爾（Michael Walther, 主後 1636），因為他將一般導論與特殊導論區分出來（見下文）。但蔡爾茲卻主張是由艾克宏（J. G. Eichhorn）開始，日期較晚；他的三冊書（*Einleitung*）最初於一七八○至一七八三年之間出版。這個差異反應出楊以德和蔡爾茲不同的神學立場；楊以德為保守派，他承認沃特爾高舉靈感說的觀點；蔡爾茲則為批判派（不過屬溫和型），他的要求為：等到批判方法出現，才能找到第一位「真正現代化、歷史性、批判性的導論」（*IOTS*, 35）。

　　在二十世紀，導論隨著整個學科的研究發展繼續演進。例如，在威爾浩生（Wellhausen）引進底本假說後，所有在他之後的導論都要探討這個理論（見41～53頁）。接下來的情形也相同，包括形式批判與傳統批判在內。

　　一般而言，主流的導論都接受批判法，不過其中還是有差異。從現在仍然沿用的導論採樣，就可以看出這種差異。艾斯費特（Eiss-

feldt）的導論代表傳統德國的批判主義。他的書大半致力於重塑聖
經個別段落的歷史。雖然他的書在細節上讓人覺得怪異，但對於五
經的來源分析，卻下了很大的工夫。在批判派的傳統中，任道夫
（Rendtorff）採取的方法略有不同，他追隨諾特（Noth）和馮拉德
（von Rad），較以歷史的角度分析五經。然而，齊爾茲卻將許多個
別書卷的歷史發展問題擱在括號中，他的重點在說明這些書卷的正
典功能。

　　以上幾段勾勒出主流舊約導論的輪廓，尤其是<u>基督教批判派</u>在
歐洲、英國，和美國的舊約研究之發展。基督教學者算爲主流，因
爲自從十九世紀初期開始，這個探討經文的方法，掌控了大部分教
會，席捲了所有主要的學府。這段時間內，大部分天主教和猶太教
在教學或寫作的學者，都接受了基督教學者所研發出來的信條。

　　不過，還有一小群意志堅定的保守派基督教學者活躍於這個領
域，寫出舊約導論。最著名的，是由楊以德、阿徹爾（Archer）、
哈理遜（Harrison），和賴桑－畢斯－赫伯特（LaSor-Bush-Hub-
bard）合著的四本導論。這幾本書的長度、重點，和神學（雖然他
們處理經文的方式都相當保守），都有差別。<u>從這些書看來，保守
派學者的特色在於護教</u>。賴桑－畢斯－赫伯特的書，對這方面的關
注最少，可是<u>保守派學者都感到有需要對抗歷史批判法</u>，特別是五
經的來源分析，所以花了不少篇幅來談。

本書的目的

　　以上的討論可以作爲本書的目的和宗旨之背景。接下來的說
明，則提供了這本導論寫作方針的指南，並說明所採用之方式與理
由。我們特別強調這本導論的方向，也指出它與典型的導論有哪些
不同。

神學立場

　　首先要說，<u>這本導論代表基督教福音派對經文的看法</u>。在探討
各種批判問題時，這種神學立場會十分明顯。不過，福音派的聖經

教義並不能回答所有釋經學和解經的問題，也不能攔阻我們向歷史
批判學的傳統學習。事實上，我們的導論將會舉出不少例子，顯示
對福音派與批判派兩個陣營的學者都十分倚重。福音派與批判派學
者僵持不下的問題，今天大部分仍與從前一樣，可是我們似乎進入
一個新的溝通時代，能夠互相尊重；對於這一點，我們都可以獻上
感謝。這本導論與批判派固若金湯的結論大半會分道揚鑣，但卻是
不帶著憎恨，乃是存著尊重之心。

　　從福音派的角度寫導論，究竟是什麼意思？簡而言之，就是：
按著教會所領受的樣式來處理經文。雖然這本導論並不否認，聖經
個別書卷可能在來源與歷史上都有進展過程，但是焦點則牢牢放在
已經定型的正典經文上。這個方法與近日對於正典神學和聖經文學
研究的看重相吻合。我們歡迎這些類似之處，然而，從某方面而
言，這些類似點仍然十分浮面，因為大部分不考慮經文歷史演進的
批判學者，只是暫時把歷史問題擱在括號中。蔡爾茲就是一例。他
很謹慎，從不否認典型的歷史批判學，可是在他的導論和其他著作
中，他將這類關注放低身段，而將光圈瞄準聖經在神學和教會中所
扮演的正典角色。他的出埃及記註釋（Childs 1974）是不講究歷史
演進、卻又注意歷史問題的最佳例子；這兩者並存，彼此卻不整
合。

範圍

　　舊約導論常再分為兩部分：一般導論與特殊導論。一般導論探
討有關整個聖經的題目，例如經文與正典等問題。特殊導論則處理
個別的書卷。這本導論的重點是特殊導論，我們按英文聖經讀者所
熟悉的順序，逐卷探討。這與按照希伯來文聖經馬索拉經文（譯
註：馬索拉學者加上母音的舊約經文）而寫的幾本導論（如楊以德
與蔡爾茲所著）不同。

　　以上所提到的導論，大部分都以探討一卷聖經的歷史問題為
主。這種歷史性的關注，跨越了保守派與批判派的界線。主要的問
題為：該卷書的作者是誰、寫於何時、經文的歷史發展，以及其內

容的歷史背景等。本書在必要時也會談到這些問題。不過，還有一些題目也可以向讀者介紹舊約的各卷書，例如：一卷書的文學體裁、種類、風格，對它的解釋十分重要。此外，聖經的一卷書儘管可以抽離整個正典來看，但是它的含義卻要從舊約的整體來了解，而對基督徒，還要加上新約。所以，我們會用相當的篇幅，從一卷書廣大的正典架構內，來思想其神學信息。<u>總而言之，每一章內都會包括三個大題目：歷史背景、文學分析</u>，和<u>神學信息</u>。本章的第二部分，爲這三個題目的一般導論。

現在讀者或許會問：我們要討論的問題這麼多，怎樣才能以合適的篇幅來處理？我們覺得，篇幅的限制是很重要的，特別如果這本書要在課堂上有效使用的話。有一方面的介紹比其他導論較簡略，就是研究的歷史。除了幾個重大的範圍，如五經的來源分析（即使在這一點上，討論也很簡短），我們一般只提到研究的高潮，以及代表的學者，而沒有詳盡介紹整個學術的發展過程。當然，我們會指出對本書的研究有所啓發的書。另外，每一章所提供的書目，可以讓有興趣的學生自行去研究該卷書的研究史。在書目方面，讀者會注意到，以英文寫作的書與文章列在前面。從一個角度而言，這顯示出德國學者在此一領域居首的情形已告結束。不過，更重要的是，我們的努力之一，是要讓這些書目適合講英語的神學生。外國語言的參考資料，只在不可或缺的情況下，才列入書目。

主要的題目

<u>正如以上所言，每一章都會處理該卷書的歷史背景、文學分析</u>，和<u>神學信息</u>。本章的餘下篇幅，就是要說明這三個題目。以下的內容會讓讀者明瞭作者的立場，也讓作者在全書中能回顧這些較一般性的聲明。

這三個題目雖然分開處理，可是必須記住，在聖經的經文中，它們乃是互爲影響的（Sternberg）。<u>歷史有神學意義；神學乃是根據歷史事件</u>。<u>而描述這個神學歷史，或歷史性神學的經文，亦配稱</u>

<u>爲文學藝術</u>。

歷史背景

書目

Alter, R. *The Art of Biblical Narrative* (Basic Books, 1981); **Damrosch,** D. *The Narrative Covenant:Transformation of Genre in the Growth of Biblical Literature* (Harper & Row, 1987); **Halpern,** B. *The First Historians* (Harper & Row, 1988); **Howard,** D. M. Jr. *An Introduction to the Old Tesament Historical Books* (Moody, 1993); **Long,** B. O. *I Kings with an Introduction to Historical Literature* (FOTL 9; Eerdmans, 1984); **Long,** V. P. *The Art of Biblical History* (Zondervan, 1994); **Ramsey,** G. W. *The Quest for the Historical Israel* (John Knox, 1981); **van Seters,** J. *Prologue to History: The Yahwist as Historian in Genesis* (Westminster/John Knox, 1992).

提醒的話

如今初讀聖經的人都會聽到一項警告：要「按上下文」來讀，不要斷章取義。不過，許多人都認爲，上下文只是指文字方面，卻忽略了從聖經的整個歷史情境來讀，也就是沒有考慮當初寫作的時期，以及所敘述之事件本身。

造成這現象的原因之一，是誤以爲聖經乃是一本超越時間的書。聖經的確超越時間，可是這是指它對每一個時代都有影響。事實上，聖經的各卷書都有文化的包袱。它們是爲古老的時代、一個民族而寫，所用的語言、文化，和文學形式，都是當時的人能夠了解的。

現代的讀者和引起那些書卷寫作的事件之間，距離很遙遠。因此，雖然聖經的權威問題，重點是在經文本身，而不在它所描述的事，可是<u>按照當時代的情境來讀聖經，仍然是最重要的事</u>。

既然如此，聖經的各卷書對於其時代都謹慎地留下了記號。雖然並非每一卷書的年代都可以準確定出，不過，各卷書都告知讀者，它是何時寫成，並以歷史的筆法交代了各樣事件，很少有例外。

<u>如果</u>不明白聖經的歷史情境，便有錯解之虞。而聖經讀者還有

第二個危險，那便是：將當代西方的價值觀，強加在舊約的歷史著
作之上。

　　所以，我們不單要陳明從歷史來看舊約的價值，也必須探討舊
約歷史性的本質。這點十分重要。

歷史是什麼？

　　首先，我們必須區分歷史與史料。前者是指過去所發生的事
件，後者則是指對這些事件的記載。一本書究竟是不是歷史，這是
個複雜的問題，牽涉到作者的用意，或他有否成功地達到目的。

　　在本書中，當我們指出某卷聖經的文體為歷史性，意思乃是肯
定作者的用意在陳述古事。不過，我們還必須再作進一步的說明。
雖然一卷書的用意為陳明歷史，但是它卻不是一本歷史教科書，好
像現代所賦予這個詞的意義。換言之，歷史和以錄影機拍攝的記錄
片是不同的，其中有位歷史家，他必須為當代的人解釋所發生的
事。事實上，正如郝華德（Howard）所言（1993, 30）：「惟有想
將過去連貫起來的記載，才算『歷史』」，「所有歷史作品都必然
是『具觀點的』，甚至是『主觀的』，因為它的形貌要看作者如何
選擇題材、如何表達」（1993, 35）。有些懷疑者認為，敘述歷史時
的主觀性會抹殺其歷史用意，其實不然。倒是解釋聖經歷史的人，
必須考慮原作者對過去事件的觀點。

　　聖經歷史的確有意陳述古事。五經的作者（們）相信神的確曾
創造宇宙、亞伯拉罕曾從米所波大米遷居到巴勒斯坦、摩西分開了
紅海、大衛作了以色列的王、王國在所羅門的兒子手中分裂、巴比
倫擊敗了以色列人、以斯拉和尼希米在被擄歸回的人中領導了一次
改革。不過，這些事的歷史性都被假定成立，因為只是直述其事，
而未加證明。經文所關注的，不是證明歷史，而是要讓讀者明白這
些事的神學意義。在聖經的經文中，歷史與神學是密不可分的。

　　事實上，聖經歷史不是客觀的（亦即，未經解釋的）歷史，而
是按神的旨意來敘述歷史。所以，有些註釋家稱聖經歷史為「神學
歷史」、「先知歷史」、「聖約歷史」。最後一種說法最具說服

力，因爲神的約是聖經用來描寫神人關係最主要的一個隱喻；聖經標明，這個關係始於亞當與夏娃之時（創世記），終於時間的末了（啓示錄）。

　　另外，我們還必須探討歷史與小說的關係，因爲有些學者，如阿特爾（Alter）的著作（1981），想將兩者混爲一談。阿特爾觀察到聖經歷史書卷的文學技巧，於是稱之爲「小說性的歷史」，或「歷史小說」。然而，隆恩（Long）指出，「稱聖經的史料爲小說性，雖是可能的，但卻在範疇上犯了錯誤，因爲，對一件事的記載並不是該事件本身。可是小說乃屬不受任何『某事』約束的文體。」他提出「藝術性」一詞，來取代「小說性」，以形容「富創意但受約束的努力，要描述、解釋過去重大的事件，或一連串事件。」（Long 1994, 66）。

　　這便導致歷史性的問題。過去真正發生於時間、空間內的事件，究竟是否重要？蘭塞（Ramsey 1981; 見 Long 1994, 83 頁以下的討論）提出一針見血的問題：「倘若耶利哥城不是倒塌的，我們的信心是否就落空了？」

　　這個問題的問法，似乎要人給予一個簡單的答案：耶利哥的毀滅與我們對基督的信仰沒有直接的關係。可是，間接而言，這個問題卻甚具關鍵性，它挑起了我們信仰認知基礎的爭論。許多人，包括現代人在內，會同意保羅所說：「若基督沒有復活，我們所傳的便是枉然，你們所信的也是枉然」（林前十五 14；蘭塞就是因這一節而提出他的問題）。我們是從聖經才知道復活的事；而聖經號稱是神的話，值得信賴。福音書雖然具神學與文學性，但是對復活的記載卻以歷史的方式寫出。約書亞記是舊約歷史書的一個例子，它也是以歷史的方式記載神過去拯救祂子民的作爲。倘若我們接受福音書的教導，卻拒絕約書亞記的教導，除了武斷的現代感與現代的期望之外，還有什麼理由可言？所以，倘若懷疑或拒絕耶利哥城倒塌的歷史性，的確會形成信仰的障礙。舊約歷史書的歷史性十分重要，因爲「對於所載之事的真確性，聖經作出無數的聲明——或是明文，或是暗示。最根本的一點，也是基督教信仰的核心，就是：

基督的確爲人類的罪而死，並且從墳墓裏復活，勝過死亡。這就成爲我們信心的立足點與根基」（Howard 1993, 35）。　9/7/2003

歷史與超自然

談到歷史與聖經，主要的一個問題便是超自然的事件。這件事會立刻顯出解釋者的前提。

在舊約中，我們讀到荊棘被火燒著卻未燒燬、驢子說話、死人復活、海水分開、太陽停在空中，等等。如果一位解釋者看舊約與其他書一樣——換句話說，如果他認爲聖經是從人的角度來寫人的事件，就免不了大起懷疑。但若有另一位解釋者，他承認神的眞實性，相信神爲聖經最終極的指導，對於其中所記超自然的事件，他便感到毫無困難，可以接受。

當然，這正是保守派和批判派的學者在對話時僵持不下的所在。不過，保守派必須小心，避免將聖經過分歷史化的趨勢。在解釋某些書卷時，必須探討一些文體的問題。同一個事件，爲何撒母耳記與列王紀的記載和歷代志不同？約伯的故事，歷史的精髓何在？約拿的遭遇是歷史還是比喻？這些問題在本書後面各章中均會探討。

聖經史料的本質

聖經歷史並不是對純粹人間事的客觀報導，而是一份充滿情感的記載，講述神在歷史裏的作爲，描寫祂如何在世上拯救祂的子民。所以，它是「神學性」、「先知性」、「聖約性」的歷史。這個歷史的特色如下：

選擇性。沒有一部歷史可以述盡其題材。如果歷史家的目的是要詳述事實，那麼寫一個事件，就比經歷該件事還要花更長的時間。因此，所有的歷史都具選擇性。而選擇什麼，又排除什麼呢？

我們可以舉撒母耳記和列王紀、歷代志所載，大衛王朝歷史中同樣的事爲例。前者詳盡記述大衛與拔示巴犯的罪，以及在所羅門王繼位時，她所扮演的角色（撒下十一、十二章；王上一、二

章），但是歷代志卻沒有提到她（只在代上三 5 的家譜中提及）。

選擇性不單是出於文件長短的必要，也是因寫歷史者的用意、功能而來。聖經歷史的作者並不是對過去的每一方面都感興趣，他們的焦點是以色列（常以其君王為代表）。雖然舊約歷史書常以神子民的政治與軍事情形來描述這個團體，但它們的興趣卻不在於政治的本身，只在於政治與軍事行動如何影響以色列與神的關係。

若要合宜地解釋聖經的歷史書卷，關鍵之一在於發現作者的用意，以及這點如何影響他們選擇的原則。以下各章在探討個別書卷時，都會談到這個問題；不過在此我們可以藉比較撒母耳記－列王紀和歷代志，作一個概略的說明。撒母耳記－列王紀強調以色列與猶大兩國君王的罪，尤其是他們拒絕統一之罪。其中強調先知的角色，以及神的審判雖然遲延卻必臨到。後面在撒母耳記與列王紀的各章中，我們會提出證據，說明這卷書是在被擄時期所寫，用意在回答一個問題：「我們這群神所鍾愛的子民，為何竟會被擄？」所以，舉例來說，拔示巴的故事是大衛之罪的高潮，很合適這位歷史家的目的，因此便被列入記載。另一方面，歷代志則專注於猶大國，將君王的罪減到最低，所提的問題為猶大與過去歷史的延續性。聖殿是其中另一個重點。一旦發現，這卷歷史書的寫作日期是在重建時期，我們就可以看出，促使它作選擇的問題是不一樣的，諸如：「我們既然已經回到故土，現在要做什麼呢？」「我們和過去的以色列有什麼關係？」

重點。這個特色與前一項密切相關。對聖經歷史作者而言，神的作為，或發生於以色列的事，並非每一件都同樣重要。對某些事件的強調，超過其他事件。因此，從重點可以看出該卷書的用意；這與選擇性相似。例如，歷代志比撒母耳記－列王紀更強調聖殿，原因之一乃是當時正在重建聖殿。所以，藉著這種強調，以及與過去的類比，歷代志的作者便指出：舊約末期之神子民與摩西和大衛時期之神子民能夠銜接起來。

不過，有時重點還具教訓的目的。在征服迦南地期間，攻佔的城市很多，但只有兩個城市特別提出來強調：耶利哥與艾城。強調

的理由，不單因為它們是最先攻下的，也是因為它們成為如何進行
聖戰的範例。耶利哥的教訓（書六章）為：順服耶和華便能贏得軍
事勝利，而艾城的教訓（書七章）則為：不順服──即使只是一個
人不順服──也會攔阻全地的征服。

順序。大體而言，聖經歷史是照時間順序而記。其中大部分的
以色列史是講述各個君王的統治。不過從有些故事中可以看出，時
間順序並不是惟一的準則。偶爾會有其他的考慮成為優先，多半是
某個主題。

例如，撒母耳記上十六 14～23 記載大衛早期對掃羅的事奉，他
彈琴來舒暢掃羅煩擾的心。下一章再一次介紹大衛，說他是打敗歌
利亞的人。第二個故事的問題是：當人將大衛帶到掃羅面前時，這
位王並不認識他（十七 58）；如果他曾經在王宮內服事過王一陣
子，這就顯得很奇怪。對此異常現象有一種可能的解釋：這些經文
的重點不是按時間順序來報導，而是用兩個題目來介紹大衛；他從
年輕的時候已經彰顯出恩賜，後來成為以色列出名的美歌者，以及
耶和華偉大的戰士。

應用。我們曾經提到，聖經作者並無意保持冷靜。他們不像現
代歷史學家，講求歷史的精確細節。相反的，他們是神的先知，在
傳達神給祂子民的話語。他們是神的工具，傳達出神對祂自己神聖
作為的解釋。

事實上，視這些以色列的歷史學者為傳道人，並沒有錯。他們
所傳達的經文乃是事件本身。他們以熱切的心，將這些事件應用在
以色列會眾身上。這些經文是歷史、文學、道德、神學的奇妙結
合。

聖經歷史與考古學

書目

Albright, W. F. "The Impact of Archaeology on Biblical Research-1966," in *New Directions in Biblical*

Archaeology, ed D. N. Freedman and J. Greenfield (Doubleday, 1969): 1-14; **Dever,** W. G. "Archae-ological Method in Israel: A Continuing Revolution," *BA* 43 (1980): 40-48; idem. "Retrospects and Prospects in Biblical and Syro-Palestinian Archaeology," *BA* 45 (1982): 103-8; **Wright,** G. E. "Ar-chaeological Method in Palestine-An American Interpretation," *Eretz Israel* 9 (1969): 125-29; idem. "The Phenomenon of American Archaeology in the Near East," in *Near Eastern Archaeology in the Twentieth Century: Essays in Honor of Nelson Glueck,* ed. J. A. Sanders (Doubleday, 1970), 3-40.

　　既然聖經具歷史用意，它就聲明過去曾發生了一些事。考古學的研究，乃是要考查一個文化的遺跡，以重塑其歷史。因此，關於過去的事，聖經經文和考古學所發現的遺跡，都有話要說。

　　至於這兩種研究的關係，辯論何其多。有人認為，考古學是聖經研究的僕人。前者是無聲的，所以為要使遺跡發聲，就必須回到諸如聖經之類的文獻來看。但有人強烈反對這樣低估此一學科的地位（Denver），甚至不願接受聖經考古學之名，而要以較中性的敘利亞－巴勒斯坦考古學來取代。

　　本書不是聖經歷史學，不過我們必須在此討論考古學所引起的釋經學問題，以評估它對聖經史料的價值。這個問題其實非常複雜，有興趣的學生可以進一步去查考其他資料（見「書目」）。然而為了本書的目的，我們可以指出，考古學的用處不單在於挖出古物，也不是要以它們作為反對聖經事實的憑證。

　　前面已經提到經文方面的問題。例如，聖經並沒有提供精確的事實。但同時我們也要指出，考古學亦是需要解釋的。這方面與解釋者的前提有關，正像經文的解釋者必會以某些前提作起點一樣。事實上，我們可以說，考古學更加主觀，因為物件是無聲的（聖經之外的經典素材除外，而那些經典的解釋，也和聖經經文所面對的問題相同），經文卻是有內容的，提供了對事件的解釋。

　　分析到最後，如果要期待考古學能獨立成為聖經聲明的憑證，或成為拒絕它們的科學憑證，都是太單純的想法。請參閱有關出埃及的日期討論，作為此處的例子。

文學分析

書目

Alter, R. *The Art of Biblical Narrative* (Basic Books, 1981); idem. "A Response to Critics," *JSOT* 27 (1983): 113-17; idem. *The Art of Biblical Poetry* (Basic Books, 1985); **Berline,** A. *Poetics and Interpretation of Biblical Narrative* (Sheffield: Almond, 1983); idem.*The Dynamics of Biblical Parallelism* (Indiana University Press, 1985); **Brooks,** P. *Reading for the Plot: Design and Intention in Narrative* (Vintage Books, 1984); **Caird,** G. B. *The Language and Imagery of the Bible* (Westminster, 1980); **Chatman,** S. *Story and Discourse* (Cornell University Press, 1978); **Frye,** N. *Anatomy of Criticism* (Princeton University Press, 1957); idem. *The Great Code* (London: Ark, 1982); **Geller,** S. A. *Parallelism in Early Biblical Poetry* (HSM 20; Misoula: Scholars, 1979); **Kugel,** J. *The Idea of Biblical Poetry* (New Haven: Yale University Press, 1981); **Longman Ⅲ,** T. "A Critique of Two Recent Metrical Systems," *Bib* 63 (1982): 230-54; idem. "Form Criticism, Recent Developments in Genre Theory and the Evangelical," *WTJ47* (1985): 46-67; idem. *Literary Approaches to Biblical Interpretation* (FCI3; Zondervan, 1987); idem. *How to Read the Psalms* (InterVarsity, 1988); idem. "Storytellers and Poets in the Bible: Can Literary Artifice Be True?" in *Inerrancy and Hermeneutics,* ed H. M. Conn (Baker, 1988), 137-49; **Longman Ⅲ,** T. and L. Ryken, eds. *A Complete Literary Guide to the Bible* (Zondervan, 1993); **Lowth,** R. *Lectures on the Sacred Poetry of the Hebrews* (1778; reprint London: T. Tegg and Son, 1835); **Minor,** M. *Literary-Critical Approaches to the Bible: An Annotated Bibliography* (Locust Hill, 1992); **O'Connor,** M. *Hebrew Verse Structure* (Eisenbrauns, 1980); **Pope,** M. H. *Song of Songs* (*AB*7C; Doubleday, 1977); **Powell,** M. A. *What Is Narrative Criticism?* (Fortress, 1990); **Rhoads,** D. and D. **Michie.** *Mark as Story: The Introduction to the Narrative as Gospel* (Fortress, 1982); **Ryken,** L. *How to Read the Bible as Literature* (Zondervan, 1984); **Sternberg,** M. *The Poetics of Biblical Narrative* (Indiana University Press, 1985); **Stuart,** D. *Studies in Early Hebrew Meter* (Missoula: Scholars, 1976); **Watson,** W. G. E. *Classical Hebrew Poetry* (JSOTS 26; Sheffield; JSOT, 1984).

故事與詩

舊約很少專門性的資料。大致而言,其內容可以分為兩大類:故事與詩。當然,另外還有一些項目,如:約書亞記後半各支派疆界的記錄、利未記第一章主要祭禮的描述、五經的律法,和歷代志前半冗長的家譜。不過,這些項目乃是夾在以色列過去的故事,和神的大作為之內。我們所看到的,相當出人意外,並不像現代歷史或科學的教科書,更不像神學論文或信仰告白,乃是故事與詩。

故事,甚至詩,能向更多神的子民說話,超過專業化的精確溝

通方式，因為連最小的孩子和未受過教育的人，都能夠聽懂參孫和大利拉、以斯帖，或路得的故事。況且，故事和詩不單只告訴我們頭腦的知識，也會激動我們的感情、促使我們立志、刺激我們的想像力，這是現代的系統神學做不到的。

　　既然舊約大部分都是故事與詩的形態，在進一步研討各書卷之前，就必須提出如何解釋的問題。每一個文化說故事和寫詩的方式都不同，既然我們身為「外國」的解釋者，就需要先去認識聖經作者寫作時的常規。因此我們將提供古代以色列故事與詩的解析，作為解釋的「閱讀方針」。

舊約詩體的常規

　　詩體是形式相當固定的體裁，很容易與故事的散文形式區別出來。詩是加工語言，亦即，它不依循一般的溝通原則。

　　詩體雖有特色，但是卻非單一的色調，甚至亦非一組色調。有少數幾個例子——尤其在一些先知書中，某段話究竟是詩體，還是高度形式化的散文，很難分辨。

　　簡短。詩體最主要的特色是簡短，或簡潔。散文是由句子與段落組成，詩體則運用短句，藉不同層次的重複和節段（stanzas），組合起來。所以，詩的句子都很短。這個特色在許多英文聖經譯本都可看出來，因為詩體的邊緣空白較多。

　　詩可以用幾個字講許多事。有好些方法可以節約用語，主要的兩種為：(1) 省略連接詞和其他分詞；(2) 高頻率使用意象。下文將討論後者，不過對於前者，這裏要提出一點說明。連接詞雖短，卻很重要，顯明兩個句子之間的關係。然而，詩體中故意很少使用，只讓人去意會，如詩篇二十三 1：

> 耶和華是我的牧者，
> 我必不致缺乏。

原文中沒有連接詞，但是卻含有因果關係之意：**因為耶和華是**

我的牧者，**所以**我必不致缺乏。

　　由於缺乏連接詞，詩體顯得簡短，而讀的時候速度必須減慢，多用默想。

　　對偶句。大部分希伯來詩包含許多重複的話。最常見的重複，是在一句，或一行詩中，但是也可能在全詩中間歇出現（參詩八 1、9）。這些重複語，有時幾近同義詞，不過極少字字相同。

　　對偶句在任何詩體中都有。甚至散文中也偶爾以此為裝飾語。所以它本身不足以成為判斷是否為詩體的標準。不過，如果對偶句的頻率很高，我們就有把握該段是詩體。

　　對偶的詩句並非完全一致；是相似，但不同。對偶句不是「以不同的話講同一件事」。第二句對偶句內不同的字，常超越第一句的想法，令人深思。例如：

> 我要一心稱謝耶和華；
> 我要傳揚祢一切奇妙的作為。（詩九 1）

　　這個典型疊句結構的第二部分（亦稱為第二疊句），詩人將他讚美的性質作了說明。他回答了一個問題：我要怎樣讚美神？他的讚美，是要見證神在歷史裏的大作為。

　　因此，要解釋對偶句，就要思想其中各部分的關係。可以肯定的只有一點，就是第二疊句和其後的各個疊句，會以某種方式說明或強化第一行的思想，此外則沒有可以預見的事（Kugel; Alter; Berlin; Longman 1988）。

　　對偶句是詩體必須慢慢讀、仔細默想的另一個原因。舊約的詩各疊句與各行之間的關係，需要一些時間來咀嚼，才能判斷。

　　韻律。全世界的詩中，韻律都扮演重要的角色。希臘文和拉丁文以固定的韻律結構來寫詩。早期的解經家所受的是古典的修辭學訓練，他們都想以古典詩的範疇來辨認希伯來正典中的詩體（如：約瑟夫、奧古斯丁、耶柔米）。

　　此後，尋找解開聖經韻律之謎的努力，就歷久不衰。羅特主教

（Bishop Lowth）在十八世紀所寫有關希伯來詩的權威著作中，認為韻律加上對偶句，是詩體的主要特徵。但是，他找不出聖經詩體中特定的韻律模式，就將他的失敗歸咎於自己離寫作的時間太遠。

羅特的沉默卻沒法阻擋後進者。兩百多年來，不少學者聲稱，他們終於發現了韻律的典型，讓我們可以掃描原詩，甚至可以重新架構。只要瀏覽批判式的經文架構，看看有多少處修改註明是「因為韻律的理由」（*metri causa*），就可想而知。

最近大部分學者對於韻律的態度都改變了。許多人的結論為：希伯來詩並沒有韻律（O'Connor 1980; Kugel 1981）。雖然有人繼續倡議韻律結構說（Stuart 1976），但這個觀點在學界中已經缺乏說服力（Longman 1982）。

意象。雖然意象出現於全本聖經，但是在詩體部分，其頻率、強度都特別高。意象有助於詩的簡潔，因為它讓作者能用很少的字來傳達信息。

意象是間接的說話或寫作方式。意象不是直接的聲明，而是將某物或某人比作另一件事或另一個人。例如，雅歌一9：

> 我的佳偶，我將你比
> 法老車上套的駿馬。

在這節中，詩人將兩樣東西作比較：他的愛人和法老戰車上套的一匹牡馬。這兩樣不同的東西，讓我們注意，也讓我們沉思。第二步是辨認出相似處。就這個例子而言，我們必須了解一些歷史背景，才能明白這句讚美的力量。經過研究，發現埃及的戰車使用雄馬，而不是牡馬。牡馬的出現，必定會惹起雄馬的性衝動。波普（Pope）在註釋中（1977, 336～41）指出，以色列人知道一種戰術，就是在敵人的戰車中放進一匹牡馬，以分散其他雄馬的注意力。

簡言之，詩體的特色是高度集中的意象（Caird）。意象是詩體必須慢慢讀、用心想的另一個理由。意象激發我們的想像力。它是

言簡意賅的方式之一。意象也大大提昇了一段經文的感情層面。

　　結論。希伯來詩體的一般特色為簡短、對偶句、意象。若要恰當解釋舊約，必須熟悉這些常規。不過，詩體並不能用嚴謹的形式來規範。對偶句有很多變化；雖然有些意象較普通，可是也有非常獨特的，必須小心按上下文來研讀。

　　在這些主要的詩體裝飾語之外，聖經詩人還有不少技巧。不妨參考聖經詩體手冊（Watson; Longman 1988）等類的書，以了解較少出現的技巧。

　　希伯來詩並不容易讀。這種形式要求細嚼慢嚥，思想每一行，其間的關係，和其含義。這種努力是有價值的。畢竟，舊約的詩體部分很多。事實上，如果所有詩體都放在一起，形成的文集要比整個新約還長。

舊約故事的常規

　　雖然舊約包括相當多的詩體，但主要仍以散文寫成。散文比詩接近平常談話的用語。聖經的詩體主要是疊句與節段的架構，而散文則以句子和段落為建材。大體而言，散文的「文學性」可以說少於詩體。換言之，在散文裏面比較不考慮怎樣說一件事；所用的語言較不「高超」，或正式；也較少使用比喻或意象。

　　不過，若要將聖經的散文和詩作絕對的兩極劃分，卻是大錯特錯。舊約大部分的故事都有文學形式。所以，舊約的散文比較像我們所謂的文學性故事；難怪它可以拿來作文學分析。

　　文學分析是應用當代文學理論的範疇與方法，來發掘希伯來文學的常規。根據阿特爾（Alter 1983, 113～17）的觀察，

　　　　每一種文化，甚至每一個文化的每一個時期，都會發展出特定的──甚至相當複雜的──密碼，來敘述其故事；包括的範圍很廣，如：故事的觀點、敘述的程序、人物的塑造、對話的方式，甚至時間的順序，和情節的安排。

　　文學分析是要探討、陳明聖經文學所用的常規，以明白它要傳達的信息。以下幾頁中，我們將列出希伯來散文的文學分析初階。請參閱書目中所列較完整的研究，以作補充。

　　文體。文體的概念與散文和詩都有關係，不過我們留到這裏才來討論。文體關係重大，因為讀者對一段經文文體的辨認，就決定了以後研讀的方針。

　　文體的研究，發現文學的形式有很多。寫作的人選擇某種途徑，要將信息傳達給讀者，而讀者從他所選的文體，也可以判斷「如何接受」該信息。最平常、最清楚的例子，是用「從前……」開始的文字。作者用這幾個字開始寫故事，就是用傳統的規格，特意傳給讀者一個訊號。受過教育的讀者，或孩子，都會知道，以下的故事不是歷史精確的記載，而是編造的故事。

　　不過，聖經是古老的經文，不但和我們有時間差距，也有文化差異。文體是文化特有之常規的一種，正如前面所引阿特爾的話。我們研讀每一卷聖經，都必須分辨其文體，以及它對解經的影響。在本章簡介內，我們將概略說明解釋舊約的文體研究〔參舊約解釋之文體研究（細節請參 Longman 1987, 76～83;1988, 19～36）〕。以下各卷聖經的探討，都會談到該書的文體。

　　文體是什麼？文體即：一組經文中，彼此相同的一點或多點。這些經文可能在內容、結構、用語、功能、文體，或氣氛方面相仿。

　　作者動筆時，是在一種文學框架中。也就是說，他們所寫的，不是與從前任何作品皆無關係、全新的東西。他們是在一個傳統中寫作；或許他們會作出一些變化，但是不會完全脫離其範疇。

　　例如，傳記的寫法各有千秋，但是按定義而言，其主題均相同——有關一個人的生平。短篇故事的主題各自不同，但是它的共通處則為簡短、具小說性。

　　文體儘管可以分類，但我們必須承認，它變動很大，難以拿捏（Longman 1985）。這種變動性可以分兩個層次來看。第一，某段經文可能在同一個抽象層次上分屬於不同的文體。譬如，詩篇二十篇可以分類為君王之歌，或讚美詩。米該雅的故事（王上二十二

章；代下十八章）可以歸屬於皇家自傳、戰爭報導，或預言應驗的故事。

第二，文體是變動的，因它們存於經文不同的抽象層次中。既然文體是依據共同的特點來定義，每段經文就有不同層次的文體，視與其他經文相似之處而定。較廣的文體會包含許多不同的經文，彼此有幾個特徵相同。較窄的文體只包含幾段經文，但彼此的相似處很多。

詩篇九十八篇可以作為範例。它的文體為「希伯來詩體」，因為它用對偶句、簡潔，又富意象。在另一個層次上，它則屬於較窄的「讚美詩」範疇，因為它的氣氛為無比的歡樂。再窄一些，它可算為「聖戰詩」，因為其中特別高舉神的能力，在戰爭中祂是救主。

文體對解釋的重要性。文體的研究對於解釋意義重大（Longman 1985）。其中最主要的有兩點：文體能啟動研讀方針；文體是第二層的文學架構。

只要分辨出文體，有意無意之間便會激起讀者的期待。事實上，它能啟動整個研讀方針。請思想詩篇第一篇的第二節段：

> 惡人並不是這樣！
> 乃像糠粃，被風吹散。
> 因此當審判的時候，惡人必站立不住；
> 罪人在義人的會中也是如此。

因著各種理由，我們立刻可以認出這幾行是詩體。我們會期待它使用意象、語句重複。

再以另一段經文為例，「猶大王亞哈斯十二年，以拉的兒子何細亞在撒瑪利亞登基，作以色列王九年」（王下十七1）。讀到這裏，我們立刻會反應道，這一段是歷史記載，我們明白，作者是要傳達歷史或有關年代的資訊。

聽到以下耶穌的一段話，可能我們最初的反應也相同：「有兩

個人上殿裏去禱告，一個是法利賽人，一個是稅吏。」（路十八 10）但是，這段話前面有「耶穌講了這個比喻」一語。這句話是清楚的文體標示，要我們以某種研讀方針來看，與先前列王紀下十七章截然不同。耶穌的故事是編造的。更準確的說，它是教訓式的小故事，就是要向聽眾或讀者以寓言講道理。

研究文體的第二大好處，就是：它提供了第二層文學架構。弗瑞（N. Frye）作了簡要的說明（1957, 247-48）：

> 文體批判的目的，主要不在分類，而在澄清……傳統與相似處，因此可以帶出為數衆多的文學關係，而如果沒有為它們建立這樣的框架，這些關係便會被忽略。

換言之，在檢視一組文體相關的經文時，便會對個別的經文有新的亮光。這個結果對於本身甚難解釋的經文特別有幫助，藉著與文體相同、意義明確的經文互相比較，文意便會顯得清晰。

因此，找出經文的文體很重要，理由如下：它可以激發研究方針、排除對經文錯誤的期待和判斷準則；文體的分類也可以成為探索經文意義的門路。

故事的動力學。由於篇幅所限，在此無法詳盡討論聖經故事的動力學，但是有幾本近日的研究，可以作參考（Alter, Longman, Berlin, Sternberg）。這裏只談幾個題目，選揀這些題目的原因，是它們可以顯示出特別的文化常規，對於研讀方針能有所啓發。

敘述者和觀點。故事的敘述者之角色，和觀點問題密切相關。敘述者扮演的角色，可以掌控讀者對於所讀篇章的反應。他藉幾種方式來達到這點，如：放入哪些資料、保留哪些資料、明文的註解等。

故事可以分為第一人稱與第三人稱兩類。第一類中，敘述者常是故事中的一個角色，故此，他能提供的觀點有限。第三人稱的故事，所有角色都不是敘述者本人，而他可以無所不知、無所不在。請注意，聖經大部分故事都是第三人稱、無所不知的模式（例外者

如：以斯拉－尼希米記的一部分、傳道書中傳道者的「自白」，以及使徒行傳中「我們」的段落）。羅德和米奇（Rhoads and Michie, 36）這樣描寫馬可福音敍述者的觀點：

> 敍述者在故事中沒有現身；以第三人稱發言；在說故事時不受時間或空間的限制；每一幕中他都以看不見的身分同在，可以在任何一處「詳述」各個動作；描述許多角色的思想、感覺，或感官經驗，展現出他的全知；時常離開故事，對讀者作直接的「旁白」，或解釋某種習俗，或翻譯某個字，或對故事作評論；而他對故事的敍述，是根據一個全面性的理念觀點。

這段摘要可以應用在整個聖經故事上。敍述者的聲音常是故事的權威嚮導，提供了觀點，引導讀者對事件與人物的分析和反應。

有人指出，讀者常會不自覺地臣服於第三人稱、全知之敍述者。羅德和米奇注意到，「倘若敍述者既全知，又不可見，讀者常無法察覺敍述者的偏見、價值觀，和世界觀」（39）。這種有力的說服式文學筆法很適合聖經，因為它的目的乃是要傳揚權威性的信息。

情節與角色。情節（plot）與角色（character）密切相關，此處只是為分析的目的而加以分開。傑米斯（Henry James, Chatman 的書中 112-13 引用）以一個問題表達出兩者的關係：「角色豈不是事件的決定因素嗎？事件豈不是角色要表明的嗎？」

描述情節的動力結構方式，文學批判家在細則上的主張各有不同。最早提出的，也是最簡單的，為亞里斯多德；他描述情節為：開始、中段、結尾。布魯克斯（P. Brooks 1984, 5）對情節下了一個很不錯的定義：「情節是各段關係與寫作用意的原則，是瀏覽故事中各個不連貫的成份——事件、插話、動作——時，所不可少的。」波特勒斯（Poythress, 見 Longman 1987, 92）提供了更複雜的故事分析法，可以圖示如下：

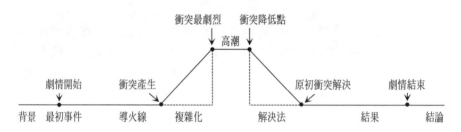

圖一
故事的分析

　　一般而言，情節是由衝突推進。衝突激起解決的興趣。因此，故事的開始便爲引介衝突，然後將我們推入中段，直到結尾，衝突獲得解決。

　　研讀舊約故事時，很有幫助的第一步，是作簡單的情節分析。這一步能成爲未來分析的架構。

　　正如以上所言，角色構成情節的要點。有些聖經讀者在此會感到猶疑。我們是否可以將大衛、所羅門、以斯拉、以斯帖、約拿，甚至耶穌，視爲角色呢？這一步似乎將聖經人物與小說的主人翁並列，好像他們是賈寶玉、宋江、濟公、老殘等類的人，對他們有所貶抑。

　　不過，在一段經文裏按文學角色來分析大衛，並非否認他是歷史上的王，或撒母耳記與列王紀的事件不眞實。然而，我們必須承認，這些有關大衛生平的資料是經過選擇的；同時，仔細觀察經文如何描繪大衛和其他人，的確有其價值。換言之，我們必須承認，這些記載是經過定型的；亦即，聖經所記的歷史事件，是作者有所選擇、有意強調、有心解釋的。

　　結論。舊約的散文故事功用很多。大部分是要傳達準確的歷史資訊，同時讓讀者深入了解神的本性，和祂與祂子民的關係。大致而言，故事乃是精心製作的文學。在文學的用意與複雜性上有所不同，約瑟的故事和利未記便是例子；但是從絕大部分經文中，我們

都可以看出，作者不但明白要說的內容，也自知在用什麼方式表達。即使只作一部分文學分析，也能有助於明白聖經作者在某卷或某段話中的意思。

神學信息

書目

Beckwith, R. *The Old Testament Canon of the New Testament Church* (SPCK, 1987); Dumbrell, W. J. *Covenant and Creation: An Old Testament Covenantal Theology* (Paternoster, 1984); Hasel, G. F. *Old Testament Theology: Basic Issues in the Current Debate* (Eerdmans, 1975); Kaiser, W. C., Jr. *Toward an Old Testament Theology* (Zondervan, 1978/中譯：華德‧凱瑟著，《舊約神學探討》，華神，1987); Kline, M. G. *Images of the Spirit* (Baker, 1980); Martens, E. *God's Design* (Baker, 1981); McComiskey, T. E. *The Covenants of Promise: A Theology of Old Testament Covenants* (Baker, 1985); Murray, J. "Systematic Theology: Second Article," WTJ 26 (1963): 33-46; Poythress, V. S. *Symphonic Theology* (Zondervan, 1987); Robertson, O. P. *The Christ of the Covenants* (Presbyterian and Reformed, 1980); Terrien, S. L. *The Elusive Presence Toward a New Biblical Theology* (Harper & Row, 1978); VanGemeren, W. *The Progress of Redemption: The Story of Salvation From Creation to the New Jerusalem* (Zondervan, 1988); Vos, G. *Biblical Theology* （Eerdmans, 1984/中譯：霍志恆著，《聖經神學》，天道，1988）.

以下每一章的最後，都有一段專門談該卷書的神學信息。其實通常一本導論都不會寫很長的神學問題，因此請容我們解釋。誠如上文所言，我們相信，舊約導論的目的，是預備學生，以了解的態度來讀各卷——亦即，提供初步的背景資訊，幫助他們跨越現代與舊約古代情境的鴻溝。在研究舊約時，有三個主要的範疇需要跨越：歷史、文學，和神學。

首先，每卷書都寫於特定的歷史情境中，也談到過去與現在的歷史。既然現代的讀者與古代情境相距甚遠，導論便自然會提供這類資訊。第二，各個書卷的文學形式都不相同，而現代讀者不容易欣賞這些文學形式，因為一個古老文化的文學常規和現代截然不同。筆者無意將這三個範疇分開，然而，在此必須說：聖經的目的並非記載歷史，也非寫文學作品，而是在於神學。因此，第三，我

們相信，向學生介紹舊約各卷的神學功能，以增強了解，不僅是合理的，也是必要的。

不錯，我們在這第三段中提供的資訊，也可以在其他地方找到，如：專題論文、期刊，尤其是註釋中。可是來源很散，所以將舊約各卷書的神學信息簡要地收錄於一本書內，也有其價值。

從另外一個角度，也可以說明將神學放在一本舊約導論內是合理的，因為歷史、文學，和神學問題乃是交織在一起的，所以應該合併來談。何況，本導論所採取的特定神學方法，也是需要說明的。

舊約情境中的神學

這裏所謂的神學，是指對神的講論，談到祂的本質，而更重要的是，祂與受造物的關係。神學所提的問題為：一卷書要向讀者說明神、神與他之關係的哪些方面？

探究一卷書的神學目的，第一步當作的，是找出它當初向古代聽眾——就是最初聽見或讀到它的人——要傳達的信息是什麼。他們對神有什麼認識？我們的討論將以此為限，焦點集中在我們所定該卷書的主題。詮釋者必須脫離現今的環境，假想自己成為該卷書時代的人，才能得到這樣的訊息。這樣的研讀也將新約對舊約的亮光包括在內。還有，正如幾年前麥銳（John Murray）所指出，聖經神學站在解經與系統神學之間。換言之，聖經各卷的主題是由仔細解析其經文而得；而這種對聖經主題的研究，就成為系統神學的基本資料。

舊約神學有無中心？

舊約的信息有沒有合一性？或者只是各自為政，無法協調？這個問題成為近日舊約神學課題的中心。事實上，對於更廣的聖經研究學而言，這也是非常重要的問題。

近年來，不少人嘗試寫舊約神學（Hasel）。福音派的作者常以研究一個中心要題的形式來進行，認為整個舊約的信息可以由此來

說明。神的應許（Kaiser）、祂的計畫（Martens）、約（Robertson, McComiskey, Dumbrell），和神的顯現（Kline）等題目，都曾被選作舊約神學的中心。

不過，這些努力在學術圈中並沒有太大的說服力。要將聖經所有的啓示都放在一個主題之下，似乎不太可能。最不相容的就是智慧文學。因此，舊約神學家便質疑是否有一個中心。有一些人對這種情況提出相當出色的見解，他們主張，聖經的啓示雖然有生命的合一性，但也有恰當的多樣性。波特勒斯稱這種角度爲「多重觀點說」。以多重觀點來看聖經神學，比較合乎聖經啓示豐富、微妙的性質。

聖經神學所提的問題爲：聖經的信息是什麼？「多重觀點說」的回答爲：聖經是論到神。而舊約，則是從以色列之神而來的信息，論到以色列之神。不過，它不是用抽象的方式談雅巍（Yahweh，譯註，神的名字希伯來讀法；和合本譯爲「耶和華」）。舊約幾乎沒有抽象的神學，而是從神與人類——特別是與祂所揀選之子民——的關係來談論雅巍。並且，這種關係大半不是用描寫的，而是記在故事裏。聖經啓示有歷史的層面。因此，良好的聖經神學必須一方面討論聖經的主題，就是神與人的關係；一方面也注意到，聖經信息是在時間洪流之內傳達的。

特里恩（Terrien）曾寫了一本神學，以雅巍爲核心，但這樣的中心太寬鬆。若說舊約是談神，甚至說它是談神與人的關係，都沒有提供什麼實際的資訊。聖經神學的「多重觀點說」考慮到神與受造物之間多面性的關係，特別是各式各樣強調這關係不同方面的比喻。沒有一個比喻足以全面陳明神的本性，或祂與受造物之關係的豐富。神對受造物的憐憫與關愛，可以藉母親與孩子之意象來表明（詩一三一篇），也可以藉婚姻的比喻來描寫（雅歌）。祂溫柔地引領祂的子民，則由牧人和羊的意象刻劃出來（詩二十三篇）。主的智慧由智慧的婦人展現（箴八、九章）。神對祂子民的能力與權柄，可由各種意象看出，包括君王（立約的意象也算在內）及以神爲戰士的篇章。

　　所以，最有功效的聖經神學研究，乃是集中於這些論關係的重
要比喻；從聖經啓示的開端就留意，直到末了──就是從創世記直
到啓示錄。許多年前，現代聖經神學之父霍志恆（Vos）曾說明，啓
示乃是對救贖歷史的反思。因此，神的救贖計畫既在世世代代中不
斷進行，啓示的歷史也隨之揭開。

從新約的角度看舊約

　　以下各章都有一個段落，名爲「展望新約」。那裏將舊約書卷
中的主題放入新約來看。至於舊約與新約之間的關係，本書自有前
提；對這方面各項問題的探討，可參閱其他人的著作（Vos, Van
Gemeren）。支持這種方式的經文，主要來自路加福音。耶穌復活
之後，曾向那兩位無名的門徒說：「『無知的人哪（這話正
對！），先知所說的一切話，你們的心信得太遲鈍了。基督這樣受
害，又進入祂的榮耀裏，豈不是應當的嗎？』於是從摩西和衆先知
起，凡經上所指著自己的話，都給他們講解明白了。」（路二十四
25～27）後來，耶穌又對更多門徒說：「這就是我從前與你們同在
之時，所告訴你們的話，說：摩西的律法、先知的書，和詩篇上所
記的，凡指著我的話，都必須應驗。」（44 節）
　　貝克衞茲（Roger Beckwith, 111-15）已充分說明：以上兩處，
基督都是在講全本舊約。換言之，舊約不單只提供彌賽亞要來的證
明經文；基督將受的苦與將得的榮耀，也是它展望未來的重要主
題。本書作者衷心期望，讀者能夠領會舊約以基督爲中心的本質。

9/7/2003

創世記

　　聖經第一卷書以「起初」一語開始，何其合適！猶太傳統用這個片語（希伯來文 bᵉ rēšît）作爲整卷書的卷名。這卷書實在是談到事物的起初，或「來源」，一如英語的卷名所示〔Genesis, 源於七十士譯本（可能根據創二 4 上）〕。雖然這卷書在其他地方不常引用，但是卻成爲妥拉（Torah, 聖經前五卷書）、整個舊約，甚至新約的基礎。

　　妥拉的五卷書有共同的歷史、情節，和貫穿其中的主題，所以傳統將它歸於一位作者——摩西（見下文）。因此，在底下探討作者、文體，和神學信息時，不可能將創世記與其餘四卷書完全分開來談。

　　創世記橫亙極長的時間，比聖經其他書卷加起來還要長。它始於遙遠的創造，這件事究竟發生於何時，我們無從揣測；經過數千年，至十一章的結尾來到亞伯拉罕的時代。從這裏開始，故事緩慢下來，集中於這個應許之家的四個世代，描述他們如何從米所波大米遷到應許之地，而以下到埃及爲結束。因此，這卷根基之書的內容，就是跨越漫漫歲月，追蹤神子民在近東遷移的旅程。

書目

註釋

Aalders, G. C. *Genesis* (BSC; Zondervan, 1981); **Brueggemann,** W. *Genesis* (*Interp.*; John Knox; 1982); Cassuto, U. *Commentary on Genesis,* 2 vols., trans. I. Abrahams (Jerusalem: Magnes, 1964); **Coats,** G.

W. *Genesis with an Introduction to Narrative Literature* (FOTL 1; Eerdmans, 1983); **Hamilton,** V. *Genesis 1-17* (NICOT; Eerdmans, 1990); **Kidner,** D. *Genesis* (TOTC; InterVarsity, 1967/中譯：柯德納著，《丁道爾舊約聖經註釋：創世記》，校園，1991); **Sailhamer,** J. H. "Genesis," in F. E. Gaebelein, ed. *The Expositor's Bible Commentary* (Zondervan, 1990); **Sarna,** N. M. *Genesis* (The JPS Torah Commentary; Jewish Publication Society, 1989); **Skinner,** J. *Genesis* (ICC; T. & T. Clark, 1910); **Speiser,** E. *Genesis* (AB 1; Doubleday, 1964); **von Rad,** G. *Genesis* (OTL; Westminster, 1961); **Wenham,** G. J. *Genesis 1-15* (WBC 1; Word, 1987); **Westermann,** C. *Genesis: A Commentary,* trans. J. J. Scullian (Augsburg, 1984-86).

專論與文章

Allis O. T. *The Five Books of Moses* (Presbyterian and Reformed, 1943); **Alter,** R. *The Art of Biblical Narrative* (Basic Books, 1981); idem. "Harold Bloom's 'J'," *Commentary* 90 (1990), 28-33; **Barton,** J. *Reading the Old Testament* (Westminster, 1984); **Bloom,** H. (with D. Rosenberg) *The Book of J* (New York: Grove Weidenfeld, 1990); **Blocher,** H. *In the Beginning: The Opening Chapters of Genesis* (InterVarsity, 1984); **Cassuto,** U. *The Documentary Hypothesis,* trans. I. Abrahams (Jerusalem: Magnes, 1961〔Hebrew edition, 1941〕); **Christiansen,** D. L. and M. **Narucki.** "The Mosaic Authorship of the Pentateuch," *JETS 32* (1989): 465-72; **Clines,** D. J. *The Theme of the Pentateuch* (Sheffield, 1978); **Dozeman,** T. B. *God on the Mountain* (SBLMS; Missoula: Scholars, 1989); **Emerton,** J. A. "An Examination of Some Attempts to Defend the Unity of the Flood Narrative, Part Ⅱ," *VT*38 (1988): 1-21; **Fokkelman,** J. P. *Narrative Art in Genesis* (Assen and Amsterdam, 1975); **Kikawada,** I. M. and A. **Quinn.** *Before Abraham Was: The Unity of Genesis 1-11* (Abingdon, 1985); **Kitchen,** K. A. *Ancient Orient and Old Testament* (InterVarsity, 1967); idem. *The Bible in Its World* (InterVarsity, 1978); **Kraus,** H. -J. *Geschichte der historisch-kritischen Erforschung des Alten Testaments* (Neukirchen-Vluyn, 1956); **MacRae,** A. A. "Response" in *Hermeneutics, Inerrancy, and the Bible,* ed E. D. Radmacher and R. D. Preus (Zondervan, 1984), 143-62; **McConville,** J. G. *Law and Theology in Deuteronomy* (*JSOTS* 33; Sheffied; *JSOT*, 1984); **McEvenue,** S. E. *The Narrative Style of the Priestly Writer* (Rome: Biblical Institute Press, 1971); **Millard,** A. R. and D. J. **Wiseman,** eds. *Essays on the Patriarchal Narratives* (InterVarsity, 1980); **Rendtorff,** R. *Die überlieferungsgeschichtliche Problem des Pentateuch* (1977); **Rogerson,** J. W. *Old Testament Criticism in the Nineteenth Century: England and Germany* (Fortress, 1985); **Ross,** A. P. *Creation and Blessing: A Guide to the Study and Exposition of Genesis* (Baker, 1988); **Schmidt,** W. H. "Playdoyer für die Quellenscheidung," *BZ*32 (1988): 1-14; **Thompson,** R. J. *Moses and the Law in a Century of Criticism Since Graf* (Leiden: Brill, 1970); **Thompson,** T. L. *The Historicity of the Patriarch Narratives* (*BZAW*133; 1974); **Tigay,** J. H. *The Evolution of the Gilgamesh Epic* (University of Pennsylvania Press, 1982); **van Seters,** J. *Abraham in History and Tradition* (Yale University Press, 1975); idem. *Prologue to History: The Yahwist as Historian in Genesis* (Westminster/John Knox, 1992); **Waltke,** B. K. "Historical Grammatical Problems," in *Hermeneutics, Inerrancy, and the Bible,* ed. E. D. Radmacher and R. D. Preus (Zondervan, 1984), 69-130; **Wenham,** G. J. "The Date of Deuteronomy: Linchpin of Old Testament Criticism: Part Ⅱ," *Themelios* 11 (1985): 15-17; idem. "Genesis: An Authorship Study and Current Pentateuchal Criticism," *JSOT*42 (1988): 3-18; **Whybray,** R. N. *The Making of the Pentateuch: A Methodological Study* (JSOTS 53; Sheffield: JSOT,

歷史背景

作品與作者

創世記的作者問題，與整個五經的作品和來源問題牽扯在一起。所以談到作者的這一段，會比其他各章更長，不過它可以成為以下幾章的基礎。即使如此，這個題目其實還需要更詳盡的討論，所以文中將會提供進一步的參考資料。

這個問題使保守派學者和其他派別一分爲二。辯論的焦點（以下將作說明）爲：作者是否爲摩西。其實，辯論一詞稍嫌太強，因爲非保守派學者只是忽視仍維護傳統作者觀的人，不予理睬（Eiss-feldt, OTI, 166）。公平而言，我們也必須說，保守派基督徒一向都太快劃清界線，沒有好好思考摩西之後一些活動的證據，以及可能的來源。保守派與其他人尖銳的分野，近日有緩和的趨勢，因爲批判學者加重強調五經主題的合一性，而保守派學者則不再對來源問題三緘其口（Ross, Wenham）。不過，由於這個問題的性質和重要性都值得重視，我們將說明傳統保守派和批判學者雙方的立場，嘗試剖陳現階段的討論，並作出一些結論。

經文與傳統

嚴格來說，妥拉的作者是匿名的。這五卷書沒有一處明說或暗示摩西是惟一的作者（Aalders, 5）。但另一方面，早期猶太人與基督教傳統〔見 Harrison, IOT, 497, 他引用傳道經二十四 23、斐羅、約瑟夫、米示拏（Mishna）、他勒目（Talmud, 猶太法典）〕都一致認爲，他是創世記直到申命記的作者。理由爲何？

雖然摩西和現今的妥拉（即在妥拉之內）並沒有直接連上關係，可是卻有幾處提到他曾經寫作（Allis, 1-18）。神命令他記下某些歷史事件（出十七 14；民三十三 2）、律法（出二十四 4、三十四 27），和詩歌（申三十一 22；參申三十二）。雖然經文並沒有指

明摩西是大部分妥拉內容的作者，卻可以見證他是領受啓示、見證救贖作爲的人。

　　根據後來聖經的見證，有一本律法書冠以摩西之名（書一7、8）。在以色列歷史的後期，以色列人曾提到「摩西的書」（代下二十五4；拉六18；尼十三1）。這些經文爲摩西寫作的有力內證，但對於其文體或範圍，卻沒有清楚的說明。耶穌和早期教會也顯然將摩西與大部分（雖非全部）妥拉相連（太十九7，二十二24；可七10，十二26；約一17，五46，七23）。

　　這個證據讓人相信是摩西寫了妥拉。不過，這個聲明還有附帶說明，承認部分經文是在摩西死後才加入的。所謂摩西之後的作品，最明顯的便是申命記三十四章，講到摩西之死。雖然有些人甚至認爲這章也出自摩西，但大部分保守派學者主張，這是後期加入的，可能是約書亞加的（Archer, *SOTI*, 83），但更可能是後人所爲。其他有跡象是摩西之後的經文，包括創世記十一31，那裏將亞伯拉罕的吾珥與迦勒底（這族人在主前一千年時控制米所波大米南部）相連；還有創世記十四14，那裏提到但，這個古城到很後期才得著這個名字（亦見創三十二32，三十五31，四十15；申三14，三十四1、6、10）。以上這些片段，並另一些經文，十分可能是在摩西死後才寫的；此外，還有一些經文（所謂「無摩西經文」）如果是摩西寫的，會很不自然。例如，民數記十二3提到，摩西是世上最謙卑的人；這句話不像是世上最謙卑的人對自己的描述。

　　因此，保守派的觀點總要加上說明（無論說得如何巧妙），承認妥拉中有非摩西的成份。儘管這些非摩西的經文爲數不多，又相當分散，但是卻指明，當我們說摩西是五經的作者，意思並非：其中每個字都是他寫的。既然有些明顯是後人加的，許多保守派學者便用摩西是「主要作者」一詞。這個術語強烈肯定摩西是妥拉的作者，同時又容許後期加入正典的可能。

　　另一方面，我們還必須承認，在妥拉的成品中，曾用過一些資料。這些資料偶爾會提到（見民二十一14，「耶和華的戰記」，這可能是征服迦南之後的文獻；亦見出二十四7，「約書」），不過

聖經的經文和傳統對聖經的教義，與聖經作者使用許多資料，並沒有矛盾之處。

歷史批判法

由於篇幅的限制，這裏只能概略描述五經作品的歷史批判法。有關這方法發展過程和其結論的詳細說明，請參閱克勞斯、羅傑森和湯普生（Kraus, Rogerson, R. J. Thompson）的著作。

早期曾有少數人質疑創世記到申命記文字的一致性；其中最出名的，是哲學家斯賓諾沙（Spinoza, 1632-1677）。後來一位醫生亞實突（J. Astruc, 1684-1766）追隨他的看法，發展出一個簡單的標準，分辨出兩種來源，他相信創世記是由這兩種資料組合而成。亞實突是按照神的兩個名字〔伊羅欣（Elohim）與雅巍（Yahweh）〕之使用，來分辨其來源，並爲摩西是創世記的作者提出辯護。不過，他的方法很快便與他的結論分道揚鑣，因爲下一個世紀的學者〔最著名的爲艾克宏（Eichhorn），1788 至 1827 任古庭根（Gottingen）的教授），以及其後之人，不斷尋找新的來源。一八八〇年可以算是這個時期的結束，四種基本資料的分離，已經定出一套標準；這四種資料（按當時的順序排列）爲：耶和華來源（J）、伊羅欣來源（E）、祭司來源（P），和申命記來源（D）。這些都與摩西沒有直接關係。

一八八〇年代是五經歷史批判法發展的關鍵時期，因爲威爾浩生出版了他的不朽著作，《以色列史導論》（*Prolegomena zur Geschichte Israels*，1883 年出版，英語版 1885）。威爾浩生的書影響鉅大，因爲有史以來第一次有人能將五經的發展史和以色列的宗教發展史相連，且讓大部分歐洲、英國，和美洲的學者都心悅誠服，並將反對者〔出名的有亨斯登伯（Hengstenberg）和德里慈（Delitzsch）〕在學術上逼到了一邊。甚至直到今天，儘管已有許多人對底本假說提出基本的批判（見下文），若要拒絕它，仍難免被人視爲「天眞、自大」（Childs, 127）。

典型的底本假說與威爾浩生直接相關，不過今天很少學者會自

認爲屬威爾浩生派。但其實，大部分人只是在他的觀點上再加入自己的想法，所以還是有必要說明他的看法。

威爾浩生承接在他以先之學者的立場，主張五經是由四個來源組合而成。這些來源可以依照以下的準則來分辨：

1. 使用神不同的名字，尤其是雅巍（J）與伊羅欣（E）。

2. 成對記錄的存在，亦即，基本上是同一個故事，而出現不止一次，儘管角色可能不同。成對記錄也許是重複的記載（如，把妻子當妹子的故事，創十二 10～20，二十章，二十六章）或不同的事件，但故事的目的相同（如，約瑟的兩個夢：星星與禾捆，創三十七 5～11）。

3. 不同的文體，包括使用兩個不同的名字來稱呼同一個人、支派，或地方（流珥／葉忒羅；何烈山／西乃山；雅各／以色列；以實馬利人／米甸人）。

4. 不同的神學。例如，J 的特色是常以神人同形同性來描述神；D 則帶出報復神學；P 充滿對祭司之事的關心，並強調神的超越性。這些假想文件中不同的觀點，常被視爲以色列神學的進展，從精靈主義到一神論，最後到獨一眞神論。此外，傳統的批判學者認爲，從敬拜的形式——如，中央化的敬拜問題——可以看出各個來源時間上的進展。依據傳統的批判法，J 對於中央化一無所知（出二十24～26），D 提出呼籲（申十二 1～26），P 則視其已經存在（出二十五～四十章；民數記全卷；及利一～九章）。

根據這些標準，威爾浩生區分出以下來源（並加上日期與說明）：

J. 到了威爾浩生的時代，一般都接受J是最早的來源。不過，在他的書出版不算太多年之前，E1（現在稱爲 P）還被視爲是最早的。它的特色，也是它名稱的出處（Jehovist, Yahwist），是由於它使用神立約的名字。大部分批判學者將 J 劃入王國的早期，主前第十或第九世紀，因爲經文中從正面談到猶大，如，創世記四十九8～12，所以便相信它源出於該處。J的文體常被刻劃爲：「清楚而直接，但其簡明乃是極大的藝術。」（Speiser, xxvii）在文體和神學

上，J 與 P 的對比最強。P 集中於神，J 則多論人和地。J 用神人同形同性來描繪神；例如，神用地上的塵土造人，又與亞當在園中同行。J 從創世記第二章開始（所謂的第二個創造記載），一直到民數記都可找到，而申命記中也夾雜幾節。與 J 有關的全部經文，請參艾斯費特的書（Eissfeldt, OTI, 199-201）。文學批判學者布倫（Harold Bloom）對 J 的分析爭議性很大，讀者眾多。他將 J 的作者視爲一位婦女，甚至或許是大衛的孫女，這看法純屬臆測（Alter 1990）。

E. J 與神的名字雅巍有關，而 E 則與比較通用的名字伊羅欣相連。這個來源的日期，比 J 晚一個世紀（因爲它假定了王國的分裂，參 Soggin, 107），且以北方爲背景（但 Eissfeldt 對此存疑，OTI, 203）。這種看法來自文中似乎強調北方的事，與北方的人物，如約瑟。在神學上，E 的重點比較是「宗教和道德」方面（Harrison, IOT, 502）。E 比 J 或 P 更零星（而近日的意見，將愈來愈多 E 的部分歸到 J，見下文）。它從創世記十五章開始出現，直到民數記三十二章，不過申命記中也有幾段被歸入 E（完整的表列，見 Eissfeldt, OIT, 200-201）。

D. 威爾浩生的貢獻之一，是將 D 與 P 的順序顛倒過來（Rogerson, 266）。因此，古典來源批判學者分離出來的第三股故事素材乃是 D（Deuteronomic，申命記式的），在妥拉中主要與用此名之書相關（見該章詳細的討論）。申命記的核心，常被指認爲約西亞在聖殿中發現的文件（王下二十二至二十三章，但見 Wenham 1985）。至於當時發現的文件究竟是怎樣的形式，則有各式各樣的說法；無論如何，大部分批判學者都將 D 定在約西亞時期（主前第七世紀末）。D 雖然很少回頭涉入妥拉的前四卷書，但它對大部分的正典都有影響。D 的神學將在討論申命記時解釋。

P. P 也許是五經四股繩索中最獨特的。它的內容包括年代、家譜、禮儀、崇拜和律法——只與祭司相關的部分，它也因此被命名（祭司來源，Priestly source）。

在傳統上，這個來源的日期定得較晚，在第五或第四世紀，與

被擄時期和其後相連。P 反映出被擄歸回時期祭司的規矩，以及當時對於順服律法的注重。這個日期標示出如今組成 P 之文獻收集的時間，因為相信大部分資料來自更早的時間。有一個主張可用來支持 P 的日期較晚，即：P 只對歷代志有影響，而這卷書的日期最早只可定在第五世紀（Eissfeldt, 208）。

從創世記到民數記都有 P 的蹤跡。這幾卷書有好幾大段都歸入 P 的範圍，申命記也有幾節包括在內（見 Eissfeldt, *OTI*, 188-89）。它們和其他來源的資料並排（如創一 1～二 4 上為 P，而創二 4 下～25 為 J），或交織在一起（見傳統將洪水故事分為 J 和 P 的分析）。

最近，馬伊凡紐（McEvenue）用新的批判法（封閉讀法）來研究 P 的文體。他提出主張，反對過去將 P 的文學品質與神學貢獻都給予負面評價的看法。

有些學者下結論說，P 本身並不是連續的故事資料，它乃是摩西五經的最後編輯者（見 Wenham, xxxii, 及書目）。

編輯者。以上概略說明了妥拉的四個主要故事來源。它們不只是並肩放在一起，而是被富有創意地相互交織起來。負責編輯這些來源的人，通常被稱為編輯者。這些人使得此一傳統得以成長，首先將所有的 J 合併，再加入 E，然後是 D 與 JE，最後是 P 與 JED。最重要的編輯者是最後一位，因為他最後制定出妥拉的形式。

其他批判學的觀點

前面幾頁說明了古典底本假說的理論。下面我們將提到一些不同的論調，甚至有人對上述的說法提出根本的質疑。不過，在評論底本假說之前，還有三種其他的批判觀點，我們需要略作說明：(1) 片斷說（Fragmentary Approach）；(2) 補充說（Supplementary Approach）；(3) 形式批判與傳統歷史批判。

片斷說

底本假說（一種來源分析的模式）最主要的特色，並不是提出來源以解釋五經的組成，而是指出，這些來源本來是四個獨立而連續性的故事。片斷法則否認這些來源本為獨立的整體。首先認真提出這個看法的，是吉地斯、法特、第韋特（A. Geddes, J. S. Vater, W. M. L. de Wette）等人（十八世紀末和十九世紀初，見 Rogerson, 35, 154～57）。底本假說需要很多證明；它不僅必須辨明各卷書內大段材料（片斷）的來源，還需要證明，這些片斷原來屬於這理論所提出的四個連續故事。

補充說

有些學者以為，原先有一份基本的文件，後來則由一位作者加以補充，或由一位編輯用一份文件（*Grundschrift*）為基礎，再用另一份作補充。這主張最早的倡導人是艾渥德（Ewald，十九世紀），後來有人繼續鼓吹（包括德里慈的早期），認為 E 是基本文件，J 是後來用以補充的文件。但是不久之後，E 又被分為兩個不同的文件（以後被稱為 E 和 P），結果傳承的文件就不只一項。近日有些研究（Wenham，見下文）則回到一種形式補充的假說，其依據為：現在少有人認為 E 是一份獨立的來源。

形式批判與傳統批判

袞克爾（H. Gunkel）受到當日民俗研究的影響，將五經起源的研究方向作了重大的改變；好幾位重要的德國學者也起而效尤（Longman 1985）。袞克爾不注重文件的來源（但對於其存在，他從未提出抗爭），而集中在形式批判的單位；主要是五經中的傳奇故事。他假定它有口傳起源，並隨時間而發展。第二代學者中，最受他看法影響的是諾特、馮拉德，和魏斯特曼（Westermann）。他們（正如袞克爾）繼續支持傳統的底本假說，不過，諾特認為五經有六個基本主題，他下了許多工夫研究：

1. 史前史
2. 列祖的故事
3. 出埃及
4. 西乃
5. 曠野繞行
6. 定居

諸特認為，這六個主題乃是各自興起、分別發展的，到了後期才放在一起。馮拉德也同意，並且指出，在出埃及的傳統素材中沒有西乃的部分。他引用申命記二十六5～10（一份早期的信仰告白，其中沒有提到西乃），視為這兩種傳統素材獨立發展的強力證據。

在德國研究圈中，任道夫是第一個看出，傳統歷史批判和文件法是不協調的（*OT*, 160～63, 和 1977, 亦參斯堪地那維亞學派，代表作為 I. Engnell, *Critical Essays on the Old Testament*, ed. J. T. Willis and H. Ringgren, London 1970）。他在書中描寫，獨立的傳統如何被放在一起，成為個別複合的傳統（諸如，各個不同的列祖故事——亞伯拉罕、以撒、雅各，和約瑟）。然後，這些又被結合，成為更大的複合體——列祖的故事，以插話將其連貫起來。此後，這些故事又被帶進更大的單位，方法為神學編輯；最後則再加上申命記式與祭司式的修訂。

文件法視現在的經文為不同而各自連貫之文件的組合，較不自然，而任道夫的見解的確有道理。他的方法考慮到故事的平順性，這是舊的批判法顧不到的。但是近日的文學法對往昔的方法，特別是傳統的批判法，又提出更深一層的質疑。

批判法的評估

保守派，無論是猶太圈內或基督教圈內，一向對五經的批判法採取抗拒的態度。提出犀利攻擊的，十九世紀最著名的是亨斯登伯和德理慈（他自己持修正的來源說），二十世紀則為艾利斯（O. T. Allis）、卡蘇特（U. Cassuto）、濟欽（K. Kitchen），和萬南（G.

J. Wenham）。今天讀他們的著作，仍然有幫助；不過他們批判的重點是針對威爾浩生，而他的許多觀點，已經不爲人追隨。主流派聖經學術圈對這些學者著作的忽略，是不公平的；好在他們的主張又再度出現（但沒有歸功於他們），就是出現於近日批判派圈內對傳統五經研究的批判（Whybray; Kikawada, 和 Quinn）。事實上，現在傳統的來源批判說，在每一個研究圈內都日益衰微。學者的努力愈來愈少放在來源的問題（不過也有例外，見 Emerton），而愈來愈多放在五經最後的組成，和其中的個別書卷。這種離開文件分析法的趨勢，主要由兩個原因造成：(1) 方法的問題，(2) 對經文更新、更整全的處理法。這兩個因素關係密切。因爲有問題，詮釋者才會朝向以整全的方式來研讀經文；而以整全的方式來讀，又強化了問題。不過，以下會分別說明這兩點。

問題

近年來對底本假說質疑者甚多（Kikawada 和 Quinn; Whybray）。首先是有關判別來源的標準（見上文）。例如，使用神不同的名字（尤其是伊羅欣與雅巍）的原因，也許是爲了文體，而不是來源不同。吉卡瓦達（Kikawada）和奎恩（Quinn, 19）提出另一種解釋法：

> 談到史前史、切合智慧文學類的地方，他會用伊羅欣；談到強調特殊啓示的地方，他比較會用雅巍。

雖然不可能證明，每一次伊羅欣與雅巍的用法都出於這類動機，不過，這個主張的確讓人懷疑可否以神的名字作爲區分來源的準則（第三種看法可參 Wenham in Millard and Wiseman, 157-88）。何況，在聖經之外的近東經文內，同一句話中用一位神祇不同的名字，是相當常見的。

沒有人可以否認，五經中有平行故事，有時十分類似，有時完全相仿。只要略覽創世記十二 10～20、二十和二十六章（是三

則！），就可見一斑。每一處都記載一位先祖在外地法庭中，爲了
保護自己而稱妻子爲妹子。傳統批判法採用來源批判，將第一則與
第三則歸入 J，中間一則歸入 E（Speiser, 91）。近日對閃族文學形
式的研究，則認爲，這種重複乃是文學中刻意採用的，爲要達到某
種果效。阿特爾的研究顯示，這些平行故事其實是「故意採用的文
學常規」（50），他稱之爲「示範景」。阿特爾（詳細的討論見
47-62，以及 Moberly, 31-32）將示範景定義爲：經常重複的故事模
式，作者在其中強調相同點，以吸引讀者注意兩個故事之間的關
係。阿特爾將這種文學方法與對句的存在作對比，而反對來源假
說。他滿足於指出故事之間的文學聯繫。相信神在歷史中的作爲有
其目的之人，能夠在經文的背後看出，祂的手如何導引整個事件。

J 多半以故事描繪，而 P 多半爲表列的形式，這兩者很容易區
分。然而，這究竟是因作者不同而來，或者只是因處理的題目不同
而來？即使容許作者（或更準確的說，使用現存的資料，如，家
譜）有所不同，而將 P 的日期訂在 J 之後，又有什麼理由？

至於有些地名、人名，或物件有兩種不同的名稱，解釋法也與
平行故事類似。這種現象在聖經之外的經文也曾出現，而其作者則
無疑爲同一人（Harrison, *IOT*,521-22; Kitchen）；在某些地方，這樣
處理可能是基於文學的理由（Alter, 131-47）。

最後一項準則是神學的差異。今天幾乎沒有一個人接受威爾浩
生的主張，即，在舊約中可以偵測出宗教的進化，從精靈主義到一
神主義到獨一眞神論。當代的批判家很快就可以看出，他採用黑格
爾式的假設，因此不值得接納。此外，威爾浩生也受到浪漫派的影
響，想挖掘出原始、理想的過去，而將這種概念應用到對聖經的研
究。今天的想法與當年相當不同。甚至在批判圈內，包括威爾浩生
的嫡系傳人，注意的焦點都從來源分析轉到經文最終的形式上。此
外，過去用來區別來源的神學差異，大部分可以用不同的方式來解
釋，指出不同的方向。例如，回到崇拜集中的問題（見上文，32
頁），五經對於祭壇集中的事，的確記載了不同的看法。出埃及記
二十章假定敬拜的地方不止一處，申命記十二章則呼籲要集中，而

利未記和民數記則假定這是既成事實。不過，仔細查考申命記十二章，便可以發現，這個呼籲並不是要立刻集中化，而是要等神使他們「不被四圍的一切仇敵擾亂，安然居住」（申十二 10）時。這種狀況直到大衛治理的末期才實現（撒下七 1），而不久之後，聖殿便建立了。在那時之間，出埃及記二十章的律法仍具效力，成為建立各個祭壇的規範。利未記與民數記的律法，則是前瞻集中式的聖所建好以後的情景（另一種協調法，見 McConville）。

除了標準之外，批判法最大的敗筆為：在區分來源方面，無法達到同樣的見解。顯然這個方法含有主觀的因素，因此讓人對其科學基礎產生懷疑。無法達到一致的問題，可以從一點看出，即：偶爾來源又被分為更多層次（見 Smend 的 J^1 和 J^2），造成新素材的出現，如，艾斯費特的 L（*aienquelle*）、諾特的 G（*rundschrift*）、弗勒（Fohrer）的 N（代表 Nomadic）、費弗（Pfeiffer）的 S（代表 Seir）。還有一件事也顯出傳統底本假說已經崩潰，即：許多人懷疑 E 是否為獨立來源（Voz, Rudolph, Mowinckel, 參 Kaiser, *IOT*, 42 n.18）。對於來源的日期，也同樣出現意見不合的情形。馮拉德將 J 的日期定在所羅門時代，但施密德（Schmidt）卻主張在主前第七世紀；范塞特斯（van Seters, 1992, 34）最近主張在被擄時期。雖然大部分學者相信 P 屬於被擄歸回時期，但哈蘭（Haran）認為，它應該與主前第八世紀希西家的改革相連。

雖然有以上的不合，但這些不同的看法並不能證明來源不存在，只是質疑：在經文最終的形式中，是否可以清楚區分出來源，而詮釋者是否值得在這方面下工夫。

最近對五經的文學研究法

在一九七〇年代，而特別是在一九八〇和一九九〇年間，聖經學者的注意力又被另一種文學研究法吸引（見第一章「文學分析法」）。這個方法重新強調聖經許多故事的文學品質，尤其是創世記的故事（Fokkelman, Clines, Kikawada and Quinn, Wenham, Whybray）。文學研究法通常將來源與歷史問題擺在一邊，因此，這些

研究者也不追究文學來源的問題。然而，他們的成果顯示，若按照閃族文化本身的標準來看，創世記展現出文學的一體性，流露出高妙的藝術性。

這些研究又使從事來源批判的人更加減少。雖然不少人認為，來源批判可以與文學研究法攜手合作，但也有人看出，它實際上降低了作來源分析的可能，至少使它顯得不大必要。例如，記載約瑟故事的經文，倘若能展現出某種程度的一致性，和文學的優美性，就必然不是機械化地將兩個不同的資料放在一起。近日流行的正典批判（Childs）也指出，在解經研究的對象上，我們手中之經文才具重要性，不是在它以前的任何形式（文學研究法與正典批判的密切關係，見 Barton）。

摘要與結論

對於五經作品的問題，過去兩百年來，批判法中的底本假說（從 Eichhorn 開始）大行其道。其中有一個世紀以上（自 Wellhausen 的書開始），學界對這方法信心十足，認為是「批判法明確的結果」。令人驚訝的是，到了今天，它只能苟延殘喘，因為問題百出，又有其他解決方案提出，同時學界的努力已經轉向。可以預期的是，下個十年中將會有人為此方法提出辯護，不過這些將是不再生效的研究法垂死的掙扎。

達茲曼（Dozeman 1989, 1）將這個問題的現況，描述為「創意時期」，所言不差。他的意思有一部分為，這是脫離古典底本假說的過渡期。未來會達到什麼共識，或能否有共識，現在還很難說；不過可以肯定的是，必然不會再回到批判法之前的情形，亦即：除了少數例外之處（所謂非摩西或後摩西的部分），其他完全是摩西所寫；也不會回到古典的文件法。目前批判學界的趨勢，似乎為傳統歷史法，代表人為任道夫和達茲曼。無論如何，重點必定愈來愈在經文最後的形式。事實上，達茲曼的論述中大力表揚將傳統文獻作最後整理的編輯者。

另一方面，福音派對於五經作品問題的立場，也經歷了微妙而

重要的變化。福音派學者承認，五經包含摩西之前的資料與摩西之後的旁註。甚至有些人採用舊的底本假說來辨認這些資料。例如，萬南（1987, xxxvii-xlv）相信，P 是古時的資料，J 出於最後的編輯－作者之手（他明白表示，J 可能是摩西）。洛斯（Ross, 1988, 35 n.12）的看法卻正相反，他主張 J 是資料，P 是摩西。

由此可見，這些證據是很難捉摸的。對於所有資料最佳的解釋，是承認有來源的存在，也有發展的暗示，但不要武斷地指明其範圍或時期。摩西之後與非摩西的段落，顯示的確有旁註；問題為到何種程度。

分析到最後，可以肯定：五經主要是摩西所寫，同時，在內證與有力的外證之下，顯示其中包含早期的資料，和以後的旁註及說明。為了配合證據，對於作品內特定的部分（如，何者為摩西之前、摩西時、摩西之後；見 Christensen and Narucki, 尤其是 468 頁的類比很有幫助），必須保持敞開的態度，不驟下斷語。無論如何，我們所注意的是經文最終的形式，因為這才是神賜給教會的正典，為要教誨眾人。

文學分析

結構

創世記好像一塊大餅，可以用不同的方式來切，看讀者的觀點和興趣為何。也許最有趣的結構分析法，是所謂的**多利達特**（*Toledoth*）公式，它能清楚展示負責經文最終形式之作者所設定的結構。希伯來片語 *'ellēh tôlᵉdôt* 共出現十一次〔二 4、五 1、六 9、十 1、十一 10、十一 27、二十五 12、二十五 19、三十六 1、三十六 9（也許是屬於三十六 1 的同一段）、三十七 2〕。這個片語的翻譯有好幾種，包括「這是後代」、「這是家庭史」、「這是記錄」。這個片語通常接著一個人名，只有第一處例外，不是名字而是「天和地」。在第一處之後，故事分為以下的段落：「這是某人

的後代」，即亞當、挪亞、挪亞的眾子、閃、他拉、以實瑪利、以撒、以掃（本段這公式出現兩次，三十六1和9），和雅各。如此，創世記有一段前言（一1～二3），與十段記載。那些名字並非主角，而是該段落的起點，結束點則為那人之死。由此觀之，這個方法為創世記提供了一體感，穿越了前面所談的來源假說。批判學者將這個公式與P相連。

創世記結構的第二種分析法，以內容與文體作為考慮。首先，這卷書可以分為兩大部分：創世記一1～十一32，和十二1～五十26。前者是史前史，從世界的創造直記到巴別塔事件。這幾章所涵蓋的時間不可衡量，屬非常遙遠的上古時代。創世記的第二部分，特徵為情節趨緩，集中於一個人，亞伯拉罕，與他的家庭，直到第四代。這幾章通常稱為列祖的故事，從十二章1節亞伯拉罕的蒙召開始，記載這群應許子民的遷徙，直到約瑟之死，即本卷書的結束。創世記的這兩大部分都從神的話開始，產生一個新的局面。在創世記一1，神話語的能力使宇宙形成；在創世記十二1，神話語的能力使一群特殊的子民形成（Brueggemann, 105）。

創世記第二部分裏面，又可再分為列祖的故事與約瑟的故事。前者為插曲式，記載亞伯拉罕、以撒、雅各生平中，一些短短的事跡。約瑟的故事（創三十七、三十九至五十章）則為連續的情節，記述了亞伯拉罕的家族下到埃及的原委。這個故事由出埃及記延續下去（見神學部分）。它說明了那個七十到七十五人的家族因何下到埃及，而四百年之後，在出埃及記的前端，又如何能形成一個國家。

創世記的文體

這一段的焦點，是以現有的正典形式來看待本書。首先要說明，這樣的討論並不否認創世記內明顯的多樣性；從前面十一章廣闊的時空掃描，到插曲式的列祖故事記載，最後到故事式的約瑟事蹟，讀者很容易看出這種多樣性。第二方面，這種討論也不否定整卷書是由不同形式組合而成：家譜（五章）、戰記（十四章）、詩

體遺囑（四十九章）等等。

　　儘管本書有各種樣式，但是以一個整體來思考本書的文體，仍然有所幫助。畢竟，它是一個情節完整的故事，引導讀者從世界的創造直到埃及的寄居。它按著時間的架構，回顧過去的事件。這句話聽來彷彿是在定義歷史作品；而事實上，讀者在其中也會遇到這種文體的記號，所以這樣的分類顯得不無道理。

　　例如，這卷書大部分是用所謂反轉的動詞形式（waw consecutive verbal form），這是希伯來聖經中故事的基本特色（Aalders, 45）。還有，經常出現、成為本書架構的 *tol^e dot* 公式，也具歷史意味。此外，創世記與五經其餘部分並沒有巨大的文體轉變；五經與所謂的歷史書之間，也沒有這樣的轉變，讓我們讀來不覺得它是歷史。事實上，如果要談聖經（諸）作者的最初用意，這卷書的文體可以讓人得到明顯的結論，不容辯駁，即：作者要讀者視之為歷史作品，記載遠古以前曾發生的事。

　　我們必須強調，這是透過觀察經文本身，所得的本書動機。有可能一卷書有意成為歷史書，但是卻不太成功。不過，猶太教和基督教圈內，長久以來學者都支持這個觀點，認為這些故事意在傳達古時的人物曾經歷了那些事。當然，就像所有聖經歷史作品一樣，創世記也可以稱為「神學歷史」，其定義請參閱第一章。

　　到了二十世紀，才有人認真提出其他文體（二十世紀批判派對創世記的態度，詳細說明請參 Van Seters 1992, 10-23）。例如，袞克爾相信，創世記主要是由上古英雄故事（saga）組成。寇茲（Coats）將上古英雄故事定義為「冗長、散文式的傳統故事，採用小故事式的結構，環繞固定的主題或對象發展……這些講述過去人物行為或美德的小故事，旨在充實目前故事作者的作品」（1983, 319）。這個定義雖然本身並不反對經文有歷史用意，但它通常假定，這類上古英雄故事「大半是由非歷史性的材料，添加在可能的歷史核心事件上」（Moberly, 36）。對於創世記所提出的其他文體，含括全卷或其中一部分，計有：中篇小說、神話、寓言、起源說，與傳說（Coats, 5-10）。

　　這類名詞顯然對於本書的歷史用意心存偏見。現代詮釋者提出這些名詞的動機，主要是因為他們不願意、也不能夠接受創世記世界的真實性，而不是因為他們對於經文的用意有清楚的洞見。

　　范塞特斯（1992）可以作為近日批判派的代表。他判斷創世記歷史用意（至少雅巍部分）的方法，是與希臘歷史作品比較。當然，這不表示他相信雅巍部分的事曾經在時空中發生過。

　　這卷書文體的記號，要求讀者接受全書的要旨為解釋以色列的過去，是歷史作品（見第一章，有關聖經歷史書卷的說明）。至於記載的準確性，辯論甚烈。開頭的幾章使聖經與科學產生衝突（見Blocher），而聖經學者對於列祖資料的外證，見解又各異（Selman的書是最佳的參考）。

　　創世記內歷史的功用為：作為出埃及記的導言與基礎，說明以色列國之成立和律法之頒佈。它記載神如何揀選亞伯拉罕，引導他的家族，視為自己的子民。

創世記的文學技巧

　　近日對文學技巧和聖經本文的研讀興趣日濃（見第一章的文學分析），以致對於創世記有了新的尊重。學者會引用創世記的故事，作為聖經複雜的散文文學最佳的例子。由於篇幅的緣故，在此無法詳盡討論創世記的體裁；有興趣的讀者可以參考阿特爾、柏林（Berlin）、弗克曼（Fokkelman）等人的研究。事實上，因著承認創世記的文學技巧，詮釋者的注意力才逐漸離開來源的研究（見上文），而重新對於全書的神學信息發生興趣。

　　此處要舉一個簡短的例子，說明創世記普遍而深入的文學技巧。弗克曼仔細研究巴別塔的故事（創十一1～9），顯示出其縝密的設計。他的研究從注意這則小故事的文字遊戲開始。有些字群是因發音相似而放在一起：「讓我們作磚」（$nilb^e nâ\ l^e b\bar{e}nîm$）、「把磚燒透」（$nisrepâ\ s^e\ r\bar{e}pâ$）、「石漆」和「灰泥」（$bem\bar{a}r/bomer$）。而「磚」（$l^e b\bar{e}nâ$）和「石頭」（$l^e\,\bar{a}ben$）也有頭韻。這些相似的發音使這故事有韻律感，讓讀者不單注意內容，也注意到

用字。其他的重複字，發音也相近：「名」（šēm）、「那裏」（šām），和「天」（šāmayîm），要爲自己揚「名」（šēm）。然而，神改變了整個情形，因爲「從那裏」（8 節）祂將背叛的人分散，攔阻了他們的計畫。藉著好些文字的選擇，凸顯出叛徒的惡意出乎意料地被廢止。弗克曼列出，故事中許多字與片語都爲子音 lbn 的組合，全指人對神的背叛。當神來審判時，祂混亂（nbl）他們的語言。子音的倒轉，顯示神的審判對叛徒生效。這種逆轉，在弗克曼分析故事的對稱結構中也可看出：

A 十一 1
　B 十一 2
　　C 十一 3a
　　　D 十一 3b
　　　　E 十一 4a
　　　　　F 十一 4b
　　　　　　X 十一 5a 　「耶和華降臨」
　　　　　F' 十一 5b
　　　　E' 十一 5c
　　　D' 十一 6
　　C' 十一 7
　B' 十一 8
A' 十一 9

　　語言（A）和地方（B）的一致、溝通的頻繁（C），致使人作出計畫、發明新物（D），特別是要建造（E）一座城和一座塔（F）。神的介入是轉折點（X）。祂觀察建築物（F'），就是世人造的（E'），並作出對抗的計畫（D'），使得溝通不再可能（C'），而地方（B'）和語言（A'）的合一都破壞了。（弗克曼）
　　弗克曼對創世記十一 1～9 的分析，是一個小小的例子，而更大的範圍亦是如此，顯示出創世記乃是經過精心製作的文學。

神學信息

創世記身爲妥拉之首，又是正典的第一部作品，正是一卷根基之書。它成爲摩西律法的緒論，並開始了救贖的歷史，就是聖經其餘部分的主要內容。它的情節雖前後連貫，但在探討神學信息時，最好按它的三大段落分別來看。

創世記一至十一章：從創世到巴別塔

聖經可以比作有四部曲的交響樂，從創世到墮落，然後是救贖，最終爲再造。創世記成爲聖經的根基，它簡短講述了前面兩部曲，並開始了第三部。第四部曲則爲聖經最後兩章的題目（啓二十一～二十二章），其中充滿了創造時用的意象（啓二十一1、5，二十二1～6），值得注意。歷史的末了就像開始時一樣，充滿和諧，恢復了與神美好的關係。

因此，創世記從天地的受造開始寫。在過去一個半世紀的研討中，有一項令人驚異的發現：經文本身對於創造的程序並不太在意。創造的描寫是要顯示：宇宙和人類受造的背後，神是惟一的緣由。創世記第一章和第二章啓示出，神爲大能的創造者，世上男女則是依靠祂的受造物。不過，對於神創造的過程，如時間的長短與順序等問題，這幾章中的描繪並不容許我們作定論（參，對創世記第一章採二十四小時說、日即時代說，或架構說等人之辯論）。另一方面，這些經文絕對防止人作神話傳說或寓意式的解釋（見以上對文體的討論）。另一方面，創世記第一、二章的主題，不在神如何創造，而在神造了萬物，而祂並不是用先前存在的東西造的（*creatio ex nihilo*），這與其他近東宗教的信念都相反。還有一個要點，就是神在創造萬物時，都宣稱它們是好的。請記得，創世記寫作時，世上萬物沒有一樣完好，充滿了罪惡與不公；因此這句話的震撼力就更明顯了。讀者可以明白，當前罪惡的世界並不是神工作的結果，而是受造者搞出來的。

　　事實上，創世記三至十一章一篇又一篇的故事，都在強調神的受造物在犯罪、背叛。並且，這些短故事講到，隨著時間的發展，人類的道德迅速敗壞。在罪惡蔓延時，神則對祂所造的人顯示出恆久的忍耐。魏斯特曼（1964）很生動地刻劃出這種趨向。他注意到，創世記三至十一章五個主要故事的結構都爲：先指出罪的模式，接著是一段審判的話，然後是審判的執行。人類罪當一死；但是，自他們第一次犯罪開始（創二 17），神總是向他們伸出恩手，減輕刑罰。

表一
創世記一至十一章的文學模式

	罪	話語	減刑	刑罰
墮落	三 6	三 14～19	三 21	三 22～24
該隱	四 8	四 11～12	四 15	四 16
神的衆子	六 2	六 3	六 8、18 以下	七 6～24
洪水	六 5、11 以下	六 7、13～21	六 8、18 以下	七 6～24
巴別塔	十一 4	十一 6 以下	十 1～32	十一 8

　　嚴格來說，魏斯特曼的模式或許不能成立（注意六 8、18 以下和七 6～24 的重複使用），可是它的確顯示出創世記三至十一章的神學主題（Clines 63）。首先，罪惡隨著時間愈演愈烈。「從伊甸園到巴別塔……罪有『一落千丈』的趨勢，……從不順服到殺害，到殘暴的屠殺，到情慾橫流，到全然腐敗、暴力充斥，到整個人類的崩潰」（Clines, 65）。

　　第二，對罪的刑罰也加重了。這種加強不單可以從小故事本身看出，也可以從家譜中人壽命的減少看出（創五）。但是，或許創世記最讓人注意的信息，乃是神不可測度的忍耐和愛，祂竟將祝福傾倒在這群背叛的子民身上。

　　誠如克蘭斯（Clines）的看法，這個結構對於創世記一至十一

章中洪水故事的重要性，還不夠強調。洪水成為神對全世界背叛者的審判。而如果強調洪水的重要性，就可以看出創世的記載和洪水故事之間的關係，再可據此而得到一個三階段模式：從創世到滅世到新造（Clines 73-76）。洪水的要義，為使創造過程倒退一大步。水淹沒世界的情形，可以用「空虛混沌」（創一2）來形容。換言之，就是將創造逆轉過來。挪亞和他的家人成為與舊造的銜接；但挪亞之約（九1～7）的用語簡直是創世記一至二章的翻版，以致挪亞實際上成為新造的開始。與創造段落的經文相似之處，包括要生養眾多的命令（九1、7）、人是按照神的形像而造的講論（6節），以及神吩咐重新恢復每日和四季循環的命令（八22）。

洪水的記載是創世記第一部分中最長的一則故事，倘若它可以算是高峰，則巴別塔的故事就成為一大低谷。這段精簡而富技巧的經文（Fokkelman）卻成為亞伯拉罕故事的前奏，此後整個故事的焦點從全世界集中到一個人身上，從他將開始一個新的國。

創世記十二至三十六、三十八章： 列祖的故事

從某個角度而言，這樣的分段是強加的。請注意，創世記三十八章將列祖的故事與約瑟的故事相連。不過，為了說明的緣故，我們將這兩個題材分開處理。

創世記十一27～32（創十一10～26家譜的結尾）成為史前史與列祖故事的銜接，介紹亞伯拉罕和他的父親從吾珥遷到哈蘭。在哈蘭，耶和華呼召亞伯拉罕，祂話語的重要性，透過正典迴盪於歷史的長廊：

你要離開本地、本族、父家，往我所要指示你的地去。
　　我必叫你成為大國
　　我必賜福給你；
　　叫你的名為大，
　　你也要叫別人得福。
　　為你祝福的，我必賜福與他，

> 那咒詛你的，我必咒詛他；
> 地上的萬族
> 都要因你得福。（創十二 1～3）

神應許亞伯蘭，他會有無數子孫，他們將成為一個強大的國，這就暗示他將從耶和華得到一塊土地。神也告訴他，他會蒙福，並成為神賜福的導管。憑著這些應許，亞伯蘭離開了哈蘭，遷移到巴勒斯坦。

接下來的一些故事，主題一直是這些應許如何實現，以及列祖對應許的態度。亞伯拉罕生平的重點，則在他對神成就應許的能力存有搖擺不定的信心。

他生平的每一則故事，都可以從對神應許的回應來理解。例如，初到巴勒斯坦，那地遭到饑荒，使亞伯蘭不得不遠走埃及（創十二 10～20）；承受土地的應許似乎難以實現。顯然他還不相信神能夠照顧他，所以他勉強撒萊謊報與他的關係，以求自保。相較之下，第二個故事（十三章）中，亞伯拉罕已經平靜下來，相信神與他同在。耶和華大大祝福亞伯拉罕，以致他和羅得——他的侄兒——必須分開，各覓牧場。亞伯拉罕可以抓緊應許，說神曾答應要給他這塊地，所以他有優先選擇權。但是，他卻讓羅得先作選擇。或許他也心知肚明，羅得會選最好的地，就是環繞所多瑪與蛾摩拉的區域（讀者若留意，會立刻將這裏與創世記十八章相連）。亞伯拉罕毫不遲疑，馬上將這塊美地讓給他。

不過，故事並沒有結束。後來亞伯拉罕又顯出對神的應許缺乏信心，因為他在妻子不能生育時，嘗試用當時近東流行的方式得到後嗣（創十五 3：認養家中的奴僕；創十六：納妾）。然而，充滿恩典的神幾次來到亞伯拉罕那裏，向他保證祂必定會實現祂的應許（十五、十七、十八章）。一直等到亞伯拉罕的妻子撒萊年紀太大，不能生育了，神才顯明，他的孩子的確是神的禮物。以撒的出世和一般人相當不同。在以撒出生之後，亞伯拉罕終於表現出對神深切的信賴，知道祂願意、並能夠實現祂的應許。創世記二十二

章，神命令亞伯拉罕帶著他的應許之子到摩利亞山，去將他獻爲燔
祭。亞伯拉罕如今已能完全相信神，故事告訴讀者，他默默地執行
神的要求，毫無怨言。讀者要自尋線索，才會發現當年獻祭的摩利
亞山（創二十二），和未來聖殿位置之間的關係（代下三1）。無
論如何，亞伯拉罕和其餘列祖的生平，都爲讀者刻劃出信心的生
活。他們知道，儘管有障礙和威脅，神必定會實現祂的應許，以證
明那的確是出於神的禮物（Clines, 77-79）。

創世記三十七、三十九至五十章：約瑟的故事

約瑟的故事在體裁上和列祖的故事不同，不過卻仍然繼續其中
的主題——神勝過障礙，實現祂的應許。這一次，神的家族受到饑
荒的威脅，甚至快到所有應許都泡湯的地步。然而，神卻用幾近神
蹟的方式，奇妙地保守了祂的子民。

約瑟本人給了我們一個神學框框，來衡量他的一生。在他父親
死後，他的兄弟擔心約瑟會對他們展開報復。於是來找他，求他饒
過他們。約瑟的回答顯示出，他很清楚他的一生是神在引導：「不
要害怕，我豈能代替神呢？從前你們的意思是要害我，但神的意思
原是好的，要保全許多人的性命，成就今日的光景。」（創五十
19～20）

在約瑟的生平故事中，神顯明自己是掌握歷史細節的神。從人
的角度來看，約瑟從巴勒斯坦到埃及，從波提乏的家中到牢裏，實
在是陷入惡運。那些想害他的人——他的兄弟和波提乏的妻子——
似乎決定了他的命運。但是，約瑟卻明白，他生命中一切經歷的背
後都有神的意思。他又知道，神翻轉了他兄弟和其他人的惡意，讓
他在宮廷身居要職，乃是爲了要保存他的全家，以持續應許之約。

神翻轉人的惡意，爲要保存祂的子民，這個主題出現於整個舊
約之中，但在約瑟的故事裏看得最清楚。

展望新約

這卷書既然如此豐富、多采多姿，其聖經神學的含義自然訴說不盡。在此我們只能作一些提示。

創世記一至十一章。前面已經說過，創造是一切的根基。伊甸園代表人因著過去的罪而失去的一切，也代表人現今所渴求的一切。墮落的記載（創三章）引發了整個救贖歷史，就是舊約與新約絕大部分的內容。不過，啓示錄二十一至二十二章卻特別回應了創世的記載。「新天新地」將反映出伊甸園中的許多特色，所流露的信念爲：末後的光景將包括當初情形的恢復。

墮落的記載不單記下神的審判，也記錄了刑罰的減輕。也許最值得注意的，是神對蛇的咒詛：

> 你既作了這事，
> 　就必受咒詛，
> 　比一切的牲畜野獸更甚，
> 　你必用肚子行走
> 　　終身吃土。
> 　我又要叫你和女人彼此爲仇，
> 　你的後嗣和女人的後嗣也彼此爲仇；
> 　女人的後裔要傷你的頭，
> 　　你要傷他的腳跟。（創三 14～15）

這個咒詛後來被稱爲「福音的先聲」，即救恩最早的宣告；不過有些人不贊同這個講法。這段話可能是古時對拯救者基督的期待，支持的理由爲：羅馬書十六 20 提到這個咒詛，而且整個新約都見證基督在十字架上擊敗撒但（蛇即撒但，參啓十六 9）。這次的得勝，使得神對人類的審判得以翻轉。同樣，在巴別塔故事的亮光下，來看五旬節時所賜下說別國語言的恩賜，更令人嘆爲觀止。

　　創世記十二至三十六章。從神學而言，創世記中間最絢爛的一
段，是亞伯拉罕之約。神在此應許亞伯拉罕，要賜給他後裔與地
土，最後向他保證，他將成爲萬國的祝福。舊約承認，這些應許按
照時候都一一實現了，如以撒的出生，以及他的後裔成爲以色列
國，而以色列人佔據了巴勒斯坦，列國中也有人（如喇合、乃縵、
尼布甲尼撒）歸向以色列的神。然而，神所有的應許，包括對亞伯
拉罕的在內，「在基督裏都是『是的』」（林後一20），而基督徒
現在被視爲「亞伯拉罕的後裔」（羅九8）。有關亞伯拉罕之約與
新約的詳盡關係，可參羅勃森的書（O. P. Robertson, 1980）。

　　然而，希伯來書（十一8～19）更讓我們注意到，亞伯拉罕的
一生都在作信心的掙扎。前面提到，亞伯拉罕領受了神的應許，而
面對應許的攔阻，他內心有不少掙扎。希伯來書以此來比擬基督
徒。他們也領受了神的應許，可是每天都遇到攔阻。亞伯拉罕被舉
作榜樣，來扶持掙扎中的基督徒。

　　創世記三十七至五十章。約瑟承認，他的經歷並不是機遇的擺
佈；他深知神的手在他的生命中，將他安置在高位，成爲家人的拯
救者（創五十20）。在這方面，約瑟的生平成爲耶穌基督的預表。
就像在約瑟的身上一樣，神也翻轉了惡人的計謀，而帶來救恩。耶
穌乃是被人釘死的，他們要消滅祂；然而「神的意思卻是好的，要
保全許多人的性命，成就今日的光景」（創五十20; 參徒二
22～24）。在神能使惡事轉爲好事的眞理之下，基督徒可以安心，
因爲那句出名的應許說：「（神使）萬事都互相效力，叫愛神的人
得益處。」（羅八28）

出埃及記

　　出埃及記是五經的第二部分，它繼續創世記所開始的故事（見Fokkelman, 59-62）。希伯來聖經中此卷書的名字是「他們的名字」（*w^eellēh šemôt*, 該書開頭用的字），它從兩方面表現出與創世記的銜接。第一，本書從連接詞「以及」開始，顯示它是前一個故事的延續。第二，開頭的片語重複了創世記四十六 8 的話，兩段經文都列舉約瑟時代下埃及之「以色列眾子」的名字。創世記最後的小故事（五十 22～26）也影射出創世記和出埃及記的連續性。約瑟在臨終前吩咐，他的骸骨要從埃及帶上去。以色列人最後在離開埃及時，經文提到，摩西將約瑟的骸骨帶走了（出十三 19）。

　　因此，出埃及記將創世記的故事繼續下去。不過，這兩卷書之間相隔很長一段時間。創世記落幕時，神的子民只是一個中大型的家族，在埃及地昌盛起來。當出埃及記開始時，他們已經成為一個很大的團體，可以組成一個國家，卻過著被捆綁、受奴役的日子。

書目

註釋

Cassuto, U. *Commentary of Exodus,* trans. I Abrahams (Jerusalem: Magnes Press, 1967); **Childs,** B. S. *The Book of Exodus* (Westminster, 1974); **Cole,** R. A. *Exodus* （TDOT; InterVarsity, 1973/中譯：《丁道爾舊約聖經註釋：出埃及記》，校園出版中）; **Durham,** J. I. *Exodus* (Word, 1987); **Gispen,** W. H. *Exodus* (BSC; Zondervan, 1987); **Hyatt,** J. B. *Exodus* (NCB; Eerdmans, 1971); **Kaiser,** W. "Exodus," in *The Expositor's Bible Commentary* (Zondervan, 1990); **Noth,** M. *Exodus* (Westminster, 1962).

文章與專論

Bahnsen, G. L. *Theonomy in Christian Ethics* (Craig Press, 1977); **Bimson,** J. J. *Redatin the Exodus and Conquest* (JSOTS 5; Sheffield: JSOT, 1978); **Clark,** W. M. "Law," in *Old Testament Form Criticism* (San Antonio: Trinity University Press, 1974), 99-140; **Coats,** G. W. *Rebellion in the Wilderness: The Murmuring Motif in the Wilderness: Traditions of the Old Testament* (Abingdon, 1968); **Dozeman,** T. B. *God on the Mountain* (SBLMS; Scholars Press, 1989); **Fokkelman,** J. P. "Exodus," in *The Literary Guide to the Bible,* ed R. Alter and F. Kermode (Harvard, 1987): 56-65; **Haran,** M. *Temples and Temple-Service in Ancient Israel* (Oxford, 1978); **Gooding,** D. W. *The Account of the Tabernacle* (Cambridge, 1959); **Kiene,** P. *The Tabernacle of God in the Wilderness of Sinai* (Zondervan, 1977); **Kitchen,** K. A. *Ancient Orient and the Old Testament* (London, 1966); **Livingston,** D. "The Location of Biblical Bethel and Ai Reconsidered," *WTJ* 33 (1970): 20-44; idem. "Traditional Site of Bethel Questioned," *WTJ* 34 (1971): 39-50; **Longman Ⅲ,** T. "The Divine Warrior: The New Testament Use of an Old Testament Motif," *WTJ* 44 (1982): 290-307; idem. "God's Law and Mosaic Punishment Today," in *Theonomy* (Zondervan, 1990): 41-54; **Longman Ⅲ,** T. and D. **Reid.** *God Is a Warrior: Studies in Old Testament Biblical Theology* (Zondervan, 1995); **Mendenhall,** G. "Covenant Forms in Israelite Tradition," *BA* 17 (1954): 50-76; **Miller,** P. D., Jr. *The Divine Warrior in Early Israel* (Harvard University Press, 1973); **Moberly,** R. *At the Mountain of God: Story and Theology in Exodus 32-34* (Sheffield: JSOT, 1983); **Soltau,** H. W. *The Holy Vessels and Furniture of the Tabernacle of Israel* (London, 1865); **Sternberg,** M. *The Poetics of Biblical Narrative* (Indiana University Press, 1985); **Stock,** A. *The Wary in the Wilderness* (Liturgical Press, 1969); **Waltke,** B. K. "The Date of the Conquest," *WTJ* 52 (1990): 181-200; **Wenham,** J. W. "Large Numbers in the Old Testament," *TynBul* 18 (1967): 19-53.

歷史背景

作者與作品

出埃及記既是五經的一部分，其作者與作品問題在前一章已經大致討論過。此處只需要再指出與出埃及記特別相關的幾點。

按照傳統的批判學，出埃及記使用五經頭四卷書所用資料中的三種，就是 J、E 和 P。不過，正如諾特所言：「其文學的關係比創世記複雜」（Noth, 13）。舉個例子，J 和 E 很難分開。再舉一例，雖然 P 的部分很明顯，是在本書後半，談論宗教事務，但是很難判斷它是出自另一個來源，還是編輯所下的工夫。亦有申命記式編輯的可能。

　　出埃及記所導出的第一個重要問題，爲故事與律法集之間的關係。在出埃及裏面有十誡（出二十 1～17）和約書（出二十 22～二十三 19）。有一陣子，十誡被視爲來自 E（與申五 [＝ J] 形成對比），但現在多數人相信，律法（出三十四 [＝ J] 爲例外）是由各個獨立的單位組成，是後來才被編進故事中的。

　　另一方面，自從孟單豪（Mendenhall）以來，學者都以赫特人的條約爲例，來支持這兩部分的合理性，因爲這些條約中包含律法，並有歷史作前言。最近赫特條約的模式遭到批判，甚至視爲無效，原因之一爲該文體具變動性，但是最基本的一點——即律法自歷史而出——則沒有受到影響。

　　由我們在創世記那章結論的亮光看來，出埃及記有三處可以成爲摩西寫作的明證：出埃及記十七 14，二十四 4，三十四 4、27～29。

出埃及記的性質與日期

　　倘若順著聖經記載、不預設立場來讀，會發覺這卷書直陳出埃及的經過，至少大綱很清楚。神給亞伯拉罕的應許（創十二 1～3，十五 5）已經實現，他的後裔成了強大的一族人。根據民數記的記錄（一 46），曠野漂流開始時，二十歲以上的男丁有 603,550 人。這意味全部人口超過百萬。這些人都成爲奴隸，服事法老王。神興起摩西，藉著他行神蹟、降瘟疫，並帶領以色列人越過紅海，離開埃及的轄制。出埃及記也講述曠野漂流時期最初的情形，特別是在西乃山賜下律法，及會幕的建造。

　　與出埃及的日期有關的經文有兩處。第一處，也是最直接的一處，爲列王紀上六 1：「以色列人出埃及地後四百八十年，所羅門作以色列王，第四年西弗月，就是二月，開工建造耶和華的殿。」這段經文將出埃及訂在所羅門王就任後第四年之前的四百八十年，而學者能夠很準確地算出，所羅門王四年爲主前九六七年。因此，出埃及便發生於主前一四四七年，或其前後——倘若這是一個概數的話（參 Bimson, 81-86）。第二處相關經文爲士師記十一 26（Bi-

mson, 86-111）。那一段是記耶弗他與亞捫王的交涉。後者想要取回
摩押地，聲稱那原是亞捫人所有，因為摩押曾經臣服於亞捫。耶弗
他卻回覆說，以色列進入迦南地三百年來，一直據有該地；因此曠
野的漂流是在他之前三百年結束。我們必須承認，從這段經文倒推
回出埃及記，證據不如列王紀上那麼有力，因為我們對耶弗他的日
期不像對所羅門那麼清楚。仔細研究士師記中的時間順序，詮釋者
對於耶弗他的時代可以得到概略的日期。結果則為，士師記的經文
與列王紀相符，都將出埃及定位於主前十五世紀。

　　到了現代，出埃及與曠野漂流的這幅景象受到質疑，有人提出
小幅修改，有人將它整個改變，還有人完全拒絕接受它。反對聖經
所記出埃及事件的原因，其中之一為離開埃及的人數。有人認為，
譯為「一千」的希伯來字，事實上是一種量度，比一千小得多
（Mendenhall; Wenham）。另有人感到，聖經的記載太過誇張，並
假設實際上只有一小群人離開埃及。這一小群人通常被指認為利未
人，他們到了迦南地，與較大的一族人摻雜，而出埃及的傳統則成
了該族所有人的傳統。第二個問題是摩西。傳統對摩西的描述是否
準確？有時候，學者甚至質疑摩西此人是否存在。第三，出埃及的
日期常受到挑戰。許多人否定聖經的日期，而屬意較晚的日期，在
主前十三世紀，也有少數人根據考古學的研究，主張在主前十二或
十一世紀。另有些人接受較晚的日期，但是為相關的聖經提出一番
解釋（Kitchen, Harrison, OTI）。本書後半對於會幕的描述，也被人
從歷史的角度提出質疑。許多學者認為，會幕根本不存在，只是後
期將聖殿的模式投射到曠野漂流時期之結果。

　　這一類問題導致學者重新架構出埃及與征服迦南。出埃及與征
服迦南關係密切，而曠野漂流成為神三段救贖作為的中段。不過，
有關征服迦南的詳細討論，請參約書亞記那章。

　　雖然有人提出大幅的改變（見 Waltke 書中的形容），但對於出
埃及記的各種問題，一般學者接受的解決法為：日期為主前十三世
紀，離開埃及的是一小群人，比聖經的數目少得多。

　　其實，按照聖經來讀，最自然的結論就是主前十五世紀，可是

反對的理由主要有兩個。第一是出埃及記一 11，那裏形容以色列是奴隸，「爲法老建造兩座積貨城，就是比東和蘭塞」。考古學者指認這兩座城分別爲特勒馬斯克胡他（Tell elMaskhouta）和他尼斯（Tanis）（Bimson, 37, 引用 Naville）。這兩個地點在主前十五世紀並沒有居民的現象，而拿裴爾（Naville）已經證明，前者爲蘭塞二世（約主前 1290-1224）所建，而蘭塞的城市名，最自然是與擁有此名的法老相關。

將出埃及的時期定爲主前十三世紀的第二個理由，是基於一些學者（Albright, Wright, 和 Yadin）所辨認巴勒斯坦境內與征服該地相關的考古學遺跡。有一連串遺址顯示，在十三世紀曾發生毀滅，而他們認爲，這和約書亞和以色列人侵入巴勒斯坦有關。在這些毀滅層以上，從遺物看來，居民的經濟較落後，學者認爲，這可以暗示，這些地方是遭半遊牧的以色列人所毀，以後他們住在其中。

在爲出埃及的較早日期提出辯解之前，我們要稍停一下，來處理這兩個問題。賓森（Bimson）已經指出，將蘭塞和比東認作是他尼斯和特勒馬斯克胡他，不是非常肯定的事。他寫道：「當代學者實際上比較屬意寬特爾（Qantir），作爲比東和蘭塞的舊址」（Bimson, 42），並說明寬特爾的證據顯示，該處在主前十五世紀就可能有人居住，與他尼斯不同。出埃及記一 11 的蘭塞之城名，有可能像創世記十四 14 的但一樣，是後人將經文「現代化」的結果。此外，賓森也說明，比東又可能是特勒利特巴（Tell er-Retebah）或赫利波利斯（Heliopolis）遺址，這些地方的歷史亦早於主前十三世紀（Bimson, 47-48）。

否定以較早的主前十五世紀來定出埃及的時間，所提出的第二個論證，從賓森對於考古學證據的解釋來看，更是不堪一擊。他指出，以上所提主前十三世紀土層的毀滅證據，並沒有理由可以與約書亞的征服相連。他注意到，在變動甚大的士師時期，那些城市極有可能遭燒燬；較早的毀滅層可能肇因於中銅器時期所謂埃及對巴勒斯坦希克索斯（Hyksos）堅固城的攻擊。因此他相信，如果將早期的毀滅與約書亞的征服相連，而將日期帶到主前十五世紀，經文

與考古學能達到較美好的協調。賓森知道，由於解釋考古學證據十分困難，他不能武斷地為他的結論辯護，但是他所提出的可能性，顯示出若武斷主張十三世紀的日期，亦值得懷疑。

或許對出埃及較晚日期的間接論證（見 Bimson, 67-80），最重要的是根據葛路克（Nelson Glueck）對約旦河東岸一帶的研究。葛路克在一九三○年代作了一系列研究，發表了他對約旦河東的地層調查。按照民數記，漂流的以色列人在此遇見摩押人和以東人。但是，葛路克宣稱，從主前十九世紀到十三世紀之間，該地區並沒有定居的跡象；因此便為日期較晚說添加了不少力量。許多人直到今天還在用這個調查結果，來給聖經出埃及和征服的記載澆冷水。但是按今天的標準來看，葛路克的研究太原始。他只是打發觀測隊去畫出一些古丘圖，從古丘的頂上揀一些碎片標本，就用這些來定出該處有人定居的時期。今天公認，採集標本必須有規矩，例如，將古丘分為小方塊，再從所有方塊中按某個比例採集碎片（按電腦的選擇隨意取樣）。否則，標本只會集中於某種碎片（有顏色的或有某種邊的），這對日期的決定會造成很大的扭曲。此外，隨著中銅器時期墓穴的發現，與亞捫地區考古結構的研究，可以找出許多有力的證據，反對葛路克的調查（Bimson, 70-71）。葛路克的研究不再能成為反對出埃及日期較早的證據。

總而言之，有些人以考古學為依據，強調出埃及的日期絕對較晚；但這些論證不是有問題，就是有錯誤。賓森的批評至少有一個成果，就是讓人對考古學的結論有更佳的看法。它們並不是明文的事實，可以證明或否定聖經；聖經的內容必須屈服。考古學所提供的證據，也像聖經一樣，需要解釋。

在這種了解之下，賓森提出他自己對考古學證據的重新架構；他的重點為：這些證據能否與聖經的內容調和。他注意到，那些所謂被約書亞征服期間毀滅的城市，有兩層毀滅層：一層被定在主前十三世紀，一些學者（如 Albright, Wright, 和 Yadin）認為那是該次征服的遺跡；另一層在傳統上被定在十六世紀（中銅器時代），且被視為埃及軍隊追逐希克索斯人到巴勒斯坦的遺跡。上文我們已經

看過，賓森認為十三世紀的證據與征服迦南無關（他建議那是變動劇烈的士師時期）。他進一步批判早期毀滅層的證據太薄弱，不足以證明是希克索斯人；接著主張，這些土層應當被定在十五世紀，與約書亞的征服相連。於是，賓森說：「我已經嘗試証明，征服迦南與中銅器時代城市的毀滅，從日期的定法可以說，這兩者是同一個事件」（229）。他又注意到，聖經所記城市的毀滅，與十五世紀毀滅層（按 Bimson 230 頁的看法）的城市，幾乎完全一致，而與十三世紀的毀滅層則不相符。惟一的例外是艾城，那裏一直找不到任何出埃及的日期，也有可能是地點的判斷有誤（Livingston; Bimson, 218-25）。

因此，考古學的證據可以與聖經最自然的讀法調和，將出埃及與征服迦南定在主前十五世紀。不過，經文卻不允許我們對這個問題下定論。有些認真看待經文的人，仍主張出埃及記的日期較晚（Harrison; Kitchen; Bright），並認為以色列人的數目並不太多（Wenham）。所以我們同意沃特克（Waltke, 200）對征服迦南日期（當然，這與出埃及的日期必然相連）的看法：「在更多資料出現、能毫無疑議地確定征服迦南的日期之前，只能作無定論的判決。若是如此，兩種日期都是可能的假說，無法武斷地說何者絕對正確。」

文學分析

出埃及記雖然是創世記的延續（該章所討論的許多內容，都可應用於此），不過將它的結構、文體、風格作隔離檢視，還是有所幫助。

結構

出埃及記的分段法不只一種，要看讀者側重的是什麼而定。例如，杜罕（Durham, xxx）正確地注意到地點問題，依此分為三部分：

第一部分：以色列人在埃及（一1～十三16）
第二部分：以色列人在曠野（十三17～十八27）
第三部分：以色列人在西乃（十九1～四十38）

對本書的結構另外一種同樣有益的分析，則以內容爲聚光點：

一、 神拯救以色列脫離埃及的奴役（一1～十八27）
二、 神賜給以色列祂的律法（十九1～二十四18）
三、 神命令以色列建造會幕（二十五1～四十38）

這個結構讓我們清楚看見，這卷書所關注的是救恩、律法，和敬拜。

神拯救以色列脫離埃及的奴役（一1～十八27）。本書的第一段是動作最多的部分。後半只有三十二至三十四章才與它相匹。事實上，出埃及的記載是舊約最基本的故事之一，講述古代以色列民蒙神拯救的範例（見「神學信息」）。

第一章將問題呈現出來，並且引介了衝突，爲未來的情節鋪路。神的子民被迫在埃及作奴隸。不但如此，法老因爲擔心以色列人，就安排一個冷酷的辦法，來控制他們的人口（出一18～22）。情況相當凄慘。第二章便介紹本書的主要人物，摩西；在舊約中，這名字非常重要，只有亞伯拉罕和大衛可以與之媲美。

摩西的出生與成長都不尋常。神不單在他尚爲嬰兒時，就爲他預備了拯救，也讓他在法老的宮中長大。這個故事藉此強調，在以色列得救的事上，神的作爲時常出人意料之外。

第三與第四章是過渡期，神藉著一些事件，勉強摩西離開埃及，進入曠野，就是他一生大半將度過之地。第三章爲轉捩點，摩西更多明白了神的本性，以及他的任務；他成爲神所用的人，爲在埃及的以色列人帶來拯救。

第五到十二章，講到摩西與法老的相鬥，也是神明之間的相

鬥，因為摩西代表雅巍，法老自己則算是埃及的神之一。讀者看到神兩刃式的作為：一方面拯救祂的子民以色列，一方面審判了埃及人。災禍接踵而至，毀壞力一個比一個強；而以色列人毫髮未傷，與備受打擊的埃及人形成明顯的對比。第十災是高潮，埃及頭生的都死了，而以色列人則慶祝逾越節。

不過，第一部分的高潮乃是十三章 17 節至十五章 21 節，即離開埃及與渡紅海的記載。在這一段裏，神釋放了以色列人脫離捆綁，使埃及人死亡。過紅海是神拯救之工的縮影，因為在這一次行動中，神將海分開以行拯救，又將海復合以施審判。這個事件讓神首次博得戰士之名（出十五 3）。祂的爭戰與對海的掌握，與近東一帶的背景有關，成為反對異教的有力辯護。

誠如杜罕所指出，接下來的幾章（十五 22～十八 27）顯出地點的改變。以色列離開了埃及，來到曠野。五經餘下的部分地點一直在這裏。下一個大遷移則為進入應許之地，征服迦南。從一開始，就出現了曠野故事的一個特色：以色列人不知感恩，反倒不斷發怨言。他們雖然看見神的能力一再彰顯，證明祂的同在，但是仍然埋怨神。

神賜給以色列祂的律法（十九 1～二十四 18）。 以色列離開埃及三個月之後，來到西乃山，在這裏停留了將近兩年。值得注意的是，出埃及記的其餘部分、所有利未記，和民數記的頭一部分（到十 11），都發生在西乃。

在西乃頭一件重大的事，便是律法的頒佈。這件事以神威嚴的彰顯為序曲。祂在濃煙與烈火中出現在山上（出十九 16～19）。由於祂的同在，這座山成為聖地。

摩西登上山，領受了十誡（出二十 1～17）以及約書（二十 22～二十四 18）。這些文件的重要性，見「神學信息」。

神命令以色列建造會幕（二十五 1～四十 38）。 很多人注意研究出埃及記中會幕的事。其實，現代的讀者會覺得，這一段重複之處頗多，尤其是神指示了如何建會幕，而執行的細節又講得很詳盡，所用的言語都相同，採用命令－實現的模式。這是本卷經文第三部分

結構的要點。它也展現出對於身處曠野的那一代，會幕是何等重要。這些細節讓人寶貴，因爲會幕乃是神與以色列同在的主要象徵。

因此，這一段的開始爲呼籲人爲會幕貢獻材料（二十五1~9）。在曠野裏會有這些罕有的材料，只能從所謂掠奪埃及（出十二33~35）來解釋。神用這個方式爲祂自己的住處預備了材料。

本卷經文所餘的部分，大半爲建造會幕的指示：會幕的各個部分、會幕的用具，和祭司的袍子（二十五10~三十一18），以及如何執行這些命令的詳細講述（三十五1~四十38）。

文體

在這部分，我們所討論的是整卷書，而不是個別的部分。全卷出埃及記是由幾種文學型態組成，包括故事、律法，和詩。究竟如何描述全書才最恰當？

出埃及記也和大部分舊約一樣，最主要的文體特色爲先知式或神學式歷史。本書的用意是告知讀者神過去的大作爲。這種歷史被稱爲神學式或先知式，是因爲它顯然具特殊的用意：要透過神的作爲將祂的本性啓示出來。聖經的歷史故事，除了要記載歷史之外，還有神學與教導的功能〔見Sternberg和Longman（1987），以及本書第一章對聖經歷史性的討論〕。

出埃及記與聖經許多歷史書卷的不同處，在於其中律法角色的重要性。律法的正式分析是非常重要的課題，許多專書曾加以討論（有關的探討與書目，請參Clark），不屬於本書的範圍；不過，我們在此要指出，本書的故事與律法材料是混合在一起的。律法並不只是附篇，或獨立的一部分，而是與救贖歷史貫穿在一起（見「神學信息」）。

神學信息

前面已經提到，出埃及記是講述離開埃及的偉大事件，脫離埃

及的捆綁，並開始曠野的漂流。在漂流期間最重大的兩件事，也記在本卷書中，即：律法的頒佈和會幕的建造。這三件事——出埃及、律法和會幕——都強調一項重要的眞理：神與以色列同在，是她的救主與君王。我們現在將一一研討以色列救贖歷史的這三個時段，以探究這個更廣的題目：神的同在。

出埃及

重要性。從出埃及這件事本身的重要性，和它在正典中一再的出現，可以看出這是神在舊約中最偉大的拯救作爲。以色列人，神的選民，在埃及受到欺壓，被當作奴隸，大受剝削，成爲廉價的勞工。有幾處經文顯示，以色列人寄居在埃及的時候，已經把神忘記了，但是神卻沒有忘記他們。祂尤其記念亞伯拉罕之約（創十二1～3、15、17），那時祂應許列祖，要賜他子孫無數，還要給他們一塊屬自己的地（十二1～3）。以色列人當初來到埃及，是應許實現的一步，因爲在雅各與約瑟的時代若留在巴勒斯坦，可能會遭到饑荒與死亡；可是到了出埃及記故事的時代，那一代的埃及人已經不知道約瑟是誰。在這樣的情況下，神在人無法想像的境遇中，興起了一位拯救者。正如好些舊約故事一樣，這位未來的拯救者在嬰兒時就蒙神保守，脫離危險（出一、二章）。神不但保守摩西的性命，還讓他在法老面前受教養（出二5～7）。神用摩西將以色列人從埃及的捆綁中帶出來。

十災和紅海邊脫離法老大軍的奇妙拯救，都顯示是神救祂的子民脫離捆綁。在十災的過程中，強度與廣度不斷增加，最後的高潮爲頭生者的死亡。在一切災害中（尤其是自第四災開始），以色列人顯然和埃及人區分出來。當埃及人住的區域陷入一片黑暗（第九災，出十21～29），「惟有以色列家中都有亮光」（24節）。這種區別在第十災——頭生者之死——最清楚不過，逾越節的慶賀（出十二），就是記念此一事件。最後，法老心不甘、情不願地讓以色列人離開。當摩西第一次就近法老，要求離開埃及時，法老宣稱：「我不認識耶和華，也不容以色列人去。」（出五2）經過災禍之

後，法老知道神與以色列人同在，並主宰埃及所發生的一切事。

不過，法老只是勉強同意以色列人離開，而且立刻就後悔了，帶領戰車要去把他們追回來。在海邊，神能力的彰顯達到高潮，以色列人在蒙拯救的當時，就作詩歌以為記念（出十五），後來亦有記念詩（詩七十七）。那時神第一次明明顯示自己是戰士（Miller; Longman 1982; Longman and Reid 1995）：

> 耶和華是戰士；
> 祂的名是耶和華。
> 法老的車輛、軍兵，
> 耶和華已拋在海中。
> 他特選的軍長，
> 都沉於紅海。（出十五 3、4）

如前文所說，經歷出埃及的拯救後，以色列人意識到自己是神的子民。舊約中一再重複提到出埃及的事，甚至新約也不例外，由此可見這件事的重要性。

事實上，這次偉大的拯救行動，成了未來救贖的典範。最明顯的，就是先知對巴比倫的被擄與以色列最後復興的講論。在先知的心目中，巴比倫的被擄，就像是第二次埃及的奴役，後來以色列民必將經過曠野，再回到應許之地（如：賽三十五 5～10，四十 3～5，四十三 14～21; 何二 14～16）。事實上，這種回歸在古列王下詔之後便實現了，領導人為以斯拉與尼希米等。

展望新約。馬可福音的起頭，引用了以賽亞書四十 3 和瑪拉基書三 1，這兩段經文顯示，未來將有更大的事發生：

> 我要差遣我的使者在你前面，
> 預備道路——
> 在曠野有人聲喊著說：
> 「預備主的道，

修直祂的路。」（可一 2、3）

　　接著，這卷福音書便介紹施洗約翰，說他是為耶穌基督預備道路的人。耶穌基督在地上的工作是從曠野開始，福音書清楚顯明，祂的一生乃是出埃及預表的應驗。

　　耶穌的事工是由祂的受洗開端。與出埃及對照，洗禮就是耶穌的過紅海（參林前十 1～6）。難怪耶穌接下來便退到曠野，經過四十天（對照在曠野漂流的四十年），受到試探（太四 1～11）。令人驚異的是，那三個試探都與以色列人在曠野所遇的試探相仿。以色列人屈服於試探，基督卻勝過試探。耶穌對撒但的回答，更可以肯定這種類比，因為所有的話都取自摩西記在申命記的言辭（八 3，六 13，六 16），祂訓誨以色列人的要旨，是要他們不要再效法曠野中的行為。因此，耶穌向跟隨祂的人展示，祂是全然順服的，不像以色列人悖逆神。

　　除了曠野的試探，福音書還回應當年的第二個主要經歷，這段短短的記載，為馬太福音的登山寶訓。馬太將這篇道的地點放在山上，是要吸引讀者的注意；而根據路加所記，這篇講道的地點是在一塊平原（路六 17）。雖然這兩個記載或許可以互相調和，不過以山為背景，使得耶穌這篇以律法為重點的講道，與西乃山律法的頒佈，關係更加接近。

　　以色列出埃及的經驗，和基督在地上的工作還有其他相仿之處（Stock; Dennison），可是祂的受苦乃是這一切的高潮。耶穌是在逾越節的時候被釘在十字架上（太二十六 19; 可十四 16; 路二十二 13）。實質上，祂才是逾越節的羊羔，為人而死（林前五 7）。

　　因此，就某方面而言，基督在地上的工作實現了出埃及的預表。今天基督徒生活的經歷，也好像在曠野漂流，期待未來的安息，就是出埃及最後的目標（來三 7～四 13）──進入應許之地（天堂）。

西乃山──神的律法（十九～二十四章）

律法的重要性。 在出埃及記的時候，神向以色列人顯明祂的同在，作他們的救主──尤其是在過紅海時。以色列人離開爲奴之地，向應許之地出發時，神繼續與他們同在。這段旅程中最重大的事，應當是在他們離開三個月之後，來到西乃山時所發生的。神在這裏彰顯祂大能的同在，並藉頒佈律法向以色列人啓示祂的旨意。

在賜下律法之前的小故事，強調出神的聖潔與百姓的罪（出十九）。神在密雲、烈火、濃煙中顯現。由於祂的同在，這座山成爲聖所。百姓需要透過禮儀來潔淨自己，以迎見神，而只有摩西和亞倫可以到山上去。

神在西乃山與以色列人相會，是要將祂的律法賜給他們，就是以文字所寫的條例，是祂爲他們整體和個人的生活所定下的旨意。律法很容易被視爲獨立的單位，但是有一點必須記住：律法是在約的範圍內賜下。克藍（M. Kline）的觀察很高明，他發現出埃及記十九至二十四章，是按照立約的文件形式寫的。歷史性的序言（出二十 2）指出，律法的作者就是以恩典拯救他們的那位。因此，出埃及記二十至二十四章的律法，即使在舊約時代亦非神人關係的基礎，而是持續此關係的指導原則。它並不是與神建立關係的要訣，而是維持關係、保持幸福的指南。事實上，律法的頒佈，在歷史上和在正典中，都被神施恩的作爲所包圍，因爲它回顧出埃及的事件（這是根據亞伯拉罕之約才發生的），並且展望應許之地的征服和定居。

律法本身可以分爲兩部分：十誡和約書。十誡先賜下（出二十 3～17），對聽衆與讀者直接講話；內容包括神與人的基本關係（前四誡），和人與人的基本關係（後六誡）。約書（這名字源於二十四 7）是由各種不同的法律組成，是十誡所宣布基本原則的應用；將十誡放在神子民出埃及時的文化中，和救贖歷史情境中。譬如，有關牛觸死人或牲畜之律法（出二十一 28～36）是農業社會中第六誡的應用；出埃及記二十三 10～13，則更清楚說明第四誡有關安息

日的規定。

展望新約。有一種稱為神治論的運動，想要將約書中的律法和刑罰用於當代社會中（Bahnsen; Rushdoony），這種作法根據不足，也很危險（Longman 1990）；不但沒有考慮到文化的巨大差異，更重要的是，忽略了舊約以色列人與當代社會在救贖歷史上的差別。不幸的是，許多基督徒都受神治論的吸引，尤其是改革宗與五旬節派的人士，他們對於社會的世俗化感到震驚，渴望基督徒能有更大的影響力。

不過，律法和今日的人依然有關。十誡所總括的一般原則，仍舊是許多規條背後的原則。新約沒有向基督徒頒佈特殊的律例，好像聖約或五經的其他律法條文一樣。基督徒必須以十誡為指南，仔細思考當代的倫理問題。不可偷竊的誡命，如何應用到電腦資料的盜用？不可殺人的誡命，如何應用到墮胎藥、核子武器？

當然，新約並非沒有對律法的說明。在登山寶訓（太五～七章）中，耶穌讓我們對律法有更深入的認識，顯明祂是神本身。而關於律法，新約最奇妙的信息便是：耶穌基督使門徒脫離了律法的咒詛（羅七章）。因此，律法——它從來不是與神建立關係的途徑——就成了基督徒畢生遵行神旨意的嚮導。

會幕——神與祂的子民同住（二十五～四十章）

會幕的重要性。最後一部分（出二十五～四十章）主要是講論會幕。從摩西到大衛的時代，會幕是神在地上的居所。既為神的住處，會幕便強調神與祂子民的同在——這是出埃及記一貫的主題。

為要了解會幕的重要性，最好回想建造它的導因。亞當、夏娃受造的時候，並不需要在一個特定的地點與神會面。在伊甸園任何地方，他們都可以和神相見。但是，墮落的結果，神與人基本上是隔離的，人無法輕易進到祂面前。在墮落之後，人只可以在指定的地方來見神。在列祖時期要建造祭壇，讓家長主持敬拜（創十二8，十三 18）。然而，到了出埃及的時候，神的子民不再是一個大家庭，而是一個大國。基於救贖歷史的時刻，和以色列人的社會情

況，神命令摩西建造一座會幕，讓人能藉敬拜來親近祂。

會幕的外形就像遊牧者的帳棚，可以拆下來、收好、帶到下一站去。這種活動式的設計有其必要，因為神的子民在曠野中漂流，並未定居下來。從會幕轉型到聖殿（神較永久的居所），只能等到征服迦南之後；而在所羅門時終於實現（王上六～八章）。

從西乃山到所羅門王，會幕一直是神在地上的居所。祂的子民要到這裏才能與祂相遇。會幕既是神特別同在之處，就是神聖之地。其場所、結構設計、建造材料，和出入的規定，都清楚表明：住在以色列民當中的，是一位聖潔的神。

以色列人在曠野紮營時，會幕是在全營的正中間。每一支派都圍繞著它。根據古代近東的傳統，營的正中央乃是王的帳棚。既然神是以色列的王，祂的帳幕理當在中心。當帳幕拆下，以色列人往前行時，置於會幕至聖所中的約櫃在前面引路，正如近東的一位王帶領軍兵出征一般。

會幕的設計是要顯明，在以色列當中的神是神聖的。會幕分為幾部分，即：外院（出二十七 9～19）、聖所，和至聖所（二十六31～35）。如以下所示，當一個人接近會幕、進入這些不同部分時，聖潔的程度步步加深。在以色列營外乃是外邦人與不潔淨之輩。如果一個以色列人在禮儀上有污穢，這人必須出到營外去，待一段時間。營本身比較靠近神同在之處，也是所有與神立約的以色列人居住之處。不過，只有利未人才能進到會幕的所在地。他們是分別出來，為要服事主的。穿過外院，進到聖所，最後來到至聖所，就是一步一步接近神的同在，所踏之地愈來愈聖潔。從會幕所用的材料和進入會幕的規定，便可以看出。

愈靠近放約櫃的至聖所，會幕所用的材料就愈珍貴。這種聖潔度愈來愈增加的情形，首先可以從會幕的四層幔子看出。最外一層頂蓋是最實用的，以海狗皮製成（出二十六 14），這種防水的材料是會幕最理想的遮蓋，不怕風吹雨淋。此外，染紅的公羊皮（14節）和山羊毛（7 節）也成為保護層。最裏面的幔子則是精工織成的，用「撚的細麻，和藍色、紫色、朱紅色線製造，並用巧匠的手

工，繡上噓咯咍」（1 節）。這幅幔子是可以從會幕裏面看到的。它天空般的色彩和天界生靈的畫像，顯示會幕乃是在地的天。因此，愈靠近約櫃的材料，就愈珍貴。

這個原則在金屬器皿上也是一樣（Haran）。外院用的器材沒有那麼貴重，好像銅和銀（出二十七 9～19）。但在會幕裏面，就用金子來作用具，甚至用最寶貴的「純金」〔約櫃（出二十五 10～22）、桌子（二十五23～30），和燈臺（二十五31～40）〕。

所以，會幕的材料象徵一個事實，即那位住在他們當中的神是聖潔的。若企圖以想像與寓意式的方法來了解會幕的象徵（Keine; Soltau），其實是不必要的，也很愚蠢。

最後，就近會幕與至聖所的原則，也彰顯出神在以色列中間。會幕周圍幾個聖別的圈子如下：

圖二
會幕的聖別圈

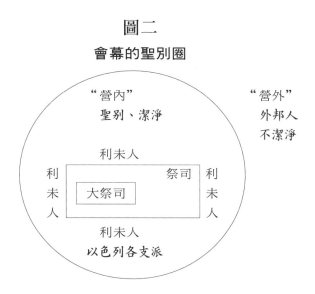

營外是外邦人和不潔淨之人的範圍。對他們沒有特別的要求。惟有與神立約，且在禮儀上潔淨的人，可以進到營內。惟有蒙揀選、專門服事耶和華的利未人，可以將帳棚立在會幕的附近，將它圍起來。換言之，利未人區成了會幕與營內其他部分的緩衝地帶。

不過，就連利未人也不能靠近會幕。這個事奉只限在利未的一個家族中，就是亞倫的後裔。再有，最聖潔的地方，就是會幕的內室，放置約櫃處，乃是限制最嚴的地方。只有現任的大祭司可以進去，而且一年只能進去一次——在贖罪日之時（利十六章）。

所以，各種現象都指出，會幕乃是神在地上的家。它向以色列人顯明，在他們經過曠野、進入迦南之時，神都與他們同在。

展望新約。會幕既代表神和以色列人同在，對於神子民的生活與宗教就具很重要的功能。不過，它只是暫時性的措施。在所羅門時，聖殿取代了會幕。神的子民既然已經定居，神的住所也應當具房屋的形式，不再用遊牧式的帳棚。然而，舊約所有神在地上居所的象徵，都是短暫的、臨時性的。它們都指向前面，預期耶穌基督的來到，祂是神的兒子，「成了肉身，有一段時間住在（譯註：「住在」原文為「會幕」一字的動詞）我們中間」（約一 14）。那代表天在地上的會幕與聖殿，最終極的展望，便是新耶路撒冷的新天新地（啟二十一～二十二章）。

利未記

　　利未記是五經的第三部分。出埃及記的最後幾章講述會幕的建造（二十五～四十章），可以與利未記自然相接，因為這卷書一開頭便描述在聖所中進行的各種獻祭儀式（一～七章）。利未記（Leviticus）之名來自七十士譯本，經武加大本所採用；這名字將全書的主題標示出來。它的意思是「與利未人有關的事」，雖然全書並未強調這個支派，但所談的事既與祭司相關，用這個名稱也頗合適。本卷經文希伯來文的名字，就像五經其他書卷一樣，是取用頭幾個字。因此，利未記便是 *wayyiqrā*，「於是祂呼召」。

　　教會常認為利未記與今日無關，並用寓意來解釋其中的重要事件，為舊約時代和今天「搭橋」。不過，仔細研究本卷經文的內容會發現，不必依賴寓意法，我們也可以從其中有豐富的收穫，更深地認識神和救贖的歷史。

書目

註釋

Bonar, A. A. *A Commentary on Leviticus* (Banner of Truth, 1966〔orig. 1846〕); Harrison, R. K. *Leviticus* (TOTC; InterVarsity, 1980/ 中譯：《丁道爾舊約聖經註釋：利未記》，校園出版中）; Knight, G. A. F. *Leviticus* (DSB; Westminster, 1981); Levine, B. A. *Leviticus* (The JPS Commentary; Jewish Publication Society, 1989); Noordtzij, A. *Leviticus* (BSC; Zondervan, 1982); Snaith, N. H. *Leviticus and Numbers* (NCB;Eerdmans, 1967); Wenham, G. J. *The Book of Leviticus* (NICOT; Eerdmans, 1979).

專論與文章

Cody, A. *A History of Old Testament Priesthood* (Roem: Politifical Biblical Institute, 1969); **Damrosch**, D. "Leviticus," in *The Literary Guide to the Bible,* ed. R. Alter and F. Kermode (Harvard, 1987), 66-77; **Davies**, D. J. "An Interpretation of Sacrifice in Leviticus," *ZAW* 89 (1977): 387-99; **Douglas**, M. *Purity and Danger* (London, 1969); **Haran**, M. *Temples and Temple-Service in Ancient Israel* (Oxford, 1978); **Kaufmann**, Y. *The Religion of Israel* (Chicago: University of Chicago Press, 1960); **Kiuchi**, N. *The Purification Offering in the Priestly Literature: Its Meaning and Function* (*JSOT*56; Sheffield Academic Press, 1987); **Kline**, M. G. *Images of the Spirit* (Baker, 1980); **Levine**, B. A. *In the Presence of the Lord* (Leiden: Brill, 1974); **Milgrom**, J. *Cult and Conscience: The "Asham" and the Priestly Doctrine of Repentance* (Leiden: Brill, 1976); **Neusner**, J. *The Idea of Purity in Ancient Judaism* (Leiden: Brill, 1973); **Wenham**, G. J. "The Theology of Unclean Food," *EQ*53 (1981): 6-15.

歷史背景

　　利未記的組成與整個五經的組成關係密切。因此，以下的說明必須參照更廣的背景，見 43～53 頁。

　　多數批判學者對於五經的來源分析雖然沒有充分的把握，但是對 P 的特性和範圍，看法卻頗為一致。整部利未記都被歸於 P。這也不足為奇，因為它的內容大半為祭司相關的禮儀和律法；甚至其中短短的故事部分（八～十章、十六章），也與祭司有關。

　　不過，P 被視為晚期的文件。批判學者對於它使用早期資料的程度，還有疑議。所謂的「聖潔規範」，即十七至二十六章，是說明早期資料被收入祭司文件的最佳例子。這幾章的結構與主題都顯出一致性，由於這一點，許多學者認為，它們原來是單獨的一段作品。事實上，許多人認為，P 本身惟一的原始貢獻，乃是不常出現的故事段落（八～十章、十六章，見 Wenham 的說法，7）。不過，從威爾浩生開始，批判派一致同意，P 是申命記之後的作品，因此最早是在約西亞時期（第七世紀；參 Levine, xxviii-xxix）。庫夫曼的意見沒有這麼極端，但仍與傳統不同；他主張利未記是 P，但是 P 並不是被擄之後的作品，也並非寫於申命記之後；但是他不願意承認 P 是摩西所寫。

　　關於利未記作品的傳統立場，請參閱49～53頁的討論。雖然利未記從未聲明其作者是摩西，可是內證相當有力，因爲其中的內容是由他傳給百姓的。這卷書的起頭爲：「耶和華呼召摩西」（一1），而「耶和華對摩西說」一詞（有時加上「和亞倫」）在經文中頻頻出現於轉折之處（如四1，五16，六1、8、19、24，十一1，十二1，十三1，十四1、33，十五1，十六1，十九1，二十1，二十一1，二十四1，二十七1等處）。利未記中也沒有明顯的被擄前夕與被擄之後的材料（不過，也有立場相反的說法，見Levine, xxix-xxx）。

文學分析

文體

　　利未記雖大半記載律法，但其中的故事流程卻不容忽視。最初的小故事將場景設在會幕，摩西在那裏聽見神的聲音，指示以色列人應當怎樣做。本書所有的律法，都以這裏爲背景。

　　全卷非律法的故事部分雖然短，卻仍存在（八～十章、十六章）。這一切都暗示，利未記承續五經的整體風格，亦即：主要是教訓式的歷史。它的用意是告訴讀者過去曾發生的事；以本書而言，就是提供律法的歷史背景。事實上，誠如丹若施（David Damrosch）所言：「這些故事的存在，是爲了作律法的框架。」（66）

結構

利未記的大綱可以整理如下：
一、　獻祭的律法（一1～七38）
　　　1. 給百姓的指示（一1～六7）
　　　　1）燔祭（一章）
　　　　2）素祭（二章）
　　　　3）平安祭（三章）

風格

本書最明顯的特色，就是清楚而簡單的架構。律法與禮儀既是重大事件，就必須明文宣示。本書的目的是作祭司與百姓的指南，教導他們在聖潔的神面前應當怎樣行，重點是在傳達資訊，因此就不講究文學技巧。

利未記是舊約書卷中最不具文學性的一卷（與丹若施相左）。這個判斷並非輕視本書，而是因爲本書無意激發讀者的想像力，好像其他的聖經書卷一樣。它想要原初聽衆和當今讀者注意的，乃是其他方面，諸如：它的神學分枝架構。

神學信息

舊約之中

神的聖潔。利未記整卷的內容，是以色列正式敬拜中當遵行的律法與禮儀。除了其他題目之外，主要是講獻祭的禮儀，以及有關食物和純淨性生活的法規。研讀本書細節時，若要不致迷失，首先必須記住：在一切律法和潔淨觀念的背後，主要的教訓爲：神是聖潔的。在各種吩咐的後面，動機只有一個，就是神所說：「我是耶和華你們的神。」（十八 2、4、5，十九 3～4、10，二十 7）神不單與他們同在，祂亦是聖潔的：「所以你們要聖潔，因爲我是聖潔的。」（十一 45；亦參十九 2，二十 26）

因此，利未記的教導爲：神與現今的世界是隔開的，惟有不受罪污染的人，才能進到祂面前。

以下我們將探討，這一點如何實踐於利未記三個重要的層面：獻祭體系、祭司制度，和生活的潔淨。雖然這不是對利未記內容的詳盡分析，卻可以指出本書全面的神學信息爲何。

獻祭體系。利未記一開始就是對獻祭冗長的指導（一～七章）。對獻祭如此強調，並不奇怪，因爲這是舊約時期最重要的正式崇

拜。從當今的角度來看,較讓人詫異的是:文中並不看重對禮儀之意義與重要性的說明;焦點只在描述。顯然,原初的聽眾——無論是百姓或祭司——完全了解禮儀的意義,所需要提醒的,只是應當如何進行。幸好從這些行動的象徵和在敬拜中的使用,我們還可以揣測出整個獻祭體系,以及個人獻祭的意義。

探討以下的個人獻祭,可以發現:以色列人的獻祭應從立約來解釋。約是指神與祂子民以色列之間的關係。這種立約的關係和獻祭在三方面相關。我們將看到,第一,獻祭是敬拜者送給與他立約之主的**禮物**。第二,有幾種祭包含立約雙方**相交**的觀念。最後,也許是最重要的,在立約的關係中,獻祭在彌平鴻溝上扮演了重要的角色。描述這種功能的術語為**補贖**。萬南(26)以下列圖表生動地說明了最後這種功能:

表二
獻祭與補贖

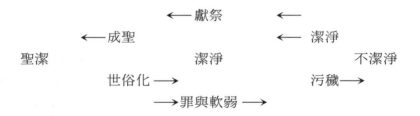

倘若因著某件事的不當,約的關係遭到破壞,悔改的以色列人要尋求神的赦免,方式為奉上一物來代替他們的罪受懲罰。因此,獻祭乃是神所指定的方式,以恢復立約的關係。

由此觀之,獻祭與本書最主要的神學觀點——神的聖潔——密切相關。神是聖潔的,不能容忍罪和不潔的存在。獻祭是使不聖潔之物再度潔淨、恢復與神之關係的途徑。不潔淨的人被驅逐,離開神的面,但藉著獻祭,他可以再一次回到聖潔的營區。

下面會談到,獻祭的重點常在祭牲的血——雖然不盡如此。有

些批判學者認為，這是從法術的角度來了解獻祭；而有些福音派人士在讀舊約的時候，也似乎存這種觀念，因為他們注重「血」的翻譯，而非它所代表的事——就是死亡。祭牲之死使得禮儀產生功效，而血的處置強調了死亡——這是代替獻祭的罪人當承受的。

燔祭（第一章）。英文這個祭的名稱（burnt offering）直接來自希臘文的翻譯；希伯來文的意思是「上昇」（'ōlâ），源於該祭的香氣隨著煙，昇至天空。

敬拜者必須帶一隻無瑕疵的動物到祭司那裏，並要將牠預備好，來獻祭。要求動物無瑕疵，理由或許不只一項，不過至少有一個作用：不讓人將有殘缺的動物拿來，以至他們的獻祭並沒有付出真正的代價。

不過，獻祭的目標並不是要使人變窮。事實上，律法容許用較低廉的東西來取代，主要看敬拜者的經濟能力如何：

牛（一 3～9）
綿羊和山羊（10～13 節）
鳥（14～17 節）

燔祭是一種與補贖有關的祭。這裏用到一個術語，「贖罪」（kippēr，一 4）。這個詞與幾種祭有關；它的語源引起辯論。有些人認為這個詞與動詞「贖回」（kōper）有關，另有人將它與亞喀得文的「潔淨」（kuppuru；見 Wenham 的討論，1979, 28）相連。李凡（Levine）雖較傾向後者，但他主張，在利未記裏面，這個詞的意義和重要性，已經到達專用語的強度，這個見解誠然不錯（相關的專論，見 Kiuchi, 87-109）。

獻祭之前的禮儀，要求人按手在祭牲的頭上，然後祭牲才被殺。這個動作被解釋為敬拜者與祭牲認同，是正確的。這個儀式更可支持燔祭的補贖功能。

不過，這個祭也是獻給神的禮物。除了皮給祭司（七 8）之外，整個祭都要燒掉，全部給神。

　　燔祭或許是最常用的祭，不過它也常和下面兩種祭一起獻（出二十九 38～41; 民六 11～12，二十八 2～8; 代下二十九 20～24）。

　　素祭（二章，六 14～23）。素祭（grain offering）的名字來自其中主要的成份，細麵。另外兩種成份是油和香料。一小部分麵粉和油，加上所有的香料，被燒爲祭，作爲給神的禮物。香料使這個祭有香氣。大部分的麵粉和油裏面不可以加香料，是給祭司的，供他們生活所需。

　　這種祭強調上文所提的禮物功能。事實上，許多人常說，「素祭」（*minḥâ*）一詞可能應當譯爲「貢物」，在一些經文中也的確如此翻譯（如：士三 15、17～18; 撒下八 6; 王上四 21）。這個祭是向至高的立約之主獻上的禮物。

　　它常與全牲的燔祭一起獻上；燔祭先燒（出二十九 40～41; 民十五 1～10，二十八 5～8）。這個祭又可以分爲三部分：

　　　未烹調的細麵（二 1～3）
　　　烤熟的細麵餅（4～10 節）
　　　其他的素祭（11～16 節）

　　平安祭（利三，七 11～38）。這個祭希伯來文的名稱（*še lāmîm*）來自一個普通的希伯來文，意思是「平安」（*šalôm*）。英文有時也譯爲「相交祭」（fellowship offering），是根據一項事實，即這個祭主要是使敬拜者與神，以及敬拜者彼此之間，互相交往。

　　「平安」一詞在聖經中帶有約的含義，指立約雙方所存在「完好」的關係。這個祭提供集體的用餐，就是慶賀這種關係。神（三 3～4）、祭司（七 28），和敬拜者，都可以分享這個祭的一份。

　　雖然有人常強調這個祭的禮物功能，但我們不可以忽略，它不單是送禮，也是補贖的行動。後者可以從禮儀中看出：敬拜者要按手在牲畜頭上（三 2）。

　　這一章就像前兩章一樣，用三部分來描述這個祭。敬拜者可以獻下列任何一種動物：

牛（三 1～5）
綿羊（6～11 節）
山羊（12～17 節）

潔淨祭（四 1～五 13，六 24～30）。潔淨祭有時亦被稱爲贖罪祭（*ḥaṭṭā' at*，見 Kiuchi），它顯然與除去罪相關。不過，前面已經提過，這不是惟一具補贖功能的祭。這個祭的特點爲：它對非故意犯罪者有效。五章 1～6 節記載一些非故意犯罪的例子；民數記十五 22～31 則區分非故意犯的罪和「刻意犯的罪」。

這種祭與冒犯者的狀況有關係，是爲以下的人所設，按地位高下排列：

祭司（四 3～12）
以色列會衆（13～21 節）
以色列會衆的領袖（22～26 節）
以色列個別的百姓（27～35 節）

贖愆祭（五 14～六 7，七 1～10）。贖愆祭和贖罪祭很像。不過，前者所舉的例子，只限於冒犯「主的事」──亦即，**聖事**（見 Milgrom）。這個祭需要加上賠償費，比例爲百分之二十。這個特色使得米格倫（Milgrom）和萬南稱這個祭爲補償祭。

祭司。除了獻祭之外，祭司制度是本書的另一個重點。事實上，利未記這個名稱便指出了對祭司制度的強調。這卷書大部分是對祭司的指示，或是告訴百姓如何對待祭司。簡短的敘事部分講祭司的任職經過，並記載了一個故事，指出祭司責任所含的危險性。

若要完全了解祭司制度的神學，必須探索舊約的大部分內容；不過，利未記提供了最核心的資料，讓我們能有所認識。

首先，利未記對祭司制度的教導，主題是高舉神的聖潔。祭司既然在那位聖者面前的時間最多，因此，他們的行爲規範所根據的

事實便是：要聖潔。

這點可以從就職一事看出來（利八章）。就職典禮將亞倫和他的孩子分別出來，專門事奉神。他們穿上祭司的聖袍、身灑膏油，表示與會幕——分別出來作神的聖所之處——認同（Kline）。他們並為自己的罪獻上贖罪祭，以成為聖。

在就職之後，祭司就開始維護全營聖潔的工作，就是獻祭（利一～七、九章）。利未記也警告祭司，他們既在聖潔的神面前行事，就必須非常謹慎。亞倫的兩個兒子，拿答和亞比戶，在神面前獻上「異樣的火」（十章），就立刻被燒死。神宣告說：

> 我在親近我的人中，
> 　要顯為聖；
> 　在眾民面前，
> 　我要得榮耀。（十 3）

利未記中許多律法都是給祭司的，讓他們能夠持守自己的聖潔（利二十一～二十二章）。他們的職責之一，為教導以色列人律法（代下十七 7～9），以在全營中維護神的聖潔。正如利未記十章 11 節，神對亞倫說：「你們必須教導以色列人神藉摩西所賜給他們的一切律例。」

所以，根據利未記，我們可以將祭司的主要功能濃縮為一句話：他們要在營中保守神的聖潔。

潔淨。利未記的律法中，有相當部分是關於禮儀的潔淨。食物（十一章）、生產（十二章）、皮膚病和發霉（十三～十四章），與排泄物（十五章）等，是本書所處理的潔淨事項之例。

神與以色列人同在，所以營內必須維持潔淨。這些律法指導以色列人和祭司——維護神聖潔的人——如何使營內乾淨。

營的當中是會幕，那是約櫃——神同在的主要象徵——所在的地方。從這裏開始，聖潔分為各種程度，方法為：不許某類人接近（參 81 頁圖二）。

　　任何人都可以住在營外，那是不潔淨之人和外邦人的地區。只有以色列人可以住在營內。利未人的住處成為全營和會幕之間的緩衝地帶，而只有祭司可以進入會幕本身。利未記十六章說明，大祭司一年只有一次可以進入至聖所，進行補贖禮。

　　不過，這一段的重點在區分潔淨與不潔淨。祭司有責任進行分辨，確定哪些人可以住在營內，哪些人必須住在營外，而不致冒犯神。

　　關於利未記的潔淨律法，曾有許多人舉出各種理由來解釋。最受歡迎的一個解釋為：神藉這些律法保護以色列人的健康。比方，利未記十八與二十章禁止亂倫的律法，可以防止生出畸形兒。十一章的「可食」（kosher）律法是要保護他們不致生病。這種說法雖然有一些道理，可是並不能成為解釋這些律法的全備理由。有些食物並非不健康。還有人列出其他的理由（Wenham, 166-67）。而耶穌基督曾宣告這些食物都是潔淨的，這個事實暗示，此處的問題不全在於衛生而已。

　　對這些律法第二個最常見的解釋，就是要避免以色列人落入偶像崇拜。不過，適合這樣解釋的律法，為數並不多。或許當時在迦南最有力的動物象徵就是公牛，對巴力的敬拜者而言，牛是巴力的象徵。異教既有這樣的解釋，以色列人為何沒有對公牛的禁令，也讓人費解。

　　萬南對這些律法的討論，或許能讓人茅塞頓開（18-25; 166-77）。他的看法是根據人類學家瑪麗‧道格拉斯（Mary Douglas）的見解，她堅稱：「聖潔不單指分別出來從事屬神的事奉。它是指完整與全備。」（Wenham, 23）因此，凡是符合自然的創造秩序之牲畜就是潔淨的，而看來是混和式的就是不潔淨的。按道格拉斯的話：「聖潔要求個體順從自己所屬的類別。」（Douglas, 53）因此，利未記十一章可以這樣來了解：

　　　　這些受造物或多或少逾越了規範，所以被算為不潔。因此，無翅無鱗的魚便不潔淨（利十一 10；申十四 10）。能飛，

但有好些腳的昆蟲就不潔淨，而蝗蟲雖有翅膀，卻只有兩隻可以蹦跳的腿，就算潔淨（利十一 20～23）。凡移動的方式不定的，例如「蠕動」的動物，就不潔淨（利十一 41～44）。

展望新約

利未記歷久不衰之價值爲何？這個問題世世代代困擾著猶太教與基督教的讀者。對前者而言，聖殿的失落是提出這問題的主要原因；但由於飲食的律法（*kashrut*）仍然繼續，而恢復聖殿敬拜的盼望一直存在，所以還算有部分理由（Levine）。對於基督徒而言，希伯來書提供了指南，指出耶穌基督是完美的大祭司，祂獻上自己成爲完全的祭物。正如希伯來書九 26 所說：「但如今祂在這末世顯現一次，把自己獻爲祭，好除掉罪。」

耶穌是終極的大祭司。希伯來書的作者將一般的舊約祭司職分與那位神祕的麥基洗德作比較，解決了耶穌不屬利未支派的問題（七 14）。無論如何，亞倫的祭司職分與舊約的獻祭體制，都在預期一個更偉大的實體，就是耶穌基督。祂是最終的祭司與完備的祭物（來四 14～五 10，七～十；亦參羅八 3；弗五 2）。

民數記

　　民數記〔來自七十士譯本（*Arithmoi*）〕這個卷名具描述意味，可是平淡無奇，讓一般的基督徒對本書興趣缺缺。這個名稱讓人想到人口調查等類的事。事實上，這一類的段落在全書也不少（民一，三 15～31，七 10～83，二十六 5～51，二十八～二十九，三十一 32～52），可是其中亦非毫無神學含義（見下文）。此外，民數記的故事（巴蘭：民二十二～二十四章）與律法，也有很多發人深省之處。

　　在猶太人的圈子內，這卷書的名稱為「在曠野」（*b^emidbar*，經文的第五個字）。這個名稱將全卷書的背景設定在以色列人離開西乃（一 12），進入巴蘭的曠野（十 12），最後來到摩押平原的期間（二十二 1，三十六 13）。就像出埃及記和利未記一樣，民數記的開頭是連接詞「和」，表明五經和這卷書的銜接性。

　　民數記的角色很重要，它講述離開埃及的舊一代，提及在曠野所犯的罪，一直連到站在應許之地旁的新一代。因此，這卷書為讀者帶來新的開始與希望。

書目

註釋

Budd, P. I. *Numbers* (WBC; Word, 1984); Gray, G. B. *Numbers* (ICC; T. and T. Clark, 1903); Harrison, R. K. *Numbers* (WEC; Moody, 1990); Maarsingh, B. *Numbers* (TI; Eerdmans, 1987); Milgrom, J. *Numbers* (The JPS Torah Commentary; Jewish Publication Society, 1990); Noordtzij, A. *Numbers* (BSC; Zondervan, 1983); Philip P. *Numbers* (CC; Word, 1987); Riggans, W. *Numbers* (DSB; Westminster;

1983); **Snaith,** N. H. *Leviticus and Numbers* (NCB; Eerdmans, 1967); **Wenham,** G. J. *Numbers*（TOCT; InterVarsity, 1981/中譯：《丁道爾舊約聖經註釋：民數記》，校園出版中）.

專論與文章

Baroody, W. "Exodus, Leviticus, Numbers, and Deuteronomy." In *A Complete Literary Guide to the Bible* (Zondervan, 1993), 121-37; **Clines,** D. J. A. *The Theme of the Pentateuch* (JSOTS; Sheffield: JSOT, 1978); **Coats,** G. W. *Rebellion in the Wilderness* (Abingdon, 1968); **Davies,** G. I. *The Way of the Wilderness* (New York: Cambridge University Press, 1979); **Hackett,** J. *The Balaam Text from Dier'Alla* (Chico: Scholars, 1984); **Olson,** D. T. *The Death of the Old and the Birth of the New: The Framework of the Book of Numbers and the Pentateuch* (BJS 71; Chico: Scholars, 1985).

歷史背景

作者與作品

　　民數記是前面三本書的延續，因此和五經其餘作品的一般模式相同（見 43～53 頁）。在民數記本文內，只有一處提到摩西的寫作（三十三 1～2）。不過，整卷書都可以看見，摩西是領受神啓示的人，也是全書內容的塑成者（例如一 1，二 1，四 1）。本書以第三人稱提到摩西，而非第一人稱，但這個事實並不能否定摩西的作者身分（相反的看法，見 Gray, xxix-xxx），只是反映出古代文體的慣用模式（Harrison 的見解，1990, 23-24）。

　　民數記有一些內容，最自然的讀法就是視之爲摩西之後加入的材料。其中包括從「耶和華的戰記」（二十一 14）內摘錄的短詩；民數記三十二 34～42 記載約但河東的兩個半支派在征服迦南之後的建築工程。這一段最好視爲該章在摩西之後的延伸部分。引起許多爭論的一段，就是形容摩西是世上最謙和的人（民十二 3），雖然這一段可以勉強解釋爲出於摩西之手，但是最自然的讀法，則是將之歸爲非摩西的旁註。

　　另外必須一提的是，摩西在組合本書時，也可能用了其他的資料。民數記一章與二十六章的人口調查，雖然是當時發生的事，但是本身很可能是獨立的資料，早於民數記。巴蘭的故事也可能是獨

立的篇章，被收錄於摩西的作品中。

這樣分析民數記，符合我們對於五經整體特色的了解。亦即：它主要是摩西的作品，但是包含其他來源的資料與旁註。儘管這樣說明，我們仍須記住，對五經各卷書作品的重新架構，無人能有絕對準確的把握。按照各種來源批判法進行詳盡的猜測，必將無功而返。

在說明民數記的批判歷史之前，我們可以先簡短的提到一個新的論證，這條路線讓人著迷，是哈理遜（R. K. Harrison）提出來的（1990, 15-21）。他舉民數記一 16～18 與約書亞記一 10 為例，說明有一類編年史者或文士（*šōṭᵉrîm*）存在；他相信，這些文士受命，不單記下人口調查的數目，也記下所發生的事件。這個理論很有意思，也有可能，但是，所舉的證據不限於一種解釋法，所以只能列為假說。但是，這種記錄的可能性，確實無可置疑。

對民數記的批判研究，說來話長。奧森（Olson）將過去一百年研究的主要動向，作了一番整理（9-30）。他提到三個階段。第一階段始於狄爾曼（A. Dillmann）於一八八六年寫的註釋，他將威爾浩生的底本假說應用於本書（有關威爾浩生，見上文 43～46 頁）。從那時起，直到今日，民數記都被視為以 P 為主的作品。例如，巴德（Budd, xviii）將當今的看法摘要如下：

> 在民數記中，大半學者接受以下幾章完全屬於祭司的貢獻：一～九、十五、十七～十九、二十六～三十一、三十三～三十六；而深受其影響者為：十、十三～十四、十六、二十、二十五、三十二。未受到這類影響的幾章，只有十一～十二、二十一～二十四。

不屬於 P 的那些部分，則與 J、E 相關。早期有些學者試圖區分民數記中的 J 和 E, 但是發現很困難。按照批判學者的重新架構，D 在民數記中扮演的角色微不足道。

現代研究民數記的第二階段，始於葛瑞斯曼（Gressmann）的

形式批判研究（1913）。葛瑞斯曼是用他的導師袞克爾的方法。後期將形式批判用於民數記的學者，則多半採用一種來源批判的方式；而，正如奧森所指出（19），專門探討個別小故事在形成文字之前的結構，造成一種結果，即：對這些材料的久遠性逐漸愈來愈開放，甚至那些包含在日期較晚的 P 來源之內的資料也不例外。

　　第三個階段建造在前二者的成果之上，與諾特的影響有關。他的民數記註釋於一九六六年首度面世。他提倡對五經五個主題進行傳統歷史式的研究，並認為，有很長的一段時期是口傳，那時這五個主題分別發展，後來才用一種文學形式將它們放在一起。所以，他的分析非常複雜，而結論為：「這卷書缺乏合一性，其結構也很難看出有任何模式。」（Olson引於 21 頁）將諾特的研究應用於一特別傳統的例子，見寇茲（Coats）。

文學分析

文體

　　民數記的文體變化，讓人印象深刻。從頭到尾，讀者會遇到許多不同的文學形式。米格倫列出幾種風格，並加上例子：「故事（四 1～3）、詩（二十一 17～18）、預言（二十四 3～9）、勝利之歌（二十一 27～30）、祈禱（十二 13）、祝福（六 24～26）、諷刺文（二十二 22～35）、外交信（二十一 14～19）、民法（二十七 1～11）、宗教法（十五 7～21）、神的諭旨（十五 32～36）、人口表（二十六 1～15）、聖殿檔案（七 10～88）、旅行記錄（三十三 1～49）。」材料的分歧會使現代讀者眼花撩亂，難於了解。不過，這些風格大半存在於更大的範疇之內，就是教導式的歷史——即整個五經的主要特色。事實上，由於本書和五經其餘部分密切相關（尤其是利未記），它的整個文體只能從與它相關的更大文學範疇來談。以上所提的一切區分，只是就經文各個小故事獨立來看。若仔細探究，便可以說，它們都出現在故事與律法的大範疇之

內。例如，米格倫所舉二十一章的詩，乃是一則故事的一部分；而神的諭旨、預言、勝利之歌、祈禱、祝福、外交信件、人口表、聖殿檔案、旅行記錄，無一不然。當然，民法與宗教法，正隸屬於「律法」文體的大範疇內。事實上，誠如巴路迪（Baroody）所指出：「主要的變化（故事與律法的轉換）共有十餘次，再加上律法部分短故事的插入，幾乎令人目不暇給。」（126 頁）此外，就像利未記一樣，律法也是以故事為背景。由此看來，民數記的風格最合適的定位，乃是教導式的歷史作品。

結構

　　民數記文體的變化，和相關小故事的性質，使得結構分析極端困難。奧森（31）考查了四十六本註釋書，發現對本書的大綱建議有二十四種之多。學者依據經文中各個不同成份來找線索，結果就提出了不同的結構。最常見的兩種建議，也許是根據年代與地理而來。

　　米格倫（xi）將民數記按照年代分為三部分：

一 1～十 11：	從曠野漂流第二個月第一天至第十九天。
二十一 10～三十六 13：	曠野第四十年第五個月。
十 12～二十一 9：	未記日期，但在四十年之內。

　　因此，民數記讓讀者看到曠野漂流從頭到尾四十年。

　　米格倫用另一種方式（xiii）將全書按照地理來架構，也可以分為三部分。他注意到，整個旅程共有四十站，可分為三個階段：

一 1～十 10：	西乃的曠野
十 11～二十 13：	加低斯的曠野
二十 14～三十六 13：	從加低斯到摩押

巴德（xvii）則提供了以主題作劃分的大綱：

一 1～九 14：	在西乃組織會眾
九 15～二十五 18：	旅程中的失敗與成功
二十六 1～三十五 34：	定居前的最後預備

　　以上的分段法，分析到最後，都不足以讓人相信這是全卷原來的用意；但是對於其內容，卻能提供美好的觀點；在時間與背景方面，有不少亮光。奧森最近的研究，更揭示出民數記的一種大綱，可以強調其神學信息。在本段中，我們將說明這種結構，而在下一段中，才講解其神學意義。

　　奧森的第一步是顯明，民數記既是五經的一部分，又是其中獨特的一個單位（43-53）。他指出，從希伯來文與希臘文譯本，及拉比的引文中，可以看出一個經文傳統，即，民數記很早就是一本獨立的書。奧森陳明，五經內每一卷書，包括民數記，都有清楚的前言與結論，使其與別卷分開；這一點可以支持這個外證。

　　其次，奧森研究本書內兩次人口調查（民一與二十六章）的重要性。他的結論為：這乃是全書的主幹，將曠野的兩代分別標示出來。民數記一至二十五章講述第一代的故事——他們懷疑神能夠幫助他們攻打巴勒斯坦的居民。這一代人都死在曠野，為他們的後裔所取代，這些人就是民數記二十六章所數的人。全書的結論為這些人的興起。事實上，奧森的書名正能表達民數記的神學意義，顯示對這個重要結構的關注：《舊人之死與新人之興》（*The Death of the Old and the Rise of the New*）。以下的大綱取自奧森的書（118-20）：

　　一、舊一代的結束：神子民出埃及的第一代在曠野中的行進（一 1～二十五 18）。
　　　　1. 以色列聖民為行進的預備與出發（一 1～十 36）。
　　　　　　1）行進的預備與禮儀的整頓（一 1～十 10）。

2) 行進的開始（十 11～十 36）。

2. 以色列聖民的悖逆、死亡，和拯救之循環，及希望的曙光與至終的失敗和死亡（十一 1～二十五 18）。

　　1) 重複的背叛與贖罪，每次第一代皆有人死亡，或受死亡的威脅（十一 1～二十 29）。

　　2) 第一代的結束：希望的曙光與最終的失敗（二十一 1～二十五 18）。

二、新一代的興起：神子民出埃及的第二代預備進入應許之地（民二十六 1～三十六 13）。

1. 新一代神聖民的預備與組織，準備進入應許之地（二十六 1～三十六 13）。

2. 新一代是否能持守忠心，進入應許之地（應許），還是會像上一代一樣，因背叛而失敗（警告）？

體裁

民數記不屬舊約文學中最優美的部分。從現代文學品味的角度而言，這個評估誠然正確；根據我們的了解，古人的品味似乎也相去不遠。為這緣故，大部分文學藝術分析都沒有民數記的分。

我們必須承認這一點，不要將對聖經文學的欣賞太過誇大。不過，從文學的角度而言，本書有些部分還是相當有趣。讀者應當注意到其中故事的部分（尤其是巴蘭的故事，二十二～二十四章），與常為人深入研究的創世記和撒母耳記相較，其技巧一點也不遜色。這些故事也可以用研究其他舊約小故事的方法，來加以分析（參 29～35 頁）。

以上對本書的分析絕對沒有負面的含義。聖經裏面的書卷並不一定都必須是文學精品。聖經不只是美妙故事的集大成；而民數記是要傳達一則重要的信息（見下文）。此外，全書不太符合我們文學口味的部分，也明顯用到文學規範。米格倫在註釋中對這一方面非常注意：

民數記單獨的片斷都顯出技巧。主要的架構設計是交錯法與內視法。其他可以看出的手法爲對偶系列、下附的小字、重複的再起頭、預辯法,和七個一組的算法。這些片斷是用相關的詞彙和主題連在一起,又以相同的旅程記錄形式與出埃及記中類似的故事相連。(xxxi)

米格倫舉出無數的例子,支持以上的觀察(xxx-xxi,並參整本註釋)。他舉出交錯法與內視法爲這卷書的主要架構方式。在交錯法的微細層面,他舉出十四 2,三十 15,三十 17,和三十三 52~56;在較長的層面,他則舉出五 11~31,三十一章,和三十二章。第二種架構法稱爲「對偶模式」。交錯法是互相交叉(AB-CDC'B'A'),而這種方法則將兩個表列並排(ABCDABCD),好比十一章與十二章,這兩章在結構上互相平行。他所提到的其他結構中,最有意思的是七的重複,就是「一個字或詞重複七次」(xxxi)。他注意到,在三十二章中,有五個字各用了七次,這顯然並非巧合(亦參他在 492-94 的討論)。

神學信息

了解奧森對民數記的結構分析,是明白他如何解釋其神學信息的前奏。民數記講述救贖歷史很重要的過渡期,它記載了在曠野死亡的第一代(前二十五章的主題),以及取而代之的第二代(民十四 26~35)。

所以,這卷書第一部分的故事是有關罪與審判的事。百姓與祭司反叛摩西,也就是神所指定的領袖(民十二、十六~十七章)。百姓對神在曠野中的供應一直不滿,常發怨言(如民十一章)。不過,惹動神施審判的,卻是探子的故事,記在民數記十三至十四章,結果第一代的命運註定要倒斃在曠野,不得見到應許之地。探子中只有兩個人相信神能帶領他們進入該地,即迦勒與約書亞,成爲惟一未受審判的例外(民二十六 26~35)。

　　不過，神繼續在曠野中供應以色列民，他們也依然常常背叛、埋怨。甚至摩西——在那段很難理解的經文中（民二十1～13）——也不討神喜悅，不可以進入應許之地。

　　然而，神繼續視以色列為祂的選民。這個地位在巴蘭的故事中特別凸顯（民二十二～二十四章）。巴蘭是位非以色列族的先知（在聖經之外的經典找不到這個人物，參Hackett），他被摩押王巴勒召來咒詛以色列人，因為他們就在他的邊境上。由於神的干預，巴蘭卻為以色列人祝福。雖然神這樣保守、關懷以色列人，他們卻繼續悖逆；這一段的結束，記載神的子民反叛祂，轉去敬拜地方的神祇巴力。

　　本書的第一部分集中於第一代的審判；但奧森認為，第二部分（二十六～三十六章）則「主要是積極的，充滿盼望」（151）。當年探子回報時，身為成年人的，如今沒有一個仍然存活。站在神面前的，是新的一代，如今正是進入應許之地的時機。因此，正如奧森所指出，這幾章的內容非常積極：

　　　　在第一代死亡之後，再沒有記載第二代有任何一人死亡。出戰就得勝（民二十八章），危機得化解（民三十二章），又頒佈了為未來在迦南地生活所定的律法（民三十四章）。雖仍有威脅，但到了全書的末了，未來的應許成為主調。（151）

　　這卷書便是在充滿盼望的期待中結束。請注意，這種盼望還沒有把握。換言之，第二代的盼望還沒有經過考驗。這一代的信心也將面對巨大的威脅（見「約書亞記」），他們的回應會如何，以後才能分曉。

　　奧森建議，民數記不朽的重要性在於「成為每一代神子民的典範」（183）。它「邀請每一代都將自己置身於新一代的情境中」（183）。

展望新約

神仍然參與

民數記刻劃出整本聖經的一個重要主題。第一代的罪可能導致救贖故事的完結，神的子民可能全然毀滅。但是即使神的子民犯罪悖逆，神還是沒有棄絕他們。米格倫說得好：「民數記的主角是雅巍。在最大的叛亂之下，祂仍然持守與以色列所立的約，引導他們通過曠野，供應他們的需要。」（xxxvii）因為神有立約之愛，所以一直參與在他們當中。

新約繼續這個主題。事實上，新約將它推至高潮。舊約只是十字架上發生之事的序曲。神的子民繼續悖逆，可是祂仍然差派祂的兒子，耶穌基督，來到他們當中，但他們竟以殘暴待祂（可十二1～12）。不過，神依然沒有棄絕祂的子民，卻在耶穌基督所提供的救恩中，為他們預備了希望。

每一代基督徒都應當將自己置身於民數記中新一代的立場。神已經在我們當中施行了救贖，給了我們生命的意義與盼望。正如民數記的新一代，祂呼召我們，以順服來回應祂的恩典。

曠野的主題

曠野是出埃及記、利未記、民數記和申命記大半內容的背景。正如第三章所說，出埃及－曠野漂流－征服迦南的這個題目，在整個聖經中不斷重現。有關這件事對於民數記神學角度的重要性，請參閱 75～77 頁。

神的聖潔

這卷書也繼續講到神的同在與祂的聖潔這個重要的題目。經文很看重利未人維護神之聖潔的地位（民三章），尤其是他們搬運會幕和其中器具的責任（民四章）。民數記列舉許多律法，為要保守

營內的潔淨。神的同在及祂的聖潔，這個聖經神學題目已經在利未記那章談過，有興趣的讀者請翻閱該處（87頁）。　10/18/2003

申命記

　　英文聖經這一卷的名字（Deuteronomy）來自希臘文的複合字，意思是「第二個律法」或「重複的律法」。可笑的是，它的來源乃是因為七十士譯本誤會了申命記十七 18 的一個希伯來片語，該處的原意是要君王「抄一本律法」。雖然這卷書的名稱是因七十士譯本的曲解，卻意外地誤打誤中，因為西乃山所賜的律法記在出埃及記、利未記和民數記，而申命記所載則為第二個版本。

　　這卷書大半是記摩西在摩押平原一連串的教誨。摩西帶領百姓，在從事征服應許之地的戰爭之前，與神更新所立的約；並且預備百姓面對他的死亡。

書目

註釋

Christensen, D. L. *Deuteronomy 1-11* (WBC 6; Dallas: Word, 1991); **Clifford,** R. *Deuteronomy with Excursus on Covenant and Law* (OTM; Wilmington: M. Glazier, 1982); **Craigie,** P. C. *The Book of Deuteronomy* (NICOT; Eerdmans, 1976); **Cunliffe-Jones,** G. *Deuteronomy* (TBC; SCM, 1951); **Driver,** S. R. *A Critical and Exegetical Commentary on Deuteronomy* (ICC; Scribner, 1985); **Maxwell,** J. C. *Deuteronomy* (CC; Word, 1987); **Mayes,** A. D. H. *Deuteronomy* (NCB; Eerdmans, 1979); **Miller,** P. D., Jr. *Deuteronomy* (*Interp.*; John Knox, 1990); **Payne,** D. F. *Deuteronomy* (DSB; Westminster, 1985); **Ridderbos,** J. *Deuteronomy* (BSC; Zondervan, 1984); **Thompson,** J. A. *Deuteronomy* （TOTC; London; Inter-Varsity, 1974/中譯：《丁道爾舊約聖經註釋：申命記》，校園出版中）; **von Rad,** G. *Deuteronomy* (OTL; Westminster, 1966).

專論與文章

Achtemeier, E. "Plumbing the Riches: Deuteronomy for the Preacher," *Int* 3 (1987): 269-81; **Baker, J. A.** "Deuteronomy and World Problems," *JSOT* 29 (1984): 3-17; **Carmichael, C. M.** *The Laws of Deuteronomy* (Ithaca: Cornell University Press, 1974); **Clements, R. E.** *Deuteronomy* (OT Guides; Sheffield: JSOT, 1989); idem. *God's Chosen People* (Allenson, 1968); **Collier, G. D.** "The Problem of Deuteronomy: In Search of a Perspective," *Rest Q* 26 (1983): 215-33; **de Vaux, R.** "La lieu que Yahve a choisi pour y etablir son nom," in *Das ferne und nabe Wort*, ed L. Rost (BZAW 105; 1967): 219-28; **Gold, J.** "Deuteronomy and the World: the Beginning and the End," in *The Biblical Mosaic*, ed. R. Polzin and E. Rothman (Fortress, 1982): 45-59; **Gordon, R. P.** "Deuteronomy and the Deuteronomic School," *TynBul* 25 (1974): 113-20; **Halpern, B.** "The Centralization Formula in Deuteronomy," *VT* 31 (1981): 20-38; **Hoppe, L. J.** "The Meaning of Deuteronomy," *BibThBul* 10 (1980): 111-17; idem. "The Levitical Origins of Deuteronomy Reconsidered," *BibRes* 28 (1983): 27-36; **Kaufman, S. A.** "The Structure of the Deuteronomic Law," *Maarav* 1/2 (1978-79): 105-58; **Kitchen, K. A.** *Ancient Orient and Old Testament* (Leicester: Inter-Varsity, 1966); idem. "The Fall and Rise of Covenant, Law and Treaty," *TynBul* 40 (1989): 118-35; **Kline, M. G.** *Treaty of the Great King* (Eerdmans, 1963); **Kuyper, L.** "The Book of Deuteronomy," *Int* 6 (1952): 321-40; **Lohfink, N.** ed. *Das Deuteronomium: Entstehung, Gestalt und Botschaft* (Luven: Leuven University Press, 1985); idem. *Das Hauptgebot: Eine Untersuchung literarischer Einleitungsfragen zu Dtn 5-11* (An. Bib.; Rome: Pontifical Biblical Institute, 1963); **MacKenzie, R.** "The Messianism of Deuteronomy," *CBQ* 19 (1957): 299-305; **Manley, G. T.** *The Book of the Law: Studies in the Date of Deuteronomy* (London: Tyndale, 1957); **McBride, S. D.** "Polity of the Covenant People: the Book of Deuteronomy," *Int* 3 (1987): 229-44; **McCarthy, D. J.** *Old Testament Covenant: a Survey of Current Opinions*, 2d ed. (Rome: Pontifical Biblical Institute, 1978); **McConville, J. G.** "God's 'Name' and God's 'Glory,'" *TynBul* 30 (1979): 149-63; idem. *Law and Theology in Deuteronomy* (*JSOT* Sup 33; Sheffield: JSOT, 1984); idem. *Grace in the End* (Zondervan, 1994); **Nicholson, E. W.** *Deuteronomy and Tradition* (Fortress, 1967); **Polzin, R. H.** "Deuteronomy," in *The Literary Guide to the Bible*, ed. R. Alter and F. Kermode (Cambridge: Harvard University Press, 1987): 92-101; idem. *Moses and the Deuteronomist* (Seabury, 1983); idem. " Reporting Speech in the Book of Deuteronomy: Toward a Compositional Analysis of the Deuteronomic History," in *Traditions in Transformation*, ed. B. Halpern and J. Levenson (Eisenbrauns, 1981): 193-211; **von Rad, G.** *Studies in Deuteronomy* (Westminster, 1953); **Walton, J. H.** "Deuteronomy: an Exposition of the Spirit of the Law," *Grace TJ* 8 (1987): 213-25; **Weinfeld, M.** *Deuteronomy and the Deuteronomic School* (Oxford: Clarendon, 1972); **Wenham, G.** "The Date of Deuteronomy: Linchpin of Old Testament Criticism," *Themelios* 10 (1985): 15-20; 11 (1985): 15-18.

歷史背景

這部分將討論申命記的作者、歷史背景，和在解釋歷史中的問題。

　　申命記主要是記載摩西臨終之前，在約但河東的講論。在形式上，它是記載更新與神之約的典禮。當時在摩押平原，以色列人再度肯定與神的盟約，全國都將遵行祂的律法（申二十九 1～三十一 29）。從某方面而言，申命記也是摩西的「遺囑和遺願」。除了覆述早年的西乃之約（二十九 1），這卷書也預備以色列人面對即將臨到的兩大問題：(1) 沒有摩西的日子；(2) 征服迦南要進行的戰爭。本書有相當的部分講到摩西死後以色列人當如何治理，論到士師與法庭、祭司與利未人、君王，和先知的制度（申十六 18～十八 22）。在預備全國面對征戰方面，申命記比五經其他各卷更扎實，規定了有關聖戰的種種律法（七、二十章）。

　　在批判時期之前，猶太人與基督教傳統上都以摩西爲本書的作者。在猶太教和基督教的註釋中，偶爾會提及，有些經文屬於所謂「後摩西」或「非摩西」部分，是後期編輯插入的，即：在一些地方加進評註，澄清地理位置，或用現代的名字（二 10～11、 20～23，三 9、11、13 下～14），或加入歷史資訊（十 6～9）。本書的卷首語說，其中所載是摩西「在約但河東」向以色列衆人所說的話（一 1）；這就顯示，這個卷首語是摩西死在約但河東之後，某一位在約但河西的人士加上去的。顯然摩西不會寫有關自己過世的記載（三十四章）。除了這一類問題之外，全書其他部分都被視爲出自摩西之手。本書的結尾部分經常提到摩西寫下了立約的文件（二十七 3、8，二十八 58，二十九 21、29，三十 10、19，三十一 24）。

　　啓蒙運動興起之後，解經的歷史批判法逐漸發展，申命記很快就在歷史上與摩西一刀兩斷。雖然仍有許多人主張全卷主要的來源爲摩西，但批判學者卻給予申命記一個極重要的角色，因爲他們要揭示的以色列宗教史，與經文所鋪述的截然不同。有關申命記的著作多如牛毛，[1] 對於本書的背景和發展，各式各樣的意見與看法令人眼花撩亂。我們將按時間順序，概略描述批判研究的歷史，不過，有時對某一立場的說明，會越過以下的時間界線。

十九世紀

　　最早提出約西亞時代在聖殿發現的律法書，就是申命記的人，是耶柔米（主後 342～420）。不過，隨著理性主義的勃興，第章特（W. M. L. de Wette）於一八〇五年爲後來五經批判的發展立下了根基，他認定申命記就是約西亞的律法書。後人在決定五經假想來源（J, E, D, P）的日期時，將這些來源定在 D（Deuteronomy）之前或之後的根據，就是看該份來源對於 D 所提出的律法是否有所知。在來源批判的全盛時期，對批判學者而言，申命記定在主前第七世紀末期，無疑是個關鍵。申命記與摩西的關係完全被斬斷了。

　　主張約西亞的律法書是申命記本身，或是某種早期編輯的材料、後來形成本卷書，這種看法的理由相當強。學者普遍承認，列王紀上下大致是受申命記的律法影響。從約西亞對於律法書的反應，可以看出他因著律法所採取的行動，大部分是按照申命記中的獨特內容而來。(1) 申命記十二章要求將迦南地的高處毀壞，而在集中的聖所敬拜，約西亞遵照這些指示而行（王下二十三 4～20）。(2) 出埃及記十二章講到在家中如何過逾越節，而申命記十六章則以聖所爲背景來描述。在約西亞王時，逾越節是按照申命記十六章的規定進行，不是按出埃及記十二章（王下二十三 21～22）。(3) 申命記也下令在以色列中除滅觀兆的、占卜的、行巫術的；以色列聆聽神的旨意不是透過這些媒介，而是透過先知（申十八 14～22）。約西亞將交鬼的和行巫術的都除掉，爲要實踐律法書的要求（王下二十三 24），又從一位女先知尋求指引（二十三 14）。(4) 呈報給約西亞的書中，有一段是咒詛（王下二十二 13、19），也許是申命記二十八章。(5) 申命記要求以色列的王要按照所抄的律法來治理（申十七 18～19），這正是約西亞所行的事（王下二十二 11，二十三 2～3）。(6) 律法書被稱爲「約書」（二十三 2），而後來批判學的研究顯示，申命記的架構和古代近東的立約文件很類似。(7) 列王紀的記錄也反映出申命記的「聖名神學」（申十二 5、11；王下二十三 27），並且按申命記所宣告的，覆述神必然的審判（申三十一

24～29; 王下二十二 16～20，二十三 26～27）。

　　批判學者堅稱，在聖殿發現該書的時間，就是它大約的寫作時間，因此將申命記或其前身定在主前第七世紀；這樣一來，他們便是認定，這卷書是敬虔人士偽造的，或許是由約西亞和他的同黨所寫，以便將他的權威合法化，使耶路撒冷的勢力可以橫掃周圍地區。

十九世紀末、二十世紀初

　　對於五經主要來源的辨認，批判學者自己覺得很成功，於是又進一步研究申命記內部的層次。司徒納格（C. Steuernagel, 1923）和斯塔克（W. Staerck, 1924）都試圖剖析本書的編輯層面，他們的依據是發言形式的改變，從第二人稱單數轉為複數。他們認為，單數的形式屬於較早的材料。史密斯（G. A. Smith, 1918）在註釋中也曾探討過單數與複數的轉變，可是結論為：這或許顯示是出於不同之人所寫，但卻不夠清楚，無法將文件區分出來。直到今日，在本書的編輯歷史研究中，發言者第二人稱單數與複數的區別，仍然扮演重要的角色。尼寇森（Nicholson, 1967, 22-36）用第二人稱單數與複數的改變，作為主要的標準，來將原始和後期申命記的添加作區分；麥易斯（Mayes, 1979, 35-37 ）也用同一個方法，但卻更為謹慎。

　　德萊弗（S. R. Driver, 1895）對以摩西為作者的問題，提供了徹底的研究。他將申命記與創世記至民數記的明顯不合處列出，把列祖的律法與其不同之處作對比，又將申命記的體裁和其他各卷作對比，結論為：申命記必定是摩西之後的時期寫成，並將這時期與約西亞的改革相連。申命記內關於集中敬拜的律法很獨特，對守逾越節的規定也不同，此外，主張古典底本假說者又將五經來源的部分分別出來，至於分法，則視他們對祭司和利未人之關係的觀點而定。祭司制度與利未支派的相連，被定在王國時期，因此在申命記中（來自主前第七世紀），所有利未人都是祭司（申十八 1～8，二十一 5，三十三 8～11 ），而五經內的祭司層面（是晚期的層面），

則嚴格區分祭司（亞倫的後裔）和其下屬助理利未人。

在申命記中，有些條例與其他的律法不同；對批判學者而言，這些差異顯明作者和背景都與其他的法典不同。例如，有關強暴未訂婚的處女，出埃及記容許父親拒絕倆人結婚（出二十二 17），而申命記卻要求必須結婚，以後也不可離婚（申二十二 28～29）。在出埃及記中（出二十二 17），守安息日的理由是神在創造後便安息了；在申命記中（五 15），卻是要記念以色列人在埃及的奴役。在利未記中（十七 3～5），所有動物的殺戮，甚至是為家人吃用，也顯然具獻祭的性質；在申命記中（十二 15～17），既然敬拜集中在一個地點，就容許離開聖所、世俗性的屠宰。在其他法典中（民十八 21～24; 利二十七 30～33），十分之一是保留給利未人的，但在申命記中（十四 22～29），有一部分可以給奉獻者和他的家人食用。總體而言，比起其他律法的集成，申命記內的律法被視為更合乎「人道精神」（Weinfeld 1972, 282-97）。

馮拉德讓人在傳統的來源批判標準之外，又注意到神學主題與問題（傳統歷史）等方面。[2] 馮拉德主張，出埃及與西乃的傳統原來是各自獨立的。他的結論為：西乃的材料原來有儀式背景，是在示劍所舉行的約之更新典禮。對馮拉德而言，約書（出十九～二十四章）和申命記反映出同樣的儀式場景。因為申命記主要是口述的（向一群人的講演、教訓，和勸勉），內容主要為傳講律法，他建議該書原來出於利未人當中。因為它是向全以色列人說的，強調示劍的角色（申二十七章），並反對拜巴力，所以他主張是出於北方。全書有些部分被帶到猶大，並被修訂，成為約西亞改革的依據。在被擄時期，它又被進一步擴大。雖然我們手中所有的精緻成品，是很晚才形成的，但其中含有許多古時的材料。

利未人和祭司既是律法的「傳道人」或「教師」（申三十三 10；利十 11；代下十五 3，十七 7～9; 耶十八 18; 瑪二 7; 何四 6），申命記教誨的特色自然讓人以為它的起源在利未人當中。不過，也有人認為，申命記是在以色列的先知當中發展出來的。這卷書以摩西為先知的典範（申十八 14～22）；有些先知書（何西阿、耶利米）

顯然與申命記有關。據稱原始申命記是在北方發展的，有反王國的論調，反映出先知所傳的道。威爾浩生、德萊弗、阿爾特（Alt），和近日的尼寇森（1967, 76）等人，都主張先知起源。溫費德（Weinfield 1972, 55）反對利未起源說：要利未人爲集中敬拜辯護，等於削減他們在地方聖所的工作；溫費德要人注意申命記與智慧文學的類似處，並主張其背景爲以色列的智慧傳統。霍普（Hoppe 1983）拒絕前人所定申命記起源的圈子，而認爲它應當劃歸於以色列的長老。總而言之，以色列所有的權力中心（利未人、先知、長老、王室的權貴）都曾被人舉爲本書可能的來源。

從二十世紀中到現在

諾特於一九四三年首度發表他的論文，主張申命記到列王紀主要是一部歷史，由一位作者寫成。[3] 諾特倡言，這位被擄時期的申命記歷史家（Dtr）寫成了申命記法典，就是如今的申命記四 44 至三十 20。很久以來，學者已經注意到這卷書似乎有兩則歷史導言（一至三或四章，五至十一章）。諾特認爲，申命記一至三（或四）章不是申命記本身的導言，而是對整個申命記歷史（DH）的導言。他認爲，本書的核心爲第二人稱單數與複數的經文，其他部分則是逐漸增補、擴充而來，是由於口述和講解律法的結果（三十一9～13）。諾特的理論對於以後的研究影響至大，他的觀點常成爲後來作者的出發點。按照諾特的看法，雖然現今的申命記形式日期可定在被擄時期，但其中有許多古老的資料。

在這段時期，研究者也開始注意到，在文學結構方面，古代近東各國的條約形式都與申命記相仿。克藍（Meredith Kline 1963）認爲，申命記是按主前二千年國際條約的形式寫成，與主前一千年亞述時代的條約模式不同。結果，克藍爲申命記的久遠性提供了很強的論點。雖然並非所有人都採納克藍的論點，但是申命記和古代近東條約和約定的關係，在學界仍然扮演重要的角色。詳細的討論見以下「文學分析」。

過去二十年來，聖經學者愈來愈注意以不計時間的方式來讀各

卷書。這種不計時間的方式，是注重各卷書現在的樣式，而不去重
新架構背後的來源或歷史的組合。文學分析法假定全書是一個整
體，嘗試解釋作者的文學設計與組合技巧（見 Polzin 1980;
McConville 1984 and 1994; Lohfink 1963）。傳統批判學者視為辨別
編輯層面的線索，在文學分析法中則成了將複雜神學問題組成一體
的處理證據。例如，麥康威（McConville 1984）用申命記的神學來
解釋其中特殊的宗教法，即，他從申命記整體來看，而不認為它是
組合成品的證據。波金（Polzin 1983）的分析，跨越了所謂前申命
記（deuteronomic 或 Ur-deuteronomy）和後申命記（deuteronomistic,
後來劃歸成 DH）的材料。

　　對於申命記的問題，並沒有一致的看法。如何決定日期和作
者，要看如何判斷該書和其餘申命記式歷史（約書亞至列王紀）的
關係、條約對文體和背景的影響、起源的問題（按照諾特的觀點？
還是利未人、先知、智慧人的觀點？）和該書與約西亞改革的關係
問題。

文學分析

　　對於申命記的文學特色，研究者曾從不同的角度來探討，但並
非每種方式都同樣重要或有益。

從條約看申命記

　　克藍（1963）提倡的觀點為：申命記的大綱與結構正像主前二
千年赫特文化中的條約一樣。在他之前也有一些人曾作過這類的探
討。

表三
條約與申命記

一、前言（一 1～5）

二、 歷史序（一 6～三 29）
三、 條款（四～二十六章）
　　　 1. 基礎（四 1～十一 32）
　　　 2. 細目（十二 1～二十六 19）
四、 咒詛與祝福、確立（二十七～三十章）
五、 後繼安排（三十一～三十四章）
　　　 1. 傳召證人
　　　 2. 公開宣讀的預備

　　克藍聲稱，當時一位征服的王和屬民立約的模式，成為神和其
子民關係的規範——神是宗主，以色列人是祂的屬民。前言先指明
條約的兩方。在主前二千年的條約中，接下來有一段歷史序，陳明
過去宗主與屬民的關係，強調王給下屬的好處。條款部分包含屬民
同意順服宗主的詳細法規。最主要的要求，是屬民必須絕對效忠與
他們立約的主人。條款中通常包括屬民要獻給主人的貢物；在以色
列人與雅巍的關係中，這種上貢主要是宗教法中所指定的各種獻祭
和奉獻。主前二千年的條約中，接下來是一段很長的祝福與咒詛系
列，說明順服或不順服約定條款的結果。這些祝福與咒詛，是以宗
主和屬民的神祇為呼籲的對象；神明成為約的起誓和確立的見證
人。

　　在神與以色列人的約中，並沒有召喚第三個神明來見證約的確
立，而是呼籲「天和地」來執行這個功能（申四 26，三十 19，三十
一 28）。條約中包括未來公開宣讀立約文件的預備，以提醒宗主與
屬民，要實踐約定的承諾（三十一 9～22）。條約也包含屬民的子
孫如何承繼其父輩（1～8 節）。條約文件要複製（「律法的兩塊
版」；出三十四 1、28；申十 1～5，十七 18～19，三十一 24～26），
各自放在宗主和屬民的廟堂中。既然神與以色列所立的約，聖所只
有一個，兩塊版便都放在約櫃中。

　　因為申命記在結構上和主前二千年的條約非常相像，而與主前
一千年的條約模式並不相同，克藍的主張乍看之下，在日期方面比

較靠近摩西的時期，而不像後代，如主前第七世紀。亞述時期的條約沒有歷史序，也沒有將咒詛和祝福並列，只提到屬民若不順服，會遭到怎樣的惡報。主前一千年的條款中，並沒有要求複製條約，放在宗主和屬民的廟堂中。在赫特條約中，會要求屬民愛（效忠）宗主，隨之而來的保證，是宗主的愛寵（可靠），但是亞述條約中並沒有這些。當然，這些項目可能是因文件證據不全而從缺；未來考古學或許可以挖出其他亞述時期的條約，內容會包含這一切。現今五個主要的亞述條約，三個石版在可能有歷史序之處殘缺不全（見 Weinfeld 1972, 63-65, 67-69）。不過，大體而言，申命記與聖經之外的條約文件的確相當類似，而與主前二千年的條約更相像；如此看來，申命記的確可以稱爲「約」（二十九 9、12、14、21）的文件。

有幾位學者採取克藍的路線（Craigie 1976）。濟欽（1989）和萬南（1969）同意條約形式對申命記的重要影響，但是認爲它是條約形式和古代近東法典結構的混合。溫費德（1972, 146-57）也發現類似的法典與條約混合形式。

有人反對用主前一千年和二千年的特殊條約形式，來作辨認的依據（McCarthy 1978）。溫費德承認申命記的條約結構，可是主張該書是按照主前一千年的條約結構，尤其是伊撒哈頓（Esarhaddon）的屬民條約形式。溫費德的主要論點（1972, 121-22）是：亞述條約末尾的咒詛，是按亞述眾神廟的順序來籲請的。在其中一個條約中，咒詛項目的次序很像申命記二十八章咒詛的次序；溫費德認爲，這個事實強烈支持申命記的日期爲主前一千前。不過，這些類似處都不精確，而且只與項目的大致範圍有關。

有關申命記結構和聖經之外文獻的關係，辯論正方興未艾。對於本書進一步的研究，一定會對這個問題帶來新的看法。

從政治來看申命記

如果申命記其實是條約文件，又有法典的特色，它實質上就等於是古代以色列的「憲法」。它以文字記下社會秩序的規範，將法

律原則和審判過程作成法典，並說明以色列對自己在神管理之下的認識。它是管理神子民立約生活的文件。麥勃萊德（McBride 1987）雖然並不以申命記爲條約經文，但卻要人注意這種「申命記式憲章」的特色。他舉出申命記有意要保護百姓中最容易受欺壓的人，賦予他們一些權利。麥勃萊德認爲，申命記應該視爲西方憲章的原始模式和先驅。

從演說來看申命記

長久以來，申命記都被視爲摩西在摩押平原對以色列人的三次講論。每一次講論的開始，都先聲明地點與背景：「在約但河東的摩押地」（一 5）、「在約但河東伯毘珥對面的谷中」（四 44～49）⁴、「在摩押地」（二十九 1）——這三個記載很可能都是指同一個地點。摩西的第一次講論（一～四章），重點在回顧過去，追溯以色列的旅程，直到這地的邊界。第二次講論（五～二十八章）主要是瞻望未來，關注以色列人在境內當如何遵行律法。第三次講論（二十九～三十二章），是帶領全國更新所立的約。在這幾次講論之外，再補上摩西之死的記載（三十三～三十四章）。

波金（1981, 1983, 1987）對申命記的文學研究獨樹一格，他從演說來作分析。在申命記中有兩個主要的聲音，一個來自摩西，一個來自神。大半時候是摩西獨自發言：惟獨他聆聽神的話語，又報導出來。從前傳統的讀法，辨認出一些後摩西與非摩西的片斷，認爲大半是編輯隨意的手筆；但波金卻以書中的第三個聲音來解釋：這些不是摩西之後的文士，按歷史的角度所加的旁註，而是一位講述者（波金認爲是在被擄時期）爲全書所提供的架構，偶爾他也插入自己的聲音（一 1～5，二 10～12、20～23、三 9、11、13 下～14，四 41～五 1 上，十 6～7、9，二十七 1 上、 9 上、11，二十八 68，二十九 1，三十一 1～7 上、 9～10 上、14 上、14 下～16 上、22～23 上、 24～25、 30，三十二 44～45、48，三十三 1，三十四 1～4 上、5～12）。不過，這些「插入的架構」，就是講述者的現身，讓人覺得講述者本人的聲音就像摩西一樣，既可靠，又有權

威。這樣一來，講述者實際上是預備讀者接受他，視餘下的申命記式歷史（DH）——就是約書亞記到列王紀——爲權威性的報導。如此，講述者對他同時代之人的重要性，就像摩西對當年曠野的一代一樣。申命記中，主要是摩西講論的記述，講述者的話非常少；但在申命記式歷史的其餘部分，比例正好相反；可是由於讀者已經在申命記中被預備好，所以能夠接受這樣的安排。當初只有摩西一人能夠與神面對面（三十四 10），如今只有這位講述者眞正認識摩西。摩西與這位講述者成爲傳話人，將神向以色列所發的權威之言告訴他們。

從十誡的闡釋來看申命記

考夫曼（1978/79）曾建議，申命記的結構是爲要闡明十誡背後之道德原則；沃頓（Walton, 1987）則嘗試爲這項建議尋找有力的理由。沃頓將十誡分爲四大議題，而申命記的律法部分，就是要分別加以說明、澄清。舉例而言，第三誡爲不可妄稱神的名，相關的說明便爲各種表達對神認眞的方式（十三 1～十四 21），例如，不可容忍假先知（十三 1～5）或邪惡，即使在家人、朋友，或家鄉中（十三 6～18）也不可以。對神認眞，尊敬祂的名，包括遵守以色列的特殊飲食律法（十四 1～21）。不可褻瀆神的名與第九誡有類似處，因該條誡命禁止作假見證。有關第九誡，又藉虛僞的指控和如何與鄰人相處等例子來說明（二十四 8～16）。

這個研究申命記的方式，成爲反思倫理問題的沃土。它顯出，對任何一條誡命，律法的每一部分多少都能互相說明、彼此解釋。但是，至於這個結構是否爲本書作者－編者的原意，就不太明確；舉例來說，沃頓（1987, 219）要爲這種分類系統建立主題連線，尤其是與第七誡相關的部分，但很不容易。全書並未提供明顯的記號，暗示這是作者的意思；而個別的律法乃是將一般性誡命制定成特殊的法律條規，這亦是理所當然。

即使如此，這種方式的確能幫助人了解申命記與其他五經法典的不同。申命記的關注在於訓勉——勸導性超過立法性，因此其中

所載的執行技術或特定事項，比其他法典要少。申命記看重律法的
「靈意」，而非「字句」。

表四

從十誡的闡釋來看申命記
取自沃頓（1987）

主題	有關神	有關人
權威	第一誡	第五誡
	五 7（六~十一章）	五 16（十六 18~十七 13）
尊嚴	第二誡	第六至八誡
（十九 1~二十四 7）	五 8~10（十二 1~32）	五 17~19
		六誡：十九 1~二十一 23
		七誡：二十二 1~二十三 14
		八誡：二十三 15~二十四 7
委身	第三誡	第九誡
	五 11（十三 1~十四 21）	五 20（二十四 8~16）
權利與特權	第四誡	第十誡
	五 12~15（十四 22~十六 17）	五 21（二十四 17~二十六 15）

從音樂來看申命記

克利登森（Christensen, 1991, lv-lxii）曾主張，申命記是教導
詩，為要在古以色列的宗教儀式中配合音樂當眾宣讀。申命記在以
色列宗教儀式中的使用，是無可置疑的。「約的更新」本身就是重
要的宗教事件；而利未人也必須定期宣讀摩西的律法，尤其在住棚
節的時期（三十一 9~11）。

申命記裏面的確有一首歌（「摩西之歌」，三十二章），是摩
西要教導全國的（三十一 19、30）；另一首長詩記載他對各個支派

的祝福，很可能過去曾有音樂爲背景。而希伯來的散文與詩之界線亦相當模糊，並不僵硬刻板。

克利登森（1991, lix）根據一般的人類學，主張音樂與詩是傳遞宗教傳統的常用管道，事實上，所有不識字的民族都用這方法。此外，馬索拉經文的母音系統的確提供了音樂的指令，爲頌讀或吟唱經文之用。

儘管從比較文學可以舉出類似上述的論證，但是學者如何評估克利登森的建議，還有待觀察。表面看來，他的見解似乎太具個人色彩，不太可靠。在律法書呈給約西亞和耶路撒冷衆民時，似乎是用「念讀」的，而不是一場「音樂會」（王下二十二 10，二十三 2；代下三十四 18、30），而旣然歷代志的作者如此注意描寫利未人詩班的活動，這一點就更值得注意。以斯拉將律法讀給被擄歸回的會衆聽的時候，也沒有證據顯示有音樂伴奏（尼八 3）。摩西親自吩咐律法書要念給衆人聽（三十一 11），和要唱的歌似乎不同（三十一 19）。申命記大半是用 *Hofstil*——一種精巧的文體——寫成，這是毫無疑問的；在經文加上抑揚頓挫、可以吟唱之前，也許有些部分已經在儀式中使用。不過，若主張這卷書最初的階段就有伴奏，或這是作者的原意，則資料尚嫌不足。

神學信息

從某個角度而言，申命記刻劃出以色列的理想典範。它所呈現的以色列是「一神、一民、一地、一聖所、一律法」。它在神學方面的貢獻，與其中所關注的特殊事項——就是與五經其餘書卷都不同的部分——密切相連。

申命記中的以色列人

神與以色列人在西乃山立約，於摩西死前又在摩押平原更新這約，顯示以色列爲合一、團結的民族。申命記並沒有鼓吹或勸勉百姓要合一，而是假定他們已經如此。這個國家成立的特色，或它立

國的記號，就是一群與雅巍立約的子民。它與天下萬國有別，原因便是它屬於這約（申五 1～3，六 1～25）。這種關係要長存下去，代代更新。以色列所進入的約，不只是法律式的詳細條文，而是一種活生生的關係，需要雙方都付出愛（六 5，七 9、12～13，十一 1、13、22，十三 3，三十三 3）。

以色列人是合一的整體，這一點也可以從本書提到百姓的成員為「弟兄」（希伯來文 *'ahîm*; 如：一 16，三 18、20，十 9，十五 3、7、9、11，十七 20，十八 15、18）看出來。[5] 這個稱呼有意忽略這個國家中支派和其他特色帶來的區分，而視它為不分彼此的一體。

申命記也視以色列為被揀選的國度，是神所選定的（四 37，七 6～7，十 15，十四 2）。神不但「揀選」了以色列，也「揀選」了君王（十七 15）、祭司（十八 5，二十一 5），和敬拜祂的地點（十二至二十六章中，20 次裏有 16 次用「揀選」這個動詞——McConville 1984, 30）。這卷書強調以色列立約之神的主動與全權，祂揀選他們，是出於祂本身難以明瞭的愛（七 7～8）。這個國家所以能存在，完全是因為神以祂的權柄主動施恩；這份恩惠需要全國以愛和順服來回報。以色列是一個獨特的國家，是與造物主——也是他們的救贖主——立約的國家。本書完全浸透在這個約中，甚至其文學結構也不例外（見上文）。

申命記中神的名字

申命記有二十一次提到神的名字。雖然神藉著名字來啟示自己並非申命記所獨有，但批判學者（如 von Rad 1953, 37-38）常認為，這是全書強調的特色，要在神學方面修正從前對神較粗糙的概念，即：神本身實際上就住在以色列的廟堂中。他們認為，對神的所在地，申命記在某方面具「非神話化」的功效——在他們當中的，並非神的本身（因為祂住在天上），而是祂的「名」。他們主張，這種神學是在約櫃失喪之後，或在王國分裂、北國各支派不再能親近這個重要的物件之後，才發展出來的。

　　但是，麥康威（1979）指出，凡提到神的「名」之處，上下文常是個人與神的親近和關係；相形之下，約則是全面性的神學主題，爲神在祂「榮耀中」的同在，較具宇宙性、戲劇性的意義。宣揚神的名，就是公開宣講祂的性情，講述從祂在百姓當中的作爲可以看出來的特性（三十二 3）。

　　主前二千年的後半，亞馬拿書信（譯註：1887 年在埃及古城發現的泥版）中找到兩處類似的說法（de Vaux 1967; Mayes 1979, 224）。阿杜希巴王（King Abdu-Heba）「將他的名立於耶路撒冷」。這個說法表達出他的所有權和對該城的征服。對神而言，將祂的名字立於一個地方，或一個國家，也是意味祂具所有權——對全世界、以色列和她的地皆然。申命記所強調的，是應許之地的佔有，和以色列與神的約；透過神的「名」來表達祂的同在，就是提醒全國，神的所有權和治理權。在申命記中，神的名不是要剷除神的同在，或修正這觀念，而是要全然肯定神的同在；祂的特性和對約的委身，都展現在祂立名之人的身上。

申命記中神的話語

　　在申命記中，神的話語是滿有權威的，也是寫出來的。摩西所寫的「律法書」既是約的文件，其中的話就成爲這個國家與其宗主神的關係，和國人之間相互關係的準則、規條和定義。這卷書在以色列中重新肯定了「正典」的觀念：「正典」就是一份作爲標準的文集，用來治理全國。

　　當初這個國家曾在西乃山親自聽見神的聲音，但是由於情景讓人戰慄，百姓要求不要再重複這個經驗。於是神將傳達祂話語的責任交給人——首先給摩西（五 22～33），後來則由像他一樣的先知繼承（十八 14～22）。這些先知與假先知的區別，在於他們信守神的約（十三 1～5），並且所言必定應驗（十八 21～22）。摩西和以後先知所說出的，既是神的話語，就是宇宙最大的權柄，必定不會落空；他們所領受的，絕對會實現。這位大先知摩西又預先看明，以色列不會聽從她與神立約的話，必將背棄神（三十一 27～29）。

從這一方面看，申命記本身也成爲預言，而餘下的申命記式歷史，便應驗了它的話。在本書中，神的話不單是記下來的文件，管理立約者的生活，也是摩西和其傳人權威性的講道與教導。

敬拜的集中

　　申命記不斷重複，以色列要在「耶和華你的神所選擇的地方」來敬拜（十二5、11、14、18、21、26，十四23～25，十五20，十六2、6、11、15，十七8、10，十八6，二十六2）。在批判學者看來，選擇一個地方作以色列敬拜之處，傳統上是與約西亞的努力相連，要將敬拜集中於耶路撒冷。有些人認爲，堅持集中在一個地方，是後來插入的，最早的申命記資料並沒有；例如，賀賓（Halpern 1981）將早期沒有清楚講到集中之事的層面，和後來使模糊變清楚的層面區分出來。按照撒母耳記和列王紀的記載，從大衛之後，耶路撒冷成爲被揀選之地，那裏的聖所是獨一無二的；這方面並沒有遭到嚴重的質疑。

　　敬拜的集中是否構成充足的理由，支持本書成書日期較晚的說法？是否還有其他的解釋，可以符合日期較早的解釋？有人主張，申命記十二章可以解作具分佈含義，就是容許幾座「集中式聖所」同時存在於各支派中，沒有一處可算爲「獨一的聖所」（McConville 1984, 36）。

　　但事實上，申命記十二5的用語很難不想成：在衆支派中只有一個地點。集中的敬拜反映出申命記的理想：「一神、一民、一聖所」。不過，「集中化」一語似乎不盡正確。以色列的敬拜多多少少總是集中在約櫃所在的聖所（如，伯特利和示羅；參McConville 1984, 23-29; Thompson 1974, 36-37）。約櫃是神同在的主要代表；約櫃在哪裏，神的「名」就在那裏。如果申命記有意將敬拜限定在耶路撒冷，那麼示劍的祭壇（二十七章）就沒有什麼意義了。申命記十二章主要的對比，是迦南人隨意選擇作爲敬拜場所的「各地方」（十二1～3），和神要選擇的「地方」（十二5——McConville 1984, 29-38）。神已經選擇這個國家，祂也要選擇敬拜的地點，和

敬拜的特色。後來對耶路撒冷的選擇，其中新的成分並不是「集中敬拜」的概念本身，而是：以色列如今將有一個永久的聖所，不再遷移。在神所選擇的地方，以祂所規定的方式來敬拜祂，是以色列立約義務的一部分；這件事可以從全國的層面反映出以色列特殊的身分，顯示她是神珍愛的民族（七 6，十四 2，二十六 18），被分別出來，歸祂爲聖。但是這個律法並未刪除一種可能性，就是揀選之地有時可能會改變。

申命記中的報復與土地

全卷中不斷以「你們列祖的神應許要賜給你們爲業之地」來稱呼這地；這又是強調神的主動，祂在恩典中爲以色列人的預備，正符合祂對列祖的應許。全書中動詞「賜給」字出現 167 次，其中 131 次的主詞是雅巍（McConville 1984, 12）。神對祂子民在恩典中多重的賞賜，是貫穿全書的主題之一。

不過，神的賜予也需要以色列人的回應。以色列人前去得到該地，以及接下來保守該地，都是他們順服神命令的表現（四 25，六 18，八 1，十一 8～9、18～21，十六 20）。這個「有條件」的主題，常與申命記的報復神學連在一起（四 25～31，十一 26～28，二十八 1～2，三十 15～20）。順服神公義的命令，不單讓他們得到該地爲業，也會帶來昌盛與福氣；若不順服，則會引來災禍、疾病、死亡，並失去該地。

神在恩典中應許賜給以色列禮物，卻又對她的繼承權提出條件，這兩者之間的張力，使得柯勞斯（F. M. Cross）提出一個解決方案，即：申命記式歷史的雙重編輯說；一位編輯是在被擄之前，在約西亞時代，強調神的恩典和信實，另一位則強調條件，是晚期才修定的，所依據的亮光是導致被擄的悲慘事件。不過，這個看法卻將申命記和申命記式歷史的精華抽去了。它將假想的第一次申命記式歷史編輯變成「失敗的講章，從以後的歷史發展可以看出，其基本理念顯然有缺失」[6]。它使得申命記式歷史現有的經文成爲具嚴重瑕疵的產物，因爲第二位編輯在理念上雖然否定原先資料的一部

分,但是卻無力辨識出自己成品中隱現的矛盾,未能予以清除。它的前題似乎為一個觀念:古代以色列的神學反思相當浮面、不夠扎實,無法處理複雜而多層次的問題。

不過,這卻是對申命記的誤解。本書中律法與恩典並重,呈現無法放鬆的張力,而這種張力成了申命記式歷史其餘部分的動力。以色列的前途如何?哪一方會得勢——是應許還是威脅?在神學推理方面,申命記處理深刻而微妙問題的能力,甚至超過現代學者所願意承認的,比柯勞斯所提單調刻板的編輯說更是高明得多。律法與恩典的張力,正是申命記和申命記式歷史的主要成分,而不是第二位編輯任意篡改、加入的內容。

展望新約

舊約中很少有幾卷像申命記一樣,對新約的作者有如此巨大的影響力。它是新約中最常引用的四卷舊約之一。

申命記提到,有一天,神將興起一位像摩西的先知(十八14~22)。雖然按上下文來看,是指後代無數的先知,但是該段的用語在提到這位先知時,全部都用單數。這卷書的結尾說,從來沒有一位先知像摩西(三十四10);因此猶太解經家受到一種簡單三段論法的影響,推演如下:

1. 神將興起一位像摩西的先知(十八章)
2. 到如今還沒有一位先知像摩西(三十四章),
   所以,我們必須期待這樣一位先知的出現。

在猶太人遇到施洗約翰(約一21)和耶穌時,這個三段論法成為他們猜測的背景。耶穌用餅和肉餵飽他們,正如摩西在曠野所行的一樣;祂既行了摩西所行的神蹟奇事,就一定是那先知(申三十四11~12;約六14)。當耶穌應許將有湧流不斷的活水,群眾就想起摩西在曠野的神蹟,和他的應許,說將有一位先知也會如此行

（約七40）。當彼得和司提反宣稱，耶穌就是像摩西的先知（徒三22，七37），每個人都知道他們在說什麼。

耶穌曾堅持，祂和父原為一（約十30，十七21～23），要了解這句話，應當從以色列最重要的信仰告白「示馬」（Shema‘）來看：「以色列啊！你要聽：耶和華我們神是獨一的主。」（申六4）舊約講到神，不常用「父」來稱呼，但是新約卻經常這樣用，尤其在約翰福音，或許可以溯源於申命記（一31，八5，三十二6）。耶穌在曠野受試探時，也直接引用申命記來駁斥撒但（申六13、16，八3；太四1～10）。耶穌既代表理想的以色列，就要照神口裏所出的每一句話生活；祂要在以色列的使命上得勝，就是這個國家從前失敗之處。祂既是公義的王，就不可以積聚財富，或自以為高過其他的弟兄，乃要按神的誡命來治理（申十七14～20）。神的靈曾翱翔在受造物之上（創一2），也在曠野的以色列人當中（申三十二10～11），因此耶穌要招聚祂的百姓在自己的翅膀下（太二十三37；路十三34）。申命記非常關心（如十五1、9）社會上容易受迫害、被剝削的人，這一點也反映在耶穌關懷寡婦和窮人的工作中。耶穌曾重複提到那最重要的誡命（申六5；太二十二37～40）。

以色列是列國中最小的，卻蒙揀選（申七6～7）；同樣，教會也是從軟弱、愚昧、卑微的人當中揀選出來（林前一26～30）。以色列成為神寶貴的產業（申七6，十四2，二十六18；參出十九5），新以色列亦將是祂的珍寶（弗一14；多二14；彼前二9）。

這個新以色列在天上的錫安有一個集中的聖殿（來十二18～24）。神曾將祂的話在申命記中交代給人——給摩西（五22～33）和先知（十八14～22），如今教會也聚集，要聽神從天上傳來的話，就是祂話語的傳講（來十二25～28）。神是烈火，對以色列和對教會皆然（申四24；來十二29）。以色列在神的面前需要一位中間人（申五27），教會也有耶穌作公義的中間人（來四14～16）。

早期教會認為它本身就是理想以色列的重造。以色列在申命記中被刻劃為一體，是一神、一民、一地、一聖所、一律法；教會也

受到勸勉，要成為類似的一體，因為只有一個身體、一個聖靈、一個盼望、一位主、一個信仰、一個洗禮、一位神——就是眾人的父（弗四4～5）。耶穌也為祂子民的合一祈禱（約十七11）。

備註：

1 有關申命記研究的書目，克利登森的註釋（1991）所列的最為詳盡（到該書出版前為止）。

2 見他 1983 年所發表的 *Beiträge zur Wissenschaft vom Alten und Neuen Testament*, 4th series, 26 (1983)，英譯為 "The Form Critical Problem of the Hexateuch," *The Problem of the Hexateuch and Other Essays* (McGraw-Hill, 1966), 1-78.

3 第一版名為 *Schriften der Königsberger Gelehrten Gesellschaft*，於 1943 年出版，不過第二版更著名，而名字改為 *Überlieferungsgeschichtliche Studien* (Tübingen: Max Niemeyer Verlag, 1957; 第三版未更改, 1967)。該書的前半處理諾特對申命記歷史的看法，已譯為英文，名為 *The Deuteronomistic History* (JSOTS 15; Sheffield: JSOT, 1981)。後半是講諾特對於歷代志作品的看法；由 H. G. M. Williamson 譯為英文，書名為 *The Chronicler's History* (JSOTS 50; Sheffield: JOST, 1987)。

4 四 44～49 也有可能讀為第一次講論的總結，而非第二次的前言。

5 可蘭經記載，穆罕默德相信，希伯來經文預言他的出現。若有人問記在那裏，大部分略有知識的回教徒會引用申命記十八 15、18，那裏提到有一位像摩西的先知將會「從你們弟兄中間」興起。以色列的弟兄是誰？他們說，正是以掃與以實馬利，講阿拉伯話、回教各族的祖先，而穆罕默德就是從他們當中出來的。要回答這個問題，只需檢視申命記中「弟兄」一語的用法；在所有其他經文中，它的意思都只是「以色列同胞們」。

6 R. H. Polzin, *Samuel and the Deuteronomist* (Harper & Row, 1989), 12.

約書亞記

在舊約中，最偉大的拯救歷史不只是出埃及記而已。出埃及記只是整個偉大救贖故事中的一半。神不但應許將拯救祂的子民脫離捆綁，也應許要將從前答應給他們列祖的地（創十二 2～3，十五 18～21）賜給他們，作為產業。脫離埃及的偉大救贖，不能與神要賜他們為業之地的應許分開。約書亞記將我們帶進那分產業：它說明了征服迦南的經過，和地業的分配。

書目

註釋

Auld, A. G. *J oshua, Judges, and Ruth* (DSB; Westinster, 1984); **Boling,** R. G., and G. E. **Wright.** *Joshua* (AB; Doubleday, 1982); **Butler,** T. *Joshua* (WBC 7: Word, 1983); **Goslinga,** C J. *Joshua, Judges, Ruth* (BSC; Zondervan, 1986); **Hamlin,** E. J. *Joshua: Inheriting the Land* (ITC; Eerdmans, 1983); **Miller,** J. M. and G. M. **Tucker.** *The Book of Joshua* (CBC; Cambridge University Press, 1974); **Noth,** M. *Das Buch Josua* (HAT 7; Tübingen: Mohr, 1953); **Soggin,** J. *Joshua* (OTL; Westminster, 1972); **Woudstra,** M. *The Book of Joshua* (NICOT; Eerdmans, 1981).

專論與文章

Alt, A. *Essays on Old Testament History and Religion* (Oxford: Blackwell, 1966); idem. "Die Landnahme der Israeliten in Palastina," *Kleine Schriften,* 2 vols. (Munich: C. H. Beck'sche, 1959): 1: 89-125; **Auld,** A. G. "Cities of Refuge in Israelite Tradition," *JSOT* 10 (1978): 26-40; idem. *Joshua, Moses, and the Land: Tetrateuch-Pentateuch-Hexateuch in a Generation Since 1938* (T. & T. Clark, 1980); **Bienkowski,** P. "Jericho Was Destroyed in the Middle Bronze Age, Not the Late Bronze Age," *BAR* 16 (1990): 45-46, 69; **Bimson,** J. J. *Redating the Exodus and the Conquest* (JSOT Sup 5; Sheffield: JSOT, 1978); **Brueggemann,** W. *The Land* (Fortress, 1977); **Callaway,** J. A. "Was My Excavation of

Ai Worthwhile?" *BAR* 11 (1985): 68-69; **Coats,** G. W. "The Ark of the Covenant in Joshua," *Heb-AnnRev* 9 (1985): 137-57; idem. "The Book of Joshua: Heroic Saga of Conquest Theme, " *JSOT* 38 (1987): 15-32; idem. "An Exposition for the Conquest Theme," *CBQ* 47 (1985): 47-54; **Childs,** B. "A Study of the Formula 'Unto This Day,' " *JBL* 82 (1963): 279-92; **Culley,** R. C. "Stories of the Conquest," *HebAnn Rev* 8 (1984): 25-44; **Diepold,** P. *Israels's Land* (Stuttgart: Kohlhammer, 1972); **Greenspoon,** L. J. *Textual Studies in the Book of Joshua* (HSM 28; Chico: Scholars, 1983); **Gunn,** D. M. "Joshua and Judges," in *The Literary Guide to the Bible,* ed. R. Alter and F. Kermode (Cambridge: Harvard University Press, 1987); **Halpern,** B. "Gibeon: Israelite Diplomacy in the Conquest Era," *CBQ* 37 (1975): 303-16; **Kaufmann,** Y. *The Biblical Account of the Conquest of Palestine,* 2d ed. (Jerusalem: Magnes, 1985); **Koorevaar,** H. J. *De Opbouw van het Bock Jozua* (Heverlee: Centrum voor Bijbelse Vorming Belgie, 1990); **Livingston,** D. "The Location of Biblical Bethel and Ai Reconsidered," *WTJ* 33 (1970): 20-44; idem. "Traditional Site of Bethel Questioned," *WTJ* 34 (1971): 39-50; **Longman Ⅲ,** T. and D. **Reid.** *God Is a Warrior: Studies in Old Testament Biblical Theology* (Zondervan, 1995); **Mendenhall,** G. E. "The Hebrew Conquest of Palestine," *BA* 25 (1962): 66-87; idem. *The Tenth Generation* (Johns Hopkins University Press, 1973); **Merrill,** E. H. "Palestinian Archaeology and the Date of the Conquest: Do Tells Tell Tales?" *GraceTJ* 3 (1982): 107-21; **Miller,** J. M. "Archaeology and the Israelite Conquest of Canaan: Some Methodological Observations," *PEQ* 109 (1977): 87-93; **Niehaus,** J. J. "Joshua and Ancient Near Eastern Warfare," *JETS* 31 (1988): 37-50; **Noth,** M. *Ünberlieferugnsgeschichtliche Studien* (2d ed.; Tübingen: Max Niemeyer Verlag, 1967) 〔the first half was translated as *The Deuteronomistic History* (JSOT Sup 15; Sheffield: JSOT, 1981)〕; **Polzin,** R. *Moses and the Deuteronomist* (Seabury, 1980); **Ramsey,** G. W. *The Quest for the Historical Israel* (John Knox, 1981); **Schaeffer,** F. A. *Joshua and the Flow of Biblical History* (InterVarsity, 1975); **von Rad,** G. "The Promised Land and Yahweh's Land in the Hexateuch," *Problems of the Hexateuch and Other Essays* (McGraw-Hill, 1966), 79-93; **Waltke,** B. "The Date of the Conquest," *WTJ* 52 (1990): 181-200; **Weinfeld,** M. "Divine Intervention in War in Ancient Israel and in the Ancient Near East," in *History, Historiography, and Interpretation,* ed. H. Tadmor and M. Weinfeld (Jerusalem: Magnes, 1983), 121-47; **Weippert,** M. *The Settlement of the Israelite Tribes in Palestine* (Allenson, 1971); **Wenham,** G. J. "The Deuteronomic Theology of the Book of Joshua," *JBL* 90 (1971): 140-48; **Wood,** B. G. "Did the Israelies Conquer Jericho? A New Look at the Archaeological Evidence," *BAR* 16 (1990): 44-59; idem. "Dating Jericho's Destruction: Bienkowski Is Wrong on All Counts," *BAR* 6 (1990): 45-49, 69; **Yadin,** Y. "Is the Biblical Account of the Israelite Conquest of Canaan Historically Reliable?" *BAR* 8 (1982): 16-23; **Young,** E. J. "The Alleged Secondary Deuteronomic Passages in the Book of Joshua," *EvQ* 25 (1953): 142-57; **Younger,** K. L., Jr. *Ancient Conquest Accounts: A Study in Ancient Near Eastern and Biblical History Writing* (*JSOTS 98; Sheffield; JSOT, 1990*); **Zevit,** Z. "Problems of Ai," *BAR* 11 (1985): 56-69.

歷史背景

作者與歷史時代

在這個段落中，我們將同時思考作者與歷史時代。約書亞記和所有的舊約歷史書一樣，是匿名的。如何決定作者與寫作日期，主要的依據爲更廣的歷史與神學問題。

雖然他勒目（*Talmud Baba' Bathra* 15a）說，「約書亞記是他自己寫的」，只有他去世的那段例外，[1] 但本書的內證卻使這個說法不能成立。由於書中不斷重複「直到今日」一語（四 9，五 9，六 25，七 26，八 28～29，九 27，十 27，十三 13，十五 63，十六 10；見 Childs 1963），顯示所發生的事和記錄之間，已經相隔一段時日。此外，至少在本書寫作的過程中，作者曾用過去記載的資料來描述從前的事件（十 13），所以作者一定比這份過去的記載還要晚。對於作者的問題，主要的探討方式有兩種。

文學批判法

在傳統五經批判學的全盛時期，有些學者相信，他們可以在約書亞記裏面找出五經來源的痕跡（J, E, D, P）。這些學者不再用「五經」一詞，而提出「六經」一語——律法書加上約書亞。既然在五經裏面如此強調得地爲業，這一組文學材料怎麼可能還未報導這個應許的實現，就結束了呢？士師記第一章記載了一則征服事件，與約書亞記一至十二章似乎有衝突；既然許多人認爲，士師記是出於 J，就是雅巍來源，約書亞記一至十二章就一定是另外一份征服記錄，其中有一部分被認爲是 E 所作，即伊羅欣來源。城鎮的記錄（書十三～二十二章），尤其是與利未人的城和逃城有關的部分，多半被視爲 P，祭司來源。申命記的用語和神學在約書亞記中到處可見，也意味本書至少有一次被同一學派編輯過。十九世紀和二十世紀的初期，這種辯論和其各種排列組合，成爲學界辯論的重頭

戲。然而，現在的學者大半已經放棄這種路線，不再於約書亞記裏面尋找五經來源的文件。在五經本身裏面，E 來源大半變成幻想，而在五經之外，這個材料就更少了。

傳統歷史法

學者不去追溯個別的文學文件之後，就採用傳統歷史法，想在複雜的故事中，辨認出較小的單位。這一派學者受到一個觀念影響，即：故事乃是在某一地方傳述、擴充、收集的（*Ortsgebundenkeit*）。這些故事大部分是給現存現象提供理由。造成這類故事的問題，可以舉例如下：「爸爸，為什麼我們的家族／支派住在這裏？」（這個問題會引出征服迦南或移居的記錄）或「爸爸，基遍人為什麼在會幕裏服事以色列人？」（這問題會引出約書亞記九章的故事）。諾特認為，一至九章主要出於便雅憫支派的家族故事，地點大約在吉甲附近，第十章來自以法蓮，十一章來自加利利的傳統，十二章乃是一則獨立的故事。這些故事和各支派、各地區的零星資料，都以約書亞這人為中心而結合在一起。諾特認為，十三至十九章來自兩種文件，一份支派疆界表出於士師時代，另一份表則晚一些，是在約西亞的時代。諾特和阿爾特對城市與疆界表的看法，比以前所有學者的估計更古老。從示劍（書二十四章）和示羅（書十八～二十二章）而來的傳統，也收集在本書內。

諾特最大的貢獻，在於他主張希伯來正典的「前先知書」和申命記的相像處，多過任何假想的五經來源。諾特將這些書卷視為申命記式歷史，是同一組作品，包括約書亞記到列王紀（參閱以下「神學信息」）。

約書亞記的研究，因著幾項重大的問題而顯得相當複雜：(1)出埃及和征服迦南的日期；(2) 征服迦南的性質。

出埃及與征服迦南的日期。從聖經本文的證據看來，出埃及和征服迦南應當是發生在主前十五世紀的下半到十四世紀初。所羅門是在出埃及之後四百八十年開始建造聖殿（王上六 1），由此可見，出埃及大約為主前一四四六年。這裏所提到的年代，要求將出埃及

定在十五世紀；若要迴避這個定論，除非視它為形式化的數目（也許代表十二個世代），或者認為它是一個整數，所統計的數目中有些是並存的年代。士師耶弗他向亞捫人誇口說，以色列已經在這地居住了三百年（士十一 26）；他是在以色列有王治理之前一百年左右，如果他的日期被定在主前約一千一百年，意思就是：在曠野漂流四十年之後，征服迦南地發生於主前一千四百年。根據歷代志上六 33～37，從出埃及時的可拉到大衛宮中的樂師希幔，中間至少經過十八代，如果每一代算二十五年，從出埃及到所羅門之間，就很接近四百八十年。

不過，很多學者認為，這種「日期較早說」不符合考古學的發現；他們將出埃及的日期定在主前十三世紀（約 1250 年，「日期較晚說」）。爭論點是許多考古學家對於耶利哥、艾城，和夏瑣的立場，他們認為主前十四世紀沒有毀滅層的證據，而從十三世紀起，則在其他巴勒斯坦的古跡遺址找到毀滅層（拉吉、伯特利、以革倫、底璧、夏瑣等）。假定以色列人的來到，是以軍事來征服，考古學家要找的是大規模毀滅的證據，所以一般人將這些毀滅層與以色列的入侵相連，而堅持征服迦南是在主前十三世紀。

不過，若要指認這些毀滅層就是以色列人入侵事件，有一個重大的障礙，就是經文本身（Merrill 1982）。以色列的作戰法和征服的記錄，所呈現的是另一幅圖畫，即將居民趕出去，但將城市保存下來，讓以色列人來用（申六 10～11，十九 1～2）。各國的人要趕出去，他們的神廟要拆毀（出二十三 23～30; 民三十三 50～56），可是卻沒有提到要毀滅各城（申二十 10～20），只有耶利哥、艾城和夏瑣是例外（書六 24，八 28，十 1，十一 13）。以色列「奪取」了許多城市，住了進去，而沒有將其燒燬（書十一 10～13）。因此，以色列古蹟中大量的燒燬層，不能用來決定征服迦南的日期。

但是耶利哥、艾城，和夏瑣卻是被燒燬的，而這些地方遺跡的證據，在解釋上仍有困難。好幾代以來，肯揚（K. Kenyon）的結論一直是耶利哥城遺跡的主要解釋。她主張，耶利哥城是在中銅器時代的末期（約主前 1550 年）時毀滅的，直到晚銅器時代

（1550～1200）都沒有人居住；而傳統上這段時間正與以色列的征服相連。肯揚找不到以色列人入侵的證據。但是，最近對資料的重新評估，卻引起劇烈的爭論（參 Wood 1990 和 Bienkowske 1990）；武德（B. Wood）發現瓦解的城牆，他定的日期為主前一千四百年，這個日期與聖經的資料相當吻合。夏瑣的遺跡中，在 1a 層發現大量摧毀的城市，而挖掘者（Y. Yadin）將這個毀滅與以色列的征服相連，日期定在主前一二三〇年。事實上，還沒有明確的毀滅證據，可以證明以色列在較早的日期曾燒燬該城。在艾城，挖掘者發現，該遺址在早銅器時期三（約主前 2300）到鐵器時期一（約主前 1200）之前，沒有人居住；在這個空檔中，晚銅時期並沒有城市存在的痕跡，像聖經的記載（書七章）。還有些學者爭論道，聖經的艾城遺址是艾特特勒（et-Tell；參 Livingston 1970, 1971）。主前一千二百年左右，以色列中發展出好幾百新的移民區，可以支持征服迦南較晚的日期。整體而言，考古學的資料並不能為征服的日期作出定論（Waltke 1990）。今天的考古學經常只是這門學科明日的註腳——指出過去的努力有錯誤。我們只能期待，未來的遺址考證終能消除日期問題的疑團。

征服迦南的性質。約書亞記描述以色列各支派在約書亞的帶領下，按照預定的計畫，同心合一征服了迦南。在他受命的記錄之後，便記載耶利哥與艾城的征服（二～八章）、南方的戰役（九～十章）、北方的戰役（十一章）、所征服各城的統計（十二章）、分配地業給各支派（十三～二十二章），和約書亞之死（二十三～二十四章）。整卷書給人的印象是相當平鋪直敘的歷史事件記錄。

不過，學者卻難以接受這份記錄是真正的歷史。主要的原因是聖經內部故事說法的衝突，有些地方聲稱：聯合的攻擊取得了全面的勝利（十一 23，十八 1，二十一 43～44），有些地方卻顯明，這些領域是各個支派經過一段時間之後才逐漸征服的，而且他們無法全然趕出當地的居民（十五 13～19、63，十六 10，十七 11～13，十九 47；士一）。由於這個困難，有人便不視征服迦南為大規模的入侵，而以其他方式來解釋。**(1) 移民模式。**阿爾特（1959, 1966）

注意到，在中王國時期（約主前2000～1800），迦南地有很強的埃及影響，和不少埃及人；但到了希克索斯時期，從新王國時期（約主前1580～1350）的石刻資料看來，當地已出現很強的種族城邦。在他看來，以色列人進入該地，是透過和平的滲入，進到這一多丘陵之地，由於當地人口稀少，無法抵禦以色列國最終的發展。諾特、魏波特（Weippert 1971）等人大多採納阿爾特的論點。諾特的結論為：各種傳說和各地區的記錄，只是後來才被整合起來，成為一段共同來源、集體征服的記錄。這種方法的特色，是對聖經記載的歷史性非常懷疑，基本上消除了「征服」的觀念——儘管「征服迦南」深印在聖經各種資料中。這種看法仍未經證實，有些資料甚至還刻意加上說明。(2) 農民革命模式。阿爾特主要的依據，是聖經之外的資料，而革命模式主要的訴求，是社會科學。孟單豪（Mendenhall 1962, 1976）和哥沃德（Gottwald 1979）提出社會－政治模式，指出：由外國軍權貴族所統治的封建式城邦，被農民革命所推翻，而帶動的力量中，有一部分是因為一小群作為奴隸勞工的俘擄（以色列人），在主前十三世紀逃離了埃及。這些農奴與其他受迫害的群體結合起來，推翻了壓迫他們的人；他們接納雅巍的信仰，作為爭取自由的平等主義之宗教。這種模式揣測的成份居高，幾乎沒有聖經或聖經之外任何經典的支持，給人的印象，是以先入為主的觀點來解讀經文，而不是從經文裏面導出模式。

至於征服的完全與不完全之張力，有人將它視為編輯層面的證據，或互相衝突之來源的遺跡；一位編輯較傾向恩典與應許，另一位則傾向律法與條件。可是這種張力在申命記內也根深蒂固：神要將那地賜給他們，可是以色列人不會遵守神的約（申三十一15～18、27～29）。以色列人無力除去當地居民，這種狀況成為偶像崇拜死灰復燃的背景，至終摧毀了這個國家（申三十一20～21）。文學批判的建議，即來源或編輯的矛盾，低估了申命記式歷史內提出的深刻神學問題，在約書亞記中尤然。楊格（K. L. Younger）研究約書亞記九至十二章（1990, 197-240），將它與其他近東征服記錄作比較，顯示出聖經記載的各種成分，在聖經之外的記

錄中都找得到，包括以絕對、完全的誇張口氣來講論征服（1990,
241-43, 248; J. G. McConville 1993）。

　　這些辯論的結果，使人對約書亞記的歷史性和日期產生各種看
法。有些人重新架構本書的發展史，認為當初各自獨立、在各區流
傳的口述故事（「傳統」），被連在一個名為約書亞的人身上，這
樣作的目的，在將這些差異性相當大的資料連合起來，所以這些資
料的可信度很低。至於本書的寫作日期，最晚被定到被擄之後，就
是以色列人再度面臨得地為業的事時。保守派學者通常定下的日
期，則是在那些事件之後不久（Woudstra 1981），或在建國之初
（Harrison 1969, 673）。究竟哪種看法正確，很不容易判斷。我們
可以拒絕批判性過強的負面懷疑論調，不過還是有必要區分來源，
和後期編者——就是使本書以目前形式呈現的編輯——的日期。本
卷書的確與申命記式歷史（約書亞記到列王紀）的觀點一致；有些
地方顯示，寫作或編輯的時間可能與被擄時期的列王紀編輯一樣晚
（王下二十五 27～30）。

文學分析

　　讀約書亞記，應當從它整個故事的前後來看。申命記結束於摩
西之死，而約書亞記的高潮，同樣是約書亞之死。它的起頭為「摩
西死後」，而士師記的起頭則為「約書亞死後」（書一 1；士一 1；
撒下一 1；參 Gunn 1987, 102）。在文學上，約書亞記成為橋樑，將
以色列人的曠野經驗，與得地為業後早期的奮鬥故事銜接起來。

　　第一到十二章記載以色列人如何以軍事征服該地，對於戰爭的
細節、成功與失敗、勝利與失利都有生動的細節描述。以色列的軍
隊橫掃全地，速度就像他們得勝的消息傳播出去那樣快（九 3，十
1，十一 1）。這個故事歡慶神為這國家彰顯的大能。神為以色列爭
戰，使她能夠承受祂曾起誓要給列祖為業之地。

　　十三至二十二章從得到應許之地轉而談論享受這地。作者的筆
法從戲劇性的戰爭描述改為修辭式的列表與吩咐；故事的進度緩慢
下來，成為靜態、管理性的散文（Gunn 1987, 103）。「百姓」的穩

定與合一、以色列得到產業的新事實，都藉各支派、各宗族的表列，和地業的分配刻劃出來。

二十三至二十四章爲完結篇，講到以色列與神更新古老之約，約書亞遣散百姓，去享受他們的產業，以及約書亞之死。這一段與摩西的類似點不容忽視：他臨終之前，以色列的古老之約也再度更新（申二十六 16～19，二十九 1～三十二 47），而百姓亦各歸自己的產業。可是在約書亞記的末了有一個新的說明，引介了一段空隙，爲士師記的故事鋪路：摩西死前已作好轉移，把領導權交給約書亞（申三十一 1～8，三十四 9），可是約書亞死前卻沒有預備領導人。百姓已在迦南地，可是沒有領袖帶頭，繼續引領他們事奉神。這種狀況會導致什麼結果？那就是士師記的故事。

聖經每一部分都深深表現出神的聖潔與恩典的張力。祂既是聖潔的神，就要求人服從祂的律法，並將順服與悖逆的結果，就是蒙福或遭審判，放在人面前，讓人自己選擇。神既滿有憐憫、恩典、與慈愛，就作出無條件的應許，流露出祂對百姓不變的恩惠和愛寵。至於迦南地又如何？它是否爲神對列祖無條件的應許，是祂拯救百姓脫離埃及之後必然會賜給他們的？還是他們必須要符合順服的條件，才能得這地爲業？是否因著神的誓言，祂就實現自己單方面的話，爲以色列人爭戰，以致祂所應許的沒有一句落空（十一 23，二十一 43～45，二十三 14～15）？還是他們的得著並不完全，征服並未遍及全地，外邦各族仍留在該地（十三 13，十五 63，十六 10，十七 11～12），以色列若要繼續擁有這地，就要看是否順服而定（二十三 6～8；參申二十 17～18）？因爲本書中有應許實現的說法，也有仍未完全的說法，這種差異導出幾個根本問題（Gunn 1987, 109）：地的賜予是否無條件？倘若全國未能遵行神的誡命，是否刑罰就會勝過應許？在申命記中，摩西曾指出這個國家有墮落的傾向，後來必將慘遭災難（申三十一 27～29）。神雖然滿有憐憫、樂意救免、不輕易發怒（申五 8～10; 民十四 18），卻絕不會不處罰罪惡。以色列一旦開始仿傚留在當地的各族，就會像他們一樣，也被趕出這地（申十八 9～12；王下十七 8～18，二十一 3～15）。導

致被擄事件的種子，在約書亞記中就已經種下了；讀本書時，不能忘記這個更大的歷史情境。這個問題並不是由於編輯觀點不同而形成的張力，而是一個動力，驅使這故事沿著申命記已經開始的軌跡前進。

寇利發（H. J. Koorevaar 1990）將約書亞記分爲四大部分，各以一個希伯來字爲鑰字和主要概念：(1) 過去（'ābar，一 1～五 12）；(2) 奪取（lāqaḥ，五 13～十二 24）；(3) 分配（ḥālaq，十三 1～二十一 45）；(4) 敬拜（'ābad，二十二 1～33）。懂得希伯來文的人會發現，這其中爲成對的文字遊戲，因爲子音相近。寇利發（1990, 290）認爲十八章 1 節是全書的關鍵：會幕在示羅建立起來，代表全地都在以色列的控制之下，而雅巍也選定了住在一個地方。[2]

神學信息

對約書亞記神學影響最深的，是申命記。律法與恩典的張力，在申命記已經呈現出來，此外，萬南（1971）又辨認出五個神學主題，能將申命記和約書亞記連在一起。除了這五個題目之外，申命記的用語和觀點，在本書中亦無處不見。

聖戰

申命記列出了聖戰的原則，以色列人要按著這些規定去打仗（七 1～26，二十 1～20，二十一 10～14，二十五 17～19）。約書亞記藉著記述耶利哥與艾城的征服（二、六、八、十、十一章），將聖戰的原則作了說明，又記載未遵行這些原則的失敗，就是最初對艾城的攻擊，和與基遍人的立約（七、九章）。這些記載包括陣前講話（書一 6、9，六 2，八 1，十 8，十一 6）、雅巍爲以色列的爭戰，並將恐懼植入敵人的心中（書二 9、24，五 1，九 24，十 21），以及全國順服神吩咐的報導。不遵守神的命令，就帶來失敗，亞干和他的全家遭到神的審判（申七 25～26；書七）。約書亞

遇到天上軍隊的元帥，表明雅巍與以色列的爭戰同在（五
13～15）。除了基遍和幾個剩下的民族之外，迦南人全都被驅逐，
從那地拔出（申七 1～5；書六 21，八 24～25，十 10、28～40，十
一 11、14、21；參九 16～18）。

土地

申命記的背景是在應許之地的邊界；它成了摩西的遺囑和見
證，預備全國去取得那應許（申一 8，六 10、18，七 8）。約書亞
記則記錄了迦南地的征服（一～十二章），以及各支派地界的分配
（十三～二十三章）。對本書的作者而言，分配土地的這幾章（十
三～二十三章）就等於是對神的頌歌，讚美祂將過去的應許賜給了
以色列。

以色列的合一

申命記總是向「以色列眾人」發言（如：五 1、3，十一 6，二
十九 9），約書亞記對以色列也是採用類似的觀點（如：三 7、17，
四 14，七 23～24，二十四 1）。所有支派都參與了過犯的處罰（申
十三 10；書七 25），和征服迦南地的戰役。這個國家的十二個支派
同心合一，聯合行動（十八 2），每一支派都在地業中有份（十三～
二十一章），在靠近吉甲所堆的石堆中，也都被紀念（四章）。約
但河東的支派築了一座壇，作爲與其他支派合一的記號（二十二
章）。

約書亞的角色

申命記描寫約書亞是神所揀選、接續摩西的人，要帶領以色列
人進入迦南（如：申一 38，三 21、28，三十一 3，三十四 9）。約
書亞記對他的描述正是如此。約書亞承擔起一度屬於摩西的兵權，
並按照摩西所寫的律法來管理（書一 8～9）。事實上，約書亞完成
了摩西的工作，帶領百姓得地爲業。百姓承認約書亞爲摩西的繼承
人（一 17，四 14）。在約書亞的領導下，過紅海的情景又部分重演

（書三～四章）。約書亞像摩西一樣，在神的面前脫掉鞋子（五15；出三5），又在全國犯罪時為他們代禱（七7～9；參申九25～29）。約書亞帶領全國守逾越節，正像摩西所行（五10～11）。倆人在軍事上的角色也並列：約書亞記十二1～6列出摩西的勝利；十二7～24列出約書亞的勝利。倆人都為地業的分配作了預備：約書亞記十三8～32列出按摩西所訂土地的分配；十四1開始報導在約書亞之下分配的進行。

聖約

近幾十年來，學者發現，申命記在許多方面很像古代近東國王、國家彼此之間的條約。這類條約的許多成分，都可以在該書中找到。申命記宣稱自己是「律法書」（三十一26），記載了以色列與她的神立約的誓言與規定。這個約將按照這份文件來執行。約書亞記則注重描寫按照這本「律法書」而行的生活（一8～9）。它強調摩西的律法在全國歷史中的權威，舉出摩西的吩咐如何成為行為準則的例子（如：書一13，四10，八30～35，九24）。約書亞帶領百姓在基利心山與以巴路山更新聖約（書八），也是按照摩西的指示而行（申二十七1～8）。

有些報告雖然沒有提到是摩西的命令，可是言下之意卻是謹守了申命記的教誨。因為以色列人被基遍人欺騙，申命記二十10～11的話界定了以色列和那一國的關係（書九23～27）。五王的屍首在日落之前就從樹上取下來（書十27），是符合申命記二十一23的指示。亞干的刑罰符合申命記的指示（書七25；申十三）。約書亞臨終前，將祝福與咒詛陳明在以色列人面前，正如摩西臨終前，也以祝福與咒詛總結以色列聖約的律法規定（書二十三14～16；申二十八）。約書亞死時，也像摩西一樣，認為這個國家終將不守聖約（二十四19～20；申三十一15～29）。

申命記的影響還可以從其他方面看出來。正如神所應許的，亞納族人都被除滅了（十一21；申九2）。沒有一族在以色列人面前站立得住（一5；申十一25）。「黃蜂」趕走了敵人（二十四12；

申七 20）。

展望新約

耶穌之名是希伯來文約書亞的希臘文形式，因此難怪新約常將約書亞領導以色列人，和耶穌所形成的新以色列互相比較。希伯來書的作者尤其愛用這個關係（來四 8）。

安息的應許

約書亞帶領以色列人得地為業，進入他們的安息（申三 20，十二 10，二十五 19；書一 13、15，十四 15，二十一 44，二十二 4，二十三 1）。可是那最多是暫時脫離仇敵，因為以色列未來幾百年仍不斷面對仇敵的侵擾。雖然雅巍已經將那地賜給祂的子民，但還有可能會取回，而這件事終於發生，就是北國與南國分別被擄。約書亞記的結尾沒有真正的終結（Woudstra 1981, 33）：百姓得了地業，可是仍有未得之處（書十三 1～7，十五 63，十七 12）。從新約的角度來看，約書亞的成功最多只能算一部分，所以成為預表，指向未來，而那位名字比約書亞更偉大的，就是耶穌，會帶領神的子民進入一份產業，是永遠不會被奪去的（彼前一 3～5）。約書亞沒有做到的，耶穌都實現了（來三 11、18，四 1～11）。

信心的榜樣

以色列人在耶利哥的戰役和妓女喇合，都列在信心英雄榜內；這些信心楷模在盼望一個家鄉（來十一 30～31，十一 14～16），他們還沒有得到所應許的（十一 39～40），因為神有更美的計畫。

神的戰士

根據新約，耶穌不但名字比約書亞更偉大，也正是那位神的戰士（Longman 1982; Longman and Reid 1995），耶和華軍隊的元帥，為百姓爭戰，並為他們得勝（書五 13～15；啟十九 11～16）。祂所

賜的產業不是地中海東岸有山有谷之地，而是新天新地與新的聖城
（啓二十一 1～2）。

征服

　　許多人將約書亞記和使徒行傳互相比較。以色列人自脫離埃及
之後，就開始征服應許之地；而耶穌在十架完成救贖之工後，祂的
子民便奉祂的名前去征服全世界。以色列人享受屬地的產業和地上
的國度，但是教會所得的，卻是屬靈的、屬天的國度。

備註：

1　*Baba' Barthra* 15a. 他勒目說，約書亞去世的記載（二十四 29～30）是亞倫的兒子以利亞撒所
　　寫，而以利亞撒的去世是他的兒子非尼哈所寫（二十四 33）。

2　對 Koorevaar 之書的討論，見 J. G. McConville, *Grace in the End: A Study of Deuteronomic Theology*
　　(Zondervan, 1993)。

10/21/2003

士師記

　　士師記講述約書亞之死到以色列立國之間的事。從某方面說，英文的書名（Judges）有誤導之嫌。「士師」主要不是審判官，而是軍事領袖和宗族的首長，有時到以色列面對威脅的各支派去，將他們從仇敵手中救出來。這卷書從許多方面而言，可以說是在記述一則關係：神與以色列的關係。慈愛的天父不會廢掉祂對以色列的揀選，祂已經起誓要與亞伯拉罕的後裔立約。可是一位聖潔的神必須要求祂的子民完全順服，而祂怎能容忍他們不斷的犯罪、背叛？有幾位士師是缺點極明顯的人，神卻揀選他們，來拯救有極大缺陷的國家。凡讀本書的人，都能認識神實在是恆久忍耐，又有恩慈；並且能從故事中的人物，看出自己的一些身影。

書目

註釋

Auld, A. G. *Joshua, Judges, and Ruth* (DSB; Westminster, 1984); **Boling**, R. G. *Judges* (AB; Doubleday, 1975); **Burney**, C. F. *The Book of Judges* (London: Rivingtons, 1918); **Cundall**, A. E. and L. **Morris**. *Judges and Ruth*（TOTC; InterVarsity, 1968/中譯：《丁道爾舊約聖經註釋：士師記與路得記》，校園出版中）; **Goslinga**, C. J. *Joshua, Judges, Ruth* (BSC; Zondervan, 1986); **Gray**, J. *Joshua, Judges, and Ruth* (NCB; Eerdmans, 1967); **Hamlin**, E. J. *Judges: At Risk in the Promised Land* (ITC; Eerdmans, 1990); **Lewis**, A. H. *Judges /Ruth* (EBC; Moody, 1979); **Martin**, J. D. *The Book of Judges* (CBC; Cambridge University Press, 1975); **Moore**, G. F. *A Critical and Exegetical Commentary on Judges* (ICC; T. & T. Clark, 1895); **Soggin**, J. A. *Judges* (OTL; Westminster, 1981).

專論與文章

Bal, M. *Death and Dissymmetry* (University of Chicago Press, 1988); idem. *Murder and Difference,* trans. M. Gumpert (Indiana University Press, 1988); Bodine, W. R. *The Greek Text of Judges: Recensional Developments* (HSM 23; Chico: Scholars, 1980); Brettler, M. Z. "The Book of Judges: Literature as Politics," *JBL* 108 (1989): 395-418; Buber, Martin. *Kingship of God,* trans. R. Scheimann (3d ed.; Harper & Row, 1967); Cundall, A. E. "Judges-an Apology for the Monarchy?" *Exp T* 81 (1970): 178-81; Davis, D. R. "A Proposed Life-Setting for the Book of Judges," Ph. D. dissertation (Southern Baptist Theological Seminary, Louisville, Ky., 1978); idem. *Such a Great Salvation* (Baker, 1990); Dietrich, W. *Prophetic und Geschichte: eine redaktionsgeschichtliche Untersuchung zum deuteronomistischen Geschichtswerk* (FRLANT 108; Göttingen: Vandenhoeck und Ruprecht, 1977); Exum, C. "The Center Cannot Hold: Thematic and Textual Instabilities in Judges," *CBQ* 52 (1990): 410-29; Greensapn, F. E. "The Theology of the Framework of Judges," *VT* 36 (1986): 385-96; Gros Louis, K. R. R. "The Book of Judges," *Literary Interpretations of Biblical Narratives,* ed K. Gros Louis, J. Ackerman, T. Warshaw (Abingdon, 1974): 141-62; Halpern, B. *The First Historians* (Harper & Row, 1988); Hauser, A. J. "The Minor Judges: A Re-evaluation," *JBL* 94 (1975): 190-200; idem. "Unity and Diversity in Early Israel Before Samuel," *JETS* 22 (1979): 289-303; Klein, L. R. *The Triumph of Irony in the Book of Judges* (Sheffield: Almond, 1988); Lilley, J. P. U. "A Literary Appreciation of the Book of Judges," *TynBul* 18 (1967): 94-102; Mayes, A. D. H. *Israel in the Period of the Judges* (SBT 29; allenson, 1974); Mullen, E. T., Jr. "The 'Minor Judges': Some Literary and Historical Consideration," *CBQ* 44 (1982): 185-201; Noth, M. *Ünberlieferungsgeschichtliche Studien* (2d ed.: Tübingen: Max Niemeyer Verlag, 1967) (first half trans. As *The Deuteronomistic History* 〔JSOTS 15; Sheffield; JSOT, 1981〕); Polzin, Robert. *Moses and the Deuteronomist* (Seabury, 1980); Richter, W. *Die Bearbeitungen des "Retterbuches" in der Deuteronomischen Epoche* (BBB 18; Bonn: Peter Hanstein, 1964); Smend, R. "Das Gesetz und die Volker: ein Beitrag Zur deuteronomistischen Redaktionsgeschichte," Probleme biblischer Theologie: Gerhard von Rad zum 70 Geburtstag, ed. H. W. Wolff (Munich: Chr. Kaiser Verlag, 1971), 494-509; Viejola, T. *Das Königtum in der Beurteilung der deuteronomistischen Historiographie: ein redaktionsgeschichtliche Untersuchung* (Annales Academiae Scientiarum Fennicae, Ser. B., Tom. 198; Helsinki: Suomalainen Tiedeakatemia, 1977); Webb, B. G. *The Book of the Judges: an Integrated Reading* (JSOTS 46; Sheffield: JSOT, 1987).

歷史背景

　　這一段將討論士師記的作者、歷史時期,和詮釋史上遇到的問題。

　　士師記是講述約書亞死後到立國之間所發生的事。那時正是主前二千年的下半,在近東爲種族大遷徙的時期。一些偉大的文化崩潰〔如小亞西亞的赫特族、民諾安族(Minoans)和米西尼族(Myceneans）〕，近東開始鐵器時代，而非利士人抵達了沿海地區。

士師記和舊約其他的歷史書一樣，作者是匿名的；他顯然活在以色列立國之後（十七6，十八1，十九1，二十一25）。有關寫作日期的惟一線索，是士師記十八30～31，作者提到，摩西的後代約拿單之子孫一直作祭司，直到那地遭擄掠的日子，又說，約櫃在示羅多久，米迦的偶像就持續多久。不過，這些經文本身也是語意不清。關於「那地遭擄掠」的幾種看法如下：(1)許多學者認為，從申命記到列王紀下，全都出於一位被擄時期作者兼編者之手，因此，那地被擄應該是指巴比倫的擄掠，所以將日期定得很晚，在主前第六世紀。(2)那地被擄可以指但地區的擄掠，從那時起，以色列的這一部分就不再屬於這個國家。以色列在但的聖所大概一直保留到亞述王提革拉毘列色的入侵（約主前733年，王下十五29～30），或是在撒瑪利亞陷落後（主前722年），撒珥根將百姓都擄走時。這個說法提出的日期為主前第八世紀。(3)那地被擄也有可能是指(a)約櫃在士羅時，非利士人的入侵（撒上四1～11）或(b)掃羅死後不久，大衛在猶大作王，掃羅的後裔在約但河東繼續作半邊王，而其餘部分則落入非利士人之手。示羅的被毀記載在耶利米書七12、14，二十六6以及詩篇七十八60。最後一種說法主張本書的日期相當早。

本書的結尾幾章，政治觀點相當明確，對於日期的決定也有影響。米迦的偶像和但族的遷移（十七～十八章），暗示作者是要指出北方支派的偶像崇拜。米迦的神廟與偶像起先座落在靠近以法蓮的山地（也許靠近伯特利；十七1，十八2），後來被搶走，放在但地。作者或許是要指出，北方各支派已經捲入偶像崇拜：從王國分裂之後，耶羅波安在但和伯特利設立金牛犢的事件來看，作者可能是要說：「看吧，這不算希奇，這些支派早已傾向敬拜假神和偶像了。」這樣，本書的日期就可能在王國分裂之後。

利未人和其妾的故事（十九章），以及後來對便雅憫人的戰爭（二十～二十一章），也隱含政治觀點，影響本書日期的決定。前一個故事講到一個利未人離開伯利恆，到以法蓮山地去住。這裏則

講到一個利未人從以法蓮山地來到伯利恆,將他的妾從她父親的家裏再帶出來。在伯利恆,他備受尊重和禮遇。後來這個利未人帶著他的妾和僕人向歸途出發,他不願意停留在未被以色列人征服的城裏(耶布斯或耶路撒冷),繼續走,直到便雅憫地的基比亞,才停下來過夜。在基比亞(掃羅的家鄉),當地居民沒有一個願意接待他;後來,有位從以法蓮來的人終於伸出援手。但是這個利未人和他的家人卻遇到大惡,這惡彷彿當年的所多瑪和蛾摩拉一樣(士十九 22～26;參創十九 1～11)。在妾死後,利未人將各支派聯合起來,與便雅憫人爭戰。在這故事的細節背後,可能有政治寓意,就是向以法蓮和北方支派說:「誰會善待你們?(來自伯利恆的人。)誰會惡待你們?(來自基比亞的人。)誰會除掉耶布斯的外族人,使它安全無虞?」凡讀這故事的人都知道,大衛和他的家族是從伯利恆來的,而大衛使耶布斯/耶路撒冷成為堅固城。這個故事似乎要爭取北方支派的忠誠,要他們效忠來自伯利恆之家,不要再忠於從腐敗的基比亞出身的家族(掃羅和他的後裔)。這個歷史記載強烈支持大衛,反對掃羅,由此可見,其背景可能是王國的初期。所以由本書的內證看來,寫作的情境可能是在王國分裂之後不久,而最遲則可能到主前第六世紀。傳統學者通常主張較早的日期,如掃羅王結束時,或大衛時期開始之初(見 Davis 1978, 24, 80-82, 130-131)。

大部分批判學者的特色,就是專注於本書的歷史內容。有些倡導五經底本假說的學者,想要在約書亞記和士師記中找出假想的五經來源。[1] 如今這種方法已經無人再用於這兩本書中,主要是因為諾特於一九四三年發表的驚世論文,提出了「申命記式歷史」(DH)的創見。

諾特主張,申命記到列王紀乃是一組獨特的神學與文學作品,報導了以色列從出埃及直到被擄時期之間的歷史;他拒絕將五經來源讀入這個資料之內。諾特的主張相當複雜,這裏無法詳盡介紹,不過他主要的見解為:申命記式歷史是由一位作者兼編者完成,他把早期的兩股作品結合為他自己的士師記錄:(1)各個支派英雄的故

事，和(2) 士師名單（「小士師」）被整合爲一。諾特認爲，這些「小士師」（十 1～5，十二 7～15）是支派聯盟（「近鄰同盟」）的領袖，主要的責任是在一中心聖所執行聖禮；這一假定的小士師名單與支派英雄的故事結合起來後，大家也以「士師」來稱呼這些英雄。然後，作者再以神學和年代的架構來組織這份材料，成爲整個申命記式歷史的一部分。諾特舉出幾處經文，認爲是後來的編輯添加進去的。諾特嘗試將他的申命記式（DH）記錄，和後申命記（post-Dtr）的增添，從用語和理念上加以區分。例如，他認爲，士師記十七至二十一章採取支持王國的觀點，是後期的增添，而士師記中循環的各個故事，大體上都採反王國的語氣。

　　後來的學者對於以色列中曾否有「近鄰同盟」深感懷疑。此外，從小士師僅有的一些資料來看，他們也像大士師一樣，是軍事領袖、宗族首領（Hauser 1975; Mullen 1982）。士師記時期的特色，就是各地區獨立自治，就像當時迦南的城市國一樣（Hauser 1979）；沒有一個宗教或政治職位來統領各族，而支派之間的聯合似乎相當鬆散。

　　諾特之後的註釋家，大致接受他的申命記式歷史理論，以及士師記在其中的地位。有些學者將諾特的理論作了一些修改。李赫特（Richter 1964）主張本書的材料經過三次不同的編輯，開始是北方以色列的「拯救者之書」（Retterbuch），後來至少有兩位編輯將它擴大，然後才收入申命記式歷史中。狄德里（Dietrich 1977）和司曼德（Smend 1971）區分出基本申命記式編輯（Dtr^G），和以後作修改的先知式（Dtr^P）與一元論（Dtr^N）編輯。維荷拉（Viejola）探討所謂的三層編輯對於王國的態度，而下結論說，士師記十七至二十一章是Dtr^G的一部分，並非後來的增添；這個說法將這最後幾章與全書的中心關注整合起來。另外一種研究申命記式歷史的方式，是柯勞斯和他的學生所進行的。柯勞斯辨認出申命記式歷史中兩個主要的編輯層，Dtr_1是在約西亞之時，而 Dtr_2是在被擄之時。區分這兩種編輯層的主要標準，是對王國的態度：無條件的應許屬於被擄之前的時期，符合約西亞時代的樂觀氣氛，而強調條件的經文屬

於被擄的編輯，符合王國悲慘的終局。這些研究都同樣認爲，本書是收集各種來源，經過好些編輯才完成的，裏面有各種不同的理念和字彙，而這段寫作的歷史是可以重新架構的。

近日的學者對於恢復申命記式歷史的寫作歷史興趣不大，反而轉向不考慮歷史演進的方法（文學批判、故事分析、修辭批判），視經文爲一個文學單位，就是在理念上和神學上是一體的。採取這種方式的學者，所關注的問題爲組織、意象與主題、角色、情節發展、理念，和觀點。這一類方法不再將經文支解成早期或晚期的資料，而強調視經文爲一個整體，探討其整個設計、一致性，及寫作的技巧（見 Lilley 1967; Gros Louis 1974; Webb 1987; Klein 1988）。本書中有好些女強人（底波拉、雅億、西西拉的母親、耶弗他的女兒、參孫的妻子），也常提到兩性之間的關係，所以有些女性主義者提出她們的見解（M. Bal 1988a, 1988b）；見以下「文學架構」的討論。

本書的年代說明也成爲辯論的焦點，與如何決定出埃及的日期有關係。把這些說明放在一起，從入侵迦南到參孫之死，總共爲四百一十年（LaSor; Bush; Hubbard 1982, 220）。這個數目與出埃及至聖殿建造之始的四百八十年相當接近；因此，它有利於出埃及的較早日期；耶弗他在士師記十一 26 的講論，也可作爲佐證。可是士師記的講述者並沒有告訴我們，以色列在各個士師之間的背道時期有多長；除非假定這些背道期與士師活躍的時期出現重疊，否則本書的整個時期可能會超過征服迦南與參孫過世之間的時間；無論主張出埃及的日期較早或較晚，這一點都是一樣的。由此看來，有些士師可能是同時在以色列不同的地區活動；可惜由於資料不足，無法重新架構這種觀點。

士師記的古希臘譯本保留了兩種不同的經文版本，這方面的研究集中於(1) 究竟這是兩個不同的譯本，還是其中之一爲另一本的修訂；(2) 抄本的分類與辨認；(3) 哪一種才代表最初的希臘譯本。見博丹（Bodine 1980）對這類研究最近的報導。

文學架構

大部分學者都同意，本書包含三個明顯的部分：前言（一 1～二 5）、中段（二 6～十六 31），和尾語或附篇（十七 1～二十一 25），裏面有兩個主要的故事。

前言

本書一開始重述約書亞之死，如約書亞記二十四 29～31 所記，又報導他死後征服如何繼續進行（一 1～36）；約書亞的傳承已經開始崩潰了（Childs 1979, 261）。神的使者宣稱，以色列與當地的人既然結盟，不討神喜悅，他們就不能再將這些人趕出去，而這些民族將留下來，成為他們「肋下的荊棘」（二 1～5）。不過，這段前言的作用，不單是要將未來的歷史與前面約書亞記的記錄相連，更是設定舞台，成為以下故事的背景，即，以色列人反覆受到周圍和所留下之民的欺壓（三 1～5）。這卷書的開始為支派聯合作戰（一 1），但到了結束，竟是眾支派聯合去攻打自己的一個支派（二十～二十一章）。耶路撒冷未被征服（一 19～21），在故事結束時，這件事帶來重大的影響（十九 10～13）。

克藍（1988, 11-21）的書名透露出她的看法；她認為士師記是諷刺的「精心傑作」，因為其中對同一個事件有兩種不同的角度：一種是雅巍的，一種是百姓的。這種角度的差異，在前言就已確立，其中兩個故事分別可以代表百姓對征服的看法（一 1～36），和對雅巍的看法（二 1～三 6）。韋伯（Webb 1987, 81-122）也認為一 1 到三 6 是本書的引言，其中確立了整卷書的主題，就是為什麼迦南人沒有被全然趕出這地。

中段

只要概略翻閱士師記，對於本書中段（二 6～十六 31）的一連串故事都會有印象。大士師（俄陀聶、以筍、底波拉、基甸、耶弗

他，和參孫）是舊約中最耳熟能詳的故事。本書的這一部分常被形
容為具「循環式」的歷史觀，因為這是連接各個事件的主要架構。
這個架構在士師故事的序言裏面已經披露（二6～三6）。序言扼要
介紹了以下故事的模式。這個架構是由幾個重複的片語或主旨組
成，不過並非所有的士師全都用到：

1. 以色列人行耶和華眼中看為惡的事（二11，三7、12，四
   1，六1，十6，十三1）。
2. 雖然這些惡事的性質很少交代，但他們的罪招惹神的忿
   怒，結果便被交在外邦人的手中（二14，三8，四2，十
   9）。以色列人所行的惡，概述於二10至三5，主要是拜
   偶像和與外邦人通婚。因著以色列人的罪，他們不但不能
   把迦南人趕出去，反倒落在他們的權下。
3. 受到逼迫的時候，以色列人就向神呼求（三9、15，六
   6～7，十10）。
4. 神聽他們的呼求，興起拯救者，就是士師（二16，三9、
   15，十1、12）。這位拯救者是神所揀選的，有聖靈加給
   他的能力（三10，六34，十一29，十三25，十四6、
   19）。
5. 在拯救事件之後，通常會報導仇敵的降服，及一段和平的
   時期，那時這位士師審判以色列，最後是士師的死亡與埋
   葬（三10～11，八28～32，十2～5，十二9～15）。

　　這種周而復始的犯罪－逼迫－拯救，常被稱為「循環」。可是
這個稱呼容易產生誤導，以為每一個「循環」都漫無目的，或和其
他的完全一樣。還有一個更好的說法，是「螺旋形下降」：每一個
循環並非重複先前的，而是更加惡化；士師的品質，或其領導的果
效，都益形低落。只要綜觀大士師，就可以看出這點。

　　俄陀聶（三7～11）似乎是士師的第一個典範。他被神興起，
神的靈降在他身上；在約書亞還活的時候，他已是大能的勇士（書

十五 13～19），在約書亞死後，他帶領以色列人打勝仗。

　　到了以笏（三 12～30），就已經缺少幾個重要的項目了。作者沒有說他是神興起的人，好像俄陀聶一樣；以笏也沒有神的靈降在身上；他又沒有「審判」以色列。我們只知道他是「左手便利」的人，便雅憫人中有不少這樣的人（二十 16；代上十二 2）——不過「便雅憫」的希伯來文意思卻是「我右手之子」。以笏用欺騙和詭計拯救以色列人，至於雅巍的旨意和與他的關係，經文隻字未提。

　　底波拉（四 1～五 31）是位女先知，她審判以色列人。儘管她和雅億都有非凡的成就，但是她會作士師，讓人懷疑以色列男性的領導是否已經失敗。巴拉和西西拉都失去當得的榮耀，而讓女人得著（四 9）。以色列是否已經無法產生夠格的男子作領導，維護自己的土地？這次的勝利又不完全是軍事的得勝，而是詭計的施行。殺了西西拉的雅億不是士師，也不是女先知，而且只是半個以色列人（11、17，五 24）。底波拉之歌並沒有稱讚全國團結一致、充滿信心，卻咒詛沒有參與爭戰的支派（五 15 下～18、23）。這個事件預言了支派之間的分裂與不和，最終導致本書的最後一幕上演（二十～二十一章）。

　　農夫基甸（六 1～九 56）對於神呼召他帶領以色列人，既難以認定，又反應遲鈍；需要三個神蹟，才能讓不情願的基甸信服。他雖然終於順服下來，可是卻缺乏勇氣；他按照神的吩咐，拆掉了家園內巴力與亞設拉的柱子——可是他還是有點膽怯、懷疑，只敢在晚上進行（六 25～27; Klein 1988, 54）。基甸贏得了耶路巴力〔「讓巴力（與他）爭論」〕的綽號（六 32），可是他自己最後又屈服於虛假的敬拜，讓以色列人偏離正路（八 22～27）。因著信心與順服，基甸的三百勇士擊敗了為數眾多的敵人，但事後基甸卻似乎忘記了這件事的主要意義（七 2），又去徵召後備部隊，就是三萬兩千名士兵（3、24 節）。結果這場大勝利卻帶來支派與宗族之間的競爭與吵鬧（八 1～9）。得著了神所應許的勝利之後，基甸又去了結私人恩怨（10～21 節）。這個故事的開頭是對以色列撒種之事的關心（六 3）；但基甸自己卻到處撒種，有了七十個兒子，其

中有一個還是示劍的妾所生的（八31）。

基甸死後，以色列人又犯罪（八33～35），我們期待會有另一位士師／拯救者出現。但卻沒有！相反的，基甸的妾所生的兒子亞比米勒想要奪權。神沒有興起他，也沒有呼召他。這個以關心農作物開始的故事（六2～6），轉至約坦論植物與荊棘的寓言（九7～15）。基甸時代的支派之爭（八1～9），現在成了家人的內鬨和謀殺。儘管基甸為以色列行了善事，他的兒子卻沒有成為拯救者，反而成了壓迫者；沒有服事國人，反倒殺害以色列人和自家人。

耶弗他是本書下一個主要人物。這件事刻劃出神內心對於以色列關係的矛盾（Webb 1987, 48）。他們犯罪，惹祂發怒（十6～16），以致祂起誓不再救他們了（十13）。可是祂又完全委身於以色列，所以看到他們受苦，祂又煩惱憤慨（16節）。耶弗他出現時，雅巍已經退出舞台。耶弗他是個看重自己利益的人，他本是被趕出去的人，後來經過協商，才答應出來領導（十一1～11）。雖然在與亞捫人爭戰時，神的靈一度降臨在他身上（29節），可是耶弗他卻衝動地起了一個多餘的誓（30節），似乎要得著勝利，還需要其他東西。這位非常會為自己算計的人，最後卻毀了他看為最寶貴的，就是他惟一的孩子（十一34～30）。又一次，勝利演變成支派間的爭鬧和地區間的鬥毆（十二1～6）。

參孫是最後一位大士師。可是他只能算真士師的影子。他自己任意而行，又不肯控制情慾。參孫喜愛外族女人的癖好，成為以色列本身的隱喻，因為他們不願意拒絕外邦神祇的誘惑，與他們行淫（二17，八27、33）。參孫正像以色列一樣，在出生的時候就分別為聖歸給神（十三5），可是卻沒有發揮這潛力。與迦南人通婚，就是違背了趕出他們的命令（三5～6）。參孫作以色列的領袖怎能成功？他死的時候比活的時候更成功（十六30）。

這一些士師的領導，並不能使以色列人安居無虞。以色列人自我中心、自我放縱，犯了許多罪，惹動神的怒氣，連這些領袖也不例外。在約書亞的領導下，以色列人團結一致，這美好的傳承已經腐化成支派的摩擦和地區的爭鬥。宗教與政治的混亂狀況，造成一

種要求：如果以色列人要繼續保有這地，在領導方面必須採用新的方式。倘若有王治理，情況會不會改善（十七6，十八1，十九1，二十一23）？立王是否可以解決全國宗教（十七～十八章）和社會（十九～二十一章）的弊病？最後兩個故事（見下一段）為以色列和她的神之間走上王國的關係鋪路；而整個故事則由撒母耳記和列王紀接續下去。

神學信息

士師記的主題和各個課題，可以說是用故事的方式來探討兩個重要的問題。

1. **恩典與律法、條件與無條件**。在整個申命記式歷史（約書亞記到列王紀）中，敍述者一直在深入探討神與以色列關係的本質。神的聖潔和對順服的要求，是否勝過他對以色列的應許？抑或他對這個國家無悔的委身、向列祖恩慈的應許，意味著他將不記念他們的罪？神學家或許想以理論辯護，是律法超越恩典，還是恩典超越律法，而士師記卻不作定論。士師記所給讀者的，不是一部系統神學，而是一部關係的歷史。士師記留給我們一個似非而是的真理：神與以色列的關係既是有條件的，也是無條件的。他的恩寵不會離開，可是以色列必須活在順服與信心中，才能承受應許。整個故事的驅動力量無他，就在於這種張力。

2. **神對祂百姓的治理**。神要成為以色列的君王和主宰（八23）。可是他對選民的治理如何在歷史上表現出來？士師記清楚顯明，若沒有領導中心，雖然神有時會伸手干預，為全國預備領袖，贏得戰爭，但是卻無法產生一個聖潔的國度。摩西知道，以色列人將來必會有君王（申十七14～20），士師記則為轉型到王國作預備。立王就有濫權的可能（士九），而這樣作真會帶來改變嗎？這卷書為立王鋪路，這一步非走不可，無法避免。以色列已經陷入地區與支派的紛爭，倘若有王，是否會使情況轉好？這整個國家已經嘗試過士師的作法，但是不見效。怎樣才能繼續保有這塊家園？建

立王室是否可以趕出迦南人、結束無政府的混亂狀態、持守全國與雅巍所立的約？

展望新約

　　士師記所收集的人物真是多彩多姿！這些英雄相當奇怪，有猶疑的農夫、女先知、左撇子殺手、私生子出生的強盜、陷溺慾火的拿細耳人，等等。旁觀者不難指出，在這個螺旋形向下的一連串故事中，各個角色的弱點和失敗為何。可是我們不要太得意，保羅提醒我們：「你們中間也有人從前是這樣」（林前六 11）。我們也像他們一樣，是無知、脆弱的順服，和不純動機的混合體，而如今卻因神的恩典「已經洗淨，成聖稱義了」。儘管他們都有瑕疵，我們卻要學習他們的信心。因為基甸、巴拉、耶弗他、參孫，都是靠信心「制伏了敵國、行了公義、得了應許」（來十一 32～33）。

　　雖然他們有失敗，但是他們的信心卻沒有放錯對象。他們成為如雲彩般之見證人的成員，呼召我們堅持到底，注目在耶穌身上（來十二 1～2）。我們也需要一位戰士來為我們爭戰，就是神所興起、滿有聖靈的人；我們也需要一位領袖，為我們得著神所應許的產業，成全我們的信心。　*就是主耶穌基督*

備註：

1　例如，George F. Moore, *A Critical and Exegetical Commentary on Judges* (ICC; T. & T. Clark, 1895), 和 C. F. Burney, *The Book of Judges* (London: Rivingtons, 1918)。

10/22/2003

路得記

　　路得記彷彿暴風雨中短暫的片刻安寧（Fewell and Gunn, 11）。在聖經的現代譯本中，它緊接於士師記之後[1]，這正是本故事所發生的時代；又正好在撒母耳記上下之前，因此也充當了序言的角色。不過，與士師記對照起來，路得記強調各個角色的優點，情節也是化險為夷。撒母耳記中充滿家族與國家的政治和爭端，相形之下，路得記的兩情相悅卻帶來祝福，而非毀滅。

　　初讀起來，這本書的情節簡單、清楚、扼要、動人，與周圍的故事恰成對比。

　　雖然書中每一個人物並非都很勇敢，但卻都是可敬的人，甚至十分尊貴。在路得記裏面，沒有一個人能算是壞人。儘管如此，這個明快清晰的故事背後，仍有幾個難題，若要深入了解本書，就必須先加以探討。

書目

註釋

Atkinson, D. *The Message of Ruth* (BST; InterVarsity, 1983); Auld, A. G. *Joshua, Judges, and Ruth* (DSB; Westminster, 1984); Campbell, E. F. Jr. *Ruth* (AB; Doubleday, 1975); Cundall, A. E. and L. Morris. *Judges and Ruth* （TOTC; InterVarsity, 1968/中譯：《丁道爾舊約聖經註釋：士師記與路得記》，校園出版中）; Goslinga, J. *Joshua, Judges and Ruth* (NCB; Eerdmans, 1967); Hubbard, R. L., Jr. *The Book of Ruth* (NICOT; Eerdmans, 1988); Sasson, J. M. *Ruth: A New Translation with Philological Commentary and a Formalist-Folklorist Interpretation* (2d ed.; JSOT, 1989).

文章與專論

Bernstein, M. "Two Multivalent Readings in the Ruth Narrative," *JSOT* 50 (1991): 15-26; Berquist, J. L. "Role Dedifferentiation in the Book of Ruth," *JSOT* 57 (1993): 23-37; Bertman, S. "Symmetrical Design in the Book of Ruth," *JBL* 84 (1965): 165-68; Fewell, D. N. and D. M. Gunn *Compromising Redemption: Relating Characters in the Book of Ruth* (Westminster/John Knox, 1990); Green, B. "The Plot of the Biblical Story of Ruth," *JSOT* 23 (1982): 55-68; Hals, R. M. *The Theology of the Book of Ruth* (Fortress, 1969); Howard, D. M., Jr. *An Introduction to the Old Testament Historical Books* (Moody, 1993): 126-39; Prinsloo, W. S. "The Theology of the Book of Ruth," *VT* 30 (1980): 330-41; Rauber, D. F. "Literary Values in the Bible: The Book of Ruth, "*JBL* 89 (1970): 27-37; Rossow, F. C." Literary Artistry in the Book of Ruth and Its Theological Significance," *Concordia Journal* 17 (1991): 12-19; Ryken, L. "Ruth," in *A Dictionary of Biblical Tradition in English Literature,* ed D. L. Jeffrey (Eerdmans, 1992); 669-70; Tischler, N. M. "Ruth," in *A Complete Literary Guide to the Bible,* ed L. Ryken and T. Longman III (Zondervan, 1993): 151-64.

歷史背景

日期、作者，與目的

路得記的標題語（一 1）將本書置於士師時期（見下文）。不過，對於寫作的日期或作者，文中卻隻字未提。學者嘗試依據內容來決定本書的日期，但無法達到定論。近日的研究傾向於被擄之前的日期（與 Berquist, 23 的分析相反），而前一代的學者卻主張被擄之後的日期。本書的日期問題與寫作的目的有關，所以必須放在一起來談。

贊成日期較晚的理由如下：

1. 據說本書內有一些亞蘭文。這個理由一度被認為相當有力，也應用於好些聖經書卷，可是如今已不再受重視。現在我們知道，早在主前二千年末，亞蘭文就已相當流通，所以這一類字和片語，對於日期的決定影響甚小。

2. 學者指出，路得記對一些律法習俗的描述（娶寡嫂和脫鞋儀式），與申命記的講法有出入。在路得記中，脫鞋儀式被視為從前的事，所以它一定比申命記晚很多〔二十五 9，主張約西亞改革時

期（主前第七世紀）的批判學者如此定日期〕，而路得記所描寫的娶寡嫂，似乎是對律法的曲解，暗示必有相當時期的間隔，才會有這種誤解產生。我們同意赫伯特（Hubbard 1987, 26-27, 48-63）的看法，拒絕按申命記的律法來決定路得記的狀況，理由如下：第一，兩處雖然都講脫鞋儀式，但是卻用在不同的狀況中；第二，路得記中所用的是近親贖回律，而非娶寡嫂之律。

3. 標題用語和申命記式神學的關係，以及家譜（四18～22）與祭司式用語的關係，讓那些主張申命記式神學為被擄時期、祭司式神學為被擄歸回時期之人，認為路得是一本晚期作品。反對這種觀點的批判學者則爭論道，P 和 D 雖然最後的完成較晚，可是其中保有早期傳統的資料。

4. 有人主張，路得記出現在希伯來文正典的第三部分「書卷」（*Ketubim*），暗示它寫於被擄歸回時期。可是貝克衛茲（Beckwith）已經有效證明，收集在「書卷」內的經卷，不一定意味該書是晚期作品，因為這一部分的安排，除了日期的考慮之外，還有其他理由（見 Beckwith, 138-53）。

不過，許多人想將路得記的日期定在以色列歷史的晚期，主要的理由是因分析該書的目的而來。路得記呈現一位忠心的摩押女子，她犧牲的愛拯救了一個以色列家庭，使這個家不致絕後，而且出了一位榮耀的王，大衛。在許多人眼中，這卷書的信息與被擄歸回後，以斯拉（十章）與尼希米（十三23～27）的嚴厲政策相反。因此，路得記可以代表另一種看法，所以其寫作日期必須定在同一段時間：被擄歸回時期。

然而這種假說有幾個弱點。第一，路得記絲毫不帶辯護色彩。即使有很明顯的機會，書中也沒有絲毫跡象，指責以斯拉和尼希米制定的政策。例如，當那位未具名的近親贖回者拒絕娶路得，本書含蓄地羞辱他（四6），這種尷尬很容易避而不提，甚至可能轉成驕傲，因為他可以堅持：娶摩押女子是不合體統的。

許多學者都看出這種方式的弱點，所以贊成的人已經不多。相反的，重新探討本書的目的，卻顯示它可能寫於被擄之前。

　　赫伯特寫到，本書的目的有二。第一項貫穿全書，極為明顯，即神對以利米勒這個家庭的保守（見以下的「神學信息」）。比日期更重要的是，在神的保守下，俄備得出生了，而他就是大衛的祖父。這一個譜系始於法勒斯（創三十八 27～30），他是猶大經由他瑪而生（她必須克服障礙，才使這個家有後代）。按照赫伯特的看法（42），「本書有政治目的：要讓百姓接受大衛家的治理，所以指出雅巍在以色列祖先和大衛本人身上，一直作保守的工作。」

　　這種政治目的什麼時候效用最大？赫伯特檢討各種可能性，認為大衛的時代最恰當。不過，他注意到，若以此為背景，有一個障礙，就是四章 7 節，那裏暗示，這卷書寫作的時候，成文的律法文件已經是常規，而脫鞋習俗已被遺忘。赫伯特建議，四章 7 節是文學技巧（見下文「律法傳統」），但是因為這一節，他仍然偏向以所羅門為作者。不過，他容許寫作的時間在大衛之時，並指出當時一定有這樣的需要，理由如下：第一，支持掃羅家的人，自然會認為大衛沒有資格作王，他的王權需要「合法化」。第二，大衛的能力資源中，有不少外族人。路得可以成為外族人效忠以色列與雅巍的典範，在這個情境下作用很大。「接受雅巍、在聖潔（*hesed*）上勝過以色列人的外族人，配得被視為羽翼豐滿的以色列人」（45）。

　　對於這個結論，我們或許不能武斷地肯定。它乃是基於環境的證據。然而從路得記的目的來看，這無疑是最佳方案，因此我們偏向寫作日期為被擄之前。

　　他勒目（譯著：猶太法典）以撒母耳為本書作者。可是他的年代太早了。提施樂（Tischler 1993）建議作者為女性，因為本書流露出對婦女的關懷。不過，她承認，男人也可以用同理心來寫，所以她的假說儘管很富吸引力，卻無法證明。

律法傳統

　　本書的情節提到幾項律法傳統，雖然都有舊約的根據，但在解釋上卻造成一些問題，因為與五經裏面類似的記載對照，它們的應

用似乎與我們的想法不一樣。

不過,路得記並不是律法文件,而是故事。律法與習俗雖然在歷史裏根深蒂固,可是在實際生活中或許會被忽略。此外,古代的律法規定並不詳盡,也不嚴密,只是指明原則,在應用到個別狀況時,有相當的彈性(Hubbard, 48-51)。

在探討本書律法原則的應用時,必須注意這類問題。以下將用備受爭論的一項律法為例,來作說明。第三章中,路得向波阿斯求婚,理由為「近親贖回」,或 *gō'ēl*(見利二十五 25～30、47～55;參耶三十二 1～15)。可是翻閱相關的律法,會顯示贖回者的義務中,並沒有包括要娶過世親屬的妻子在內。不過,這一點並不能讓我們抹殺路得記的歷史性。這個故事若要讓原初聽眾心服,該項律法就必須能這樣應用。很可能這位 *gō'ēl* 的義務超過五經律法的明文規定,而「包括各種責任,以支持中道衰落的親戚,尤其是過世者」(Hubbard, 52)。

文學分析

風格

在本書的文學分析歷程中,袞克爾的研究最具關鍵性。他感到,這卷書目前的樣式,是一部短篇小說,源於更早的家室傳說,意味具小說性。還有人(Campbell, 3-4, 9-10; Hubbard, 47-48; Howard, 126-27)較喜愛「短故事」,並常加上形容詞「歷史的」。我們不能說,因為這故事的文學技巧很高,就意味它是非歷史性的經文(見導論「歷史背景」)。[2]

結構

提施樂(1993, 151-53)所作的大綱很有幫助,包括前言、五幕劇和尾聲:

前言（一 1～5）
第一幕：出摩押（一 6～18）
第二幕：伯利恆（一 19～22）
第三幕：介紹波阿斯（二 1～23）
第四幕：計畫（三 1～18）
第五幕：公開宣佈（四 1～12）
尾聲（四 13～22）

文學體裁

路得記的文體清晰簡潔，一向吸引人；其情節既均衡又富戲劇性，讓讀者不忍釋手。

但是勞伯（Rauber, 35）的看法很合宜，他說路得記「不是一則動人的小插曲；它具有強大的共鳴作用，令人印象深刻。它好比一塊無價的珍寶，其寶貴之處就在裏面集中、凝聚的能力；儘管它具抒情式優雅、簡單的迷人背景，卻明亮而清澈。」

書中情節的環境和所關注的事，使它的簡明更顯動人。李肯（Ryken, 669）注意到，全書對「家庭、家人、宗教的委身，對大地、收成、愛情，和國家」的興趣，使它置身於牧歌文學之列。

勞伯進一步辨識出，這個故事是以「空無與豐足」為主題，試圖解決家庭與安全的問題。葛林（Green, 56）觀察到，田地與收成象徵婦女和她的需要。拿俄米與路得的空無，與最初驅使拿俄米全家離開以色列的饑荒對應，雖然時間上後者在前。整個情節是以喜劇收場（或許有人因此便心存偏見，認為本書不夠分量），將路得新得的豐足（婚姻與生育）和收成相連。勞伯指出，這個結論在前面兩小段劇情的末了（見二 18 和三 17），就已經很有技巧地暗示出來，因為波阿斯從莊稼中取出一些，要路得帶回去給拿俄米。柏特曼（Bertman）則觀察到，第二、三章兩段之間的銜接，由於故事的均衡性而更顯得高明。

神學信息

　　路得記似乎是一個逗人喜愛，卻缺乏深度的故事。乍看之下，其中的信息只與倫理相關，不具神學性。本書以榜樣來鼓吹忠誠、良善、慷慨等美德。路得的表現是至死忠心，俄珥巴卻是失敗者。波阿斯爲良善、慷慨的化身，與那位匿名的近親贖回者恰成對比。本書的信息可以歸納如下：「要像路得一樣忠誠，像波阿斯一樣善良，神就會報答你。」好人終必有善報。

　　這種呆板的讀法，曲解了本書，漏失了其中深刻的神學教導。哈爾斯（Hals）和普林斯盧（Prinsloo）等人（與 Sasson 相反，見 221 等處）探討本書蘊含的神學，認爲其核心教導是：神在暗中不斷保守。這個故事將神和祂在世上的作爲，以很含蓄的方式教導出來。正如哈爾斯等人所指出，神的名字在這短短的書中出現二十三次，不過講述者只用到兩次。藉著這種精巧的手法，本書教導讀者：神在普通人的生活中不斷工作。

　　這卷書最直接、最震撼人的神學，出自二章3節下。那裏記載，路得「恰巧到了……波阿斯那塊田裏。」哈爾斯指出，這一節的意思，正與它表面所說的相反。「將路得與波阿斯的相遇寫成『恰巧』，不過是要說明，其中沒有人爲的刻意安排」（Hals, 12）。

　　路得記裏面沒有超自然的事件或神蹟，可是若留心讀完全書，就會知道是神在帶領這個故事的每件事，就像出埃及記一樣。用普林斯盧的話說：「人的作爲有時會取代神的作爲，可是……人的主動性是有限的，如果沒有神的祝福或作爲，人的主動就毫無所獲。」（339）在這方面，路得記的作用就與約瑟的故事和以斯帖記一樣。

　　再說，神暗中的不斷保守，不僅使以利米勒的家得到奇妙的拯救；這個家族雖然平凡，卻產生了舊約歷史中一位最重要的人物：大衛。因此，作者乃是要說：大衛爲神賜給以色列的禮物。在這方面，路得記與講到以色列各個領袖出生的舊約故事雖不盡相同，卻有相似之處。每一次神所預備的領袖，都必須克服很大的障礙（通

常是不孕），才誕生（以撒、雅各、參孫、撒母耳）。

展望新約

　　馬太的家譜提醒讀者，路得是大衛的祖母，然後再繼續將這一譜系連到耶穌。家譜裏面只提到幾位婦女：他瑪、喇合、路得，和馬利亞。她們全都受過中傷：妓女、外邦人、未婚媽媽。可是神使用她們，來延續連接到彌賽亞的譜系。

　　哈爾斯（17）稱路得記為「彌賽亞歷史」，聽來十分刺激。提施樂注意到路得和馬利亞的類似之處，尤其是背景的相同：伯利恆。

　　洛索（Rossow 1991, 17）要我們注意，身為贖回者的波阿斯與耶穌基督有類似之處。倆人都甘心犧牲，來贖回有需要的人。

　　此外，我們更應當注意到，神贖回祂子民時，在暗中奇妙的保守。從基督走上十架之路，便可以看出這一點。對許多在耶路撒冷的人而言，釘十架只不過是一次行刑；對釘祂在十字架上的人而言，這不過是表示他們有意要殺掉他；但其實這件事背後有神的手在帶領。「祂既按著神的定旨先見，被交與人，你們就藉著無法之人的手，把祂釘在十字架上殺了。神卻將死的痛苦解釋了，叫祂復活，因為祂原不能被死拘禁。」（徒二 23～24）

11/29/2003

備註：

1　在大部分希伯來聖經中，它屬於「書卷」（Writings）——正典的第三部分，緊接在箴言之後，而在雅歌之前。這種安排將箴言三十一章的才德婦女、路得，和雅歌連在一起。這三處經文都高舉婦女的美德。

2　至於主張按 Propp 的路線，用民間傳說來解釋的理論，見 Sasson。

撒母耳記

　　撒母耳記主要是講三個人的故事：撒母耳（以色列最後一位士師）、掃羅（以色列第一位王），和大衛（延續三百年王朝的創始者）。這是講述如何從神治時期過渡到人治時期的書。在神治時期，神按百姓的需要，不定期爲他們預備領袖；如今領導體系進入制度化，採取世襲方式。

書目

註釋

Ackroyd, P.R. *The First Book of Samuel and The Second Book of Samunl* (CBC; Cambridge University Press, 1971); **Anderson,** A. A. *2 Samuel* (WBC 11; Dallas: Word, 1989); **Baldwin,**J. 1 and 2 Samuel (TOTC; Leicester: Inter-Varsity, 1988/中譯：《丁道爾舊約聖經註釋：撒母耳記上、下》，校園出版中); **Brueggemann,** *W. First and Second Samuel (Interp.,* John Knox, 1990); **Gordon,** R. P. *1 and 2 Samuel* (Zondervan, 1988); **Hertzberg,** H. W. *I and II Samuel* (OTL; Westminster, 1964); **Klein,** R. W. *I Samuel* (WBC 10; Word, 1983); **McCarter,**P. K., Jr. *I Samuel and II Samuel* (AB; Doubleday, 1980 and 1984); **Payne,** D. F. *I and II Samuel* (DSB; Westminster, 1982); **Smith,** H. P. *Samuel* (ICC; T. & T. Clark, 1899).

專論與文章

Birch, B. C. *The Rise of the Israelite Monarchy: the Growth and Development of 1 Samuel 7-15* (SBLDS 27; Missoula; Scholars, 1976); **Brueggemann,** W. "On Trust and Freedom: A Study of Faith in the Succession Narrative," *Int* 26(1972): 3-19;**Campbell,** A. F. *The Ark Narrative* (SBLDS 16; Missoula: Scholars, 1975); **Carlson,** R. A. *David the Chosen King* (Stockholm: Almqvist and Wiksell, 1964); **Cross,** F. M. *Canaanite Mytb and Hebrew Epic* (Harvard University Press, 1973); **Dietrich,** W. *David, Saul, und die Propheten: Die Verhältnis von Religion und Politik nach den prophetischen Überlieferungen vom frühesten Königtum in Israel* (BWANT 122; Stuttgart:W. Kohlhammer, 1987);

Driver, S. R. *Notes on the Hebrew Text and the Topography of the Books of Samuel,* 2d ed. (Clarendon, 1913); **Eslinger, L.** *Kingship of God in Crisis: A Close Reading of I Samuel 1-12* (Shefield: Almond, 1985); **Flanagan, J.** "Court History or Succession Document? A Study of II Samuel 9-20 and I Kings2," *JBL 91*(1972): 172-81; idem.*David's Social Drama: A Hologram of Israel's Early Iron Age* (Sheffield: *JSOT,* 1985); **Fokkelman, J. P.** *Narrative Art and Poetry in the Books of Samuel,* 3 vols. (Assen: Van-Gorcum, 1981, 1986,1990); **Garsiel, M.** *The First Book of Samuel: A Literary Study of Comparative Structures, Analogies and Parallels,* trans. P. Hackett (Ramat Gan: Revivim, 1985); **Gros Louis,** K. R. R. "The Difficulty of Ruling Well: King David of Isarael," *Semeia 8 (1977):* 15-33; **Gunn, D. M.** *The Fate of King Saul* (JSOTS 14; Shffield: *JSOT,* 1980): idem. *The Story of King David (JSOTS 6;* Sheffield: *JSOT, 1978);* **Halpern,** B. *The Constitution of the Monarchy in Israel* (HSM 24; Chico: Scholars, 1981); **Humphreys,** W.L. "From Tragic Hero to Villain: A Study of the Figure of Saul and the Development of I Samuel, " *JSOT 22* (1982):95-117; idem. "The Tragedy of King Saul: A Study of the Structure of 1 Samuel 9-31," *JSOT* 6(1978):18-27: **Ishida, T.** *The Royal Dynasties in Ancient Israel*(BZAW 142; Berlin: de Gruyter, 1977); **Long,** V. P. "First and Second Samuel: a Literary Intorduction," in *A Complete Literary Guide to the Bible* (Zondervan, 1993); idem. "How Did Saul Become King? Literary Reading and Historical Reconstruction," in *Faith, Tradition, and History,* ed. D.W. Baker,J.Hoffmeier, and A. R. Millard (Eisenbrauns, 1994); idem. *The Reign and Rejection of King Saul: A Case for Literary and Theological Coherence* (SBLDS 118; Atlanta: Scholars, 1989); **McCarthy,** D. J. "The Inauguartion of Monarchy in Israel." *Int27(1973)*: 401-12; **Miller,** P. D., Jr. and J. J. M. **Roberts.** *The Hand of the Lord: a Reassessment of the "Ark Narrative" of I Samuel* (Baltimore: Johns Hopkins University Press, 1977); **Miscall,** P. *1 Samuel: A Literary Reading* (Indiana University Press, 1986); **Noth,** M. *Überlieferungsgeschichtliche Studien* (1st ed., 1943; 2d ed., 1967; Darmstadt: Wissenschaftliche Buchgesellschaft, 1967),the first half of this volume appeard in English as *The Deuteronomistic History* (JSOTS 15; Sheffield: JSOT, 1981); **Polzin,** R. *Samuel and the Deuteronomist* (Harper & Row, 1989); **Rost, L.** *The Succession to the Throne of David,* trans. M. Rutter and D. Gunn (Sheffield: Almond, 1982); **Tsevat, M.** "The Biblical Account of the Foundation of the Monarchy in Israed," in *The Meaning of the Book of Job and Other Biblical Studies: Essays on the Literature and Religion of the Hebrew Bible* (KTAV, 1980): 77-99; **Ulrich,** E. *The Qumran Text of Samuel and Josephus* (HSM 19: Missoula: Scholars, 1978); **Weiser,** A. *Samuel, Seine geshichtliche Aufgabe und religiöse Bedeutung* (FRLANT 81; Göttingen: Vandenhoeck und Ruprecht, 1962); **Wharton, J. A.** "A Plausible Tale: Story and Theology in II Samuel 9-20, I Kings 1-2," *Int 35* (1981):341-54; **Whybray, R. N.** *The Succession Narrative: A Study of II Sam. 9-20 and I Kings 1 and 2* (SBT 9, 2d ser.; Allenson, 1968); **Würthwein, E.** *Die Erzählungen von der Thronfolge Davids-theologische oder politische Geschtsschreibung?* (Zürich: Theologischer Verlag, 1974).

歷史背景

作者

撒母耳記像聖經所有歷史書一樣，作者是匿名的。撒母耳記原來是一卷書。不過，也許由於太長，在七十士譯本中分爲兩部分（稱爲第一與第二王國）。第一部分的結束爲掃羅之死，第二部分主要是寫大衛的王朝。這卷書是以第一位主角來命名；撒母耳的出生記在第一章，他的死亡記在撒母耳記上二十五章；這就排除了他是作者的可能性（參代上二十九 29～30）。既然撒母耳記是申命記式歷史的一部分，大多數學者認爲，它最後的完稿，是出於被擄時期的編者－作者之手；不過，這卷書的寫作歷史無從考查，而目前形式中，有一大部分可能很早就完成了。

寫作歷史

在上一世紀和本世紀前半，批判學者致力要發掘本書的寫作歷史。所用的各種批判方法，可以歸納如下。

來源批判法。有些學者按照五經批判的模式，來尋找本書背後的來源。一般用來分離各種線索的準則爲：可理解的重複、同樣事件的覆述、矛盾、張力等。掃羅什麼時候第一次見到大衛——是在他迎戰哥利亞之前（撒上十七 31、55～58），還是掃羅需要音樂來舒緩心情時（十六 14～23）？是誰殺了歌利亞——是大衛（十七 50），還是伊勒哈難（撒下二十一 19）？神對於以色列立王的事態度如何——是積極贊成（撒上九 15～16，十 23～25），還是消極反對（八 4～22，十二 16～19）？

分析者根據這一類張力，嘗試將早期故事來源分絲分縷。例如，威爾浩生辨認出兩種來源，主要的根據爲它們對立王採取何種態度。早期來源傾向於贊同立王，歷史價值也較高，反應出以色列仍然視立王爲國家歷史的高潮。後期來源則反應出以色列在被擄時期及其後的經驗，那時他們嘗到以色列立王的後果。這份來源反映出申命記作者的態度，因此語氣是反王朝的，所以乃是晚期來源，歷史價值不高。例如，關於掃羅興起的記載，對立王的看法似乎有互相矛盾的說詞：有偏好（撒上九 1～十 19，十一 1～11）和不滿（七 1～八 22，十 17～27，十一 14～十二 25）兩種觀點。

　　威爾浩生提出的日期受到挑戰。有些學者主張，在以色列中，反對立王的態度可能出現在王國之前，意即：對於是否要過渡到王國時期，以色列內部尚有爭論（Weiser 1962; Tsevat 1980; Ishida 1977）。既然在以色列成立王朝之前的時期，已經有了全國性機構的基礎，反對立王是可想而知的。事實上，贊成與反對的張力，反倒正確地反映出該段時期的社會狀況。反對立王的心態，從基甸時期的爭論就已經可以看出來（士八 22～九 57）。

　　麥卡提（McCarthy 1973; 參 Long 1989, 174-75）指出，經文中贊成與反對立王的段落，是交替出現的：

表五
贊成與反對立王的段落

B （－）：八 4～22	集會的報導：百姓要求立王
A （＋）：九 1～十 16	故事：祕密膏掃羅
B （－）：十 17～27	集會的報導：公開顯明
A （＋）：十一 1～13	故事：掃羅旗開得勝
B （－）：十一 14～十二 25	集會的報導：掃羅的講演

　　在公開集會中，一直有負面因素出現，那種場合中必定會有各種意見，也會有反對的聲音。

　　雖然來源批判處理這個問題的方法，爭論很多，不過哈本（1981）仍試著要恢復使用這個方法；他將撒母耳記上八至三十一章大部分經文分別歸為兩種來源，與早期學者的分類大致相同。

　　傳統－歷史法。這派學者不將來源分為平行而連續的兩大部分，卻採用傳統－歷史批判法，以為可以將描述各種主題的不同故事，從文集中區分出來。洛斯特（L. Rost 1926; 英文版 1982）將撒母耳記分為幾個主要的小單元：在正典之前的約櫃故事（撒上四 1～七 1）、大衛興起為王的歷史（撒上十六 14～撒下五 10），和繼位故事（撒下九～二十章; 王上一～二章）。雖然不同的分析家各有所

見，不過大部分人建議有以下各種來源。

1. 撒母耳小時候的故事（撒上一～三章）。

2. 約櫃的故事（撒上四 1～七 2，參 Cambell 1975; Miller 和 Roberts 1977）。常有人建議，這個故事在約櫃運到耶路撒冷後又繼續下去（撒下六 1～15）。

3. 有關撒母耳和掃羅在米斯巴和拉瑪的故事（撒上七 3～12，八 1～22，十 17～27，十二 1～25，十五 1～35）。這些故事是在特殊地區發展，大半為反掃羅或反立王的；先知性神諭很強。

4. 撒母耳和掃羅在吉甲的故事（撒上九 1～十 16，十三 1～十四 46）。有人將撒母耳記上十一、十五、二十八和三十一章的一些內容，也歸於這份材料中。這份假想的來源對於立王較同情，特別對掃羅較支持。

5. 宮廷史或繼位故事（撒下九至二十章; 王上一至二章）。對於所謂宮廷史或繼位故事的分離、辨認，在批判學者中幾乎毫無異議，這是很少見的。一般咸認，這是一段很早期的記錄，幾乎是大衛作王之初的目擊者所寫。洛斯特的理論（1926）成為後代學者的依據，他不再採用舊的五經批判模式，不斷尋找平行的故事，而認為以色列歷史的大段是相當完整的文學單位，並排在一起，構成更長的作品。在繼位故事中，大衛和他兒子之間一系列個人利益的小故事，被很有技巧地編織在一起，中心問題則為：哪一個兒子會繼承他作王。對這份早期材料所作的評估，包括視它為歷史作品、政治宣傳〔Rost 1926(1982 譯); Whybray 1968; Wurthwein 1974〕，和智慧文學（Whybray 1968）。這份來源起於何處，爭論甚多；雖然大部分人接受撒母耳記下九章，但是這故事也經常提到撒母耳記上十六章至撒母耳記下八章的事件。

6. 一段「附篇」（撒下二十一～二十四章）。撒母耳記下二十一至二十四章多半被視為一段插入的材料，打斷了繼位故事，將所羅門的繼位（王上一～二章）和前面連到這件事的故事分開。附篇的內容包含兩則故事、兩段名單、兩首詩；沒有時間順序，而內部為交錯結構，如下：

A 故事：三年的饑荒和死亡，因獻祭而改變（撒下二十一
　1~14）
　　B 大衛的勇士們（二十一 15~22）
　　C 大衛脫離掃羅後所作的歌（二十二章）
　　C' 大衛最後一首歌（二十三 1~7）
　　B' 大衛的勇士們（二十三 8~39）
A' 故事：三天的瘟疫與死亡，因獻祭而改變（二十四）

　　在學者所主張的這幾大段故事之外，撒母耳記的作者－編者和
早期的故事集，似乎還收集到一些個別的小故事和詩（撒上二
1~10， 十五 22~23；撒下一 17~27，三 33~34，二十二 1~5，
二十三 1~7）、檔案式的材料——如名單與紀年（撒上七 13~17，
十四 47~52；撒下三 2~5，五 13~16，八 15~18，二十 23~26，
二十三 8~19，二十四 5~9），和預言式的神諭（撒上二 27~36，
三　11~14，六　3~9，八　7~18，九　15~16，十　17~19，十二
16~17， 20~25，十五 10~11，十七 45~47；撒下七 3~17，十二
7~14，二十四 11~13）。

　　編輯批判法。根據傳統歷史分析的結果，編輯批判法嘗試辨認不
同的版本或編輯層。事實上，諾特是將洛斯特對繼位故事研究法的
轉變，繼續執行下去。諾特（1943）將申命記從五經中分開，認為
它是以色列一部完整歷史作品的基礎，內容始自申命記，共包括約
書亞記、士師記、撒母耳記，和列王紀。諾特認為，這部「申命記
式歷史」（DH）是一位作者在被擄時期所寫，要解釋神為什麼棄絕
以色列。這位被擄時期的作者採用了先前的各種資料；而今日我們
所有的這幾卷書，裏面有些段落，按諾特的看法，是在他的申命記
作者（Dtr）完稿之後，再由別人插入的；例如，整個「附篇」（撒
下二十一~二十四章）。諾特也辨識出一些經文為作者本人所寫；
在撒母耳記中為：撒母耳記上七 2~八 22（立王的要求）、十
17~27 上（在米斯巴膏掃羅），和十二 1~25（掃羅講演的摘

要），都是申命記作者所寫。諾特的重點是申命記式歷史的合一性；這個方式與從前的來源批判法截然不同。對諾特而言，申命記作者的貢獻全是負面的：他解釋了被擄的原因，但對未來並沒有提供希望。

雖然諾特的理論廣受接納，成為以後討論的起點，但是也有許多學者指出這方法的弱點。最主要的一點，是諾特不夠重視申命記式歷史中神對大衛應許的重要性。大衛之約的永久性，暗示一種樂觀的看法，這與諾特的消極解讀大異其趣。諾特不將看法不一的材料算在內，認為凡不含消極成份的，都是申命記作者所用的來源中本來就有的，而他只是將其收錄在內，沒有作修訂，也沒有刪除。

諾特的看法中既有無法解決的張力，其他學者便嘗試修改，或將這個分析再予精煉。想要使諾特的理論更完美的努力，方向不一。最典型的有兩種：柯勞斯和他的許多學生所提出的雙重編輯說，和古庭根（Göttingen）學派——狄德里、司曼德、維荷拉——的方法。柯勞斯（1973）指認，約西亞時代是申命記式歷史最初的編輯時期；由王的一位忠臣所寫，為要支持約西亞的改革，使其合法化；其口氣是贊成王朝，並相當樂觀。這個初期的版本後來由一位被擄時期的編輯補充，他加上其餘各王朝的記錄，直到被擄時期，並且將早期資料再作重編；這個二度編輯的版本強調大衛應許的條件，在看法上比較悲觀。柯勞斯想用這個方法，來解決神對大衛之應許的條件性與無條件性之間的張力。[1]

柯勞斯的方法在美國有很大的影響力。在歐洲，古庭根派學者狄德里、司曼德、維荷拉則辨識出三層編輯，都在主前五八六年耶路撒冷陷落之後。[2]第一次編輯（Dtr^G）提供了基本的歷史；它的口氣樂觀，並假定征服已經完成。第二位編輯（Dtr^P）加入了先知的故事。第三位編輯（Dtr^N）插入了「律法式」（nomistic）資料；這一層的看法認為征服未達完全，土地的擁有乃是暫時的。又一次因著假定編輯層，而「化解」了神學的張力。至於一項根本的問題，就是：為何這些來源在理念上可以前後一致，而後來的編輯卻不能？則沒有答案。在編輯說的解釋下，最後的版本為理念混淆的文

件，在神學的一致性和技巧上也不如其來源。

近幾十年來，社會學的方式在聖經研究上的角色日益重要。好幾位學者（如 Birch [1976]; Flanagan [1988]; Frick [1985]）都注意到故事所反映出的社會張力。尤其是王朝的興起（撒上七～十章）、建殿的構想（撒下七章）、爲報稅和徵兵而作的人口調查（撒下二十四章）等故事，顯示政治與宗教權力集中的壓力（撒上八章；撒下八章，二十四章）。宗教與政治集中的經濟後果，也很重要：王朝意味著稅收、義務勞動，和常備的軍隊；聖殿的建立自有其制度，也會要求貢物與捐款。王朝與聖殿都會消耗鐵器時代以色列的農村經濟，也會使社會走向階級的區分。權力集中也意味傳統宗派傳承的影響力減弱，因爲政府的管理體系逐漸成形。爲要維持中央政府所需的資源，就產生壓力，要出兵征服其他地方，以壯實財富，維持繁榮。

文學結構

幾十年來，學者辯論的重點一直是理念、日期、範圍，以及可能來源的第二次編輯、收集，或編輯層等問題。在學者的辯論中，似乎認爲，這些假想的來源與層面之目的與理念，比整卷書的理念更應優先考慮。從某方面而言，這是無可避免的結果，因爲這種將早期材料的層次分隔出來的方法，就是假定它們在理念上比較一致，而最後的集大成作品則意味著夾雜不一，透露出各種來源互別苗頭，甚至彼此衝突的理念傾向。然而近日的研究，則集中於經文現今樣式的文學與美學品質。

聖經沒有一卷書像撒母耳記一樣，在文學分析方面受到如此的重視。探討它的故事藝術與全卷設計之書，爲數甚衆（Fokkelman, Garsiel, Gros Louis, Gunn, Humphreys, Long, Miscall, Polzin）。它們的共同點爲：所注重的問題乃是現今撒母耳記的理念與文學特長，不再回去深究、假想、重塑它的文學歷史。

雖然撒母耳記主要是散文，不過在故事中卻零星散佈著一些

詩。其中有兩首形成了圍繞整個作品的框架，就是撒母耳記上二
1～10哈拿的祈禱，與撒母耳記下二十二1～二十三7大衛之歌。波
金（1989, 33～34）指出，這位勝利君王的歡欣，與那位喜從心來的
母親，心情何等相稱。兩首詩都因脫離仇敵而雀躍（二1，二十二
3～4）、歌頌神是磐石（二2，二十二32）、提到陰間（二6，二
十二6）、描寫神在黑暗中打雷（二10，二十二14、29）、祂保護
忠心之人（二9，二十二26）、對受膏者的慈愛永不改變（二10，
二十二51，二十三1）。哈拿的頌讚成為全書各項主題的摘要預告：
哈拿的預言之歌展望以色列中有王出現，而勝利的大衛則能歡慶這
一歷史事實。受膏者的分別為聖與蒙神保守，也是貫穿本書的主題
之一（撒上十六3、6、12～13，二十四6，二十六9、11、16、
23；撒下一14、16，三39，十九21）。

　　哈拿要得兒子的祈求，預示了書中的某些事（Polzin 1989,
24～25）。在撒母耳記上一17、20、27，及二20中，哈拿與以利
都提到她的兒子是從神那裏「求來的」，這希伯來動詞的字根
（šā'al），是百姓在要求立王時常用到的（撒上八10，十二13、
17、19）。這個動詞字根，也在掃羅之名背後（šā'ûl——所求的那
位）。哈拿對撒母耳名字的解釋（撒上一20），正可預期掃羅的出
現，這實在是難以逆料的事。敘述者以神應允哈拿求子的事為技巧
性的預表，暗示出以下的大故事，就是神賜王給以色列的方法和原
因。

　　這些故事還有一個重要的主題，就是命運的倒轉。棄絕以利的
原因，也成為棄絕掃羅的理由。剛恩（Gunn 1980）、韓福瑞斯
（Humphreys 1978）、布魯格曼（Brueggemann 1990）發現，掃羅
的王朝有如流星，他一開始治理就已完結，速度就像它的出現一樣
快。布魯格曼認為，撒母耳對掃羅太苛求、過分嚴厲，而掃羅則對
這位先知非常順服、至為謙恭。剛恩（1980, 131）結論道，掃羅正
經歷神的「黑暗面」，而大衛則只經歷另外一面。這些解讀方式，
都將掃羅視為犧牲者，而非壞人。另一方面，隆恩則主張，先知對
以色列第一個王的責備（撒上十三13），經文所提的理由是一致

的；敍述者從一開始就將掃羅這位王描述爲猶疑、不穩定的人，藏在器具背後（撒上十 22、27）、無力迎戰非利士人（反而是約拿單出頭——撒上十三 1～10）、在歌利亞面前驚惶失惜（撒上十七）。在隆恩看來，神拒絕以色列第一個王，不是由於在小事上不滿意，就霸道地排斥他，乃是完全符合神的良善、聖潔、公義。作者強調掃羅與約拿單——就是王與繼位者——的相似處（參撒上十三 22），藉此凸顯他們在性格上的不同。掃羅無法挽回的傾倒，與大衛的興起正成對比。

剛恩對大衛故事的分析（1978, 87-111）集中在兩個主題上：大衛這位王與大衛這個人。在作王的角色上，大衛取得王國、王位穩固（大衛與掃羅的故事、押沙龍和示巴的反叛）、建立了王朝（所羅門的誕生、亞多尼雅的背叛、其他黨派與反對者的消除）。這些故事與大衛這人的主題交織在一起：他是丈夫和父親（米甲、拔示巴、暗嫩、押沙龍、所羅門、亞多尼雅）。這些故事的主題多半爲性與政治。性的主題呈現在與拔示巴犯罪、由淫亂而生之子的死亡、兒子強暴自己同父的妹妹、爭取爲父親暖床的亞比煞、烏利亞拒絕去看妻子、大衛的妃嬪遭非禮，以及掃羅之女米甲的無後。暴力與政治陰謀的主題，包括大衛的爭戰、掃羅想取大衛的性命、約押和其兄弟的暴力、烏利亞的謀殺、大衛眾子的互相殘殺、無助的押沙龍被刺死、大衛想在自己死後不久致他仇敵於死地的計畫。大衛與拔示巴的關係之記載，不單爲所羅門的登基預設伏筆，而且也設定了一個咒詛，終生尾隨著大衛：死亡與性的衝突將接踵而至，並且「刀劍必永不離開你的家」（撒下十二 10）。從撒母耳記到列王紀，*刀劍*兩字便成爲貫穿全故事的一個鑰字。大衛的整個記載，是將他的公眾（作王）與私人（父親、丈夫）兩方面的角色交互呈現，側重的是一個問題：誰將接續他的王位。剛恩（1978, 94-108）也高舉給予和抓取的主題：有些記載刻劃大衛或其他人採取消極的態度，而另一些記載則描述他們抓取愛寵與權力。例如，這位不願奪取掃羅王國的王（撒下二～五章），卻隨心所欲去強娶一名女子（拔示巴）；而這位無力抵抗的女子，後來卻爲所羅門爭取國權。

整體而言，這是大衛如何得到寶座，如何在背叛中暫時失去又如何得回，而到死亡時終於鬆手的故事。這是人的偉大與愚昧、智慧與犯罪、信實與失信、觀點相反和慾望衝突交織的畫冊，極富吸引力。

這卷書的藝術成就，不僅展現在大的故事結構上，也表現於其中的短故事與片斷中。弗克曼的分析最為詳盡，他每一頁譯文，大約用十三頁來闡釋（Polzin 1989, 301）。這裏只能舉幾個簡短的例子。

作者最常用的寫作技巧之一，是鑰字的重複。例如，在撒母耳記上十五章，「聽」（*šm'*）和「聲音」（*qôl*）交互出現：掃羅是否肯聽神的**聲音**（十五 1）？掃羅聲稱，他做到了（十五 13），但撒母耳**聽**見牲畜的**聲音**（十五 14），而判斷掃羅**聽**了百姓的**聲音**，而不是神的**聲音**（十五 19～24）。另一個例子，是一個希伯來字根（*kbd*），它傳達出「沉重」、「認為有分量、尊重」和「榮耀」等意思。在以利的故事中，描寫這位祭司「尊重」他的兒子過於神（撒上二 29），任憑他們挑選祭物中上好的部分。神說：「凡**尊重**（「視為重」）我的，我必**尊重**他；凡藐視我的，他必被輕視（「視為輕」）」（二 30）。以利折斷頸項而死，是因為他摔下來時身體**太重**（四 18），而約櫃的失去，使他的孫子被命名為以迦博（「不再有**榮耀、尊重**」）。

這些故事也充滿諷刺。撒母耳和以利的兒子都不「認識耶和華」（撒上二 12，八 3）。忠心的烏利亞尊重一位不忠心的王而不自知，但這個王對他不忠不義：他在戰爭期間保持禮儀的潔淨，不和妻子性交，卻被一位不上戰場、霸佔他的妻子、享受性交的王送上死路（撒下十一章）。

許多片斷中有重複的語句。例如（Gunn 1979, 77）在撒母耳記下二章，押尼珥和伊施波設的眾子**出去**（二 12），在基遍池邊相遇在**一起**（二 13），而約押與大衛的僕人**出去**（二 12～13），在爭戰中**一起**仆倒（二 16）——此處的重複成為一個圈，將整個故事圍起來。許多辭句或題目是以反向的方式重複，形成交錯的形式；弗克

曼辨認出撒母耳的故事中有許多這類寫法，與早被公認的所謂附篇（見上文）形式類似。

撒母耳、掃羅，和大衛的故事，在文學、藝術，與講道歷史中，吸引人的程度或許超過所有的經文。

經文批判問題

長久以來學者一直懷疑，雖然馬索拉經文（MT）的撒母耳記似乎沒有經過什麼更動，但卻是流傳下來的聖經中，經文最不混亂的幾卷之一。許多地方與七十士譯本所根據的希伯來經文有明顯的出入，而當歷代志的作者引用撒母耳記時，他所用的經文似乎經常與馬索拉經文不同。長久以來，學者一直為這些不同的讀法爭論不休。是歷代志的作者因神學理由而改編了原初的經文，或是他所依據的是另一份來源？是七十士譯本的譯者將自己的神學放進去，潤飾了經文，還是他們不夠謹慎——抑或他們乃是很小心的依據一本與馬索拉經文不同的希伯來經文？

在昆蘭古卷發現之後，這場爭辯大致塵埃落定。在昆蘭第四洞中所發現撒母耳記三處不同的片斷中，兩處大致與馬索拉經文相同，而第三處所剩的零星碎片（蛀蟲留下的）所含的經文，接近歷代志與七十士譯本曾引用的例子。因此，希伯來原文有兩種版本，目前已無異議。

舉幾個例子，就足以讓讀者了解馬索拉經文為撒母耳記帶來的問題。比方撒母耳記上十四41，在馬索拉經文與七十士譯本裏面不相同。

表六
文士與希伯來聖經（一）

七十士譯本	馬索拉經文
於是掃羅說：「哦！耶和華以	於是掃羅說：「哦！耶和華

色列的神，爲什麼你今日不回
答你的僕人？如果這罪是在我
或我的兒子約拿單，哦！耶和
華以色列的神，賜烏陵，但若
這罪是在你的百姓以色列，賜
下土明，（ymt）。」於是約
拿單與掃羅被掣出，但百姓盡
都無事。

以色列的神

賜我正確的答案」
ymt

　　以上將這兩種翻譯都列出來，其中暗示了背後的希伯來文重點，以顯明兩者的不同是如何發展的。希伯來文士的眼睛，可能在某處跳開了，從「哦！耶和華以色列的神」第一次出現之處，跳到第二次出現之處，然後又從「賜」的要求第一次出現之處，跳到第二次出現之處，結果就造成希伯來經文有所省略。「土明」和「正確的答案」，兩種翻譯背後的希伯來字都是 *tmym*，只是「正確的答案」這個譯法無法證實爲這個字的意義；換言之，「正確的答案」多少是人爲的調整，因爲馬索拉經文沒有烏陵一字。

　　另一個類似的例子，是撒母耳記下五 21 與歷代志上十四 12 平行的經文。

表七
文士與希伯來聖經（二）

撒母耳記下五 21	歷代志上十四 12
非利士人將偶像撒在那裏，大衛和跟隨他的人拿去了。	非利士人將神像撒在那裏，大衛吩咐人用火焚燒了。

　　學者經常爭辯，認爲是歷代志的作者改編了他的來源，使得大衛的行動符合神焚燬偶像的命令（申十二 2～3）。可是，七十士譯本的路吉安（Lucianic）校訂本，在撒母耳記下五 21 的讀法卻與歷

代志的經文相同。至少有可能歷代志的作者在這裏是根據撒母耳記的某種版本，而與馬索拉經文的依據不同。

再舉一個例子，就足以達到我們的目標了。大衛的人口調查帶來災禍，歷代志報導，大衛舉目，看見耶和華的使者站在天地間，刀伸在耶路撒冷之上（代上二十一16）。撒母耳記下二十四章的平行經文中，卻沒有這段話，若是有，應當出現在16節。許多人曾認為，被擄歸回時期天使論大行其道，所以歷代志才加入這一節。不過，昆蘭古卷的殘片（4QSam^b）卻有這一節，再度暗示歷代志作者手邊的撒母耳記版本，與馬索拉經文的略有不同。

整體而言，昆蘭古卷中撒母耳記的發現，使人對七十士譯本和歷代志作者所用的撒母耳記經文，興趣大增。烏利赫（Ulrich 1978）對這個問題作了詳盡的討論。

神學信息

一般常將撒母耳記歸入申命記式歷史的一部分，就是從約書亞記直到列王紀，將申命記的律法與世界觀應用到全國歷史的這幾卷聖經。申命記的影響，在撒母耳記的用語、辭彙中，處處可見。申命記三方面的神學關注，在本書中也扮演重要的角色。

1. 申命記預料有一天以色列將會有一位王（十七14～20），並立下原則，指示王應當怎樣治理。以色列人終於要求立王，「像列國一樣」（申十七14；撒上八5、20），而撒母耳記便是記下以色列人立王的最初實驗。申命記和撒母耳記都提出警告，君王不可以搜刮錢財、集中權力（申十七16～17；撒上八10～18），並宣稱，君王有責任要順服神所寫的命令（申十七18～19；撒上十25）。以色列的王會怎樣行？是否會持守神的命令，不自以為高過其他的同胞？士師記的結尾是無政府的混亂，而倘若有王，情況是否能改善？

2. 申命記也提到，有一天以色列會脫離四周仇敵的騷擾，得享安寧（十二12），那時神將選擇一個地方，讓祂的子民帶貢物到那

裏去敬拜（十二 1～14、20～25）。在撒母耳記中終於有了第一個暗示，會幕巡迴各地的時期即將過去，一座聖殿將要建立（撒下七 1～2）。神的家選在耶路撒冷，與神對大衛的揀選密切相關。大衛的家和神的家乃是以後列王紀故事的主體。

3. 申命記也顯明，神對百姓是有回應的：他們若順服，祂就賜福；若不順服，祂就施行審判（二十八章）。雖然祂是全權的神，可是以色列──無論是個人或是全國──有許多選擇的機會。神會按照他們的選擇來回應。在整個撒母耳記的故事中，讀者看到神的祝福，也看到神的審判。神掌管歷史；祂揀選個人和國家，預定他們的道路（撒下七 7～9）。可是這位神也讓人作出有意義的道德抉擇，其後果對他們本人和周圍的人都影響深遠。神要求所有人都順服祂，單單敬拜祂（撒上七 3～4）。人類不能避免造物主在宇宙中所定下的道德律；若犯罪，就必要按神的報應受苦。不過，儘管人不斷陷入越權與愚昧的浪潮中，這位全權的神仍繼續施恩，要成就祂為祂的選民和選立的王所定的旨意。

申命記和其餘各卷申命記式歷史，都含有無法解決的張力。在約書亞和士師記中，主要的張力存在於神的揀選、恩典、應許和神的聖潔、公義、律法之間，焦點則為迦南地的征服與擁有。是否所有的地都將永遠歸於以色列？在這幾卷早期的經書中，張力圍繞於：迦南地是完全征服，還是部分征服；它的地位是神所應許的禮物，還是它會由於不順服而喪失。

在撒母耳記中，神的恩典與律法的張力，延伸到立王的問題。土地的擁有與王權緊密相連（撒下七 10～11）。君王是否能幫助以色列持守疆土？神親自揀選以色列頭兩個王，授權給他們（掃羅與大衛），可是從某方面而言，立王的要求同時也是拒絕神親自的治理。君王制會為這個國家帶來什麼？神曾向大衛起誓，說他的後裔必會繼承王位，永不斷絕（撒下七 16、29），可是到了列王紀的結束，土地和王權都因不順服而喪失了。這個似非而是的矛盾，就是神的應許和祂的審判之間的張力，在申命記式歷史中一直未得解決。事實上，整個故事正因這個張力而推動向前。

展望新約

掃羅的罪似乎並沒有大衛那麼嚴重。為什麼敘述者能說大衛是「合神心意的人」（撒上十三14）？以色列人曾看到掃羅超越的身高與結實的塊頭——百姓中間沒有一個人像他一樣（撒上十24）；雖然神揀選了掃羅，但祂知道他內心的實情如何。人會看外表與身材，但神看大衛的內心。大衛的心讓他能不在意自己是無名小卒，而敢迎戰歌利亞，憑著信心得勝，而掃羅卻在帳幕中畏縮不前（撒上十七）。摩西和耶穌都同樣說過，與神立約的生活，重點即在盡心愛祂（申六5；可十二30）。

然而，大衛逐漸變質了。我們在撒母耳記中最初遇到大衛時，他可以為了救羊的緣故，用一根棍子打死熊和獅子（撒上十七34～35），可是到了本書的末了，他竟認為，羊應該為他死——只是這次的羊乃是百姓（撒下二十四14、17）。大衛不是那位為羊捨命的好牧者——我們必須再讀下去，尋找另一位（約十11）。

撒母耳記常出現的主題之一，是「主的受膏者」（撒上十六3、6、12～13，二十四6，二十六9、11、16、23；撒下一14、16，三39，十九21）。希伯來文 messiah 意思是「受膏者」，而以色列會有受膏者的概念，是基於她對公義之王的理想，就是像大衛一樣的王。彌賽亞這位人物，與以色列對自己在歷史裏所扮演獨特角色的認識緊密相關：他們一開始就知道，神以他們為選民，要將祝福帶給萬國。在以色列的歷史中，神曾興起偉大的領袖與拯救者，祂還會藉一位彌賽亞成就這事。大衛之後諸王的失敗，使彌賽亞更成為眾人的企盼，因此以色列盼望的焦點，就在一位未來的大衛王（結三十四23）。有兩段經文將這種盼望刻劃得非常清楚——君王詩篇與以賽亞書七至十二章。君王詩篇以一位面對全宇宙反對的王為中心，他會得勝，並從錫安建立公義的王權，管轄列國。他的國度將平安、昌盛、永存、向神忠心。他是窮人的朋友、壓迫者的仇敵。他是大衛應許的繼承人。他本身是神聖的（詩四十五6）：就像耶

和華的使者，他既是神，又與神有距離。在以馬內利之書（賽七～十二章）中，先知講到一位奇妙的嬰孩，他將成為拯救者、世界的掌權者、公義的王。新約的作者認為，耶穌就是以色列公義之王的現身。他們刻意指出祂是大衛的後裔（太一 1、6、17）。群眾（甚至邪靈）都承認祂是大衛之子、以色列的彌賽亞（太十二 23，二十30～31，二十一 9、15）。

神揀選之愛與聖潔公義之間的張力，在十字架上得到解決：在那裏，那位代表忠心之以色列的人——祂本身乃是神對以色列期望的表彰、神所揀選的、祂的獨生子——承擔了神對罪的審判。

哈拿對孩子的渴望，和她的頌歌中對公義之王與受膏者（撒上二 10）的企盼，在馬利亞的尊主頌中又重現，她預期以色列的王與彌賽亞即將降生（路二 32～33、46～55、69）。神應許亞伯拉罕，要使他的名為大，而大衛承襲了這個應許（創十二 2；撒下七 9）；大衛那更偉大的後裔所得的名，乃是超乎萬名之上的名（腓二9～10）。大衛曾經單獨迎戰以色列的大敵（撒上十七），耶穌也單獨迎戰，勝過了我們靈魂的仇敵。

備註：

1 本書對這方面的討論會重複出現，這是無法避免的；在列王紀內將有更詳盡的說明。
2 這方面的作品，請參閱士師記所列的書目。

列王紀

　　現代聖經譯本大多按照七十士譯本與基督教傳統的方式，將列王紀放在整個歷史書內，從約書亞記開始，直到以斯拉－尼希米記與以斯帖記。希伯來聖經的分類方式則不同。它分為三大類：律法、先知書，和聖卷。「先知」再分為「前」先知書與「後」先知書。前先知包括約書亞記、士師記、撒母耳記與列王紀。這些前先知書下面是「後先知書」，這一部分包括所有一般的先知書（除了但以理和耶利米哀歌之外，這兩卷被放入第三類，就是聖卷）。

　　熟悉現代譯本分類法的人，在發現約書亞記到列王紀竟列為先知書時，起初難免吃驚。這些記載歷史故事的書，在文學上與其他的先知書顯然不同。可是再進一步思考，就不難明白為什麼列王紀在希伯來聖經中會被分為這一類。(1) 列王紀中記錄了好些先知的事蹟與成就。以利亞和以利沙的工作佔了相當多的篇幅（王上十七～王下六、十三章），此外，我們還讀到拿單、亞希雅、耶戶、米該雅、以賽亞、戶勒大，以及幾位匿名的先知。(2) 先知書也用到記在列王紀中的歷史，或是引用，或是和它用共同來源的資料——甚至字字相同（耶五十二；王下二十四 18～二十五 21；賽三十六～三十九；王下十八 13～二十 19）。(3) 這樣分類或許受到歷代志的影響。歷代志作者所用的一些來源顯示，先知也會記載列王統治時的歷史故事（代上二十九 29；代下九 29，十二 15，二十 34，二十六 27，三十二 32）。(4) 約書亞記到列王紀諸卷通常被稱為「申命記式歷史」，因為它們的觀點強烈受到申命記的影響。先知既是摩西的繼承人（申十八章），就在申命記結束之後，繼續記錄以色列的歷史

（申一～四章，三十四章）；他們說明，摩西對這不順服之國所預
言的咒詛（申二十八章）如何在歷史上應驗。

或許是因爲這些理由，猶太傳統認爲耶利米是列王紀的作者。
他勒目（*Baba'Bathra* 15a）報導，「耶利米寫了他自己的書、列王
紀，和哀歌。」耶利米活躍於耶路撒冷被毀的時期，以他爲名的書
卷大量引用了列王紀最後幾章（見上文），或是兩卷書都用了同一
份資料。儘管如此，耶利米可能並不是列王紀的眞正作者。耶利米
在耶路撒冷被毀之後下到埃及（耶四十三 1～8）。雖然我們不知道
他離開家園之後的情形，但是列王紀的最後幾節，卻很可能是一位
被擄到巴比倫的匿名作者所寫（王下二十五 27～30）。猶太傳統對
於這卷書作者所下的結論，只是想當然耳，卻缺乏佐證。這卷書眞
正的寫作歷史可能相當複雜，見下文的討論。

英文的卷名「列王」（Kings）來自希伯來聖經的名稱。七十士
譯本將這卷書稱爲「三－四統治期」，前面則爲「一－二統治期」
（七十士譯本對撒母耳記上下的稱呼）。列王紀的兩卷書原來顯然
乃是一卷；兩卷在亞哈斯王的記錄之中隔開，分明出於人爲。

書目

註釋

Auld, A. G. *I and II Kings* (DSB; Westminster, 1986); **Cogan**, M. and H. **Tadmor**, *II Kings* (AB 11; Doub-
leday, 1988); **DeVries.** S. *1 Kings* (WBS 12; Word, 1985); **Dilday**, R. H. *1, 2 Kings* (CC; Word, 1987);
Fichtner, J. *Das erste Buch von den Königen* (BAT; Stuttgart: Calwer Verlag, 1964); **Gray**, J. *I and II
Kings, a Commentary* (OTL, 3d ed.; Westminster, 1977); **Hobbs**, T. R. *2 Kings* (WBC 13; Word,
1985); **Jones**, G. H. *1and 2 Kings*, 2 vols. (NCB; Eerdmans, 1984); **Montgomery**, J. A. *A Critical and
Exegetical Commentary on the Books of Kings,* ed. H. Gehman (ICC; T. & T. Clark, 1951); **Nelson**, R.
D. *First and Second Kings* (Interp.:John Knox, 1987); **Noth** M. *Könige* (BKAT;Neukirchen: Neu-
kirchener Verlag, 1968); **Vos**, H.F. *1, 2 Kings* (BSC; Zondervan, 1989); **Wiseman**, D. *1 and 2 Kings*
(TOTC; Inter Varsity, 1993/中譯：《丁道爾舊約聖經註釋：列王紀上、下》，校園出版中);
Würthwein, E. *Das erste Buch der Könige* (ATD; Güttingen: Vandenhoeck und Ruprecht, 1977-84).

專論與文章

Barrick, W.B. "On the 'Removal of the High Places' in 1-2 Kings," *Bib 55* (1974): 257-59; idem. "What Do We Really Know about 'High Places'?" *SEA9* 45(1980): 50-57;**Bin Num,** S. "Formulas from Royal Records of Israel and of Judah," *VT* 18(1968): 414-32; **Bronner,** L. *The Stories of Elijah and Elisha* (Leiden: Brill, 1968); **Bright,** J. *A History of Israel* (3d ed.; Westminster, 1981/中譯：布賴特著，《以色列史》，東南亞神學院協會，1972 根據英文第一版譯); **Brueggemann,** W. "The Keryma of the Deuteronomistic Historian," *Interp 22*(1968): 387-402; **Childs,** B. S. "On Reading the Elijah Narratives," *Interp. 34 (1980): 128-37;* **Cogan,** M. *Imperialism and Religion: Assyria, Judah, and Israel in the Eighth and Seventh Centuries B.C.* (SBLMS 19; Missoula: Scholars, 1974); **Cohn,** R. "Convention and Creativity in the Book of Kings: the Case of the Dying Monarch," *CBQ 47* (1985): 603-16; idem. "The Literary Logic of 1 Kings 17-19," *JBL* 101 (1982): 333-50; **Cook,** A. "Fiction and History in Samuel and Kings," *JOST* 36(1986): 27-48; **Cross,** F. M. *Canaanite Myth and Hebrew Epic* (Harvard University Press, 1973); **Donner,** H. "The Separate States of Israel and Judah," in *Israelite and Judean History,* ed. J. Haryes and J. Miller (OTL; Westminster, 1977): 381-434; **Ellul,** *J. The Poitics of God and the Politics of Man* (Eerdmans, 1972); **Fewell,** D. "Sennacherib's Defeat: Words at War in 2 Kings 18:13-19:37," *J SOT* 34 (1986): 79-90; **Gerbrandt,** G. *Kingship According to the Deuteronomistic History* (SBLDS 87; Atlanta:Scholars, 1986); **Gonçalves,** F. *L'expédition de Sennachérib en Palestine dans la littérature hebraïqu ancienne* (Études biblique, NS, 7; Paris: Librairie Lecoffre, 1986); **Goding,** D. "Jeroboam's Rise to Power: a Rejoinder," *JBL* 91 (1972): 529-33; idem. "Problems of text and Midrash in the Third Book of Reigns," *Textus 7* (1969): 1-29; idem. "The Septuagint's Rival Versions of Jeroboam's Rise to Power," *VT17*(1967): 173-89; **Hallo,** W. "From Qarqar to Carchemish," *BA 23(1960): 34-61;* **Klein,** R. "Jeroboam's Rise to Power," *JBL 92 (1973): 217-18;* idem. "Once More: Jeroboam's Rise to Power," *JBL* 92 (1973): 582-84; **Lemaire,** A. "Vers l'histoire de la redaction des liveres des Rois," *ZAW* 98(1986): 222-36; **Malamat,** A. "Aspects of the Foreign Policies of David and Solomon," *JNES* 22 (1963): 1-22; idem. "Organs of Statecraft in the Israelite Monarchy," *BA* 28 (1965):34-65; **McConville,** J. G. "Narrative and Meaning in the Books of Kings," *Bib 70* (1989): 31-49; **McKay,** J. *Religion in Judah under the Assyrians* (SBT, 2d series; Allenson, 1973); **McKenzie,** S. L. *The Trouble with Kings*(Leiden: Brill, 1991); **Mejia,** J. "The Aim of the Deuteronomistic Historian: a Reappraisal," *Proceedings of the Sixth World Congress of Jewish Studies* (Jerusalem: 1977): I: 291-98; **Mendenhall,** G. "The Monarchy," *Int* 29 (1975):155-70; **Millard,** A. "Sennacherib's Attack on Hezekiah," *TynBul* 36(1985): 61-77; **Nelson,** R. "The Anatomy of the Book of Kings," *JSOT* 40 (1988): 39-48; idem. *The Double Redaction of the Deuteronomistic History* (JSOTS 18; Sheffield:JSOT, 1981); **Noth,** M. *überlseferungsgeschichtliche Studien,* 2d ed.; Darmstadt: Wissenschaftliche Buchgesellschaft, 1967), the first half of this volume appeared in English as *The Deuteronomistic History* (JSOTS 15; Sheffield: JSOT, 1981); **Peckham,** B. *The Composition of the Deuteronomistic History*(HSM 35; Atlanta: Scholars, 1985); **Porten,** B. "The Structure and theme of the Solomon Narrative (1 Kgs 3-11)," *HUCA* 38(1967): 93-128; **Porvan,** I. *Hezekiab and the Books of Kings* (BZAW 172; Berlin: de Gruyter, 1988): **Rainey,** A. "Compulsory Labor Gangs in Ancient Israel," *IEJ* 20 (1970): 191-202: **Reviv,** H. "The History of Judah from Hezekiah to Josiah," *World History of the Jewish People* IV:1:193-204: **Schmitt,** H.-C. *Elisa: traditionsgeschichtliche Untersu-*

chungen zur vorklassischennordisraelitischen Prophetie(Gütersloh: Gütersloher Verlagshaus, 1972); **Spieckermann,** H. *Juda unter Assur in der Sargonidenzeit* (Göttingen: Vandenhoeck und Ruprecht, 1982); **Thompson,** M.W. *Situation and Theology: Old Testament Interpretations of the Syro-Ephraimite War* (Sheffield: Almond, 1982); **Trebolle,** J. "Le texte de 2 Rois 7:20-8:5 a la lumiere des decouvertes de Qumran (6Q4 15)," *RdQ* 13 (1988): 561-68; idem. "Redaction, Recension, and Midrash in the Books of Kings," *Bul Septuagint St* 15 (1982): 12-35; **von Rad,** G. "The Deuteronomic Theology of History in I and II Kings," *The Problem of the Hexateuch and Other Essays* (London: Oliver and Boyd, 1966) 205-21;**Wallace,** R. S. *Elijah and Elisha* (Eerdmans, 1957); **Weinfeld,** M. *Deuteronomy and the Deuteronomic School* (Oxford: Oxford University Press, 1972); **Wevers,** J. "Exegetical Principles Underlying the Septuagint Text of Kings ii. 12-xxi. 42," *OSt* 8 (1950): 300-322; **Whitley,** C. "The Deuteronomic Presentation of the House of Omri," *VT* 2 (1952): 137-52; **Whitney.** J. "*Ba-moth'* in the Old Testamet," *TnyBul* 30 (1979): 125-47; **Wolff,** H.-W. "The Kerygma of the Deuteronomic Historical Work," *ZAW* 73 (1961): 171-86; **Yeivin,** S. "The Divided Kingdom: Rehoboam-Ahaz/Jeroboam-Pekah," *World History of the Jewish People* IV:1:126-79: **Zevit,** Z. "Deuteronomistic Historiography in 1 Kings 12-2 Kings 17 and the Reinvestiture of the Israelian Cult," *JSOT* 32 (1985):57-73.

與王國朝代有關的書目選

Albright, W. F. "The Chronology of the Divide Monarchy of Israel," *BASOR* 100 (1945): 16-22; **Andersen,** K.T. "Die Chronolgie der Könige von Israel und Judah," *StTh* 23 (1969): 69-114; **Barr,** J. *Biblical Chronology, Legend or Science?* (London: University of London, 1987); **Clines,** D. J. A. "Regnal Year Reckoning in the Last Year of the Kingdom of Judah," *Australian Journal of Biblical Archaeology* 2(1972): 9-34; **DeVries,** S. "Chronology, OT," *IDB Sup,* 161-66; **Hayes,** J. *A New Chronology for the Kings of Israel and Judah and Its Implications for Biblical History and Literature* (John Knox, 1988); **Kutsch,** E. "Das Jahr des Katastrophe: 587 v. Chr: kritische Erwägungen zu neueren chronologischen Versuchen," *Bib* 55 (1974): 520-45; **Shenkel,** J. D. *Chronology and Recensional Development in the Greek Text of Kings* (HSM 1; Cambridge: Harvard University Press, 1968); **Tadmor,** H. "The Chronology of the First Temple Period: A Presentation and Evaluation of the Sources," *World History of the Jewish People* IV:1:44-60; **Thiele,** E. *The Mysterious Numbers of the Hebrew Kings,* rev. ed. (Eerdmans, 1983),**Wifall,** W. "The Chronology of the Divided Monarchy of Israel," *ZAW* 80 (1968): 319-37.

歷史背景

　　列王紀所記載的以色列史，從大衛傳位給所羅門（約主前 931 年；王上一 1～二 12），直寫到擄至巴比倫的約雅斤被釋放（主前 562～561；王下二十五 27～30）。[1] 列王紀的神學主題和用語，與約書亞記到撒母耳記的特色相同，這幾卷與列王紀應當被視爲同一

個文學作品。大衛傳位給所羅門的報導，接續了撒母耳記下二十章的故事。[2]

　　學者對於本書的討論，集中於三大問題：(1) 誰製作了這卷書？它是怎樣產生的？它的目的是什麼？(2) 古希臘譯本與馬索拉經文在某些地方相當不同，哪一方較可靠？(3) 這部歷史的作者或編者顯然對於編年史很有興趣。可是仔細研究又會發現，書中的編年註似乎有彼此矛盾之處。到底編年註應當怎樣了解，或怎樣評估？

寫作歷史 [3]

　　五經來源的延續。 在傳統五經來源批判分析鼎盛的時期（主要是十九世紀下半葉），有一段時間許多詮釋列王紀的人認為，他們也能夠在歷史書中辨認假定的五經來源。學者以為，從士師記直到列王紀裏，他們都可以辨識出 J（雅巍來源）和 E（伊羅欣來源）。不過，採取這種方法的學者，對於來源的範圍與性質的結論往往南轅北轍，結果反而使這個理論站不住腳。申命記對約書亞記到列王紀的重大影響，和舊式來源批判的機械式來源結合的觀念，很難調和。現今這種在歷史書中尋找五經假定來源的作法，已經無人嘗試。傳統來源批判分辨出小量的連續故事來源，可是近年來學者多半不用這種解釋，而認為，列王紀中各種不同的資料，是因編者－作者採用大量獨立的來源，作為寫作素材；這種看法較像五經寫作的「片斷說」或「補充說」。

　　雙重編輯。 學者認為，約書亞記至列王紀乃是「申命記式歷史」（DH）。這幾卷書的神學、主題，和用語，無不帶著申命記影響的痕跡。[4] 批判學者將申命記的日期定在約西亞時代。約西亞在聖殿裏找到律法書（主前 621 年），其中要求以色列要到一個地方敬拜（申十二），因此有人主張，申命記其實是為維護約西亞而寫，擁護他將政治與宗教大權都集中到耶路撒冷。若是如此，這個看法便進一步主張，約西亞改革大臣中的一位（或許也是參與申命記寫作的一分子）寫了一部歷史，顯明約西亞正符合理想君王的樣式（申十七 14～20），按照律法書來治理，追隨大衛的榜樣。原本統一的

國家，因分裂而造成北國與南國。這位歷史家所記的以色列史，是從分裂之後開始，一開頭便記載一則預言，聲明將有一位名叫約西亞的人，會矯正耶羅波安讓人陷入的罪（王上十三 2），而他的記錄是以說明約西亞如何成就這事爲結束（王下二十三 15～20），由於他在北國施展權柄，就恢復了全國的統一。這樣前後提到約西亞，彷彿成爲王國分裂時期的兩端檔書夾；又使內在的燈光凝聚在他身上。對約西亞和他申命記式改革的關注，就成爲本書第一階段編輯的背景。

到了被擄時期，有位歷史家將本書這個早期版本更新，(1)補上約西亞改革之後的歷史，直到約雅斤至監獄中釋放出來；(2)加上他對前一版的一些解釋。第二位編者所關心的問題是：以色列人爲何會被擄？有幾段經文假定了被擄與耶路撒冷的毀滅，一般都將這些段落歸於第二版的這位編輯之手（王上五 4，九 1～9，十一 9～13；王下十七 19～20，二十 17～18，二十一 11～15，二十二 15～20，二十三 26～27，二十四 2～4，二十四 18～二十五 30）。雖然有幾位學者很早就提出這個「雙重編輯」假說，不過，將它修正、定型的卻是柯勞斯（1973, 274-89）和他的學生聶爾森（R. Nelson 1981）。近年來，普魯凡（I. Provan）也主張本書曾經過兩次編輯。普魯凡同意，第一版是在約西亞王時寫成，後一版是在被擄時期寫成；不過，他主張第一版只寫到希西家王爲止（1988, 171-73）。主張本書經過兩次編輯的學者，一般都是注意用語和神學主題的差異。DH[1]（約西亞版）強調大衛之約是永恆的、無條件的（王上二 4、24，三 6～7，六 12，八 15～26，九 5，十一 12～13、32～39，十五 4～5；王下八 19，十九 34，二十 6，二十一 7～8），而其終極的果實便是約西亞的統治。另一方面，DH[2]（被擄版）則是在被擄的光景下寫的，強調由於百姓的罪，國家不能立穩，以及聖約的條件（申十七 20；王上二 4；王下十七 7～23，二十一 8 下、10～16）。倡導雙重編輯說的人，也注意到登基與死亡寫法形式的變動。

一位歷史家。諾特（1943; 2d ed., 1967；英譯本 1981）不接受申

命記式歷史裏面可以找到五經來源，和列王紀的寫作過程分爲兩個階段的主張。他舉出申命記式歷史在用語和主題上的一致，認爲申命記式歷史是一位作者所寫，這位作者也寫了申命記一1～四43；他的理論頗具說服力。諾特容許這個單一、連續的故事後來吸收片斷的補充，但是這些資料並不是五經批判所提出的連續性故事，也不是編輯層，而是一位作者選用各種資料；他接受這些資料，但也多少加以修訂。這位作者在故事的要點處放入講論（書十二，二十三；撒上十二；王上八），讓主角重述國家歷史，並勸勉百姓當採取何種行動。他的寫作目的，是要說明被擄是神的審判。作者顯示，神過去如何在這個國家中工作，也警告百姓不可忤逆背道。諾特主張，這部歷史主要是從負面來看，提出被擄的理由，並沒有提供回歸的希望或期待。有些學者贊同諾特的說法，也認爲申命記式歷史從約書亞記到列王紀是一部單一的歷史，可是他們認爲，這部歷史顯示出回歸故土、重蒙神恩的希望（Wolff 1961; von Rad 1966）。

麥肯期（McKenzie 1991）看出編輯分析的理論，會退化到更複雜的編輯層之說。他追隨柯勞斯的說法，主張申命記式歷史在約西亞時代經過編輯，而在申命記作者之後，又經過漫長的增補（如：王上十三章，十七～十九章，二十章，二十二章；王下二章，三4～八15，十三14～25）。不過，在麥肯期看來（1991, 135-45），這些補充在文體與主題上並不一致，不能歸屬於後來某一位編輯，而是後期爲數不定的文士零星插入的資料。雖然麥肯期可以說是追隨諾特，肯定了申命記式歷史大體的一致性，但是他的作法卻是將 DH^2 解體，變成無數較小而零碎的片斷。

麥康威（McConville 1989）主張，列王紀是單一的作品。他警告說，不能以列王紀中神學主題的張力作爲分析編輯層之鑰。他的理論（33）爲：申命記式歷史的寫法，有一種趨勢，就是將土地的應許與以色列實際經驗之間的鴻溝逐漸加深。這個國家由於不順服，而喪失了承受土地的權利，並且受到審判。按麥康威看來，列王紀乃是追溯，這個有瑕疵之王權，如何日益敗壞下去。書中愈來

愈少講到神對大衛的應許；相反的，卻愈來愈注意神應許的附帶條件。麥康威發現，期待與表現的差距愈來愈大，所以這卷書讓讀者不再期待大衛王朝會出現拯救猶大的王，卻產生相反的展望。倡導改革之王的敬虔常是短暫的，無法力挽狂瀾。士師記螺旋式向下的走勢，也成為列王紀的特色；與這種螺旋式下降並行的，則是神不斷向悔改者施展恩典。

申命記圈子。還有些學者認為，寫作歷史比雙重編輯或單一作者更加複雜。列王紀乃是在一申命記「學派」或「圈子」內逐漸成形。這些傳承者（傳統承襲者）製作出基本的歷史文獻。後代持同樣正史觀的人，加入了有關先知的故事，再後代的人則加入與持守律法相關的材料（Jones 1984, 1:42-43）。這些無名的傳承者是誰？學者的意見不一。有人認為他們是利未人，或耶路撒冷祭司的一派；有人認為他們是先知；還有人主張，他們是耶路撒冷王室的謀士與智慧人（Jones, 44-46）。另有人聲稱，他們不是來自一個社會或職業團體，而是來自以色列社會的各個層面，一方面保留了各自獨特的關注，一方面由於歷史觀相同，而結合為一種運動。倡導這方法的學者認為，列王紀內的合一與差異便是由此而來。這個方法的主要弱點是：寫作的階段與作者捉摸不定，隱身在後；等於是用未知（一個「學派」或「圈子」）來解釋未知（列王紀的寫作歷史）。這不過是一種圓滑的說法，承認列王紀寫作歷史之謎無法輕易解答。也許這方法最值得一提的結果，就是它發現，在約西亞的時代之前，申命記在以色列中早已有影響力。

列王紀的作者－編者（們）顯然運用了各式各樣的資料來源。最主要的來源似乎是「猶大列王紀」（如：王上十四 29，十五 7；王下八 23，十二 29，十四 18，二十四 5）、「以色列諸王記」（如：王上十四 19，十五 31；王下一 18，十 34，十三 8、12），和「所羅門記」（王上十一 41）。事實上，作者告訴讀者這些資料，就是暗示他有意選擇題材，而且並不打算詳述細節（Jones 1984, 1:47）。這些來源的引用，亦是風格的信號，表示列王紀的作者有意讓人明白，他的作品也像這些來源一樣，都是歷史。作者還可能採用了另

外一種來源，但是沒有註明。例如，以利亞和以利沙生平冗長的故事（王上十七～王下六章，十三10～21）本來或許不在這位歷史家所用官方的「紀年」裏面。以利亞和以利沙的故事或許來自一份不可考的先知作品。但另一方面，書中對於暗利王朝時巴力教勃興的強調，可能意味所以會記下以利亞與以利沙的故事，是為了要使耶戶的篡位和消除巴力的舉動合法化（王下九～十章）。這樣的猜測很有意思，但我們對其結論並沒有什麼信心。若視列王紀為單一作者的產品，無意間會得著一個結果，就是可以將注意力集中於經文最後的形式，而不至於陷入沼澤，困在寫作歷史無法解決之問題中。

經文的差異

馬索拉經文、希臘譯本和修訂本，以及昆蘭殘卷的差異，顯明在以馬索拉經文作為舊約聖經的傳統之前，列王紀的經文有不同的版本存在。學者發現，這些差異並不一定完全是馬索拉經文所代表之傳統次要的讀法，有一些讀本所代表的經文傳統，可能早於馬索拉經文所代表的。特別是昆蘭古卷中撒母耳記殘片的發現，使這方面的探討大有斬獲。在昆蘭古卷中，至少有一片撒母耳記的希伯來經文（4QSam*b*），所代表的經文傳統是七十士譯本的譯者和修訂者所採用的。這就意味，七十士譯本的翻譯者並沒有擅自重新編寫，而是依據另一種經文，不是馬索拉經文所用的經文。這個事實所帶出來的結果為：其他與馬索拉經文不同的希臘譯文，也受到更正面的評估，尤其是路吉安修訂本內所保留的部分。申克爾（Shenkel 1968）主張，列王紀年代說明的差異，可能反映出一份比馬索拉經文更早的經文傳統。在舊希臘譯文和路吉安修訂本中，年代的說明大致相同，但卻與馬索拉經文在列王紀上的經文有出入。不過，在列王紀下中，舊希臘譯本比較傾向狄奧多田（Theodotion）修訂本所根據的原文（*kaige*），而該經文大致與馬索拉經文符合，但路吉安修訂本似乎仍保留舊希臘譯本的年代，就是根據一份和馬索拉經文不同的列王紀經文。

　　另有一些地方，七十士譯本的譯者與以後的修訂者對希伯來經文提出了第二手的解釋，更動了某些材料的秩序，也重新予以詮釋（見 Jones 1984, 1:7; Gooding 1967, 1969, 1972; Klein 1973, 1973）。七十士譯本中記了很多所羅門王與耶羅波安王的事（所謂的雜錄，第三統治期二 35a-o、二 46a-l、十二 24a-z），代表米大示（midrashic, 譯註：猶大人的舊約註釋）對所羅門的智慧加油添醋，並對耶羅波安進一步的貶抑。

　　在七十士譯本中，列王紀上二十與二十一章的順序也顛倒，可能代表第二手的改變，爲要統一與亞蘭人的戰爭故事（王上二十章，二十二章）。

　　總而言之，列王紀的經文差異很難套用簡單的公式來解決。有些差異或許反映出比馬索拉經文更早的經文傳統，有些則是譯者與修訂者的第二手更動。每一個差異都需要按其狀況來評估。

年代說明

　　年代是歷史寫作的骨架；事實上，倘若沒有健全的年代記錄，歷史就成了一堆無法架構的爛泥。列王紀的作者－編者們對於年代非常注意。本書中至少以三種方式提供年代的資訊。(1) 某個王國君王登基的時間，通常是用另一個王國同時作王之人執政的年數作記錄。例如，我們讀到心利作王七日，是在亞撒王二十七年時（王上十六 15），約沙法的兒子約蘭是在亞哈的兒子約蘭第五年時登基（王下八 16）。(2) 登基的說明通常也註明這個王執政的時間。例如，約蘭統治了八年（王下八 17），他的父親約沙法統治了二十五年（王上二十二 42）。(3) 偶爾兩國的事件會同時牽涉到其他國家。例如，法老示撒是在羅波安王第五年來攻擊猶大和以色列（王上十四 25），亞述將北國擄走是在何細亞王第九年（王下十七 6）。

　　列王紀的年代說明爲數相當多，查考的時候最好先將相對年代與絕對年代區分出來。相對年代是要整理我們從書中所得的年代資料；這些事件是用其他國家或土地上同時發生的事來記的。絕對年代是要將這份相對資料鎖定在貴格利曆法（譯註：1582 年，教皇貴

格利十三世所修訂的西曆），或其他今日世界所用的曆法上。至於
聖經以外的年代資料，在主前一千年中，有兩項主要的來源可以與
絕對年代相當肯定地連上。(1) 希臘天文學家托勒密（Ptolemy），
主後第二世紀住在亞歷山大，他在一份論文（*Almagest*）中提供了
古代近東各王的朝代日期，從他自己的時代，直推算到主前七四七
年。他將對太陽、月亮、行星的觀察都包括在內，所以他的日期可
以與絕對曆法掛鉤。(2) 亞述各朝代用他們想尊崇之人的名字來為年
命名；凡名字被用到之人，就是那年的名祖。這些名祖的名單，也
提到一些重要事件和日蝕或月蝕的記錄，所以經過天文學的計算，
可以與絕對年代相連。將所有名祖的名單加起來，亞述諸王統治的
時間，可從主前六四九年追溯到主前第十世紀。幸好這些名單與托
勒密的經典有一個世紀是重疊的，可以從肥腴月灣的兩頭互相確認
這些記錄的可靠性。

　　儘管聖經內外的年代資料都很豐富，但是要將列王紀的年代作
成前後一致的圖表，還是相當困難。許多年代說明似乎明明互相矛
盾。例如，猶大的亞哈斯王登基的時間，一處說是以色列王約蘭十
一年（王下九 29），另一處說是十二年（八 25）。按照列王紀下三
1，以色列王約蘭開始統治，是在約沙法王十八年；可是根據一 17，
他是在猶大王約蘭第二年掌理國政。根據後面的這個說明，猶大王
約蘭必須是在以色列王約蘭之前就開始執政，可是按照列王紀下八
16，猶大王約蘭是在以色列王約蘭第五年才登基（Thiele 1983,
36）。如果將歸劃猶大和以色列諸王的統治年代加起來，又出現其
他問題。例如，猶大的亞哈斯王和以色列的約蘭王同時死於耶戶背
叛時，可是如果將王國分裂之後，所有王的統治時間加到這裏為
止，南方的總數是九十五年，而北方則超過九十八年。同樣，北國
亡於何細亞王第九年，這一年等於希西家王第六年（王下十八
10）。從耶戶在以色列和亞他利雅在猶大統治之時算起，到北國的
滅亡，在以色列是一百四十三年又七個月，在猶大則為一百六十六
年（Thiele 1983, 36-37）。

　　若要解開王國時期年代之謎，必須回答一大堆問題。在計算執

政年數時，兩國是用同樣的方法，還是各有各的系統？記錄年代資料的方式，在兩國的歷史中是否始終一致，還是當中有所改變？如果是用不同的系統，一國的文士怎麼記錄另一國君王的年數？本書後來的作者－編者採用哪個系統？在兩個國家中是否曾有無王時期，或重疊執政的時期？新年怎麼算？是否有不滿一年而算一整年的情形？若是如此，是少算一年還是多算？馬索拉經文與七十士譯本和其修訂本不同的年代說明（見上文「經文的差異」），又當如何處理？

　　由於篇幅的關係，本書無法詳細討論這些問題。相關的書籍與文章非常多。在此我們只要提出幾項要點，已可達到本書的目的。

　　以色列周圍的大國（米所波大米與埃及）在計算朝代的時候，的確有各種算法。在埃及，**往前算法**是指：某王第一年的統治，是從他登基的那月算到新年。根據這樣推算，如果某位法老在該年十一月登上寶座，他第一年的統治實際上只有一個月，而他第二年的統治是從新年開始算。雖然他只在位兩個月，可是這已經是他執政的第二年。在米所波大米則採取**往後算法**。在這個制度裏，如果某王在新年過後不久登基，按照計算法，他在位二十三個月，仍然算是他執政的第一年。以色列與猶大的歷史，似乎採用的方法各不相同。以色列似乎按照埃及的算法，這並不足為奇，因為耶羅波安一世在所羅門王時，曾暫時避居埃及（王上十一 40，十二 2）。列王紀顯然明白往前算法（王下二十五 27），可能猶大就曾採用。提利（Thiele）主張，這兩國在計算朝代時，前前後後曾穿插用不同的方法；他用這種改變來說明一些差異。

　　猶大與以色列的新年算法，也不容易確定。米示拿（Mishnah *Rosh ha-shanah* 1:1）分出兩個新年，一個是王室新年（「王的新年」），在春天，尼散月時；另外一個是日曆新年（「年的新年」），在秋天，提實月。學者猜測，古代以色列也知道有這兩個不同的新年，不過，它們對兩國年代誌的影響相當不同（Jones 1984，1:16-17）。提利認為，以色列至少有幾段時間是以提實月來算執政年，而猶大則用尼散月。

　　馬索拉經文裏面許多年代的差異，可以藉同時執政的時期來解決。扣除兩個王同時執政的時間，就可以縮小整體年數的差異。提利舉出，書中特別提到三個同時執政期：(1)暗利與提比尼曾同時作王（王上十六 21），(2)約蘭和約沙法，(3)約坦和亞撒利亞／烏西亞，因為後者罹患大痲瘋（王下十五 5）。提利接著主張，還有五個同時執政期，再加上雙重算法與重疊治理；不過聖經本文沒有提供證據。提利運用這種算法，將馬索拉經文的數目變為合理，而無需依賴希臘文譯本不同讀法的證據。可是提利給人的印象為：他使同時執政的情況倍增，好將他的系統與馬索拉經文的資料配合，而沒有根據經文本身的證據來計算。[5]

　　總而言之，列王紀的年代說明裏面有謎題。不過，在兩國發生的許多事件中，埃及和米所波大米的記錄可以成為相當肯定的絕對年代。這些來源可以栓住以下的日期：(1) 亞哈在主前八五三年參與一場戰爭（夸夸之戰）。(2) 耶戶向撒縵以色三世進貢是在主前八四一年。(3) 以色列的約阿施向亞達尼賴利三世進貢是在七九六年。(4)有三位國王曾向提革拉毘列色進貢：米拿現在七三八年，亞哈斯在七三三／三二年，何細亞在七三一年。(5) 撒瑪利亞於七二二年被撒縵以色五世攻陷。(6)法老尼哥和約西亞王在米吉多的爭戰是在六○九年。(7) 巴比倫年代誌提供了尼布甲尼撒的軍隊在敘利亞-巴勒斯坦活動的日期。(8) 耶路撒冷的陷落是在五八七／八六年。(9) 阿米瑪爾杜克（以未米羅達）於五六二年登基。

　　儘管年代說明有許多問題和疑難，可是我們不可以忘記，這些說明在列王紀中的文學與正典功能。有關這個問題，蔡爾茲（1979, 297-300）提出三項觀察。(1) 年代說明將以色列的歷史經驗串聯起來，為作者提供一個體系，連接自己的時代與國家的過去。(2)藉著記載南北兩國的年代資料，這部以色列的故事就綜括了雙方的關係，以及神所有的子民。(3)因著記錄兩國之外同時發生的事，這些說明就將以色列的經驗連於大世界的歷史中。雖然列王紀的年代問題有許多還無法解決，但可以清楚的一點為：年代說明是本書架構歷史報告的一種主要技巧。

文學分析

作者首先記載所羅門王的統治（王上二 12～十一 43），接著寫下分裂的事件（王上十二～十四章）。然後，故事依循兩國歷史前進，作者在各個國家同時作王的王朝中穿梭往返（王上十五章～王下十七章）；記完一個王國某王的記錄，就換邊記另一個王國在該王時代登基之王的事。例如，在亞撒於猶大作王的記錄（王上十五 9～24）之後，接著就是北方的拿答、巴沙、以拉、辛利、暗利，和亞哈諸王的事（十五 25～十六 34），這些王都在亞撒時期登基。約沙法接續亞撒作猶大王（王上二十二 41～50），而這件事直到記完亞哈之死後才寫。故事循環於南北兩國之間，直到北國被亞述所擄。南方倖存的猶大成爲以色列國的靈性承繼人（王下十八章～二十五章），她的故事一直報導到巴比倫的入侵、耶路撒冷被毀，以及約雅斤在被擄期間得著釋放爲止。

各個君王的故事，是按照一個架構來描述，先有前言，最後有結論的說明。這些說明在各個朝代中略有差異，而猶大和以色列又各自不同；但是各幕劇中的基本項目還算相當一致。

前言說明。(1) 登基說明：在兩國同時存在期間，一國某王的登基，是以另一國同時作王者的執政年來標示。(2) 年齡：猶大王在登基時，都註明年齡。(3) 執政的年數：這個整數可能包括了同時執政的年數。有時也特別註明以色列王首都的地點。(4) 祖先：猶大王是以王的母親來記，這個事實反映出大衛家一直在猶大掌權。以色列卻是另一種情況，通常會記該王父親的名字。(5) 神學或道德的評估：對於王敬虔與否的衡量，都是用一個公式；見以下「神學信息」的說明。在這個基本的神學評估之後，接下來就是舉一些故事來作說明（如王上十五 12～15，二十二 53）。

結論說明。(1) 來源參考：還有其他來源可以提供更詳盡的資料；見上文「歷史背景」段落的「寫作歷史」。作者通常簡短提到，在這位王執政時，其他較值得注意的事件或成就；雖然列王紀

沒有詳細說明，但歷代志的作者卻常對這些事提供更多的評註。(2) 死亡說明：報導王的逝世。猶大王通常會寫到葬禮，但以色列王卻沒有這方面的資料。(3) 繼位說明：寫下猶大和以色列王繼承父位的王子之名；不過以色列中常有篡位的情形。

列王紀的作者很注重猶大國大衛王室的延續，以表明神對祂應許的信實（撒下七章）。所以，在記亞他利雅時，就沒有用到這個架構；作者不將她算在猶大的治理者中，視她為篡位奪權者，不夠資格作王。

在前言與結論說明之間，列王紀的作者－編者放入了各種資料。每一個王至少記下一件事作為紀念，大半與軍事行動有關（如王上十四 25～28，十五 16～22；王下十三 4～7），不過並非全部如此（如王上十六 24）。

神學信息

倘若去逛舊書店，挑一本世界歷史來看，發現書名頁與出版資料都沒有了，你怎樣判斷這本書寫於何時呢？也許最好的辦法，是翻到最後一頁，如果書的結尾提到「大戰」，或「結束一切戰爭之戰」，而沒有繼續描述第二次世界大戰的事件，也許可以假定這本世界歷史是寫於一九一七年之後、一九四○年之前。後來所寫的世界歷史，不可能不涉及第二次大戰。

列王紀是一本匿名的作品。但是以上的步驟有助於寫作日期的判斷。這卷書的結尾（王下二十五 27～30）提到約雅斤在以未米羅達登基的那年（主前 562 年）被釋放出監。它對古列王下旨打發被擄的猶太人歸回耶路撒冷，重修城市與聖殿的事（代下三十六 22～23; 拉一 2～4）一無所知。這項事實，再加上這卷書對被擄之事的關切（見上文「歷史背景」內的「寫作歷史：雙重編輯」），顯示一個事實，即完成本書目前樣式的作者－編者，是活在被擄時期（主前 586～539 年）。

每位歷史學者在選資料時，都與本身的歷史哲學和預定之讀者

的需要有關。究竟這些被擄之人最關切的問題是什麼？

　在被擄之前，以色列人的信心大半圍繞於神的兩項應許：(1) 祂選擇耶路撒冷作為居所；(2) 祂應許大衛王朝永不斷絕。歷史證實了全國對這些應許的信心。大衛的王朝已經延續了三個世紀多；一個世紀之前，神肯定了祂對錫安的揀選，在希西家王被困在耶路撒冷時，祂伸手干預，驅散了亞述大軍（王下十八 13～十九 37）。然而，對被擄的人而言，這些應許都落空了。耶路撒冷沒有王；繼承人被擄走了（王下二十四 8～17）。耶路撒冷的聖殿被毀，成為廢墟。難道神失敗了？祂是否能持守應許？巴比倫的神祇米羅達是否比以色列的雅巍更有能力？

　列王紀的作者要解釋被擄和猶大被毀的事件，讓百姓面對這些問題時，不致失落信心。略覽此書便會得著一個印象：列王紀的歷史不是愈來愈向上，而是螺旋形往下走。原因何在？至少有一部分是因為作者要告訴以色列人：被擄並不是神的失敗，反倒是神在彰顯祂的作為，藉審判這個國家的過犯來表明祂的聖潔。被擄並不表示雅巍沒有能力；正好相反：這件事證明了祂在掌管歷史，而巴比倫的軍隊只是在執行祂的命令。申命記式歷史主要是記載這個國家未能持守與神所立的約。「自從列祖出埃及直到如今」（王下二十一 15），這些百姓常常不順服，惹神發怒，以致祂最後下令毀滅他們。

　從這個角度而言，我們可以稱列王紀是神權統治的又一個例子。神權統治的文學是要說明，神對祂百姓的處理是合理的；它在邪惡的局勢面前高舉神的本性。這種情況常讓我們想到約伯記。約伯對於神的本性有某種期待，尤其是認為祂會賞賜義人。可是約伯對神的期待，和他的家庭、他的身體所遭遇的經歷似乎互相矛盾。同樣，在被擄之前的最後階段，猶大對於神的期待是根據祂的兩項應許，可是他們的經驗卻與期待背道而馳。約伯記的寫作，是為了要說明神這樣對待一個人的理由；列王紀也相仿，是要表明神這樣對待整個國家的原因。

　為了要說明被擄是全國背道的結局，列王紀的作者採用了一種

文學設計。他選用申命記特別記載的律法，透過這副眼鏡來評估國家的歷史。在這方面，列王紀不折不扣是「申命記式歷史」。以下是列王紀中常用的一些申命記律法。

集中敬拜（申十二章）

申命記的背景是應許之地的邊界，時間為即將開始征服迦南之前。它要預備全國面對沒有摩西的日子，以及進入神應許的產業之後，當注意的改變。在曠野時期，以色列人是在可移動的會幕中敬拜；只要全國遷居，就要將會幕拆下疊好，帶著走。可是，一旦進入迦南地，神會選一個地方居住（申十二5），以色列人要將祭物、貢品、禮物帶到那裏（5～7節）。他們不可以隨心所欲，在自己喜歡的地方敬拜（8～14節），只能在神所選擇的地方獻祭。從前居民所用來敬拜的地方，全部都要毀掉（1～4節）。

表八
耶羅波安和以色列諸王的罪

耶羅波安：	王上十一 26、28、29、31，十二 26、31，十三 1、4、33、34，十四 16
拿答：	王上十五 29～30
巴沙：	王上十五 34，十六 2～3、7
心利：	王上十六 19
暗利：	王上十六 26
亞哈：	王上十六 31，二十一 22，二十二 52
約蘭：	王下三 3，九 9
耶戶：	王下十 29、31
約哈斯：	王下十三 2、6
約阿施：	王下十三 11、13，十四 16
耶羅波安二世：	王下十四 24
撒迦利亞：	王下十五 9

米拿現：	王下十五 19
比加轄：	王下十五 24
比加：	王下十五 28
總評：	王下十七 21
約西亞：	王下二十三 15

　　列王紀的作者特別用這一條律法作爲他神學評估的核心，來衡量以色列和猶大的君王。當王國分裂爲北國與南國之後，北國的耶羅波安最初所採取的步驟之一，就是在但與伯特利設立聖所來抗衡，將北方諸支派的宗教熱忱轉移過來，不再集中於耶路撒冷——神所選擇的地方（王上十二 25～30）。北國立國之初所犯下的這個罪，幾乎成爲以後衡量每一個以色列君王的標準。所有的王幾乎都因追隨「耶羅波安的罪」而被定罪。甚至連作王一個星期的心利，罪名也是「行耶羅波安所行的」（王上十六 19）。相形之下，暗利，這位北國最有能力的君王之一，只用了短短六節就打發過去，但其中兩節也是講他追隨耶羅波安犯罪（25～26 節）。顯然，列王紀的作者不單只注意軍事或政治的成就，更注意每位王對神的命令是否忠心。

表九
列王紀中的邱壇

所羅門：	王上三 2～4，十一 7
耶羅波安（北國第一位王）：	王上十二 31～32，十三 2、32～33
羅波安：	王上十四 23
亞撒：	王上十五 14
約沙法：	王上二十二 43
約阿施：	王下十二 3
亞瑪謝：	王下十四 4
亞撒利雅／烏西雅：	王下十五 4

約坦：	王下十五 35
亞哈斯：	王下十六 4
何細亞（北國最後一位王）：	王下十七 9、11、29、32
希西家：	王下十八 4、22
瑪拿西：	王下二十一 3，二十三 5
約西亞：	王下二十三 8～9、13、15、19～20

或許有人認為，集中敬拜的命令在南國很容易順服，因為耶路撒冷的聖殿豈不就在南國的首都，而在猶大的宗教熱忱上，還有什麼比得上聖殿呢？但可悲的是，聖殿的對手竟然不少。雖然申命記十二章下令要毀掉一切邱壇，和迦南人其他敬拜的處所，可是邱壇仍然很興旺，可以與耶路撒冷的聖殿競爭。儘管所羅門在基遍的邱壇從神獲得智慧，列王紀的作者在提到他上邱壇時，口氣十分保留（王上三 3～4），這與他一貫的態度符合。邱壇奪去了所羅門的心（十一 7～13），至終損及他的國家。所羅門之後的諸王，也多半像他一樣受迷惑，直到猶大國最後被毀滅。作者用耶羅波安所造的對立之壇來衡量以色列諸王，同樣，他也用邱壇來作評估猶大諸王的準繩。有兩位王（希西家和約西亞）作得對：他們不但忠於耶路撒冷的聖殿，也清除邱壇。另外六位王，個人雖行神眼中看為正的事，但是他們執政期間，邱壇卻仍然興旺。剩下的幾位則親身參與邱壇的異教敬拜。

要在神所選定的地方敬拜祂，這一條命令幾乎成為衡量以色列與猶大諸王的準繩。結果令人相當失望，終於神將祂的殿從百姓當中挪走。

王國

以色列終有一天會要求立王，所以在約但河東邊，摩西已經頒佈教訓和法則，告訴以色列人，王權應當如何運用（申十七14～20）。稱本書為「列王紀」相當合適，因為這是一部講論以色列與猶大王朝的歷史。按申命記十七章中的規定，至少有兩項特色

對列王紀很重要。第一，君王必須看重全國以宗教爲中心的取向（18～19 節）。列王紀追溯以色列與猶大諸王有沒有負起這個責任。特別值得注意的，是約西亞的治理，他按照載有律法書的書卷行事（王下二十二 8～二十三 25）。第二，請注意，以色列中王權的持續、朝代的繼承，與君王是否忠心有關。惟有一生順服的人，才能長久在以色列中作王（申十七 20）。而以色列與猶大諸王的不忠，使兩個國家都遭毀滅。

申命記對列王紀的影響，也可用申命記十七 16～17 來刻劃所羅門王的情形看出（王上四 26，九 19，十 14～28，十一 3）。申命記式歷史的頭幾卷中，對於王國的關注是重要的主題：撒母耳記描述掃羅與大衛的治理，而有些經文則質疑立王是否是件好事（士九，十八 1，十九 1，二十一 25；撒上八，十二 13～15）。

先知話語的功效（申十八 9～22）

五經裏面有幾處提到先知（創二十 7；出四 15～17，六 28～七 2；民十二 1～8；申十三 1～5 [MT2-6]），可是惟有在申命記十八 21～22 提到眞先知的試驗，就是他的預言會不會實現。列王紀經常出現的主題之一，就是先知話語的能力與應驗（如王上十三 1～2、5、21、26、32，十五 29；王下一 17，七 1，九 26、36，十 17）。列王紀的讀者，是看到神的應許彷彿落空了的人，所以作者要再度向他們保證，神的話語仍然眞實而有能力。因此，被擄的事件不是顯示神沒有持守祂的話，而是祂兌現了過去對這個國家的警告。祂將巴比倫、亞蘭、摩押、亞捫人召來，「毀滅猶大，正如耶和華藉祂僕人衆先知所說的」（王下二十四 2）。被擄並不能讓人懷疑神的應許，反而可以堅固人的信心。神在以色列的歷史中不斷工作，肯定祂的話語和應許，在耶路撒冷被毀的事上，也是如此。

違約所遭致的咒詛（申二十八章）

摩西是先知的典範，也是以色列先知團體的創始者（申十八 15、18）。如果先知的話語都會應驗，更何況摩西的話！在申命記

的末了有一章，列舉出以色列若持守與神所立的約，就會蒙受各項祝福（二十八 1～14），若不順服，就會遭到咒詛（申二十八 15～68）。申命記式作者似乎有意顯示，這些咒詛如何實現在這個國家的歷史中：疾病（二十八 21～22；撒下二十四）、乾旱（二十八23～24；王上十七～十八章）、人吃人（二十八 53～57；王下六24～30），而最重要的或許是被擄與打敗仗（二十八 36～37、49～52；王下十七 24～32，二十五 18～24）。約西亞王很擔心律法書上的一切咒詛都會實現；戶勒大向他保證，在他一生中這些事不會發生，但在他死後一定會（王下二十二 11～20）。被擄對以色列人不應該是件希奇的事；列王紀的作者提醒讀者，摩西早就預言，如果這個國家不守與神所立的約，這件事必定會發生。

其他例子

申命記對列王紀的影響很廣，還可以從許多方面看出來。例如，在亞瑪謝作王時，曾將申命記的一句話應用到一些事（申二十四 16；王下十四 6）。出埃及記十二 1～30 有關逾越節的律法，是以家庭為中心來守這慶典；在申命記十六 1～7，卻記著要來到中央聖所共同慶祝。列王紀在描寫守逾越節時，是按照申命記的規定（王下二十三 21～23）。

這卷書結尾的方式也值得注意。它既然如此強調神掌管歷史的能力，和祂會應驗藉先知所說的應許與威脅，那麼，神對大衛的應許現今又如何呢？列王紀的作者要讀者明白，這個應許並沒有失落。雖然神對大衛後裔的恩寵洪流，現在只剩下點點滴滴，但即使在被擄期間，神還是沒有忘記大衛的後裔（王下二十五 27～30）。神將巴比倫帶來與耶路撒冷為敵，但祂也可以使他們對大衛的後裔施恩。儘管如今他們身陷異地、處境艱難，神依然沒有忘記祂的應許。這卷書以被擄時期作終結，但尾語卻隱含盼望——神會繼續紀念祂對大衛的應許。

展望新約

　　列王紀既如此冗長，談到主題和有關救恩歷史的題目眾多，後代的新約聖經作者對它的反思，和由這卷書所發展出來的題目，在此也無法盡述，只能舉幾個例子說明。

　　列王紀的作者要證明，神始終忠於對大衛的應許。他陳明，猶大這個朝代一直延續了三百五十餘年；而本書的結尾仍存盼望，因為即使在被擄之中、在外邦人的權下，神的恩惠仍然臨到大衛後裔。新約顯示，在羅馬人統治期間，這個同樣的盼望仍存於以色列人當中。福音書的作者很注意追溯耶穌的家譜，顯明祂是大衛的後裔，符合「大衛的子孫」之頭銜，是神賜大衛那應許之國的繼承人（太一1、6、17、20，九27，十二23，十五22，二十31，二十一9、15；可十47～48，十一10；路一27、32、69，二4，三31，十八39；約七42）。

　　舊約的結束令人十分希奇，那裏提到以利亞將要再來（瑪四5、6）。新約也用了許多以利亞和以利沙的故事。馬太福音是新約作者運用這些材料的最佳例子。

　　馬太舉出以利亞和以利沙的生平，與施洗約翰和耶穌之間有許多類似處。他認為約翰應驗了瑪拉基的預言（瑪四5），他就是那位要來的以利亞；而耶穌正如新以利沙。耶穌時代的猶太人顯然企盼以利亞會從墳墓中出來，因此有人問施洗約翰，他是否為以利亞，但他回答：「我不是。」（約一21）而施洗約翰在開始出來服事時，似乎也不察覺他應驗了要來之以利亞的角色。另一方面，耶穌卻形容約翰為「那應當來的以利亞」（太十一14，十七12），馬太也證明，他的確是那一位。

　　1. 人人都知道，以利亞的穿著很特別。亞哈謝王打發人去請問以革倫的神巴力西卜時，這群使者遇到一位神祕人物，他要他們回去見王。當王問使者：「迎著你們來，告訴你們這話的，是怎樣的人？」使者回答：「他身穿毛衣，腰束皮帶。」（王下一7～8）從

這句簡短的描寫，王立刻知道使者所遇到的是以利亞。當施洗約翰出來傳道的時候，馬太對他的介紹為：「這約翰身穿駱駝毛的衣服，腰束皮帶。」（太三4）單憑這句話，就足以讓人頓時連想到以利亞。

2. 以利亞和施洗約翰在一生中，都面對政治上的反對勢力。倆人主要的敵人都是女性，這兩個女人想要他們的命；以利亞的對頭是耶洗別（王上十九2、10、14）；約翰的對頭是希羅底（太十四3～12）。

3. 以利亞和施洗約翰都在約但河膏他們的繼承人。以利沙陪伴以利亞到約但河，他要求得著雙倍以利亞的靈（王下二9～14）。當約翰在約但河為耶穌施洗時，他看見天開了，神的靈降在祂的兒子身上（太三13～17）。以利亞是以利沙的先驅，正如施洗約翰是耶穌的先驅。路加也注意到這個主題：天使加百列向施洗約翰的父親撒迦利亞預告他的出生時，說約翰「必有以利亞的心志能力，行在主的前面」，並且約翰將完成瑪拉基歸給以利亞的使命：「叫為父的心轉向兒女。」（路一17；瑪四6）

4. 舊約再沒有一段像以利沙的故事那樣充滿神蹟。神既應允以利沙所求，賜給他雙倍的靈，就在這位先知身上彰顯祂的能力，藉著以利沙所行的神蹟，見證他所傳的信息。同樣，當神為祂自己的兒子作見證時，也施行許多神蹟（來二3～4）。以利亞的出現，是「主大而可畏的日子」之開始，就是神將審判惡者，並拯救祂子民的日子。約翰在監獄裏時，聽見耶穌在加利利傳道、教訓人，於是差遣使者去問耶穌：「那將要來的是你麼？還是我們等候別人呢？」馬太報導說，耶穌告訴約翰的門徒：「你們去把所聽見、所看見的事告訴約翰，就是瞎子看見、瘸子行走、長大痲瘋的潔淨、聾子聽見、死人復活、窮人有福音傳給他們。」（太十一4～5）這份清單主要是以利沙所行過的神蹟：曾讓瞎子看見（王下六18～20）、治好大痲瘋（五章）、使人復活（四32～37，八4～5，十三21），並將好消息帶給絕望的人（四1～7，七1～2，八6）。這份清單將以利沙的神蹟和經上所應許主的僕人（賽六十一1～3）

連在一起。事實上，耶穌是在告訴約翰：「以利亞的繼承人已經來到。我就是你所期待的那一位。」

馬太把以利亞和約翰、以利沙和耶穌作類比。藉著這樣作，馬太提供了一種解釋的框框，讓基督徒可以由此來解讀舊約的這一部分。另外幾位福音書的作者也以富創意且有幫助的方法，來運用以利亞和以利沙的故事。例如，列王紀舉出以利亞和摩西有好些類似之處。摩西也在一座山上經驗到神的能力，而下山的時候卻發現百姓在拜偶像（出三十二章；王上十八章）。透過摩西，神為以色列民在曠野的四十年預備食物與水（出十七章；民十一，二十章）；而祂為以利亞預備了食物和飲料，使他可以維持四十天的體力（王上十九 8）。摩西在西乃山遇到神，而神也帶領先知到同樣的地點（王上十九章）。在那裏，以利亞和摩西一樣，於狂風、地震、烈火中經歷到神的同在（參出十九 16～19）。以利亞藏身的洞（王上十九 9）讓我們想到摩西被遮掩的磐石穴（出三十三 22）。在同一座山上，神「經過」這二人（19、22 節；王上十九 11），他們都沒有直接看到神（出三十三 22，三十四 33；王上十九 13）。倆人都被差遣回去工作，他們對神的事奉得到更新（出三十三 12；王上十九 15～16）。摩西與以利亞都曾埋怨，說他們受夠了，求神取去他們的生命（民十一 15；王上十九 4；參出三十二 32），而神也指派先知來幫助他們（民十一 16～17、25；王上十九 16～17）。

在另一個時間、另一座山上，摩西和以利亞都親眼看到神的榮耀，聽見祂的聲音（太十七 1～13）。在那裏，神的兒子耶穌被神的榮光包圍，祂就是「神榮耀所發的光輝，是神本體的真像」（來一 3）。耶穌和以利亞一樣，在曠野四十天（太四 2），可是祂沒有像以利亞一樣陷於灰心之中。

在提到主的日子（瑪四 4～5）、變像山（太十七 3～4；可九 4～5；路九 30～33），和啓示錄（啓十一 3～6）中，聖經作者都將以利亞和摩西並列。摩西代表律法，以利亞代表先知；耶穌則是大過摩西和以利亞的那位，所有律法與先知都講到祂（路二十四 27），而祂已經來到。

備註：

1 在路吉安校訂本〔希臘譯本，以殉道士路吉安（Lucian）為名〕中，分卷處在王上二 11 大衛去世的記錄之後，因此王上一 1～二 10 是連在撒母耳記的末尾，而第三統治期（七十士譯本對王上的稱呼）從所羅門王朝開始。

2 撒母耳記下二十一至二十四章，是大衛統治早期各種零星資料的收集，見撒母耳記那章中的討論。

3 列王紀寫作歷史的研究，近年來的著作中，作詳盡說明的為 Provan（1988, 1-32）和 Jones（1984, 1:2-82）。

4 有關申命記式歷史辭彙和用語特色的分析，見 Weinfeld (1972, 320-65)。申命記式歷史的神學與主題，見以下文學分析與神學貢獻的討論。

5 R. Dillard 從另一個角度提出對費毅榮系統的反駁。費毅榮的理論是根據以亞撒王的統治為基礎的協調方案，而這個協調法若要成立，就必須犧牲聖經作者的初衷。見 Dillard, "The Reign of Asa (2 Chr. 14-16): An Example of the Chronicler's Theological Method," *JETS* 23 (1980): 207-18。

歷代志

　　在希伯來聖經中，歷代志上下是一卷書，在「書卷」的最後，是希伯來聖經的最後一卷書。英文聖經將它們分為上下兩卷，放在列王紀之後，乃是受到七十士譯本的影響。本書的希伯來文名字為「這些日子的事件」（*dibrê yāmîm*）。這一個片語在聖經中常用來指聖經歷史學者所引用的官方歷史（如：王上十四19，十五31，十六5、14、20、27）。聖經中只有兩卷從人類受造時寫起，直記到作者當年的情形，就是馬太福音和歷代志；這兩卷書都是用家譜來表明的。耶柔米在介紹他的撒母耳記和列王紀譯本時說，這幾卷包含了「所有神聖歷史的年代誌（Chronicle）」，而稱這兩卷為歷代志（Chronicles）即源出於此。

　　在七十士譯本中，歷代志名為「被省略的事、餘下的事」（*Paralipomenon*）。這個名稱其來有自，因為歷代志一向是希伯來聖經中最被忽略的一卷，理由如下：(1) 長久以來，它都被視為撒母耳記與列王紀的補充材料。(2) 現代讀者也覺得很難讀完前九章，就是各支派的家譜；有一位作者稱之為「聖經的催眠藥」。(3) 因為這卷書是舊約最後的幾卷，作者－編者又與他所記載的事件間隔相當長的年代，所以批判學者對於其歷史價值甚表懷疑。

　　最近幾十年，學界對這兩卷書的興趣又增加了。歷代志含有極吸引人的文學架構，其神學主題也自成一格。

書目

註釋

Ackroyd, P. *I and II Chronicles, Ezra, Nehemiah* (TBC; SCM,1973); **Allen,** L. *1, 2 Chronicles* (CC; Word, 1987); **Braun,** R. *1 Chronicles* (WBC 14; Word, 1986); **Coggins,** R. J. *The First and Second Books of the Chronicles* (CBCNEB; London: Cambridge University Press, 1976); **Curtis,** E. L. and A. **Madsen.** *A Critical and Exegetical Commentary on the Books of Chronicles* (ICC; T. & T. Clark,1910); **Dillard,** R. B. *2 Chronicles* (WBC 15; Word, 1987); **McConville,** J. G. *I and II Chronicles* (DSB; Westminster, 1984); **Michaeli,** F. *Les livres de Chroniques, d'Esdras et de Nehemie* (CAT 16; Neuchâtel: Delachaux et Niestlé, 1967); **Myers,** J. M. *I and II Chronicles* (AB 12, 13; Doubleday,1965); **Rudolph,** W. *Chronikbucher* (HAT 1/21;Tübingen: J. C. B. Mohr, 1955); **Wilcock,** M. *The Message of Chronicles* (BST; InterVarsity, 1987); **Williamson,** H. G. M.*1 and 2 Chronicles* (NCB; London: Marshall, Morgan, and Scott,1982).

專論與文章

Ackroyd, P. "History and Theology in the Writings of the Chronicles," *CTM* 38 (1967): 501-15; idem. "The Theology of the Chronicles," *LTQ* 8 (1973): 101-16; **Allen,** L. *The Greek Chronicles,* 2 vols. (*VTS*up 25, 27; Leiden: Brill, 1974); **Braun,** R. "The Message of Chronicles: Rally 'Round the Temple," *CTM* 42 (1971): 502-14; idem. "A Reconsideration of the Chronicler's Attitude to the North," *JBL* 96 (1977): 59-62; idem. "Solomon the Chosen Temple Builder: the Significance of 1 Chronicles 22, 28, and 29 for the Theology of Chronicles." *JBL* 95 (1976): 581-90; idem. "Solomonic Apologetic in Chronicles," *JBL* 85 (1976): 581-90; **Caquot,** A. "Peut-on parler de messianisme dans l'oeuvre de Chroniste?" *RTP,* 3d ser. 16 (1966): 110-20; **Dillard,** R. B. "The Chronicler's Solomon," *WTJ* 43 (1980): 289-300; idem. "The Literary Structure of the Chronicler's Solomon Narrative," *JSOT* 30 (1984):85-93; idem. "Reward and Punishment in Chronicles: the Theology of Immediate Retribution," *WTJ* 46 (1984): 164-72; idem. "The Reign of Asa (2 Chr 14-16): An Example of the Chronicler's Theological Method," *JETS* 23 (1980): 207-18; **Eskenazi,** T. "The Chronicler and the Composition of 1 Esdras," *CBQ* 48 (1986): 39-61; **Freedman,** D. N. "The Chronicler's Purpose," *CBQ* 23(1961): 436-42; **Goldingay,** J. "The Chronicler as Theologian," *BTB* 5 (1975): 99-126; **Japhet,** S. "Conquest and Settlement in Chronicles," *JBL* 98 (1979): 205-18; idem. "The Historical Reliability of Chronicles," *JSOT* 33 (1985): 83-107; "The Supposed Common Authorship of Chronicles and Ezra-Nehemiah Investigated Anew," *VT* 18 (1968): 330-71; **Lemke,** W. "The Synoptic Problem in the Chronicler's History," *HRT* 58 (1965): 3649-63; **Mosis,** R. *Untersuchungen zur Theologie des Chronistischen Geschichtswerkes* (FTS; Freiberg: Herder, 1973); **Newsome,** J. D. Toward a New Understanding of the Chronicler and His Purposes*,*" *JBL* 94 (1975): 204-17; **North,** R. "The Theology of the Chronicler," *JBL* 82 (1963): 369-81; **Petersen,** D. L. *Late Israelite Prophecy* (SBLMS 23; Missoula: Scholars, 1977); **Rudolph,** W. "Problems of the Books of Chronicles," *VT* 4(1954):

401-9; **Throntveit,** M. "Hezekiah in the Books of Chronicles," *SBL Seminar Papers,* 1988 (Atlanta: Scholars, 1988):302-11; **Willi,** T. *Die Chronik als Auslegung* (FRLANT 106; Göttingen: Vandenhoeck und Ruprecht, 1972); **Williamson,** H. G. M. "The Accession of Solomon in the Books of Chronicles," *VT* 25(1976): 351-61; idem. "Eschatology in Chronicles," *TynBul* 28(1977): 115-54; idem. *Israel in the Books of Chronicles* (London:Cambridge University Press, 1977).

歷史背景

　　歷代志的作者－編者沒有說明自己的身分，所以我們只能從他所寫的內容來推敲。他顯然活在被擄歸回時期，因爲他報導了古列王的詔書（代下三十六 22～23）。還有兩段經文能幫助我們判斷他寫作可能的最早時間。大衛王室的家譜雖然仍有一些難解之處，但在所羅巴伯歸回之後至少又經過兩代，而他活躍於主前第六世紀的最後四分之一時期（代上三 17～24）。在歷代志上二十九 7，百姓爲建殿所獻上的，是以**他連得**來計算。他連得是一種波斯幣，這名稱是爲了記念大利烏王；在主前五一五年之前還沒有鑄造，等到在猶大地方都廣泛通用這種貨幣，一定又經過一段時日。從這兩段經文看來，歷代志不可能寫於主前第五世紀中葉之前。要衡量他寫作可能的最晚日期，就更加困難，不過他不可能在主前第四世紀之後才寫。對本書作者最自然的解釋，似乎是出於單一之人的手；只是並非所有人都接受這個評估。當然，後來或許也可能有修訂者作了少許的校訂或增修。

　　這卷書的用語和神學觀點，透露出爲一位作者所寫，不過他讓讀者接觸到許多資料來源；我們知道，他經常大量引用撒母耳記－列王紀，並且運用聖經其他的一些書卷。至於在這卷書中，他個人的貢獻和引用其他來源的比例，以及他的作品被後來修訂者訂正的程度究竟有多少，學者的看法並不一致。歷代志對於聖殿和其中利未人的工作分配特別感興趣（代上六，九 2～34，十五 2～27，二十三 2～6、 26～32，二十四 30～31，二十六 17～20，二十八 13～21；代下五 4～12，十一 13～16，十三 9～10，十七 8，十九 8～11，二十 14、19，二十三 2～8、18，二十四 5～6、11，二十九 4～

34，三十 15～27，三十一 2～19，三十四 9～13、20，三十五 3～
18），因此許多人認為，作者本身是利未人，也可能是利未人的音
樂家。

自十九世紀中葉以來，學界幾乎一致認為，歷代志和以斯拉－
尼希米記原本是同一個作品。將歷代志與以斯拉－尼希米記連在一
起的理由，主要有四點。(1)歷代志的結束是古列王的下詔，而以斯
拉記的開頭也相同（代下三十六 23；拉一 1～4）；這樣的重疊通常
被視為兩段歷史原來是相連的，而古列詔書的重複，就是顯明這兩
卷原來是連在一起的，後來才被分開，也許是為了要配合不同書卷
的長短限制。(2)偽經以斯得拉壹書引用歷代志下三十五章到以斯拉
－尼希米記的大半；這卷書將歷代志和以斯拉－尼希米記放在一
起，無疑是一個證據，顯明了原來這幾卷書未被分開的情形。(3)歷
代志和以斯拉－尼希米記中有許多相同的用詞和語法。(4)這幾卷書
的理念和神學相同，對儀式和名單也都同樣注重。

但是若仔細探究，這些論點並不足以服人。(1) 古列詔書的重
複，是使兩卷書重疊，但也可以解釋為：是要將原來兩個不同作品
結合在一起的努力。(2)以斯得拉壹書是否代表歷代志－以斯拉－尼
希米記從前的情形（後來在希伯來聖經中才分開），對這一點，學
者的看法並不一致；許多人認為，以斯得拉壹書代表後來第二手的
努力，而非原來歷代志與以斯拉－尼希米記的合一。(3)只列出歷代
志和以斯拉－尼希米記在語言資料上的相同處，還不足夠。這些相
同點或許只不過表明了主前第四世紀住在猶大地的猶太人所用的語
言特色。雅費特（Japhet VT 18 [1968]: 330-71）認為，在某些地方，
有些說法一般而言可以視為同義字，但歷代志和以斯拉－尼希米記
在選擇詞彙和語法時，卻各有特色。(4)歷代志和以斯拉－尼希米記
在一些重要的觀點上，也有差異。例如，每週的安息日，在以斯拉
－尼希米記裏面非常重要（尼九 14，十 31，十三 15～22），但在
歷代志中卻毫無地位。相反的，歷代志作者對於先知很有興趣，報
導了不少他們講道的事件，但以斯拉－尼希米記中卻缺乏這類關
注。在歷代志中，大衛家譜的延續是重要的主題，可是以斯拉－尼

希米記中卻全未提及。以斯拉－尼希米記對於佔據從前北國以色列之地的人有一些敵意（拉四～六；尼二 19～20，四 1～15，六 1～14，十三 4～29），而歷代志作者則關心如何將他們納入這個國家的生活（代上十一 1～3，十二 23～40；代下十九 4，三十 1～2，三十四 6～7）。在歷代志中，「以色列眾人」採取一致的行動是重要的主題（見以下「家譜」）。歷代志並沒有報導所羅門娶許多嬪妃而招來的罪，但尼希米記十三 26 卻以所羅門為娶外邦女子之罪的代表。最近幾十年來，對歷代志研究的風潮，趨向於反對視歷代志與以斯拉－尼希米記為一體的說法；威廉森（Williamson）、雅費特，和勃朗（Braun）是倡導斷開二者的主力。倘若單獨來讀歷代志，其理念與神學就顯出不同的亮光，和與以斯拉－尼希米記連在一起看不一樣。

歷代志的作者運用了大量的資料，有些在聖經中，有些在聖經之外。他用了很多撒母耳記和列王紀，也用了其他經卷。歷代志引用其他經卷的形式，偶爾與馬索拉經文不同，尤其是撒母耳記的部分，歷代志作者似乎是用另一份經文，與七十士譯本的譯者與修訂者所用的相同（Lemke, HTR 58 [1965]:345-63）。在列王紀中，作者向讀者提到的來源，似乎主要是官方的記錄或歷史（如「猶大諸王記」或「以色列諸王記」），但歷代志的作者則將讀者帶到各式各樣的先知記載面前（如「先見撒母耳的書、先知拿單，並先見迦得的書」（代上二十九 29），「先知示瑪雅和先見易多的家譜」（代下十二 15），「先知易多的評註」（十三 22）。有兩段經文顯示，這些並不是獨立的作品，已經收集成為文集（二十 34，三十二 32），而歷代志的作者在引用這份資料時，或許是用在某個君王治理期間作先知之人的名字。因為歷代志作者的來源說明，總是與撒母耳記－列王紀作來源說明的地方一樣（惟一的例外是約西亞，代下三十五 27），所以有些學者認為，歷代志要讀者了解的，其實是撒母耳記－列王紀本身。

文學結構和神學信息

聖經的歷史作家不單只是記下他們國家發生的歷史、他們寫作的目的，也在答覆當代讀者所關切的神學問題。作者那一代的需要，和他對材料的揀選以及呈現的方法，不斷相互影響。列王紀的作者活在被擄時期，或被擄歸回的初期。他的讀者不久之前才經歷到耶路撒冷的毀滅，信仰若要持續下去，就必須回答「神失敗了嗎？」「這種事怎麼會發生在我們身上？」「巴比倫的神米羅達是否真比雅巍更有能力？」等問題。列王紀的作者回答的方式，是顯明神並沒有失敗，乃是在成就祂曾向這個國家提出的警告，讓他們嘗到不順服聖約的後果。被擄乃是肯定了雅巍的能力，而不是讓人產生懷疑。

歷代志的作者活在列王紀的作者之後。他的讀者有不同的需要。回歸的團體不再問：「這件事怎麼會發生？」而會問自己與從前有什麼關係：「從被擄的事件看來，神是否已經中止祂與以色列的約？」「我們是否仍為神的子民？」「神是否仍關心我們？」「被擄之前神對以色列、耶路撒冷和大衛的應許，和今日的我們有什麼關係？」於是歷代志的作者預備了另一份國家史來回答；它所面對的問題，與列王紀截然不同。

歷代志自然分為三大部分：家譜（代上一～九章）、大衛與所羅門統治下的聯合王國（代上十一～代下九章）、分裂之後的國家（代下十～三十六章）。每一段中，歷代志作者的寫作技巧都不同；當然，整卷書的神學重點是相同的，不過，這幾大段也各有其強調的所在。

家譜（代上一～九章）

今天西方的讀者常沒有勇氣研究歷代志，甚至也不想閱讀，因為我們覺得它的起頭太困難了；歷代志的作者和他的讀者則會從完全不同的角度，來看這九章家譜。對於正在探究自己和以色列的過

往有什麼關係的一代而言，家譜直接回答了回歸團體與舊以色列之間的銜接問題。歷代志作者使用家譜，從他自己的那一代一直追溯到亞當（代上一1）；對那些懷疑「神是否仍關心我們？」的人，歷代志作者大聲宣告：「是的！祂向來如此。」家譜講到以色列的延續，以及她爲神所揀選之子民的身分。

　　歷代志中最顯著的主題之一，是作者對「以色列衆人」的關切（如：代上九1，十一1、10，十二38，十四8，十五3、28，十八14；代下一2，七8，九30，十3、16，十二1，十三4、15，十八16，二十四5）。北方各支派已經被擄多時，歷代志提供了一份家譜，將所有支派都包括在內（除了西布倫與但以外）；藉著這一份名單，歷代志作者(1) 表達他知道絕大多數人都有延續性，(2)顯示他也關心北方諸支派，把他們包括在內，沒有排除在外，(3)暗示他認爲分裂絕非永久，亦不可取，(4)或許也顯示他對這個國家末後能得復興存著期望。

　　家譜對於回歸的團體具有實際的功能。它要答覆的，不單是與過去的銜接性，也是現今的合法性與規定。誰有資格作王或擔任祭司（尼七61～65）？社會地位、軍事責任、土地分配，和繼承權等等問題，在家譜中也可以得到部分答案。

　　雖然這些古老的家譜也許令現代人裹足不前，但是各個支派的家譜都包含許多有意義的特色，值得去鑽研。

聯合王國（代上十一～代下九章）

　　歷代志所記大衛與所羅門的事蹟，與撒母耳記－列王紀比較起來，最明顯的不同就是歷代志作者刪去不提的部分。除了大衛數點百姓一事（代上二十一章；參撒下二十四章）之外，歷代志作者並沒有記載任何有損大衛或所羅門形象的事。歷代志作者沒有報導大衛在希伯崙作王七年時，還有一位掃羅的後裔也有王國，與他作對，亦沒有提到大衛和北方諸支派談統治的條件。他刪掉押沙龍和亞多尼雅的反叛，以及暗嫩和示每的惡行；他沒有提到大衛對拔示巴和烏利亞的罪。歷代志作者刪除了所羅門對大衛仇敵的報復（王

上二章），沒有報導所羅門的罪，而在列王紀中，這是國度分裂的根本原因（王上十一章）。甚至連分裂的責任，都從所羅門轉到耶羅波安身上（代下十三6～7章）。

在歷代志中，大衛與所羅門被刻劃為榮耀、順服、全勝的人物，他們不單得到神的祝福，也受到全國的愛戴。歷代志描繪的繼位，不是年邁的大衛倒在床塌，到最後一分鐘才在拔示巴和拿單的催促之下，將國位留給所羅門（王上一章），而是權力平順的轉移，沒有絲毫不諧之處。大衛親自公開宣稱所羅門是他指定的繼承人，這個宣告受到所有百姓熱情的支持（代上二十八1～二十九25），包括大衛其餘的兒子、軍隊的首長，和其他支持亞多尼雅發動叛變之人在內（代上二十九24；參王上一7～10）。在列王紀裏，所羅門的罪是分裂的原因，而所羅門也成為他父親大衛的對比（王上十一；參十一11～13、32～36），但在歷代志中，羅波安卻受稱讚，因為他「遵行大衛和所羅門的道」（代下十一17）。

這樣將大衛與所羅門的王朝理想化，可以被視為在炫耀「過去美好的日子」，不值得注意。可是如果與歷代志作者所強調，神對大衛王朝永存的應許（代上十七11～14；代下十三5、8，二十一7，二十三3）合併來看，歷代志作者這樣描繪大衛與所羅門，乃是在反映一種「彌賽亞編史法」。大衛與所羅門在歷代志中，不僅僅是過去的大衛和所羅門，而是歷代志作者末世盼望中的大衛和所羅門。在以色列人受波斯人管轄的時期，歷代志作者仍然期待大衛王朝的恢復；他描寫過去大衛和所羅門時代何等榮耀，乃是在展現他對未來的盼望。

歷代志作者對大衛和所羅門的記載，另一個特色為，在描寫他們的治理時，主要是提到聖殿的建築。大衛剛剛登基，立刻就將約櫃運到耶路撒冷（代上十三～十六章）。歷代志作者對於大衛在交付所羅門這件工程之前，所作的準備工作，作了詳盡的補充（二十二～二十七章）；甚至在王位移交大典中，主要的內容也是提到聖殿的建築（二十八～二十九章）。在列王紀中，所羅門的智慧表現在治理百姓上（王上三7～15；參三16～四34），但在歷代志中，

卻是表現在建築上（代下二 12 及王上五 7 相同的部分）。所羅門在
比撒列所造的銅壇那裏得到智慧（代下一 5），而比撒列是從前建
造會幕的人。

歷代志另外一個明顯的寫作技巧，可以形容爲「重述要點式編
史法」。歷代志作者似乎很喜歡用一件以色列歷史所記早先的事
件，或一件他自己寫過的事，作爲一種典範或模式，來描繪後來的
狀況。歷代志作者將摩西與約書亞的關係視爲模式，套在大衛與所
羅門的承繼上（Williamson, VT 26[1976]:351-61）。他呈現的所羅門
和推羅匠人戶蘭，就好像比撒列和亞何利亞伯第二。比撒列只在聖
經兩卷書中出現：歷代志與出埃及記。比撒列怎樣被智慧的靈充
滿，能夠建造會幕，所羅門也在比撒列所造的壇旁被同樣的靈充滿
（代上二 20；代下一 5；參出三十五 30～31）。比撒列和所羅門都
來自猶大支派（出三十五 30）。

歷代志作者將列王紀的記載稍作修改，以使戶蘭與亞何利亞伯
在四方面更相似：(1)抵達的時間。在列王紀中，戶蘭出現在故事裏
的時間，是聖殿本身已經完成之時（王上七 13）；歷代志作者則將
他放在工程的開始，好像亞何利亞伯從一開始就與比撒列同工（代
下二 7、13）。(2) 技巧一覽表。在列王紀中，戶蘭的專長是銅匠
（王上七 14），他似乎作了許多銅器（15～47 節）。在歷代志中，
戶蘭的技巧更多樣化，可是都與比撒列和亞何利亞伯的相同（代下
二 7、14；參出三十五 31～三十六 1）。(3) 名字。在列王紀中，這
位推羅匠人被稱爲希蘭或戶蘭，但在歷代志中他的名字被稱爲戶蘭
亞比，這個加在他名字後面的尾字，使他名字的結尾和亞何利亞伯
一樣。(4) 祖先。列王紀報導，戶蘭是拿弗他利支派一位寡婦的兒子
（王上七 14），歷代志則指認她爲但支派的寡婦；這樣一來，戶蘭
和亞何利亞伯就出於同一個支派（代下二 14；參出三十五 34）。儘
管這些差異都很容易協調，但重要的是，我們要了解歷代志作者在
作什麼：他讓會幕的建造和所羅門聖殿的建造相仿，是在強調舊以
色列與見證聖殿重建的這一代之間的連續性。歷代志作者寫到猶大
最後四個王，也是另一個按摸式寫作的例子，他將希西家比作所羅

門第二，將亞比雅與亞哈斯年間發生的事作對照（代下十三，二十八章），並將約沙法按他父親亞撒的模式來描寫。

分裂後的王國（代下十～三十六章）

列王紀最關切的，就是要顯明歷史的錯誤如何一直累積，以致他們被擄；如「他們自從列祖出埃及直到如今，常行我眼中看為惡的事，惹動我的怒氣」（王下二十一 15）。被擄之人對這個解釋並非全都滿意；他們抱怨說，他們因自己沒有犯的罪而受到刑罰：「父親吃了酸葡萄，兒子的牙酸倒了。」（耶三十一 29；結十八 2）歷代志重述猶大的歷史時，想要說明：對罪的刑罰不一定都是延遲的，每一代都會因自己的行為受到祝福或審判。歷代志作者這方面的特色，常被稱為他的「立即報復神學」。雖然這方面不限於他對分裂後王國的描述，但在這一部分最常出現。

在一些歷代志所獨有（撒母耳記－列王紀的類似經文中沒有）的段落中，作者特別主張，神對剛發生之事會立刻作出反應（代上二十八 8～9; 代下十二 5，十五 2，二十 20）。歷代志下七 14（是歷代志最廣為人知的一節），雖然不是這類聲明的頭一次出現，但卻是極重要的提綱契領之言。所羅門在獻殿時的禱告，以及神對那個禱告的回應（代下六 1～七 22），成為以後國史的「憲章」。神對所羅門禱告的回應，幾乎是從列王紀上九 1～9 逐字抄來，只是歷代志作者加上歷代志下七 13～15 的材料。這裏所用的一些辭彙，後來一再重複出現，因為歷代志作者想陳明，他的「立即報復神學」是正確的。「尋求神」（*drš, bqš*）成為蒙福或受詛的關鍵（代上十 13～14，二十二 19，二十八 9；代下十一 16，十二 14，十四 4、7，十五 2、4、12、13、15，十六 12，十七 4，十八 3，十九 3，二十 4，二十二 9，二十五 20，二十六 5，三十 19，三十一 21，三十三 12，三十四 3）；同樣，「自卑」（*kn'*）或未能這樣作，會決定神的回應（代下十二 6、7、12，二十八 19，三十 11，三十三 12、19、23，三十四 27，三十六 12）。禱告（代上四 10，五 20，二十一 26；代下十三 12～15，十四 11，十八 31，二十 9，三十 18、

27，三十二 20、24，三十三 13、 18～19）和「回轉」（代下十五
4，三十 6、9，三十六 13）都出現在故事的關鍵時刻。

除了這些詞以外，它們的同義詞也成為歷代志作者表達信念的
途徑。與尋求神和自卑相反的態度，是「離棄、撇下」（'zb: 代上
二十八 9、20；代下七 19、22，十二 1、5，十三 10～11，十五 2，
二十一 10，二十四 18、20、24，二十八 6，二十九 6，三十四 25）
或「得罪，干犯」（m'l: 代上二 7，五 25，十 13；代下十二 2，二
十六 16、18，二十八 19、22，二十九 6，三十 7，三十六 14）。

若將列王紀內猶大某位王的統治，和歷代志所記的比較，大部
分的差異都與歷代志的立即報應神學有關。歷代志所特有的材料，
乃是要提供神學的理由來說明他所講述的事，或顯明神如何真正按
照每一代對祂誡命的回應，賜下祝福或降下審判。敬虔與順服的行
動都得到獎賞，如：成功興盛（代上二十二 11、13，二十九 23；代
下十四 7，二十六 5，三十一 21，三十二 27～30——與十三 12 成對
比）、大興土木（代下十一 5，十四 6～7，十六 6，十七 12，二十
四 13，二十六 2、6、9～10，二十七 3～4，三十二 3～5、29～
30，三十三 14，三十四 10～13——與十六 5 成對比）、爭戰得勝
（十三 13～18，十四 8～15，二十 2～30，二十五 14，二十六 11～
15，二十七 5～7，三十二 20～22）、多子多孫（代上三 1～9，十
四 2～7，二十五 5，二十六 4～5；代下十一 18～22，十三 21，二
十一 1～3）、廣受支持（代下十一 13～17，十五 10～15，十七 5，
十九 4～11，二十 27～30，二十三 1～17，三十一 1～26，三十四 29～
32，三十五 24～25）、軍容壯盛（代下十一 1，十四 8，十七 12～
19，二十五 5，二十六 10）。相反的，不順服與不忠心就會導致戰
爭失利（代下十二 1～9，十六 1～9，二十一 8～11、16～17，二十
四 23～24，二十五 15～24，二十八 4～8、16～25，三十三 10，三
十五 20～24，三十六 15～20）、不得民心（代下十六 10，二十一
19，二十四 25～26，二十五 27～28，二十八 27，三十三 24～25）
和疾病（十六 12，二十一 16～20，二十六 16～23——與三十二 24
成對比）。除了宗教儀式上的冒犯、沒有自卑、尋求神之外，與外

國聯盟也代表未能信靠神，總是招來審判（十六2～9，十九1～3，二十35～37，二十二3～9，二十五7～13，二十八16～21，三十二31）。在歷代志中，惡王沒有進行任何建築工程，沒有許多妻子兒女，沒有大財富，沒有衆多軍隊；這些神祝福的表記只留給敬虔的人。

歷代志作者強調立即報應，乃是要警告歸回的團體不要自滿自足，或假定刑罰會像以前一樣延遲來到。對一個再度「服事外邦人」（代下十二8）的國家而言，要能存活並得到祝福，惟一的途徑是尋求神，在祂面前自卑。

歷代志在教會歷史中一向受到忽略，眞是令人慚愧。歷代志作者是一位幹練的歷史家和神學家，他的作品應當得到更多的注意。基督徒讀者會發現，這卷書在很多方面都有屬靈的教訓。從廣的角度而言，家譜能代表信徒的心聲：他們的名字必記錄在神子民的名冊上（但十二1；腓四3；啓三5，十三8）。他們也可以藉著歷代志所描寫大衛與所羅門的榮耀，預期大衛那更偉大的後裔將顯現的榮耀。

11/8/2003

以斯拉記、尼希米記

　　現代人讀聖經的時候，很習慣視以斯拉記與尼希米記爲兩本不同的書，但古代的傳統卻視爲一本（見下文）。這兩卷書的名稱各自表明其中的兩位主要人物。雖然他們都是很有能力的重要人物；不過，若仔細分析這卷書，會發現焦點其實是整個回歸的團體。

　　這些書卷記錄了舊約時期最後發生的事。所跨越的時期爲被擄歸回之始（古列王的詔書，主前 539 年），直到尼希米工作的結束（主前第五世紀末了）。後來的傳統認爲以斯拉是舊約時期的集大成者，也是完成正典的人物。

　　這兩卷書在描述一段過渡時期。正如艾斯肯那齊（Eskenazi）所示，這個時期中，團體比個別的領袖更重要；而且不單聖殿才是聖地，整個城市都成爲聖；在這段時期中，寫成的文件在權威上也超過口傳的話語。

書目

註釋

Batten, L. W. *Ezra and Nehemiah* (ICC; T & T. Clark, 1913); **Blenkinsopp,** J. *Ezra-Nehemiah* (OTL; Westminster, 1988); **Brockington,** L. H. *Ezra, Nehemiah and Esther* (NCB;Eerdmans, 1969); **Clines,** D. J. A. *Ezra, Nehemiah, Esther*(NCB; Eerdmans, 1984); **Coggins,** R. T. *The Books of Ezra and Nehemiah* (CBC; Cambridge, 1976); **Fensham,** F. C. *The Books of Ezra and Nehemiah* (NICOT; Eerdmans, 1982); **Kidner,** D. *Ezra and Nehemiah*（TOTC; InterVarsity, 1979/中譯：《丁道爾舊約聖經註釋：以斯拉記、尼希米記》，校園出版中）; **McConville,** J. G. *Ezra, Nehemiah and Esther* (DSB; Westminster, 1985); **Myers,** J. M. *Ezra, Nehemiah* (AB; Doubleday, 1965); **Williamson,** H. G. M.*Ezra-Nehemiah* (WBC; Word 1985).

專論與文章

Ackroyd, P. R. "The Historical Literature," in *The Hebrew Bible and Its Modern Interpreters*, ed. D. A. Knight and G. M. Tucker(Fortress/Scholars, 1985), 297-323; idem. "The Temple Vessels-A Continuity Theme," in *Studies in the Religion of Ancient Israel* (VTSup 23[1972]): 166-81; **Braun,** R. L. "Chronicles, Ezra, and Nehemiah," in *Studies in the Historical Books of the Old Testament* (VTSup 30 [1979]): 52-64; **Emerton,** J. A. "Did Ezra Go to Jerusalem in 428B.C.?" *JTS* 17 (1966): 1-19; **Eskenazi,** T. C. "The Chronicler and the Composition of 1 Esdras," *CBQ* 48 (1986): 39-61;idem. *In an Age of Prose: A Literary Approach to Ezra-Nehemiah*(Atlanta: Scholars, 1988); **Green,** D. "Ezra-Nehemiah," in *A Complete Literary Guide to the Bible* (Zondervan, 1993), 206-15; **Hoglund,** K. G. *Achaemenid Imperial Administration in Syria-Palestine and the Missions of Ezra and Nehemiah* (Atlanta: Scholars,1992); **Howard,** D. M., Jr. "Ezra-Nehemiah," in *An Introduction to the Old Testament Historical Books* (Moody, 1993), 273-313; **Japhet,** S. "Sheshbazzar and Zerubbable-Against the Background of the Historical and Religious Tendencies of Ezra-Nehemiah," *ZAW* 94(1982): 66-98; idem. "The Supposed Common Authorship of Chronicles and Ezra-Nehemiah Investigated Anew," *VT* 18 (1968): 330-71; **Klein,** R. W. "Ezra and Nehemiah in Recent Studies," in *Magnalia Dei: The Mighty Acts of God*, ed. F. M. Cross, W. E. Lemke,and P. D. Miller (Doubleday, 1976), 361-76; **Koch,** K. "Ezra and the Origins of Judaism," *JSS* 19 (1974): 173-97; **Longman III,**T. *Fictional Akkadian Autobiography* (Eisenbrauns, 1991); **McCarthy,** D. J. "Covenant and Law in Chronicles-Nehemiah," *CBQ* 41 (1982): 25-44; **McConville,** J. G. "Ezra-Nehemiah and the Fulfillment of Prophecy," *VT* 36 (1986): 205-24; **Mowinckel,** S. "Ich'und 'Er' in der Ezrageschichte," in *Verbannung und Heimkehr: Beitrage zur Geschichte und Theologie Israels im6. und 5. Jahrhundert v. Chr.*, ed. A. Kuschke (Tübingen, 1961), 211-33; **Throntveit,** M. A. "Linguistic Analysis and the Question of Authorship in Chronicles, Ezra and Nehemiah," *VT* 32 (1978): 9-26; **von Rad,** G. "Die Nehemia Denkschrift," *ZAW* 76 (1964):176-87; **Williamson,** H. G. M. "The Composition of Ezra i-vi," *JTS* 34 (1983): 1-30; idem. *Israel in the Books of Chronicles* (Cambridge University Press, 1977).

歷史背景

作者、作品與日期

　　傳統指認以斯拉是本書的作者（*Baba' Bathra* 15a），這並非不可能，但卻缺乏具體的內證。阿徹爾（*SOTI*, 419-20）認為，既然以斯拉在以斯拉記八至十章中是以第一人稱敍述，他必定寫了整個作品（包括尼希米回憶錄在內）；不過與現代學者一致的立場相較，他的看法算是例外。

　　事實上，作者、作品，和日期的問題糾葛在一起，相當複雜。

我們要從作品的問題開始談。

以斯拉記、尼希米記的合一性。首先，由於習慣上這兩卷書被分開來印，我們就必須檢視它們合一性的證據。現代希伯來文聖經與英文譯本都將這兩卷分開，使人看不出它們在古時的合一性。事實上，希伯來文聖經直到中世紀才將這兩卷書分開。在那時之前，兩卷書是印在一起的，而當馬索拉文士在數算本卷書的節數時，乃是將以斯拉記－尼希米記連在一起算。他們並指出，尼希米記三32是全書的中心。

將兩書分開的作法，俄利根是第一位可考的學者；耶柔米的武加大譯本代表這個立場，而這也是聖經版本中第一個如此行的（見Howard, 275; Williamson 1985, xxi）。

所以在以下的分析中，我們將以斯拉記與尼希米記視為一個文學單位來處理。

與歷代志的關係。第二個重要問題，是以斯拉記－尼希米記與歷代志的關係。自從一八三二年宋茲（L. Zunz）開始，直到不久之前，大部分學者都相信，以斯拉－尼希米記是歷代志作者所寫。這個理論最明顯的論證，就是歷代志的結尾與以斯拉記重疊，而倡導這立場的人也指出，兩者在用語和神學上十分類似。此外，他們也舉偽經以斯得拉壹書為證，那裏重述了歷代志下末尾與以斯拉記的故事，而並沒有顯示兩者之間有斷開處。

歷代志和以斯拉－尼希米記是否具合一性的問題，正反兩方的論證相當複雜，不容在此細述。主張兩者關係密切的立場，可以參考阿克若德（Ackroyd）的書，以及艾斯肯那齊的摘要（1988, 14-32, 和1986）──不過這並不是她的立場。然而，我們可以公允地說，雅費特、威廉森等人已經凝聚了一股新見解，認為以斯拉－尼希米記與歷代志無關。在衡量這些證據之後，我們同意以斯拉－尼希米記乃是另一部作品，以下的分析便是根據此一立場。

來源。以斯拉－尼希米記的最後編者－作者，在寫作過程中顯然運用了一些資料。書中第一人稱和第三人稱用語的改變，是主要的證據。下面我們會看到，第一人稱的改換具很重要的文學功能，

不過在此我們只注意這個現象本身，以它為採用來源的指標。這兩者並非互相排斥。郝華德（278-79）提供了一份本書所用的主要與次要來源，相當有幫助：

主要來源
1. 歷史回顧（拉一～六章）
2. 以斯拉回憶錄（拉七～十章和尼八～十章）
3. 尼希米回憶錄（尼一～七章和十一～十三章）

次要來源
1. 名單（拉一 9～11，二，七，八 1～14；尼三；拉十 18～43，十一 3～36，十二 1～26）
2. 書信（拉一 2～4，四 11～16，四 17～22，五 7～17，六 2～5，六 6～22，七 12～26）

威廉森（1985）的論證很具說服力，他認為，以斯拉－尼希米記的寫作，是經過以下的流程：(1) 上述資料來源是在事情發生不久之後寫成，(2) 以斯拉回憶錄與尼希米回憶錄被放在一起，最後，(3) 加入以斯拉一至六章，作為整個作品的前言。後者是由各式各樣的來源組成，說明從古列下詔直到以斯拉與尼希米的到來，所發生的種種事件。

日期。既然我們無法辨認出特定的作者，對於日期也就無法肯定。當然，若要提供本書最後完成的大略時期，就要看我們能否決定書中所講某件事的日期。儘管學者的意見仍有差異，但我們偏向傳統為以斯拉上任所定的時間（主前 458 年），因此，我們決定的日期，最早可以在該世紀的結尾時（400 年）。不過，這也可能只是以斯拉和尼希米的回憶錄被收集在一起的時間；或許直到一個世紀之後（300 年），以斯拉記一至六章才成為本書的序言（參 Williamson 1983 和 1985, xxxvi; Japhet 1982, 88）。

以斯拉與尼希米上任的日期

學者對尼希米到耶路撒冷上任的日期，看法不一（以下的資料，見 Klein, 370-72）。尼希米記一 1 說：「二十年，基斯流月，我在書珊城的宮中……。」這裏雖沒有提到王的名字，但是尼希米到耶路撒冷的時間，一向被定在亞達薛西一世二十年（主前 465 - 425 年）。這個出於直覺的判斷，現在已經得到證實，因爲在以勒番坦的蒲草卷中發現一封信，日期爲主前四〇八年（大利烏王二世十七年），收信人爲巴格亞斯，他或許是接續尼希米擔任耶戶德（Yehud）省長的人，那裏提到大祭司約哈難（尼十二 13、22），他是接續以利亞實的第二個人，而以利亞實則與尼希米同時（尼三 1，十三 28）。這封信也達與參巴拉的衆子。既然這些人是在尼希米之後，將尼希米的工作放在亞達薛西王一世的時期，就很合理。因此，他的工作始於主前四四五年；他第一次職務的任期爲十二年（尼五 14）。

尼希米的工作日期可以肯定，但以斯拉的卻不能。書中經文的說明和尼希米的一樣詳盡：「……波斯王亞達薛西年間，……以斯拉……從巴比倫上來。……王第七年五月，以斯拉到了耶路撒冷。」（拉七 1～8）

按傳統的說法，以斯拉在尼希米之前，因此這位王應當是亞達薛西一世，這樣，他的工作就始於主前四五八年。當然，這就意味當尼希米於四四五年到達耶路撒冷時，以斯拉已經在那裏等他。不過，這兩卷書並沒有肯定這兩位領袖有重疊的情形，成爲許多學者的障礙。

由於這個問題，另外有人提出兩種時間表：(1) 將以斯拉的日期定爲亞達薛西二世的第七年，就是在主前三九八年，(2) 將經文修訂爲「三十七」（三十與七的希伯來文子音相同，*shin*），這樣，以斯拉就在主前四二八年。由於大部分學者反對隨意修改經文，三九八年就成爲最普遍的另一個日期（見 Emerton）。

但是，若認爲在聖經中以斯拉與尼希米缺乏重疊時段，恐怕是

將太多東西讀進經文了。以斯拉和尼希米是兩個不同的人物，當然，他們的目標相同，可是著重點並不一樣。難怪最近學界在以斯拉和尼希米的工作日期上，又有倒回傳統看法的趨勢。

歷史時期

這卷書的焦點是以斯拉和尼希米的工作，起點則爲波斯王古列容許被擄者歸回家園的詔書。所記的事件發生於主前五三九年至約五一五年。

當然，只有少數人決定回到荒涼的故園，重新建造城池與聖殿。願意回去的人以所羅巴伯爲領袖，他是大衛的後裔（這個資料不是來自以斯拉記，而是來自代上三19等處），另一位首領則爲設巴薩（有關這人身分問題的探討，見 Japhet 1982）。

現有的證據中，似乎顯示這份詔書乃是這帝國的一個策略，讓被巴比倫人和更早的亞述人所擄來的各民族，可以歸回本土。這個政策使許多人認爲波斯是解放者。

波斯（阿凱門尼德 Achaemenid）帝國是用轄區來管理，巴勒斯坦屬於一個大轄區，稱爲河西。所羅巴伯擔任這轄區內一個地區——耶戶德——的省長。

書中明言，返回巴勒斯坦的目的是重建聖殿。祭司首先重修祭壇，以開始獻祭的敬拜（拉三1～6）。根基剛立好（10～13節），建殿工程尚未開始，阻力就出現了。反對的人可能來自北方，他們是在猶太人到來之前已經住在那裏的人。他們先說要幫助猶太人建殿，卻被所羅巴伯等領袖拒絕（拉四1～3）。何蘭德（Hoglund, 26-27）將這次的反對，與來自猶太－撒瑪利亞混血的反對區分出來，認爲那是後來的事。這群人的反應是向波斯當局告狀，讓重建的工作停止。

攔阻重建聖殿的人成功了，亞達薛西王下令停止聖殿的建築（四18～22）。一直到大利烏王執政的時候，這項工程才完成，時約主前五一五年。

以斯拉記七章到尼希米記十三章追溯主前四五八年到四三三年

的事（Howard, 284-85）。在這段時期中，以斯拉與尼希米回到猶大，帶領百姓重整靈性、重建國家。耶路撒冷重現活力的焦點，是城牆的重建。

何蘭德的研究，說明了以斯拉與尼希米工作時期的政治與軍事背景，讓人更能了解他們的任務。波斯政府爲什麼鼓勵重新修造藩屬國的城牆呢？這樣作可能會鼓勵後人背叛，自找麻煩。

何蘭德將耶路撒冷的重建與主前第五世紀中葉，在埃及發生的事連起來看。我們對於這段叛亂的資訊，大半來自一些希臘歷史學家（Herodotus, Thucydides, Ctesias, Diodorus Siculus 等人）。他們的記錄有不一致之處，在重新建構往事時要很小心，不過大體而言，情況如下。

亞哈隨魯王死於主前四六四年，導致埃及的叛變，當時埃及原是附庸國。帶頭的領袖是伊拿洛斯（Inaros），「立布（Libu）的大酋長」，和阿米塔斯（Amyrtaeus），「米施韋施（Meshwesh）的大酋長」。

他們與埃及的總督，波斯新王亞達薛西一世的叔叔阿坎門斯（Achaemenes），在巴波利米斯（Papremis）交戰；埃及人大勝。阿坎門斯被殺，生還者逃到孟斐斯（Memphis），在那裏挖壕，準備因應一場屠殺。

由雅典人爲首的希臘德里安（Delian）聯軍，認爲這次叛變是一個絕佳良機，他們可以藉此拓展在地中海西岸的勢力。於是他們也進入戰場。可是埃及與希臘的聯合部隊無法摧毀波斯人在孟斐斯的堅固防禦，使這個帝國有時間反攻。

這次反攻的軍隊是由米格比索斯帶領，他弭平了叛變，爲國王叔父之死復仇。

有些學者還提到米格比索斯的叛變，因爲他認爲那些叛徒是革命者，對他們所受到的差辱待遇感到非常憤怒。不過，何蘭德（119-27）認爲這項記錄不可靠，因爲只有一位作者（Ctesias）提到。

不論如何，這些資料所提供的畫面，是波斯帝國的西界不平

靖。埃及人曾叛變，希臘人趁機要削弱波斯人在這地區的勢力。這個帝國可以利用一位可靠的朋友，來維護它的利益，而以斯拉和尼希米轄下的巴勒斯坦正好派上用場。爲何這個帝國鼓勵耶路撒冷近乎軍事性的鞏固措施（重建城牆）？對這個問題，何蘭德的回答爲：這座城可以作爲抵禦埃及和希臘侵犯的堡壘；這個答案相當合理。它也可以解釋，爲何亞達薛西王一世初上任時反對重建這個都市，後來卻有所改變（拉四 17-22；見 Hoglund, 223）。

文學分析

文體

這卷書用了幾份早期來源，最主要是以斯拉與尼希米的回憶錄（見下文）。但是在討論各個部分之前，我們將先談視全書爲一個整體的問題。

我們同意艾斯肯那齊（1988, 7）和其他許多人的看法，認爲以斯拉－尼希米記是歷史作品。這個文體的辨認，是根據第一章對聖經史料的界說（導論：「歷史背景」，18～24頁）。艾斯肯那齊接下來強調這卷書的文學形式，這是正確的，不過，我們認爲，這一點並沒有減損歷史記載的準確性。

這部歷史作品是由幾種來源組合而成，各有各的文體。例如，全書包括書信、皇帝詔書、名單等形式。最著名、引起最多討論的，乃是第一人稱的故事：以斯拉〔拉七～十章；尼八（有人加上尼九～十章）〕，和尼希米（尼一～七章，十二 27～43 和十三 4～31）。

在文學中，這類作品被稱爲「回憶錄」，它們與這種文體的確十分相配。回憶錄是一種第一人稱的作品，與自傳不同之處在於「回憶錄是寫作者所目睹或參與的大事，而自傳則是寫目睹或參與這些事的本人」（Longman 1991, 42）。學者曾嘗試將尼希米回憶錄與一份古代近東皇室石刻記錄（Mowinckel）或埃及墓碑（von Rad）相比較。威廉森建議，尼希米與以斯拉的回憶錄，都是向波

斯朝廷的報告，描述耶路撒冷的狀況。因此，它們實際上是「混合的文學風格」（Williamson 1985, xxviii）。

結構

郝華德（1993, 278）根據本書第一與第三人稱的改變，作了一份粗略的大綱。雖然它在經文的某些細節上交代不夠清楚，但仍是頗有建樹的指南：

歷史回顧（拉一～六章）
以斯拉回憶錄，第一部分（拉七～十章）
尼希米回憶錄，第一部分（尼一～七章）
以斯拉回憶錄，第二部分（尼八～十章）
尼希米回憶錄，第二部分（尼十一～十三章）

不過，艾斯肯那齊（1988, 38）對本書的故事綱要把握得更嚴謹。她發現，結構學家伯利蒙德（Bremond）的用詞，對她的研究很適用。以下以較淺近的方式列出她的大綱：

一、 目標初立：古列王重建神殿的詔書（拉一 1～4）
二、 回歸的團體重建神的殿（拉一 5～尼七 72）
　　1. 序言：百姓預備回歸故土（拉一 5～6）。
　　2. 回歸的團體，在反對勢力的威脅之下重立祭壇，重建聖殿（拉一 7～六 22）。
　　3. 以斯拉與神的百姓回歸故土，建立回歸之民，並抵擋與外人聯姻的衝突（拉七 1～十 44）。
　　4. 尼希米回到故土，排除萬難，重修城牆（尼一 1～七 5）。
　　5. 結尾：回歸者的名單（尼七 6～七 72；其中重複以斯拉二章，而將全文連在一起）。
三、 目標完成：「回歸團體按照妥拉來慶祝神殿重建的完

成。」（尼七 73～十三 31）

風格

乍看之下，從文學的觀點而言，以斯拉－尼希米記似乎索然無味。第一人稱突然轉到第三人稱、衆多的名單，和常出現的信件，不免令人厭倦。有時候這些似乎淡化了整個情節與人物。

可是若進一步分析這卷書對情節、人物、觀點改變的巧妙運作，卻能顯示出一種深度與豐富，使讀者大受吸引（Eskenazi 和 Green 在文學方面講得特別好）。

由於篇幅所限，這裏只能簡短描寫其中兩個巧妙之處。第一個技巧很容易觀察到，就是第三與第一人稱敍述的改變。這可以從來源批判的層面來談；也就是說，這本書將兩份早期所寫的回憶錄收集在一起。可是另外一種更仔細的研究法，顯出了將兩種觀點結合在一起的效果。第一人稱部分提供了個人或主觀的看法；而那無所不知的第三人稱敍述部分，則是客觀而有權威的（Eskenazi, 129-30）。這個亮光讓人可以比較兩種觀點。那位客觀的故事敍述者是否肯定第一人稱發言者的觀點？

這個研究又引導我們到第二個文學技巧，就是以斯拉與尼希米兩位人物的對比。簡而言之，那位無所不知的敍述者，一直肯定以斯拉的觀點，但卻與尼希米保持一點距離。這並不是說敍述者瞧不起尼希米（有些學者將對比過分強化了），而是尼希米放膽自誇的言論，氣焰往往被敍述者的評論消弭。這個觀察相當重要，因爲本書的目的之一，就是要矮化個別的領袖，而強調整個團體的好處（見下文）。

這種觀點的轉換、人物的描述，和情節的安排，對於以斯拉－尼希米記的信息都有貢獻。以下就來看這個題目。

神學信息

艾斯肯那齊的研究成果非凡，她分析出書中的三項主題，並顯

示它們如何反覆折射、貫穿全書。這些主題暗示出，以斯拉和尼希米的時代乃是過渡時期，從前的特色爲：少數傑出的領袖、狹義的聖潔，和口傳的權威，今後則爲：以團體爲重、普遍的聖潔，和文件的權威。她借用黑格爾的話，說這是從詩的時代轉換到散文的時代。值得稱道的是，她沒有貶損這種轉換，反倒提及散文的神聖（1988, 1）。

首先，我們看到從領袖到團體的轉變。舊約特別會塑造英雄式的人物，亞伯拉罕、摩西、撒母耳、大衛和但以理，不過是其中幾個例子。事實上，以斯拉和尼希米都是傑出人物，可是艾斯肯那齊以圖表說明，這倆人如何被團體吸收——以斯拉是出於自願，尼希米則不得不作。重建聖殿和城牆，是團體所完成的。最後乃是百姓回轉歸向神，同心攜手合作的成果。

其次，聖潔不再限於某些特定的地方。這個主題在聖殿重建時尤其明顯。這是回歸的目標，而當建築完工、分別爲聖之後，我們以爲全書即將告終。可是，神的家不是光建聖殿就夠了（拉六15）；它還需要繼續，耶路撒冷有待興建的地方很多。在城牆完工後，也行「分別爲聖之禮」（不是「奉獻」，如NIV，見尼三1），表示它們亦爲重修之「聖城」（尼十一1）的一部分。等到聖殿、城市、城牆都重建了，才舉行「大開幕」儀式（尼八～十三，見Eskenazi 1988, 57）。

根據艾斯肯那齊的分析，本書第三個主題是由口傳權威變爲文件權威。本書中文件的分量讓人驚異。國王的詔書可以開工，也可以停工，在事實層面和故事層面皆是如此。然而，最重要的文件不是人寫的，乃是雅巍的妥拉。在本書的結尾（尼八～十章），百姓召開立約更新大會，重新向這本神所賜的書委身。

艾斯肯那齊的分析十分有力，多彩多姿，不過這本書極富內涵，其神學信息尙不止於此。葛林（1993）注意到，以斯拉－尼希米記是講到建造「兩座牆」的書。我們都看得出「尼希米的牆」，這座牆具體地將神的百姓與敵人——不潔淨的「外邦人」——分開。另一方面，「以斯拉的牆」，就是神的律法（他教導使命的中

心）將以色列人和其他人在靈性上劃清界限。就實質來說，因以斯拉的律法中強調禁止與外邦人通婚，才造成一群適合住在尼希米牆內的百姓。在以斯拉記的結尾，我們看見聖城中居住的是聖民。

展望新約

以斯拉－尼希米記的結尾，乍看之下，似乎令人感到尷尬。尼希米記十三章似乎是不小心被加在全書之後的。聖民住在聖城中的高潮豈不是已經達到，慶典豈不也舉行過了嗎？但最後一章竟講到尼希米還要處理的一些問題。

其中一件事與大祭司以利亞實有關，他將聖殿的房間讓給非以色列人多比雅使用。尼希米必須把他趕出去，以維護這棟建築的聖潔（十三4～9）。城裏的官員也沒有定期供應利未人，他們只好離開聖殿，回去種田。尼希米又需要干預（10～13節）。還有，猶大人違反安息日的規定（14～22節）。但最嚴重的，要算是與外邦人通婚的事又重新出現。哥林（214）指出這裏提到所羅門的重要性（26～27節）。問題是，以色列是否只要為過去的罪悔改，就能存留？通婚拖垮了所羅門和整個國家，以致淪落到亡國、被擄的噩運。被擄歸回的一代是否也會步入同樣的命運？

因此，以斯拉－尼希米記的結束，是提出一個公開的問題，並向前展望。換言之，他們還沒有達到完全（Eskenazi 1988, 126）。

新約把我們帶到的地步，遠遠超過以斯拉－尼希米記。寇克（Koch, 197）這樣說：「以斯拉實現了某些先知的預期，就是在末世之前的階段出現的事；這與末世完全不同，……他又用妥拉作為應許之書。」例如，以斯拉－尼希米記證實，聖潔要延伸，不只限在聖殿中，而將整個耶路撒冷城都包括在內。然而，聖與俗、潔淨與不潔淨的界線還是很清楚。惟有耶穌基督才拆毀了「隔斷的牆」。首先，祂拆掉至聖所與其他受造物之間隔開的幔子。其次，祂廢掉了人間的隔膜，除去了猶太人和外邦人的區別（弗二14～18）。

11/9/2003

以斯帖記

　　從某個角度而言，以斯帖記可以說是舊約中最特殊的一卷。通常我們想到聖經，總覺得它是一本啓示神本性的書，揭示祂的屬性與作爲。可是以斯帖記中並沒有提到神，也沒有提到藉禱告或獻祭敬拜祂。從表面看來，這卷書似乎完全在講猶太人在世上的故事，這些人繼續散布在各地，並沒有與回歸耶路撒冷的團體認同。這卷書描寫猶太人的生存如何一再受到威脅，而又如何化險爲夷。可是仔細探究，便會發現本書和聖經其餘部分的啓示息息相關。下文將會說明此點。

　　本書的解釋史上，可以看見各式各樣的反應。一方面，著名的猶太學者邁摩尼得斯（Maimonides, 主後 1135-1204）認爲，以斯帖記的重要性僅次於妥拉。另一個極端則可以路德的名言爲代表，他說他對以斯帖記（和馬喀比貳書）十分反感：「我眞希望它們根本不存在；因爲它們太過猶太化，又有許多異教的成分在內。」最古老的正典目錄中（Melito 主教）沒有以斯帖記。昆蘭古卷中，舊約只有這一卷書找不到，不過這只能算是這個發現中的意外，不能據此而否定它的正典地位。在嚴尼亞（Jamnia）的拉比（約於主後一百年）曾討論過這卷書的正典地位，不過主要是爲它已有的身分辯護，而不是要判斷它的正典問題。在基督教與猶太教的文字中，都曾有人質疑這卷書的正典地位。

　　學者對本書的寫作、目的、歷史性和神學，都曾提出激烈的辯論。通常聖經沉默不語的片段，會成爲次經寫作的誘因。以斯帖記顯然也是如此。將它列入次經（羅馬天主教將次經都納入其正

典），可以除去本書沒有提到神或宗教敬拜而引起的困難。

書目

註釋

Baldwin, J. G. *Esther: An Introduction and Commentary*（TOTC; InterVarsity, 1984/中譯：包德雯著，《丁道爾舊約聖經註釋：以斯帖記》，校園，1999）; **Bardtke**, H. *Das Buch Esther* (KAT, Gütersloh: G. Mohn, 1963); **Gerleman**, G. *Esther* (BKAT21; Neukirchen-Vluyn: Neukirchener Verlag, 1970-73); **Moore**, C. A. *Esther* (AB 7B; Doubleday, 1971); **Paton**, L. B. *A Critical and Exegetical Commentary on the Book of Esther* (ICC; T. & T. Clark, 1908); **Vischer**, W. *Esther* (Munich: Chr. Kaiser Verlag, 1937).

專論與文章

Anderson, B. W. "The Place of the Book of Esther in the Christian Bible," *JRel* 30 (1950): 32-43; **Berg**, S. B. *The Book of Esther: Motifs, Themes, and Structure* (SBLDS 44; Missoula: Scholars,1979); **Bickerman**, E. *Four Strange Books of the Bible*(Shocken, 1967); **Clines**, D. J. A. *The Esther Scroll* (JSOTS30; Sheffield: JSOT, 1984); **Dommerhausen**, W. *Die Estherrolle* (Stuttgart: Verlag Katholisches Bibelwerk, 1968): **Fox**, M. V. "The Structure of the Book of Esther," *Isac Leo Seeligmann Volume* (Jerusalem: E. Rubinstein, 1983), 3:291-303;**Gerleman**, G. *Studien zu Esther* (BibS[N] 48;Neukirchener-Vluyn: Neukirchener Verlag, 1966); **Gordis**, R. "Religion, Wisdom and History in the Book of Esther," *JBL* 100(1981): 359-88; idem. "Studies in the Esther Narrative," *JBL* 95(1976): 43-58; **Hallo**, W. W. "The First Purim," *BA* 46(1983): 19-26; **Jones**, B. W. "Two Misconceptions about the Book of Esther," *CBQ* 39 (1977): 171-81; "The So-Called Appendix to the Book of Esther," *Semitics* 6 (1978): 36-43; **Loader**, J. A. "Esther as a Novel with Different Levels of Meaning," *ZAW* 90 (1978): 417-21; **Millard**, A. R. "Persian Names in Esther and the Reliability of the Hebrew Text," *JBL* 96 (1977): 481-88; **Moore**, C. A. "Archaeology and the Book of Esther," *BA* 38(1975): 62-79; **Shea**, W. H. "Esther and History," *AUSS* 14(1976): 227-46; **Talmon**, S. " 'Wisdom' in the Book of Esther," *VT* 13 (1963): 419-55; **Thornton**, T. C. G. "The Crucifixion of Haman and the Scandal of the Cross," *JTS* 37 (1986): 419-26;**Wright**, J. S. "The Historicity of the Book of Esther," *New Perspectives on the Old Testament*, ed. J. B. Payne (Word, 1970), 37-47;**Yamauchi**, E. "The Archaeological Background of Esther," *BibSac* 137 (1980): 99-117; **Zadok**, R. "On the Historical Background of the Book of Esther," *BibNot* 24 (1984): 18-23.

大綱

一、 亞哈隨魯的筵宴（一 1～二 18）

歷史背景

　　以斯帖的作者刻意匿名。本書事件的背景是亞哈隨魯作王時（主前 486-465 年），這個故事最初的版本很可能是在事件發生之後不久寫成；作者對於波斯宮廷生活的知識，以及沒有用到希臘字彙，使寫作日期偏向亞歷山大的征服之前。有些學者主張較晚的日期，例如，認爲猶太人和外邦人在本書中的衝突，反應出猶太教與希臘主義在哈斯摩尼時期（Hasmonean period）的激烈爭議；第一次在歷史記錄中提到此書的，就是在這個時期（馬喀比貳十五 36，「末底改的日子」）。

　　按本書現狀來看，其目的顯然是記猶太普珥節的起源（九 18～十 3）。這個節日的名稱來自亞喀得文 *puru*，「籤」（三 7），是指哈曼所掣的籤。

　　研究這卷書的聖經學者，也和其他書一樣，對於其本身所提供的解釋感到不夠滿意，還要從字裏行間再去推敲，重新發現其他的誘因，就是本書最初原型的寫作動機；他們認爲，以後猶太的作者

再將其改編過，以達到自己的目的。不少人提出其他字源，來解釋
「普珥」一詞。有些學者認為，這卷書代表猶太人將一個巴比倫或
波斯宗教儀式或慶典變為自己的歷史；按這種說法，以斯帖與末底
改的名字與巴比倫的神祇伊施他爾（Ishtar）和瑪爾杜克（Marduk）
有關。還有人認為，這個故事的起因，是傳統巴比倫宗教與波斯引
進的米特拉教（Mithra）之間的衝突：以斯帖與末底改代表伊施他
爾和瑪爾杜克的崇拜，而哈曼與亞哈隨魯代表統治者波斯的宗教。
比克曼（Bickerman 1967, 171-240）要人注意以斯帖記與《阿拉伯之
夜》（Arabian Nights）的類似，而認為以斯帖記純粹是民間傳說。

　　對於其中基本故事起源的研究，也與本書的寫作歷史密不可
分。許多學者認為九 20～十 3，是這個故事第二手的增添，並認為
九 18～19 才是令人滿意的結語；鍾斯（Jones 1978）卻提出相反的
論調，認為九 20～十 3 不是附篇，乃是原來故事的一部分，在它的
對稱結構上屬必要成分。克蘭斯（1984）區分出五個故事：(1) 馬索
拉之前的故事；(2) 馬索拉記錄芻型，沒有九 20～十 3 的附篇；(3)
馬索拉記錄本身；(4) 後來的增添，成為七十士譯本的內容；(5) 所
謂的阿爾法經文（alpha-text），它根據馬索拉之前的故事，再加上
合乎它自己歷史的增補材料。這個阿爾法經文過去常被視為和路吉
安修訂本相關。七十士譯本對這個故事有六項增補：(1) 末底改的
夢；(2) 亞達薛西的詔書；(3) 末底改的禱告；(4) 以斯帖的禱告；(5)
亞達薛西的另一個詔書；(6) 對末底改之夢的解釋，與普珥有關。希
伯來的故事版本共一六三節，而七十士譯本有二七〇節，不過，增
添的部分很顯然不屬於原來的故事。

　　從古典與楔形文字的文源看來，作者對波斯的風俗與宮廷生活
相當熟悉。希羅多德將亞哈隨魯描寫為脾氣很壞、缺乏耐性、喜好
女色的君王（Yamauchi 1980, 104）。希羅多德也證實，波斯王朝是
由七位大臣作顧問（一 13～14; 參拉七 14）。從靠近巴比倫的波細
巴（Borsippa）得到的一塊楔形文字版，上面記著有位瑪爾杜卡
（Marduka）在亞哈隨魯王早年，於書珊宮中擔任公職；有些人認
為這個人就是末底改。希羅多德（三 125、159，四 43；參斯二 23，

六4，七9，八7，九14、25）描寫，吊刑是波斯所用的處死方式，他也證實（一136）孩子眾多是值得驕傲的事（斯五11，九7～10）。在波斯治下，叛徒的財產都歸王室（Herodotus 三128-129; Josephus, *Ant* 十一17；斯八1）。考古學的發現，證實了波斯宮中奢華的程度。

另一方面，古典來源也顯出以斯帖記內一些細節的問題。以斯帖是在亞哈隨魯王第七到十二年時為后。按照希臘歷史家的記載，亞哈隨魯王的妻子名叫阿瑪翠斯（Amestris）；有些人嘗試指認她就是瓦實提或是以斯帖（例如，Wright 1970 和 Shea 1976），但這個問題還不能算已經解決。按照希羅多德的說法（三84），波斯的皇后必須從波斯的七個家族選出，這個事實便會使王不可能選到猶太人；然而，這個反對的看法忽略了一件事，即，阿瑪翠斯本人乃是俄坦族（Otanes），並不屬於那七個家族，而大利烏也娶了這幾個家族以外的女子（Wright 1970, 38）。要將這卷書與聖經之外的來源協調，還有一些困難；不過都算是小問題，甚至有些不值一提。

表十
以斯帖記的年代說明

經文	年/月/日	當天與亞哈隨魯王有關的事
一 3	3/-/-	亞哈隨魯擺設筵宴
二 16	7/10/-	以斯帖晉見亞哈隨魯王
三 7	12/1/-	哈曼掣籤
三 12	13/1/13	哈曼擬詔書
三 13	13/12/13	詔書生效的時間
八 9	13/3/23	末底改擬詔書
八 12	13/12/13	新詔書的生效時間

文學結構

文體

最近幾十年來，以斯帖記的文體成爲研究的焦點。傳統上是將以斯帖記從頭到尾都視爲歷史故事；七十士譯本與基督徒聖經都將以斯帖記放在歷史書部分，就反映出這一點。然而許多學者認爲，這卷書是短篇小說，是一部簡短的歷史小說。最近的研究也集中於本故事與智慧文學的關係。他爾門（Talmon 1963）注意到其中有幾項特色更接近智慧文學：(1) 本書以人爲中心，缺乏對神、聖約，或敬拜的關注；(2) 重點爲現今的實際問題，不像其他聖經文學會重述過去或展望末世；(3) 缺乏對全國性特殊主題的關注，譬如鄉土或猶太律法等。這故事中的一些子題（例如君王嗜酒的危險、在王面前的合宜舉止、驕傲的危險）也與箴言的題目類似（箴十四 35，十六 14～15、18，十九 12，二十 2，二十四 21，二十五 6，二十九 4，三十一 4）。在希伯來聖經中，以斯帖是列在書卷中，即舊約的第三部分，也是最後一部分，其中主要是詩歌與智慧書；以斯帖既列在這一部分，可能反映出自古以來它就被算作智慧文學。

在這一點上，表面似乎有一些分歧問題，讓討論陷於膠著狀態。作者純熟的寫作技巧，和他對智慧子題的運用，常被視爲與故事的歷史性有矛盾。可是任何一個人都承認，歷史家或作者總是按照他自己的寫作觀點選擇資訊；以斯帖記是精心寫作之故事的事實，並不就等於其中的細節是捏造的或杜撰的。智慧式的子題也不能使歷史基礎無效；「我們從歷史裏學習」，是千眞萬確的事實。但另一方面，我們必須承認，像以斯帖這樣一個故事，聖經作者有可能會在文學上有所抄襲模仿，使故事更加生動有趣。這位敍述者清楚表明，他所記的是事情發生的實況（二 23，十 2～3）；在欣賞這故事的智慧子題時，若認爲以斯帖記乃是一種擴大的比喻，或「歷史化的智慧小說」，觀點就可能不正確了。

最近有兩項對以斯帖故事的研究，結論爲：作者乃是按照以色列歷史早期事件的模式，來敍述他的故事。傑爾曼（Gerleman）注意到以斯帖記與出埃及記的類似處：兩個故事都發生在外國宮廷中，關係著猶太人的存亡，講述百姓蒙拯救、仇敵遭報應的經過，最後則爲節期的設立。不僅在大段上類似，在細節上也有雷同處：以斯帖和摩西都是被收養的（二 9; 出二 7）；倆人都隱瞞了猶太人的身分（二 10、20; 出二 6～10）；兩個故事都以亞甲族爲以色列的敵人（三 1; 出十七 8～16）。儘管這些相似處很值得注意，但以斯帖記與出埃及的故事，在許多方面並不成平行。柏格（Berg 1979, 6-7）認爲，以下的幾點使得傑爾曼的理論大打折扣：這兩卷書對外國朝廷的態度相當不同；摩西並不是透過行政管道工作，而是與它對立；出埃及故事的目標，是要逃離外邦的統治，但以斯帖記中卻沒有逃離書珊的意念；在以斯帖記中，猶太人拯救了王的性命，但在出埃及記中，他們卻造成法老之子的死亡；對於整個故事而言，摩西隱藏身分的重要性遠不如以斯帖。

柏格（1979, 123-42）提出另外一個建議：以斯帖的作者乃是刻意模仿約瑟的故事（創三十七～四十八章）。她要人注意以下的比較：六 11 與創世記四十一 42～43；三 4 與創世記三十九 10、八 6 與創世記四十四 34；二 3～4 與創世記四十一 34～37。這兩個故事的結構相仿：都是講到猶太人的英雄，他們在外邦朝廷當了大官，成爲猶太人的救星；這些猶太英雄都與皇家官員接觸；兩個故事中，都記載因王的睡眠受攪擾，英雄得以高昇（六 1～3；創四十一）；約瑟與末底改的獎賞，都爲外袍加身、遊行全城、列前有先導宣告王的恩寵（六 7～11；創四十一 42～43）；約瑟和以斯帖都是在筵席中透露自己猶太人的身分（七 1～6；創四十五）。然而，根據柏格對傑爾曼的批判，她本身提出的一些類似點也並不可取：約瑟的故事中沒有像哈曼那樣威脅猶太人的人士；約瑟是向弟兄暴露身分，不是在王，或在敵人面前，像以斯帖一樣。皇室獎賞和加封的相像不算希奇，因此六 7～11 與創世記四十一 42～43 或許不是刻意模仿的產品。柏格所列的類似處，也與傑爾曼的理論一樣，內

容豐富，值得注意，但仍然不足以證明以斯帖的作者曾刻意模仿。

文學技巧

　　以斯帖記的作者在寫作時，相當喜歡用反諷、挖苦，和重複子題的手法。綜合而成的結果，乃是短篇故事的傑作。

　　作者喜歡反諷，由他經常報導命運恰好顛倒可以看出。某些行為，或事情的光景，結果往往與原意相反；九 1、22、25 尤其強調這點。這種文學筆法稱為「逆轉」（peripety，參 Berg 1979, 104-6）。哈曼要毀掉末底改和猶太人，最後卻毀了自己和全家。哈曼預備吊死末底改的木架，成為他致死的工具。哈曼的詔書是要搶奪猶太人的財富，但是故事的結尾卻是哈曼的財產到了猶太人手中。哈曼以為所寫的文件是要榮耀自己，但他卻成為將這份榮譽加給末底改的王室代表（六 1～11）。哈曼得王寵愛不過一時，最後卻是末底改大權在握（三 10，八 8）。

　　故事中還有許多小節也同樣帶有反諷性。亞哈隨魯王想要展現自己的權勢，但卻顯出連自己的妻子也管不動（斯一）；他想要責罰她，不讓她出現在他面前，就等於正式承認她的拒絕出現。末底改做事未得獎賞，而哈曼卻無緣無故得到獎賞（二 21～三 2）。哈曼隱瞞了他要陷害之敵人的身分，卻不知道其中一位受害者也隱含了自己的身分（二 10、20，三 8～9）。末底改不肯在哈曼面前屈身，讓他勃然大怒（五 9），這與他從前不願屈身也成反諷（三 2～6）。哈曼與王的飲酒，和猶太人的禁食也成反諷（三 15，四 1～3、15～16）。起初藉飲酒慶賀的詔書（三 15），最終的結果出現於哈曼與王再度飲酒之時（七 1～2）。

　　除了常用反諷之外，作者似乎特別愛用挖苦的方式描寫波斯人，尤其是波斯的男人（Clines 1984, 31-32）。王降旨要男人在家裏作主，但他卻叫不動自己的妻子（一 12、21～22）。統治廣大疆土的君王，在與兩位妻子的兩性爭戰中，都居下風。亞哈隨魯王似乎被瓦實提的拒絕搞得手足無措（一 15），而王室的顧問也怕波斯帝國出現新的女性主義（一 17～18）。整個政府都圍繞著選后事件

團團轉（二 1～14），而精明能幹的婦女顯然控制了她們丈夫的行動。以斯帖一手影響了全國的決策；細利斯給她丈夫拿主意，在哈曼的男性自尊受傷時，又發出具洞察力而有權威之言（五 14，六13）。王想眾人看他妻子的美貌（一 11），卻讓自己出醜（一 12，二 1～2）。這個愛吹噓的國王不准人更改他的律令（一 19，八 8），自己卻善用計謀和權術，讓律法站不住腳。

以斯帖記故事的文學之美，大半來自穿插於其中的**重複子題**。飲酒與筵宴是本書的一個重要題目；許多情節的逆轉都與筵席有關（一 3、5、8、9，二 18，五 4～5、8、12，六 14，七 8，八 17，九17～19、22），而有一處則正相反，是禁食（四 3、15～18）。服裝似乎是另一個重要的子題（一 11，二 13，三 10，四 1～4，五 1，六 8～11，八 8、15）。全書對律法和合法性非常關注（一 13、15、19、二 1，三 8～9、14，四 11、16，八 8、13，九 31～32；參Clines 1984, 16-22）。明裏暗地的衝突頻頻出現：在亞哈隨魯與瓦實提之間、在亞哈隨魯的大權與無法控制之間、在婦女爭取他的注意之間、在王與想謀害他的人之間（二 21～23）、在哈曼與末底改之間、在猶太人和他們的仇人之間（Clines 1984, 10-11）。

作者似乎也喜歡成對的講論。以斯帖隱藏身分的事講了兩遍（二 10、20）；故事開頭、中間、結尾的筵宴各提了兩次（兩次由亞哈隨魯擺設，兩次由以斯帖擺設，而普珥也慶祝了兩次）。王僕人的名單有兩份（一 10～14）、女子召集有兩回（二 8、19）、女院有兩處（二 12～14）、禁食兩次（四 3、16）、哈曼的妻子和朋友兩次給他意見（五 14，六 13）、以斯帖兩回未蒙召而晉見王（五2，八 3）、末底改兩度受封（六 7～11，八 15）、哈曼的臉兩次被蒙（六 12，七 8）、兩次提到哈曼的兒子（五 11，九 6～14）、哈波拿出現兩次（一 10，七 9）、兩處講到王的忿怒止息（二 1，七10）、兩處說到波斯的律法不能更改（一 19，八 8）、猶太人以兩天復仇（九 5～15）、設立普珥節的信有兩封（九 20～32）。「對偶式」的報導似乎是作者最愛用的寫作技巧。

神學信息

以斯帖記在正典中的用意，顯然是因它記載了普珥節的起源。但是這卷書讓我們對神有什麼了解？它與聖經其他經卷有什麼關係？

神的主權

對一本沒有太多提到神的書卷而言，這些問題似乎很奇怪。可是我們卻在這裏遇到了以斯帖記作者最高明的一面。這故事表面上是建立在一連串的巧合上，每一件事都不可少，直到故事來到第六章的戲劇性高峰。猶太人何等「幸運」，以斯帖那樣美貌、脫穎而出成爲皇后、末底改竟無意間聽見謀害王的陰謀、末底改報告陰謀的事會被記在皇家歷史上、以斯帖曾隱瞞自己的身分、王沒有召她還樂意見她、王那天晚上會睡不著覺、他竟要人爲他讀歷史、文士讀到幾年以前末底改作的事、王還那樣清醒，會查問有沒有獎賞末底改，等等。運氣實在太好了！以斯帖記的作者所講述的故事，其實最重要的主角並沒有現身——神的同在是盡在不言中，讀者自能從整個故事裏會意，這一大堆的巧合不過是祂掌管歷史、眷顧祂子民的副產品。這位作者所寫的書，從頭到尾都在講神的作爲與掌權，可是整個故事沒有一頁提到神，這種文筆實在太不凡了。對與作者同時代的猶太人，以及對歷世歷代讀這故事的人而言，這個有關神保守、揀選的故事，帶來了安慰與肯定的信息。神在歷史中的作爲或許是隱藏的，並非人人都能看透。可是儘管我們不能了解神對一切所發生之事的旨意，但沒有一件事不在祂的掌握之中。

神掌權的教義是以斯帖記的基礎，但它並不等於宿命論。因爲神的作爲與旨意雖然不能看透，人的順服與忠心卻是明顯的。在這方面，以斯帖記四13～14和其他幾處聖經的經文一樣，將人的責任與神的保守奇妙地調和在一起（例如珥二32〔MT三5〕；太二十六24；徒二23，三18～19）。

未竟之功

　　以斯帖記不是聖經中的奇異孤島，和其他經卷所記歷史的救贖事件不發生關聯。事實上正相反，以斯帖記的故事和其他救贖歷史緊密相關，主要是在以色列人與亞瑪力人的相爭方面。哈曼與末底改引介了這個衝突：末底改是便雅憫支派基士族的人（二5），基士就是掃羅的父親；哈曼是亞甲的後裔（三1），亞甲就是與掃羅爭戰的亞瑪力王（撒上十五）。從出埃及以來，歷史上以色列與亞瑪力人一直爭戰；摩西曾說：「耶和華必世世代代和亞瑪力人爭戰。」（出十七16）以色列奉命要「將亞瑪力的名號從天下塗抹了」（申二十五17～19；出十七14；撒上十五23）。聖經不時記載與亞瑪力人的衝突（士三13，五14，六3、33，七12，十12；撒上二十七8，三十13～18；參民二十四20）。掃羅曾領受神的命令，要除滅亞瑪力人（撒上十五章），但他沒有順服神；這件與掃羅、亞甲，和亞瑪力人相關的事，至終成為掃羅自己的失敗和喪失王朝的原因（撒上二十八18）。有位亞瑪力人後來曾說，他殺了掃羅（撒下一8）。以色列人在希西家王的時候，還與亞瑪力人爭戰（代上四43）。

　　掃羅與亞甲後裔的爭戰，是持續自古以來以色列與亞瑪力人的對敵。以斯帖記中有許多細節，都可以從這個背景來看。由於以色列和亞瑪力人有世仇，所以末底改不願意向哈曼屈身。而哈曼的忿怒本來只針對末底改一個人，後來當他知道末底改是猶太人之後，就擴大範圍，要消滅所有的猶太人（三5～6）。哈曼消滅所有猶太人的詔書（三13），事實上是要將掃羅沒有行在亞瑪力人身上的事（撒上十五3），行在以色列人身上。當局勢逆轉，以斯帖和猶太人有權報復仇敵的時候，猶太人沒有搶奪仇人的財物（九10、15）；末底改時代的猶太人不願意再重蹈掃羅的覆轍（撒上十五9～19）。以色列能否不受仇敵攪擾，享受太平，與亞瑪力人的消滅密切相關（申二十五19）；這件工作完成後，猶太人便「脫離仇敵得平安」（九22）。

　　以斯帖記大半談到猶太人和外邦人的關係。這位作者的寫作對象，是被擄歸回之後的人，當時以色列已經臣服於幾個世界強權之下：亞述、巴比倫，和波斯，以後還有其他國家會興起。我們的作者保證道，猶太人在外邦統治的國度中不一定要作奴隸，也有可能生活富裕，而仍持守猶太教。以斯帖記在猶太教裏面為何如此重要，我們很容易明白；歷史裏面不乏反閃族的集體殺戮、逼迫，二次世界大戰中尚有猶太人的大屠殺，以斯帖記表達了一份心聲：「猶太人必得解救」（四 14），這個國家將繼續存留，因為神揀選的旨意永遠不會失敗。

展望新約

　　書珊城內的事件，成為神救贖歷史計畫的威脅。對基督徒而言，以斯帖記中的危險，不單是猶太人的存亡問題，更是彌賽亞能否出現的問題。本書中，在那離伯利恆千里之外的遙遠城市、幾個世紀之前，神已經在掌管歷史，使它逐步向前，直到祂自己的兒子來到；那時猶太人和外邦人的隔閡才能完全除去（加三 28）。

11/9/2003

約伯記

　　約伯記的核心就是苦難。世上所有的人都有受苦的經驗，所以這卷書大家讀來都覺得心有戚戚焉。它的信息跨越時間與文化。最特別的是，本書的主角所受的苦，不是自己招惹來的。因此，他不僅肉身痛苦，精神上更難受：「爲什麼是我？我做了什麼，竟會落到這種下場？」

　　因此，本書所提出的問題，是世人最不解的問題：神的作法難道公平嗎？這是神義論的問題。不過，儘管本書提出了問題，它卻似乎沒有眞正提供答案，只是簡單而含蓄地予以肯定。

　　約伯記既動人心弦，又複雜難明，是舊約中最難翻譯、最不容易解釋的一卷書。

書目

註釋

Andersen, F. I. *Job*（TOTC; InterVarsity, 1976/中譯：安德生著，《丁道爾舊約聖經註釋：約伯記》，校園，1994）; Clines, D. J. A. *Job 1-20* (WBC 17; Word, 1989); Delitzsch, F. *Job*(reprinted by Eerdmans, 1975); Dhorme, E. *A Commentary on the Book of Job* (Thomas Nelson, 1984 [orig. 1926]); Driver, S. R.,and G. B. Gray *The Book of Job* (ICC; T. & T. Clark, 1921); Gordis, R. *The Book of Job: Commentary, New Translation,Special Studies* (New York: Jewish Theological Seminary, 1978); Habel, N. C. *The Book of Job* (OTL; Westminster, 1985); Hartley, J. E. *The Book of Job* (NICOT; Eerdmans, 1988); Janzen, J. G. *Job* (*Interp*.; John Knox, 1990); Murphy, R. E. *Wisdom Literature: Job, Proverbs, Ruth,Canticles, Ecclesiastes, Esther* (FOTL 13; Eerdmans, 1981); Pope, M. H. *Job* (AB 15; Doubleday, 1965); Rowley, H. H. *Job* (NCB; Erdmans, 1970).

專論與文章

Barr, J. "The Book of Job and Its Modern Interpreters," *BJRL* 54 (1971-72): 28-46; **Clines,** D. J. A. "The Arguments of Job's Three Friends," in *Art and Meaning: Rhetoric in Biblical Literature*, ed. D. J. A. Clines et al. (JSOTS 19; Sheffield: JSOT, 1982):215-29; **Curtis,** J. "On Job's Response to Yahweh," *JBL* 98 (1979): 497-511; **Lambert,** W. G. *Babylonian Wisdom Literature* (Oxford, 1960); **Newell,** L. "Job, Repentant or Rebellious?" (Th. M. thesis: Westminster Theological Seminary, 1983); **Robertson,** D. A. *Linguistic Evidence in Dating Early Hebrew Poetry* (SBL Dissertation Series 3; Missoula; Society of Biblical Literature, 1972); **Westermann,** C. *The Structure of the Book of Job,* trans. C. Muenchow (Fortress, 1981); **Zerafa,** P. *The Wisdom of God in the Book of Job* (Rome: Herder, 1978).

歷史背景

日期與作者

這卷書沒有提到作者的名字和寫作的日期。它既是匿名的著作，就只能從本書的外證來推敲可能的作者與日期。

按照學界最盛行的看法，約伯記的寫作歷經長久的過程（不同的見解，參 Zerafa, 29-54）。大部分學者相信，全書原來的基礎是對話部分（伯三～三十一章）。後來，有一個散文式的民間傳說被拆爲兩半，作爲全書的框架。其中有些學者也認爲，以利戶和雅巍的講論，以及論智慧的詩（二十八章），是最後才加上的。事實上，對於這卷書原初的範圍究竟爲何，那些是加上的、什麼時候加的，學界的看法甚不一致（見以下的「結構分析」）。

保守派聖經學者多半視這卷書原來就是一個整體，有些人（ Archer, *SOTI*, 464 ）更引用早期猶太人的傳統，說本書或是摩西寫的，或是他改寫的。若認爲一本歷史書的寫作愈靠近事情發生的時間，就愈可靠，那麼，這種寫作日期甚早的說法就比較切合本書。既然約伯記的背景是在相當早的時期，有些人便相信，它的寫作也很早。

不過，另外一些同屬保守派陣營的學者，卻將本書定在所羅門

時期（Young）或第八世紀（Hartley），也有人乾脆不定出時間。由於證據實在不足，最後一種作法或許較為明智。

歷史時期

雖然本書的寫作日期難以探究，不過，卻有一些蛛絲馬跡可以幫助我們決定其中事件的背景。只是歷史背景對於寫作日期並無法提供肯定的線索。德萊弗與葛萊（Driver and Gray, lxvi）說得好：「因為作者的想像力延及這首詩的背景，所以若要從本書**英雄**的環境來揣測**作者**的年代，乃是錯誤的作法。」

全書的安排明顯是在列祖時期。約伯是一位外邦的列祖，很像亞伯拉罕。約伯的大財富是用牛群的數目和僕人的多寡來計算（伯一 3，四十二 12）。他也是一個大家庭的家長，像亞伯拉罕一樣，成為全家人的祭司。例如，約伯曾獻祭（一 5），而在西乃山正式設立祭司制度之後，就再沒有這類舉動了。此外，約伯的年齡也比列祖還要大。他在得醫治後，又活了一百四十年（四十二 16）。

最引人注目的是，約伯不是以色列人。烏斯地雖然無法確認，但卻顯然不在以色列的疆界之內（Clines 1989, 10-11）。在救贖的進展方面，約伯最好視為活在亞伯拉罕之約以前的人物，因為在那之後，立約的團體就狹隘了，只限於一個特殊的家族。

正如前面所說，這些證據可以設定故事的環境，但無法肯定寫作的時間。有些現象顯示，本書可能寫於以色列歷史的晚期，不過沒有一項能確定。許多人想根據約伯的用語，來為本書寫作日期較晚辯護。然而這種論證很不可靠。這卷書極有可能不定期被修訂過，至少曾有幾次的修訂；這一點幾乎不必懷疑。無論如何，這類證據也相當模糊，甚至有人舉出更有力的說法，指證本書的用語事實上相當早，不過還不像摩西那樣早（Robertson）。

本書有些宗教概念，似乎在以色列歷史的晚期才出現。當然，若認為舊約的宗教理念是採僵硬的進化方式發展（如威爾浩生派），就不對了；但是，聖經的確隨著救贖歷史的發展，逐步將真理啟示出來。本書對於撒但作了深刻的描繪，就天使論而言，似乎

是出於以色列歷史的後期。

　　總體而言，這卷書的背景無疑相當早，不過寫作日期卻無從得知。幸好，儘管我們不知道作者是誰，或寫作日期為何，但對本書的研討損失不大（有關約伯記的歷史性，見下文「文體」部分）。

文學分析

　　約伯記的文學形式，在古代近東有先例可循，不過它本身仍有許多特色。這一卷書對歷代的西方文學產生了深遠的影響，也捕獲了文學批判學者的注意力。

　　分析本書的結構，有助於了解其近東文學背景和文體的特色。

結構

　　本書現狀的結構，大綱相當清楚：

伯一～二章	散文前言，引介人物與情節
伯三～三十一章	約伯與三個「朋友」的對話
伯三章	約伯的哀歌
伯四～二十七章	三次對話的循環
伯二十八章	論神的智慧之詩
伯二十九～三十一章	約伯最後的講論
伯三十二～三十七章	以利戶的獨白
伯三十八～四十二 6	雅巍從旋風中說話
伯四十二 7～17	散文尾聲，全劇終結

結構分析

　　說明以上的結構相當重要，理由有二。第一，在現代聖經批判的歷程中，本書文學上的完整性一直受到質疑。在反對的理由中，有些相當嚴重，必須加以探討。不過，更重要的理由為：從全書滿有動力的架構中，可以清楚看出其文體與信息。

前言（伯一～二章）。約伯記是三明治結構。開始是一段散文式的序，接下來為詩式的對話，末了為散文式的結論。開始與末了被稱為散文框架。我們下面會談到尾聲，不過有關兩者的批判問題會在這一段談，因為它們的關係密不可分。

有些學者主張，散文框架是約伯記各部分中最古老的。它原來是一則簡單的民間傳說，提到有一個人受到神的試煉，卻仍然向祂盡忠，最後得到獎賞，財富倍增。目前的這卷書是從這個故事衍生而來。

保守派學者，如安德生（F. I. Andersen）等人已經證實，這兩段散文目前的形式必須以書中的對話與雅巍的回應為前提。尾聲的開始為「耶和華對約伯說話以後」，而且也提到那三位朋友。認為散文故事原來是獨立的人則回答說，這些經文是「後來編輯」的結果。不過，儘管可以用「編輯說」來解釋，仍然不能否定或證明「散文部分原來與詩無關，是獨立的」這項假說。

而故事邏輯一致的理由，也同樣不足以證明它們原來就是一個整體。本書從前言到本文到尾聲一氣呵成，這可能是出於一段冗長文學歷史的整理，也可能出於一位作者之手。重要的乃是，前言與尾聲在本書正典形式的功能。從前言直到尾聲，貫穿全書的神學信息是一致的。

前言為故事鋪路，介紹了主角與背景。它帶出的情節為一個需要解答的問題：為何無辜的約伯竟然受苦？前言也將讀者帶到舞台的背後，神的會議廳中。台上角色不知道的，我們知道；我們明白約伯的受苦，是他向神忠誠的試煉。

約伯與他三位「朋友」的對話（伯三～三十一章）。**約伯的哀歌**（伯三）。前言末了介紹了約伯的三位朋友。不過，在他們發言之前，約伯先以哀歌的形式獨白。他為自己的遭遇悲歎，甚至懷疑自己為什麼要出生。這一章的形式是哀歌，在語調和結構上，與詩篇中個人的哀歌相似（Westermann）。

三次對話的循環（伯四～二十七章）。這些對話的性質是詩，暗示我們，所記的並不是約伯與他三位朋友談話的實錄。古人彼此對

談也和現今的人一樣，不會用詩的形式。

　　這些對話是以高度的文學技巧表達，從其結構可以看出。總共有三次循環，每一次三位朋友輪流向約伯發言，而約伯也個別予以回答。順序皆爲以利法在先，比勒達次之，最後爲瑣法。

表十一

約伯記的講論循環

第一循環	第二循環	第三循環*
以利法（四～五章）	以利法（十五章）	以利法（二十二章）
約伯（六～七）	約伯（十六～十七）	約伯（二十三～二十四）
比勒達（八）	比勒達（十八）	比勒達（二十五）
約伯（九～十）	約伯（十九）	約伯（二十六 1～二十七 12）
瑣法（十一）	瑣法（二十）	瑣法（二十七 13～23）**
約伯（十二～十四）	約伯（二十一）	約伯（二十八～三十一）

*最後一循環中，「朋友」的講論簡短許多，顯示這三個人已經江郎才盡。
**瑣法在第三循環中的地位，見 Zerafa（1-28）。

　　請注意，在第三循環中，比勒達的話好像被切斷了，瑣法似乎少講一次，而約伯所說的話似乎與前面他的言論都相反（二十七13～23）。第三循環可能在經文抄寫過程中有錯誤（見 Zerafa 詳盡的討論），因此二十七13～23 中約伯的話，或許是比勒達發言的一部分，或許是瑣法漏掉的話。不過，即使這樣將經文略作修正，第三次循環簡短的發言，也不過是將第二次循環開始的過程作一個結束——換言之，其中的發言都大幅削減。藉著這個方式，這段對話表明三位朋友已經辭窮，無法應付約伯的論證。這種文學設計巧妙地導出聽得不耐煩的以利戶之言論（三十二～三十七章）。

　　三位朋友代表的智慧，是自古以來的報應神學。不過，他們的講論十分呆板、機械化。神祝福義人，咒詛惡人。若是如此，既然約伯受苦，他就必定是罪人，需要悔改（四7～11，十一13～20）。

　　約伯非常反對這套說法。他受苦並不是因爲他犯了罪。約伯從來沒有說他完全沒有罪。他同意比勒達的看法，人在神面前不能成爲義（九2），可是他質疑，他能否從神得到公平的判定。在九21～24，他直接頂撞朋友們的智慧，大膽地說：「完全人和惡人，祂都滅絕。」

　　約伯和三位朋友辯論的中心爲：誰更有智慧？對約伯的受苦，誰的看法正確？約伯和他的朋友都列出其智慧的出處，而嘲諷對方的智慧（十一12，十二1～3、12，十三12，十五1～13）。我們將看到，「誰更有智慧？」這個問題，在全書中不斷出現。

　　論神的智慧之詩（伯二十八章）。二十八章中，約伯在回答瑣法的話（二十七13～23的重新架構）時，頓然有了一些看見。在此，約伯將一切的智慧都歸給神，成爲本書結論的先聲。本章實爲舊約中最動人的詩篇之一。

　　儘管本章的詩詞之美、筆力之雄渾，無人不承認，但它在本書中的地位卻遭到劇烈的辯論。要求約伯記的思想嚴格合乎邏輯的人，感覺本詩是強行插入的。換言之，他在這裏向神超越的智慧低頭，但是接下去的三章卻還在埋怨。最後，神必須從旋風中說話，問題才得到解決。

　　不過，否認本章屬於原書的人，也常認爲它與對話部分都出於同一位作者之手，然而他們主張，本章是該作者晚年所寫，後來才加進去的。

　　問題其實不在約伯記本身，而在對邏輯順暢性的堅持。約伯在受苦，到二十八章，他暫時有了一些亮光，可是在巨大的苦難壓力之下，這點亮光稍縱即逝，他又陷入沮喪之中。

　　約伯最後的講論（伯二十九～三十一章）。大結局之前，是約伯最後的講論。他回顧以往享受神祝福的光景（二十九章），悲歡現

今的苦難，埋怨神不聽他的祈求（三十 20）。他再度向神申冤，宣稱自己是無辜的，不應當受到這些苦難的折磨。

以利戶的獨白（伯三十二～三十七章）。這個時候，以利戶插了進來。三位朋友代表當時長老的智慧，而以利戶卻是位急躁的年輕人，認為自己有一切的答案。由於尊重年長者的緣故，他在一旁耐心等待，希望三位朋友能解決約伯的問題；可是他們都失敗了，因此他再也不能保持緘默（三十二 6～9）。他不能忍受約伯驕傲地自以為是（2 節）。總之，他認為自己是另外一位智慧人（三十三 33）。

儘管他自認為有新的創見（三十二 14），事實上只不過回到報應的舊神學：約伯受苦是因為他犯了罪（三十四 11、25～27、37）。

一般批判學者主張，以利戶的獨白不屬於原書；此說的理由主要有二。第一，結論時神提到三位朋友，卻沒有提到以利戶。但是巴爾（Barr）的評語相當有見地，他認為神或許不把以利戶的話當一回事，把這位急躁的年輕人推回他自己的位置。另一個主張這獨白是後來加入的理由為：其中並無新意。但這正是要點所在：人的智慧已經來到盡頭；現在是神上場的時候了。

雅巍的發言與約伯的回應（伯三十八～四十二 6）。在整個對話中，約伯一直希望能和神面對面理論（伯二十三 2～7）。他的期望終於實現了，神以一場暴風的形式向他顯現。神旋風式的彰顯，暗示祂乃是前來審判（詩十八，二十九；鴻一）。

約伯曾期望當面詢問神，他究竟為什麼受苦。神卻並沒有直接回答問題，只是責備約伯中傷了祂的名聲（伯四十 8）：「你豈可妄論我不公平？豈可定我有罪，好顯自己為義？」

神沒有直接聲明自己的義，卻回答了另一個問題，就是智慧的源頭在何處。正如前面所言，這是在全書內部一直燜燒著的問題。如今神提供了明確的答案：惟有祂才是智慧。

祂從旋風中所說的頭一句話，就將約伯的智慧擺平了，並且引介出以下幾章，在那裏神問約伯一連串的問題，是只有造物主才可

能回答的：

> 誰用無知的言語
> 使我的旨意暗昧不明？
> 你要如勇士束腰；
> 我問你，
> 你可以指示我。（三十八 2、3）

接下來的問題表明了神全備的知識，和祂對自己所造自然界的掌握，這些與約伯的無知正相反。其含義為：在道德方面也是如此。神知道，但約伯不知道。

對於智慧之來源的問題，這個結論更用一連串的修辭式問題來強化；神發言的這段話中，反覆詰問智慧的來源為何。約伯記三十八 36、37 是很好的例子（亦見三十九 14～18、26）：

> 誰將智慧放在懷中？
> 誰將聰明賜於心內？
> 誰能用智慧數算雲彩呢？

約伯認出神講論的能力，以謙卑和悔改來回應。他將自己交在宇宙全能之神的手中，服在祂的旨意之下。

尾聲（伯四十二 7～17）。尾聲使整個故事以歡樂收場。約伯與神和好，他的財富又歸還於他。神賜福他，讓他長壽。

約伯雖然對神不耐煩，但仍然蒙恩，是因為他沒有「咒詛神而死」，也沒有屈服於朋友振振有辭的論證。在與神面對面時，約伯立刻以悔改和順服來回應。結果，他成為替朋友代禱的人，因為他們所倡言的機械式報應論，是錯誤的智慧。

文學背景

在近東找到與約伯記類似的作品，並不足為奇，理由有二。第一，約伯記是智慧文學，而智慧具國際色彩（Murphy, 9-12）。第二，苦難，尤其是與虔誠有關的苦難，在每一種宗教體系中，都是很重要、很困難的問題，不限於聖經而已。

從蘇默、埃及、巴比倫、烏加列和印度，都可能找到類似的經文（Andersen, 23-32）。我們不一一討論這許多作品，只以巴比倫經文為例，說明約伯記與其他近東文化作品的異同。

巴比倫經文中，可以作為比較的最古老文字是 *Ludlul bēl nēmeqi*（「我要讚美智慧的主」），常被人稱為「巴比倫的約伯」。這個故事的主角撒干（Šubši-mešre-Sakkan）是位受苦者，他怨聲載道，因為他對神、對王都忠誠無貳。本書的形式是獨白，焦點是瑪爾杜克神恢復了他的一切。他從來沒有真正質問神祇，自己為何遭災。蘭伯特（Lambert, 21-62）將該書譯為極佳的英文；根據他的看法，其寫作時間是在主前二千年中間的加瑟人（Kassites）時期。

第二個可作比較的巴比倫故事，寫作時間較晚，約在主前一千年，通常被稱為「巴比倫神義論」（Lambert, 63-91）。它的形式是一位受苦者與朋友的對話，那位朋友代表巴比倫傳統的敬虔觀。受苦者質疑諸神的公義，朋友警告他不得褻瀆，但最後卻回過頭來，主張諸神造的人類是敗壞的：

> ……他們像賊一樣傷害貧窮人，
> 他們極力誹謗他，想謀害他，
> 讓他像囚犯吃盡苦頭，因為無人保護他；
> 他們令他驚惶而亡，像熄滅火苗一般。
>
> （284-86 行）

從這些文字以及其他類似的經典看來，約伯記並不是第一本討

論「義人爲何受苦」的書。不過，這個問題既然遍處可見，就不需要假定以色列與古代近東的範例之間有任何實質的聯繫。約伯記的作者也許知道巴比倫的經典，可是我們對這點沒有把握。無論如何，約伯記在許多方面都十分獨特。

安德生（32）說得很好：

> 約伯記遠遠超越最像它的作品。它對人類苦難之主題的探討，立場前後一致；它對這個問題從各個角度來檢驗；它對道德一神論提出大膽、有力、清晰的對抗；它的抒情詩句極其高明；它甚富戲劇化的果效；在面對人類存在中「無法理解的重擔」時，它保持理性的誠實。在這種種方面，約伯都如鶴立雞群。據我們所知的資料，在它之前沒有一項能像它成爲典範，而在它之後的作品，包括無數的模仿品，也沒有一項能達到它的高度。比較的結果，約伯記的偉大更顯得獨一無二。

文體

約伯記是獨特的。以上對本書結構和文學背景的討論，有助於文體的辨認。約伯記究竟是怎樣的一卷書？這個問題很難回答，因爲，正如以上所言，沒有完全像它一樣的文字。

就內容而言，本書可以被稱爲神義論，聲明神在世上作爲的公義性。神既然容許無辜的人受苦，怎麼還能是偉大、公義的呢？但若說它是神義論，其實它只提出了問題，而沒有作出讀者期待的答案。神的回應爲：答案超越人的知識範圍。

也許本書的文體最好定爲「智慧的辯論」，這個說法可以道出它的形式與內容（Zerafa）。本書的核心乃是智慧的源頭問題（見「神學信息」），而其中各人的說辭，一方面表達自己的看法，一方面也駁斥別人的智慧觀。

約伯記是否爲歷史書？這個問題很適合在文體的範疇內討論，因爲它關係到約伯記究竟是歷史，還是虛構的故事。不過，這個問題無法明確答覆，因爲一卷書或許包含了歷史核心在內，但對於歷史

的準確性卻不太看重。我們稱這類書為歷史故事。讀者必須牢記，我們是在探討文體用意的問題，而不是歷史的準確性。換言之，約伯記是否有意記錄過去發生的實際事件？若是如此，它打算準確到什麼程度？

有幾項因素顯示，約伯記不是純粹虛構的故事，而是扎根在歷史事件中。一段經文的頭幾行，對於文體的辨認十分重要，因為它們決定了以下文字的色澤。約伯記的第一節很像士師記十七章與撒母耳記上第一章，而這兩段經文無疑是要交代歷史事件。第二，約伯這個人在本卷書之外被提到三次，兩次（結十四 14、20）是與另外兩位舊約歷史人物並列，即挪亞與但以理。

因此，本書必定有歷史用意。我們必須視約伯為一位真實的人，活在古時，曾受大苦。不過，除了這本用他名字作書名的經卷之外，再也沒有辦法證明或否定約伯的存在──例如，透過考古學的考證。

雖然約伯記有歷史用意，但本書其他方面的信號顯示，準確性並不在作者的優先考慮之內。例如，對話都以詩體來寫。由於一般人彼此談話並不會用詩句（尤其是在極其痛苦之時），顯然這裏所記並非各個人物發言的實況。本書的內容是正確而非準確。

詩體將本書從個別的歷史事件，提昇到可以應用於普世的故事。約伯記不只是歷史的記事；其中的智慧可以應用到每一個聽眾身上。

神學信息

神的智慧

正如文學分析所顯示，本書的中心是智慧的問題。無辜之人受苦的問題驅策著故事往前走，這也是神學上的重要問題，可是在揭示整個情節後，會發現「誰有智慧？」的問題更居優先。

事實上，書中每一個角色都自稱有智慧，直到最後，神在旋風

中發言，這問題才塵埃落定。沒有一個人可以自誇，沒有一個人有資格爭競，惟獨神是智慧的源頭，而祂隨己意將智慧賜下。

因此，人最合適的回應，就是悔改與順服。正如約伯所說：

> 我從前風聞有祢，
> 現在親眼看見祢。
> 因此我厭惡自己，
> 在塵土和爐灰中懊悔。（四十二 5、6）

這樣來看約伯記，在現代詮釋者的圈內並不普遍。例如，柯提斯（Curtis）認爲，約伯的話語和姿勢，其實是對神的侮辱（見他 1979 的文章中，對約伯記古怪的翻譯和解釋）。普藍克（Plank）評註道：「旋風只冒出神權能的火，讓筋疲力竭的約伯招架不住。」（328）也代表了這類解釋的走向。

不過，這些學者乃是落入了陷阱，他們滿不在乎地用當代的「時代精神」（*Zeitgeist*）來讀聖經各卷書。哥笛斯（Gordis）注意到，對約伯記而言，這種作風尤其危險：詮釋者常「按自己的形像造出一位約伯，而利用本書發言，表達自己對生命與其意義的看法」（xxxii）。約伯在與朋友辯論時固然有理，但他爲自己對神缺乏耐心眞誠地悔改，這無疑是對本書原意的正確解釋，也更配合正典對神敬畏的態度。這個解釋不合乎時下人類自主的趨勢，但這並不重要（對於約伯回應的傳統看法，參 Newell 的辯護）。我甚至認爲，神稱讚約伯「所說的是」（四十二 7），特別是指他以悔改來回應雅巍的話。

人的受苦

對於約伯的問題：「我爲什麼受苦？」神沒有直接回答，卻答覆了比受苦更重要的問題。其實，沒有一個人能逃避苦難。我們都很想知道自己遭難的理由，或許這樣可以減輕我們的痛苦。

雖然神選擇不將這個問題的答案告訴受造者，不過，我們仍可

以從這本書學到許多有關苦難的事。例如，如果我們不明白自己為
何受苦，至少這卷書可以矯正一個常見的看法，就是所謂的報應
說。

報應的基本前提，在本書中由以利法、比勒達和瑣法代表：

你若犯罪，就必受苦。

其實，這種前提有一些真理在內，聖經也教導說，順服或犯罪
會導致不同的結果。在這方面，聖約是框架，其中陳列出律法，順
者昌，逆者亡（申二十八章）。申命記式歷史書無形中也指示，列
王犯罪是被擄的原因。箴言教導，凡遵行神的道，就是按智慧而行
的人，「必安然居住，得享安靜，不怕災禍」（一 33）。

犯罪會導致受苦，這項前提一般而言是正確的，可是這三位朋
友卻扯得過頭了。他們實際上是將因果關係顛倒，而認為：

你若受苦，必是因你犯了罪。

這樣顛倒因果關係，等於是說，所有苦難都可以用罪來解釋。
受苦成為犯罪的表彰。約伯受苦，因此他必定犯了罪。

約伯記是正典對這種錯誤推理的矯正。它防止人將正確的聖經
報應說作過度而機械化的應用。它所用的方法，是指出有一個人受
苦，卻不是為自身的罪。讀者從前言就知道，約伯的苦難不是由於
罪而來。他受苦的原因，與約翰福音第九章所記生來瞎眼的人相
似。門徒看見一個瞎子，他們的問題反映出與那三位朋友類似的報
應觀：「拉比，這人生來是瞎眼的，是誰犯了罪？是這人呢？是他
父母呢？」耶穌的回答也可以用在約伯身上：「也不是這人犯了
罪，也不是他父母犯了罪，是要在他身上顯出神的作為來。」約伯
記和約翰福音九、十章的真理不容易明白，即：神可以藉他忠心僕
人的受苦得到榮耀。

約伯記並沒有企圖解釋世上一切苦難的原因。它拒絕三個朋友

的報應論，不認為那是苦難源頭的惟一解釋。約伯記徹底肯定：個人的罪不是世上苦難的惟一原因。

展望新約

神和人類受苦的關係，約伯記並不是故事的終結。約伯記教導說，神在掌管一切；無辜的受苦者若質疑祂的智慧與能力，就會遭到祂的譴責。約伯以悔改來回應，是合宜的。

新約讓我們更深一層了解神如何處理苦難。在耶穌基督裏，祂彰顯出對罪人的愛，因為祂差遣祂的兒子，為他們死在十架上。耶穌基督才是真正無辜而受苦的人，惟獨祂完全沒有罪。祂甘願（與約伯相反）將自己順服在苦難之下，為使罪人得到益處。正如安德生所說（73）：「罪惡的後果原本與主無關，但祂卻自己親身擁抱、承受了；這是對約伯——包括人類所有的約伯——最終的答案。」在耶穌裏，神進入了人類苦難的世界，為要帶來救贖。耶穌在十架上經歷了人類最深的苦難，但祂卻沒有發怨言。早期基督徒團體明白約伯與耶穌的關係，因此在受難節那週常常誦讀約伯記（Delitzsch, 32）。

耶穌在十架上的死，並沒有將苦難畫上句點。事實上，基督徒的特色就在於分受主的苦難。基督徒在信主之後，並非就脫離了今世的罪惡與痛苦；這種說法不符合福音的真理。在哥林多後書一3～11，保羅將基督徒所受的苦與基督相較，說他們也會得到像基督所得的那種安慰。他繼續描述基督徒團體是在苦難與安慰上相交的團體，值得我們深思。

因此，約伯記對現今的基督徒仍然十分有力。而惟有從耶穌基督——完全無罪的受苦者——的亮光中，我們才能正確地了解它的含義。

11/23/2003

詩篇

　　基督徒對詩篇的興趣，超過舊約任何書卷。其實這現象始於新約本身，其中經常引用或提及詩篇。今日基督徒認為，它是舊約的心臟。它對人的思維與情感都極具啟發作用。詩篇散佈著敬虔與愛神的情懷，源自個人與神親密的關係，在現代人中間產生巨大的回響。有些句子（如，「耶和華是我的牧者」，詩二十三 1）幾乎人人耳熟能詳，帶給心靈很大的安慰。閱讀詩篇使人心曠神怡。

　　不過，若仔細查考，詩人會讓我們感到驚訝，其中的信息有些令人費解。舉例來說，個別的詩篇似乎缺乏歷史或文學的背景，這在舊約是絕無僅有的。再說，詩人的態度有時也讓基督徒想不透，因為我們受到的教導，是要承認自己的罪，並要愛仇敵。可是詩篇卻有這樣的話：

> 耶和華啊！求祢為我伸冤，
> 　　因我向來行事純全；
> 我又倚靠耶和華，並不動搖。（二十六 1）

> 將要被滅的巴比倫城啊！
> 　　報復你，像你待我們的，
> 　　　　那人便為有福。
> 拿你的嬰孩摔在磐石上的，

那人便為有福。（詩一三七 8、9）

　　本書的英文名字（Psalms）源於七十士譯本（*Psalmos*），經由武加大譯本流傳下來。這個希臘字是翻譯希伯來文 *mizmôr* 一字，其動詞字根為 *zāmar*（「歌唱」，也可能為「摘取」），這就使得本書與音樂相連。希伯來經文的名字為 *Tehillim*，意思是「讚美」，表達出全書的要義（見下文的說明）。

書目

註釋

Allen, L. C. *Psalms 100-150* (WBC; Word, 1983); **Anderson**, A. A. *Psalms* (NCB; Eerdmans, 1972); **Briggs**, C. A. and E. G. *A Critical and Exegetical Commentary on the Book of Psalms* (ICC; T. & T. Clark, 1906); **Craigie**, P. C.*Psalms 1-50* (WBC; Word, 1983); **Dahood**, M. J.*Psalms* (AB; Doubleday, 1965-70); **Delitzsch**, F.*Biblical Commentary on the Psalms* (Hodder and Stoughton, 1887); **Gerstenberger**, E. S. *Psalms* (FOTL; Eerdmans, 1989); **Gunkel**, H. *Die Psalmen ubersetzt und erklart* (HKAT; Vandenhoeck und Ruprecht, 1926); **Kidner**, D. *Psalms*（TOTC;InterVarsity, 1973-76/中譯：柯德納著，《丁道爾舊約聖經註釋：詩篇上、下》，校園，1995）; **Knight**, G. A. F. *Psalms* (DSB; Westminster,1982); **Kraus**, H.-J. *Psalmen* (BKAT; Neukirchener Verlag,1978 [now in English translation, published by Augsburg, 1985]); **Tate**, M. E. *Psalms 51-100* (WBC; Word, 1990); **Weiser**, A. *The Psalms* (OTL; Westminster, 1962).

專論與文章

Allen, R. B. *When the Song Is New: Understanding the Kingdom in the Psalms* (Thomas Nelson, 1983); **Anderson**, B. W. *Out of the Depths: The Psalms Speak to Us Today* (Westminster, 1983); **Beckwith**, R. *The Old Testament Canon of the New Testament Church* (London: SPCK, 1985); **Beyerlin**, W. *Wir sind wie Träumende* (Stuttgart: Verlag Katholische Bibelwerk, 1977); **Brueggemann**, W. *The Message of the Psalms*（Augsburg, 1984/中譯：白如格文著，《生命的對話——詩篇信息》，道聲，1966）; **Childs**,B. S. "Psalm Titles and Midrashic Exegesis," *JSS* 16 (1971):137-50; **Clowney**, E. P. *Preaching and Biblical Theology* (Presbyterian and Reformed, 1973); idem. "The Singing Savior," *Moody Monthly* 79 (1978): 40-43; **Delekat**, L. "Probleme der Psalmenüberschriften," *ZAW* 76 (1964): 280-94;**Eaton**, J. H. *Kingship and the Psalms* (Allenson, 1976); **Gerstenberger**, E. "Psalms," in *Old Testament Form Criticism,* ed. J. H. Hayes (San Antonio: Trinity University Press, 1974):179-224; **Goldingay**, J. "The Dymanic Cycle of Praise and Prayer in the Psalms," *JSOT* 20 (1981): 85-90; **Guilding**, A. "Some Obscured Rubrics and Lectionary Allusions in the Psalter," *JTS* (NS)3 (1952):

41-55; **Harman,** A. "Paul's Use of the Psalms" (Th.D.dissertation, Westminster Theological Seminary, 1968); **Kistemaker,** S. *The Psalms Citations in the Epistle of the Hebrews* (Amsterdam,1961); **Kraus,** H.-J. *Theology of the Psalms*, trans. K. Crim(Augsburg, 1986); **Lewis,** C. S. *Reflections on the Psalms* (London: Collins, 1961/中譯：路益師著，《詩篇擷思》，雅歌，1991); **Longman III,** T. "The Divine Warrior: The Old Testament Use of a New Testament Motif," *WTJ* 44 (1982): 290-307;idem. Psalm 98: A Divine Warrior Victory Song," *JETS* 27(1984): 267-74; idem. *How to Read the Psalms (InterVarsity, 1988);***Miller,** P. D., Jr. *Interpreting the Psalms* (Fortress,1986); **Mowinckel,** S. *The Psalms in Israel's Worship*, 2 vols.(Abingdon, 1962); **Slomovik,** E. "Toward an Understanding of the Formation of Historical Titles in the Book of the Psalms," *ZAW* 91(1979): 350-81; **Smith,** M. S. Psalms: The Divine Journey (Paulist,1987); **Vannoy,** R. *Covenant Renewal at Gilgal* (Cherry Hill, N.J., 1978); **Waltke,** B. W. "A Canonical Process Approach to the Psalms," in *Tradition and Testament*, ed. J. S. and P. D. Feinberg(Moody, 1981), 3-18; **Westermann,** C. *The Psalms: Structure,Content, and Message* (Augsburg, 1980); **Wilson,** G. H. "Evidence of Editorial Divisions in the Hebrew Psalter," *VT* 34(1984): 337-52; idem. "The Use of 'Untitled' Psalms in the Hebrew Psalter," *ZAW* 97 (1985): 404-13; idem. *The Editing of the Hebrew Psalter* (SBLDS 76; Chico: Scholars, 1985).

歷史背景

導論

詩篇的歷史背景很難描述，理由有二。第一，本書顯然是一本詩集，而不是有頭有尾的作品。第二，個別詩篇的歷史背景並不明確。

正典詩篇包括一百五十篇作品。這些詩不是在同一個時間寫成，而是經過很長的一段時間。事實上，如果視標題語爲背景的重要暗示（見下文），那麼至少有一篇詩（詩九十篇）的日期早至摩西的時代，而有一些詩的內證則指向被擄歸回的時期（如詩一二六篇）。這樣，年代的分佈就長達一千年。從這個角度而言，詩篇的歷史背景就是整個以色列國的歷史。

本書歷史背景的複雜之處，更因爲有強勁的證據顯示，在整個舊約時期，全本書和個別的詩篇都有部分受到修訂。在全本書方面，可以看出：個別詩篇收入詩集時，並不是單純地放在最後作附篇。詩篇七十二 20 爲詩篇卷二的結語，它這樣說：「耶西的兒子大衛的祈禱完畢。」我們必須假定，在詩篇形成歷史中的某一個時

刻，在這句話的前面只有大衛的詩，而在它的後面就不再有大衛的詩。但事實上，按目前詩篇的現狀，這一節之前有幾篇非大衛的詩篇（甚至詩七十二篇本身！），而在它之後仍有幾篇大衛的詩。這一節是明確的證據，顯示有些詩是編入詩集內部，不只是加在尾端而已。

仔細研讀個別的詩篇，就會發現，在正典形成時期，它們也受到「修訂」。如果詩篇六十九篇的作者標題語真確，本詩就出於大衛時代；可是再讀最後三節（六十九 34～36），它們似乎最配合被擄時期。由此可見，在正典形成時期，個別詩篇乃是敞開的，或活動的。

不過，有些學者沒有看出詩篇的活動性，他們專門注意個別詩篇的歷史背景。事實上，許多詩篇的註釋都嘗試藉內容的分析，來發掘每一篇詩寫作的歷史情境。這種努力很少使學界能信服，因此對各個詩篇歷史背景的看法，差異很大，這現象並不希奇。舉例而言，有些學者將詩篇九十八篇定在出埃及時，因為其中有些詞彙曾出現在描寫神於紅海勝過埃及人的詩中（「奇妙的事」和「祂的右手和祂的聖臂」）。另一方面，貝葉林（Beyerlin 1977, 49）卻極力主張，詩篇九十八篇應當寫於回歸時期，因為，按照他的看法，這篇詩在文字上有倚賴以賽亞書的現象。

仔細分析之下，我們必須承認，將個別詩篇固定於某一歷史事件的作法，並不合乎詩篇本身的用意；它們刻意不明確表白相應的歷史。若將詩篇中蒙拯救之詩（詩二十四篇），與歷史書中的蒙拯救之歌（士五章）作比較，便可以說明這一點。士師記第五章的記載，扎根於主前一千多年以色列人擊敗迦南人的事件。詩篇二十四篇也慶賀軍事勝利，描述軍隊邁向城門，讚美那位「在戰場上有能的耶和華」（詩二十四 8）。不過，若要指認究竟是哪一場戰役促成這篇詩的寫作，就太困難了。

因為詩篇的特性就是歷史不明確，因此以色列人在敬拜中能不斷使用它們。不過，在討論詩篇與以色列人的敬拜之前，我們還需要思考詩篇的標題語。

詩篇的標題語

在這裏討論詩篇的標題語相當合適，因爲它們常註明各個詩篇較準確的日期。標題語的性質與來源，是很微妙的問題，必須秉持學者的謙遜態度，謹愼處理。

描述。詩篇的標題語出現在個別詩篇的起頭，提供有關該詩的資料。標題語所提供的資料，包括許多方面，諸如：作者、歷史背景、曲調、在以色列敬拜中的用途等等。有關標題語的辯論衆多，最重要的是：它們是否爲原詩所有？倘若不是，它們所提供該詩的起源與背景資料是否可靠？

標題語的真確性。標題語真確性的問題，或許是詩篇解釋上最困難的問題之一。許多註釋家都依據標題語所呈現的歷史情境，來架構他們對某篇詩的見解；傳道人更是如此。詩篇五十一篇或許是最出名的例子。五十一篇的標題語如此介紹該詩的情境：

> 大衛與拔示巴同室以後，先知拿單來見他。

這個標題語決定了閱讀全詩的情懷。本詩的「我」是大衛，過犯則是他與拔示巴的姦淫。

標題語的歷史說明也影響了詩篇的解釋，因詩中並未提及背景。學者嘗試找出大衛生平的情境，或以色列歷史的狀況，看那一些最能配合，然後再根據那個事件的亮光，來解釋該詩。

由於這個問題非常重要，又相當困難，所以看法的尖銳衝突實不足爲奇。有些學者主張，標題語是真確的、不會錯的（Kidner, 32-46）；但有些人則認爲兩者皆非（Mowinckel, Childs [*IOTS*]）。楊以德（Young, *IOT* 297-305）則持中間立場，主張詩篇的標題語並不真確，但可以反映出早期可靠的傳統。

標題語是否真確的問題，首先要問：標題語是否爲本詩受靈感的作者所寫，與該詩寫作的日期相近？對這個問題無法武斷作答。另一方面，經文並沒有證據顯示，詩篇曾有缺乏標題語的樣式。當

然，這個事實只能證明，標題語在舊約時代的晚期已經存在，但不能證明它們寫於詩篇寫作之時。不過，從環境中卻可找到不少證據，顯示標題語是後來加上去的；這點倒支持相反的立場。

第一方面，雖然並沒有一本完全沒有標題語的早期抄本，但是有證據顯示，在早期的抄寫歷史中，標題語的數目迅速增加。敘利亞傳統甚至否定馬索拉的標題語，自行創造新的標題語（Slomovik）。

第二，標題語是以第三人稱寫的，可是相關的詩篇則多為第一人稱的作品（如詩三、十八、五十一篇）。此外，除了少數例外，歷史性標題語的形式都相近（特別是不定式結構的使用，加上前置的時間介系詞）。因此，標題語看起來像後加的；當然，若說大衛自己後來加上這些標題語，也不無可能。

可是，更麻煩的問題為：有些標題語和相關之詩的內容似乎脫了節。詩篇三十篇就是一例。這個標題語將詩的背景定在「奉獻」時，應當是指獻殿，可是詩的內容卻與聖殿或任何的「殿」都沒有明顯的關係。事實上，它乃是一個人罹患重病得痊癒之後的禱告。

最好的解決法，是視標題語為有關詩篇作者與背景的早期可靠傳統。不過，標題語不必視為原著，或具正典性。根據這個結論，以下將進一步探討詩篇的作者與背景。

作者。許多詩篇的標題語提到特定的人：亞撒（十二次）、可拉的後裔（十一次）、所羅門（兩次）、耶杜頓（四次）、希曼、以坦，與摩西（各一次）。在前註中，大衛的名字出現七十三次左右。傳統認為，這些名字是表明作者。然而，近日的學者卻對這種假定提出質疑。

第一方面，作者的標題語也像歷史性標題語一樣，可能是後來加上去的。在詩篇的收集過程中愈來愈多。希伯來經文傳統指認，有七十三篇為大衛所寫，但在希臘與拉丁譯本中，這個數目增加很多。

第二方面，有些學者對於標題語中名字的作用感到不確定。它們的主要作用，決定於引介名字之介系詞（l^e）的意義。閃族文字

的介系詞，語意學的界面很寬，與上下文的關係密切，要從全文才能判斷其含義。不巧的是，在詩篇的標題語內，沒有什麼上下文可言。介系詞 l^e 和大衛之名連在一起，理論上可以譯爲「出於大衛」、「屬於大衛」、「有關大衛」，和「爲著大衛」。在舊約時期，讀者能明瞭介系詞的含義，因爲他們知道這些標題語的背景。

部分學者（至少在過去）拒絕大衛爲詩篇作者的第三個理由，是他們對於希伯來宗教的發展持相當僵化的看法。這些學者否認，早在大衛時期，以色列人就可以寫出這樣高度敬虔的文字。今天已經沒有什麼人持這種觀點，因爲我們從其他的閃族文化裏，對古詩有了更多的了解。

以上是某些人拒絕大衛爲詩篇作者的基本理由。這些理由又因著下列次要的論證而得著強化，諸如：詩篇中有亞蘭文、大衛的詩中提到聖殿，和烏加列巴力史詩中 l^e 的用法。

當然，要證明每一篇歸於大衛名下的詩篇都是他所寫，實在不可能。可是，既然按聖經的傳統說法，大衛對於敬拜中的音樂很重視，且親身參與，若以爲大衛連一篇詩篇都沒有寫，實在說不過去。

介系詞 l^e 固然可以視爲指主詞（「有關大衛」）或形式（「按照大衛的形式」），但是證據卻強力支持指作者（「屬於大衛」或「出於大衛」）。哈巴谷書第三章是先知哈巴谷所寫的詩，前面也有標題語。該標題語中有「哈巴谷的祈禱」一語。從上下文看來，這只能視爲指出處或作者。它不是「有關哈巴谷」的祈禱。再舉更明確的例子，詩篇十八篇的標題語很長，其中顯示 l^e david 的意思是指作者：「交與伶長。出於大衛，耶和華的僕人。耶和華救他脫離一切仇敵和掃羅之手後，他向耶和華吟唱這歌中的話。」這個詩篇的標題語具較長的上下文，是其他標題語所沒有的，從中可以看出標題語中介系詞的功能。

歷史書有充分的證據顯示，大衛對正式敬拜中的歌頌非常注重。聖經中兩度將大衛介紹在衆人面前，強調他未來年日中主要的兩項貢獻。撒母耳記上十七章介紹大衛是位勇敢的戰士，他打敗了

歌利亞。在此之前（撒上十六 14～23），他以樂師的身分出現在故事中，受雇在發狂的掃羅面前奏樂。大衛爲他身後將建的聖殿組織樂團（代上二十五章），並將詩歌交與伶長（代上十六 7）。他不愧爲「以色列的美歌者」（撒下二十三 1；亦參摩六 5）。

對大衛寫詩篇的懷疑，始於本世紀之初，當時學界認爲，詩篇中所流露出的那種敬虔，到了被擄歸回之時才可能出現。這種對以色列宗教發展僵硬的進化觀，如今已遭拋棄，愈來愈多學者承認，許多詩篇的日期比從前以爲的要早得多。

因此，標題語雖不具正典性，卻相當可靠。然而，在解釋個別詩篇時，它們並不重要。雖然詩篇是出於某一歷史情境，可是詩人卻刻意不直接提及。因此，若重塑原來的事件，依據它來解釋詩篇，就有違詩人的原意。

詩篇既不表明歷史事件，在以色列集體或個人敬拜的時候，就可以不斷使用。詩篇總能配合以色列全國和個人的需要。因此，受苦、被逼迫的以色列人很快就能與詩篇六十九篇的「我」認同，而大病初癒的人，便可以用詩篇三十篇作禱告的範本。

社會情境

若要爲個別詩篇重塑假想的歷史背景，必定徒勞無功。詩篇的詮釋者應該用另一個問題取而代之，即：這篇詩在舊約以色列人的敬拜中有何功能？自從莫文克（Sigmund Mowinckel）以來，一般都認爲詩篇的功用是作「古代以色列的詩本」。

詩篇用在敬拜中，最有力的證據乃是詩篇自身的告白。例如，有些詩篇陳明，它們的情境，就是到聖城耶路撒冷（更準確地說，是到聖殿）的朝聖之旅。在二十四篇，詩人問道：「誰能登耶和華的聖山？」他假定敬拜者正要到聖殿的山上。這篇詩最後四節，是靠近聖城的人和守門人的對話，要求能進入城中。

還有一些詩篇的見證，直接說明該詩是用在敬拜中。第五篇 7節說：

至於我，

我必憑祢豐盛的慈愛進入祢的居所；

我必存敬畏祢的心，

向祢的聖殿下拜。

詩篇六十六篇是感恩之詩。神應允了早先的哀求，於是詩人便以頌讚來回應。在 13～15 節，詩人說，他要還在急難中所許的願：

我要用燔祭進祢的殿

向祢還我的願——

就是在急難時我嘴唇所發的、口中所許的。

我要把肥牛作燔祭

將公羊的香祭獻給祢；

又把公牛和山羊獻上。

這兩個例子顯出詩篇直接與敬拜相連。這類的例子還有許多（Mowinckel, 2-22）。

將詩篇和現代的詩本作比較，有許多發現。大部分現代詩歌的歌詞，都是作者在人生中遇到一些事，有感而寫；但是對今天唱這首歌的人而言，這件事是隱藏的（倘若沒有作歷史研究的話）。詩歌的寫法，是要讓所有唱的人能和它認同。

詩篇反映出對人生的各種態度，歡樂、悲哀、感恩、默想，只是其中的幾項。面對人生所有的變化，以色列的敬拜者手邊都有現成的禱詞。

歷史書也讓我們看出一些詩篇的用途。最著名的是哈拿與約拿的詩。在撒母耳記上第二章，哈拿存歡樂的心來到主面前。神已經回答了她的禱告，她生下了兒子——撒母耳。她將一首歡欣的讚美詩帶到神面前。仔細分析可以看出，她帶來的詩歌與詩篇中的一篇相當類似，就是一一三篇。約拿向神歌唱的情景卻截然不同。他被

丟下海之後，一條「大魚」將他吞入腹中，沒有淹死。結果，他向主獻上了一首感恩的詩（拿二章）。他禱告的內容是詩篇好幾篇的經節拼湊起來的。

有些學者認為，詩篇在以色列正式敬拜中的用途，單單指一般狀況，還不夠令人滿意；他們要找出特定的場合。他們嘗試把大部分詩篇與特定的節期相連，最出名的學者是莫文克。莫文克是袞克爾的學生，接受他老師的形式批判法，以此來研究詩篇。不過，袞克爾不重視詩篇在以色列正式敬拜中的用途，莫文克卻受到當時人類學理論的影響（尤其是 Grønbeck），試圖將詩篇放進以色列的敬拜情境中。他相信，他有證據將本書與新年的慶賀相連。

舊約本身並沒有多談新年的慶賀，可是莫文克注意到，許多米所波大米新年（akītu）節慶的主題，和詩篇相當接近。新年的慶典中心，是君王和主要神祇的重新加冕。在米所波大米，瑪爾杜克乃是諸神之頭；而，在象徵中，君王的王位曾一度被剝奪，如今又重新登基。

莫文克如法炮製，重新架構了以色列的新年慶典，其核心為所謂的登基之詩（詩四十七、九十三、九十五～九十八篇）。這些詩篇是向雅巍唱的詩歌，宣稱祂重新為王。其他詩篇大半也在這個重新架構的慶典中，各有其地位。例如，在儀式中，哀歌用在君王的王權被剝奪之時。

莫文克是第一位最具代表性的學者，嘗試將詩篇放進一個慶典中，不過今天跟隨他的人寥寥無幾。聖經傳統中缺乏這種慶典的證據，再加上詩篇內部證據的稀少，導致大部分學者拒絕他的方式。這種作法似乎是將米所波大米的宗教思想強行加入聖經的世界。

還有其他人嘗試將整個詩篇與某一個節慶相連。最著名的是克勞斯（Kraus）的努力，他將詩篇用於一個錫安的節慶，其目的為慶賀耶路撒冷被選為神的居所。而韋瑟（Weiser）的聖約節慶更為可取，因為他將詩篇與約的觀念相連。不過，分析到最後，最佳的看法仍是單純地說：詩篇是古代以色列人日常敬拜神時重要的成分。

摘要與結論

整個詩篇和其中個別詩篇的歷史背景難以捉摸。在正典形成時期，詩篇是活動的，經過增添和改變。個別詩篇不指明歷史時刻，為要讓以色列人在正式的敬拜中可以不斷應用。標題語不屬於原詩，可是日期很早；不算是正典，但很可靠。

文學分析

詩篇的文學結構，在希伯來聖經中可謂獨一無二。除了雅歌之外，詩篇是聖經中惟一的詩集。詩篇也成為希伯來詩的典範。參閱「導論」對希伯來詩形式的介紹和分析（25～29頁）。

文體

既然本書是詩集，分析其組合是最佳的起步。本書的正典形式共有一百五十首詩。這些詩基本上可以分為七大文體（Longman 1988, 19-36）。這七種文體在全書中並沒有按系統或時間順序排列。事實上，初讀的感覺為：詩篇的安排全屬隨意，沒有理由。

最常出現的三種文體，特色為它們所表露的情感，亦即：歡樂、悲哀，與感恩。這三種文體與敬拜者的生活息息相關。以色列人倘若與神的關係和諧，環境也順利，就會唱讚美神的詩歌。倘若對敬拜者而言，神似乎很遙遠，自己又備嘗痛苦，哀歌就派上用場。倘若哀求得到應允，以色列人就會以感恩之歌來回應。布魯格曼（1984, 25-167）對這三種風格的劃分法頗有見地：適應之歌、流離之歌，和重新適應之歌（songs of orientation, disorientation, and re-orientation）。

我們首先來分析詩篇的這三種主要文體：

讚美詩。詩篇的特殊文體是讚美詩。哀歌經常出現，可是讚美詩是全書的主要色調。本書的希伯來名稱可以作這個聲明的見證，因為 *Tehillim* 的翻譯是「讚美」。讚美詩在詩篇的開始部分較少，

但在結尾部分卻佔大多數。事實上，詩篇的結尾是用五篇詩讚美神（一四六～一五〇篇），聲調愈來愈高，稱為「大頌榮」。

讚美詩的定義，是對神的歡欣歌頌，這種語調很容易辨認。這種讚美好比傳播佳音，因為詩人常呼籲別人也來加入：

> 普天下當向耶和華歡呼。
> 你們當樂意事奉耶和華；
> 　當來向祂歌唱。
> 你們當曉得耶和華是神；
> 　我們是祂造的，也是屬祂的；
> 我們是祂的民，也是祂草場的羊。（詩一〇〇1～3）

詩人常舉出讚美的理由。從以上一百篇的例子看來，這類理由並沒有歷史的特定情境，而是一般性的，內容相當含糊。這種一般性是刻意的筆法，使得詩篇可以向後代的人說話，適用於新的情境。

> 因為耶和華本為善，祂的慈愛存到永遠；
> 　祂的信實直到萬代。（5節）

雖然讚美的理由和歷史事件沒有明確的關聯，然而根據這些理由，讚美詩可以再細分為次風格。例如，詩篇二十九篇讚美神的原因，是祂為王（參詩四十七、九十三、九十五、九十六篇）；二十四篇讚美神，因為祂勝過以色列的仇敵；四十五篇讚美神的情境，是君王的婚禮；四十八篇高舉錫安為神特殊同在之處（詩四十六、七十六、八十七篇）。

哀歌。從讚美詩轉到哀歌，就是歡樂變成悲傷。

> 神啊！求祢快快搭救我；
> 　耶和華啊，求祢速速幫助我。（詩七十1）

　　詩人在生活中遭遇艱難，向主求助。難處來自三方面（Wester-
mann 1981, 181-94），可以根據難處的來源，將哀歌再作區分；不
過有時三種都會出現在同一篇詩中。

　　難處或許來自「仇敵」。仇敵是人，要傷害詩人，甚至要殺害
他：

> 我的性命在獅子中間；
> 我躺臥在性如烈火的世人當中；
> 他們的牙齒是槍、箭，
> 他們的舌頭是快刀。（詩五十七 4）

　　詩篇沒有說明仇敵是誰。沒有提到名字，也沒有具體陳明罪
狀。詩篇永遠適用於新的狀況中。

　　其次，難處也許來自詩人本身。他對自己所經歷的痛苦驚惶失
措：

> 我如水被倒出來，
> 我的骨頭都脫了節。
> 我心在我裏面如蠟鎔化；
> 我的精力枯乾，如同瓦片；
> 我的舌頭貼在我牙床上；
> 祢將我安置在死地的塵土中。（詩二十二 14～15）

　　十三篇 2 節生動地描寫這種內心的掙扎：

> 我心裏籌算，終日愁苦，
> 要到幾時呢？

　　不過，詩人最懼怕的，乃是與神的掙扎。在受到逼迫、心中懷
疑，或痛苦時，他覺得遭神遺棄：

我吃過爐灰，如同吃飯，

我所喝的與眼淚摻雜；

這都因祢的惱恨和忿怒

祢把我拾起來，又把我摔下去。（詩一〇二9～10）

　　由此觀之，哀歌很容易從詩篇的語調辨認出來。它是流離、棄絕、痛苦、煩躁、受難之歌。

　　哀歌也有特殊的結構，由七個基本成分組成：

1. 呼喚神
2. 求神幫助
3. 埋怨
4. 認罪或聲明無辜
5. 咒詛仇敵（祈求降禍）
6. 深信神必回應
7. 讚美或祝福

　　用到所有七個成分的詩篇不多（完全按照這個順序的更少），不過每一篇哀歌至少會有一個以上的成分。

　　二十八篇是極佳的短例。本詩一開始是呼喚神，求祂幫助：

耶和華啊，我要求告祢；

我的磐石啊，不要向我緘默。（1 節上）

後來，他埋怨自己的遭遇好像惡人一般：

不要把我和惡人

並作孽的一同除掉……（3 節上）

他咒詛他的仇敵：

> 願祢按著他們所作的
> 並他們所行的惡事待他們……（4節）

最後，詩人肯定對神的信心，並發出讚美：

> 耶和華是應當稱頌的，
> 因祂聽了我懇求的聲音……
> 耶和華是祂百姓的力量，
> 又是祂受膏者得救的保障。（6～8節）

　　哀歌常見的特色，是在最後變為讚美。袞克爾和跟隨他的人認為，這種悲哀與歡樂混合的現象，是該詩篇為晚期作品的證據（他的 Mischgattung）。這種看法源自僵化的文體概念（Longman 1985）。另外一種解釋法為：當詩人帶哀歌到祭司面前時，他會向詩人說一句肯定的話。這句肯定的話沒有記在詩篇中，但卻讓詩人能用信靠與讚美來回應。

　　無論如何，許多哀歌的末了都從悲傷轉為歡樂，顯示詩人明白神是回答禱告的神。感恩之詩也是這真理的見證。

　　感恩的詩篇。哀歌的祈禱蒙神應允之後，詩人便回來獻上感恩。感恩的詩篇與讚美詩緊密相關，有時起初很像讚美詩。差異乃是在讚美的特殊焦點：詩人讚美神拯救他脫離艱難。由此觀之，布魯格曼稱這些詩篇為重新適應之歌，一點也不錯。

　　十八篇一開始很像讚美詩：

> 耶和華我的力量啊，我愛祢。
> 耶和華是我的巖石，
> 我的山寨，我的救主；
> 我的神，我的磐石，我所投靠的。（1節）

不過，到了4～6節，詩人回顧他處於艱難時，向神呼求幫助：

曾有死亡的繩索纏繞我；
匪類的急流使我驚懼。
陰間的繩索纏繞我；
死亡的網羅臨到我。
我在急難中求告耶和華；
向我的神呼求。（4～6節）

十八篇與別的感恩詩篇一樣，整首詩的主幹是在覆述神的拯救，並為這樣的拯救讚美祂：

祂從高天伸手抓住我；
把我從大水中拉上來。
祂救我脫離我的勁敵
和那些恨我的人，因為他們比我強盛。（16～17節）

感恩的詩篇是見證神的美善和能力，在會眾面前讚美神的名，並帶領整個會眾來讚美祂的名：

耶和華是活神！願我的磐石被人稱頌。
願救我的神被人尊崇！
耶和華啊，因此我要在
外邦中稱謝祢；
歌頌祢的名。（46、49節）

讚美、哀歌與感恩：這是詩篇的三個主要文體。以下要繼續辨識較少出現的文體。我們將探討其中四種：信心詩篇、追憶詩篇、智慧詩篇、和君王詩篇。

信心詩篇。信心的詩篇名副其實，表達敬拜者信賴神是他的保

障。讚美詩與哀歌含有相信神的宣告，但是大約有九篇詩是以這一點爲主要內容（十一、十六、二十三、二十七、六十二、九十一、一二一、一二五、一三一）。

這個文體雖然沒有特殊的結構，可是卻常使用生動的隱喻，形容神是滿富同情的保護者。神是牧者（詩二十三篇）、展翼遮掩幼兒的母鳥（詩九十一篇）、堅固保障和亮光（詩二十七篇）。

追憶詩篇。在詩篇裏面，記憶是要角。感恩的詩篇追溯過去會衆的禱告如何蒙垂聽，許多讚美詩和哀歌提到神過去的拯救作爲，這類提醒能建立對神的信心。祂過去曾證明自己是可靠的救主，現在也會照樣行。

有幾篇詩專門談論神過去偉大的救贖作爲，因而集成一組，算爲另一種文體，這也不足爲奇。重述救贖作爲的目的，是要建立現在的信心。這種文體的例子爲七十八、一〇五、一〇六、一三五、一三六等篇。

智慧詩篇。有些詩篇的主題與所關心的事，和舊約正典中被分類爲智慧文學的部分（尤其是約伯記、箴言、雅歌，和傳道書）相同。例如，箴言最著名的是智慧與愚昧、義人與惡人的對比。行義的智慧人蒙祝福，邪惡的愚昧人受咒詛。詩篇第一篇爲敬拜神的入門，它清楚地作出此一基本區分，正可歸屬於智慧詩篇：

有福的人

不從惡人的計謀，
不站罪人的道路，
不坐褻慢人的座位……（1 節）
因為耶和華知道義人的道路，
惡人的道路卻必滅亡。（6 節）

學者也注意到，智慧與律法關係密切。這兩者和神子民團體生活的行爲都有關係。一一九篇是讚美神律法的冗長詩篇，因此，它

也可以算爲智慧詩篇。

　　智慧詩篇還包括相當不同的詩，如四十五與七十三篇。四十五篇是皇家婚禮之詩，與雅歌有幾分類似。七十三篇處理懷疑的問題，與傳道書有異曲同工之妙。

　　君王詩篇。詩篇與以色列君王有深遠關係，這一點無人質疑。不過，學者仍爲一些問題爭辯，如：詩篇中隱含的君王神學與理念爲何，以及那幾篇詩與君王的登基有關（Eaton）。

　　困難在於，詩篇中匿名的「我」究竟是誰。第三篇的第一人稱發言人並沒有明說自己是以色列的王。不過，若仔細推敲，可以找出詩篇第三篇是君王詩篇的證據。例如，第一人稱發言人與「仇敵」的衝突，不只是私人之間的爭鬥：

> 耶和華啊，我的敵人何其加增！
> 有許多人起來攻擊我！
> 有許多人議論我説：
> 「他得不著神的幫助。」
>
> 我躺下睡覺；
> 我醒著，耶和華都保佑我。
> 雖有成萬的百姓來周圍
> 攻擊我，
> 我也不怕。（詩三 1～2、5～6）

　　這些詩篇的君王特色藉著標題語強調出來，許多篇都以大衛爲作者。

　　本書不一一說明出自王室的每篇詩，只在此指出如何辨認詩篇中的君王詩：(1) 高舉神爲王的詩，(2) 高舉治理以色列之君王的詩。

　　莫文克聲稱，神作王的詩篇是了解詩篇功能之鑰，因此它吸引了眾多學者的注意力。莫文克用這些詩篇重塑以色列之神一年一度的重新登基大典，類似巴比倫新年的節慶。這種重新架構備受批判

（Kraus, Weiser），其假說也遭摒棄。然而在整卷詩篇中，神作王的詩仍然是學者最深入研究的部分。

這些詩篇宣告神是王。祂不單是以色列的王，也是全宇宙的王（詩二十四1～2，九十五1～5）。神是王的宣告常與軍事的勝利相關。神在戰場上為祂的子民贏得勝利，他們的回應便是讚美祂為王：

> 要向耶和華唱新歌，
> 因為祂行過奇妙的事；
> 祂的右手和聖臂
> 施行救恩。（九十八1）

在以色列中，作王的人是神的兒子，是祂的僕人。百姓要求立王的時候，是因為不信神可以拯救他們（撒上八7）。儘管百姓犯了罪，神還是為他們預備了王。撒母耳要百姓清楚明白，作王的人只不過是作王之神的微弱反射；他在聖約更新的慶典中說明這點（撒上十二；見R. Vannoy）。立王並沒有取代神治，而是它更進一步的發展。

因此，有幾篇詩焦點為作君王的人。二十一篇是很好的例子，尤其是前面幾節：

> 耶和華啊，王必因祢的能力歡喜。
> 因祢的救恩，他的快樂何其大！
> 他心裏所願的，祢已經賜給他；
> 他嘴唇所求的，祢未嘗不應允。
> 祢以美福迎接他，
> 把精金的冠冕戴在他頭上。
> （詩二十一1～3節）

詩篇的結構

　　我們所知的詩篇，是由一百五十篇不同的詩組成。有證據顯示，其中某些如今分開的詩，原來乃是同一篇。例如，第九、十篇加起來是完整的字母詩，在七十士譯本中，它們是同一篇。此外，四十二與四十三篇的重複句相同，可見原來也應該為同一篇。我們無法完全確定詩篇的數目，但卻可以肯定，詩篇有一個明顯的獨特性：它的結構不是故事模式。

　　對於目前詩篇的順序，學者提出幾種架構來說明，但沒有一種令人信服。德里慈提出「提示語」結構說，亦即：每篇詩是從前一篇中取出一個鑰字或片語，接續下去。另有學者建議「崇拜儀式」結構說，換言之，詩篇可能按照全卷的結構，在會堂中一年（或三年）誦讀一遍。

　　有證據顯示，在正典形成時期，詩篇乃是開放、活動的一卷書。在一千年中，不斷有新的創作被收錄進去。偶爾似乎整批詩同時被加進詩篇。在詩篇裏面，最普通的方法是根據作者來分類。四十二至四十九篇是「可拉後裔」的詩。大部分學者相信，這裏所指的不是可拉肉身的後裔，而是承繼他職業的人，就是在聖殿音樂事奉上師徒相接的這條線；這個看法應屬正確。另一類詩篇歸屬於亞撒（詩五十、七十三～八十三篇）。歷代志上十五17提到亞撒，當約櫃從俄別以東的家搬到耶路撒冷時，他是在它前面唱歌的人。他的家族乃是以音樂事奉神的三家之一（代上二十五1～9）。

　　根據作者，大衛的詩歌構成詩篇最為人熟悉的部分。曾有一段時期，大衛的詩篇自成一集（詩七十二20），可是在正典形成的過程中，非大衛的詩篇也被收入其中，而有一些大衛之詩，不知道為什麼沒有被收在這個集子中，後來卻被加在七十二篇之外。這類證據清楚見證詩篇開放、活動的特性。

　　詩篇第二種分類的方式，是根據在宗教禮儀中的功能而分。一二〇至一三四篇，每一篇都被稱為「上行之詩」。這個標題語的含義爭論很多。這些詩篇最可能是到耶路撒冷朝聖時所用；更精確地

說，是上聖殿時吟唱的詩。

有些詩篇放在一起，可以看出結合的原因不是標題語，而是內容的相似。九十三篇與九十五至九十九篇都宣告神是宇宙的王。這些詩篇或許是同時收錄的，或許是個別收錄時，因爲內容類似，被放在同一個部分。

在結束辨認詩篇內部的結構之前，我們應該談一下詩篇所分的五「卷」（詩一～四十一篇、四十二～七十二篇、七十三～八十九篇、九十～一○六篇、一○七～一五○篇）。這五卷書的結尾各有一段頌榮，而對神的名字也各有不同的偏好。卷一顯然偏愛神的名字雅巍（出現 272 次，伊羅欣只出現 15 次）；卷二的偏好則剛好相反（雅巍 74 次；伊羅欣 207 次）。爲何各卷按目前的方法劃分，實在無從判斷。分爲五卷，可能是要模仿摩西五經。

雖然有些詩篇是因作者、內容，或功能的類似，被分在一起，然而這些分法散佈各處；就全卷書整體而言，看不出有全面性的組織架構。可是這不能算是最後的結語。雖然詩篇看不出整體性的正式架構，全卷卻似乎有刻意的動向和排列法。

最值得注意的動向，是從以哀歌爲主的狀況，走向讚美詩。將詩篇從頭到尾讀一遍，就必會得到一個印象：歡欣是最主要的感情。這種概略的印象足以說明爲何本卷書的希伯來名稱是 *Tehillim*，「歡樂之歌」。所以，當我們發現詩篇中哀歌的數目遠超過讚美詩，不免感到不安。然而，在本書的結尾，讚美詩佔絕大多數。所以，歡樂的印象一方面來自詩篇內的動向，一方面來自最後五篇的刻意安排。一四六至一五○篇放在全書的末了，成爲「大頌榮」（這是傳統對這幾篇的稱呼）。

既然從詩篇最後的形式可以看出，末尾的幾篇是刻意安排的，就讓我們回頭來看本卷的開始。很早就有人注意到，第一篇成爲全書很合適的序言。詩篇第一篇乃是智慧詩，將惡人與義人作了明顯的區分，這個內容相當特別。在進入詩篇的殿堂時（見以下「神學信息」），敬拜者立刻遇見惡與義的抉擇。

詩篇獨特的結構，對於本書的詮釋具有根本的影響。最明顯的

是：大部分詩篇並沒有正式的文學情境。除了少數狀況之外，若視一篇詩的前後篇爲其文學情境，來加以解釋，都是不正確的。從積極一面看，詩篇的結構顯出文體分析的必要。所以，研究一篇詩，最主要的文學情境不是它周圍的詩，而是在文體上與它類似的詩。

神學信息

前言

　　詩篇的神學信息相當難於討論，理由有二。第一，本書是由一百五十篇獨立的作品集成，因此沒有系統性的理論。第二，底下會更詳細地說明，詩篇乃是向神唱出的祈禱；因此它是會眾向神說的話，而不是神向以色列民說的話。那麼，詩篇究竟是否含有神學的關注呢？

　　詩篇的確看不出明確發展的系統神學。各篇詩並沒有從頭到尾逐步揭示神的特性，或祂與人類關係的本質。然而，詩篇是神學教導與反思的豐富資源。詩篇的神學雖然沒有系統性，但是我們必須立刻指出另一面，即它的內容非常寬闊；事實上，詩篇如此寬闊，可以說是整個舊約教訓的「小宇宙」。馬丁路德曾有一句名言，說詩篇是「小聖經，是舊約的摘要」。所以，討論詩篇神學眞正的難處，不是缺乏素材，而是發現詩篇的神學和整個舊約神學範圍一樣廣。

　　詩篇神學另外一個潛在的障礙，就是這卷書的內容主要是禱告，是人向神發出呼求。在這方面，詩篇和其餘的舊約成爲對比。例如，在先知書中，我們可以清楚聽見神的聲音，祂透過所揀選的人，向以色列民說話（如最爲人熟知的「耶和華如此說」一語）。根據這樣的對比，許多人下結論說，詩篇所呈現的，乃是人在和神相遇時對祂的回應。因此，其中的教訓雖然有益，卻不是正式的神學。許多支持這觀點的人，特別將它應用在咒詛詩上（詩六十九22～29，一〇九6～21）。神應當不會教導祂的子民恨仇敵吧？在

其他的經文中，神豈不是教導祂的子民要愛仇敵嗎？

詩篇是禱告，不是神諭，這是不爭的事實。然而，它既被放在正典中，就見證它的本質也是神的話。雖然先知書（甚至歷史書）能更清楚表明神的同在，不過其中的話語也是透過人的中介傳出。再說，並非所有以色列人的禱告都收進了詩篇。詩篇的禱告乃是祭司所接受、可以用在以色列正式崇拜中的禱詞（代上十六4～38）。

所以，討論詩篇的神學是有意義的。不過我們必須記住，本書的神學範圍很廣，卻沒有系統；是一種信仰告白與頌榮，而不是抽象的表達。

聖約禱告書

既然詩篇的神學與舊約神學的範圍一樣廣，此處的討論只能點到為止，不可能詳談。詩篇的中心，正如舊約一樣，乃是神人的相遇。換句話說，神與人的關係是舊約和詩篇的焦點。這種關係乃是透過對神的各種意象來描述，諸如牧者、戰士、父親、母親、君王、丈夫等等。每一種意象都強調出神與祂子民關係的某一方面。

舊約所提供的各種意象與角度都很可貴，不過有充分的理由顯示，這項關係最常用的隱喻乃是聖約。神的子民無疑明白，自己與神有立約的關係，這關係始自他們的老祖宗亞伯拉罕（創十五和十七章），也透過摩西（出十九～二十四章）和大衛（撒下七章）傳下來。

因此，當詩人存著歡樂或憂傷，在神面前傾心吐意時，他知道自己與神有一種親密的關係。他知道自己與宇宙的神之間有約存在。

有關這約的本質、它的文學與觀念和古代近東條約之間的關係，已在本書另外的篇幅討論過（113～115頁）。此處必須承認，約這個詞（*b^eerît*）只出現在十二篇詩中（惟有八十九與一三二篇以它為主題）。不過，我們不能忽視詩人是在約的情境中發言。這些人是依據與神立約的關係，來向祂說話，或談論祂。因此，約是一個將詩篇許多神學線索連結在一起的概念。我們無法詳談這個題

目；為了說明起見，以下選了五個子題來作解釋。

　　錫安。錫安山是神特別顯示祂同在之處。這座位於大衛之城耶路撒冷北界的山，是所羅門建造聖殿之處。聖殿是放置約櫃和其他代表神同在之物件的地方，因此代表神與以色列人親密的關係。

　　為這緣故，錫安本身常成為詩篇讚美的對象。四十八篇是一則動人的「錫安詩」之例，它在愛裏描述神聖潔的居所，藉此來讚美神：

> 耶和華本為大，
> 在我們神的城中，在祂的聖山上。
> 該受大讚美。
> 錫安山，
> 大君王的城；
> 在北面居高華美，
> 為全地所喜悅。
> 神在其宮中，
> 自顯為避難所。（詩四十八 1～3）

　　錫安山的聖潔常擴及整個耶路撒冷城，所以詩篇中也常高舉這座城：

> 耶路撒冷被建造
> 如同連絡整齊的一座城。
> 眾支派，就是耶和華的支派，上那裏去，
> 按以色列的常例，
> 稱讚耶和華的名。（詩一二二 3～4）

　　儘管如此，我們必須牢記，錫安與耶路撒冷本身並非聖潔。它們的聖潔是因為神的揀選，作為特別彰顯祂同在的地方。祂的祝福要從錫安散播出去。

　　歷史。聖經的約中，歷史扮演著要角。神和祂子民的關係有背景可循，在立約之時，和更新此約時，都必須複述（出二十2；申一6～四49；書二十四2～13；撒上十二8～15）。

　　在詩篇裏面，歷史的回顧也很重要。詩人經常提醒人思想神過去的拯救作爲，和祂對他們的愛。神的子民因此而歡樂（詩九十八～3）。在遇到難處和痛苦時，他們也追想祂曾如何施行憐憫（詩七十七）。許多詩篇都提到歷史，不過少數幾篇（以上曾介紹爲追憶詩篇，參270頁）的主旨，就是細數神在歷史中的作爲（詩七十八、一〇五、一〇六、一三六篇）。

　　因此，神與他們的同在，並不是抽象的、神祕的，或個別式的，而是按照約的定規。神進入歷史的範疇，爲以色列人行事。詩人經常在各種場合高舉神在時空中的作爲。

　　律法。神將一些義務加在祂百姓身上，由律法表達出來。神將律法賜給以色列人，是在祂與這個國家進入立約關係之後，而整件事是以救恩歷史爲背景。這個模式在出埃及記中很明顯。在賜下十誡和其餘的摩西律法之前，神先將百姓從埃及的捆綁中釋放出來。律法並非在神與百姓建立關係之前賜下，而是在這個關係之中給予的。

　　詩人對律法的高舉，也是在這樣的立約關係之中；他們要求百姓要遵守律法。有些詩篇以律法爲主要的對象。第一篇勸勉人要謹守律法，所用的方式不是命令，而是描述遵行律法者將蒙受的祝福。第十九篇的要義相同，可是使用活潑的意象來形容律法的益處。

> 都比金子可羨慕，
> 且比極多的精金可羨慕；
> 比蜜甘甜，
> 且比蜂房下滴的蜜甘甜。（詩十九10）

　　在高舉律法的詩篇中，最出名的是一一九篇。這篇「長詩」共

有二十二段（176 節），是聖經中對律法最深之愛的表達：

> 我何等愛慕祢的律法；
> 　終日不住的思想。
> 祢的命令，常存在我心裏，
> 　使我比仇敵更有智慧。
> （詩一一九 97～98）

　　不過，立約的義務不只在這幾篇裏面才提出來。詩人不斷勸勉會眾要順服神。他經常轉向會眾，以命令的方式向他們說話，要他們敬拜神，爲祂所作的一切讚美祂。

　　王權。約的背後是王。聖約，就像條約一樣，是兩位王各自代表百姓立定的。舊約中神人之約的模式，就是宗主國之約，是兩國之間的關係：一方之王代表強國；另一方之王代表弱國，這位王本人和百姓都臣服於那位強盛的王。在舊約的聖約之中，神是強盛的王，而大衛王室所代表的以色列則是神的屬國。

　　所以，王權在詩篇內成爲重要的題目，就不足爲奇。一方面，有幾篇詩高舉神爲王（詩四十七、九十三、九十五～九十九篇）。祂不單是以色列的王，更是全宇宙的王，普天下都應當讚美祂（九十六 1）。因爲祂是萬有的創造者（九十五 3～5）。

　　另一方面，人間的王在詩篇中也居於重要的地位。他是神所揀選的人，要帶領百姓，並彰顯祂的王權（詩二篇）。有幾篇詩顯然與王室相關，因爲主題便是君王（如二十、二十一篇）。另外有幾篇也與人間的王有關，因爲標題語和發言人的用語都指向王。例如，在第三篇中，仇敵的數目和他們的殘暴，暗示這裏是在講王（Eaton）。這個看法又有標題語作支持，它聲稱作者是大衛。

　　第二篇很可能是加冠之詩（Craigie, 62-69），它啓示出神和王的關係：神是在天上坐在寶座上的王（詩二 4），因著祂的祝福，地上受膏的王在全地掌權、昌盛（詩二 6～9）。後者反映出前者的榮耀。人間受膏的王面對仇敵時，神會保護他、祝福他。

王和神的關係，近年來成爲熱門的研究題目。詩篇著名的詮釋者（莫文克和斯堪地那維亞派）主張，人間的王和神之間關係密切，有些人甚至宣稱，詩篇所呈現的是一位神性的王。這種立場最主要的論證，取自古代近東各國流行的「理想王觀」假說。如今詩篇的研究已經看不到這類極端的說法。借用克勞斯（1986, 111）的話：「在以色列的敬拜中，王並不是尊崇的對象，這一點已毫無疑問。沒有一點尊崇是獻給他的；連最起碼的成分也找不到。」雖然在以色列的宗教和詩篇當中，君王有相當大的作用，但他只不過是神的一名僕人。

戰爭。戰爭的用語瀰漫在詩篇中。我們可以分辨出那些詩篇是在戰爭之前詠唱的禱告，那些是在戰爭中和戰爭之後用的（Longman 1982 和 1985）。在這些詩篇的背後，是聖經的聖戰觀，與神和以色列之約有關。

在近東條約中，強盛的王要對附庸國作出兩項承諾。第一，倘若有敵軍攻擊附庸國，他就出兵相助；第二，倘若附庸國背叛，他就會出兵攻擊。我們看見，在整個舊約之中，神和以色列也有這種動態的對應。祂的子民若順服，祂會如戰士一般爲他們爭戰（出十五；士五；書六）；若他們背叛，祂就會攻擊他們（書七～八章；撒上四～五章；哀）。以色列在舊約中的戰爭是聖戰，因爲是雅巍帶領他們爭戰。祂爲以色列人的戰爭立下規矩（申七，二十章）。

第七篇是以色列人上戰場之前禱告的例子，詩人呼求神救他脫離仇敵（詩七 1～2）。戰爭之前用的詩篇，最典型的模式就是詩人直接呼籲神，向祂求助：

> 耶和華啊，求祢在怒中起來；
> 挺身而立，抵擋我敵人的暴怒。
> 求祢爲我興起；
> 祢已經命定施行審判。（詩七 6）

這些詩常以武器的意象來稱呼神（盾牌，10 節），並描寫祂有

如預備出征的戰士（12～13 節）。

　　若詩人身處於戰事之中，面對極大的危險，他便轉向神，表達出他的信靠。九十一篇最合適的背景，就是戰爭之間的一個夜晚，在軍營中。詩人面對戰爭（5～7 節）和疫病（6 節）的危險。然而，他卻感到在神裏面完全平安，因神是他的蔭蔽和庇護（1 節）。

　　最後，當戰爭結束，以色列人承認是神使他們得勝。九十八篇有三個段落。第一慶賀神在列邦面前帶給祂子民勝利（1～3 節）。因著勝利，神被宣告為王（4～6 節），和未來的審判者（7～9 節）。

　　許多詩篇主要的背景是爭戰。這些詩篇的出發點為聖戰的理念，其中經常形容神為勇猛的天上戰士。

> 耶和華也在天上打雷；
> 至高者發出聲音，便有冰雹火炭。
> 祂射出箭來，使仇敵四散；
> 多多發出閃電，使他們擾亂。（詩十八 13～14）

詩篇的護教功能

　　今日的陷阱，是將詩篇視為無時間性之詩的文集。其實正相反，詩篇乃是牢牢立於當年的環境中。它們與寫作時期的相關性，可以從其中護教的鋒刃看出。

　　舊約時期，以色列所面臨的最大危險之一，就是背道。許多以色列人都受到古代近東各種神祇的吸引，尤其是迦南人的神明。從聖經的歷史記載來看，巴力的敬拜對他們的誘惑最大。

　　詩人以各種巧妙的方法，來講論這種危險。二十九篇是絕佳的例子，這篇詩一面高舉雅巍，一面暗中貶抑巴力（Cross, Craigie）。現代讀者無法看出本詩的護教意味，除非仔細去研究，並對迦南人的宗教有一些認識。

　　二十九篇有許多細節，讓我們聯想到一首迦南的詩。它與在烏

加列（Ugarit，譯註：敘利亞古城，靠近地中海）發現的詩，文體相當類似。第一，本詩很多三疊句，而其對偶也常重複，這些都頗不尋常，且是烏加列之詩與希伯來詩不同的所在。本詩的開頭是向「諸位大能者」（NIV）的勸告。在希伯來文中，這個片語是 *bᵉnê'ēlîm*，更嚴謹的翻譯應爲「神的眾子」，很像烏加列的說法 *bn'ilm*（也是「神明的眾子」），在這裏是指天上的集會。詩中提到的地點（6、8 節）都顯出是北方，靠近烏加列和其他迦南領土之處。

除了詩中的細節之外，與雅巍有關的意象也與烏加列經文中對巴力的描述相像。本詩將雅巍想像爲有大能的風暴雲層。祂的閃電與雷聲（「聲音」）震動大地。在迦南的神祇中，巴力特掌降雨和繁殖。二十九篇的要點似乎爲：在大雨背後掌控的是雅巍，而非巴力。詩人刻意從護教的角度將雅巍與巴力相連，這一點可以由最後一個意象看出來：神坐在寶座上，高過洪水。這幅圖畫讓我們想到巴力傳奇中著名的一段，巴力擊敗了大海（Yam），然後專心建造自己的宮殿。

二十九篇是個例子，說明詩篇中頻頻出現、引自近東神話的意象。這種現象不必解釋爲莽撞地借用近東宗教。我們應該了解，這些意象乃是刻意選用的，具護教意味。它們絕非顯示詩人有意要傳播一種廣義的近東宗教，而是說明：作者一心要提升對雅巍專一的敬拜，讓它遠遠超越古代近東其他不眞實的神明。

展望新約

路加二十四章記載耶穌復活後的顯現。該章的後半提到，耶穌與門徒相會時，他們仍在懼怕中，對祂的出現感到驚訝。爲了化解他們的疑惑，祂指出聖經的依據：「這就是我從前與你們同在之時，所告訴你們的話，說：摩西的律法、先知的書，和詩篇上所記的，凡指著我的話，都必須應驗。」（路二十四 44）此處我們最要注意的，是這段話提到了詩篇。從上下文中可以看出，耶穌所指的

並不是我們所謂的詩篇，而是以一般性的說法指希伯來正典的第三部分（Beckwith, 111-12）。不過，詩篇也明顯包括在內。耶穌以毫不含糊的話指出，詩篇中有對祂的展望，而祂的來到，從某方面而言，是該書的應驗。

新約作者看出耶穌與詩篇的關係。在新約所引用的話語中，詩篇的頻率僅次於以賽亞書（Harman 和 Kistemaker）。當然，新約各方面的教導都引用詩篇來支持，不只是基督論而已。在羅馬書第三章，保羅引用了幾段詩篇，來建立他的論證。例如，他聲稱，神完全信實（羅三 4，引用詩五十一 4），以及人全然有罪（羅三 10下～18），這部分引用了幾段詩篇，和一小段以賽亞書。

不過，我們興趣最濃的，乃是新約作者大量引用詩篇，來證實耶穌是彌賽亞和神的兒子。若要看詳盡的討論，可以參考哈爾曼和吉斯坦馬克（Harman 和 Kistemaker）的書，不過使徒行傳第四章可以作為簡短的例子。猶太領袖審問彼得時，他講到耶穌被拒絕，後來得榮耀的事，引用詩篇一一八 22 來作支持，說：「祂是你們匠人所棄的石頭，已成了房角的頭塊石頭。」（徒四 11）耶穌是那塊早先被拒絕，但後來卻被放在建築物最顯著地位上的石頭。

詩篇並不是狹義的預言書，這一點很重要。有些研究圈的人相信，詩篇有幾篇非常特殊，不是針對舊約的狀況寫的，只能應用於未來的彌賽亞身上，例如第二、十六、二十二、六十九，和一一〇篇。這些詩篇的確特別重要，從新約引用的次數多過任何其他詩篇，就可以看出。不過，它們也有舊約的背景。例如，第二篇顯然是加冕詩（Craigie 1983, 64-69），六十九篇詩人曾認罪（5 節），如果將這些話作為對無罪之基督的預言，就很不合適。

那麼，詩篇如何在基督裏得到應驗呢？詩篇與耶穌的關聯可以建立在兩個前提上。第一是詩人與耶穌的關係。許多詩篇的發言人是大衛王，大衛王也常是一些詩篇的焦點。在此我們必須回想以色列王權神學的一些內容。以色列的君王反映出神的王權。他能掌權，因為神立他為掌權者。對大衛而言，尤其真確，神和他立了特別的約（撒下七章），堅定他的王權與朝代。由此觀之，詩篇有許

多篇與以色列王的的制度相關，特別是與大衛和他的朝代相關，意義十分重大。

來到新約，我們看見，大衛之約的應許已經實現，大衛的一位後裔永遠坐在寶座上。這個應許已經在耶穌基督裏應驗了；用保羅的話，祂「按肉體說，是從大衛後裔生的」（羅一3）。

因此，路加福音一31～33記載，馬利亞受到如下的祝福：

> 你要懷孕生子，可以給祂起名叫耶穌。祂要為大，稱為至高者的兒子；主神要把祂祖大衛的位給祂。祂要作雅各家的王，直到永遠。祂的國也沒有窮盡。（路一31～33；參詩八十九3～4）

此外，詩篇也向耶穌展望，因為祂是神的兒子。詩篇是呈獻給神的，耶穌既是三一神的第二位，便亦是我們讚美與祈求的對象。

希伯來書的作者制定了一個模式。在第一章中，他引用了幾段舊約經文來顯明耶穌超越天使，其中也用詩一〇二25～27來說明耶穌（見來一8）：

> 主啊！祢起初立了地的根基，
> 　　天也是祢手所造的。
> 天地都要滅沒，祢卻要長存；
> 　　天地都要像衣服漸漸舊了。
> 祢要將天地捲起來，像一件外衣；
> 　　天地就都改變了。
> 惟有祢永不改變，
> 　　祢的年數沒有窮盡。（來一10～12）

在舊約的背景裏，這篇詩是向雅巍吟唱的。從新約來看，它可以向耶穌吟唱，因為耶穌雖是完全的人，卻也是完全的神，配受向神發出的讚美。

根據這些理由，再加上新約的榜樣，我們可以從基督論的角度

來讀詩篇。克朗尼（Clowney 1973 和 1978）曾寫過頗具創意的短文，討論如何按文體的角度來看基督徒對詩篇的研讀。他建議，詩篇可以視爲耶穌的禱告（來二 12），和向耶穌的禱告。因此，舉例來說，讚美詩是耶穌的歌，宣示祂的榮耀，可以向祂來唱，以榮耀祂。哀歌陳明祂的降卑（新約作者也如此使用），現代基督徒在受苦的時候，也可以用這些詩來向祂禱告。

11/14/2003

箴言

箴言是現代某些基督徒圈研究的焦點。我們的時代非常注意自我，以及和別人如何相處；許多人認為，這卷書提供了神的指引，讓人能了解個性與行為的問題。

不過，從另一個角度而言，箴言並不列在舊約的主流之內。其中沒有提到救贖的大作為，也沒有提到神的約，甚至很少直接談論神。由於本書缺乏明確的宗教詞彙，有些人說它的內容是「俗世」的智慧。

書目

註釋

Kidner, D. *Proverbs*（TOTC; InterVarsity, 1964/中譯：柯德納著，《丁道爾舊約聖經註釋：箴言》，校園，1995）; **McKane,** W. *Proverbs: A New Approach* (OTL; Westminster, 1970); **Scott,**R. B. Y. *Proverbs, Ecclesiastes* (AB; Doubleday, 1965); **Toy,** C. H. *The Book of Proverbs* (ICC; Scribner, 1916).

文章與專論

Bryce, G. E. *A Legacy of Wisdom: The Egyptian Contribution to the Wisdom of Israel* (Lewisburg: Bucknell University Press, 1979); **Bullock,** C. H. *An Introduction to the Old Testament Poetic Books* (Moody, 1979); **Drioton,** E. "Le Livre des Proverbes et la sagesse d'Amenemope," in *Sacra Pagina: Miscellenea Biblica Congresss internationalis Catholici de Re Biblica*, ed. J. Coppens, A. Desamps, E. Massux, col. 1; Bibliotheca ephemeridum theologicarum Lovaniensium, cols.12-13 (Gembloux: J. Duculot, 1959); **Erman,** A. "Eineägyptische Quelle der 'Sprüche Salomos,' " *Sitzungsberichte der Preussischen Akademie der Wissenschaften zu Berlin: Phi.-his. Klasse* 15 (1924): 86-93; **Gressmann,** H. "Die neugefundene Lehre des Amen-em-ope und die vorexilishche Sprochdichtung Israels," *ZAW* 42

(1924): 272-96; **Hildebrandt,** T. "Compositional Units in Proverbs,10-29," *JBL* 107 (1988): 207-24; **Humbert,** P. *Recherches sur les sources egyptiennes de la littérature sapientiale d'Israel* (Memoires de l'Universite de Neuchâtel, vol.7; Neuchatel: Secretariat de'l Universite, 1919); **Kayatz,** C. *Studien zur israelitischen Spruchweischeit* (WMANT 28;Neukirchen-Vluyn, 1968); **Kevin,** R. O. *The Wisdom of Amen-em-ope and Its Possible Dependence upon the Book of Proverbs (*Austria: Adolf Mozhausen's Successors, *1931); **Lang,** B. *Wisdom and the Book of Proverbs: An Israelite Goddess Redefined* (Pilgrim, 1986);**Oesterley,** W. O. E. *The Wisdom of Egypt and the Old Testament in the Light of the Newly Discovered 'Teaching of Amenem-ope'* (SPCK,1927); **Sellin,** E. "Die neugefundene Lehre des Amen-em-ope' in ihrere Bedeutung für judische Literatur und Religionsgeschiechte," *Deutsche Literaturzeitung fur Kritik der internationalen Wissenschaft* 45 (1924). 1873-84; **Skehan,** P. W. *Studies in Israelite Poetry and Wisdom* (CBQMS 1; Washington D. C.: The Catholic Biblical Association of America, 1971); **Van Leeuwen,** R. C. *Context and Meaning in Proverbs 25-27* (SBLDS 96; Atlanta: Scholars,1988); **von Rad,** G. *Wisdom in Israel* (Abingdon, 1972);**Whybray,** R. N. *Wisdom in Proverbs: The Concept of Wisdom in Proverbs 1-9* (Allenson, 1968); **Williams,** J. G. *Those Who Ponder Proverbs: Aphoristic Thinking and Biblical Literature* (Sheffield: Almond,1981).

歷史背景

作者

　　以下文學分析將說明：箴言是一本文選，其中的經文來自不同的作者、不同的時期。通常各個段落有標示，指出作者是誰。這些標示中，有一類是「智慧人」（二十二 17，二十四 23），還有亞古珥（三十 1，）、利慕伊勒王（三十一 1），和所羅門（一 1，十1，二十五 1），他們都是本書智慧之語的來源。只有箴言一 8～九18，和三十一 10～31 沒有特別標明作者。箴言一 1～7 是全書的長標題語或前言，其中以所羅門爲本書的作者，但卻沒有說這一段是他寫的。

　　所羅門在本書中的角色最引人注目，不但因爲全書大部分是用他的名字（十 1～二十二 16，二十五 1～二十九 27），而且乍看之下，本書的開頭好像是一段冗長的標題語，說他是整本書的作者。保守派中有人主張，所羅門對本書的責任，比明文歸給他的成分還要多。例如，阿徹爾相信，箴言一 1 旣涵蓋全書，也將一 8～九 18歸入所羅門之下；而且，因爲這位王曾收集「智慧人的言語」，阿

徹爾就堅持（雖無證據）這些言語是出於所羅門之前的時期（Arch-er, *SOTI*, 476-77）。另一方面，在極左派的一端，有些批判學者主張箴言沒有一處可以直接歸給所羅門（Toy, xix-xx），他在本書中的角色，乃是因傳說他有超人的智慧而來。

本書一如其他的經卷，依據明確的證據看來，結論正在這兩種極端之間；這是目前大半保守派與某些批判學者的立場。根據標示的資料，最好將所羅門的貢獻限於十 1～二十二 16，與二十五 1～二十九 27。不過，這兩個段落仍佔本書的絕大多數，也可能是它最早的部分。因此第 1 節指認所羅門為主要的作者，也是開始收集文選的人，是很合適的。所羅門與聖經的智慧有關，這原本就是歷史記載中的重要主題，符合列王紀對他治理的描述。他向神求智慧，神就賜給他（王上三 1～15）；接著，在一件難斷的案子中，他顯出非凡的智慧（王上三 16～28）。他的智慧遠超過當時世上的人（王上四 29～31），示巴女王因風聞他的一切，甚至不惜遠道來訪，而她親眼所見的，更讓她希奇不已（王上十 1～13）。他的智慧產生了大量的箴言，列王紀上四 32 聲稱，他共寫了三千句。

本書其他作者的名字便無從考查。亞古珥和利慕伊勒這兩個名字都只出現一次，缺乏其他的資料。「智慧人」是匿名的，不過由這個稱呼可以看出，他們是職業學者，或許在宮中服務。

本書惟一提到的另一組作品，是「希西家的人」所寫。早期的猶太傳統認為，本書是他們寫的（「希西家和他的同伴寫了箴言」，*Baba Bathra* 15a），不過箴言二十五 1 明明說，他們是抄寫者，或許也具編輯的角色。

日期

箴言既是文選，便是經過一段時日才寫成。至於時間多長，則不清楚，因為書中有匿名的部分，還有一部分雖提到作者，但是除了本書之外，我們對於他們一無所知。事實上我們能肯定的，只有歸於所羅門的段落（主前第十世紀），和經過希西家的人編輯的段落（約主前七百年）。既然後者只佔全書的一小部分，就可能意味

後代曾有編輯階段，將整卷書作了安排，並加上簡短的前言（一
1～7）。至於最後的編輯日期，則無可考。

本書其餘部分的寫作日期，就更無法確定了，甚至連估計都很
難。常有人爭論道，一 8～九 18 是本書最後完成的部分。學者指
出，其中的文體較複雜，也比較長（有些人認爲，箴言二章整個是
一句話）、宗教觀比較明確（尤其是智慧的擬人化），還有一些字
被假定爲年代較遲（尤其是箴七 16 的 *'ēṭûn*，「花紋布」，參 McKane,
Scott, Soggin, *IOT*, 384）。前兩項論證（McKane 表達得最有力）被
馮拉德拒絕（1972, 24-50），他相信，這些乃是形式批判想像出來
的無稽之談，而最後一項則遇到以語言論證來確定日期的困難——
證據不夠充分，所以無法肯定。最近，卡亞茲（Kayatz, 1966）建
議，一 8～九 18 與全書其餘部分的差異，可能多半與文體有關，而
較少與日期相關。

文學分析

文學結構

箴言的大綱一清二楚。首先，我們注意到箴言一～九章和十～
三十一章顯然不同。大致來說，第一部分包含冗長的智慧講論，而
後者大部分是簡短、精闢的格言，這亦是本書的名稱來源。在這兩
大部分中，還可以區分出更細的段落。事實上，最後一位編輯爲讀
者在每一段前面都加上了標示，或其他記號。所以，我們可以認出
箴言乃是文選或文集。

大綱

前言（一 1～7）
智慧的長篇講論（一 8～九 18）
所羅門的箴言（十 1～二十二 16，二十五 1～二十九 27）
智慧人的言語（二十二 17～二十四 34）

亞古珥的言語（三十章）
利慕伊勒王的言語（三十一 1～9）
才德婦人之詩（三十一 10～31）

內容分析

前言

前言有三項功能。第一，它告訴讀者全書的標題語（一 1）。第 1 節提到所羅門，以他爲本書中智慧的來源。這句話雖然不能解釋成：所羅門寫了整卷書（見作者的探討），但卻暗示：在全書的形成過程中，他扮演了重要的角色。第二，前言清楚陳明了本書的宗旨（2～6 節）。箴言的作用，是要將智慧教導單純的人和智慧人。本書寫作之初，特別以年輕人爲對象。所以，本書的目的，是爲年輕人立下基礎，讓他們進入眞實世界時，有指南可循。最後，可能也是最重要的，前言構成了全卷書其餘部分的基礎（7 節）。一切智慧的前提就是敬畏神。換言之，按照前言作者的看法，關係在倫理之前。

智慧的長篇講論（一8～九 18）

本書的頭幾章與後面的部分，在形式上截然不同。後面一部分主要是箴言的形式，爲簡短的（大多爲兩聯式）格言，但頭九章則爲長篇的智慧言。其中的講論有兩種形式，一種是教師在教訓他的兒子（可能是他的門徒，而非肉身的兒子），例如一 8～19；另外一種是擬人化的智慧在講論她自己（一 20～33）。

至於這個段落的結構，和正確區分的問題，看法分歧甚大。華伯瑞（Whybray, 1968）對這個題目的研究，可算十分透徹，他辨識出十段講論；較傳統的詮釋者則主張有十五段（Bullock, 174-75）。對這個題目最早作分析的，或許是司可漢（Skehan, 9-14），他主張十段的講論中有一些是框架（一、八、九章），將另外七段講論

（二～七章）框起來，而他認為這七段講論乃是智慧婦人家中的「七根柱子」（九 1）。

司可漢的解釋最大的困難在於：第一章內明明有兩段講論（一 8～19，一 20～33），說它們是同一個框架，理由不充分。事實上，有些段落之間的區分十分難斷定。幸好對這些段落的了解，與如何區分各個講論沒有太大關聯。

在解釋本書其餘部分時，參照這些講論，可以作為解經指南。它們成為從第十章開始之箴言的宗教支柱（見以下的「神學信息」）。

既然講論有這種功用，而它們的文學形式又比以下的 mešȧlîm 複雜，常有人認為，它們是本書最後加入的部分。不過，文學形式不見得總是從簡到繁（von Rad, 27-28），雖然堅持所羅門的日期可能有危險，但是我們要小心，主張較晚的日期也可能有武斷之嫌。

所羅門的箴言（十 1～二十二 16，二十五 1～二十九 27）

這兩個段落的標示（十 1，二十五 1），指認所羅門為箴言的作者。在第二段中，希西家的人在抄錄經文上有分（見「作者」部分）。

這些段落幾乎全部都是簡短、上下兩句相對（兩聯）的形式，只是偶爾有較長的智慧默想（二十七 20～27）。值得注意的是：其中大半為相反的對偶，同一個真理從正反兩種角度來看（在第一部分也許高達百分之九十，參 von Rad, 28）：

> 義人的心思量如何回答，
> 惡人的口吐出惡言。（十五 28）

正反並列的形式與箴言的重要主題之一極其相配，就是智慧的義人與邪惡的愚人之對比。

若要消化、吸收這些箴言，無法狼吞虎嚥，因為文字太簡約，必須仔細咀嚼。它們是對人生經驗的觀察，語重心長，要人慢慢反

思。大量的隱喻和類比，更強化了句子的濃度，需要讀者一層層解開。

這些箴言雖然文字濃郁，但所表達的眞理並不一定深奧。事實上，有些箴言不過是從一個新的角度來看一件相當普通的事。例如，只要稍加觀察，就知道懶人喜歡拖延，不願出外去工作，可是箴言二十二 13 引起我們的注意，它是一則包含故事的警句：

> 懶惰人說：「外頭有獅子！」
> 或：「我在街上就必被殺！」

箴言是一條條個別列舉，這樣的結構也讓人無法一口氣讀太多。至少初讀之下，箴言顯得相當零亂。在醉酒的話（二十 1）後面，接著列舉論君王怒氣的箴言（2 節）、避免紛爭（3 節）和懶惰（4 節）。有些地方似乎有分類整理的跡象（有關君王，二十五 2～7，和愚昧人及他的愚行，二十六 1～12），不過，與某個題目相關的箴言常分散在文選的各處（如懶惰，十 4、5、26，十二 24 等）。

最近有兩份研究指出，箴言的結構有某種程度的秩序。希德伯蘭特（Hildebrandt, 1988）主張，十至二十九章有一百二十四節經文（總數約爲 595），是基於語義學（常爲提示語）、主題，或句法的理由而組成「一對箴言」。范留文（van Leeuwen）檢視二十五至二十七章，結論道：透過結構、詩，與句法的分析，這幾章構成單一的「箴言詩」。他認爲，分析本書的其他部分，也會得到同樣的結果。

智慧人的言語（二十二 17～二十四 34）

這個段落由箴二十二 17 的標示明顯劃分出來，發言人向讀者說話，勸勉他們要聆聽「智慧人的言語」。這個段落結束於另一個標示，該標示引介出本書下面的部分（二十五 10）。智慧人的言語分成兩半，分野爲一句聲明：「以下也是智慧人的箴言」（二十四

23）。智慧人的言語談論的題目和所羅門的箴言大半相同：對窮人的關注（二十二 22～23）、財富不能永存（二十三 4～5）、避免外女（二十三 26～28）、嘲諷懶人（二十四 30～34）。不過，這個段落雖短，文學形式要比所羅門的段落更多樣化。有幾處是上下聯（二十二 28，二十三 9），可是大部分的講論稍微長一些。

這個段落，尤其是前半，與埃及教導風格——特別是阿曼尼摩比箴言（Instruction of Amenemopet, ANET, 421-25）——的關係，進行的研究很多。後者是巴吉（A. W. Budge）於一九二四年引入學術圈的（它於 1888 年就被發現）。巴吉看出箴言與阿曼尼摩比有些類似。不過真正寫長文，主張兩者絕對有關係的，是爾曼（A. Erman, 1924）。他相信，希伯來經文是倚賴埃及的經文，理由是文字和片語的相關性。他用這種相關性來修訂箴言的經文，使它與埃及的經文更相似。許多聖經學者都跟隨他的看法（H. Gressmann, E. Sellin, 和 P. Humbert）。另一方面，有些學者卻定意要顛倒這種關係，主張是埃及經文倚賴箴言（W. O. E. Oesterley, R. O. Kevin, E. Drioton）。為了支持他們的理論，他們指出所謂埃及經文中的閃族語特色，又大作文章，指出阿曼尼摩比的道德程度「超越」其他埃及經文。

這兩個經文的確有某種關係，這是無可諱言的。舉幾個例子就可表明：

> 你先祖所立的地界，
> 你不可挪移。（箴二十二 28）

> 不要移動耕地界線的標記，
> 也不要改動量繩的位置……
> （取自阿曼尼摩比第六章）

> 不要勞碌求富；
>
> 休仗自己的聰明。
>
> 你豈要定睛在虛無的
>
> 錢財上麼？
>
> 因錢必長翅膀，
>
> 如鷹向天飛去。（箴二十三 4～5）

> 不要用心追逐財富。
>
> 不要將你的心放在外面的物質……
>
> 它們（財富）會生出鵝的翅膀
>
> 向天飛去。
>
> （取自阿曼尼摩比第八章）

這種種的相似處，顯示兩段經文之間有某種程度的關係（相似處的表，見 *ANET*, 424-46）。甚至它們的結構也相仿。阿曼尼摩比分為簡短的三十章，而智慧人的言語第一部分的前言也提到「三十句」（二十二 20，一般都接受這種修定）。

雖然這兩段經文關係密切，但卻並非互相抄襲。布萊斯（Bryce, 1980）將探討的重點從「借用」挪開，他注意到，箴言是將埃及的材料「改編、消化，或整合」，以配合它自己的世界觀。

這兩段經文的類似，至少有一部分可以由智慧普世性的特色來解釋，連聖經本身都承認這一點（王上四 29～34）。以色列的智慧人知道埃及人的作品，反之亦然。不過，埃及經文影響以色列的可能性較大，理由有二：(1) 主要文化（如埃及）較不可能受附屬文化（如以色列）的影響。(2) 雖然阿曼尼摩比經文的日期不確定，但是按證據的傾向看來，它比所羅門更早。

亞古珥（三十章）、利慕伊勒（三十一 1～9）的言語和才德婦人之詩（三十一 10～31）

箴言的結尾，是三段比較短而獨立的段落。第二段直接取自非以色列的來源，而第一段也可能相仿。

亞古珥的言語在翻譯和解釋上都有困難。亞古珥一開頭乃是懷疑之言，質疑認識神的可能性。他的懷疑論由神的啟示得著回答（箴三十 5～6）。蔡爾茲認為，這幾節顯示早期對正典的認知（*IOTS*, 556-57）。這個段落繼續按數字列出一長串的箴言，直到結尾。

利慕伊勒王的言語，事實上來自他的母親，內容為君王應有怎樣的行止。

本書的最後，是一首論才德婦女有力的字母詩。這位婦女和第八章的智慧婦人有相關之處。她在家中和外界都很能幹。在希伯來聖經中，箴言（尤其是三十一章）之後接著是路得記，然後是雅歌，這樣的安排是刻意的。這三段經文都從積極面來刻劃女性的角色，她們非常能幹，並不完全倚賴男性。

神學信息

許多讀者認為，箴言就是指本書後三分之二中，那些簡短、扼要的話語。除了少數例外，這些箴言都沒有直接提到神、救贖歷史，或聖約。表面上，似乎只是對人生的觀察，提出人性的金玉良言，並不具神的權威。第一句箴言就是代表：

> 智慧之子使父親歡樂，
> 愚昧之子叫母親擔憂。（箴十 1）

因此，類似艾斯費特的評論，在論箴言的書中常常可以看到，並不足為奇：

　　　　這裏所推薦的敬虔，具一般的人性；以色列人的貢獻只成
爲背景。舉薦智慧與敬虔的理由，基本上純粹是世俗的、理性
的……（*OTI, 477*）

　　最近有人注意到，這些箴言雖然很少直接說到神（請注意一些
例外：十 3、22、27、29 等），但本書的前面幾章卻成爲解經的欄
框，其餘的部分均應在其格局中來解讀，因此個別的箴言亦具備深
刻的神學色彩。

　　我們已經提到，本書可以分爲兩大部分（參以上的「文學結
構」）。前九章乃是較長的講論，後面一部分才是本書的特色——
簡潔的箴言。在這段中，我們要說明：那些講論爲箴言的解釋提供
了更寬廣的空間。

　　換言之，在進入十至三十一章的箴言之前，讀者先聽到一至九
章的教訓。前面這幾章主要的題目，是智慧的重大價值，以及愚昧
的可怕危險。這個教導在第九章達到高潮，以下的討論就專注在這
章。

　　箴言九章中有兩位婦人，都在召喚人的注意；一位是智慧婦
人，一位是愚昧的婦人。這一段冗長的隱喻把讀者也包含在內，想
像他是一位年輕的男士，走在人生道路上。他旅行的時候，聽到兩
個聲音，都在爭取他的注意。兩位婦人開頭的呼喚都相同：

　　　　「誰是愚蒙，可以轉到這裏來！」
　　　　又對那無知的人說。（箴九 4、16）

　　這裡所指的讀者是位男士，所以在途中聽到女性的聲音，會特
別留意。這兩位婦女究竟是誰？代表什麼？

　　當我們讀到第九章，智慧在本書中已經成爲熟悉的角色。早在
箴言一 20～33，我們就看到有位婦人站在街上，呼喚人、懇求人進
來受教；而在第八章中，智慧則剖析她的本質與目的，以及她與神

的關係。

在前幾章中，愚昧比較沒有清楚的擬人化。不過，它和「外女」相當類似，就是智慧的父親警告兒子要防範的淫婦（二16～19，五，六20～35，七）。

要了解智慧在第九章中的本質，關鍵在她的房子位於「城中至高之處」（九3）。在古代近東，惟有一個人有權住在城中最高之處，就是那座城的神。在耶路撒冷也是這樣，建在最高之處的，是在錫安山上的聖殿。這個觀察肯定了我們從第八章所了解的智慧；她代表神的智慧，最終而言（按舉隅法說）乃是代表神本身。

另一方面，讀者遇到了愚昧，她也是以一位婦人的樣式出現，同樣在呼喚那位走人生路的單純年輕人。值得注意的是，她的房子亦座落於「城中最高之處」（九14）。她也代表神明，可是在這裏乃是代表所有古代近東與雅巍敵對的神祇。在以色列的整個歷史中，她一直受到誘惑，要去敬拜別神，如巴比倫的瑪爾杜克或以實塔，更嚴重的，則是迦南人的巴力和亞舍拉。

因此，讀者面臨一個抉擇。兩位婦人都呼喚他到她們的住處來吃飯，親密相交，詮釋其意，就是來敬拜她們。究竟要選智慧，還是選愚昧？選雅巍，還是選巴力？

所以，現在我們清楚看見，在行經箴言之路——就是真正的人生旅途——時，會面對選擇。我們可以親近雅巍，也可以選擇其他神明。我們究竟會選哪一邊呢？

古代以色列人的確面對這種情形。他們面對選擇——敬拜雅巍或巴力。許多人想到將兩者合在一起，可是先知嚴厲指出，妥協就等於背道（王上十八21）。若不單單敬拜雅巍，就會一無所有。因此以色列人的實際情形，正像箴言第九章，他們有兩種選擇。箴言第一至九章，透過第九章的高潮，有力地將這個抉擇呈現出來。

一旦經過了箴言一至九章的折射，我們就可以看出以下的箴言神學色彩何等強。從第九章所陳明的選擇來看，每一則箴言都超越了「善意的勸告」，不再像初讀之時給人的印象。

以上提過的箴言十1，表明了這一點。智慧的兒女，是給父母

帶來歡樂的人。按箴言第九章的說法，他們的行為表明他們親近智慧，意思就是他們委身於雅巍。另一方面，倘若兒女令父母擔憂，他們的行為就表明他們與愚昧婦人（外邦神祇的詩意表達）結交。

由此觀之，智慧與愚昧的抉擇，不只是「在世上如何與人相處，得到益處」，而是攸關生命與死亡的事。箴言三18豈不是說，凡擁抱智慧的，就是擁抱生命。此外，愚昧婦人的可怕真相為：她是殺人者。她邀請人來吃筵席，但他們沒有一個活著出來；「她的客人在陰間的深處」（九18）。

展望新約

許多基督徒將箴言當作「格言選集」。慧黠的箴言指點人行動舉止何者為美。較複雜的用法，則是將箴言當作「聖經輔導」的材料。

無可否認，這卷書是為「智慧人」作指南，就是指出何為敬虔的舉止；近日有不少著作強調這個角度，很有幫助。不過，需要避免兩個陷阱：(1) 將箴言絕對化的趨勢；(2) 以斷章取義和抽象的方式來讀箴言。

將箴言絕對化

個別的箴言必須在整卷書，甚至整本聖經的範圍內，來解釋與應用。這些話語不是神對此時此刻的應許，而是一種對人生真相的觀察，可以經得起時間的考驗。

> 敬畏耶和華的大有倚靠，
> 他的兒女也有避難所。（箴十四26）

約伯記可以修正一種觀念，就是以為上述箴言在今時可以隨時套用。將這個箴言機械化地應用於此時此刻，乃是約伯「三友」之論證背後的動力。不過，從聖經對於神的公義和最後審判的教導來

看，這則教訓仍然是眞實的。即使有些人死在惡人手中，神依舊是他們的「安穩保障」。

此外，有些箴言的眞實性，只限於某些狀況中。箴言包含智慧，惟有智慧人明白在何種狀況中當應用某個箴言。

箴言的應用有範圍限制，最佳的例子就是比較箴言二十六4～5：

> 不要照愚昧人的愚妄話回答他，
> 恐怕你與他一樣。
> 要照愚昧人的愚妄話回答他，
> 免得他自以為有智慧。

換言之，要看愚昧的狀況而定。眞正的智慧人對人性會有敏銳的反應，知道何時應用那一種方式。

斷章取義看箴言

讀箴言的另外一個陷阱，就是翻遍全書，要從中拾取一些好的建議，以致將個別的箴言抽離出正典環境。以上對於箴言一至九章和十至三十一章之間關係的分析，是矯正的第一步，讓人避免單單從訓誨的角度來讀本書。第二步則是要將箴言的神學與新約的神學相連。

有一個很合適的起點，就是新約將耶穌與智慧相連。例如，保羅曾寫道，祂是「那不能看見之神的像，是首生的，在一切被造的以先」（西一15），這句話是取自箴言第八章。啓示錄三14也類似，那裏指耶穌爲「在神創造萬物之上爲元首的」，引出了智慧在創造時的那幅圖畫。耶穌本身亦曾作過相似的聯繫。祂的作爲激怒了祂的對頭，而祂的回答則爲：「智慧藉行爲證明她是對的。」（太十一19）這裏的要點不是耶穌將自己與智慧認同，以致箴言第八章好像是對基督的預言；相反的，箴言第八章是一道展現神智慧本性的詩，並沒有狹義的預言用意。相信箴言第八章具預言性，會

導出亞流的異端，因為那裏形容智慧是一位先存的神在某個時間所造。可是，耶穌與智慧的確有關聯，因為耶穌將神的智慧具體表現出來。新約中最常提到基督的特色之一，就是祂的智慧。耶穌基督是神的智慧（林前一 30）。「所積蓄的一切智慧和知識，都在祂裏面藏著」（西二 3）。祂在世上教訓人時，流露出智慧（可一 22）。甚至還是少年，祂就難倒了律法的教師（路二 41～50），並且祂的「智慧與身量」一起增長（路二 52）。祂教導的形式主要為比喻（希臘文 parabolē, 希來文為 māšāl，亦翻譯為「箴言」），這是一種智慧的形式。

　　因此，基督徒在閱讀箴言時，要從新約繼續延展的啟示亮光中來看，這樣，就會與古代的以色列人一樣，面對同一個問題，只是色調不同。我們願意與智慧，還是與愚昧同席？那位召喚我們的智慧人無他，乃是耶穌基督，而要引誘我們的愚昧，則是我們用來取代造物主的任何受造物（羅一 22～23）。

10/20/2003

傳道書

　　傳道書表面看來似乎是爲我們這個時代的人寫的。當然，其實不是；所有聖經的經卷都是對作者當時代的人寫的。然而，傳道書的主要發言人，就是自稱傳道者的那一位，他所表達出的懷疑論，似乎是現代人的心聲。因此，許多人在對世界，甚至對神感到失望的時候，都會翻閱這本書，來尋求幫助。

書目

註釋

Barton, G. A. *Ecclesiastes* (ICC; T. & T. Clark 1908); **Crenshaw,** J. L. *Ecclesiastes* (OTL, Westminster, 1987); **Delitzsch,** F. *Proverbs, Ecclesiastes, Song of Solomon*(Eerdmans, 1975 [orig. 1872]); **Eaton,** M. A. *Ecclesiastes*（TOTC; InterVarsity, 1983/中譯：伊頓著，《丁道爾舊約聖經註釋：傳道書》，校園，1987）; **Fox,** M. V. *Qohelet and His Contradictions* (Sheffield: Almond, 1989); **Ginsburg,** C. D. *The Song of Songs and Coheleth* (KTAV, 1970 [orig. 1957]); **Gordis,** R.*Koheleth: The Man and His World* (Schocken, 1951); **Kidner,** D. *A Time to Mourn and a Time to Dance* (InterVarsity, 1976); **Lauha,** A. *Kohelet* (BKAT 19; Neukirchener Verlag, 1978); **Longman III,** T. *Ecclesiastes* (NICOT; Eerdmans, 1995); **Scott,** R. B. Y. *Proverbs, Ecclesiastes* (AB 18; Doubleday,1965); **Whybray,** R. N. *Ecclesiastes* (NCB; Eerdmans,1989).

專論與文章

Dahood, M. "The Phoenician Background of Qoheleth," *Bib*7 (1966): 264-82; **Fox,** M. "Frame-Narrative and Composition in the Book of Qohelet," *HUCA* 48 (1968): 83-106; **Fredericks,** D. C. *Qoheleth's Language: Re-evaluating Its Nature and Date* (ANETS 3; Lewiston: Edwin Mellon, 1988); **Gordis,** R. *Koheleth-the Man and His World*, 2d ed. (New York, 1968); **Hengstenbert,** E. W. *Der Prediger Salomo* (Berlin, 1858); **Isaksson,** B. *Studies in the Language of Qoheleth* (Uppsala, 1857; **Kaiser,** W. C., Jr. *Ecclesiastes: Total Life*（Moody, 1979/中譯：蓋華德著，《享受生命》，香港學生福音團契，

1983）; **Longman III,** T. *Fictional Akkadian Autobiography* (Eisenbrauns, 1991); **Michel,** D. *Untersuchungen zur Eigenart des Buches Qohelet* (de Gruyter, 1989); **Poebel,** A. *Das appositionell Bestimmte Pronomen der 1-Pers. Sing. in den Westsemitischen Inschriftem* (AS 3;1931); **Whybray,** R. N. "Qohelet: Preacher of Joy," *JSOT* 23 (1982): 87-92; **Wright,** A. S. "The Riddle of the Sphinx: The Structure of the Book of Qoheleth," *CBQ* 30 (1968): 313-34; idem. "The Riddle of the Sphinx Revisited: Numerical Patterns in the Book of Qoheleth," *CBQ* 42 (1980): 38-51, idem. "Additional Numerical Patterns in Qoheleth," *CBQ* 45 (1983): 32-43; **Wright,** J.S. "The Interpretation of Ecclesiastes," in *Classical Evangelical Essays,* ed. W. C. Kaiser, Jr. (Baker, 1972 [orig.1945]), 133-50.

歷史背景

日期與作者

傳統看法。傳統對於作者的看法，首先是仔細檢驗本書主要的發言人。他以「傳道者」（Qohelet）自居，這並不是他的名字，而是一個假名。這名字的動詞字根意義爲「召集」，因此他的名字（是一個分詞，qal feminine participle）直譯可爲「召集者」。一般英譯本譯爲「傳道者」或「教師」，乃是在猜測這位作者在招聚那些人來施教。這兩種譯法都不夠準確，可是就上下文而言，譯爲「召集者」又很古怪。

傳統派指出一些特點，認爲「傳道者」無他，乃是所羅門的別名。理由之一爲：列王紀上八章，就是記載所羅門招聚百姓來獻殿時，經常用到這個名字的字根（「召集」）。再有，傳道者自稱是王，是大衛的兒子（一1~2）。這些清楚的告白，加上所羅門爲智慧教師的名聲，就許多人而言，已足以肯定所羅門爲本書的作者，連帶也決定了寫作的日期。

這一點確定之後，傳道書的內容就成爲所羅門生平的補充材料。歷史書只告訴我們，所羅門非常有智慧，又很敬虔，可是晚年卻墮落了。對列王紀而言，所羅門沒有再回頭，重新委身於神。事實上，南北國的分裂（王上十二章）都歸咎於他的罪。

這樣一位在開始時有智慧又敬虔的人，最後竟然會背道，令一些人無法接受，所以很早就有一種傳統的說法，認爲傳道書是年邁

所羅門悔不當初的作品，顯出他的背道是有罪的。這個說法若要成立，不但傳道者必須是所羅門，在尾聲中向傳道者說話的，也必須是他（十二 8～14）。

以所羅門爲傳道者，並將本書的日期定在主前第十世紀，這個觀點我們稱之爲「傳統看法」。它不是保守派的看法，因爲如下文所示，有些保守派的學者並不同意這觀點。

批判看法。大半批判學者都將本書的日期定在以色列歷史的晚期，只有少數例外（如Dahood）。如下文所示，將傳道書的日期定得較晚，是相當有理由的。批判學者與保守派學者雖然都將日期定得較晚，不過兩者卻有差異；前者認爲不需要接受這卷書的聲明，後者卻覺得有此必要。

克蘭紹（Crenshaw）和勞哈（Lauha 1978, 3）可以代表將傳道書定在被擄歸回後期、馬喀比時期之前的人。克蘭紹更精確地指出：「傳道者極可能寫於主前二五○至二二五年間」（1987, 50）。

批判學者倡導本書日期較晚，主要的論證爲語言和文體。例如，傳道書的用字和句子結構與晚期的希伯來文和亞蘭文相近，這個論證使一些人將日期推到非常晚。知名的保守派學者德里慈甚至曾說：「如果傳道書是出於所羅門，那麼，希伯來文就沒有歷史可言。」（Delitzsch 1872, 190）腓勒德力斯（Fredericks 1988）針對所有用於支持晚期寫作的語言論證，作了一番深入的研究，而他的結論卻爲：這些說法不足以成爲定論。再說，關於聖經的經文最初如何傳下來的情形，我們所知極其有限，也無法排除將用語當代化的可能性。

另外一種研究法，顯示傳道者的話和希臘人的思想接近。這種方法也有可疑之處，因爲早期的思想與文學形式也可找出與它雷同之處（Dahood），而它與後期的外國思想亦可找到類似的關聯。

這些論據並不是要否定傳道書非所羅門所寫、日期較晚（見下文），但的確可以暴露，批判立場所採用的典型論證有疑點。過去批判學者一向主張，本書內容有矛盾之處，尤其是正統與非正統的言論竟然並列。他們認爲，本書的最初發言人乃是非正統的懷疑論

者，他的思想後來被一位編輯（或一系列的編輯）去頭截尾。例如，尾聲是出於正統派的編輯。但如果閱讀全書，考慮到書內有兩個聲音（見「結構」），就不一定需要借助這個假說。

另一種看法。在定奪本書的日期與作者時，內證的考慮最爲重要。傳統很有用，絕不可輕忽，可是有關傳道書的作者，最早的傳統不至於早過基督的時代，而神學的考慮也許已經歪曲了事實。誠如李汎所言：「猶太教的法利賽派將傳道書歸於所羅門。……不是更增加所羅門的榮耀（*ad majorem gloriam Salomonis*），而是爲要使它能爲希伯來聖經所接受」，並「保證本書要按照法利賽式猶太教的字句與精神來解釋」（Levine 1978, 66）。

在福音派的傳統中，有些人認爲，是否以所羅門爲傳道書的作者，足以衡量某人是否爲正統派；但大多數人卻不以爲然。司圖特（Stuart）、亨斯登伯、德里慈、楊以德，和柯德納（Kidner）都質疑所羅門就是作者。

所羅門爲什麼竟然用假名？他有何必要自掩身分？這一點實在沒有很好的理由。另一方面，傳道書的作者在本書第一部分（一12～二26）形容傳道者對人生意義的追尋，是站在所羅門的處境寫的，這一點無人能否認。在這一段之後，就不再這樣引用，甚至傳道者以局外人的身分來看王室之人（八2～8）。倘若作者是一名持懷疑主義的智慧人，在追尋「日光之下」生命的意義，則假名就較容易解釋，可視爲一種文學設計。事實上，他在思想財富、歡樂、博愛是否爲意義之源時，乃是假想自己爲所羅門。畢竟，「在王以後而來的人還能作什麼呢？也不過行早先所行的就是了。」（傳二12下）。

仔細研讀本書，還可以注意到另外一些現象，顯示傳道者並非所羅門。例如，傳道者在一16的聲明：「我的智慧大大增加，超過在我以前治理耶路撒冷的任何人」，這句話很難想像會出自所羅門之口。因爲在他之前，以色列人於耶路撒冷作王的，就只有他父親大衛一人。他不可能會想到在大衛之前耶布斯人的衆領袖（Young 1949, 348）。

　　楊以德也指出一 12 過去式的用法：「我曾在耶路撒冷作過以色列的王」不像所羅門的話，因爲他從來沒有老到不能作王（348）。此外：

　　　　本書的背景不適合所羅門的時代。那是痛苦與虛空的時代（一 2〜11）；所羅門時代的輝煌已成過去（一 12〜二 26）；以色列進入了死亡時期（三 1〜15）；不公與暴力隨處可見（四 1〜3）；外邦人極權統治（五 7、9〜19）；死亡比生命更好（七 1）；「一人管轄多人，使他們受害」（八 9）。（Young 1949, 348, 取自 Hengstenberg）。

　　因此，內證至少讓人懷疑所羅門與傳道者的關係。若說作者有意要將這兩位等同，疑點實在很多。

　　不過，這個問題雖然重要，卻與作者的問題無關。傳統派不但相信所羅門就是傳道者，而且主張這位傳道者所羅門寫了此書。這個觀點並沒有考慮到一項事實，就是如果不存任何偏見、自自然然來讀本書，必會看出其中有兩個聲音：傳道者和另外一位智慧人，後者爲掌握全書的敘述者。

　　下文談結構的時候，會詳細說明本書可以分爲三部分：前言（一 1〜11）、主體（一 12〜十二 8——自傳式的獨白），和尾聲（十二 8〜14）。前言與尾聲爲框架，以第三人稱提到傳道者。在全書的主體中，傳道者以第一人稱發言。

　　就作者問題而言，最有意思的題目之一就是尾聲。主張全書具合一性之人認爲，傳道者（＝所羅門）在提到過去的事時，就用第一人稱，而從現在的觀點來評估過去時，就轉用第三人稱。這個方式相當不自然，也缺乏前例。更自然的說法，是將第二個聲音視爲未命名的發言人，他乃是在爲自己的兒子來評估傳道者的話語。七章 27 節突然改爲第三人稱的作法，能肯定這個觀點（Fox 1977）。底下我們將看到，這卷書的主題和第二位發言人與他兒子的交互談話，顯示出這裏的情境是智慧的探討，因此若稱這第二位未命名的

發言人爲「第二位智慧人」，或框架敘述者（Fox 1977），都很合適。

　　一旦看出傳道者並不等於尾聲的發言人，就使得所羅門爲作者的問題不再成立。本書顯示，寫作的人是這第二位智慧人，而非傳道人。正如其他的舊約書卷一樣，我們不知道這卷書作者的姓名。

文學分析

結構

　　傳道書分爲三部分。開始是一段簡短的前言，介紹傳道者一些主要的思想（一 1～11），接下去是一段傳道者冗長的獨白（一12～十二 8），結論爲扼要的尾聲（十二 8～14）。

　　前言與尾聲和本書主體的差異，在於它們用第三人稱提到傳道者。這兩者成爲傳道者言論的框架。全書的主幹是傳道者的言論，主要的內容爲自傳式的反思，揣摩人生的意義。

　　雖然本書的大綱很清楚，但學者若想要進一步分析其內容，卻感到非常棘手。有些人嘗試發掘傳道者沉思之言背後的結構（最著名的爲 A. S. Wright 1968, 1980, 1983），但是其餘的學者並不苟同。仔細研究可以顯示，傳道者的思想漫步四方、時有重複（一 12～18和二 11～16；四 1～3 和五 8～9；四 4～12 和五 10～六 9）、偶爾自相矛盾。雖然散漫無章，但是卻沒有妨礙本書實際上要表達的信息（見下文）。

　　傳道者的思想固然沒有詳細的大綱，但可以看出一些概念的進展。他的言論一開始所用的模式（一 12），符合古代近東所熟悉的自傳式傳統（Poebel and Longman）。從一 13～二 26，傳道者追述他在「日光之下」尋求人生意義的經過，所採用的是以所羅門自比的文學形式。從三 1～六 9，就不再用這種自比的形式，可是仍在尋求意義。六 10～12，似乎是將傳道者第二部分的言論作過渡性的總結。第二部分主要是勸告與教訓。整個言論的結論在十二 1～7，是

一段對死亡的默想，對自傳而言，這是很合適的結尾。

文體

無論在聖經中或在古代近東的文學內，都沒有完全像傳道書的作品。有些近東文本中提到了類似的問題，有一段米所波大米的文本甚至被稱爲「巴比倫的傳道書」（ANET, 438-40）。另外，傳道書九7～9和吉加米施史詩（Gilgamesh Epic）的一段頗爲類似：

> 諸神創造人類時，
> 將人類的死撇在一邊，
> 生命在他們自己的手中。
> 你，吉加米施，要吃得飽足，
> 晝夜都要快快樂樂。
> 每一天要爲自己歡宴，
> 白天晚上都要跳舞玩耍！
> 你的衣裳要潔白乾淨，
> 你的頭要清洗；身要沐浴。
> 要聽牽你手孩童的聲音。
> 要讓你的妻子在你的懷中喜樂！
> 因爲這是（人類的）任務！

這一段話，以及其他取自巴比倫、埃及，和希臘的經文，與傳道者的思想和態度都有類似之處（與傳道書的信息不同，見下文）。

不過，更令人注意的，是與傳道者的言論在結構上類似的經文。曾有人將傳道者的言論與王室遺言和埃及的訓誨作比較，不過，最接近的還是米所波大米智慧式的自傳〔納蘭新（Naram-Sin）的古坦（Cuthaean）神話、阿達古皮（Adad-guppi）的自傳，和所謂撒綱（Sargon）之罪的經文〕（Longman 1991, 第六章）。它們的起頭都用相似的介紹模式，結尾則爲訓誨與勸告。

　　總結而言，本書最好視爲有框架的自傳。這種風格的辨認，在解釋傳道書的信息時很重要。

神學信息

　　傳道書令人震驚。比較箴言與傳道者的教訓，就可以明白理由何在。箴言高舉智慧、大家庭、長壽（三 13～18）；而傳道者則說：

> 我就心裏說：
> 「愚昧人所遇見的，我也必遇見；
> 　我爲何更有智慧呢？」
> 我心裏說：
> 「這也是虛空。」
> 智慧人和愚昧人一樣，永遠無人記念；
> 　因爲日後都被忘記。
> 可歎智慧人死亡，與愚昧人無異！（傳二 15～16）

　　人若生一百個兒子，活許多歲數，以致他的年日甚多，心裏卻不得滿享福樂，又不得埋葬，據我說，那不到期而落的胎比他倒好。（傳六 3）

　　此外，他的一些勸告似乎很有問題：

> 不要行義過分，
> 也不要過於自逞智慧——
> 　何必自取敗亡呢？
> 不要行惡過分，
> 也不要爲人愚昧——

何必不到期而死呢？

你持守這個為美，

那個也不要鬆手。

因為敬畏神的人必從這兩樣出來。

（傳七 16～18）

還有一些重複的短句，在我們閱讀全書時，不斷縈迴在耳：「捕風」、「有何益處呢？」而最常出現的疊句，也是全書最深刻的懷疑論調，構成傳道者言論的前後括號（一2，十二8），則為：「虛空的虛空！虛空的虛空！凡事都是虛空！」

傳道書的懷疑論調既如此強，所以很早就出現它是否屬於正典的辯論，而它的解釋歷史也迂迴曲折。按照李汎的說法，它的解釋歷史特色為「監察、禁止和爭論」（Levine 1978, 64）。這卷書的信息究竟應該如何正確了解？它與其餘的正典是否和諧呢？

傳統的觀點（見上文）從正面來答覆第二個問題，以尾聲的部分為依據。按照這個觀點，尾聲代表所羅門的結論，是這位悔改的背道者回顧過去不虔生涯的感言。過去他將神排除在他的生活之外（活在「日光之下」），生活並無意義。然而，到最後他的結語為：「敬畏神，謹守祂的誡命。」（十二 13）

按照傳統的觀點，與全本聖經相較，傳道者的言論有許多可疑之處，可是那些不合正統、持懷疑論調的教訓，屬於所羅門悖逆階段的教訓，所以不符合正當的神學。

有些近代的詮釋者對於經文表面的含義提出爭論。他們否定傳道者的教訓有不合正統、或悲觀之處；相反的，他是一位「傳講喜樂的人」（Whybray），更是正統的模範（Kaiser）。為要達到這樣的解釋，必須將本書許多明顯的意思加以壓抑或扭曲。這種方式雖然似為異軍突起，但事實上可以回溯自本書的他爾根（譯註：希伯來文與亞蘭文的譯文註釋），在那裏可以清楚看出它所需要的解經體操（Levine）。

那麼，本書究竟應當怎樣來讀呢？我們要從以上所提的文學分

析開始出發。傳道書中可以聽見兩個聲音，一為傳道者，另一為無名的智慧教師，他在前言作了本書的介紹，並在尾聲評估了傳道者的話語。傳道者持懷疑論；而框架中的無名發言人則持正統觀，是全書正面教導的來源。

　　所以，傳道書在結構上與約伯記類似。在研讀時也必須採用類似的辦法。按照其餘的正典來看，這兩卷書的主體都含有可疑的說法（三位朋友、以利戶，和約伯）。他們所說的並非全都不對，可是相當一部分有問題。傳道書也相仿。全書的主體，就是傳道者反思式的自傳，有許多內容都與傳統舊約的觀感相牴觸。兩卷書的正面教訓都出現在最後，在約伯記是雅巍在旋風中向約伯說話，在傳道書則是第二位智慧人向他孩子發出的警告。

　　因此，要了解傳道書，就必須仔細研讀尾聲。而其中有些句子，連傳統的翻譯都有問題。

　　根據弗克斯（Fox）的建議，我們將傳道書十二 8 視為框架敘述者對本書最後貢獻的開始。他以傳道者自己的疊句，將他的思想摘要為：「虛空的虛空！虛空的虛空！凡事都是虛空！」接著，他推崇傳道者的努力，承認他是位智慧人，盡心盡力從事他的任務。不過，值得注意的是，雖然真智慧的特色通常是正直與敬虔（箴一～九章），但是在舊約時期，智慧教師的角色有時為惡人所佔（最為惡名昭彰的，是約拿達，參撒下十三）。

　　接下來的幾節，則對傳道者提出批判。弗克斯（1977, 96）對箴言十二 10～12 的翻譯很正確：

　　　　「都是虛空，」傳道者說：「都是虛空。」進一步說，傳道者是位智慧人。他不斷將知識教導百姓，並且經過衡量、考查，寫下許多話語。傳道者尋求嘉言，要寫下最誠實的真理。智慧人的話好像刺棍，作文集之人（的言語）好像釘穩的釘子，是牧人給與的。再說，我的孩子，要留意這些事。著作豐富，並無意義；談論過多，肉體疲憊。最後，聽完所有的話之後：要敬畏神，持守祂的誡命，因為那是人所當盡的本分。因為神

必會審判每一件行爲、每一項隱密事——無論是好是壞。

　　說傳道者「尋求最正確的話語」，這句誇讚蒼白無力，因爲連傳道者本人都承認，他相當不成功（七 1～29）！刺棍與釘穩的釘子之隱喻，通常是從正面來解釋，不過從負面來看或許更好。刺棍與釘子都很痛！著名的 12 節，很多學生愛用，不過它並不像許多人所以爲的，要否定傳道者的言論，乃是將它包括在內。

　　倘若傳道者冗長的言論是悲觀的，與其餘的舊約不相配，那麼它爲何被收入正典？傳道者的言論（一 12～十二 7）是一種襯托，一種教導的設計，是第二位智慧人選用的方法，爲要教導他的孩子（12 節），明白以色列中那類懷疑式智慧的危險。誠如約伯記，書中各人講論的部分多是非正統的說法，而當神從旋風中發言時，這些言論完全崩潰，被棄置一旁。

　　傳道書的正面教導，出現在本書最後兩節：

> 這些事都已聽見了；
> 總意就是敬畏神：
> 謹守祂的誡命，
> 這是人所當盡的本分。
> 因為人所作的事，
> 連一切隱藏的事，
> 無論是善是惡，
> 神都必審問。（傳十二 13～14）

　　這第二位智慧人，也是本書意下的作者，以簡明的話語將舊約的信息總括如上。他要他的孩子與神有正確的關係（敬畏神），順服祂，並對未來的審判有清楚的認識。這幾節無異爲「福音的堅核」。

展望新約

新約中從未引用傳道書，可是羅馬書八 18～22 用到了其中的信息：

> 我想現在的苦楚，若比起將來要顯於我們的榮耀，就不足介意了。受造之物切望等候神的眾子顯出來，因為受造之物服在**虛空**之下，不是自己願意，乃是因那叫他如此的。但受造之物仍然指望脫離敗壞的轄制，得享神兒女自由的榮耀。

譯為「虛空」的字，在七十士譯本就是用來翻譯傳道書「虛空」的字。從全本聖經來看，傳道者的言論固然不合正統，但他對缺乏神救贖之愛亮光的世界，卻作了正確的描述。他對世界與生命的看法受到限制；他描寫這是「日光之下」的生活。換言之，他的無望乃是因為違約受詛、未回轉歸向神救贖之工的結果。

傳道者聽起來像現代人，因為他將沒有神之世界徹底的絕望，刻劃得淋漓盡致。然而不同的是，現代世界認為神並不存在；傳道者相信神存在，只是對祂的慈愛與關懷感到懷疑（五 1～7）。結果，傳道者覺得一切都無意義——無論是財富、智慧，還是慈善。畢竟，死亡會使一切都結束。在整本書中，傳道者心繫死亡（二 12～16，三 18～22，十二 1～7），因為他無法超越，看見在那一點之後的情景。

不過，傳道者在某個層面上看得非常正確。沒有神的世界（「日光之下」）是虛空的。死亡結束一切，所以他徘徊在「恨惡生命」（二 17）與享受神賜下的些微快樂（24～26 節）之間。

正如前面所提，本書的信息並不是傳道者言論的信息；那只不過是最後幾節的前言而已。然而，我們承認，傳道者的確生動描繪了受到約之咒詛、遠離神的世界是何等的可怕。他所沒有的，乃是盼望。

　　來到新約，我們發現耶穌基督能救贖我們脫離空幻——就是傳道者深以為苦的虛空。耶穌救贖我們脫離傳道者的虛空世界，所用的方法是自己服在它以下。耶穌是神的兒子，可是祂同樣經歷了世界的虛幻，因此祂能釋放我們脫離它的捆綁。當祂懸於十架時，連祂的父也棄絕了祂。就在那刻，祂經歷到世界所受咒詛的痛苦，其程度之深，連傳道者都無法想像。「基督既為我們受了咒詛，就贖出我們脫離律法的咒詛。」（加三13）

　　結果，當年傳道者感到最痛苦的地方，如今基督徒卻能經歷到最深的意義。耶穌使智慧、勞力、愛心，和生命都重獲意義。因為，耶穌面對死亡，征服了傳道者最大的恐懼，顯明死亡並非一切意義的結束，而是通往神的門路。

10/20/2003

雅歌

雅歌的解釋歷史曲折離奇，令人著迷。聖經沒有一卷像它一樣，每個時期的解釋差異如此之大。中世紀時，很少有人將它的解釋與人類的兩性關係相連。事實上，這樣作很危險，甚至會被逐出教會，或遭到更慘的待遇（Pope 112-16）。今天，大部分基督徒都認為這種角度很自然，很合理。然而，將雅歌作如此「非神學」的解釋，是否正確？為什麼這樣一本表面上看來是講性愛的書，會被放在正典中？

書目

註釋

Caird, G. B. *The Language and Imagery of the Bible* (Westminster, 1980); **Carr**, G. Lloyd. *Song of Solomon* (TOTC;InterVarsity, 1984/中譯：卡洛德著，《丁道爾舊約聖經註釋：雅歌》，校園，1994）; **Delitzsch**, F. *Proverbs, Ecclesiastes, Song of Songs*(trans. J. Martin; Eerdmans, 1975; original Engl. trans, 1885); **Ginsburg**, C. D. *The Song of Songs and Coheleth* (KTAV, 1970[orig. 1857]); **Glickman**, S. C. *A Song for Lovers*(InterVarsity, 1976); **Gordis**, R. *The Song of Songs and Lamentations*, rev. ed. (New York, 1974); **Murphy**, R. E. *The Song of Songs* (*Hermeneia*; Fortress, 1990); **Pope**, M. H. *Song of Songs* (AB 7C; Doubleday, 1977); **Seerveld**, C.*The Greatest Song* (Trinity Pennyasheet Press, 1967); **Snaith**, J. G. *The Song of Songs* (NCB; Eerdmans, 1993).

文章與專論

Cooper, J. S. "New Cuneiform Parallels to the Song of Songs," *JBL* 90 (1971): 157-62; **Davidson**, R. M. "Theology of Sexuality in the Song of Songs: Return to Eden," *AUSS* 27 (1989):1-19; **Falk**, M. *Love Lyrics from the Bible* (Sheffield:Almond, 1982); **Gerleman**, G. "Die Bildsprache des Hohenliedes und die altägyptische Kunst," *ASTI* 1 (1962): 24-30; **Godet**, F. *Studies in the Old Testament*, 9th ed. (Hodder ad Stoughton, 1894): 241-90, reprinted in *Classical Evangelical Esssays*, ed. W. C. Kaiser, Jr. (Baker, 1972); **Goulder**, M. D. *The Song of Fourteen Songs* (JSOTS 36; Sheffield: Almond, 1986); **Lambert**, W. G. "Divine Love Lyrics from Babylon," *JSS* 4(1959): 1-15; idem. "The Problem of the Love Lyrics," in *Unity and Diversity: Essays in the History, Literature, and Religion of the Ancient Near East*, ed. H. Goedicke and J. J. M. Roberts (Johns Hopkins University Press, 1975): 98-135; **Mariaselvan**, A. *The Song of Songs and Ancient Tamil Love Poems: Poetry and Symbolism* (Rome: Editrice Pontificio Istituto Biblico, 1989); **Rabin**, C. "The Song of Songs and Tamil Poetry," *SR* 3 (1973): 205-19; **Segal**, M. H. "The Song of Songs," *VT* 12 (1973): 470-90; **Trible**, P. *God and the Rhetoric of Sexuality* (Fortress, 1978); **Wetzstein**, J. G. "Sprachliches aus den Zeltlagern der syrische Wüste," *ZDMG* 22 (1868): 69-194; **White**, J. B. *A Study of the Language of Love in the Song of Songs and Ancient Egyptian Poetry* (Scholars, 1978).

文學分析

文體

　　由於本書解釋史的緣故，在討論雅歌的文體時，必須談兩個不同的問題。第一，本書究竟是戲劇，還是一連串愛情詩？第二個問題有些相關，即：本書是否為寓言？

　　戲劇。雅歌的許多現代譯本都有戲劇解釋影響的痕跡，用紅字作旁註，暗示發言人為誰。例如，新國際本聖經（NIV）將開頭幾節（一1～4）歸為「心愛者」，其餘的角色為「朋友」及「愛人」。這些紅字是原文沒有的；最先出現於西元四百年左右的西乃抄本中。新國際本聖經以斜體字表明這些紅字不在原文內，不過它們仍舊影響全書的詮釋，朝戲劇的方向來解析。

　　不過，倘若仔細研究，會看出戲劇法並不如紅字顯示的一般清晰。事實上，即使採用戲劇法，也很難確定經文總共需要多少角色。倡導戲劇法的人，主要分成兩派：兩位主角觀與三位主角觀。

　　前者認為整個故事有兩位主角，就是所羅門與書拉密女，愛人與心愛者。中間偶爾插入的耶路撒冷的眾女子，好像是一種副歌。

　　劇情集中於王與這位女子的愛。對女子的描述相當特別，她是一位美麗的「村姑」（Delitzsch, 3）。她抓住了這位住在城裏、飽享榮華之王的心。他在她面前情不自禁。

故事從他們第一次見面、互訴衷曲開始，一直進展到結婚（常與三6～五1相連）。婚後，倆人的關係曾遇到困難，可是到最後（八5～14），倆人的委身更加深刻。

如此，雅歌的劇情乃是敘述所羅門與書拉密女煉淨的愛。它講述所羅門離開多妻和虛浮之愛的邪惡，與一名村姑結合，轉向一妻制與單純的愛。

主張三個角色的人發現，雅歌中有三角戀愛（Godet, Ewald, C. D. Ginsburg, Seerveldt）。所羅門和書拉密女仍是主角，可是他們認為，這名女子愛的對象並不是所羅門。她的情人乃是一名純樸的鄉下男子，常被稱為牧人。所羅門，那位厚臉皮的背道者、多妻之輩，在慾念橫生之下，無情地誘拐了書拉密女，要將她納入後宮。然而，她是專注、純潔的人，仍然摯愛著那位牧人。

以戲劇法來解釋雅歌，困難重重：(1)究竟哪段話語應當歸屬於哪個角色，無法絕對肯定。在兩名主角與三名主角的辯論中，這種模糊性更明顯。照理來說，一個劇本的角色數目應當很容易確認。但雅歌無法做到這點，使得戲劇法的信譽大打折扣。(2)聖經與古代近東文學都找不到戲劇的形式。(3)本書並不具備一般故事的特點。主張有劇情的人，對於發生的事件，和劇中要表現的動作，看法相當混亂。惟一真正相同的看法，是將婚姻定在男女主角第一次明顯的性交之前（四16～五2）。(4)從正面而言，米所波大米和埃及的愛情詩（見下文），與雅歌類似的地方頗值得注意。

戲劇法最大的失敗，就是無法表明出確定的劇情結構。本書讀來並不像故事，從前言逐漸進入高潮，最後有結尾。然而，其中有連續性的題目和角色，不過後者有些模糊。詮釋者愈來愈遠離戲劇法之後，就愈來愈靠近視雅歌為情詩集的觀點。

情詩。這個文體的辨認，曾借助於相當近代的研究，就是將雅歌與古代和現代的愛情詩作比較。例如，韋約翰（John White）曾指出，雅歌與埃及的情詩有無數類似之處，包括將心愛者稱為「我的妹子，我的新婦」。上一個世紀，魏次坦（J. G. Wetzstein）列舉了雅歌中的詩與敘利亞歌曲的類似處，那是他拜訪當地村莊時，發

現村民在婚禮時唱的歌（埃及和敘利亞詩的例子，下文將會列出）。因此，愈來愈多人同意，雅歌乃是情詩集，各詩之間只是略有關係而已。

將雅歌視爲戀愛抒情詩集的觀點，表達得最好的人，當數法克女士（Maria Falk）。她在《聖經的戀愛抒情詩》（*Love Lyrics from the Bible*）一書中，分析雅歌共含三十一首詩，組合的方式不是一個完整的故事，而是按主題來分。她又應用文學分析法，將本書的意象解開，而不是強行加入情節。

這樣看待雅歌的弱點，是無法絕對肯定其中正是三十一首詩；這一點法克也承認。可是這對於全書的解釋並無妨礙。

所以，根據內證的分析和比較的證據來看，最佳的結論爲：雅歌是詩集，其中高舉一男一女彼此的愛。我們將根據這個觀點來解釋雅歌。

寓意解釋的問題

辨認雅歌爲情詩集後，並沒有完全解決如何解釋本書的問題。寓意多半是指一種解釋法，而非特定的文體。許多不同的文體都可以用寓意來解讀。

事實上，歷世歷代以來，雅歌都是按寓意來解讀的（詳細的解釋史，見 Pope, 89-229）。直到最近之前，基督教與猶太教，幾乎完全是以寓意來看這卷聖經。猶太學者解釋本書爲雅巍與以色列之間愛的寓言，基督教神學家則說，本書具彌賽亞性，在讚美基督與教會之間的愛（弗五 22～33）。

雅歌的他爾根（西元第七世紀）是猶太角度寓意解釋的例子。愛人是雅巍，心愛者是以色列國，正如所有猶太式的寓意解法一樣。在他爾根中，雅歌亦被解作救贖歷史。以色列歷史的特色乃是以色列對雅巍的愛，以及她對與雅巍同在的渴望。然而，這種渴望卻因以色列得罪了神而受到破壞。全書被分爲五部分，與五段歷史對應。

例如，我們看他爾根如何解釋雅歌一 2～4：

> 願他用口與我親嘴——
> 因你的愛情比酒更美。
> 你的膏油馨香；
> 你的名如同倒出來的香膏。
> 所以衆童女都愛你！
> 你把我帶走——趕快！
> 王已經帶我們進入他的內室。

　　從寓意的角度來讀，這一段被解作是指出埃及。神帶領以色列脫離埃及，進入神自己的內室——亦即，應許之地。

　　猶太人對雅歌還有別的寓意解法。例如，猶太神祕主義者辨認愛人與心愛者爲心智的積極面與消極面（Moses Ibn Tibbon, Immanuel ben Solomon, 見 Pope, 105）。二者的結合，刻劃出智者兩方面奧祕的結合，所帶來的歡愉難以言喻。

　　早期基督徒也用寓意來解釋。基督徒對雅歌的解釋，最早可尋獲的是希坡律陀（Hippolytus, 約西元 200 年）的殘卷。他將上一段（一 2～4）解釋爲，基督將聖徒帶到教會中。另一個例子是亞歷山大的區利羅（Cyril），他解釋一章 13 節爲：

> 我以我的愛人爲一袋沒藥，
> 放在我兩乳之間，

　　按照他的寓意解法，兩乳乃是象徵舊約與新約，而那袋沒藥則是基督，祂「置身於兩約之間」。

　　爲要評估寓意解法，必須要問這方法的動機爲何。例如，舊約其他地方曾用婚姻來作神與祂子民之間關係的意象。不過，大部分的說法都是負面的。亦即，當神的子民背棄祂，轉向其他神祇，便被形容爲犯了姦淫，得罪了神（如結十六，二十三章；何一～三章）。下文將說明（見「神學信息」），這種一再出現的婚姻意

象，的確有助於我們對本書的了解；但是它並沒有要求用寓意來解釋——就是忽略意象中描繪人體的解釋法。

事實上，這卷書本身沒有一處暗示，在解釋時需將明顯的抒情詩句轉化爲屬靈的意義。那麼，爲什麼歷代以來，教會一直倡導這種讀法呢？

答案有一部分在於：早期教會和會堂很微妙地接受了希臘式身體與靈魂關係的想法（「柏拉圖式二元論、斯多亞主義、希臘羅馬式異教」；Davidson, 2）。早期與中世紀的基督徒思想家吸收了柏拉圖與亞里斯多德的哲學體系，這是眾所周知的事。結果便是視身體與其活動爲短暫、有罪、邪惡的，而提倡苦待身體（如，禁食和鞭打）。禁絕性交成爲一種美德，在修道運動時期，這種觀點達到高潮。在這樣的思想環境中，若從情詩的角度來讀雅歌，看見其中明顯地刻劃肉身的歡愉，必定會感到萬分尷尬。

任何一個世代，文化的前提都會影響聖經的解釋、曲解經文的原意，於是雅歌就從屬靈的意義來解讀，而不從性交的角度來看。正如波普（Pope）指出，俄利根對雅歌的處理，就像他對待自己的身體一樣——「他將它非自然化，把它轉化成屬靈的戲劇，遠離一切肉慾」（115）。波普也舉出一封耶柔米寫給他的門徒寶拉（Paula）的信，講到她應當如何教導她女兒讀聖經（119）。他建議道：

讓她所珍視的，不是絲綢與寶石，而是聖經的經文；要她不在意聖經是否鍍金、用巴比倫的羊皮紙、阿拉伯式的花樣，而要注重經文的正確和標點的準確。開始時要她學習詩篇，然後再讓她從所羅門的箴言中汲取生活的規範。從傳道書中讓她養成習慣，捨棄世界與其中虛幻的事。讓她學習約伯的美德與忍耐的榜樣。然後繼續讓她看福音書，一旦開始讀，就不可再放下。讓她也存樂意的心，飲用使徒行傳和其他書信。等到她的心思中積滿了這些財富之後，就讓她去背誦先知書、創世記頭七卷、列王紀和歷代志，以及以斯拉和以斯帖記。讀完這些之後，她就可以很安全地來讀雅歌書，但是在此之前不行；因

為，倘若她一開始就讀這卷書，她一定不明白這本書雖然是用
肉體的言詞，其實是一位屬靈新娘的婚姻頌。而她如果不明白，
讀了以後反而受害。

我們可以看到，俄利根和耶柔米都有很強的意思，要將屬靈的
和肉體分開，這對雅歌的解釋影響深遠，歷世歷代教會都採用寓意
式的解法，遠離自然的方式。這種衝擊非常強烈，甚至在今天，雖
然所有教派的學術圈中，多半都不喜歡寓意式的解法，但是講台上
仍然時常聽到，而許多研讀聖經的平信徒，也認為這是正確的解
釋。

不過，從十九世紀中葉開始，就出現了反對寓意式解法的風
潮。造成這種轉變的理由很多，其中最主要的乃是米所波大米和埃
及情詩的發現（Cooper, Lambert, White）。它們和雅歌有許多相似
之處，而且只能解釋作對男女之愛的頌揚。以下舉蒲草卷哈利斯 500
為例（White 譯, 176-77），請注意心愛者也被稱為「妹子」，像雅
歌中一樣，而且詩中也經常提到大自然的風光：

> 撒安的植物在園內，
> 置身其中身心舒暢。
> 我是你最好的姊妹。
> （至於）我，看哪，我像冠冕地樹一般，
> 就是我栽植的，
> 滿了鮮花與芳香的植物。
> 其中的水道何等可愛，
> 是你親手挖掘的，
> 要藉北風更新我們。
> 那裏是我散步的好去處。
> 你的手在我手中。
> 我全身安舒。
> 我的心歡喜，因為我們一起同行。

聽見你的聲音就像飲石榴酒。

我聽見就活著。

如果我被你瞧見，

對我就比吃喝更快樂。（詩十九）

後來，到了十九世紀末，德國駐大馬色的領事魏次坦提出他對敘利亞阿拉伯居民婚禮歌曲的研究。這些歌曲也很像雅歌，尤其是其中高舉新娘與新郎的軀體之美（參四 1～五 2，七 1～9）。德里慈的註釋附錄中，登出魏次坦最初的發現，包括一些阿拉伯詩的節錄。在以下簡短的例子中（Delitzsch 174-76），很容易看出上述雅歌經文與它相似之處：

我說：美麗的人兒，我無法形容你的吸引力。

我只能描寫眼睛能看見的幾項。

她的頭像水晶作的高腳杯，她的頭髮像漆黑的深夜，

她的頭髮像七個夜晚，全年沒有其他日子可比；

它的波浪盪漾不已，好像她取水的繩子。

她的側邊播散出各種香氣，幾乎殺了我。……

她的鼻子像伊拉克的棘椰，印第安銳利的劍；

她的臉龐像滿月，她的雙頰叫人動心。……

她的唾液如甘甜的初蜜，可以醫治毒蛇咬的傷。

賽佳（Seijai）飄動在她下巴旁，好似優美的字跡。……

她的兩乳就像光滑的大理石桌，用船運到西頓。

其上有如石榴般豐圓的，是兩堆閃爍的珠寶。……

這些類似之處，再加上許多其他的例子，強過寓意的解法，結果使得雅歌成為愛情詩集，表揚神所賜男女兩性相愛之美。本書的許多意象都被視為與性有關。例如，好些美麗與挑逗性的隱喻，是指婦女的陰部。它好似一口井，或充滿香氣的果園（歌四 12～15）。在形容她婚前的貞潔時，她的陰部被稱為「牆」；而雜

交的婦人被稱爲「門」（八10～12），這個近東意象已有充足的考證。形容男女作愛的意象，將美好的感受用歡愉的方式表達出來：視覺（七1）、嗅覺（四13）、味覺（五1）、聽覺（五2），當然還有觸覺（七8）。

雅歌旣是反映人經驗的詩，顯然是聖經智慧文學的一個例子。正如箴言一樣，它沒有談及以色列與神的關係、她獨特的歷史，或任何直接與神有關的言論。令人驚異的是，神的名字並沒有出現在此書（歌八6並不是例外）。然而，從整個正典來解釋，它的確對於人類的一個重要經驗——性——提供了從神來的亮光與教訓。

在探討本書的神學信息之前，還需要提到一點，即本書與婚姻的關係。書中沒有一處提到愛人與心愛者結了婚。此外，這些雖然是婚禮中的歌，可是書中並沒有明言婚禮的進行。不過，旣然本書列在正典中，詩中所形容倆人親密的作愛，顯然意指他們已經結婚（Childs, *IOTS*, 575）。換言之，雅歌必須按照神的律法來解釋，而神的律法不允許婚前或婚外的性行爲。

歷史背景

作者和日期的問題留到這裏才談，因爲它與文學分析密切相關，最重要的一點，就是恰當的分析所得的結論：雅歌是詩歌集，而非完整的故事。這項事實容許了一個可能性（不過卻無法作成定論），即：雅歌是不同作者、在不同時期所寫詩歌的歌集。從這方面而言，它可能與詩篇類似。

不過，我們也必須考慮本書前面的標題語：所羅門的歌中之歌。歌中之歌這個稱呼，在希伯來文是最高級的寫法，表示這首歌乃是所有歌中絕佳的，好像「王中之王」的意思一樣。

究竟所羅門與這卷書有什麼關係？這個問題不只限於作者方面。在希伯來文中，所羅門的名字與書名之間，是用介系詞 l^e 相連。希伯來的介系詞在語意與功能上的範圍都很廣，所以在雅歌一1這類地方，因爲沒有更清楚的上下文可以界定，解釋起來就相當

困難。

　　詩篇的標題語也有類似的問題。在那裏我們看見，大衛爲作者的證據相當強。旣然詩篇的標題語可以這樣解釋，我們便很容易傾向如此解釋雅歌頭一節，認爲所羅門是作者。

　　然而，有好幾項論點反對本書的日期如此早，最常提出的是語言學的論點，即：根據各式各樣的理由，某些形式被認爲較晚才出現。可是，語言學的論證無法作爲定論。理由之一爲：晚期的現象很難武斷裁定。例如，直到最近不久之前，關係代名詞 $š^e$ 的使用（與 $^{ea}šer$ 相對）還被視爲必然是晚期的現象。但正如波普所指出（33），這種短的形式出現在早期的詩中（士五 7），所以不能作爲日期較晚的證明。波普也反對用經文中的亞蘭文形式作爲晚期的論證，他簡單指出，亞蘭文「和希伯來文一樣久遠」（33）。

　　然而，讓人更感到困擾的，是雅歌所描寫的愛，與列王紀所呈現的圖畫——多妻多妾的男人（王上十一章）——形成強烈的對比。歷史書也特別指出，所羅門的性生活，是造成他背道的主要原因（王上十一 1～13）。

　　此外，本書提到所羅門名字的部分，似乎是從遠處來看他（三6～11，八 10～12）。還有一處對比，即三 6～11 是在高舉所羅門，而八 10～12 則在貶抑他。

　　另一方面，本書有許多現象，最佳的解釋就是出於所羅門時期。雅歌對於植物和動物的興趣，可以與列王紀上四 33 參照，那裏提到所羅門對這類事很有興趣。認爲作者是所羅門時期的人（不過不一定是所羅門），詳細的理由可參閱西加爾（Segal, 1962）、傑爾曼（Gerleman, 1962）和拉賓（Rabin, 1973）。

　　如果認爲，從這個語焉不詳的標題語無法辨明作者是誰，這個問題就落入膠著狀況。或許，在認眞看待標題語的前提下，最可能的假說就是：本書這三十幾則詩中，有一些是所羅門寫的，但並非全部都是；正如箴言之中也只有一部分是出於所羅門之手。

神學信息

以上的文體分析，似乎讓人認為本書神學的信息是負面的：這卷書主要的目的，不是在描繪神和祂子民的關係，而是在高舉男女兩性之愛。

然而這個信息不但對今天的人很重要，對古時的人也同樣重要。社會和教會都常會扭曲性生活，因此我們需要受到提醒：在婚姻尺度內的性愛，乃是神所賜的禮物。

性的扭曲有兩種形式。一方面，我們的社會視性為偶像。性（不管是怎樣的性：異性、同性或淫行）霸佔了許多人的心思；我們的社會風氣讓人以為，沒有性刺激的生活很無聊，甚至毫無意義。事實上，性已經被抬到偶像的地位。許多人拒絕了造物主，卻試圖以性來填補他們生命中的虛空。

另一方面，教會有時候也扭曲了性，將它視為不潔或禁物。各地不斷有一些教會對身體存偏見，主張性是污穢、邪惡的，即使在婚姻中亦然。

可是，雅歌卻是正典對性扭曲的指正。它提醒我們性是好的，是可喜悅的。在婚姻的範圍中享受性，並不是壞事。

然而，雅歌不只是正典的性手冊——好像近日一些人對它的用法。本書對性方面的聖經神學研究甚具貢獻。在花園中作愛的情景（二3～13，四12～五1，五2～六3，六11，七10～13，八13～14）讓我們想到伊甸園。

創世記二18～25講到女人受造，以及男人和她之間因此產生的親密關係。這種親密在25節是用性的說法來表明：「當時夫妻二人赤身露體，並不羞恥。」

但是，到了下一章，亞當和夏娃陷入蛇的試探中。結果他們和神之間的完美關係遭到破壞。並且罪也使得亞當與夏娃產生裂痕。三章7節用性的描述來形容這種隔絕：「他們二人的眼睛就明亮了，發現自己是赤身露體；便拿無花果樹的葉子為自己編作裙子。」

當我們翻到雅歌，看到這對夫妻在園中赤身露體，而他們的感受絕非羞恥！正如特萊柏（Trible 1978, 144）所言：「雅歌贖回了一則錯失的愛情故事。」這卷書將人間的愛，恢復到未墮落之前的祝福中。

可是故事並未停在這裏。雖然本書主要是論到人的性愛，但是它的確教導我們與神的關係應當如何。神的名字固然未出現於本書，但是在舊約裏，婚姻乃是一個很強的隱喻。神與祂子民的約很像婚姻之約：它有所應許，也要求完全的歸屬；但以色列卻犯了淫亂，得罪了耶和華。他們事實上乃是想要和祂離婚（結十六，二十三章；何一～三章）。

展望新約

新約也同樣用這個隱喻，不過是從正面來看。以弗所書五22～33 教導說，夫妻的關係就如同耶穌與教會的關係。婚姻中的親密，刻劃出神對我們的愛。所以，讀雅歌的時候，視它為反映神與祂子民之關係的詩並非不合適，只是不要忽略它主要所論為人間的性愛。

10/19/2003

以賽亞書

　　在希伯來聖經中，沒有一卷書像以賽亞書這樣莊嚴宏偉。由於新約作者經常引用本書，來聲明他們對耶穌和教會本質的看法，因此就基督徒對聖經的解釋而言，以賽亞書的角色格外受到矚目。本書的地位既然如此重要，再加上它又十分冗長，所以便成爲歷史批判學的試驗場，兼戰場。傳統拉比式與基督教的解釋，認爲本書是先知以賽亞的作品，他於主前第八世紀至第七世紀初住在耶路撒冷。從十八世紀末開始，批判學者主張本書乃是由兩位至三位作者寫成，於時間和地點上相距甚遠。有一段時期，對以賽亞書的興趣似乎不在於其莊嚴宏偉的信息，而在於它的合一性與寫作歷史之爭。

書目

註釋

Clements, R. E. *Isaiah 1-39* (NCB; Eerdmans, 1980); **Gray,** G. B. *A Critical and Exegetical Commentary on the Book of Isaiah 1-27* (ICC; T. & T. Clark, 1912); **Herbert,** A. S. *The Book of the Prophet Isaiah* (CBC, 2 vols; Cambridge: 1975); **Kaiser,** O. *Isaiah 1-39* (OTL; Westminster, 1972); **North,** C. R. *Isaiah 40-55* (TBC; SCM, 1952); **Oswalt,** J. N. *The Book of Isaiah, Chapterss 1-39* (NICOT;Eerdmans, 1986); **Ridderbos,** J. *Isaiah* (BSC; Zondervan,1985); **Sawyer,** J. F. A. *Isaiah* (DSB, 2 vols.; Westminster, 1984, 1986); **Skinner,** J. *Isaiah Chapter 1-39* (Cambridge University Press, 1909); **Watts,** J. *Isaiah* (WBC 24-25;Word, 1985, 1987); **Westermann,** C. *Isaiah 40-66* (OTL; Westminster, 1969); **Whybray,** R. N. *Isaiah 40-66* (NCB; Eerdmans, 1980); **Wildberger,** H. *Jesaja*, 3 vols.(Neukirchen: Neukirchener Verlag, 1972-82); **Young,** E. J. *The Book of Isaish*, 3 vols. (NICOT; Eerdmans, 1965, 1969, 1972).

專論與文章

Ackroyd, P. R. "Isaiah 1-12: Presentation of a Prophet," VTSup 29(1978): 16-48; **Allis**, O. T. *The Unity of Isaiah*(Presbyterian and Reformed, 1950); **Andersen**, F. I. *Style and Authorship* (Tyndale Lectures, 1976; Parkland, Australia: Tyndale Fellowship for Biblical Studies in Australia, 1976); **Beuden**, W. A. M. "The Main Theme of Trito-Isaiah, 'The Servants of YHWH,' " *JSOT* 47 (1990): 67-87; **Brownlee,** W. H. *The Meaning of the Qumran Scrolls for the Bible* (New York: Oxford University Press,1964); **Brueggemann,** W. "Unity and Dynamic in the Isaiah Tradition," *JSOT* 29 (1984): 89-107; **Childs,** B. *Isaiah and the Assyrian Crisis* (SCM, 1967); **Clements,** R. E. "Beyond Tradition History: Deutero-Isaianic Development of First Isaiah's Themes," *JSOT* 31 (1985): 95-113; idem. *Isaiah and the Deliverance of Jerusalem* (JSOTS 13; Sheffield: JSOT, 1980); idem. "The Unity of the Book of Isaiah," *Int* 36 (1982): 117-29; **Clines,** D. J. A. *I, He, We, and They: A Literary Approach to Isaiah 53* (JSOTS 1; Sheffield: JSOT, 1976); **Dillard,** R. B. "Remnant," in *Baker Encyclopedia of the Bible*, ed. W. Elwell (Baker, 1988), 2: 1833-36; **Dumbrell,** W. "The Purpose of the Book of Isaiah," *TynBul*36 (1985): 111-28; **Evans,** C. "On the Unity and Parallel Structure of Isaiah," *VT* 38 (1988): 129-47; **Kaminka,** A. *Studies in the Bible, Talmud, and Rabbinic Literature* (Hebrew; Tel Aviv: 1935); **Machinist,** P. "Assyria and Its Image in the First Isaiah," *JAOS* 103 (1983): 719-37; **Margalioth,** R. *The Indivisible Isaiah* (New York: Yeshiva University, 1964); **Melugin,** R. "The Servant, God's Call, and the Structure of Isaiah 40-48," *SBL 1991 Seminar Papers*, ed. E. Lovering, Jr. (Atlanta: Scholars 1990), 21-30; **Merrill,** E. "Isaiah 40-55 as Anti-Babylonian Polemic," *Grace TJ* 8 (1987): 3-18; idem. "The Literary Character of Isaiah 40-55," *BibSac* 144 (1987): 24-43, 144-56; **Odendaal,** D. *The Eschatological Expectation of Isaiah40-66* (Presbyterian and Reformed, 1970); **Radday,** Y. T. *The Unity of Isaiah in the Light of Statistical Linguistics* (Hildesheim: Gerstenberg, 1973); **Rendtorff,** R. "The Book of Isaiah: A Complex Unity. Synchronic and Diachronic Reading," *SBL 1991 Seminar Papers*, ed. E. Lovering, Jr. (Atlanta: Scholars, 1990: 8-20; idem. "Zur Komposition des Buches Jesaja," *VT* 39 (1984); 295-320; **Seitz,** C., ed. *Reading and Preaching the Book of Isaiah* (Fortress, 1988); **Sheppard,** G. T. "The Anti-Assyrian Redaction and the Canonical Context of Isaiah 1-39," *JBL* 104 (1985): 193-216; **Sweeney,** M. *Isasiah 1-4 and the Post-Exilic Understanding of the Isaianic Tradition, BZAW* 171. (Berlin: de Gruyter, 1988); **Vermeylen,** J. "L'unité du livre d'Isaïe," *The Book of Isaiah-Le livre d'Isaïe*, ed. J. Vermeylen, *BETL* 81. (Leuven; Peeters, 1989): 11-53; **Whybray,** R. N. *Thanksgiving for a Liberated Prophet* (JSOTS 4; Sheffield: JSOT, 1978),**Young,** E. J. *Isaiah's Message for Today* (Cincinnati: Cincinnati Bible Seminary, 1961); idem. *Isaiah Fifty-three* (Eerdmans, 1952); idem. *Studies in Isaiah* (Eerdman, 1954); idem. *Who Wrote Isaiah?* (Eerdmans, 1958).

歷史背景

作者

要說明以賽亞書的研究歷史，實在令人生畏；事實上，這個題

目需要一整本書來談。大部分先知書並沒有激起多少人的興趣和研究，但以賽亞書則是每一句話都可以成為題目，意見南轅北轍。這裏的討論難免掛一漏萬，不過我們還是要大致勾勒本書的研究過程。

傳統的方法。猶太教和基督教都同樣將亞摩斯的兒子以賽亞（一1）視為全書的作者。他是主前第八世紀的先知、希西家王的朋友和心腹；至少到西拿基立（三十七 38）過世之前，他都住在耶路撒冷。直到兩個世紀之前，這個看法十分盛行。[1] 在啟蒙運動之前，註釋家都接受一項事實，就是神能藉賜給先知的靈感，來干預人類的歷史；他們並不認為先知不可能講到未來事件的細節，也不認為這類預言可以證明一段經文是偽造的。

批判的方法。十八世紀末，自杜德蘭（Döderlein, 1789）和艾克宏（1783）開始，學者便質疑以賽亞書的合一性，並將它自第四十章起分為兩半。學者開始將亞摩斯的兒子以賽亞（或「耶路撒冷的以賽亞」）和第二以賽亞（Second Isaiah or Deutero-Isaiah）作出區分。把以賽亞書四十至六十六章歸為另一位作者，主要有三個理由。

1. **歷史情境。**本書的前半是以第八世紀的耶路撒冷為背景，當時亞述王在該地區勢力正強。然而，在本書的後半，讀者已經被擄，置身於巴比倫（四十八 20）。他們期待立刻蒙解救，回到錫安（四十 9～11，四十二 1～9，四十三 1～7，四十四 24～28，四十八12～22，四十九 8～23，五十一 11，五十二 1～12），也認為將他們擄去的人會遭到神的審判（四十三 14～15，四十七 1～15，四十八 14，四十九 24～26，五十一 21～23）。他們活在耶路撒冷與聖殿都遭摧毀的時期，可是他們期待能重建（如四十五 13，五十一3，五十四 11～14，五十八 12，六十 10，六十一 4）。在亞摩斯的兒子以賽亞的日子，巴比倫還沒有成為世界霸主，也沒有欺壓以色列，神不可能會責罰他。波斯王古列似乎就在先知的眼前，甚至點名提及（四十四 28，四十五 1、13）。以賽亞書四十至六十六章假想的讀者，與一至三十九章假定的讀者截然不同。以賽亞書四十至

六十六章並沒有預測未來會被擄，而是肯定這事已經發生。它又預告脫離被擄之地的事。因此，作者所處的時代應當是他的預言已經說過的情境（Driver 1905, 237）。他寫作的時期為被擄的末期；他預言巴比倫會被古列征服，猶太人會回到耶路撒冷；在這方面，他正像以賽亞當年預言利汛和比加的聯盟必定失敗（七章）、西拿基立必定撤離（賽三十六～三十九章）一樣。兩位先知都講到未來，但都是不久的未來。

2. **神學的差異**。他們認為，以賽亞書一至三十九章強調神的莊嚴偉大，而以賽亞書四十至六十六章則強調祂對宇宙的統治和祂的無窮無盡。在本書的前半，帶領全國的君王是大衛的後裔（十一1）；可是在後半，領導人變成祭司、利未人和王子（六十一6，六十六21），沒有提到大衛的王朝（不過，見五十五3～4）。本書前半的彌賽亞王（九6～7，十一1～11），在後半為神的僕人所取代，這個角色在前半從未出現。以賽亞書一至三十九章中，忠心的餘民是特別的成分；但這一點在後半就很不顯眼。本書前半的許多神諭，都有具體的歷史細節為背景，但後半卻完全沒有提供歷史情境。本書後半所關注的，不是先知發言之處的情形，也沒有特別提到以賽亞這名字。

3. **用語和文體**。對文體的裁決，用最樂觀的一面來看，還是具有危險性。本書的後半常被形容為比前半更加「抒情、流暢、富感情、似讚美詩」。這些標籤非常籠統，屬主觀的感受，並不是很有分量的證據，而以賽亞書一至三十九章中也可以舉出許多地方，適用這樣的形容。不過，還有一些文體的特色可以說明、衡量，經得起考驗。例如，以賽亞書四十至六十六章中，作者經常重複用同一個字（如五十一9的「興起」，五十一12的「我，惟有我」，四十1的「安慰」；參四十三11、25，四十八11、15，五十一17，五十二1、11，五十七6、14、19，六十二10，六十五1）。還有人強調，以賽亞書四十至六十六章經常會出現疑問式代名詞、命令句、雙關語和修辭式的問題。可是這些項目在第一部分也都出現過，只是頻率沒有那麼高。

　　有人以用字爲證據，說本書的兩部分作者不同。學者將只在四十章之後出現的字和結構列成表（如 Driver 1905, 238-40），主張由這些文體上的差異，可以指證作者是不同的人。

　　究竟兩個不同作者寫的兩本書，怎麼會集成一冊？對這個問題的解釋十分重要。費弗（Pfeiffer 1941, 415）建議，某一位文士在抄完以賽亞書一至三十九章之後，皮卷還有剩，於是就將另一位匿名先知的作品（賽四十～六十六章）塡了上去。旣然其間沒有標題語，也沒有稱呼將兩者分開，所以很快就被人讀成一卷書。

　　一旦打開了一扇門，容許人探測以賽亞書背後的來源，並嘗試將歷史上的以賽亞眞正的話語區分出來，結果便是理論倍出。學者很快就注意到，以賽亞書的最後幾章（五十六～六十六章）在觀點和背景上都有所不同，於是將它們歸於第三以賽亞，他住在巴勒斯坦，時間爲第一波歸回者來到故鄉之後。至於第三以賽亞的部分應當從何開始，是從五十六章，還是五十八章，或更早，學者的意見不一。這些爭論很難解決，因爲第二與第三以賽亞相似處很多，而且第三以賽亞並不像第二以賽亞具一致性。不過，一般而言，以賽亞書五十六至六十六章被認爲，可以反映回到以色列之團體的狀況：耶路撒冷的城牆已經建立（六十二 6），百姓常到山丘的高處（五十七 3～7），這種地形是巴比倫所沒有的。不同之處繼續增加。單單從四十至六十六章，就有學者區分出第二、第三、第四、第五，甚至第六以賽亞。

　　以賽亞書一至三十九章也同樣不斷被拆散。三十六至三十九章旣然很像列王紀下十八 13 至二十 19，就被視爲次要的故事，是一至三十五章的附錄。大部分批判學者也質疑以賽亞書十三至十四章的眞實性：這幾章是對巴比倫的責備，而在第一以賽亞的時期，敵人乃是亞述；預言巴比倫將爲瑪代人所滅（十三 17），比較適合主前第六世紀，即第二以賽亞的時期，而不適合主前第八世紀。[2] 以賽亞書二十四至二十七章，內部顯出一致性，似是一個整體，常被稱作「以賽亞的啓示」；但是按照批判學的一致看法，這類啓示文學出現在主前第八世紀嫌過早，所以這幾章也出自另一位作者，是

後期所寫。由於十二章很像一首詩，而那首詩可能是在被擄時期或之後寫的，有些人便將本章列入較晚的日期。以賽亞書一至三十九章中，只要批判學者發現任何不直接與第八世紀事件相關的因素，那部分就會被刪除。在最極端的情形下，批判式的拆除，使得以賽亞書一至三十九章，只剩下百分之二十到四十，眞正出於以賽亞之手（Robinson, Duhm, Cheyne；參 Radday 1973, 9）。

　　傳統派的回應。 二十世紀之初，根據現代對聖經的批判式研究，以賽亞書至少分爲兩大部分，這已成爲確定的結果。可是，並非所有人都被說服。雖然持異議者居少數，但是許多猶太教的學者（如 Kaminka 1935; Margalioth 1964）和基督教的學者(如 Allis 1950; Young 1954, 1958)，繼續爲本書的合一性辯護。他們試圖降低對批判派一致見解的信心，對它所依據的論證一一加以駁斥，提出全書主題相同、用字相同的證據，並要人注意其他被擄之前的先知對以賽亞書的倚仗。福音派的基督徒堅持聖經無誤論，他們認爲還有兩項論證也很重要：本書指名爲亞摩斯的兒子以賽亞所寫（一 1），而且新約的引言也認爲全書皆出於以賽亞之手。

　　1. **主題與用字。** 馬格流特（Margalioth）認爲，以賽亞書一至三十九章中，沒有一章不反映在四十至六十六章內，而且以賽亞書特有的幾百個單字和片語，也出現在前後兩部分中（1964, 35）。她從本書十五個不同的範圍來舉證，指出兩部分的用法都相同：(1) 對神，(2) 對以色列，(3) 神諭的引介形式，(4) 錫安和耶路撒冷的配對使用，(5) 被擄之人將被招聚回來，(6) 安慰與鼓勵的信息，(7) 喜樂和高興的表達，(8) 普世性千禧年的盼望，(9) 勸勉的話語，(10) 責備的話語，(11) 正反論點並行使用，(13) 對偶字，(14) 類似的結構，(15) 相似內容的對偶文句。由於聖經內任何不同作者所寫的兩卷書，都沒有這樣多、這樣細的類似處，所以她下結論道，視以賽亞書具合一性較爲合理。例如，稱神爲「以色列的聖者」，前半用了十一次，後半用了十三次。本書兩部分都形容以色列爲「瞎眼」（二十九 18，三十五 5，四十二 16、18、19，四十三 8，五十六 10）和「耳聾」（二十九 18，三十五 5，四十二 18，四十三 8，五

十二 19），讓人想起先知的蒙召與使命（六 9～10）。兩部分都稱
以色列民為「耶和華救贖的民」，要回到錫安（三十五 10，五十一
11）。一般先知常用的公式，「耶和華的話臨到我」，在耶利米書
與以西結書中至少出現五十次，可是以賽亞書卻沒有用到，但兩部
分都用「耶和華說」（一 11、18，三十三 10，四十 1、25，四十一
21，六十六 9），或「耶和華親口說」（一 20，四十 5，五十八
14），或「有聲音呼喊說」（六 4，四十 3），或其他短句。在兩部
分中，耶和華都設立了旗幟，讓四散的子民聚在一起（十一 12，四
十九 22），並吩咐要預備一條大路（十一 16，三十五 8，四十 3，
五十二 10）。兩部分都提到「律法要出於錫安」（二 3，五十一
4）；兩部分都說神的靈會臨到彌賽亞王／僕人的身上（十一 2～4，
四十二 1，六十一 1）。兩部分都形容豺狼、羊羔、獅子將和平共處
（十一 6～9，六十五 25）。馬格流特舉出許多這類例證，要人注
意。

　　2. 其他先知書對以賽亞書的倚仗。西番亞書、那鴻書和耶利米
書，都含有與以賽亞書四十至六十六章類似的說法。如果這種倚仗
可以完全確立的話，意思就是以賽亞書四十至六十六章本身，也是
被擄之前的作品。西番雅書二 15 很像以賽亞書四十七 8。「報好信
息的腳」出現在那鴻書一 15 和以賽亞書五十二 7。耶利米提到攪動
大海和波浪匍訇（三十一 35），與以賽亞書的話很接近（五十一
15），而耶利米稱以色列為「我的僕人」（三十 10），或許是在反
映以賽亞書中著名的僕人之歌（四十一 8～9，四十二 1、19，四十
四 1～2、21，四十五 4，四十八 20，五十二 13，五十三 11）。

　　3. 新約的引用。新約有二十次左右提名使用以賽亞書，而且前
後兩部分都用到。約翰在連續的經節中，引用以賽亞書六 10 和五十
三 1，指認兩者都出於以賽亞（約十二 38～41）；以賽亞這樣說，
是因為「他看見耶穌的榮耀，就指著祂說這話」（約十二 41）。路
加說，當腓利接近那位衣索比亞的太監時，他正在讀「先知以賽亞
的書」（徒八 30）；所讀的經文乃是以賽亞書五十三 7～8。新約提
名引用以賽亞書，共用了其中十二章，七處取自以賽亞書一至三十

九章，五處取自四十至六十六章。正如艾利斯所說（1950, 42-43），對每個看重新約見證的基督徒而言，這類證據分量十足。

當然，並非只有新約認爲本書是由一位作者所寫；其實在十八世紀之前，沒有一本書清楚提到可能有其他作者。在聖經之外，最早對以賽亞書作者表明看法的，是《傳道經》的證據，寫於主前第二世紀中葉。作者在該處說，希西家作王時，以賽亞「安慰在錫安哀哭的人」，告訴他們未來將發生的事（《傳道經》四十八24～25），因此將以賽亞書歸於主前第八世紀。昆蘭所發現的主前第二世紀古卷中，以賽亞書並沒有在四十章分開的跡象，反而四十章 1 節成爲某一段的最後一行；這便意味，古時的文士接受本書這兩部分的合一性，絲毫沒有以賽亞書四十至六十六章爲第二段附篇的概念。

4. **標題語**。視以賽亞爲作者，最明顯的理由就是本書的標題語中有他的名字（一 1）。希伯來聖經的十五卷「後先知書」，起頭都一樣，每一處的標題語最自然的意思，便是指在該書中發言之先知的名字。除了整卷書的標題語之外，還有幾段重新提到這一點（二 1，七 3，二十 2，三十七 2、5～6，三十八 1、 4，三十九 5）。十三、十四章責備巴比倫的神諭，就是常被批判學者歸類於後來被擄時期編輯的那一段，一開始便說，以下是「亞摩斯的兒子以賽亞看見」的默示（十三 1）。如果較小的先知所寫的書，標題語都很忠實地記下他們的名字，這一位最偉大的以色列先知（以賽亞書四十～六十六章的作者）怎麼可能被人遺忘，而成爲匿名者呢？

晚近的批判學界。早期的批判學界，傾向於將以賽亞書的組合視爲意外事件，是兩卷獨立的作品偶然被放在一起（例如，要填滿羊皮卷剩餘的空間），不過大部分人至少在某種程度上同意，這兩部分的主題和用字有相同之處。最平常的解釋，就是將以賽亞書四十至六十六章的作者，視爲先知的門徒，或跟隨他的「學派」（八16～18，五十 4），其中保存了對他的回憶，並將他的觀點應用到後代。這些後代的無名之士看出，可以將以賽亞早年的講道應用在當時的情境中。

　　贊成多位作者的論證，所提出語言方面的理由，曾遭到嚴密的檢驗。早期的人只要列出本書兩部分獨特的字彙或結構，就覺得已經足以證明作者是不同的人。隨著電腦科技的發達，語言的研究可以更加複雜化。拉玳（Radday 1973）按照許多語言區分的方式（句子長短、字的長短、言論各部分的相對頻率、轉換記號的使用、在不同語意範圍內的字彙、字彙的集中與豐富）來研究，這是前所未有的。拉玳的研究肯定了幾點。(1) 本書的兩部分不相同（一～三十五章和四十～六十六章，三十六～三十九章未列入考慮）；(2) 他發現一至十二章與四十至四十八章在語言學上相當不同；但(3) 十三至二十三章和一至十二章頗為接近，因此兩者都可能為以賽亞所寫；(4) 四十九至五十七章與五十八至六十六章有許多相似處，和全書其他部分則相當不同，所以最自然的結論為，它們可能是第三位作者所寫。拉玳的著作一方面肯定了對本書傳統批判式的思想，一方面也提出了挑戰。可是拉玳所用的方法也受到嚴厲的批判，特別是他的語言和統計模式（F. I. Andersen 1976；參 S. Portnoy 和 D. Petersen, *JBL* 103 [1984]:11-21）。

　　有一種新發展的批判法，通常稱為「正典批判法」，也將注意力集中於以賽亞書的正典形式。正典批判法並不堅持，要將聖經的經文與它們在整個聖經中的處境分開來看，透過歷史批判的工具，去發現所假定更早、更有價值的處境；相反的，它乃是強調聖經經文在聖經正典之中的功能。正典批判法拒絕將經文分割、肢解，卻不去探究它的寫作歷史，將注意力放在現有的形式上。這種方法培養人在讀各卷書時，都視它現有的形式為單一的整體。將這個方法應用在以賽亞書，蔡爾茲（1979, 324, 337）便主張，(1) 無論本書各個單位的出處為何，全卷書所呈現的四十至六十六章，乃是出自一位主前第八世紀先知對未來的預言，(2) 如果讀者想要正確解釋本書，就不能將這種文學情境當成歷史小說來看。

　　正典批判法和文學分析法所強調的事，讓人愈來愈注意到以賽亞書兩部分在主題與神學上的銜接。對這方面興趣的高漲，可以由一個徵兆看出：一九九〇年初，在聖經文學協會的年會上，成立了

以賽亞書合一性的審議會。從許多方面來看，阿克若德（1978）、任道夫（Rendtorff 1984, 1990）、米魯君（Melugin 1990）、賽茲（Seitz 1988, 105-26）等人提出的看法，很多都是早期猶太教與基督教學者，曾經為以賽亞書合一性所作的辯護。學者不再視以賽亞書為偶然或故意的歷史安排，卻愈來愈認為本書是一部在神學與文學方面，經過謹慎、刻意的思維，所寫下的結果。就某方面來說，以賽亞書的合一性之爭，已經繞了一圈，回到原點，可是有一點非常不同：這種合一性並非由於出自一位作者之手；現在多數人認為，本書在經過編輯後才具合一性。以賽亞書四十至六十六章不再被視為偶然插入主前第八世紀先知作品之後的獨立著作；現在有些學者主張，四十至六十六章從來沒有脫離本書的前半獨立過，它乃是參照先前的材料而寫（經過相當複雜的編輯過程）。

評論。當代批判學界對以賽亞書的看法，從許多方面而言，乃是修正了對十八世紀末至十九世紀初學界過分的作法。目前批判學者一致的方向，是朝承認許多保守派所珍惜的觀點：以賽亞書不是偶然隨便形成的、內部互相矛盾的；而是整卷書有合一的主題和要義。辯論的焦點，已經從分割經文、發掘來源與背景，轉為努力解釋現有經文的一致性與合一性。保守派向來主張一位作者，所舉出的論證主要為主題和字彙的相同，現在這些看法大部分已被採納，作為本書經由編輯而具合一性的論證。

當然，批判派與保守派對於作者的意見仍然相左。對於以賽亞書整卷的合一性雖然看法逐漸趨同，但是對批判學者而言，這種合一性乃是經過一段編輯歷史而來，並不是出於一位作者之手。

保守派的觀點根植於其神學信念：(1) 先知啟示的真實性——神的靈會賜給古代的作者亮光，使他們預見未來；(2) 全部聖經的統一與可靠——它在標題語中的話，以及新約的引用，都必須接受。以賽亞書四十至六十六章中不斷辯稱，雅巍已經宣告未來將如何，也必定會使這一切事發生（四十 21，四十一 4、21～29，四十三 12～13，四十四 6～8、24～28，四十五 11～13）。在一至三十九章，幾乎普遍都接受為以賽亞所寫的段落中，已經預期有被擄和歸

回的事。在先知蒙召的經歷中，他已經預見有一天耶路撒冷會被毀，其中的居民會被趕散（六 11～12），而他為自己的一個兒子取的名字，預見了將來的回歸（七 3──「施亞雅述」的意思是「餘民將歸回」）。先知在一至三十九章內大量使用餘民的主題，預見了巴比倫未來的威脅（三十九 5～8）。先知曾清楚表達，他知道自己的預言有一些不會立刻發生，而是關係以後許久的事（八 16）。

批判派的觀點特別建立於一項事實，即以賽亞書四十至六十六章所假定的歷史背景，與第八世紀在耶路撒冷的以賽亞截然不同，正如以上所言。這兩種立場都需要進一步探究。

一方面，一個人如果接受神的全權，以及先知的靈感，就不能說：「神不會向以賽亞這樣啟示。」倘若這樣說，就等於是在作神學告白，對歷史批判法的可靠度過於天真；這種態度和那些說神會這樣作的人並無二致。可是，另一方面，當批判學者根據四十至六十六章的背景說，這一部分的作者活在被擄於巴比倫的時期，時間較晚，從原則上來說，這與保守派所常舉的論證──例如對申命記三十四章──並沒有什麼不同。無論一個人對摩西和申命記之間的關係作何結論，顯然摩西絕對不會寫下他自己過世的記錄（申三十四 1～8）；這卷書最後一段的作者所處的時代，已經出現過好些先知，但沒有一位像摩西一樣（申三十四 10～12）。換言之，這一章所假定的背景（在摩西去世之後），排除了摩西執筆的可能性。雖然新約曾引用申命記，並視摩西為作者（可十 4 引用二十四 1～3；林前九 9 引用二 4），但沒有人會真主張申命記三十四章也包括在內。傳統認為摩西是作者，但按三十四章來看，可以確定該章的作者活在他之後；這與根據以賽亞書四十至六十六章的背景，假定作者活在被擄時期，在實質上沒有什麼不同。本書的後半並沒有提到以賽亞這人。然而，先知得默示的事實卻沒有減除：活在被擄時期的一位作者，透過神的默示，預見神將藉古列成就的事，正如以賽亞預見神會藉提革拉毘列色三世所作的事（賽七章）。這位後代的作者看到，以賽亞對被擄與餘民的預言，應驗在他的時代中，而他則繼續將以賽亞的信息發揚光大，對被擄的同伴說話。雖然這位偉

大的先知為何竟會匿名，的確是個問題，但既然希伯來聖經的歷史書作者都是匿名的，這問題也不算太不尋常。

以賽亞書的作者與寫作問題，包含神學、解經和註釋種種如迷宮般的複雜狀況，常不能藉著某些口號或神學斷言就輕易解決，需要謹慎的研究，並對別人處理同一問題所作的努力耐心相待，才能稍有進展。以賽亞書的作者問題，或許不應該成為神學上的**示播列**（士十二 6），或正統與否的試金石。從某些方面來看，這場辯論結果似乎並未定案：究竟作者是否為主前第八世紀的以賽亞，還是另有人在後期應用了他的眼光；但以賽亞書四十至六十六章主要是針對被擄之人的需要而寫的，這乃是顯而易見的。正如楊以德（1958, 71）所說，一至三十九章提供了「一個樓梯間，領人從亞述時期逐漸來到迦勒底時期。這兩者彼此相屬，因為前者是後者的預備，而後者是前者的成全」。

11/6/2003

歷史時期

亞摩斯的兒子以賽亞住在耶路撒冷。他的先知事奉於烏西雅王駕崩那年開始（主前 740 年，六 1），歷經約坦、亞哈斯和希西家王（一 1）。雖然本書的標題語並未清楚說明，但他可能繼續活到瑪拿西執政時（主前 696-642）；他在三十七章 38 節記載了西拿基立之死（681 年）。偽經《以賽亞的升天》保留一種傳說，講到他在瑪拿西時被鋸成兩半（參來十一 37）；他勒目也報導說，他與王室有關，是烏西亞的侄兒（*Meg* 10b）。他娶了一位女先知，至少有兩個兒子（七 3、八 3）。歷代志的作者所用的資料，將烏西亞王在位之歷史的一部分記載，歸於他的名下（代下二十六 22）。

他活在亞述帝國興起的時期。當提革拉毘列色三世（主前745-727）將亞述的勢力擴張到亞蘭時，以賽亞警告亞哈斯王，不要參與由亞蘭和以色列所主導的反亞述聯盟（賽七章）。於是這個聯盟轉而攻擊亞哈斯，逼他帶領猶大加入他們，而亞哈斯則向亞述求援。對提革拉毘列色三世而言，亞哈斯這種軟弱的表現，等於肯定亞述可以擴充勢力至猶大（代下二十八 16～21）。在提革拉毘列色

去世之後，撒縵以色與撒爾根入侵北國，摧毀了撒瑪利亞，將眾民擄去（主前 722 年）。撒爾根於主前七〇五年過世，而敘利亞－巴勒斯坦和巴比倫相繼背叛了西拿基立。巴比倫的米羅達巴拉但差遣使者去見希西家王，要他加入聯盟，迫使西拿基立面對兩個戰場（三十九 1～8；王下二十 12～19；代下三十二 31）。西拿基立有幾年忙於應付其他地區的背叛，可是到了七〇一年便來對付猶大。雖然耶路撒冷因著神蹟而不致毀滅，希西家王仍然要向西拿基立納貢（賽三十六～三十九；王下十八 13～16）。米羅達巴拉但差遣使者晉見希西家王的事，在以賽亞書三十六至三十九章中並沒有按時間順序記載；王室所有財富都將被帶到巴比倫的宣告（三十九 6），暗示了以賽亞書從第一部分即將轉入第二部分，而原先對亞述危機的看重，也將轉為對巴比倫猶太被擄之人的關切。

神學信息

許多人將以賽亞視為舊約的神學家。他對神和祂的屬性、祂在歷史中之作為的描寫，既深入又優美。可是以賽亞並不是一位抽象的神學家；他對神的本性與旨意的認識，實際應用在以色列人所面對的問題上。他的言論常出現以下幾項主題。

神是以色列的聖者

以賽亞於烏西亞王崩的那年蒙召作先知（賽六章），他看見神坐在高高的寶座上，周圍有撒拉弗呼喊：「聖哉！聖哉！聖哉！全能的耶和華；全地都充滿祂的榮耀。」先知蒙召的經驗，成為他一生使命的主要旋律。全卷書中，以賽亞最喜歡用「以色列的聖者」來稱呼神（一 4，五 19、24，十 17、20，十二 6，十七 7，二十九 19、23，三十 11～12、15，三十一 1，三十七 23，四十 25，四十一 14、16、20，四十三 3、14～15，四十五 11，四十七 4，四十八 17，四十九 7，五十四 5，五十五 5，六十 9；參王下十九 22）。在以賽亞書之外，這個片語在舊約中總共只出現六次。

　　以色列在蒙揀選之初，神就命令祂的子民，「要聖潔，正如我是聖潔的」（利十一 44～45，十九 2，二十 7；參彼前一 16）。以賽亞打從蒙召之時起，就承認這個國家並沒有遵行神的命令；先知活在不潔的民中，他們的心剛硬而愚蒙（六 5、9），這百姓將不聽先知的信息，遭到亡國與被擄的命運（六 11）。這個國家若不遭受懲治，就不會注意雅巍在道德上的完美。

神是拯救者與救贖者

　　不過，神的聖潔也意味祂忠於自己的應許。神既是聖潔的，祂就不會完全棄絕以色列，祂會作她的拯救者與救贖者（四十一 14，四十三 3、14，四十七 4，四十八 17，四十九 7，五十四 5）。以賽亞自己的名字（意為「雅巍將拯救」或「雅巍是拯救」）反映出神這方面的特性。祂會拯救這個國家脫離敘利亞和以法蓮的聯盟（八 1～14）、亞述（十七 10，十一 10～十二 3）和巴比倫（四十五 17，四十八 14、 20，四十九 25～26）。神會在列國前拯救祂的子民，彰顯祂的能力（五十二 7～10）。他們真正的父不是亞伯拉罕、以撒或雅各，而是神自己，而祂會憐憫祂的兒女（六十三 16）。

　　在希伯來聖經中，*gō'ēl*（「救贖者」）一詞，在語意上和拯救與解放的範圍密切相關。特別是近親救贖者的律法，設立的目的就在保護以色列人，免於喪失財產，或落入債務的捆綁。近親救贖者可以代償債務，以保全當事人的產業或自由（利二十五 47～49，十三 5，十五 15，二十四 18；撒下七 23；代上十七 21；彌六 4），神也同樣會救贖他們脫離巴比倫的捆綁，回到祂為他們在迦南地所預備的產業（如一 27，二十九 22，三十五 9，四十一 14，四十三 1、14，四十四 6、 22～24，四十七 4，四十八 17、20，四十九 7、26，五十一 10）。他們曾「無價被賣」，也將「無銀被贖」（五十二 3）。以色列將被她至近的親人救贖，就是她的丈夫（五十四 5）。他們將不再是瞎眼、耳聾的國家，而成為「聖民」；不再受捆綁，而成為「神的贖民」；不再遭拒絕，而成為「被追求者」；不再荒涼、遭驅散，而成為「永不撇棄的城」（六十二 12）。

餘民的主題

以賽亞一方面陳明神是以色列的聖者，一方面又說祂是她的拯救者與救贖者，其中有強大的張力。神既全然聖潔，對罪必定要執行公義的審判，這點怎能與祂的恩典和應許調和呢？在舊約中，這個神學的張力，最常用餘民的主題來應對（Dillard 1988, 1833-36）。

餘民是一群經歷從神來的災難──通常是對罪的審判──之後，還存活的人。這群人成為一個核心，使人類或神的子民得以延續下去。這群餘民重新承受了神的應許；這群經過神的審判、存活下來、被煉淨、成為聖潔的餘民，未來將發展為一大群人。餘民的主題可以區分出 (1) 神子民的真假，(2) 現在的神子民與未來的神子民。經過審判而存活的人，成為煉淨、純化、忠心的餘民，成為更新的選民之核心。

餘民的主題強調出神的聖潔：由於百姓的罪，神幾乎要滅絕他們；這個國家的延續備受威脅。他們將被遺棄，好像「葡萄園的草棚，瓜田的茅屋」（一 8～9）、被砍掉之樹的根部（六 13）、樹頂枝梢上剩的幾粒橄欖（十七 4～6）、山崗上的旗杆（三十 17）。然而，它也同樣再三講到神的恩典、揀選和憐憫：從樹根將發出新苗，大衛後裔中將產生一根公義的枝條（四 2～3，十一 1～16）。被煉淨的餘民將使耶路撒冷成為「公義之城、忠信之邑」（一 21～26）。在毀滅之後，必有餘民歸回，這些人將誠實倚靠神（十 20～23）；在這地向下扎根，向上結果（三十七 30～32）。以賽亞兒子的名字反映出餘民主題的這兩方面：瑪珥沙拉勒哈施罷斯（「擄掠速臨、搶奪快到」，八 1～3）說到審判必然臨到；施亞雅述（「餘民必然歸回」，七 3）則說到未來的盼望。以賽亞的兒子成為神旨意的預兆（八 16～18）。

神的僕人

在舊約的研究中，所謂的「僕人之歌」所激發的探討興趣，沒

有其他段落可以望其項背。[3] 早在一九四八年，諾司就列出兩百五十份討論這些段落的著作；在那之後，相關的出版有增無減。以賽亞書四十至六十六章的僕人，曾被視為一個團體，或一個人物。主張團體的詮釋者，將僕人視為以色列國，或忠信的餘民，或國中其他理想的代表。主張個人的詮釋者，將僕人視為特定的一個人（所羅巴伯、約雅斤、摩西、烏西亞、以西結、先知本人、一位受蔑視的人、古列），或末世的人物（彌賽亞，或以耶穌為彌賽亞）。就某方面而言，這場辯論並無結果可言，因為單從這些段落本身來看，無法斷定應當按團體或是個人來解釋；事實上，兩種方式都需要。解開這個難題的鑰匙，也是餘民的主題。

學者常將以賽亞書一至三十九章與其餘各章作對比，認為餘民的主題在第二部分不具重要地位。然而所謂的「僕人之歌」正直接與這主題相關。以賽亞的僕人至少可以與以色列認同，這一點已經沒有什麼疑問，因為這位僕人特別被稱為「我的僕人以色列／雅各」（四十一 8～9，四十四 1～2、21，四十五 4，四十八 20，四十九 3～6）。由於忠心的餘民出現於審判的時期，所以剩餘的以色列人可以稱為「受苦的僕人」。神曾伴他們行過火中、趟過江河（四十三 1～2），現在祂要使「微小的以色列」再度強壯（四十一 8～14）。祂的僕人將是公義的，並把公理傳給萬邦（四十二 1～9）。神會將祂的子民從地極帶來，作祂的見證、祂的僕人（四十三 5～13）。祂將把祂的聖靈傾倒在神僕人的後裔身上，他們將如草原上茂盛的青草（四十四 1～4）。雖然這個國家曾經犯罪，但剩下的餘民－僕人將忠心於神。

可是以賽亞的僕人並不止於以色列國。以賽亞已經將以色列國和以色列忠心的餘民／僕人作了區分（四十九 5～6），他又將這位僕人個人化：他將由一位婦人所生，而他與整個國家都不同，他將振興雅各家，帶回以色列（四十四 24，四十六 3，四十九 1）。

回歸時期的餘民團體，並沒有達到以賽亞崇高的期望，成為煉淨的國，離棄一切罪，完全遵行神的誡命，作聖潔的子民，在神面前全然公義、毫無瑕疵。以賽亞親自提到回歸團體中的不公義（賽

五十八～五十九章）。撒迦利亞注意到其中不協調的光景：在他夜間的異象中，他看見一卷飛行的書卷盤旋在回歸團體之上，使其落入審判的咒詛之下。在書卷之後出現一個量器，裏面有一個人，代表這群子民所犯的罪；兩位長翅膀的活物將量器帶回巴比倫，回到審判與火煉之地（亞五章）。以斯拉也看見餘民團體犯罪的不正常現象。以斯拉用很長的時間禱告，在讚美並認罪（九1～15）之後，他就百姓繼續犯罪一事求問神：「祢豈不向我們發怒，將我們滅絕，以致沒有一個剩下逃脫的人麼？耶和華以色列的神啊，祢是公義的！我們今日還剩下這一些餘民，可是如今在祢面前犯了罪，因此，我們無人在祢面前站立得住。」回歸的先知們清楚看見這個問題：被擄的審判與火煉，還沒有塑造出純淨的子民，完全忠於神誡命的以色列。

　　基督徒讀者很容易了解，新約作者怎樣追隨以賽亞的指示。在他們的眼中，耶穌成了那一位餘民。祂乃是忠心之以色列的化身，那位真正公義而受苦的僕人。祂不像回歸時期的餘民，因為祂沒有犯罪（五十三9；彼前二22）。既是忠心餘民的化身，祂就經過了神對罪的審判（十字架），忍受了遭放逐（三天在墳墓中被神離棄），又經驗了歸回（復活），重得生命，成為新以色列的基石，重新承受神的應許。既是重獲新生的餘民，祂就成為盼望的焦點，使神的子民能繼續存活，形成新的國度，新的以色列，包含猶太人與外邦人在內。既是更新之以色列的核心，基督便呼召那「小群」來領受神的國（但七22、27；路十二32），並在新世代中設立審判之人，來審判以色列的十二支派（太十九28；路二十二30）。教會被視為新時代的以色列（加六16）、十二支派（雅一1）、「被揀選的族類、有君尊的祭司、聖潔的國度、屬神的子民」（出十九6；彼前二9）。以色列既是有罪的國，它所受的苦就無法代贖全世界的罪。這個國家的罪使它無法扮演這個角色，正像有瑕疵的牲畜沒有資格作為祭牲。惟有一位真正的義僕可以承擔這個艱鉅的重任。

神的靈

　　大半的舊約聖經，尤其是先知書，都記載神的靈是感動先知、加給他們能力之靈（民十一 25～29；撒上十 6、10，十八 10，十九 20～23；王上二十二 22～23；王下二 15；尼九 30；結十三 3；珥二 28；亞七 12——參路一 67；徒二 17～18，十九 6，二十八 25；林前十四 1、32、37；弗三 5；彼後一 21；約壹四 1；啓十六 13，十九 10，二十二 6）。以賽亞書也同樣強調這一點：神的靈賜下智慧和聰明（十一 2）；神的靈膏耶和華的僕人，他的回應則為傳報好信息（六十一 1）。在四十章 7～8 節，先知或許是在用文字遊戲，因為希伯來文 ruaḥ 一字，兼具「靈」與「風」兩個意思。當耶和華的風／氣（ruaḥ）吹在草上時，它便枯萎，但神的話（亦是從祂的 ruaḥ 所發出）卻永遠長存。耶和華的靈使人能宣揚神的旨意（四十八 16）。

　　然而以賽亞書還記載，神的靈在混沌中帶出秩序（創一 2）。神的靈在創造時曾積極運行，而在以賽亞書中，神的靈使荒涼之地重新再生（三十二 15，三十四 16～三十五 2，五十九 21～六十二，六十三 10～14）。神的靈也能改變道德的混亂，帶來秩序與公義（二十八 6，四十二 1，四十四 3）。

神掌管歷史

　　舊約用以判斷真假先知的主要標準，是看他們所說的話是否應驗（申十八 21～22）。這個標準的前提為：耶和華會將祂的計畫啟示給先知（摩三 7），而祂將掌管歷史，使祂的旨意得以實現。

　　在以賽亞書四十至六十六章中，神掌管歷史是讚美的高潮。以色列人已經在亞述危機時看見，神如何宣告並如何成就，如今他們可以相信，祂宣告未來要為這個國家所成就的新事，必然會實現（四十二 9，四十三 9、19，四十八 3、6）。因為神在過去的事件中，曾以大能和權柄發言，所以如今祂針對未來所說的話，也是可信的。偶像從來未能這樣作，它們的無能顯示它們根本不是神（四

十三 8～11）。惟獨以色列的神曾經啓示、拯救，並宣告祂要採取的行動。以賽亞高舉神掌管歷史的權柄（四十一 21～24，四十三8～13，四十四 6～8，四十五 20～21，四十六 8～10）。

以賽亞對以色列之神的描述，與被擄之民所住米所波大米地區的人，對神的想法截然不同。這些民族的神話，講到各國的神祇都會說謊、設謀、誘惑、欺騙、彼此爭戰；他們也像人一樣受制於意外、不定、難料的狀況。爲要實現自己的計畫，以支持或反對別的神祇，他們必須玩弄詭計、使用暴力；若要成就他們的心意，他們必須謹愼地操縱神祇之間的權力平衡。以賽亞的神卻完全不一樣：祂不受制於任何條件或意外，只要話說出口，就必成就。祂的旨意絕對不會失敗。祂的旨意有一方面是爲著祂子民的益處，所以他們可以相信，祂所宣告的旨意，必會成就在他們中間。

文學結構

以賽亞書是舊約幾卷大綱類似的書卷之一。本書的第一部分，主要是談目前的問題，和以色列即將遭受的審判（賽一～十二章）。接下來則是很長的一段神諭，集中講論神對外邦諸國的審判（十三～三十五章）。最後一部分描寫神子民未來的祝福（四十～六十六章）。三十六至三十九章是一段故事形態的轉接，從亞述的危機連到被擄之民和後期之人所關懷的事（見以上的「歷史背景」）。以西結書、西番雅書、約珥書，和七十士譯本的耶利米書，也都採用類似的結構。

卜朗理（Brownlee 1964, 247-59）主張，以賽亞書目前的形式乃是經過刻意的安排，要使本書成爲兩卷式的作品，一至三十三章（第一卷）與三十四至六十六章（第二卷）互相平行。他的看法，一方面是依據昆蘭古卷中以賽亞書的大卷內，三十三與三十四章之間有三行的間隔，一方面則是依據早期學者的建議，認爲三十四至三十五章應當歸屬於第二以賽亞。追隨他對本書結構之主張的人，有哈理遜（1969, 764）和伊凡斯（C. A. Evans 1988）。以下是以賽

亞書「兩枝式」的分析。

表十二

以賽亞書兩枝式分析法

第一卷	第二卷
1. 猶大的毀滅與恢復（一～五）	1. 樂園的失落與重獲（三十四～三十五）
2. 故事（六～八）	2. 故事（三十六～三十九）
3. 賜福與審判的執行人（九～十二）	3. 拯救與審判的執行人（四十～四十五）
4. 審判列國的神諭（十三～二十三）	4. 審判巴比倫的神諭（四十六～四十八）
5. 神子民的審判與拯救（二十四～二十七）	5. 耶和華僕人的救贖；以色列的榮耀（四十九～五十五）
6. 道德講章（二十八～三十一）	6. 道德講章（五十六～五十九）
7. 猶大的回歸與大衛的國度 （三十二～三十三）	7. 樂園的重獲（五十五～六十六）

　　卜朗理（1964）與伊凡斯（1988）[4]，都詳盡探討了這些平行部分。在第一部分中，兩者都呼召全宇宙來聽（一 2，三十九 1），並吩咐列邦也要聽（一 10，三十四 1）。兩處神都威脅要報復（一 24，三十四 8，三十五 4）。祂應許要贖回錫安（一 27，三十四 8，三十五 10），用火燒燬犯罪者（一 31，三十四 10）。這些事必會發生，因為耶和華的口已經命定（一 20，三十四 16）。還有其他平行的地方，如五 24 與三十四 3、五 17 與三十四 10、一 20 與三十四 5～6、一 11～15 與三十四 6～7、四 3 與三十五 8。

　　在第二部分，兩段故事都報導先知因亞述國的事，而來到猶大王面前（七 3～17，三十七 5～7、21～25，三十八 1～8，三十九 3～8）。兩位王聽到神的信息，都是在「池的水溝頭，在漂布地的大路上」（七 3，三十六 2）。第六和四十章的開頭，都描述神榮耀的異象（六 3，四十 5）。在兩段中，先知都以問句來回應（六 11，四十 6）。在以賽亞的呼召中，形容百姓不願意聽，不願意看，也

不願意明白（六9～10），而在四十章中，他們卻將要聽見、看見、知道，又明白（四十5、21、26、28）。

在第三部分，兩卷都描寫一位理想的王（九1～7〔MT八23～九6〕，十一1～10，四十一1～四十三13），和第二次的「出埃及」（十一11～16，四十一17～20，四十二15～16，四十三14～四十四5）。理想王與僕人都將成爲外邦的光（九1～2〔MT八23～九1〕，四十二6），驅散黑暗（九2〔MT九1〕，四十二7），建立公平（九7〔MT九6〕，四十二1～4）和公義（十一4，四十二6、21）。耶和華的靈在這位王與僕人身上（十一2，四十二1），由於他，其他人能認識耶和華（九9，四十五6）。兩卷都提到有一條大道，爲耶和華的子民脫離外邦所預備（十一11～16，四十三16～21），他們將從地極被召回（十一11，四十一9，四十三5）。

在第四部分，第一卷中，審判巴比倫的神諭，將審判其他國家的神諭包在中間（十三1～十四23，二十二1～10），強調巴比倫的重要性，這與本書的後半相似。在兩卷之中，巴比倫王都被逼下寶座，坐在地上（十四9，四十二1，參六十六1）。巴比倫將嘗到她加給別人的烈怒（十四6，四十七6、11），以及喪子之苦（十三16，十四22，四十七9）。她的神像都要打碎（二十一9，四十六1）。

在第五部分，兩卷的相似處不多，也不明確。兩卷都提到耶和華呼召客人赴祂的筵席（二十五6，五十五1～2）。神將吞滅死亡與憂傷（二十五7～8，四十九19），憂傷將飛逝（二十五8，五十一11）。喜樂屬公義所有（二十五9，五十一3，五十五12）。耶和華將除滅海怪（二十七1，五十一9）。百姓雖破壞了永約（二十四5），但這約卻將更新（四十五3）；神會再度憐憫祂的子民（二十七11，二十九10～15，五十四8～10，五十五7）。

在第六部分，問題是怎樣除去國家的罪。猶大犯了虛假的罪（二十八15，五十九3～4）、不專一、向外邦求援而不仰望神（二十八15、17，三十2～3，五十七13）。她的先知醉酒（二十八1、7，二十九9，五十六12）、瞎眼（二十九18，五十六10）、無知

（二十九 12，五十六 10～11），可是這種恍惚的靈會被神的靈所取代（二十九 10，五十九 21）。審判即將臨到他們，好像有破口、將坍塌的牆（三十 13，五十八 12）。

在第七部分，經歷憂傷的大地和荒涼似沙漠的沙崙（三十三 9），在世界得更新的時候，將不再憂傷（六十一 2～3，六十六 10），沙崙也將成爲豐腴的草場（六十五 10）。錫安將有江河湧流（三十三 21，六十六 12）。耶路撒冷將重新興盛（三十三 20，六十六 13～14），錫安將不再有疾病或悲哀（三十三 24，六十五 19～20）。神的靈將促成更新與復興的實現（三十二 15，六十一 1，六十三 14）。

雖然在語言與觀念上，並非每一段都極其相似，但是第二、三、四部分，的確相當接近（Evans 1988, 145）。

展望新約

以賽亞書對教會基督論的重要性不可言喻。新約的作者再三援用以賽亞書，解釋發生在當時的事件。施洗約翰是在曠野呼喊的聲音，預備神榮耀的顯現（四十 3；太三 3；路三 4～6；約一 23）。以賽亞提到耶穌由童女所生（七 14；太一 23；路一 34）。以賽亞那一代人的頑固，可以解釋爲何耶穌要用比喻來教導，以及爲何聽衆不接受祂的信息（六 9～10，二十九 13；太十三 13～15，十五 7～9；約十二 39～40；徒二十八 24～27）。耶穌被視爲以賽亞書中受苦的僕人；這種認同一方面是因爲祂被人拒絕，並受痛苦（五十三 1；約十二 38；徒八 27～33），一方面也因爲祂行醫治的神蹟（五十三 4；太八 17）。以賽亞的話成爲耶穌向外邦人傳福音的理由（九 1～2；太四 13～16）；耶穌在自己的家鄉拿撒勒受人質詢，問到祂在外邦加利利地的講道、行神蹟的事，而祂將自己與以賽亞所講的僕人認同，以那個角色所承擔的事工，作爲自己行事的根據（六十一 1～3；路四 14～21）。耶穌避免出名的作風，也是用以賽亞書來解釋（四十二 1～4；太十二 13～21）。對約翰而言，以賽亞

在蒙召時所見坐寶座之神的榮耀，乃是耶穌的榮耀（六1～3；約十二41）。

以賽亞對早期教會的影響，還不止於基督論。保羅引用這卷先知書，說明外邦人也可以成爲神的子民（羅十五12用十一10；羅十20用六十五1），並聲稱以色列會有餘民（羅九29用一9；羅九27～28用十22～23）。除了明顯的引用之外，新約作者還用到以賽亞全書的主題——例如，樂園重獲時的宇宙更新（六十五17～六十六24；羅八18～25；啓二十一～二十二）、以樹與枝子的意象來描述彌賽亞和神的子民（五1～7，六13，四2～3，十一1～3、10～11；約十五）、對虛假作風的警告（五十八1～14；太二十三）、神的軍裝（五十九15～17；弗六）等。

備註：

1 拉比伊本以斯拉（Abraham ibn Ezra, 1092-1167）對以賽亞書四十1、四十二10、四十九4的註釋，究竟有多重要，學者意見分歧。伊本以斯拉講到「本書第二部分的祕密」一語，許多人認爲，從這一句話可以看出，他預期後人會提出批判，以爲本書的第二部分並非亞摩斯的兒子以賽亞所寫。不過，從伊本以斯拉對四十五4～5的評註可以看出，他認爲全書出自一位作者之手。有人舉出，拉比亞弗拉凡耐（Avravanel, 1437-1508）也同樣預期本書會分開，不過這類主張似乎是基於對他話語的誤解（見 Radday, 1973, 2, 14 和 Margalioth, 1964, 15）。

2 這種說法的循環論證很容易看出來。既然已經將以賽亞書分爲兩部分（一～三十九與四十一～六十六），只要在第一部分找到屬第二部分的特徵，就都被視爲放錯位置，或是後人加入的。這個理論的破綻在於：凡與它相反的證據都被列爲虛僞，不值得一提。

3 究竟哪些段落應當被列爲「僕人之歌」，而各段的起訖點爲何，尚有少許爭議。大部分註釋家認爲四十一1～4、四十九1～6、五十4～9、五十二13～五十三12屬於這個範圍；許多人將六十一1～3也列入。有關僕人之歌，可以參考 Clines (1976); C. R. North, *The Suffering Servant in Deutero-Isaiah, an Historical and Critical Study* (1948); W. Zimmerli 和 J. Jeremias, *The Servant of God* (1958); R. Whybray, *Thanksgiving for a Liberated Prophet* (1978); J. Rembaum, "The Development of a Jewish Exegetical Tradition Regarding Isaiah 53," HTR 75 (1982): 289-311; C. McLain, "A Comparison of Ancient and Medieval Jewish Interpretations of the Suffering Servant in Isaiah," *Calvary Baptist Theological Journal* 6 (1990): 2-31.

4 對 Brownlee 理論的詳細評估，見 Evans (1988)。

耶利米書

在希伯來文聖經中，耶利米書是先知書中最長的，超過所謂的十二卷小先知書的總和。先知耶利米是舊約人物中，最容易讓人了解的一位；我們對他的歷史背景，與自傳式的生平資料十分清楚，而這位先知又在一些禱告詞中，敞開他的內心世界。

耶利米是在亞述帝國衰敗、巴比倫帝國興起，局勢動盪不安的時候作先知。猶大獨立片時又淪為附庸，先臣服於埃及，接著又順從巴比倫。先知工作的主要背景，是約西亞三個兒子和一個孫子執政的時期，就是猶大最後的四位王。這個國家的獨立已經來到盡頭，耶利米將親眼看見聖城與聖殿被毀。

書目

註釋

Bright, J. *Jeremiah* (AB 21; Doubleday, 1962); Carroll, R. P. *The Book of Jeremiah* (OTL; Westminster, 1986); Clements, R. E. *Jeremiah* (*Interp*.; John Knox,1988); Cunliffe-Jones, H. *Jeremiah* (TBC; Macmillan, 1961); Davidson, R. *Jeremiah and Lamentations*, 2 vols. (DSB; Westminster, 1983, 1985); Harrison, R. K. *Jeremiah and Lamentations*（TOTC; InterVarsity, 1973/中譯：《丁道爾舊約聖經註釋：耶利米書-耶利米哀歌》，校園出版中）; Holladay, W. L. *Jeremiah*, 2 vols. (Hermeneia; Fortress, 1986, 1989); Laetsch, T. *Jeremiah* (Concordia, 1965); McKane,W. *A Critical and Exegetical Commentary on Jeremiah* (ICC; T. & T. Clark, vol. 1, 1986); Nicholson, E. W. *Jeremiah*, 2 vols.(CBC; Cambridge, 1973, 1975); Rudolph, W. *Jeremiah* 3d ed.(HAT; Tübingen: J. C. B. Mohr, 1968); Thompson, J. A. *The Book of Jeremiah* (NICOT; Eerdmans, 1979).

專論與文章

Ackroyd, P. R. "The Book of Jeremiah-Some Recent Studies," *JSOT* 28 (1984): 47-59; **Archer,** G. L. "The Relationship Between the Septuagint Translation and the Massoretic Text in Jeremiah," *TrinJ* 12 NS (1991): 139-50; **Blank,** S. H. *Jeremiah-Man and Prophet* (Cincinnati: Hebrew Union College, 1961); **Bogaert,**P.-M., ed. *Le livre de Jérémie* (BETL 54; Leuven: Leuven University Press, 1981); **Bright,** J. "The Date of the Prose Sermons of Jeremiah," *JBL* 70 (1951): 15-35; **Brueggemann,** W. "The Book of Jeremiah: Portrait of a Prophet," *Interp.* 37 (1983):130-45; **Carroll,** R. P. *From Chaos to Covenant: Uses of Prophecy in the Book of Jeremiah* (SCM, 1981); **Clements,** R. "Jeremiah, Prophet of Hope," *RvExp* 78 (1981): 345-63; **Eskenazi,** T. "Exile and Dreams of Return," *CurrTM* 17 (1990): 192-200; **Hyatt,** J. P. *Jeremiah, Prophet of Courage and Hope* (Abingdon, 1958); **Janzen,** J. G. *Studies in the Text of Jeremiah* (HSM 6; Cambridge: Harvard University Press, 1973); **Jobling,** D. "The Quest of the Historical Jeremiah: Hermeneutical Implication of Recent Literature," *USQR* 34 (1978): 3-12; **Lundblom,** J. " Baruch, Seraiah, and Expanded Colophons in the Book of Jeremiah," *JSOT* 36 (1986): 89-114; **McConville,** J. G. "Jeremiah: Prophet and Book," *TynBul* 42 (1991): 80-95; idem. *Judgment and Promise: the Message of Jeremiah* (Eisenbrauns, 1993); **Menken,** M. "The References to Jeremiah in the Gospel according to Matthew," *EphTL* 60 (1984): 5-24; **Nicholson,** E. W. *Preaching to the Exiles: A Study of the Prose Tradition in the Book of Jeremiah* (Oxford: Blackwell, 1970); **O'Connor,** K. *The Confessions of Jeremiah: Their Interpretation and Role in Chapters 1-25* (SBLDS 94; Atlanta: Scholars Press, 1988); **Overholt,** T. *The Threat of Falsehood* (SBT, 2d ser., 16; Allenson, 1970); **Raitt,**T. M. *A Theology of Exile: Judgment and Deliverance in Jeremiah and Ezekiel* (Fortress, 1977); **Robinson,** H. W. *The Cross in the Old Testament* (SCM, 1955); **Seitz,** C. R. "The Prophet Moses and the Canonical Shape of Jeremiah," *ZAW* 101 (1989): 3-27; idem. *Theology in Conflict: Reactions to the Exile in the Book of Jeremiah*(*BZAW* 176; Berlin: de Gruyter, 1989); **Shanks,** H. "Jeremiah's Scribe and Confidant Speaks from a Hoard of Clay Bullae," *BARev.* 5 (1987): 58-65; **Skinner,** J. *Prophecy and Religion* (Cambridge University Press, 1922); **Stulman,** L. *The Prose Sermons of the Book of Jeremiah* (Altlanta: Scholars,1986); **Tov,** E. "Some Aspects of the Textual and Literary History of the Book of Jeremiah," in Bogaert (1981), 145-67; *The Septuagint Translation of Jeremiah and Baruch* (HSM 8; Cambridge: Harvard University Press, 1976); **Unterman,** J. *From Repentance to Redemption*(Sheffield: JSOT, 1987); **Weinfeld,** M. "Jeremiah and the Spiritual Metamorphosis of Israel," *ZAW* 88 (1976): 17-56; **Weippert,** H. *Die Prosareden des Buchse Jeremia* (Berlin: de Gruyter, 1973);**Williams,** M. J. "An Investigation of the Legitimacy of Source Distinctions for the Prose Material in Jeremiah," *JBL* 112 (1993):193-210; **Willis,** J. "Dialogue Between Prophet and Audience as a Rhetorical Device in the Book of Jeremiah," *JSOT* 33 (1985): 63-82; **Winkle,** R. "Jeremiah's Seventy Years for Babylon: A Re-assessment," *AUSS* 25 (1987): 201-14; 289-99; idem. "The Jeremiah Model for Jesus in the Temple," *AUSS* 4 (1986): 155-72; **Wisser,** L. *Jérémie, Critique de la vie sociale* (Le Monde de la Bible; Geneva: Labor et Fides, 1982).

歷史背景

在這一部分，我們將探討本書的作者與歷史狀況，包括(1)政治局勢，(2)先知本人，和(3)歷史批判法。

政治局勢

亞述帝國在古代近東稱霸兩百多年，但它的崩潰相當迅速。在亞述最後一位偉大的皇帝亞述巴尼帕過世之後（約主前631年），亞述大帝國在三十年間就萎縮、分化了。過去曾一度輝煌的各國，再次脫離了亞述帝國的軛；趁著亞述瀕臨分崩離析之時，巴比倫和埃及都急欲重振聲威。拿布波拉撒和他日後偉大的兒子尼布甲尼撒，沿著底格里斯河和幼發拉底河，指揮巴比倫大軍向西北進發。在埃及，撒米提朱斯和他的繼承人尼哥，通過古代的以色列和敘利亞，朝北方前進。瑪代人在希色勒的帶領下，於主前六一四年攻下了亞書。當時與瑪代聯盟的巴比倫，圍攻尼尼微，直到它於主前六一二年陷落。埃及的軍隊在尼哥的率領下，要瓜分亞述餘剩的部分，於主前六○九年揮兵直到哈蘭；猶大的約西亞想要攔阻尼哥的前進，結果自己喪命於米吉多。最後，霸權和對亞述餘民控制的主要戰役，在敘利亞北邊的加刻米實展開（605年）；尼布甲尼撒大獲全勝。未來的古代近東各國，都將臣服在巴比倫之下，直到古列與波斯於主前五三九年興起。

在猶大，約西亞（主前640-609年）於八歲開始作王。十二歲時，他開始一系列的宗教改革；十八歲時，於聖殿中發現了律法書。等到亞述的控制力衰退，國勢削弱時，猶大也脫離了亞述的軛。約西亞嘗試重新恢復大衛王朝的疆界，就是過去全國統一時的領域。一方面由於自己擴張疆界的野心，一方面也可能與巴比倫結盟，於是約西亞想阻擋埃及向北的伸展，在米吉多出兵攔住法老尼哥。約西亞死在那場戰役中。耶路撒冷的人，膏約西亞的二兒子約哈斯為王，但是尼哥很快就廢掉他，以他的哥哥以利雅敬取代，並

稱他爲約雅敬（主前 609-598 年）。約雅敬試圖討好兩個權勢——
時而聽命埃及，時而聽命巴比倫；以後因他拒絕納貢，招惹巴比倫
前來圍攻耶路撒冷。在圍城結束之前，約雅敬就去世了，但他自己
的兒子約雅斤被擄到巴比倫去，許多王室、貴族、民間的領袖、猶
大的匠人也同時被擄。尼布甲尼撒立瑪探雅——約西亞的另一個兒
子——作王，並將他的名字改爲西底家（主前 598-586 年）。到了
主前五八八年，巴比倫又圍攻耶路撒冷，一年半之後毀了聖城與聖
殿。猶大變成巴比倫的一省，尼布甲尼撒任命基大利作省長。

　　猶大試圖在世局的潮流中掙扎，在周遭強權互相衝擊之下，勉
強維持獨立，耶利米親眼見證、親身參與了這個過程。這卷書生動
地描寫出國家主義、誇大妄想、親巴比倫派和親埃及派的衝突、猶
大國中「鷹派」與「鴿派」的相爭。在這一切之中，耶利米蒙召傳
揚神的話。他首先提出，若全國肯悔改，神必然祝福，而在神的審
判不能更改時，他又向她保證，未來必能歸回與復興。

先知本人

　　耶利米的工作，從他於約西亞王十三年蒙召作先知（主前
627/26 年；耶一 2），直到耶路撒冷被毀，後來他下到埃及爲止（四
十一 16～四十四 30）。耶利米可能死於埃及，但是他過世的日期無
法確定。本書的結尾記載以未米羅達作王時（主前 562-560 年；耶
五十二 31～34），約雅斤被釋放的事，不過五十二章大致與列王紀
下二十五章相仿，是本書的附錄，也許是先知死後才加上去的（參
五十一 64 下）。

　　雖然耶利米工作的期間大致可以確定，不過他事奉時的年齡卻
不易判斷。在蒙召的時候，耶利米稱自己爲「年幼的」（一
6～7），可見他還是少年人。按照傳統的說法，許多人認爲他在主
前六二七年（約西亞王十三年）時，大約十二歲。不過，如果他在
約西亞改革時期還很年輕，且已經積極參與先知的事奉，但他的神
諭卻沒有一則可以確定是屬於約西亞時期，而他也沒有直接提到改
革的事，或律法書的發現，似乎相當奇怪。除了標題語提到約西亞

王十三年（一2）之外，先知記下事奉時間的最早事件，是在約雅敬即位時，他在聖殿中所傳的信息（主前609年，耶二十六1）。此外，耶利米蒙召守獨身，成爲雅巍必要懲罰祂子民的記號（十六1～4），這應當是在約雅敬燒了耶利米頭一卷書之後（三十六9；約雅敬第五年，約主前604年），[1]那時悔改的呼籲（三十六7）似乎爲審判必臨的宣告（三十六31）所取代。如果耶利米出生於主前六四〇年左右，他蒙召守獨身的時間，就大約在三十五歲以上（見Holladay 1989, 2:25-26）。有關「北方仇敵」的神諭也不明確：亞述在主前六二七年已經式微，而巴比倫的權勢還沒有擴及那個地區。

基於這些理由，有些學者（如 Holladay, Hyatt）對耶利米的生平採用較晚的日期，將約西亞王十三年（一2）視爲耶利米出生的那年（一5）。根據這個看法，他對約西亞改革（主前627-622）未加評論的事，便不必說明，因爲在發現律法書的時候，先知只有五歲。耶利米可能在主前六〇九年才開始事奉（二十六1），當時他大約十八歲。他蒙召守獨身大約是在二十五歲前後，那時候作這種決定比較合宜。巴比倫也是在這個時候開始興起。[2]

然而，以約西亞王十三年（主前627年）爲耶利米出生之時，並以主前六〇九年（約西亞過世、約雅敬即位）爲他開始傳道的時間，也遭人質疑。耶利米曾提到一則神諭，是在約西亞生前得到的（三6～14）。先知對亞述的話（二18）也表示，當時它仍具軍事實力，必須注意；而如果耶利米到主前六〇九年時才出來工作，那時亞述的情況已經大不如前。

究竟先知何時開始公開事奉，各種論點無法達到結論。然而，耶利米書一2的用詞（「耶和華的話臨到」某人），在舊約出現過一百多次，這個字總是指一名成年人，而且通常是指一位已經在事奉的先知。這個片語平常是引介出一段信息，可能是先知傳給全國的話，既是如此，用在嬰孩身上似乎很不合適。

先知出生於祭司的家庭，在亞拿突城，是離耶路撒冷兩三哩的小城。雖然他出生在祭司之家，自己的家人後來卻反對他（十一

21～23，十二6）；書中沒有說明反對的緣由。

耶利米經常抵擋當日的掌權者和宗教界，他和其餘以色列的先知一樣，也因此而受苦。爲了傳信息，他受到逼迫，被鞭打，被聖殿的總管用枷鎖上（二十2），被控爲賣國賊、煽動者、逃亡者（二十六，三十七11～16），遭人謀害（十八18，十二6），下在牢中（三十八1～13），又被關在護衛兵的院中（三十八14～28）。先知所受的苦，成爲所謂耶利米「懺悔錄」的背景，記述他個人在情急之下的呼喊和禱告（十一18～十二6，十五10～21，十七12～18，十八18～23，二十7～18）。先知透露說，他感到彷彿被神棄絕；又禱告要神報復他的仇敵；在受苦的時候，他更質疑神的美善和一致性。

歷史批判法

研讀耶利米書，困難之一在於材料似乎到處散置。他在事奉的不同時期所講的神諭，都放在一起，而排列的理由很難辨明，大部分又沒有指定的日期，讓人無法評估耶利米對各種國際和社會危機究竟有何反應（參本章最後所列的附表，耶利米書中具爭議性的材料）。要將未註明日期的資料，歸入他的生平中，只能依據各個詮釋者認爲，該神諭或故事，如何「配合」猶大特殊的社會－地理－政治情形而定。爲這緣故，學界對於本書大部分資料的歷史背景，意見差異很大。書中的素材並未按時間順序排列，也沒有根據一致的計畫；而如果這樣的安排有某種邏輯，至少詮釋者尚未發現。

在歷史批判學中，對耶利米書的討論，集中於耶利米其人和用他名字之書兩者的關係。在歷史上，對本書的研究基本上可以分成兩種方式。一種認爲本書對耶利米其人、其言、其行的描述是準確的。另一種則認爲本書是一本集子，由後來的編輯將各個獨立的材料放在一起；主張這種看法的人所注重的是：如何透過不同的編輯階段，找出本書的寫作歷史。

採用第二種方式的學者，不認爲耶利米其人與本書有什麼關係；我們在書中所見的耶利米，大半成了後期編輯所塑造的人物，

而不是那裏所描述的歷史人物。在舊式批判法鼎盛時期，杜麥（Duhm）[3] 主張，只有詩句的神諭才是耶利米的原著；即使在詩的部分，杜麥也只將少數幾節歸給先知。莫文克[4] 追隨杜麥，但是他將本書的材料分為三類：先知本身的神諭（"A"），自傳的記錄（"B"）和散文的講章（"C"）。他像杜麥一樣，將講章歸於「申命記式」來源。莫文克[5] 後來提到三重傳統，而非三種不同的文學來源。例如，耶利米的聖殿講道報導了兩次，一次是自傳式的散文（七章），一次是講章式的散文（二十六章）。許多學者後來追隨這種將本書材料分成三類的方式，可是對於詩類材料（"A"）和散文講章（"C"）具多少歷史性，則看法不一。本書申命記式的編輯究竟到什麼程度，引起相當多的討論。有人認為，申命記式的神學與用語，在詩句式神諭和散文段落的證據很多；相反的，麥康威（1991, 82-83）卻強調，耶利米書與列王紀的申命記式歷史，在神學上有對立之處。近幾年出版的註釋，如卡羅爾（Carroll 1986）和麥坎（McKane 1986）所代表的方式，不認為耶利米書與歷史上具這名字的人物有多少關係。

其他學者則主張，本書與這人密切相關，並且認為大部分材料都出自耶利米或他的書記巴錄之手。近幾年的註釋中，賀樂戴（Holladay 1986, 1989）和湯普森（Thompson 1979）可以代表這種方式。賀樂戴根據申命記三十一 9～13 主張，申命記是在每七年的大會中宣讀。他將宣讀的時間定在主前六二二、六一五、六〇八、六〇一、五九四和五八七年，並且用這些假定的宣讀日期，為耶利米的經歷列出時間表。賀樂戴因此覺得，他可以將本書大部分未註明日期的材料，編入耶利米生平的特定時刻，就是先知向在耶路撒冷朝聖的群眾講道的時間。

這兩種方式的對比，可以舉許多經文為例。譬如，對強調先知與本書關係密切的學者而言，耶利米的「懺悔錄」（見上文）被視為自傳式的言論，出於耶利米；這些經文顯示出他個人在信心與蒙召上所經歷的掙扎，對自己和對神的懷疑。認為這人與本書沒什麼關係的學者，視這些懺悔錄為匿名的著作，是後期編輯加入的，與

詩篇中匿名的會眾哀歌類似。

研究耶利米書的學者，也嘗試要找出耶利米最初寫的書卷，就是在約雅敬第四年（主前 605 年，耶三十六）被他燒掉的那卷。約雅敬用一把文士的刀，將那卷書割破，丟入火爐中之後，神吩咐耶利米再寫一遍。耶利米「又取一書卷，交給文士巴錄，他就從耶利米的口中，寫了猶大王約雅敬所燒前卷上的一切話，另外又添了許多相仿的話」（三十六 32）。這個最初的版本，究竟屬於全書的哪一部分，學者的意見又是南轅北轍。[6] 耶利米所記下的這些部分，必定反映出他講道的各個重點，這是毫無疑問的。耶利米的講道大多是要造成聽眾的悔改（如，聖殿的講道，七 1～5，二十六 2～6），而還有一部分內容只是宣告：毀滅必臨、災難將到（如四 5～8、19～21）。

這些差異很可能反映出，耶利米在不同時期所講的道，例如，隨著時間的過去，悔改與災難的迴避已經不可能，只有等著審判與被擄的實現。禁止先知代禱（七 16，十一 14，十四 11～十五 1）說明有這種轉變。在兩筐無花果的異象中（二十四章），被擄去的人是好的無花果，他們接受了神的旨意，會得到祂的祝福。可是留在本地的是壞的無花果，他們將遭棄絕。正如麥康威所指出（1991,87），悔改的信息讓步，承認自己失敗了，確定神將用其他的方式工作。這種過程或許與尼布甲尼撒的興起有關，他在約雅敬第四年（主前 605-604 年，耶二十五 1～38）南侵，直到地中海沿岸，那是約雅敬焚書卷之後的一年（三十六 8），耶利米已經宣佈，審判不會再改變（三十六 27～31）。可是這位宣告國家必亡的先知，也傳講盼望與復興，這可能是他講道的第三方面（如，「安慰之書」，三十～三十三章）。不過，這些區分，和其他想要辨識耶利米講道時間順序的努力，都可能嫌太僵硬、過分簡化；審判的神論或許總是以悔改為目標，即使沒有特別的提說；而本書中審判、悔改、復興之間的關係，在神學上或許比這類解決法所以為的更加錯綜複雜。麥康威（1991, 95）主張，這些材料的確是希勒家的兒子耶利米的話，但他是經過後來更成熟的反思，考量神怎樣處理猶大，

然後才記下我們所看到的書卷。

耶利米書的經文

耶利米書是一個最明顯的例子，足以說明所謂「低等批判」（經文批判）和「高等批判」（歷史批判、文學批判）的關注有交集。耶利米書在七十士譯本的經文，比馬索拉的經文少了大約二千七百字，佔總數的七分之一，這是歷代以來眾所周知的。七十士譯本不但較短，而且材料的安排順序也不同；最讓人注意的，是責備列邦的神諭（馬索拉經文耶四十六～五十一章）被放到耶利米書二十五 13 之後，而且各國的順序也遭更改。各代學者都在辯論，這究竟是代表七十士譯本的譯者將馬索拉經文省略、重編，還是七十士譯本的譯者所根據的，是另一本希伯來經文，而不是馬索拉經文所代表的那本。在昆蘭古卷發現之前，這場辯論一直未能定案。

從昆蘭第四洞挖掘出來三段耶利米書的殘卷。其中兩段（4QJer^a，4QJer^c）所代表的經文與馬索拉經文很像，成爲這卷書馬索拉經文最早的證據。但是，4QJer^b 雖然只有一小段，卻大致與七十士譯本所依據的希伯來經文相當一致。[7] 它尤其顯出兩個特點，符合七十士譯本的新架構，與馬索拉經文不同：比較短，經文又重新安排過。

耶利米書兩種譯本的差異，不能單從一般的經文誤差來解釋，即文士偶爾失誤，漏抄了一點（重複字母漏誤）、重抄了一點（重複誤寫）、讀錯，或拼錯、加進簡短的解釋等。我們在此所看到的問題，牽涉到整卷書的寫作歷史；馬索拉經文和七十士譯本保全了兩種不同的版本，而這兩種經文在昆蘭圖書館中同時存在。在昆蘭古卷發現之後，辯論的焦點轉到這兩種經文之間的關係。如果我們在耶利米書中能夠看出文學增長過程的最後幾個階段，那麼，舊約其餘的書卷是否也經過類似的編輯、重寫過程（即使早期的版本沒有留下），這樣一來，問題就顯得十分重要。

乍看之下，很自然會認爲，較短的經文代表本書經文歷史的較

早階段；這個較早階段或許經由後期的抄寫者擴充、增補，為要加以澄清、說明，或讓讀者更容易了解。大體上，較長經文（馬索拉經文）多出來的材料，是文士所作典型改變的結果。托夫（Tov 1981）將這些歸類為(1) 編輯式，(2) 解經式的改變。編輯式的改變包括以下幾類：(a) 經文安排（例如，責備各國之神諭的位置）；(b) 將預言加上標題語（二 1～2，七 1～2，十六 1，二十七 1～2），有點類似在七十士譯本中好些詩篇所加上的標題語；(c) 段落的重複（如六 22～24＝五十 41～43，十 12～16＝五十一 15～19）；(d) 增加新的經文與段落（見下文）；(e) 增加細節（如二十五 20、25、26）；(f) 刪改內容，或重新定形式（如二十九 25，三十五 18，三十六 32）。解經的改變包括以下幾類：(a) 為協調而增加個人的名字，強調神的頭銜，或遷就相似的經文形式（與七十士譯本相較，協調式的增添是馬索拉經文最常見的特色）；(b) 按上下文的解經（增加材料以澄清字句，如二十七 5、8，二十八 3、15，尤其是在散文的部分）；(c)插入或加強形式化的表達，通常在先知言論的前後（如，「耶和華說」一語，在七十士譯本中出現 109 次，但馬索拉經文多了 65 次）。這些改變最容易的解釋，是後人對早期經文的更動，而不是將原先較長的版本縮短。雖然在耶利米書中，七十士譯本與馬索拉經文的不同，多過任何一本舊約的書卷，可是我們不能將這些差異太過誇大。整段加長的情形非常之少，[8] 大部分是將經文中已經有的材料加以說明或澄清。

　　耶利米書後來的增加譯本，就是馬索拉經文所採用的，究竟是誰該負責？大部分學者認為，馬索拉經文之中多出來的材料，是後期文士與詮釋者所添加的；他們嘗試研究這些晚期材料插入的日期與社會背景，並將大部分添加歸於被擄歸回時期。另一方面，有些人建議，這兩種不同的版本是耶利米本人，或他的書記巴錄所製造的（如 Archer 1991）。我們知道，曾有一卷書為約雅敬所毀，而在神的吩咐下又重寫了一遍（三十六章）。有可能七十士譯本所根據的較短經文，原來是耶利米或巴錄在埃及的時候，所作的希伯來文節錄本（四十一 16～四十四 30）；這個版本在埃及流傳，成為七十

士譯本翻譯的依據。耶利米到了晚期，可能增加了該書的內容，巴錄也有可能在他的老師過世之後，再添補一些材料進去。有人認為馬索拉經文多出來的材料不可能為耶利米所寫，托夫（1981, 154）撇清了這種疑慮；例如，他主張，三十三章14～26節（七十士譯本從缺）是以先知之名寫下的，若要否定是先知所寫，就必須提出證據來證明。

　　雖然耶利米書較長的版本（馬索拉經文）也許包含原來耶利米或巴錄所寫的內容，但有些材料顯然出自後期，另有作者。只須舉兩個例子就足以說明。(1) 七十士譯本沒馬索拉經文二十七 1～2 的標題語部分（見表十三，兩種經文的比較）。這一段的標題語將以下的材料歸於約雅敬的時期（二十七 1），不過其後的神諭卻與西底家（二十七 3、12）和約雅敬之後發生的事（二十七 20）有關，即，這些事與掌權者都出於約雅敬之後。在這一個例子裏，為耶利米書這一部分加上分段標題語的人，顯然是搞錯了，[9] 既然耶利米或巴錄都不太可能犯這個錯誤，如果說是後期某人植入的旁註，還比較容易了解。(2) 在耶利米書二十五 15～32，先知形容古代近東所有的國家都會嘗到神烈怒的酒，這杯將藉巴比倫王帶來的戰爭與災難傳給他們。然而，在二十五章 26 節下，有一個小小的問題：巴比倫王所要帶來的審判，不單臨到其他國家，也臨到「示沙克」，這是「巴比倫」的密碼代號。[10] 如果巴比倫王征服列國，就是將審判臨及它們，而若說它以同樣的方式使審判臨到自己，似乎太不恰當。七十士譯本的耶利米書沒提到馬索拉經文有關「示沙克」的兩段經文（二十五 26，五十一 41）。這段耶利米書二十五 26 後半的短註，似乎是後人插入的旁註，擾亂了經文的上下文；最容易的解釋，乃是它出於後人之手，不是原作者所寫。

文學分析

　　正如以上所提，耶利米書的挑戰為：本書的材料並未按照可以辨認的順序或結構排列，至少詮譯者還沒有發現本書有任何整體的

規畫。不過，本書有幾段材料的收集，顯示出是按照主題排列；就這方面而言，耶利米書可稱爲「書集之書」，就是由這類較小的主題集湊成的書。這類較短的收集，有些擁有標題語：「耶和華論到乾旱之災的話臨到耶利米」（十四 1～十五 4）；「有關猶大王的家」（二十一 11～二十二 30）；「有關衆先知」（二十三 9～40）；「耶和華論列國的話臨到先知耶利米」（四十六 1～五十一 64）；「耶和華藉先知耶利米論巴比倫和迦勒底人之地所說的話」（五十 1～五十一 64）。還有些說明似乎要人注意某段落的結束：「我也必使我向那地所說的話，就是記在這書上的話，是耶利米向這些國民說的預言，都臨到那地」（二十五 13）；「耶利米的話到此爲止」（五十一 64）。

　　本書另外還可以辨識出幾段收集的材料。一章 1 節～二十五章 13 節大半爲以詩句宣告猶大和耶路撒冷的審判，原來可能就屬於一個單位。在二十五章 1～3 節，先知重新提到他出來工作的事，就是在第一章曾報導的；此外，二十五章 3～9 節與一章 15～19 節有類似之處，可見第一章與二十五章 1～13 節之間是一個大段落，以這兩處作開始與結尾。「記在這書上的一切話」（二十五 13）一語，也意味早期某些材料的收集到此告終。有些人認爲，一章 1 節～二十五章 13 節主要的內容爲詩句的神諭，取自耶利米所寫的第一卷書，就是約雅敬所毀的那卷（三十六章）。這一個大單位，也許包含一些較短的文集，例如，先知在蒙召一事上的掙扎、他對自己的懷疑和對神的質疑，這些被組合成爲「耶利米的信仰告白」（見上文）。

　　三十至三十三章常被稱爲安慰之書。前兩章主要是詩（三十～三十一章），後兩章則爲散文（三十二～三十三章），講到耶路撒冷未來仍有復興的盼望。但是這短短的盼望之書中，還夾雜著審判快臨的嚴厲警告（三十 5～7、12～15、22～23，三十一 15、18～19，三十二 26～35，三十三 4～5）。

　　四十六至五十一章是耶利米責備列邦的神諭集。在七十士譯本中，這些材料放在馬索拉經文的二十五章 13 節之後（七十士譯本沒

有二十五 14）。兩種經文中，列國的順序也不相同：馬索拉經文大致按照地理，由南到北，由西到東；七十士譯本的順序似乎是按政治的重要性而排（Thompson 1980, 31）。幾乎所有的先知書中都有責備外邦的言論。摩西蒙召作先知，第一項使命乃是將神的話傳給一個外邦權勢（出三 10～12）；耶利米也像這位偉大的先輩一樣，被神指派「作列國的先知」（一 5、10）。

在這三大段文集中間，有人還找到另外兩段（二十六～二十九章，三十四～三十五章）。這些主要是傳記式的故事，記載耶利米的生平，不過並沒有按照年代順序。

其他較小的單位似乎是按特定的主題或標語收集的，例如，四至八章常提到「北方來的敵人」，二至三章則以「幼年」和「姦淫」為主題。

這卷書也包含許多象徵性的動作。以色列的先知就像今天的傳道人一樣，在講道時會用到故事。可是他們也用「實物教材」來表明信息，舊約學者通常稱這些作法為「象徵式動作」。耶利米將一條麻布腰帶藏在磐石穴中，顯明猶大將被毀壞，成為無用（十三 1～11）。他從窯匠買了一個瓦瓶，在瓦片門那裏摔碎，作為神將摧毀聖城與百姓的象徵（十九章）。他作了一個軛，戴在自己的頸項上，以宣告尼布甲尼撒會使列國負他的軛（二十七 1～15）；假先知哈拿尼雅折斷那軛，以另一個象徵式動作來反對耶利米的信息（二十八 1～14）。耶利米有個會打算盤的姪兒，眼看即將被擄，想將產業換成現金；由於耶利米曾傳講，猶大會有復興之日，所以這位姪兒就要求他「用錢來證明他的話」，按照近親贖回的條例，買下他的地。耶利米買了田地，用這個行為作為象徵，表明「將來在這地必有人再買房屋、田地和葡萄園」（三十二 6～15）。有一卷書，上面寫著神對巴比倫的審判，耶利米差人送到巴比倫被擄的民中，並吩咐說，要將它丟入幼發拉底河，表明巴比倫「必如此沉下去，不再興起」（五十一 59～64）。在基大利遭謀害之後，耶利米被逃離耶路撒冷的人帶到埃及，他拿了幾塊大石頭，埋在答比匿法老的宮門那裏；這些石頭乃是視覺教材，宣告有一日巴比倫王也

會將他的寶座設在埃及，就在這幾塊石頭之上（四十三 8～13）。耶利米和以色列其餘先知作出這類象徵式的動作，屬於所傳信息的一部分，因此，也是神必會應驗的話語。

先知有些象徵式的動作並沒有用到實物，計有：他將祭司巴施戶珥重新命名（二十 3）；他本身奉命不得娶妻，以作全國的表記（十六 1～3）；他不參加喪禮，不守哀哭的習俗（十六 5～9）。

耶利米不但應用實物教材，也在物質界中看到一些象徵。一根杏樹枝（*šōqed*）提醒耶利米，神是「看守者」（*šāqed*），祂會看守祂的話，直到實現為止（一 11～12）；燒開的鍋從北而傾，對先知說明災禍將很快從北方臨到國人（一 13～16）。兩筐無花果（二十四章）表明被擄之人和留在本地之人不同的命運。在探視窯匠家時（十八章），他領會到神有主權。

解經家很早就看出，耶利米與何西阿可能有關聯。[11] 兩位先知都用到同樣的比喻和言辭。耶利米住在離耶路撒冷不遠的北邊，靠近北國的南疆；因為地理上靠近北方，他或許會知道有關何西阿的傳說。有些人認為，耶利米自己的家是出自祭司亞比亞他的一支（王上二 26～27），可追溯自在北方示羅的以利家（七 1～2，二十六 6）。在耶利米書二、三章中，耶利米借用何西阿的情況很明顯。何西阿常提到神對以色列的「忠誠、信實」（*ḥesed*；四 1，六 4、6，十二 6）。何西阿將以色列比作行淫的妻，耶利米也描述以色列是不貞的妻子，轉去追逐她的愛人（三 1～5、20；何二 14～15[MT16～17]）。耶利米渴望以色列回轉，像幼年的忠誠（*ḥesed*），就是她在曠野中當新娘時（二 2）。可是，正如何西阿的妻子歌篾一樣，以色列也雜交，成為妓女（三 1～20），無顧耶和華才是她的丈夫（三 14；何二 2、16 [MT4、18]）。耶利米吩咐以色列：「要開墾荒地，不要撒種在荊棘中」，或許是引用何西阿書十 12。兩位先知都關心「對神的認識」：何西阿抱怨道，這片地上無人認識神（何四 1），百姓因無知識而滅亡（何四 6）。透過耶利米，神埋怨道，傳講律法的並不認識祂（二 8），又宣告：「我的百姓愚頑，不認識我。」（四 22）兩位先知都預見，有一天以色列將「認

表十三

馬索拉經文與七十士譯本中的耶利米書二十七 1～11

馬索拉經文	七十士譯本
二十七 1 猶大王約西亞的兒子（約雅敬登基的時候，有這話從耶和華臨到耶利米，說： 二十七 2 耶和華對我如此說：「你作繩索與軛，加在自己的頸項上。 二十七 3 藉那些來到耶路撒冷見猶大王西底家的使臣之手，把繩索與軛送到以東王、摩押王、亞捫王、推羅王、西頓王那裏。 二十七 4 且囑咐使臣，傳與他們的主人說：「萬軍之雅巍，以色列的神如此說： 二十七 5 我用大能和伸出來的膀臂，創造大地和地上的人民、牲畜，我看給誰相宜，就把地給誰。二十七 6 現在我將你們的地，都交給我僕人巴比倫王尼布甲尼撒，我也將田野的走獸降服於他。 二十七 7 列國都必服事他和他的兒孫，到他本國遭報的日期來到。那時多國和大君王，要使他作他們的奴僕。」 二十七 8 「無論那一邦、那一國，不肯服事這巴比倫王尼布甲尼撒，也不將頸項放在他的軛下，我必用刀劍、饑荒、瘟疫刑罰那邦。直到我藉他的手將他們毀滅，這是耶和華說的。 二十七 9 因此，不可聽從你們的先知，和占卜的、圓夢的、觀兆的，以及行邪術的，他們告訴你們說：「你們不致服事巴比倫王。」 二十七 10 他們向你們說假預言，要叫你們遷移，遠離本地，以致我將你們趕出去，使你們滅亡。 二十七 11 但那一邦肯把頸項放在巴比倫王的軛下，服事他，我必使那邦仍在本地存留，得以耕種居住。這是耶和華說的。」	（耶二十七 ＝ 七十士譯本耶三十四） 二十七 2 耶和華如此說：「你作繩軛，加在自己的頸項上。 二十七 3 藉那些來到耶路撒冷見猶大王西底家的使臣之手，把繩索與軛送到以東王、摩押王、亞捫王、推羅王、西頓王那裏。 二十七 4 且囑咐使臣，傳與他們的主人說：「萬軍之雅巍，以色列的神如此說： 二十七 5 我用大能和伸出來的膀臂，創造大地，我看給誰相宜，就把地給誰。 二十七 6 現在我將你們的地，都交給我僕人巴比倫王尼布甲尼撒，我也將田野的走獸降服於他。 二十七 7 二十七 8 「無論那一邦、那一國，不肯將頸項放在他的軛下，我必用刀劍、饑荒刑罰他們，直到我藉他的手將他們毀滅，這是耶和華說的。 二十七 9 因此，不可聽從你們的先知，和占卜的，圓夢的，觀兆的，以及行邪術的，他們說：「你們不致服事巴比倫王。」 二十七 10 他們向你們說假預言，要叫你們遷移，遠離本地。 二十七 11 但那一邦肯把頸項放在巴比倫王的軛下，服事他，我必使那邦仍在本地存留，得以耕種居住。」

識」耶和華（三十一34；何二20 [MT22]）。兩位先知都指控全國違背了十誡的規定（七9；何四2）。以上是一些例子，顯示耶利米可能對何西阿書相當熟悉。

神學信息

耶利米從未將他的教導，按傳統式系統神學的標題語與分類編排。他的「神學」之形成，一方面是來自他與所事奉之神的關係，因為他是祂的使者；一方面則來自他與耶路撒冷居民的關係，因為他們正面對耶路撒冷地緣政治與宗教狀況的改變，不久之後，這個城市就被毀滅了。雖然耶利米所傳講的信息，內中的含義包羅萬象，不過透過幾項突出的主題，我們得以一窺耶利米教導的堂奧。

耶利米的神

在批判學的早期，學界常形容先知是以色列神學的創意發揮者。但這種概念可以說對耶利米毫不適用。他並沒有引介任何有關神的「新理念」，相反的，他對全國所宣講的雅巍，與在他之前的先知並無二致。耶利米要求全國「訪問古道，探尋那條是善道，並行在其間」（六16）。先知認為他是要召喚全國忠於她古時與神所立的約。雅巍乃是又真又活的神，是活水的泉源（二13）。

對耶利米而言，雅巍對全世界有絕對的權威。祂是宇宙的創造者，但當祂審判世界時，祂會抽回手，任憑宇宙分崩離析，再回到原初混沌的狀況（四23～26，十八1～11）。耶和華有權隨意處置祂所造的天地和其中的萬物。雖然雅巍是以色列的神（二3～4，十16，十七13），但祂亦掌管列邦。耶利米受差遣，不單是到以色列去，也要作「列國的先知」（一4），「在列邦列國之上，要施行拔出並拆毀、毀壞並傾覆、建立並栽植之工」（一10）。耶利米責備列國的冗長神諭，見證先知對雅巍在世上掌權的信心。

先知極其強調以色列的罪惡與邪行，因此讓人注意到神的聖潔。神是公義的，祂必定會按照這個國家的頑梗、悖逆、硬心來施

刑罰。神雖是聖潔與公義的，但耶利米也同時發現，祂有耐心、慈愛、憐憫、恆忍（三 12，十三 14，十五 16）。神的慈愛已施展至極限，祂的忿怒即將傾倒在耶路撒冷，但祂還會再向祂的子民發出慈愛和恩惠（十二 15，三十 18，三十一 20，三十三 26，四十二 12）。

百姓與聖約

對耶利米而言，以色列是神所揀選的國，是神所選召的民（三十三 24）。先知用了許多意象，來描述這個國家特殊的地位：以色列是耶和華「初熟的果子」（二 3）、是祂的「上等葡萄樹」（二 21）、祂心愛的新娘（二 2，三 14）、祂的「群羊」（十三 17）、祂的「葡萄園」（十二 10）、祂自己的產業（十二 7～9）；耶和華有如父親對待浪子、丈夫對待不貞的妻子一般（三 19～20）。

以色列是與神立約的國家。先知呼召全國回到摩西的時期，就是以色列作雅巍專一新娘的黃金時代（二 2）。如果他們還想擁有這地的話，就必須忠心順服，有如西乃山的要求：盡心盡意愛神，逃避偶像（十一章）。在以巴路山和基利心山上宣告的祝福與咒詛，在耶利米的那一代仍然有效（十一 26～32，二十二 9；參申二十七～二十八章）。神古時與以色列立的約，代表這個國家可以倚賴祂的憐憫與恩惠（十四 21），可是以色列必須遵守神的法則（五 4～5，八 7）。

但是，在耶利米的時代，猶大並不是專一的新娘。從征服迦南之後，她就開始行淫（三 1～20）。她跟隨巴力，追逐她的愛人，成為發情的母駱駝到處狂奔、起性的野驢以鼻吸風（二 23～24）。她拒絕受糾正（二 30，五 3，十七 23，三十二 33，三十五 13），因此，約中的咒詛都會臨到這個國家（申二十八 49～68）。

耶利米在講道時，警告聽眾不要對神與以色列的約，產生錯誤的信心。耶和華雖揀選了錫安，但倘若全國不聽祂的命令，並不意味這座城是不可侵犯的。在著名的聖殿講章中（七、二十六章），耶利米責備全國沒有遵守十誡：凡是偷竊、殺害、姦淫、起假誓、

拜偶像的人，聖殿不會成為他們的避難所；聖殿如果成了賊窩，就不再是避風港（七9～11）。

他們對神與大衛之約也不可以存錯誤的信心。在這裏，正如舊約其他的書卷一樣，我們看到似非而是的矛盾，就是神既向大衛作出應許，又堅持他必須順服。從一方面而言，神與大衛之約是以順服為條件（十七24～25，二十一12，二十二1～5、20）。但從另一方面而言，它絕不會永遠失效，因為神會與大衛和他的後裔另立新約（二十三5，三十9，三十三15～17、21～22），這個約將如日夜一般長存（三十三23～26）。

神在耶利米裏面的話

耶利米是天上君王的大使。這位先知十分清楚，自己承襲了源於摩西的先知使命（見下文）。在這方面，他深知神的話語是在他口中，正如摩西曾應許，在他之後的先知將會如此（一9，申十八18）；耶利米的發言具備神話語的效力和權柄，好像摩西從西乃山傳出的話一樣（申十八14～22）。神的話對耶利米大有能力，而且祂證明自己所說的（一12，四28）。先知無法壓抑它，不能將它藏在心裏：「我若說：『我不再題祂，也不再奉祂的名講論』，祂的話便在我心裏彷彿燒著的火，閉塞在我骨中。我就含忍不住；我真的無法自禁。」（二十8～9）耶利米覺得幾乎不能承受：「我心在我裏面憂傷，我骨頭都發顫。因為耶和華和祂的聖言，我像醉酒的人，像被酒所勝的人。」（二十三9；參徒二13）神的話是大錘，可以打碎磐石，是燒掉乾草的火（二十三29）。當耶利米受到叛國的審判、生命的威脅時，他惟一的答辯，就是耶和華差遣他奉祂的名講論（二十六12、16）。

儘管耶利米對神話語的權威十分確定，百姓仍然不聽從；他們反而責備他、斥罵他（六10、19，八9，十七15，二十8，三十八4）。他們寧可去聽假先知的安慰、肯定之言（十四13，二十八1～3）。可是假先知並沒有來到神的寶座前，聽見耶和華的話，他們沒有奉差而逕自亂跑，宣講自己心裏的空想（二十三16～22）。

耶利米與摩西

　　耶利米書大受申命記的影響，這是一個值得探討的問題；除此之外，許多人還注意到，耶利米這人在本書中有點像「摩西第二」（參 Seitz 1989）。摩西成為以後先知的榜樣。神將祂的話語放在摩西的口中，因此他所說的就是神的話，同樣，神也將祂的話語放在祂的先知耶利米口中（一9；申十八18）。摩西一開始蒙召作先知，就被差到外邦去（出三10），這個事實也反映在耶利米蒙召的事上（一4、10）。摩西與耶利米都曾向神抗議，說他們不會說話（一6；出四10）。

　　摩西也是一位代禱的先知：他的責任不單是在百姓面前代表神，也在神面前代表百姓。在加低斯的背叛之後，摩西為全國代求（民十四17～19；申九23～29），在西乃山甚至願以自己的生命來作交換（三十二31～32；申九15～21；詩一〇六19～23），並為米利暗懇求（民十二9～15）。耶利米也追隨了摩西的榜樣（二十一1～2，三十七3，四十二2～4），可是卻遭到反常的逆轉：這位多年來在神面前一直為全國禱告的耶利米，竟從神得到一道命令，不要再代求；神的審判不會收回，就快要臨到全國，祂將不再聽他們的禱告（七16，十一14，十四11～十五1）。摩西藉代禱拯救了這個國家，不致滅亡，可是耶利米受到吩咐，不可再執行這個責任。摩西曾帶領百姓離開埃及，而如今到了最後，耶利米卻回到那裏（四十三1～7）。如此我們看到，這個國家從頭到尾的歷史繞了一圈，又回到進迦南地之前的情形：不再有國家、君王、祭司、聖殿，甚至群眾。以伯米勒（三十八7～12，三十九16～18）和巴錄（四十五1～5）由於忠心的緣故，成為與整個時代立場相反的人，就像從前的迦勒和約書亞一樣（Seitz 1989, 17-18）。

未來的盼望

　　耶利米買下他姪兒的田地（三十二6～15），這個行為所傳出的信息，和他口講的一樣響亮，就是猶太人將再回到耶路撒冷，

「將來在這地必有人再買房屋、田地，和葡萄園」。他安慰被擄的人，告訴他們雖然被擄的時間不短，會相當長，但耶和華仍有賜下恩典的信息：「我知道我向你們所懷的意念，是賜平安的意念，不是降災禍的意念，要叫你們末後有指望。」（二十九 11）雖然著名的三十一章 31～34 節未出現在耶利米書的七十士譯本中，可是許多人同意，耶利米傳講了新的約，儘管未必字字與此相符，但這段話的確反映出先知的教導。神將不再把律法寫在石版上，而要寫在心版上。

耶利米對未來存著彌賽亞的盼望。神將興起「大衛公義的苗裔」（二十三 5～6，三十三 15～16）。耶利米形容彌賽亞為「苗」，或許是借用以賽亞的意象（賽四 2，十一 1、10）；撒迦利亞也追隨耶利米的用法（亞三 8，六 12）。耶利米似乎是以西底家王的名字作文字遊戲。當尼布甲尼撒把瑪探雅立為王時，將他的名字改為西底家，意思是「雅巍是公義的」。要認識雅巍是公義的，便是要在審判中認識祂。可是耶利米提到有一天，人將明白以色列王的名字是「耶和華是我們的義」（二十三 6；參三十三 16）。要認識雅巍是「我們的義」，就是要在恩典中認識祂。神要耶利米作的，不但是「拔出、拆毀、毀壞、傾覆」，也是「建立、栽植」（一 10）。

展望新約

新約的作者對耶利米書印象深刻。新約直接引用耶利米書達四十次左右，大部分在啟示錄，講到巴比倫毀滅的事（如啟十八 4 用五十 8；啟十八 8 用五十 32；啟十八 24 用五十一 49～50）。

耶利米是心中經歷極大憂傷的人，因為他知道神的審判即將臨到耶路撒冷；傳統上，他被稱為「流淚的先知」。路加寫到耶穌為耶路撒冷流淚，悲歎這城將不再享平安，而會被圍攻、毀壞；我們不能不想到，他寫這段話時，心中是否有耶利米的影像。

耶穌也像在祂之前的彌迦和耶利米一樣，特別宣告耶路撒冷與

聖殿的毀滅即將臨到（七 1～15，二十六 1～15；彌三 9～12）；可是在耶穌受到煽動的指控時，群眾並沒有喊說：「這人是不該死的。」（二十六 16）馬太記載，耶穌進到聖殿時，群眾的確認為祂是先知（太二十一 11～12、46）。耶穌潔淨聖殿，所提的理由出自耶利米書（七 11；太二十一 13）。

溫可（Winckle 1986）注意到，<u>馬太福音二十三 29 至二十四 2</u> 與耶利米的聖殿講章（七與二十六章）有好些相似之處。(1) 神差派先知到耶路撒冷（七 25，二十六 4～6），而百姓拒絕聽從；耶穌也差遣先知到全國（太二十三 34；參太五 12，十 16）。(2) 耶利米警告說，在聖殿的周圍也有無辜之人的血被流（七 6），講完之後，他自己就面對死亡的關卡（二十六 15）。舊約記載了兩位先知被殺害：撒迦利亞（代下二十四 18～22）和烏利亞（耶二十六 20～23）。在馬太福音二十三 29～37，耶穌也講到先知被殺害、無辜之人的血被流，而祂自己的血將流在這座城裏。(3) 耶利米警告說，聖殿可能像示羅一樣，被神棄絕（七 12、14，二十六 6）。耶穌最後一次離開聖殿的外院時，也警告百姓，他們的「家」（聖殿／聖城／國家）將成為荒場（太二十三 39～二十四 1）。可是在馬太福音中，棄絕聖殿的神乃是耶穌本人（Winkle 1986, 171）；祂離開之後，再也沒有回來。

或許<u>耶利米和耶穌</u>都曾宣告聖殿與聖城的毀滅，因此「憂患之子」與滿心傷痛的先知耶利米有類似之處，以致眾人會認為耶穌是耶利米（太十六 13～14）。耶利米遭到謀害，他將自己比作待宰的羔羊；這在耶穌身上成為事實（十一 19；賽五十三 7；徒八 32）。

<u>司提反</u>後來重複耶利米的話，責備以色列人為心與耳未受割禮的（六 19，九 26；徒七 51），這番話使他性命不保。

保羅從耶利米訪問窰匠之家學到功課，知道神呼召他作外邦人的使徒，是出於祂的主權（耶十八；羅九 20～24）。 *12/6/2003*

表十四
耶利米書有註明日期的資料

以下耶利米書的各段有相當清楚的年代說明。其他材料的日期則較難判斷。*

約西亞	十三年	主前 627 年	一 1～19：	耶利米蒙召
約哈斯	一年	609	二十二 10～12：	約哈斯被擄
約雅敬	一年？	608？	二十六 1～24：	聖殿被毀
	一至三年？	608-605？	二十二 13～19：	濫用特權
	四年	605/4	二十五 1～30：	忿怒的杯
	四年	605/4	四十六 1～四十九 33：	責備埃及和列國的神諭
	四至五年	605-603	三十六 1～32：	燒燬書卷
	四年	605/4	四十五 1～5：	神保護耶利米的書記巴錄的性命
約雅斤	？年	？	三十五 1～19：	祝福利甲族人
西底家	一年	598	二十二 24～30：	審判與被擄
	一年	597	二十四 1～10：	好與壞的無花果
	一年？	597？	四十九 34～39：	責備以攔的神諭
	一年	597	二十九 1～19：	寫信給被擄者
	四年	594	五十一 59～64：	將書卷沉入幼發拉底河
	九年？	589	三十四 1～22：	預言耶路撒冷的陷落；釋放奴隸
	十年？	588	三十七 1～三十八 28：	告訴西底家向尼布甲尼撒投降
	十年？	588	三十七 1～三十八 28：	耶利米下在牢中；耶路撒冷被圍
	十年	588	三十二 1～44：	耶利米買一塊田
	十年	588	三十三 1～26：	復興的應許
	十一年	586	三十九 1～四十 7：	耶路撒冷陷落；耶利米得釋放
	十一年	586	五十二 1～30：	耶路撒冷陷落；計算被擄的人
基大利作省長		586	四十 8～四十一 16：	被選上任與被謀殺
約哈難作餘民的領袖		586	四十二 1～22：	勸百姓留在本地

585	四十三 1～13：	逃到埃及
585	四十四 1～30：	在埃及向被擄者最後的講論
560	五十二 31～34：	以未米羅達將約雅斤釋放

*馬索拉經文將二十七 1～32 歸於約雅敬年間，但這顯然是錯誤的。這段神諭應在西底家年間（二十八 1，二十七 3、12）。七十士譯本在這裏沒有年代記錄，而馬索拉經文的註似乎是後期某位編輯的誤植。

備註：

1 七十士譯本的四十三 9（＝MT 三十六 9）爲「第八年」，不像 MT 爲「第五年」；這就讓約雅敬燒書卷的事推遲至主前 601 年。

2 爲這個緣故，早先的註釋家認爲「北方的仇敵」是西提人（Scythian）的入侵。Herodotus（*Hist.* 1:103-6）說，在主前 625 年左右，西提人入侵西亞，當時亞述的勢力正開始衰退。然而，由於耶利米書對仇敵的形容，並不太符合西提人的掠奪或入侵，而且究竟這些人有沒有到過以色列，還是個問題，最近的研究已經放棄這種辨認法。

3 B. Dhum, *Jeremia* (Tübingen: Mohr, 1901).

4 S. Mowinckel, *Zur Komposition des Buches Jeremia* (Kristiania: Jacob Dybwad, 1914).

5 S. Mowinckel, *Prophecy and Tradition* (Oslo, 1946), 61-63.

6 這項研究的歷史，見 Thompson (1980, 56-59)。

7 QJer[b]包含九、十、四十三與五十篇的殘段，由 Janzen 暫時發表（1973）。雖然它大致與七十士譯本一致，而與馬索拉經文不同，但有五處它與馬索拉經文相同，與七十士譯本不同，而其中還有幾處是它自己特有的讀法（Tov 1981, 146-47）。

8 段落方面，包括整節經文是七十士譯本所沒有的，在馬索拉經文可以找到的有十 6～8、十七 1～4、四十六 26（七十士譯本缺二十六 26）、五十一 45～48（七十士譯本缺二十八 45～58）、四十八 40（七十士譯本缺三十一 40）、三十三 14～26、三十九 4～13（七十士譯本四十六章）、二十九 16～20（七十士譯本三十六章）。見 Archer (1991, 144～47)。

9 有少數希伯來抄本的抄寫者，將「約雅敬」更正爲「西底家」，亦可爲證。

10「示沙克」是「巴比倫」的代號，所用的是簡單的取代密碼，稱爲'atbash 寫法。希伯來文二十二個字母，用最後一個字母來代表頭一個字母，倒數第二個字母代表第二個字母，以此類推。

11 詳細的討論，見 Thompson (1980, 81-85)。

耶利米哀歌

　　主前五八七年，耶路撒冷被毀，那時在物質上、心理上、靈性上的破壞，難以言喻。列王紀下二十五 1～21 描寫了損毀的程度——城牆被拆掉、皇宮華廈被燒燬，不過，最大的恥辱則是聖殿被火焚燒，其中的金銀銅皆被搜刮一空。並且巴比倫人只將民間最窮困的人留下，其餘的都被擄走了。

　　被擄的記載已經詳述了當時的情形，但是這卷詩體的哀歌，則記錄了這個歷史重大時刻的徹底絕望感。這卷書表達出的感覺，是發現：在這場大屠殺背後的終極勢力，並不是戰爭的劊子手巴比倫，而是神自己。

書目

註釋

Davidson, R. *Jeremiah* (vol. 2) *and Lamentations* (DSB; Westminster, 1985); **Harrison,** R. K. *Jeremiah and Lamentations*（TOTC; InterVarsity, 1973/中譯：《丁道爾舊約聖經註釋：耶利米書—耶利米哀歌》，校園出版中）; **Hillers,** D. R. *Lamentations* (AB; Doubleday, 1972); **Martin-Achard,** R. and S. Paul **Re'emi.** *Amos and Lamentations* (ITC; Eerdmans,1984); **Provan,** I. *Lamentations* (NCB; Eerdmans, 1991).

文章與專論

Albrektson, B. *Studies in the Text and Theology of Lamentations* (Lund: Gleerup, 1963); **Ferris,** P. W., Jr. *The Communal Lament in the Bible and the Ancient Near East* (Scholars, 1992); **Garr,** W. R. "The Qinah: A Study of Poetic Meter, Syntax, and Style," *ZAW* 95 (1983): 54-75; **Gordis,** R. "The Conclusion of the Book of Lamentations (5:22)," *JBL* 93 (1974): 289-93; **Gottwald,** N. K. *Studies in the*

Book of Lamentations (SCM,1954); **Grossberg**, D. *Centripetal and Centrifugal Structures in Biblical Poetry* (Scholars, 1989); **Gwaltney**, W. C., Jr. "The Biblical Book of Lamentations in the Context of Near Eastern Lament Literature," *Scripture in Context II*, ed. W. W. Hallo, J. C. Moyer, and L. G. Perdue Eisenbrauns, 1983); **Kaiser**, W. C., Jr. *A Biblical Approach to Personal Suffering* (Moody, 1982); **Kramer**, S. N. "Lamentation Over the Destruction of Sumer and Ur." in *Ancient Near Eastern Texts*, ed. J. Pritchard; idem. Lamentation over the Destruction of Ur," in *Ancient Near Eastern Texts*, ed. J. Pritchard; idem. "Lamentation over The Destruction of Ur," in *Ancient Near Eastern Texts*, ed. J. Pritchard; idem. "Sumerian Literature and the Bible," *AnBib* 12(Studia Biblica et Orientalia 3 [1959]: 198-225; idem. "Lamentation Over the Destruction of Nippur: A Preliminary Report," *EI* 9 (1969): 85-115; **Krašovek**, J. "The Structure of Hope in the Book of Lamentations," *VT* 57 (1992): 223-33; **Lanahan**, W. F. "The Speaking Voice in the Book of Lamentations," *JBL* 93 (1974): 41-49; **Longman III**, T. "Form Criticism, Recent Developments in Genre Theory, and the Evanglical," *WTJ* 48 (1985): 46-67; **Longman III**, T. and D. **Reid**. *God Is a Warrior* (Zondervan, 1995); **McDaniel**, T. F. "Alleged Sumerian Influence on Lamentations," *VT* 18 (1968): 198-209; **Mintz**, A. "The Rhetoric of Lamentations and the Representation of Catastrophe," *Prooftexts* 2 (1982): 1-17; **Moore**, M. S. "Human Suffering in Lamentations," *RB* 90 (1983): 534-55; **Shea**, W. H. "The Qinah Structure of the Book of Lamentations," *Bib* 60 (1979): 103-7.

歷史背景

作者與日期

這卷哀歌正如聖經大部分書卷一樣，是匿名的著作；而它也像大部分書卷一樣，被傳統賦予了作者的名字──耶利米。

這個傳統絕非不可能，但也無法確定。再說，這件事亦不值得爭論，因爲經文並沒有如此堅持，而它的解釋也與作者無關（Provan 1992, 7-11）。

希伯來經文的傳統，並沒有暗示耶利米書與哀歌有任何關係，因爲本書是在正典的第三部分，該書卷（*Ketubim*）沒有和耶利米書並列在第二部分，即先知（*Nebi'im*）部分。在書卷當中，各卷的排列稍有不同，但它通常是和其餘「彌基錄」（Megilloth，譯註：意爲軸卷，指舊約五聖卷──雅歌、路得記、哀歌、傳道書、以斯帖）排在一起，就是與猶太節期相關的書卷，而它是與亞比月九日相關。

不過，舊約的希臘文譯本透過兩種明顯的方式，將哀歌和耶利米書拉上關係：(1) 它將哀歌放在耶利米書之後、以西結書之前，(2) 它在本書之前加上這段話：「那時耶利米坐下哀哭，爲耶路撒冷寫了一首哀歌，說……」（Hillers 1972, 11）。他爾根、別西大譯本（Peshitto,譯註：古敘利亞譯本）、巴比倫的他勒目和武加大譯本，都追隨希臘的傳統。

不接受耶利米爲作者的人，有時會接受多位作者觀。哈爾特（H. von der Hardt）是第一位離開傳統的人，他於一七一二年提出一個有趣的觀點，認爲這五章分別爲但以理、沙得拉、米煞、亞伯尼歌和約雅斤王所寫（見 Kaiser 1982, 24）。這看法的理由之一爲：這五章可以讀成五首輓歌（見下文對離合詩結構的說明）；雖然這是事實，但多位作者說其實是不必要的假設。

除了作者的身分之外，對本書的日期，一般的看法大致相同（Provan 的懷疑是個例外 [1992, 7-19]）。由於本書的描述生動、情感真摯，很少人會將寫作日期定在耶路撒冷被毀七十五年之後。大部分人將哀歌的日期定得較早，不過有一派人主張，這風格與聖殿的重建相關（見下文），而錫安的聖殿到主前五二〇至五一五年才得重建。

歷史時期

本書是針對耶路撒冷於主前五八七年，被巴比倫所毀而寫。因此它是被擄時期的作品。

按照聖經歷史家與先知的觀點，由於以色列與猶大長期反叛他們的神，這段滄桑史的高潮便是被擄。神早就已經透過摩西警告說，他們能存留在這塊土地上，惟賴順服祂與他們在西乃所立之約（申二十八 15～68）。多年來，他們一直不斷背叛、犯罪，祂卻仍然持守祂的信實，屢屢差派先知去呼喚他們回頭，與祂建立真實、活潑的關係。

自主前六〇九年約西亞過世之後，情況就急轉直下。約西亞和

支持他的人試著要扭轉宗教上背道的趨勢，帶動社會與宗教禮儀的改革（王下二十二 1～二十三 30）。他在位時，國家暫時不受外邦的轄制；可是在他死於戰場之後，猶大就成了當時二強（埃及與巴比倫）掌中的玩物。

約西亞的兒子約哈斯接續他作王。雖然他可能是較小的兒子（Bright, 324），但卻繼承了父位，並企圖繼續走他父親反埃及、親巴比倫的路線。埃及的法老尼哥被巴比倫王擊敗後，想鞏固他在利凡特的基地；由於約哈斯持這樣的政治立場，他便將他廢掉，立他的哥哥以利雅敬作王，稱他為約雅敬。約雅敬是埃及的附庸，他與耶利米的衝突十分出名（耶一 3，二十四 1，二十七 1、20，三十七 1，五十二 2）。

主前六〇五年，當時的巴比倫元帥尼布甲尼撒在卡西米施擊敗了埃及人，將他們逐回本土。整個敘利亞與巴勒斯坦已如待摘之果。由於巴比倫王拿布波拉撒過世，這件事耽擱了一陣，新即位的尼布甲尼撒王於主前六〇四年回到猶大，使約雅敬作他的附庸（王下二十四 1）。然而，等到一有機會，約雅敬又轉向埃及，這個舉動導致巴比倫於主前五九八年的入侵。

約雅敬不再有機會見到尼布甲尼撒，就在那段時間，他過世了。聖經沒有提到他的死因（不過有人猜想，他遭到暗殺），他的兒子約雅斤登上寶座，立刻面對巴比倫軍隊的攻擊。當時約雅斤才十八歲，撐不了多久就投降了，被帶到巴比倫；而一位表面上親巴比倫的王室人物，瑪探雅（後來被改名為西底家），被立為王。

西底家犯了致命的錯誤，就是背叛巴比倫（王下二十四 21下），使得耶路撒冷終於在主前五八七／六年被毀。哀歌是因悲歎城毀而寫，表達出神棄絕祂的子民、與他們為敵，而造成的心理與靈性之恐慌。

文學分析

文體

現代對哀歌文體的討論始自衰克爾，他的結論爲：這是幾種文學形式的綜合體（*Mischgattung*）。他主張，第一、二、四章乃是送葬之歌，第三章爲個人的輓歌，第五章爲集體的輓歌。

近日研究的趨勢，是以整體來看全書，葛洛斯堡（Grossberg）是這個立場的代表；他對本書的文學特點作了詳盡的研究，不但在詩中找出各種差異，並且也加強了全書的一體性。弗瑞斯（Ferris）的結論也具代表性，他認爲哀歌應分類爲集體的輓歌，就像詩篇中這類的詩一樣。他將集體的輓歌定義爲：

> 一種作品，由字句的內容看來，是代表某一個團體（或該團體所用）表達對某件災難的埋怨與哀傷、悲嘆。這種災難可能是外在的，也可能是文化性的，或是已經臨到，或是即將臨到，而歌中向神呼求拯救。（Ferris 1992, 10）

從本書的語氣、內容與結構，都可辨識出它是一首集體的輓歌。其實，本書曾有過的各種名稱，也暗示出它的文體。古時本書的名稱爲其開頭的字：'ĕkâ（「何竟？」）。拉比稱本書爲 qînôt；希臘文舊約將本書命名爲 *Threni*，武加大則稱它爲 *Lamenta*，這幾個字都是哀歌之意，因此英文如此翻譯。

至於是否全詩皆爲集體性，則成爲辯論的問題，尤其是三章1～21 節。這一段一開始說：「我是見到災難的人……」，這說法常被視爲是個人的表白。許多人嘗試找出這位發言人是誰。所提出的建議，包括約雅斤、戰敗的軍人（Lanahan, 45）和耶利米本人。但較可能的解釋爲：這位發言人是擬人化的耶路撒冷；而即使這裏是某個人在說話，他所說的，也是代表整個團體所受的苦難與悲

痛。因此，雖然表達的方式略有不同，全書仍可以視爲集體的輓歌。

弗瑞斯（1992）將哀歌與詩篇的集體式輓歌相連，是正確的。他在詩篇中辨認出二十個例子，有些較有疑議，不過其中有五篇的確是在描述戰敗後的絕望感（詩四十四，六十，七十四，七十九，八十）。

哀歌的內容顯示，這篇詩是在戰敗之後寫的感言。雖然它與主前五八七年的毀滅必然相關，可是其中並沒有明文指出相關的歷史事件。這種缺乏歷史性的現象，與詩篇中類似的詩也相符（見254～255、256頁以下）。不過，哀歌的場景的確是戰敗的景象。

在生活背景方面，弗瑞斯提到列王紀上第八章所羅門獻殿的禱告，他的看法頗有見地，也許可稱爲經文性或概念性。[1] 他舉出，有好幾種全國性的災難，需要國人集體來禱告，戰敗便是其中的一項（八 33～34）。所羅門預見，以色列人若打了敗仗，就會轉來求告神。哀歌正是這一類的禱告。

還有些學者主張，本書的背景可以更精確，不單只是戰敗而已。他們將本書與米所波大米的哀歌相較，認爲寫作的場景爲聖殿的重建。然而，將聖經的書卷與米所波大米的文體相較的作法，遭到許多爭議；以下我們就要來看這一點。

米所波大米的哀歌

輓歌的文體不止侷限於以色列。在哀歌之書中，最著名的爲六個城市的輓歌，是用蘇默人的方言 *emesal* 寫的[2]，六首中有五首是在吾珥第三帝國戰敗（主前 2004 年）的次一世紀內寫成：

1. 蘇默與吾珥被毀的哀歌（ANET, 455-63）
2. 吾珥被毀的哀歌（ANET, 611-19）
3. 伊利都被毀的哀歌
4. 尼普爾被毀的哀歌
5. 烏魯克被毀的哀歌

6. 伊基瑪被毀的哀歌

這六篇文學作品哀悼城市的戰敗，將來襲的敵軍視爲神的旨意，與聖經的哀歌在主題方面有許多類似之處（Gwaltney 1983, 205-11）。克拉瑪（Kramer 1959 和 1969）將這兩者的比較普及化，主張聖經的著作受到蘇默先例的影響。他的部分觀點爲迦德（Gadd）、克勞斯等人接受，可是麥但理（McDaniel）卻提出反駁，他指出蘇默人記錄和聖經的經文，在時間與文化上相隔甚巨。

最近，郭特尼（Gwaltney）嘗試爲克拉瑪的老觀點辯護，指出米所波大米輓歌的文體延續下來，成爲特殊的哀歌形式（*balag* 和 *eršemma*），以亞喀得文寫成，從舊巴比倫時期直到主前一千年以內。對郭特尼而言，這就除去了文化和時間的距離；因此他強調：米所波大米與聖經的文體具同樣的主題與結構。

弗瑞斯分析郭特尼的論點，評估他的建議，即蘇默－亞喀得的輓歌傳統影響了聖經的哀歌。他的結論爲：郭特尼有一種傾向，即誇大相關之處，其實對兩者異同最佳的解釋，或許爲具相同的文化與文學傳統（Ferris 1992, 174-75, 引用 Mowinckel）。

蘇默－亞喀得文體和聖經文體略有關聯，這就使哀歌是在聖殿重建時所寫的假說遭到質疑。最可能的看法爲：它是在城毀不久之後寫成，因爲該事件的痛苦與災難仍歷歷在目。

結構

一方面，本書可以簡潔地分爲五個單位，配合五章。另一方面，本書的結構是一件複雜、多層面的事，在這裏只是約略作介紹。開始要先提葛洛斯堡的結論，即：本書的文學力量彰顯出它爲一個整體（向心力），但同時又讓我們注意到它的各個成分（離心力）。或者，借用哥沃德的話（1954, 23）：「它好比一座大教堂，在一體性之下，可以區分爲無數可愛的形式，但卻無損於整體，反而讓人對全部建築印象加倍深刻。」就後者而言，最主要乃是字母詩的形式。

　　頭四章爲個別、完整的字母詩，只在細節上有些不同。第一、二章爲三行字母詩，即，以三行爲一節的第一行、第一個字母作準。第三章也有三行一節式，但所有三行的頭一個字母都相同（有如詩一一九之節）。第四章爲兩行一節式，與第一、二章的方式類似。[3] 最有意思的是第五章，那並不是字母詩，但仍有字母結構的影子，因它總共爲二十二行。

　　這種字母詩的目的爲何，並不全然清楚。各種猜測都有人提出，例如便於記憶，或賦予詩的主題完整感——在哀歌中，這彷彿是「從 A 到 Z」的痛苦（Ferris 1992, 102-3, 引用 de Wette）。從文學的角度而言，最值得注意的是，雖然作者讓自己受這種相當呆板的方式限制，但詩中自然的感情流露卻絲毫不受影響。

　　而本書結構最引人注意的部分，正是這種感情的表達所導致的結果。蓋華德將本書作成一個表，頗有幫助，其高潮正是第三章中間的盼望，接下來又落入絕望的深淵（見他的圖三 [1982, 24]）。

　　第三章有一段話，是在城毀之中最明確的盼望宣告。不過，詩人並非在冷靜的狀態中指出解決之道，因此接下來又降至周遭的混亂光景中。餘下的兩章爲悲哀的哭訴，而以五章 19～22 節爲結語：

> 耶和華啊！祢存到永遠；
> 　祢的寶座存到萬代。
> 　祢爲何永遠忘記我們？
> 　爲何許久離棄我們？
> 耶和華啊！求祢使我們向祢回轉，我們便得回轉；
> 　求祢復新我們的日子，像古時一樣。
> 　祢竟全然棄絕我們，
> 　向我們大發烈怒。（哀五 19～22）

　　到了全詩的末了，我們看到和好有望，但卻尚未實現。哥笛斯（1974, 292-93）主張，本詩的最後一行應當譯爲：

> 雖然祢曾大大鄙視我們
> 對我們極其忿怒。

　　這個翻譯或許使得復興的祈求顯得更有信心，但也使得本書只在展望未來，期待神或許會插手干預。

圖三
哀歌的文學結構

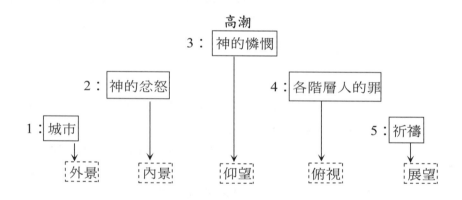

風格

　　哀歌的詩體有很多精采之處。限於篇幅，本章只能探討三項最具代表性的特色（亦見上文的字母詩形式）：昆那（*qinah*，即五個一組之意）、擬人化和「言語之工」。

　　昆那。本書前面曾提到希伯來詩的韻律問題（27～28 頁）。哀歌與其他的輓歌作品具一種特殊的韻律，通常稱為昆那。這種韻律的主要特色為，對偶句的第二節總是比第一節短；一般以 3:2 來描述，與較平衡的 3:3 形式成為對比。這種不平衡的韻律有時被稱為「跛行」韻，似乎很能配合送葬行伍中哀慟之人腳步蹣跚的景象。

　　加爾（Garr）研究這種詩體形式的語法結構後，下結論說，第

一節與散文的一般用字法沒有區別，而第二節則從第一節中找線索。

　　輓歌之類的詩，特色常是第一節長，第二節短，這已不成問題，可是本書中究竟是否有韻律還成問題，更不用提韻律是否一致的事。而且，這種形式也出現在非輓歌的詩中（Hillers 1992, 18），由此觀之，昆那與輓歌之間的關係又降低了。

　　擬人化。敏茲（Mintz 1982, 1-2）所言不差：至深的痛苦經常難以言喻。不過，要克服這種困難，倒有一可行之路，就是「把集體的經驗轉化爲個人的經驗，視全國爲某個人；簡言之：擬人化。把國家比作被棄的婦人，或更複雜一點，比作一個受逼迫的男人。」前者出現於本詩的開頭：

> 先前滿有人民的城，
> 　現在何竟獨坐！
> 生前在列國中為大的，
> 　現在竟如寡婦！
> 先前在諸省中為王后的，
> 　現在成為進貢的。
>
> 她夜間痛哭，
> 　淚流滿腮。
> 在一切所親愛的中間，
> 　沒有一個安慰她的。
> 她的朋友都以詭詐待她，
> 　成為她的仇敵。（一 1～2）

　　後者到第三章才出現。正如上文所提，許多人嘗試辨認這名男子爲某位特定的人物。這種探索既徒勞無功，也沒有必要——這位匿名的受苦者正代表所有的人：

> 我是因耶和華忿怒的杖，
>
> 遭遇困苦的人。
>
> 祂引導我，使我行在黑暗中，
>
> 不行在光明裏。
>
> 祂真是終日再三反手攻擊我。（哀三 1～3）

這些比喻的文字，將耶路撒冷被毀之後的年日裏，猶大存活之人所受的痛苦，生動而深刻地描繪出來。

拉拿罕（Lanahan）作了一番初步的研究，使我們對哀歌的擬人化用法有進一步的了解；他辨認出五種人物，其中有兩種上文曾提到。這五位分別在本書中以下幾處發言：

1. 耶路撒冷城（如一位婦人；一 9 下、11 下～22，二 20～22）
2. 旁觀的報導者〔一 1～11 下（除 9 下以外）、15、17，二 1～19〕
3. 一位以第一人稱表達的受苦男士（三章；拉拿罕稱他為「一名戰士」）
4. 貴冑（四章）
5. 耶路撒冷全城之聲（五章）

弗瑞斯（1992, 136）將這種擬人化的效果形容得很好：「藉著各種人物，聖約的子民彷彿在自己當中討論這個問題，從現在悽慘的光景中，追溯往日的光榮。」

「言語之工」。這個說法是敏茲（1982, 7）所創，指哀歌中對言語的運用，要將無法言喻的毀滅情景描述出來。哀歌作者的用意，不只在分析，也在醫治。言語是不夠的，可是透過運用「不足的隱喻」，詩人可以向神表白，耶路撒冷的摧毀何等震撼人心，令人絕望，因此他可以求神來伸手相救。

神學信息

　　哀歌在與集體受苦的問題相搏，從某方面而言，這與約伯個人受苦的掙扎類似。誠如上文所提，哀歌的神學為：承認是神審判耶路撒冷，並求祂伸手干預，復興祂的子民（見本書的結尾）。

　　過去幾十年中，針對驅動本書的神學傳統為何，辯論頻繁。哥沃德（1954）首先發難，他倡言，本書的神學信息可以藉比較申命記式的信仰與耶路撒冷被毀的歷史事實看出。申命記向神的子民應許祝福、安全、繁榮，可是他們卻經驗到神有如仇敵一般（哀二4）。

　　然而，奧倍生（Albrektson 1963）的看法顯然更正確，他說哥沃德對申命記神學的見解太浮面。申命記沒有一處應許以色列可以無條件享受祝福。如果以色列犯罪，就會受咒詛，哀歌承認，神與他們作對，是他們犯罪的結果（Kra šovek 1992, 223）。奧倍生不談申命記神學，卻談錫安神學。當不能侵犯的錫安傾倒時，百姓的信心也傾倒了。

　　事實上，哀歌中的許多神學傳統，與聖經其他部分並無二致。有兩項彼此相關的傳統特別值得注意，就是聖約與神為戰士的主題（Longman 和 Reid 1995），但是在探討本書的神學信息時，卻少見人提及。

　　聖約可以包括哥沃德所謂的申命記傳統，但是要點在於：耶路撒冷被毀，並不在申命記之約的意料之外，反倒正因它而來：

　　你若不聽從耶和華你神的話，不謹守遵行祂的一切誡命律例，就是我今日所吩咐你的，……耶和華要從遠方地極帶一國的民，如鷹飛來攻擊你。這民的言語你不懂得，這民的面貌兇惡，不顧恤年老的，也不恩待年少的。（申二十八 15、49～50）

　　因著百姓的罪所招致的這場審判，背後有神在。毀滅他們的不

是巴比倫人，而是神，尤其是如戰士般的神。當然，一般的狀況下，神會為祂順服的子民爭戰，可是在審判時，祂就與他們爭戰（如哀二4～5所言；參書七；撒上四）：

> 祂張弓，好像仇敵；
> 祂站著舉起右手，如同敵人，
> 將悅人眼目的，盡行殺戮；
> 在錫安百姓的帳棚上，
> 倒出祂的忿怒像火一樣。

> 主如同仇敵；吞滅以色列，
> 和錫安的一切宮殿，
> 拆毀百姓的保障。
> 在猶大民中，
> 加增悲傷哭號。

可是哀歌的神學信息不全是負面的。其中也有盼望，不過就全書而言，可謂微不足道。在本書的中心（三22～33），詩人表達出他的把握，神絕不會丟棄向祂求助的人。雖然以色列過去犯了罪（一8、14、18，二14，四13），他們仍向神求助，期待祂會赦免，並帶來復興。祂的憐憫大過忿怒（三31～33; Krašovek 1992）。

展望新約

哀歌指出神如仇敵。因著百姓的罪，祂向他們開戰。本書所表達的盼望，在古列王容許百姓回歸時，得到部分的應驗。不過，雖然百姓回到了故鄉，在政治上卻仍舊沒有獨立。聖殿雖已再造，卻不像從前一般輝煌。百姓只能期待，未來還有更多的事會發生。

被擄時期與歸回時期的先知展望未來，都看見如戰士之神會干

預歷史，為祂的子民爭戰（但七章；亞十四章）。新約將耶穌基督解釋為那位如戰士之神，在十架上擊敗罪惡的權勢（西二13～15），並將於最後之戰時再回來，與所有和神為敵的靈界活物與人類爭戰（啟十九 11 以下）。耶穌基督是如戰士之神，為祂的子民爭戰，勝過最有能力的大敵，就是撒但。

　　雖然前面我們曾說約伯記與哀歌相似，不過兩者卻有一個重大區別。在約伯記中，個人的受苦不是因本身的罪。但哀歌中集體的受苦卻正是罪的直接後果，是這個國家歷代犯罪而招來的結局。不過，約伯的苦難預表了那位真正無辜者的受苦，而以色列在被擄之時所受的苦難，也預表了基督被懸於十架。然而，犯罪的並不是祂，乃是我們。教會承認這個類比，因此羅馬天主教在受難週的最後，都要誦讀本書（Gottwald 1954, 112）。

12/1/2003

備註：

1　生活中具多重背景的概念，見 Longman (1985)。
2　這種蘇默方言常出於婦女或某種祭司（*gala*）之口。
3　請注意，在二、三、四章中，字母‘*ayin* 和 *pe* 與傳統的順序相反。有些證據顯示，或許這乃是當日的正確順序（Hillers 1992, 29）。

以西結書

　　以西結是祭司的兒子。他在三十歲時蒙召作先知，就是猶大王約雅斤被擄後第五年（主前 592 年；一 1～2），[1] 因此他大約出生於主前六二三至六二二年。他的工作至少持續了二十二年，因為本書最後有日期的神諭，為約雅斤被擄後二十七年（主前 571 年；二十九 17）。以西結身為祭司家的一分子，這點可以從書中對聖殿及其摧毀的重視看出。

　　按照規定，合格的人當於三十歲開始進入聖殿事奉（民四 3）。不過，以西結無法盡祭司的職分，因為他被擄，遠離耶路撒冷。在以西結應當開始擔任祭司的那年，神卻呼召他出來作先知。在以西結蒙召的異象中，他看見神駕著戰車——那是不祥的凶兆，因為神即將棄絕耶路撒冷（十 1～2、18～22）。神不再維護這座城，卻已經下達毀滅的命令，且親自監督整個計畫的執行。

　　以西結住在被擄的人當中，這群人來自猶大的上流社會。他們原來享有特權，經常不理會先知的警告（二 3～8）。他們希望被擄只是短期的事，很快就能回去，重享原來的地位、財富與權利。他們對以西結的信息很反感，把他的話當作茶餘飯後的閒聊（二十49，三十三 30～32）。可是神很快就證實祂藉先知所說的話（三十三 33）。被擄將不是短期的事，聖城不會倖免。

書目

註釋

Allen, L. C. *Ezekiel 20-48* (Word, 1990); **Brownlee**, W. H. *Ezekiel 1-19* (WBC 28; Word, 1986); **Craigie**, P. C. *Ezekiel* (DSB; Westminster, 1983); **Eichrodt**, W. *Ezekiel* (OTL; Westminster, 1970); **Fairbairn**, P. *An Exposition of Ezekiel* (T. & T. Clark,1851; reprinted Grand Rapids: Sovereign Grace, 1971); **Gowan**, D. E.*Ezekiel* (KPG; John Knox, 1985); **Greengerg**, M. *Ezekiel 1-20* (AB 22; Doubleday, 1983); **Hals**, R. M. *Ezekiel* (FOTL; Eerdmans, 1989); **Taylor**, J. B. *Ezekiel*（TOTC; InterVarsity, 1969/中譯：《丁道爾舊約聖經註釋：以西結書》，校園出版中）; **Wevers**, J. W. *Ezekiel* (NCB; Eerdmans, 1969); **Zimmerli**, W. *Ezekiel*, 2 vols. (Hermeneia; Fortress, 1979,1983).

專論與文章

Abba, R, "Priests and Levites in Ezekiel," *VT* 8 (1978):1-9; **Ackroyd**, P. *Exile and Restoration* (OTL; Westminster, 1968); **Astour**, M. C. "Ezekiel's Prophecy of Gog and the Cuthaean Legend of Naram-Sin," *JBL* 95 (1976): 567-79; **Broome**, E. C. "Ezekiel's Abnormal Personality," *JBL* 65 (1946): 277-92; **Brownlee**, W. H. " 'Son of Man Set Your Face,' Ezekiel the Refugee Prophet," *HUCA* 54 (1983): 83-110; **Carley**, K. W. *Ezekiel Among the Prophets* (SBT, 2d series, 31; Allenson, 1974); **Dillard**, R. B. Notes on Ezekiel in *The Geneva Study Bible* (Thomas Nelson, forthcoming); **Driver**, G. R. "Ezekiel: Linguistic and Textual Problems," *Bib* 35 (1954): 145-59; 299-312; **Finegan**, J. "The Chronology of Ezekiel," *JBL* 69 (1950):61-66; **Fishbane**, M. "Sin and Judgment in the Prophecies of Ezekiel," *Interp.* 38 (1984): 131-50; **Fox**, M. V. "The Rhetoric of Ezekiel's Vision of the Valley of the Bones," *HUCA* 51(1980): 1-15; **Freedman**, D. N. "The Book of Ezekiel," *Int.* 8 (1954): 446-71; **Gosse**, B. "Le recueil d'oracles contre les nations d'Ezéchiel XXV-XXXII dans la rédaction du livre d'Ezéchiel," *RB* 93-94 (1986): 535-62; **Greenberg**, M. "The Design and Themes of Ezekiel's Program of Restoration," *Int.* 38 (1984): 181-208; idem, "Ezekiel 17: A Holistic Interpretation," *JAOS* 3 (1983): 149-54; idem. "The Vision of Jerusalem in Ezekiel 8-11: A Holistic Interpretation," in *The Divine Helmsman*, ed. J. Crenshaw (New York: KTAV, 1980). 143-64; **Haran**, M. "The Law Code of Ezekiel XL-XLVIII and Its Relation to the Priestly School," *HUCA* 50 (1979): 45-71; **Hölscher**, G. *Hesekiel, der Dichter und das Buch*(*BZAW* 39; Giessen: Töpelmann, 1924); **Irwin**, W. A. *The Problem of Ezekiel* (Chicago: University of Chicago Press, 1943); **Kruger**, T. *Geschichtskonzepte im Ezechielbuch*(*BZAW* 180; Berlin: de Gruyter, 1988); **Lemke**, W. E. "Life in the Present and Hope for the Future," *Int.* 38 (1984): 165-80; **Levenson**, J. D. *Theology of the Program of Restoration of Ezekiel 40-48* (HSM 10; Missoula: Scholars, 1976); **Lust**, J. "Ezekiel 36-40 in the Oldest Greek Manuscript," *CBQ* 43 (1981):517-33; **McConville**, J. G. "Priests and Levites in Ezekiel: A Crux in the Interpretation of Israel's History," *TynB* 34 (1983): 3-31; **Newsom**, C. A. "A Maker of Metaphors-Ezekiel's Oracles Against Tyre," *Interp.* 38 (1984): 151-64; **Niditch**, S. "Ezekiel40-48 in a Visionary Context," *CBQ* 48 (1986): 208-24; **Pons**, J. *Polémique* a Tel-Aviv en 591 av. J. C.," *ET Rel* 61 (1986):

165-75; **Roehrs,** W. R. "The Dumb Prophet," *CTM* 29 (1958): 176-86; **Rowley,** H. H. "The Book of Ezekiel in Modern Study, *BJRL* 36 (1953): 146-90; **Sherlock,** C. "Ezekiel's Dumbness," *ExpTimes* 94 (1983):296-98; **Talmon,** S. and M. Fishbane, "The Structuring of Biblical Books: Studies in the Book of Ezekiel," *ASTI* 10 (1976): 129-53; **Tov,** E. "Recensional Differences Between the MT and LXX of Ezekiel, *EphTL* 62 (1986): 89-101; **Van Nuys,** K. "Evaluating the Pathological in Prophetic Experience (Particularly in Ezekiel)," *JBR* 21 (1953): 244-51; **Wilson,** R. R. Prophecy in Crisis: The Call of Ezekiel," *Interop.* 38 (1984):117-30; **York,** A. "Ezekiel I: Inaugural and Restoration Visions," *VT* 27 (1977): 82-98.

歷史背景

以西結出生於約西亞改革時，發現律法書那年之前不久（主前 621 年；王下二十二～二十三章），既然他是祭司之子，就必定親眼看到約西亞的敬虔，整個王室都支持聖殿和猶大全地中，對雅巍的敬拜。亞述帝國式微的時候，這位先知應當還是孩童。他年輕的時候必定曾經期望，亞述的沒落可以使猶大脫離外邦的轄制。他或許知道，埃及與巴比倫脫離了亞述的軛之後，都各自興兵。在他十幾歲的時候，他一定聽到約西亞試圖攔截法老尼哥，卻在米吉多陣亡的消息（主前 609 年；王下二十三 29；代下三十五 20～25）。以西結或許聽過耶利米講道，也許亦知道哈巴谷與西番雅的工作。他眼見約西亞去世之後政治的動盪，猶大在埃及與巴比倫兩大強權中舉棋不定。

表十五

以西結書中的日期

對於主前五、六百年之內的日期，我們有相當的把握，一方面有聖經記錄，另一方面有古代近東各種語言的外證文件可以參照。古代文士所記錄的天文觀察，讓我們能將古代與現代日期之間的關係，作肯定的聯繫。雖然以下的日期可能因未來新的發現而有變更，但是改變不會太大。

以西結書中所有的日期，都是從約雅斤被擄的那年開始計算，除了一章 1 節之外，那裏提到的是以西結的年齡。

經文	年/月/日	陽曆	事件
一 1	30/4/5	7/31, 593	蒙召的經過
一 2	5/4（?）/5	7/31, 593	蒙召的經過
八 1	6/6/5	9/17, 592	耶路撒冷諸事的異象
二十 1	7/5/10	8/14, 591	長老來提問題
二十四 1	9/10/10	1/15, 588	耶路撒冷開始被圍
二十六 1	11/- /1	587 年四月至 586 年四月之間	責備推羅的神諭
二十九 1	10/10/12	1/7, 587	責備埃及的神諭
二十九 17	27/1/1	4/26, 571	以埃及代替推羅
三十 20	11/1/7	4/29, 587	責備法老的神諭
三十一 1	11/3/1	6/21, 587	責備法老的神諭
三十二 1	12/12/1	3/3, 585	責備法老的神諭
三十二 17	12/- /15	586 年四月至 585 年四月之間	責備埃及的神諭
三十三 21	12/10/5	1/8, 585	逃離耶路撒冷的人來到
四十 1	25/1/10	4/28, 573	耶路撒冷復興的異象

約西亞王死後，繼位的約哈斯執政僅三個月，就被法老尼哥廢掉，尼哥立約雅敬作王，實為埃及的傀儡。主前六○四年，埃及在卡西米施戰敗，約雅敬便轉而與尼布甲尼撒結盟，但後來又背叛巴比倫，與埃及聯手。約雅敬過世後，他的兒子約雅斤面對巴比倫忿怒的報復。主前五九七年，約雅斤被逐下寶座，與王室眾人以及猶大的領袖都被擄走，其中也包括以西結。尼布甲尼撒派西底家作王，雖然耶路撒冷毀於五八七／六年之前，西底家一直在猶大執政，可是被擄者仍舊以約雅斤為合法的王。先知書中很少像以西結書這樣，許多神諭都有日期，而這些日期都是根據約雅斤被擄之後的年代記載的。

以西結和他的妻子（二十四 15～27）住在猶大被擄的人當中，地點為米所波大米南邊，靠近尼布爾一帶，沿著一條寬大的灌溉運河（「迦巴魯河」，一 1）。這是尼布甲尼撒王國的心臟地帶，以西結就在這裏宣講神的話，聲明巴比倫帝國將昇到巔峰，而他自己的國家並周圍的民族，都將敗亡。一直等到耶路撒冷被毀之後，先

知才開始向以色列傳講，帶著盼望、復興、憐憫、恩典的信息（結三十三～四十八章）。

研究史上主要的問題

在早期幾代的批判學中，對以西結書的處理，羅利（Rowley 1953, 163）稱之為「溫和式的批判」。到了進入二十世紀之時，以及二十世紀的頭幾年，批判學界對於本書為一位作者所寫的明顯特色，仍然相當信服。葛萊於一九一三年寫道：「舊約沒有一本書，在作者的合一性與可靠性上，像本書一樣具如此明確的記號。」[2] 德萊弗於一九〇五年說：「有關本書的作者，沒有批判性的問題可以提出；全書從頭到尾無疑為同一心思的標記。」[3] 司金納（J. Skinner）寫道：「它的用語、意象、思想方式，都帶有同一心思的標記，不僅如此，全書的安排更是非常清晰、詳盡，寫作的設計明顯可見，無可抗拒。」[4]

接下來的數年，這種一致的看法則整個崩潰。批判學界對全書中呈現的張力感到困惑。以西結既是一位看重社會公義的先知，怎麼會同時又是一位關注聖殿與聖禮細節的祭司？傳統的批判學界通常將道德與社會的關注，和祭司對律法與禮儀的關注一分為二。這位在先知事工上與耶利米同時的人物，怎麼可能寫出與那位嚴肅的先知截然不同的作品呢？以西結書充滿了複雜的異象與比喻，似乎向啟示文學的黎明踏出了一步。可是對於批判學界所持文學風格由簡到繁的發展觀，這一步卻成為一種挑戰。這位住在巴比倫的先知，對於耶路撒冷發生的事，怎麼會知道得這麼清楚？以西結的舉動也引起關注——他的不能說話、長期躺臥不動，和奧祕的異象，這一切難道是一般先知的經驗？還是某種精神疾病的現象？

各種不同的意見，在此很難分類作摘要說明，可是在這類問題的刺激之下，許多人開始質疑全書或其中部分記載的真確性。學者認為有些是第二手的添加物，於是將之削去，以求發現歷史上的以西結書。各個學者所假定的張力與不一致處都不同，因此所削減的

也不一樣，以致產生各種不同的先知形象。學者不單將本書解剖，而且將第二手資料可能於何時加入的歷史狀況，也重新架構。以下便是主要的議題。

本書日期的眞確性

這個問題最極端的形式，是叨雷（C. C. Torrey）提出的。[5] 本書提到以西結的工作，全都在被擄的人當中。但是，叨雷主張，本書並沒有反映出被擄之人眞實的光景，應是主前第三世紀一份僞造的作品。對叨雷而言，本書的預言乃是文學的創作。以西結並不是一位歷史人物。第四十至四十八章被視爲一種反撒瑪利亞基利心山聖殿之偏見。第八至十章對耶路撒冷罪惡的描寫，顯示有一些預言乃是出於瑪拿西的時代，而那位主前第三世紀的編輯取來，當作被擄時期的作品。

個人段落的眞實性

本書中有許多對偶，無數的經文被指認爲旁註。有人主張，四十至四十八章並非原著；另有人再加上三十八至三十九章，以及二十七、三十六章的一部分，或其他段落。侯舍（Hölscher）和伊爾文（Irwin）把這一點推至極端。侯舍（1924）主張，以西結是個詩人，因此散文部分，他只容許少數幾段爲原著。他僅承認二十一段經文爲眞實的，全書 1273 節中，他總共只接受 170 節，佔全書約七分之一；他認爲其餘部分出於主前第五世紀一位編輯之手。伊爾文（1943）同樣肢解本書，使全書只剩下 251 節是出於先知。

近日葛林保（Greenberg）提出，從整全的角度看以西結書的方法，以本書目前的形式爲重點，而不再「以假定和創新爲基礎，這個滑溜之地讓太多聖經研究愁眉不展」（1983, 19）。但一般而言，其他的學者依舊繼續鑽研經文的文學成長，只是比侯舍和伊爾文稍微節制一些。近日的學者不再從眞確與否的角度來談這個問題，而使用傳統歷史方法來探討以西結書。這個方法容許經文本身經過刻意的增訂、不斷的修改，以及按現狀更新，可是它的注意力集中於

後期更動與原著之間的關聯性，探討經文早期增長的階段、編輯的過程、如何才形成最後的經文形式。對於本書內文學與結構的設計有了更新的認識之後，早期批判學界所判定為不真確的材料，現今又多半被納入原書中。

　　齊麥利的註釋（Zimmerli 1979, 1983）頗有影響力，大體上可以代表最近批判界一致的立場。齊麥利（1979, 71-74）分辨出四段經文為後人所插入，因為它們打斷了上下文的流暢性：(1) 三 16下～21，(2) 十八章，(3) 責備列邦的神諭，二十五至三十二章，以及(4) 二十九 17～21。他也認為，責備埃及（二十九～三十二章）和推羅（二十六 1～二十八 19）的神諭，原來是個別的文集，有各自的編輯歷史。他以為復興的計畫（四十～四十八章），是到最後一個編輯階段才加入的。

先知地點的真確性

　　本書將以西結的事奉，全部視為在巴比倫被擄之人中，可是第八至十一章假定先知身置耶路撒冷，看到毘拉提之死、聖殿裏的偶像崇拜，以及神的榮耀離開聖殿。以西結本人既在巴比倫，怎麼可能對耶路撒冷的事知道得這麼清楚？

　　有人建議，先知是從耶路撒冷開始事奉，後來才到巴比倫，或許他在這兩個城中間來來去去。奧特里（Oesterly）和羅秉遜（Robinson）將先知的蒙召放在約雅敬王時，主張先知與被擄者一同到巴比倫，在那兒繼續服事。[6] 伯爾托勒（Bertholet）也走同樣的路線，不過他將最初的蒙召日期定得晚些，在西底家之時；他將最初在巴勒斯坦的蒙召，與第二次在巴比倫的蒙召（作守望者，三章、三十三章的主題）作了區分。[7] 還有人主張，先知一直留在耶路撒冷。近日倡導這個立場的是卜朗理（1986）。他主張，先知住在吉甲，後來的文士將這個地名誤作 *gôlāh*，就是希伯來文的「被擄」。

　　以西結的許多神諭，的確是向住在耶路撒冷的人說的。不過，這並不代表，這些信息一定需要在那裏傳講。正典中先知對外邦的神諭很多，但並沒有要求先知旅行到這些地方來傳信息。在文學理

論中經常有一種區別，就是假想的聽衆與實際的聽衆，我們必須了解這一點，才能清楚明白。那鴻書便是一例。雖然他的工作與信息專門向著亞述（假想聽衆），但該書本身卻是爲以色列人（實際聽衆）寫的。以西結宣講有關耶路撒冷之事的神諭時，實際的聽衆是和他同被擄的人。何況有充分的證據顯示，被擄之人與以色列的鄉人經常有聯絡。被擄之人和他們的信件往來，就是明證。既然示瑪雅的神諭和書信可以傳到耶路撒冷，引起群衆的關注（耶二十九24～32），以西結豈不也是如此。如果以西結的工作是在巴勒斯坦，無論是全部或是一部分，我們就必須解釋，爲何編者要大費周章，把以西結的工作調到巴比倫（Rowley 1953, 174）；這一點目前尚無令人信服的說明。以西結經常形容他的異象經歷爲，被靈提到某處（三12、14，八3，十一1、24，四十1～3，四十三5）。神的戰車似乎載運過另一位先知（王下二；參二 11～12、16，五26）；又如保羅，我們不知道他是在身內或在身外（林後十二1～2）。

先知的精神狀態

凡讀本書的人，對於先知的經歷中，所顯現的能力與強度，無不印象深刻。按現代西方的標準而言，先知的舉止常被判斷爲病態。他長時間側臥不動（四4～7）、瘖啞無言（三24～27，二十四25～27，三十三22）、妻子過世而不哀傷（二十四15～27）、在異象中被提走（八 1～4）、講述不尋常的故事與異象（一～三章，八～十一章，十五～十八章，二十一章，二十三～二十四章，三十七～四十八章）又作出怪異的行動（四12，五1～4，十二3～5）。

運用心理分析來診斷一位在我們的文化中成長的活人，尚且不易，更何況要將它用在與我們文化完全不同，又相距兩千五百年的以西結身上；可是仍然有人試圖爲他診察。本書中先知用來形容自己經歷的日常用語，被心理分析的專用術語取代，而以西結被判斷爲心理失常、精神分裂、患癲癇症、緊張症、精神病或偏執狂等等，視當時盛行的心理分析學派爲何而定。也許這種方式中最惡名

昭彰的，是勃隆（Broome 1946, 291-92）所提出的弗洛依德分析法，他的結論為：以西結是「真正的精神病患」，具有「自我陶醉與被虐待狂的衝突，隨之而來為去勢的幻覺與下意識的性壓抑」、「精神分裂式的畏縮」，以及「逼迫與推崇的幻想」。然而，與以西結相仿的行為，在其他的先知書中也出現（如耶十六2，二十七2，二十八10，三十二8～15），可是學者並不覺得，有必要將這類舉止解釋為精神病現象。以西結書與其他先知書不同之處，主要在於這種舉止出現得更頻繁。現代傳道人講道時，常用故事來說明，以色列的先知則更常運用道具，並用象徵性的動作來表達信息。他們的舉動，是當時文化所期待的，一個人被神的靈佔有時，就會作出這類舉動。先知與百姓完全認同，以致將他們的苦難放在自己身上，以自己的痛苦為一幕劇情，演出他們的命運。我們不應視這樣的舉止為怪異或不可思議，反倒應當看出，他對神和自己同胞的委身何等深刻，並且應當讚賞先知，因為他情願為了傳講神的話，而承擔羞辱——這原是屢見不鮮的事。以西結「以身體語言，為同胞作出先知式的象徵，好像沉浸在他們的死亡中，被他所宣告神忿怒的毀滅能力震撼；他預期同胞將受到刑罰，並甘願擔當他們的罪孽」（Eichrodt 1970, 33）。

以西結書的經文問題

七十士譯本比馬索拉經文短百分之四到五，就像耶利米書一樣，這問題讓我們猜想，是否本書有兩種不同的版本（Tov 1986; Lust 1981）。和七十士譯本比較起來，馬索拉經文有相當多處簡短的添加或旁註，第七章的經文編排不同，三十六章之後加了一段。這些差異最佳的解釋，是不同的文學傳統，或編輯階段；最好不要解釋為抄寫經文常出現的問題，即誤植，或偶爾的增修。

文學分析

以西結書和幾本先知書一樣，具廣面的文學架構。以賽亞書、

西番雅書和七十士譯本的耶利米書，都有以下的特色：(1) 開始爲一連串的神諭，主要針對先知本身所處的時代，宣告對那歷史時刻的審判，(2) 接下來爲一大段責備外邦的神諭，(3) 終結爲預言遙遠的未來祝福。在以西結書中，第一至二十四章講述先知的蒙召，和他對耶路撒冷即將毀滅的警告。蒙召的故事是先知陳明自己資格的一種方式，顯示他曾進到神的會中（耶二十三 18）。參以下的大綱：

一、 對猶大和耶路撒冷的審判（一～二十四章）
    1. 先知的蒙召（一～三章）
    2. 象徵耶路撒冷毀滅的動作（四～五章）
    3. 責備以色列衆山的神諭（六章）
    4. 結局（七章）
    5. 在耶路撒冷見到審判的異象（八～十一章）
    6. 責備以色列與耶路撒冷之罪的神諭（十二～二十四章）
        1) 兩個象徵的動作（十二 1～20）
        2) 俗語的批判（十二 21～28）
        3) 男女假先知（十三章）
        4) 拜偶像的結果（十四章）
        5) 葡萄樹的比喻（十五章）
        6) 棄嬰與淫婦的比喻（十六章）
        7) 兩鷹的比喻（十七章）
        8) 個人的責任（十八章）
        9) 以色列王輓歌隱喻（十九章）
        10) 回顧國家歷史並展望未來（二十章）
        11) 巴比倫爲神的刀（二十一章）
        12) 耶路撒冷的罪（二十二章）
        13) 兩姊妹的比喻（二十三章）
        14) 煮物之鍋（二十四 1～14）
        15) 以西結妻子之死（二十四 15～27）
二、 責備列邦的神諭（二十五～三十二章）

1. 亞捫（二十五 1～7）
2. 摩押（二十五 8～11）
3. 以東（二十五 12～14）
4. 非利士（二十五 15～17）
5. 推羅（二十六～二十八章）
6. 埃及（二十九～三十二章）

三、 對猶大和耶路撒冷的祝福（三十三～四十八章）

1. 以西結為守望者（三十三章）
2. 以色列的牧人（三十四章）
3. 責備以東（三十五章）
4. 對以色列眾山的預言（三十六章）
5. 枯骨的山谷（三十七 1～14）
6. 兩杖結合為一（三十七 15～28）
7. 歌革與瑪各（三十八～三十九章）
8. 耶路撒冷復興的異象（四十～四十八章）
   1）聖殿的外院與諸門（四十章）
   2）聖所（四十一章）
   3）祭司的房間（四十二章）
   4）神的榮耀回來（四十三章）
   5）王子、利未人與祭司（四十四章）
   6）國內的聖地（四十五 1～12）
   7）獻祭的規定（四十五 13～四十六 24）
   8）一條生命河（四十七 1～12）
   9）疆界與拈鬮分地（四十七 13～四十八 29）
   10）城門（四十八 30～35）

　　耶路撒冷災難的信息，直傳到以西結妻子過世為止；他妻子的死成為預表，不久之後，消息就傳到被擄的人的耳中：耶路撒冷已經被毀了（二十四 15～27）。

　　在責備耶路撒冷的神諭之後，便是一連串責備列國的神諭，不

過主要的對象是推羅與埃及（二十五～三十二章）。先知對以色列周圍各國（亞捫、摩押、以東和非利士）發出簡短的神諭，因爲他們對耶路撒冷的陷落幸災樂禍，並幫助這座城的敵人（二十五章）。推羅也像耶路撒冷一樣，背叛了尼布甲尼撒王。巴比倫人圍攻這城，十三年才拿下。先知預見推羅最後的毀滅，並嚴責此城在耶路撒冷陷落的事上作了幫兇（二十六～二十八章）。他形容這一座落於島嶼上的港口大城爲一艘船，沉入海中（二十七章）。兩則神諭直接以推羅王爲對象（二十八章），其中引用了幾個迦南的神話。有一處形容推羅王的傲氣，好比把守伊甸園入口、特蒙選召的噘嚧帕（二十八 11～19）。

責備埃及的神諭（二十九～三十二章）描寫這個國家歷代以來，無論與以色列爲敵或爲友，都對她有負面影響。埃及將敗亡，正如耶路撒冷一樣（二十九 18）。法老和他的軍隊，都要下到陰府，與過去帝國的首領和軍隊會合（三十二章）。

在針對列國的預言之後，先知轉而描寫以色列蒙福的未來（三十三～四十八章）。本書最後一部分的開始，是重述先知蒙召作守望者的事（三十三 1～20；參三 16～27），以及他所傳個人具道德責任的信息（三十三 10～20；參十八章），也是他妻子死後，他瘖啞不言時期的結束（二十四 25～27，三十三 22）。耶路撒冷毀滅之後，以西結的焦點就放在這座城與神子民的未來。

以西結瘖啞不言的時間有多長，性質爲何，是本書辯論最多的問題之一。他何時開始瘖啞並不清楚。蒙召的故事顯示，以西結並非完全啞口，當神要他傳信息時，他會說話（三 26～27）。在他蒙召與耶路撒冷被毀的六年之間，先知向被擄者說了許多神諭；神諭的日期，以及一至二十四章的存在，都可爲證。無論這種部分瘖啞的現象始於何時，它一直持續到被擄之人得知耶路撒冷被毀的消息爲止（二十四 27，二十九 21，三十三 22）；然後神開了先知的口，而他信息的重點則轉成祝福與盼望。

現代的聖經讀者想到先知時，多半以爲他們是將神的話傳給別人的人。其實，傳達的方向絕非單向。先知經常代表神的子民來到

祂面前，為他們代求（創十八 23～33，二十 7；出三十二 11～14；
民十二 10～13；賽三十七 21；耶十 23～十一 14，十四 11～十五
1）。<u>祭司是獻祭，而先知則是獻上禱告</u>。至少，以西結的瘖啞表達
出一個概念，即，他不能為國家在神面前代求。神命令耶路撒冷要
被毀滅，現在已無法挽回，代禱也無濟於事。先知之口惟一能說
的，就是滅亡即將臨到，直到這項諭令實現為止。

　　本書的第三部分，是以西結宣告耶路撒冷和以色列未來的篇
章；這部分一向是研究者的興趣所在。在先知書中讀到異象與隱喻
時，讀者必須明白這類文學的象徵性。以西結書相當多的問題，是
由於詮釋者將異象和隱喻過分按字義來解釋而引起。摩西曾親自警
告說，這類經文應當避免如此解釋（民十二 6～8）。

　　每當中東的軍事動盪之時，就有許多受歡迎的講員大放厥辭；
他們多半直接從報上的新聞，跳到以西結書中某些經文。以西結書
三十八至三十九章尤其容易受到臆測。在這段經文中，歌革，就是
米設和土巴主要的王子（結三十八 2），常被指認為現代某些大城
的領袖。單單根據發音，米設就被指認為莫斯科，而土巴則被視為
蘇俄的土波斯克，兩座城在地理上都遠在以西結所描述的地區之
外。此外，由於在「主要的王子」一語中，**主要的**一詞為希伯來文
的 *rô'š*，有人就堅持，這句話意指「俄羅斯的王子」。這個名詞的
翻譯，其實非常不可能從「主要的」變為地名，不過，即使如此，
它也不可能指現代的俄羅斯。根據現有的資料，「俄羅斯」一詞，
乃是北歐海盜（Vikings）於中世紀時帶到基輔以北地區的，因此，
一千年之前，就是以西結的時代，絕不可能用這個字來指現代的俄
羅斯。米設和土巴二詞，曾出現在主前十二至第八世紀亞述的文獻
中；希羅多德（七 72）和約瑟夫（*Ant* 一 124）也曾經提到。在這
些古老資料中，米設與土巴是住在安那托利亞中央與東邊的部落。
第八世紀末，亞述人以木實古（米設）的一位王為米塔斯，古典歷
史學家稱之為米達斯，因為傳說他非常富有。既然以西結的用詞可
以在同時代的作品中，找到相等的用法，在地理上也符合聖經的世
界，這段聖經並不保證俄羅斯會入侵中東的某些地方。

在描述以色列的生存受到威脅時，聖經通常提到敵人將從北面來（賽四十一 25；耶一 13～15，四 6，六 22，十 22，十三 20，十五 12，二十五 9、26，四十六 10、20、24，五十 3、9、41、49；結二十六 7，三十八 6、15，三十九 2；但十一；亞二 6，六 6～8；參賽五 26～29，十三 1～13；鴻二 2～10，三 1～3；哈一 5～11）。在被擄之前，這些北方的敵人通常是指以色列歷史上傳統的敵人（亞述、巴比倫、波斯）；不過，在被擄與歸回的作品中，北方的敵人則超越歷史，披上啟示性的色彩。以西結在描述末世與歌革和其群眾的爭戰時，以北方周邊的王國代表北方的敵人，這敵人在以色列的末世論中已經具代表性。現代的讀者應當明白，以西結本人刻意用這些國家作為象徵，指一切敵擋神子民的權勢，因此不必去瞎猜未來會發生何事。雖然以西結的確講了責備列國的神諭（二十九～三十二章），巴比倫本身，就是他和其餘被擄之人所居之地，並未成為本書神諭所責備的對象。所以有人主張，瑪各、米設和土巴，只是代替之詞，其實這神諭乃是在責備巴比倫。

以西結對回歸群體的異象（結四十一～四十八章），所造成的類似誤解，也相當常見。幾乎所有學者都承認，回歸是始於古列的諭令（主前 539 年），而其光景並不像以西結的異象所描寫的那樣榮耀。聖殿雖然建立，卻不如先知所描繪的那樣華麗宏偉。所有的支派也沒有重新拈鬮，住進新的地業（四十七 13～四十八 29）。死海周邊的地勢亦沒有任何改變（四十七 1～12）。

既然以西結所描寫的聖殿（四十～四十三章）實際上還沒有人建過，許多主張按字義解釋聖經的人堅持說，以西結為未來的聖殿提供了藍圖，指出了細節（參結四十三 10～11），現今的以色列居民將在耶路撒冷造這樣一座聖殿。不過，先知異象中的一些因素，似乎無法按字面作合理的解釋（結四十七 1～12）。既然整個段落（結四十一～四十八章）都是異象，最好尊重這種風格的象徵特性，視整個異象為象徵式的描述，說明神未來將如何祝福祂的子民。透過異象與象徵的形式（結四十 2；參民十二 6），先知描寫將來神與以色列的同在，會超過她一切歷史的經驗，那時以色列將享受和

平、社會秩序美好，並有公平的治理。對基督徒而言，這種神同在的超越經驗，就是帶來平安與公義的經驗，在神成了肉身、走在耶路撒冷街道上、建立教會為新聖殿時，就已經實現了。以馬內利的同在，就是「耶和華的所在」之時代（四十八 35）。

順便提一件有意思的事，以西結對新聖殿的描寫，在裝飾和規格上相當詳盡（四十四～四十六章），與五經中的規定有不少出入。詳細的討論，可參考註釋書。

以西結顯然企盼有一次新的「出埃及」、從被擄之地歸回、立新約、回歸群體有新心和新靈（三十六章）。全國的復興將如同死人復活（三十七章）。

以西結書的個人性非常強。在閱讀的時候，我們不知不覺便會進入先知自己的經歷，感受到那份敬畏、戰兢、痛苦、反感、掙扎等情緒。原因之一為，以西結書是惟一全部以第一人稱寫的先知書。我們領會以西結的經歷，不是透過第三人稱的敘述，而是他親口的述說。

在整本書中，神都稱先知為「人子」（如：結二 1、3、6、8，四 1、16，五 1，十四 3、13，十五 2，十六 2，二十三 2、36）。這個片語意指「人」，強調先知的人性與軟弱，與神成為對比，尤其因以西結見到了異象，看見了神是如何榮耀、有能力。[8]

本書使用了許多文學形式（Zimmerli 1979, 21-40），包括輓歌（十九，二十七，二十八 11～19，三十二 2～16），比喻和隱喻（十五，十六，十七，二十三），異象（一 1～三 15，八～十一，三十七 1～14，四十～四十八），象徵的動作（四 1～五 17，十二 1～20，二十一 11～29，二十四 1～27，三十三 21～22，三十七 15～28），歷史－神學故事（二十章），法理之辯（十四 1～11，十八，二十二 1～16），禮儀與祭司的規定（四十三 18～27，四十四 17～31，四十五 18～四十六 12），辯論式的神諭（三十三 1～20，三 17～21），和許多較短的形式，諸如：引言、誓言、俗語、箴言。先知運用全套文學風格，將他的案件作了最有效的陳述。

　　現代傳道人經常使用故事來說明信息；以西結與眾先知則最常
運用道具，作象徵性動作的一部分。他們的象徵性行為，和口傳的
信息同樣有效。先知表演耶路撒冷被圍的情形，用一個鐵鏊、畫圖
於磚上（四1～8）、按被圍困人的吃法進食（四9～17）。他剃掉
鬍子，將頭髮中分、剪去，正如他所預言耶路撒冷居民的命運一樣
（五章）。他收拾東西、挖牆，刻劃出群眾的被擄（十二1～20）。
某種類似「刀舞」的方式成了教材，描述巴比倫王將帶到耶路撒冷
的刀；巴比倫王的策略，藉著在沙上畫圖表明（二十一 8～23）。
每件事——從燒焦的鍋子到他妻子的死——都可以成為全國命運的
實物教材（二十四章）。

神學信息

　　以西結書冗長而豐富，若要摘要介紹其主題，難免有遺珠之
憾。不過，其中大部分材料可以分別歸屬以下幾個標題語。

神的聖潔與超越

　　在以西結書中，神高高在受造物與先知之上。以西結通常是透
過一位天使的引導得著啟示（八、四十～四十八章）。先知看見天
上的使者與戰士遵行神的命令（九～十章）。在得見神的異象時，
先知看見的是「耶和華榮耀的形像」（一 28），這種說法十分謹
慎，免得別人誤以為他實際上看見了神，或是在描述神。

　　由於神是聖潔的，祂不會姑息以色列的罪。罪冒犯了神的聖
潔。四至二十四章主要是神諭，宣告神將不再忽視這個國家的罪。
以色列一直是背叛的子民（二3～8，三9、26～27，十二2～3、9、
25，十七12，二十四3，四十四6），這個國家的偶像敬拜，也不
容再忽視。被擄之後，百姓將被煉淨，成為潔淨的餘民，能夠順服
一位聖潔的神（六 8，九 8，十一 12～13，十二 16，十四
22～23）。

神的恩惠與憐憫

　　神將審判猶大與耶路撒冷的事實，並不會廢掉祂揀選以色列的旨意。神將向餘民施憐憫；他們將熬過被擄階段，重新承受祂的應許，回歸故土。神會再度與他們同在（四十八 35；參十一 20，十四 11，三十六 28，三十六 23、27）。全國將在大衛王後裔的帶領之下（三十七 24～25，四十五 7），他將秉公治理（三十四 23）。神將賜給祂的百姓新心與新靈（三十六 24～28）。棄絕聖殿的神（十章）會再帶著榮耀回到其中（四十三章）。

神的主權

　　神不單掌管以色列境內的事與她的命運，也同樣掌管列國（結二十五～三十二章）。祂絕不受地方的限制，不會只在耶路撒冷聖殿背後的小房間裏。列邦都照祂的吩咐而行。神透過先知所講的話語必然會實現。這卷書非常注重表明先知話語的可靠性。「他們／你們就知道我是主」等類似的話經常出現（二 5，五 13，六 7、10、13～14，七 4、9、27，十一 10、12，十二 15～16、20，十三 9、14、21、23，十四 8、23，十五 7，十六 62，十七 21、24，二十 12、20、26、38、42、44，二十一 5，還有其他許多經節），常被稱為「認知公式」。[9] 神會應驗以西結所講的話，使祂自己和先知都顯為真實。當耶和華實現以西結預先宣告的事時，以色列與列國都將知道雅巍是神（參賽四十三 12）。耶路撒冷的毀滅，並不是因為神沒有能力——事實正好相反，這乃是祂親手造成的。毀滅這城的能力，同樣也會成為實現復興應許的能力。神不僅掌管列國，也掌管時間。

個人的責任

　　以色列人被擄，一部分原因是歷代以來罪的累積，因他們一直背叛神和祂的律法。不過，罪雖然有這種集體的層面，但以西結比在他之前的先知更加強調個人順服或犯罪的後果（十八 1～32，三

十三 10～20）。先知使用一句俗語，內容其實是說神並不公平（十八 2），讓他們這一代承受先祖犯罪的後果；這樣一來，他們就不需要去面對自己的罪了。可是神不容許他們把自己的罪孽問題推到一邊。被擄之人的罪，也是耶路撒冷被毀的原因。歷代志的作者後來重寫歷史，部分原因也是要表明，這種刑罰的方式是公平的。

展望新約

　　將以西結書的教導作摘要，難免有簡化之嫌；同樣，新約既將其中主題作進一步的發展與反思，要摘要說明，也很困難。新約直接或間接引用以西結書，至少有六十五次，其中四十八次是在啟示錄中（LaSor; Hubbard; Bush 1982, 478）。在新約時期，耶路撒冷和聖殿又再度被毀。而隨著教會的誕生，新的復興工作悄然展開，新以色列從此浮現。耶穌乃是他們忠實的牧人與王（結三十四章），祂以他們為活石，建造祂的聖殿。地上的教會可以從以西結的預言中，看明那個時代耶路撒冷被毀的原因；教會則視自己為復興應許的繼承人。以西結對復興的異象，成為約翰對新天新地描述的資料，那時一座新的屬神之城將從天而降，神將永遠與祂的子民同在，不再會改變（結四十八 35；啟二十一 3）。

　　以西結時代的以色列，與第一世紀時的教會和以色列，在歷史的大情境方面，有以上的類似之處；此外，以西結書中還有許多其他題目和特色，新約中加以進一步發展。由於篇幅所限，這裏僅能略提幾種研讀這些經文的代表性方法。

　　以西結見到一個異象，有一條河從祭壇的南邊流出，後來成為一條大川，所到之處生機蓬勃；死海也變成新鮮的水（四十七 1～12）。耶穌在井邊與撒瑪利亞婦人談話的時候，聲稱自己便是活水的泉源（約四 10～14）。後來，祂在某個聖日告訴耶路撒冷的群眾：「信我的人，就如經上所說，從他腹中要流出活水的江河來。」約翰說明道，「這話是指著信祂之人要受聖靈說的」（約七 38～39）。祂就是聖殿所代表的一切，祂要使世界經歷新的改變。

以西結曾看見各種果樹，每年十二個月都結果實；耶穌與門徒離開撒瑪利亞時，祂教導他們說，不斷收割莊稼的時期已經開始了（約四35～36）。在以西結的異象中，所羅門聖殿南邊祭壇的銅海，為生命的江河所取代；在新耶路撒冷中，再沒有海，而有一條生命河從神的寶座流出（啓二十一1，二十二1）。

　　以西結斥責假先知，說他們只為自己謀利。事態嚴重，威脅逼近時，卻找不到他們的蹤影。牆有破口，他們卻沒有「站在缺口」。以西結講到假先知這方面的光景，乃是與摩西作對照，因摩西曾站在忿怒的神與犯罪的以色列人當中（詩一〇六23）。後來，神宣告要毀滅這城時，找不到一個人「在我面前為這國站在破口防堵，使我不滅絕這國」（結二十二 30）。耶穌是比摩西更大的先知；祂冒著生命的危險，站在忿怒的神與罪人的破口之間，使得相信祂的人不被毀滅。

　　以西結復興的異象中，有一座榮耀的聖殿。他預先見到，有朝一日神將和祂的子民同在，是那樣的榮美，在異象之中，他只能用大小與榮光來形容。約翰寫道，當耶穌來，住在我們中間，我們見到「祂的榮光，正是那獨一者的榮光；祂從父而來，充充滿滿的有恩典、有真理」（約一14）；耶穌是「神榮耀所發的光輝，是神本體的真像」（來一3）。歷史上並沒有證據顯示，神榮耀可見之雲彩曾經臨到第二座聖殿，就如臨到會幕和所羅門的聖殿一般；但在耶穌進入耶路撒冷時，神的榮耀臨到了這第二座聖殿。 *12/14/2003*

備註：

1 這卷書的開頭為雙重的日期（一1～2），似乎將約雅斤被擄的第五年與另一個未註明的三十年視為同一年。最可能的結論為，這個三十年是指先知的年齡。在解釋歷史上，還有許多其他的建議；見註釋書中的討論。

2 *A Critical Introduction to the Old Testament* (London: 1913), 198.

3 *An Introduction to the Literature of the Old Testament,* 11th ed. (Scribner, 1905), 279.

4 *A Dictionary of the Bible,* ed. J. Hastings and J. Selbie (1989), 817.

5 *Pseudo-Ezekiel and the Original Prophecy* (New Haven: Yale University Press, 1930, reissued by KTAV, 1970).

6 *Introduction to the Books of the Old Testament,* 2d ed. (Meridian, 1958), 328-29.

7 A. Bertholet and K. Galling, *Hesekiel* (HAT 13; Tübingen: Mohr, 1936).

8 「人子」這一片語，在福音書中出現七十五次，是耶穌最喜愛的自稱（如：太八 20，九 6，十 23，十一 19，十二 8、32、40，十三 37、41），但與這裏的用法不同。耶穌用這個片語，重點似乎是將祂與但以理書七 13～14 的「人子」相連。耶穌使用這片語，帶有模稜兩可的特質，既可指祂的人性，又可指祂的神性。

9 這句話其他先知書也用到（賽四十九 23，六十 16；耶四十四 29；珥二 27，三 17；亞二 9、11，四 9，六 15；瑪二 4）。

但以理書

對但以理書的評價常走極端。譬如,有人說它是聖經中最簡單的書,也有人說它是最複雜的書。前六章的故事常是主日學和暑期聖經學校的題材。另一方面,學者不斷辯論本書後半中複雜的異象。還有一些對比,包括本書中兩種語言的使用:亞蘭文與希伯來文;兩種主要的風格:故事與啟示;以及對外邦執政者不同的態度等。

但以理是深具吸引力,又非常難理解的一本書。因為歷史性的問題,和預言解釋的問題,它成為無數辯論的素材。正如下文所示,本書可以有力地見證神勝過罪惡,但其中某些內容,對我們仍然是謎。

書目

註釋

Baldwin, J. G. *Daniel: An Introduction and Commentary*(TOTC; InterVarsity, 1978/中譯:包德雯著,《丁道爾舊約聖經註釋:但以理書》,校園出版中);**Collins,** J. J. *Daniel with an Introduction to Apocalyptic Literature* (FOTL 20; Eerdmans, 1984); **Goldingay,** J. E. *Daniel* (WBC 30; Word, 1989); **Hartman,** L. P. and A. A. **DiLella**. *The Book of Daniel* (AB 23; Doubleday, 1978); **Lacocque,** A. *The Book of Daniel* (John Knox, 1979); **Montgomery,** J. A. *A Critical and Exegetical Commentary on the Book of Daniel* (ICC; T. & T. Clark, 1927); **Porteous,** N. W. *Daniel: A Commentary* (OTL; Westminster, 1965); **Preminger,**A. and E. L. **Greenstein**. *The Hebrew Bible in Literary Criticism* (Ungar, 1968); **Towner,** W. S. *Daniel*(*Interp*.; John Knox, 1984); **Young,** E. J. *The Prophecy of Daniel* (Eerdmans, 1949).

文章與專論

Barr, J. "Jewish Apocalyptic in Recent Scholarly Study," *BJRUL* 58 (1975/76): 9-35; **Beaulieu**, P.-A. *The Reign of Nabonidus 556-539 B.C.* (YNER 10; Yale University Press, 1989); **Charlesworth**, J. H. *The Old Testament Pseudepigrapha: Apocalyptic Literature and Testaments*, vol. 1 (Doubleday, 1983); **Collins**, J. J. "The Court-Tales in Daniel and the Development of Apocalyptic," *JBL* 94 (1975): 218-34; idem. *The Apocalyptic Vision of the Book of Daniel* (HSM 16; Missoula: Scholars, 1977); idem.*Semeia* 14: *Apocalypse: The Morphology of a Genre*(Missoula: Scholars, 1979); idem. "Apocalyptic Genre and Mythic Allusions in Daniel," *JSOT* 21 (1981): 83-100; **Day**, J. "The Daniel of Ugarit and Ezekiel and the Hero of the Book of Daniel," *VT* 30(1980): 174-84; idem. *God's Conflict with the Dragon and the Sea*(Cambridge Unviersity Press, 1985); **Dillard**, R. B. "Harmonization: A Help and a Hindrance," in *Inerrancy and Hermeneutic*, ed. H. Conn(Baker, 1988) 151-64; **Dressler**, H. H. P. "The Identification of the Ugaritic *Dnil* with the Daniel of Ezekiel," *VT* 29(1979): 152-61; **Fewell**, D. N. *Circle of Sovereignty: A Story of Stories in Daniel 1-6* (BLS 20; Sheffield: Almond, 1988); **Gammie**, J. G. "The Classification, Stages of Growth, and Changing Intentions in the Book of Daniel," *JBL* 95 (1976): 191-204; **Ginsberg**, H. L. "The Composition of the Book of Daniel," *VT* 4 (1954): 246-75; **Grabbe**, L. L. "Another Look at the Gestalt of 'Darius the Mede,' " *CBQ* 50 (1988): 198-213; **Grayson**, A. K. *Babylonian Historical-Literary Texts*(University of Toronto Press, 1975); **Gurney**, R. J. M. "The Seventy Weeks of Daniel 9: 24-27," *EvQ* 53 (1981): 29-36; **Hanson**,P. D. *The Dawn of Apocalyptic* (Fortress, 1975); **Hasel**, G. F. "The Book of Daniel: Evidences Relating to Persons and Chronology," *AUSS* 19 (1981): 37-49; **Hayes**, J. H. and J. M.**Miller**, *Israelite and Judaean History* (Westminster, 1977); **Humphreys**, W. L. "A Life-Style for Diaspora: A Study of the Tales of Esther and Daniel,"*JBL* 92 (1973): 211-23; **Jeasonne**, S. P. *The Old Greek Translation of Daniel 7-12* (CBQMS 19; Washington D. C.: Catholic Biblical Association, 1988); **Kugel**, J. *The Idea of Biblical Poetry* (Yale University Press, 1981); **Longman** III,T. *Fictional Akkadian Autobiography* (Eisenbrauns, 1991); **Mickelsen**, A. B. *Daniel and Revelation: Riddles or Realities?* (Thomas Nelson, 1984); **Porter**, P. A. *Metaphors and Monsters: A Further Literary Critical Study of Daniel 7 and 8* (CBQMS20; Lund: CWK Gleerup, 1983); **Rowland**, C. *The Open Heaven*(Crossroads, 1982); **Rowley**, H. H. *Darius the Mede and the Four World Empires in the Book of Daniel* (Cardiff: The University of Wales Press Board, 1935); **Trever**, J. "The Book of Daniel and the Origin of the Qumran Community," *BA* 48 (1985): 89-102; **Voigtlander**, E. von "A Survey of Neo-Babylonian History," Ph.D.dissertation (University of Michigan, 1963); **Walton**, J. H. "The Four Kingdoms of Daniel," *JETS* 29 (1986): 25-36;**Whitcomb**, J. C. *Darius the Mede: A Study in Historical Identification* (Eerdmans, 1959); **Wilson**, R. D. *Studies in the Book of Daniel*, 2 vols. (Baker, 1972 [orig.1917, 1938]); **Wilson**, R. R. "From Prophecy to Apocalyptic: Reflections on the Shape of Israelite Religion," *Semeia* 21 (1981): 79-95; **Wiseman**, D. J. et. al. *Notes on Some Problems in the Book of Daniel* (London: Tyndale, 1965); **Wiseman**, D. J. *Chronicles of the Chaldean Kings* (British Museum Publications, Ltd., 1956); **Young**, E. J. *The Messianic Prophecies of Daniel* (Delft:van Keulen, 1952).

歷史背景

作者與日期

　　直到二十世紀之前，猶太人與基督教學者對但以理書的主要看法仍為，它是活躍於主前第六世紀、政治家兼先知的但以理所寫。但以理在本書後半以第一人稱敘述（如但七 2、4、6、28，八 1、15，九 2，十 2），這個事實成為但以理書作者的內證。十二章 4 節天使對但以理下命令，要「封閉這書」，更支持這一點。

　　內證至少讓我們相信，但以理乃是但以理書七至十二章所載異象的提供者。這些異象的報導，常有第三人稱的引介文作框架（如但七 1），這又開啓了一種可能性，即最後的編輯者不是但以理。與此相關，也很重要的一點，就是但以理書的前六章都是用第三人稱寫的。新約經常引用但以理書，可是只在馬太福音二十四 15 稱但以理為作者，那段經文提到「那行毀壞、可憎的」之預言，記載在但以理書九 27，十一 31，十二 11（都是第一人稱的段落）。

　　因此，內證只要求本書下半的第一人稱異象，直接來自但以理。可是，本書的這部分爭論卻最厲害，因為其內容對後來的歷史作出了驚人的預言。

　　本世紀以來，學界不斷向傳統但以理書來源的解釋挑戰。批判觀點常舉波非利（Porphyry, 公元 233-304）為前鋒，而這觀點如今已成為本書的主流。大部分學者如今相信，但以理書實際上是主前第二世紀寫成的，因此是一本假名的作品，且是「在事實之後才寫的預言」（vaticinium ex eventu）。

　　許多人確信，本書的最後編輯年代幾乎可以斷定。艾斯費特（1965, 520）主張，「可以清楚證明，本書源於安提阿古四世第二次與埃及交戰之後（167），與他於主前一六三年四月過世之間。」艾斯費特是在仔細研讀但以理書十一章的末了段落之後，得出這個年代。他認為，十一章 29～39 節是「在事實之後才寫的預言」，因

爲它準確地描寫了安提阿古於一六七年的戰役。不過，他覺得但以理於十一章 40～45 節眞想作預言，但卻未能正確描述安提阿古之死。「他必在海和榮美的聖山中間，設立他如宮殿的帳幕；然而到了他的結局，必無人能幫助他。」（但十一 45）但是我們從波利比亞斯（Polybius）得知，安提阿古死在敘利亞，而非巴勒斯坦。

包德雯（Baldwin 1978, 199-203）代表保守派對穩如堅壘之批判觀點的反應，她舉出預言的一種著名現象——望遠法。望遠法是一種隱喻，指預言「壓縮」的性質。亦即，先知所描述的事件，在實現的時候，事實上是展現於幾個不同的時期中。一般都接受的例子，就是施洗約翰的信息（太三 1～12）。他預言彌賽亞要來，在同一段上下文中，也講到基督的工作爲激烈的審判：「祂手拿著簸箕，要揚淨祂的場，把麥子收在倉裏，把糠用不滅的火燒盡了。」（12 節）連約翰也不知道（太十一 1～19），他的預言乃將基督的第一次與第二次再來，望遠成了一件事。

包德雯溫用這樣的觀念來理解但以理書十一 29～45，因而建議該段經文是指安提阿古四世，但也不專指他一人，亦可指其他後來的暴虐領袖，暗示該段經文最終是指敵基督的出現，牠將在末世具體展現邪惡。

保守派和批判學者差異的根本，乃是對於經文完全不同的處理法。對經文的基本態度，亦影響對歷史問題的處理（見下文）。至於預言，湯納（Towner 1984, 115）在但以理書第八章的註釋所表達的概念，似乎出現在許多批判派對但以理書的思想中：

我們必須假定，大體而言，異象乃是事實發生後的預言。爲什麼呢？因爲人並沒有準確預測未來幾世紀將發生之事的能力；倘若說但以理能夠這樣作，就是與人的本性大相逕庭——即使這說法的根據爲神讓他獲得象徵式的啓示，且命天使爲他解釋。因此，我們在這裏看見的，不是主前第六世紀爲未來所畫下的地圖，而是對作者本身所處的時代（就是主前 167-164 年）各項事件的解釋……。

湯納不信任但以理預言的理由，是基於「人的本性」。這個前提讓人無法接受。不是因為他錯解了人的本性，而是因為他不認為神有預告未來的能力。事實上，透過有罪的人為代理，神確實能毫無錯誤地這樣作。

批判學派將預言定在主前第二世紀，而同時，在學界中愈來愈流行的趨勢，是將前六章的日期也定在較晚，通常是主前第三世紀。這種日期的定法，最主要的信號是但以理書四章對帝王（如尼布甲尼撒）正面的態度。有人指出，對外邦統治者採這樣正面的態度，與安提阿古四世的逼迫時期並不相稱。有人建議，但以理書有三個發展階段，見加密（Gammie 1976）。

總結而言，不同意本書寫於主前第六世紀立場的原因有二。第一，認為如此準確的預言是不可能的。但我們認為這種前提不能接受。第二，假定其中有歷史的錯誤。這方面比較困難；以下將詳細說明，與歷史協調一致是有可能的，雖然無人能作斷言。

本章以下所持的立場為：但以理是主前第六世紀的一位人物，是以他為名之書的主角與作者。這個觀點並不排除一種可能性，即後期有些未具名的門徒將他的話語加上前後框架，甚至部分或全部以第三人稱所寫的故事。不過，這觀點絕對排除預言為「事發之後」才賜下的。

除了從本書之外，我們對但以理幾乎無從認識。以西結書十四14、20提到，他和挪亞、約伯一樣，是義人的榜樣（見 Dressler 和 Day 的辯論）。他的名字或許最好的翻譯是「神是我的審判」，這個意思十分配合本書所描繪之神的特性。

歷史性

本書的第一句話為：「猶大王約雅敬在位第三年，巴比倫王尼布甲尼撒來到耶路撒冷，將城圍困。」（但一1）這裏明確的日期、著名君王的名字和地點，都意味作者要向讀者傳達的，是歷史資料。這種第一印象，在全書中維持不變，而舊約的其他經文（結十

四 14、20，二十八 3）和新約（太二十四 15、16）也予以支持。頭六章雖然像民間傳說，但這並不能抹殺作者要傳達歷史的動機（Longman 1987, 63-74）。

批判學者常將但以理書貼上「小說」的標籤（見下文對「文體」的說明），可是大部分人都承認它有傳達歷史的動機（Towner），只是也宣稱，它列舉的歷史並不準確。它自稱是主前第六世紀的作品，卻常不為人接受，就因為假定其中有歷史的錯誤。

一開始必須說明兩件事實。第一，但以理自稱是主前第六世紀的作品，並且以先知式的預測展望未來（包括馬喀比時期）。第二，本書與其內容是否為第六世紀所寫，很難絕對證明或否定。最多能作到的，是顯示本書的內容與第六世紀的日期可以協調。缺乏肯定證據的原因，是由於我們對這個時期的細節所知甚少，對協調的性質也不清楚（Dillard 1988）。

波斯時期的資料很貧乏，所以在作批判時要十分節制。一百多年前，大家相信巴比倫的歷史中沒有伯沙撒作王的空間。從古代文件中發現，巴比倫滅亡時，作王的是拿波尼度。許多學者感到，但以理書內講到伯沙撒王（但五 1、2，七 1，八 1）一定是弄錯了。可是後來的研究發現，拿波尼度有一個兒子，伯撒瑟（希伯來文的翻譯等於伯沙撒，「神佑國王」），他統治巴比倫。似乎拿波尼度作王不久，就離開了巴比倫，住到台瑪（Teima），是亞拉伯西北邊的一個綠洲，大約離開巴比倫一千哩。他離開的動機是出於宗教和政治兩方面（Beaulieu; von Voightlander, 183-207），可是對但以理書而言，重要的是，他不在巴比倫期間，他的兒子在那裏治理。這種特殊的狀況就可以說明，但以理在巴比倫滅亡之前是與伯沙撒講論，而非拿波尼度，也可以解釋伯沙撒很奇怪的應許，即他要獎賞但以理，使他在王中位列第三（五 16）。

雖然這個歷史難題得到滿意的解答，可是但以理書仍有一些歷史問題糾結，在此無法一一細究。威爾森（R. D. Wilson）用兩大冊書專寫這個問題（1917, 1938）。他的分析雖然較舊，也太專斷，可是到今天仍有價值。在此我們只能看本書中兩處最難纏的問題。我

們將顯明，雖然無法達到最後的解答，可是這些問題並非不能克服。不過，我們必須記住，這些答案乃是假設，而非確定的事實。

但以理書一1。「猶大王約雅敬在位第三年，巴比倫王尼布甲尼撒來到耶路撒冷，將城圍困。」有人認為，這句有日期的話與耶利米書二十五1衝突，那裏將尼布甲尼撒第一年與約雅敬第四年並排。還有人聲稱，巴比倫人直到約雅敬王第五年才來到耶路撒冷（耶三十六9）。乍看之下，巴比倫歷代志似乎也支持這個看法。根據哈特曼與迪樂拉（Hartman and DiLella 1978, 48）的看法，第二世紀的但以理書作者搞錯了，他將歷代志下三十六6～7和列王紀下二十四1連起來，而產生了誤解。

魏茲曼（D. J. Wiseman）反對這個見解，他提醒我們，古代近東世界有兩種定日期的制度，兩者在舊約中都曾出現（1965, 16-18）。這些經文可以如此協調：假定耶利米是用猶太曆法，將王治理的第一年視為第一年，而但以理是用巴比倫曆法，將第一年視為「登基年」。黑索（Hasel 1981, 47-49）將這說法作成圖表，很有幫助：

表十六
耶利米書與但以理書中君王的年代

登基年方式：	登期年	第一年	第二年	第三年	但一1
非登基年方式：	第一年	第二年	第三年	第四年	耶二十五1、19，四十六2

魏茲曼又舉出令人信服的理由，說巴比倫年代誌沒有提到耶路撒冷的圍攻，因為它最關心的是「擊敗埃及的大戰」，並且「後來巴比倫軍隊從埃及邊界回來時，順利入侵猶大，這件事可能包括在尼布甲尼撒已征服『整個哈迪』之聲明中」（Wiseman 1965, 18）。

瑪代的大利烏。在巴比倫滅亡後，伯沙撒被處死，瑪代人大利烏成為國王（但五30，九1），年六十二歲，為「瑪代的後裔」（五

31）。這位王心不甘情不願地將但以理丟入獅子坑（六章），並設立了一百二十個總督來治理通國（六 1）。

　　可惜，雖然瑪代人大利烏在但以理書內是位重要的人物，在本書之外卻找不著這個名字。此外，偉大的波斯征服者古列應當是惟一能擁有「巴比倫王」頭銜的人。何況，總督的治理，在聖經之外最早的證據，是後來的一位大利烏（Hystaspes）所用，他設立了大約二十位總督，治理整個波斯帝國。

　　一九三五年，羅利提出了典型的批判論證，反對瑪代人大利烏的歷史性。他主張，瑪代人大利烏是朦朧歷史回憶的產物。這件事是在巴比倫征服之後好幾世紀寫的。瑪代的大利烏從不存在，是「錯誤傳統的融合」（1935, 54）。第一處弄錯的，是大利烏・希斯他斯皮斯這個人物；他於主前五二〇年重新征服巴比倫，因為在甘比斯去世之後，這座城背叛了。不過，羅利認為，這裏的錯誤不只搞錯一件事（1935, 54-60）。但以理的作者不單將大利烏・希斯他斯皮斯誤放在五三九年，也把他和古列混為一談，而古列在巴比倫陷落時大約六十二歲。此外，聖經說大利烏是瑪代人，這一點也有問題，因為古列或大利烏・希斯他斯皮斯都不是瑪代人。按照羅利的看法，會有這樣的錯誤，是因為耶利米書五十一 11、28 等經文，那裏期待巴比倫會亡於瑪代人之手。最後一個搞混的，是瑪代的先輩大利烏，亞哈隨魯（亞達薛西）。事實上，亞哈隨魯是大利烏・希斯他斯皮斯的兒子，而不是他的父親。

　　總而言之，羅利是說，聖經所提瑪代人大利烏，是一場混亂的結果，因為作者對波斯時代缺乏真正的了解。在羅利等學者看來，這位作者的出生一定很晚，與歷史的實況完全脫節。

　　這個困難的歷史問題，許多較保守的學者並非沒有提到。有些可能的現象，或許可以解除我們對瑪代人大利烏歷史性的懷疑。藉著聖經的一些暗示，與幾則聖經之外的資料，但以理經文的歷史可靠性也有了論證。

　　然而，這些協調的嘗試，並沒有使所有的學者都信服，甚至一些保守派學者也不以為然。我們不必以為，既有許多看法，就表示

是向懷疑論投降，正如同各種批判法的存在，並不意味保守派的立場會比較正確（不過，兩方面都有人以這一點作理由）。聖經雖然置身於歷史，卻不是歷史教科書，用以回答所有現代人的問題。聖經故事既沒有明言，聖經之外的文件又缺乏，可見我們所處理的，是歷史的可能性，而非確定性。因此，瑪代人大利烏與已知歷史之間的協調方式，不只一種。最出名的三種，分別由韋特孔（Whitcomb）、魏茲曼和施亞（Shea）提出。

　韋特孔。在執教於恩典神學院的韋特孔寫《瑪代人大利烏》（*Darius the Mede,* 1959）一書之前，保守派學者多年以來都認為，大利烏是王位名稱，亦即，新即位之政治人物所獲得的名稱。這種現象最明顯的是歷代志上五26，在那裏，提革拉毘列色也被稱為普勒。既然如此，大利烏在聖經以外的資料中，就可能是另一個名字。

　在研究各種證據後，韋特孔結論道，瑪代人大利烏實際上是古巴路，由亞喀得的經文得知，當時他是巴比倫的省長。他最大的貢獻，是將古巴路與烏格巴路在楔形文字的文件中區分出來，並堅持他並非在主前五三九年為古列奪得巴比倫的將軍（1959, 21-22）。他指出，根據拿波尼度誌，烏格巴路在勝過巴比倫之後幾天就去世了（但參下文施亞的說法）。古巴路和烏格巴路的混淆，是因為最初有一種譯文，將兩個名字都直譯為格布利亞斯（希臘歷史家的作品中有這樣一位人物）。過去這兩個人混為一談，使人認不出古巴路就是大利烏。

　韋特孔遇到一些反對的意見。例如，為何但以理書提到古列所立治理巴比倫的省長，會用「王」來稱呼？威爾森幾十年前回答了這個問題，證實希伯來文的「王」字，可以用來指巴比倫的省長，而從巴比倫人的角度來看，大利烏的確像王一樣。此外，韋特孔以及其他人提出但以理九1，那裏說大利烏被「立為迦勒底王」，而非「他成為王」。他主張，這個辭彙技巧地暗示，在他之上還有更高的權威，就是古列王。許多批判這說法的人，無論是批判派（Grabbe, 205）或保守派（Wiseman, 11-12），都嫌它太微妙。

魏茲曼。魏茲曼是英國著名的亞述文專家，自從發表巴比倫歷史文獻的相關著作（1956）以來，他成為最著名的新巴比倫時期權威。魏茲曼就像許多人一樣，對於在那位偉大的征服者古列之外，還有人可以被稱為王的觀念，覺得很難接受。因此，他認為瑪代人大利烏就是偉大的古列（1965, 12-16）。他視古列之名為古列統治巴比倫之後才用的名字。歷史資料證實，一位王會用兩個不同的名字治理兩個國家。因此，他將但以理書六28譯為：「但以理當大利烏在位時，就是波斯王古列在位時。」這個翻譯將 *waw* 視為說明詞，而非連接詞。魏茲曼特別用歷代志上五26作類比。

施亞。也許各種協調法中，最吸引人的是施亞所提的。他自一九七一年起，到一九八二年為止，寫了一連串文章，來說明他的觀點。他的出發點，是將相關時期的王室頭銜作一番分析。從他的研究中，他說，自巴比倫晚期到波斯早期，在頭銜方面略有變化。在新巴比倫時期，作王的都稱自己為「巴比倫王」。在波斯晚期，他們則愛用「全地的王」來自稱。在這中間，波斯早期最通用的頭銜為「巴比倫王，全地的王」。不過，施亞指出：

> 這種模式只有一個明顯的例外，那就是古列在登基年與第一年作巴比倫王時。他和從前新巴比倫王時代的王不一樣；從石版中清楚可見，古列在登基年和第一年的大半期間，**沒有用**過「巴比倫王」。一直到第一年的末了，在屬古列年代的石版上，頭銜中才出現「巴比倫王」，加在「全地的王」之後，這樣，波斯早期的頭銜便成為完整。（1982, 236）

為解釋這現象，施亞建議，在前十四個月當中，古列乃是立一位家臣來治理，稱他為「巴比倫王」。他認為，這一位便是瑪代王大利烏。

可是，正如前面所示，這個時期的文獻中沒有一人名叫瑪代人大利烏。因此，施亞也像在他之前的詮釋者一樣，想將大利烏與聖經之外文獻的某個人物認同。經過仔細的研究，他的結論為，瑪代

人大利烏就是拿波尼度誌上的古巴路。這位古巴路或烏格巴路，在波斯人擊敗巴比倫時身為將軍，他與韋特孔所辨識作省長的大利烏，雖然同名，但卻是不同的人。韋特孔反對此說，理由是烏格巴路將軍在征服巴比倫之後幾天就死了；可是施亞提出，解讀該年代志相關的段落，應當用「連貫式」，而不用「回顧式」（1982, 240-43）。重點在於，古巴路將軍之死，不是在征服巴比倫之後幾天，乃是一年又幾天之後。若有這段時間，大利烏就可以在巴比倫作屬臣式的巴比倫王。

　　這三種協調但以理書與歷史的努力，遭到大多非保守派學者的忽視，可是最近格拉比（L. L. Grabbe 1988）卻針對它們發言。他反對韋特孔的看法，認為省長古巴路（韋特孔將他與將軍作區分）直到古列第四年才就任，時間太晚，不能配合聖經對大利烏的描述。至於魏茲曼的理論，格拉比冷眼相看，不是因為可以證明它不成立，而是因為它的動機只在證明但以理書合乎歷史，他稱之為「護教學的作業」（1988, 207）。魏茲曼或許不同意格拉比的指控，他可以簡單地說，需要證明的，乃是主張古代歷史文獻不實的一方。

　　格拉比最尊重施亞的理論。他同意，楔形文的證據的確指出，在古列第一年時，情況相當特殊。施亞將家臣式的王大利烏置於這一年中。可是其他學者，包括格拉比在內，則主張這種特殊的頭銜用法，乃是因為古列在巴比倫治理的頭一年，是與甘比斯共同執政。施亞最初的立場，是主張共同執政的那年，是在古列最後作王的一年，正如許多父子同時執政的例子一樣。格拉比則辯道，共同執政一定是在治理巴比倫的第一年，因為有兩塊石版都稱甘比斯為「巴比倫王」，並與「古列第一年」相連。然而，對格拉比可以這樣回應，即，這裏是用巴比倫定日期的方法，因此第一年算是登基年，第二年才是所謂的第一年。這樣，我們便回到施亞的第二個建議，即甘比斯－古列共同執政，是在後者的第二年間。正如施亞所主張，第二年比第一年好，因為「甘比斯參與在巴比倫新年慶，是置於古列王第二年之始」，而這「就等於稱他為王」（1982, 240）。由此觀之，施亞似乎已經預期會有格拉比這類的反對。

　　總結來說，瑪代王大利烏之事，是聖經歷史的一則難題。在協調方面，有三種建議。韋特孔的看法可能性不大，甚至可說是不可能。魏茲曼的主張有可能，可是缺乏支持的證據。施亞的見解最有可能，但仍然有困難。保守派學者的錯誤，在以專斷的態度來提出解決法。對這個問題的處理，神學動機仍很難免。希望有一天可以找到更多的證據。

更廣的背景

　　這卷書各樣事件發生的年代，約在主前六〇五年至五三〇年代中期，也就是從尼布甲尼撒把但以理和他三個朋友擄到巴比倫（一1），直到古列王第三年（十1）。書中的事件，是按尼布甲尼撒（一～四章）、伯沙撒（五～七章）、瑪代人大利烏（五30～六28，九）和古列（十～十二章）的王朝來定日期。但以理為知名人物，他與當日的政壇要人應對。從政治與軍事歷史的亮光來研讀本書，會有很豐富的收穫。

　　以色列在摩西的帶領下形成一個國家，當時神與祂的子民立約。這約記在出埃及記十九至二十四章；四十年後，這約又重新再提，記在申命記。那時，神警告以色列，如果全國順服這約就會蒙福，倘若不順服，就會受咒詛；而神會用毀滅與被擄來咒詛以色列（申二十八章）。

　　列王紀展示出以色列人民與領袖再三不順服。北方的王國早於主前七二二年就被亞述取去。猶大雖然倖免，但長年活在亞述入侵威脅的陰影下。不過，這種威脅卻沒有激起猶大悔改與順服的心。它繼續犯罪，直到瑪拿西王時，更達到最可怕的地步。即使約西亞的改革也無法改變亡國的命運（王下二十三26～27），他死於主前六〇九年時，末期已在眼前。

　　約西亞的繼承人，約哈斯，作王只有三個月。埃及人這時控制了猶大，將約哈斯換下，立約西亞另一個兒子約雅敬為王。約雅敬成了埃及的藩屬。可是，正如但以理書一1和列王紀下二十四章所載，尼布甲尼撒擴展權勢，將埃及逼出巴勒斯坦。

尼布甲尼撒是現今所謂新巴比倫的第二位統治者。他的父親拿布波拉撒成功地振興了巴比倫，脫離亞述而獨立，使巴比倫成為快速成長的帝國。他的反叛始於主前六二六年，高潮為主前六一二年，將尼尼微城毀滅。亞述尚有一些殘餘勢力，受一位名叫亞述烏巴利三世的指揮；但是它雖有埃及的幫助，還是在尼布甲尼撒王子的大軍前潰敗。主前六〇五年，拿布波拉撒過世。當時尼布甲尼撒領兵到敘利亞，他立刻趕回巴比倫，取得大權。

然而，約雅敬是親埃及的；三年之後，他就背叛了巴比倫。他當然希望埃及能來幫助他，可是事與願違（王下二十四 7）。在巴比倫回應之前，約雅敬就死了，他的兒子約雅斤即位，年僅十八歲。他作王三個月，耶路撒冷就被巴比倫軍隊攻下。但以理這時已在巴比倫。在這次征服之後，更多的掠物與人口被帶到巴比倫。不過，猶大在一位巴比倫指派的本土君王（西底家）治理之下，繼續存留了十一年。到主前五八七年，西底家也背叛了。這一次，巴比倫完全毀了猶大，把大部分居民都擄走。

但以理書的開始，便是尼布甲尼撒執政的早年。本書中提到的第二位王是伯沙撒，前面提到他與拿波尼度同時執政，而拿波尼度是新巴比倫的最後一位王。在尼布甲尼撒與拿波尼度之間，共有三個巴比倫王，不過但以理書並沒有提到。這三位是亞米馬杜克（主前 562-560 年，是尼布甲尼撒的兒子；王下二十五 27～30 稱他為以未米羅達）、尼利克利撒（主前 560-556 年）和他軟弱的兒子拉巴施瑪爾杜克（主前 556 年）。

但以理書大半的背景是拿波尼度在位時，但經文中並沒有提到他，因為他將巴比倫的王室責任交給他的兒子與共同執政人伯沙撒（見上文）。拿波尼度的行動觸怒了許多巴比倫人，尤其是大有權勢的瑪爾杜克祭司家族。他們因為王偏好月神辛（Sin）的宗教而十分不滿。拿波尼度對辛的崇敬，是他離開巴比倫的原因之一，也可以解釋為何他不重視在巴比倫舉行的新年慶。

在巴比倫的內鬨日加劇烈之時，東方興起了一顆新星。波斯的一位藩屬古列，背叛他的瑪代主人亞斯提吉斯，於主前五五〇年廢

了他。他以這個基礎為據點，向外擴張，擊敗了呂底亞，從巴比倫手中奪走了上米所波大米與敘利亞。他的國家甚至向東擴張到今天的阿富汗。

不過，直到主前五三九年，巴比倫才成為他的焦點。到這時候，這個從前的大帝國已像成熟的果子，隨時可摘。它的外圍沒有保護圈，而居民又都不滿拿波尼度。在古列的將軍哥布里亞斯來到巴比倫之前，他們的軍隊在底格里斯河邊一處名叫歐皮斯的地方，已經在一場戰役中潰敗。哥布里亞斯拿下巴比倫時，顯然不費吹灰之力，而幾星期之後，古列親自駕臨，群眾夾道歡迎。金頭被銀的胸與臂膀所取代（但二 31～32）。

古列在巴比倫立了一位家臣作王，就是瑪代的大利烏（見前文的討論）。他只統治了很短的一段時間，後來古列就親自執政。但以理書最後一個日期，是古列王第三年（十 1）。似乎但以理的工作到此已近尾聲。

不過，他的異象繼續延伸到最近的未來與長遠之後的事，因此我們需要大致明白近東的歷史，至少到主前第二世紀。因為但以理的預言集中在大帝國的交替，所以此處便談這一點，而不報導巴勒斯坦所發生的事。

古列建立的王國持續了兩個世紀左右。他的兒子甘比斯將版圖擴張到埃及。在甘比斯自殺之後，許多藩屬背叛。雖然大利烏・希斯他斯皮斯是位英明的領袖，管理有方，但國家已無力迅速擴展。他的兒子亞達薛西即位後，曾暫時取勝希臘，後來卻在靠近撒拉米之處的海戰中，一蹶不振（主前 479 年）。

不過，波斯並沒有一日消亡，在下一個半世紀中，它逐漸式微。到了大利烏三世於主前三三六年作王時，希臘的王是亞歷山大，他的父親腓利普以馬其頓為基地，在希臘建立起霸權。這時在地中海，熊就要面對豹的奪權之爭了（但七 5～6）。

亞歷山大的短命，在世界歷史上留下很深的印記，也使他獲得「偉大」的榮銜。他於主前三三三年，在小亞細亞的伊撒斯之役，與大利烏三世率領的波斯軍隊一決雌雄。波斯不是亞歷山大的對

手，大利烏逃跑了。亞歷山大繼續向前，勇奪小亞細亞。然後他向南走，取得利凡特，包括猶大與撒瑪利亞省在內。埃及沒有抵抗，就納入了他的版圖。

這時，他便轉向波斯帝國的心臟。他再一次與大利烏三世帶領的軍隊交戰，戰場在高加米拉。這回希臘又大敗波斯，大利烏在這場戰役之後不久，就遭人謀害。

波斯帝國既全歸亞歷山大，他就繼續揮軍向東，直到主前三二七年來到印度為止。亞歷山大年僅三十歲時，就開展出一個史無前例的大帝國。

但他卻無福享受征服的成果。亞歷山大三十三歲死於巴比倫（主前 323 年）。他並沒有鞏固整個國度，因著權力交接不清，導致四位最有權的將軍擁兵自重，結果出現四個國度：特拉吉亞、馬其頓、多利買和西流基。但以理書七 6 的「四個翅膀」和「四個頭」，大概是指這個國一分為四。多利買與西流基在巴勒斯坦交戰幾個世紀之久。經過一段激烈的爭鬥之後，多利買控制了巴勒斯坦一段時間（主前 301-200 年）。最後，主前二〇〇年於巴尼昂的戰役中，安提阿古三世擊敗了多利買的將軍司考普斯，取得了巴勒斯坦。

批判學者將但以理書的日期定在這段時間。準確來說，他們將本書定在安提阿古四世・伊彼凡尼時期（見上文）。一般都認為，他就是但以理書八 23～25 的那位「用權術」之人。他成為但以理書十一 21～45 預言的對象。

一開始，猶大歡迎西流基來統治。安提阿古讓他們按「列祖的律法」來治理，就是指妥拉（Hayes and Miller, 577）。然而，他嚴重干犯了猶太人的禮儀和宗教感情。例如，安提阿古四世就位之後，因著收賄，就硬將耶孫安插作大祭司，取代了合法的在位人歐尼亞斯。

這種對當地文化的傲慢態度，才不過是起頭。後來安提阿古四世與有權勢的多比雅家族結盟，在城中積極推廣希臘文化。全城最重要的社交中心，甚至宗教中心，不再是聖殿，而是體育場。多比

雅與安提阿古甚至嫌耶孫也太拘泥於傳統，終於廢掉他，而立了一位熱中希臘化的米尼勞斯作大祭司。

不過，主前一七〇年，耶孫帶了一支千人軍隊回來，那時安提阿古正在埃及，經過多次戰役之後，與多利買進行最後的決戰。他於一六九年回來，大肆掠奪耶路撒冷，破壞聖殿。最惡劣的事發生於一六七年，他在聖殿設立了一座敬拜宙斯的祭壇——但以理書十一 31 稱這個舉動為「設立那行毀壞可憎的」。

但以理書始於被擄與巴比倫征服者的政治迫害，對於活在西流基壓迫時期的人別具意義。不過，但以理向前展望的異象，並不停在安提阿古，也超越西流基時期；他看到羅馬（有大鐵牙的獸），甚至看到神親自干預，將所有人類壓迫式的政權都終結之時，那日神的子民將得著地上王國的權柄（但七 23～25）。顯然，這日子還未來到。

文學分析

文體

但以理書主要有兩種文體：宮廷故事與啟示性預言。希奇的是，這兩種文體將全書一分為二，但是這種分法與書中分別用希伯來文和亞蘭文的區分處並不相同。宮廷故事是全書的前半（一～六章），啟示部分是後半（七～十二章）。但以理二章雖是宮廷故事，但尼布甲尼撒的夢卻與啟示相近，充滿象徵，而所披露的四大國度之規畫，與但以理書七章類似。

宮廷故事。但以理書的前半包括六個獨立的故事，焦點為但以理和／或他的三個同伴——哈拿尼雅、米沙利、亞撒利雅。許多人嘗試定義這些故事的形式。柯林斯（Collins）列舉出「民間傳說、軼事、宮廷故事、Aretalogical 故事和米示大」（1984, 42）。這五種文體的標籤都缺乏歷史動機。

不過，宮廷傳聞（Collins 自己的分類）倒是能把但以理書一至

六章的故事背景都包括在內。這六個故事的焦點爲本書英雄與外邦宮廷人物的應對。韓福瑞斯（1973）與柯林斯又提出更細的兩種分類，頗有幫助：「宮廷競爭故事」與「宮廷衝突故事」。但以理書五章代表前者。王碰到解釋的問題。牆上的字能夠讀出來，可是卻無人明瞭其意。他傳國中的智慧人前來，他們也沒辦法。但以理進來，解讀這些字，得到獎賞。但以理書三章則是「宮廷衝突故事」。但以理沒有出現在本章，可是他的三個朋友卻受到威脅，因爲他們拒絕向尼布甲尼撒的金像屈身。他們在巴比倫宮廷內的仇敵趁機告狀，於是他們便被丟入火爐。神拯救了他們，而他們被提昇到更高的職位。

這樣分辨但以理書前六章的文體，讓我們看出它與其他聖經經文的關係，如約瑟與以斯帖的故事（Humphreys），以及與聖經之外經文的關係，如亞希卡（Ahikar）、多比傳（Tobit，譯註：猶太次經，著於主前二世紀）與第三以斯拉書三章（Collins 1984, 42）。

我們也能看出，這些故事有一個相同的作用。它們都有明顯的教訓功能，教訓神的子民，在仇敵環伺下當如何應對。湯納將這幾章的道德教訓作了正確的總結：「凡相信、順服神的人，終將被高舉，甚至在巴比倫中，也能顯爲大。」（1984, 21）這個信息對後來遭到安提阿古‧伊彼凡尼逼迫的人非常適用；後來，在新約時期受逼迫的基督徒也從中受益。

將這些經文的文體分類爲宮廷故事，就使作者的歷史動機成爲問題。湯納（1984, 22）可以代表今日大部分寫有關但以理書的作者，他稱之爲「小說性」。他解釋道：「作者所拿手的，顯然是寫故事的技巧，而不是歷史的細節！」不過，正如柯林斯（1984）所指出：「不準確的問題與歷史寫作的文體能夠並存。」（1984, 41）換言之，歷史性的問題無法由文體的辨認來定奪，反之亦然。柯林斯本人傾向於以非歷史性來解讀，因爲這些故事具「民間傳說性」與「傳奇性質」的成分。歷史性的問題，前面已經討論過，那裏的結論爲：如果一個人接受聖經的世界觀，包括超自然與預言未來的可能性，那麼，就無妨直接從歷史的角度來讀這些經文。

　　啟示式預言。雖然這部分比較短，可是整個但以理書常被視為啟示式預言。畢竟，它是舊約中惟一的啟示文學，這是無人異議的。舊約中還有幾段經文常被稱為具啟示性（亦很正確）——例如，以賽亞書二十四至二十七章和撒迦利亞書（至少九至十四章），可是，許多人對此仍有爭議。困難的原因在於：對這種文體的定義無法達成一致的看法。

　　處理這文體最典型的方法，是將某一種特徵或幾種特徵分別出來，而一段經文必須具備這樣的特色，才能稱之為啟示性。例如，這文體最常與某種末世論緊密相關，就是看到歷史盡頭的「末時」，那時神將干預，為受逼迫者帶來勝利（P. Hanson 1975）。羅蘭德（C. Rowland 1982）也採這條路線，不過他主張，對啟示性更好的定義，不是某種形式的末世論，而是某種形式的啟示，就是向見異象者開啟天上的實況。對啟示文學另外一種定義的方法，是柯林斯於一九七九年一篇資料豐富的文章中所提出的。柯林斯並不只倚賴一種特徵，而從我們視為啟示文學的作品中，找出一系列特徵。在他的定義中，最主要的特色簡化為三項：故事的框架、經中介而來的異象，以及末世並屬天的內容。卡米格那克（J. Carmignac）近日列出好些特徵，讓學者來辨識何為啟示文學。

　　自十九世紀初，盧克（F. Lücke）的書出版之後，啟示文學便被視為自成一類，但至於這種風格組成的因素，迄今尚沒有絕對一致的意見。要點是將啟示文學與預言作區分，視它為其中特殊的形式。我們一看就感到，但以理書七至十二章與以諾書同屬一邊，而那鴻書與耶利米書又屬另一邊。可是，如何將這種區別定義出來？

　　定義啟示文學與預言的難處，在於不是太尖銳，就是太簡單。畢竟，文體並不是僵硬的分類，強加在事物的本性上；它應該是流動的文學特色，疆界可以互相重疊。袞克爾認出希伯來散文與詩之間流動性的關係（1981），為後者的定義難題求得了突破。預言和啟示文學的關係，也最好用同樣的方式來看。

　　換言之，在啟示性的經文內經常（並非每一次）出現一些特徵，而在預言的經文中，這些特徵出現得較少。其中包括以下幾

項：

狹窄的末世論。啓示性經文超越眼前的未來，望向時間的末了。例如，但以理越過波斯、希臘與羅馬的壓迫，直看到神將伸手干預、完全終止一切壓迫的時間。新約認爲，但以理書是指基督第二次再來。啓示錄一 7 引用但以理書七 13；那位駕著天雲、來到互古常在者面前的人子，就是耶穌，祂在歷史的末了將回來，拯救屬祂的子民脫離壓迫。

經中介的啓示。神向耶利米說話，然後差他向猶大的百姓說話。百姓有了回應，先知再回到神那裏，接受進一步的命令（耶十二）。先知乃是將神的話帶給百姓的人。但在啓示文學中，傳動系統則不同。神是透過一位中介——通常是天使——向但以理說話（但十二 5～13）。他並沒有奉命向百姓說話，卻要「隱藏這話，封閉這書，直到末時」（4 節）。

第二種中介方式，是透過「魂遊象外」（Collins 1979）。亦即，有位天使引導見啓示的人前行，在途中他將天上與末世的實況向見異象者開啓、解釋。以諾壹書便是一例。

特殊的意象。但以理書和其他被視爲啓示文學的作品，都充滿意象。雖然在典型的預言和所有的詩中，都有意象，可是啓示性的意象特別怪異。邪惡是以最恐怖的詞彙來描寫。在但以理書中，邪惡的國是用混生的動物作代表。物種的雜亂對以色列人特別可憎，因爲他們對創造的秩序和各從其類特別注重。

正如柯林斯（1981）所指出，這些意象不是從整個故事中取出來的。其根據反倒常是外邦的神話。四頭獸由海而出。在近東的神話中，海是混亂與反創造的力量（Day 1985），這已廣爲人知。在迦南的宗教中，鹽母（海）與巴力爭戰，在米所波大米的神話以努瑪・伊利施中，提雅瑪特（海）與馬杜克爭戰，甚至將他殺死。在善的力量方面，人子駕雲來到互古常在者面前，讓人想到巴力常用的頭銜——「駕雲者」。

背景。啓示文學，是受逼迫的社會或社會中，受壓制階層的產物。但以理反映出巴比倫被擄時期，以及接下來波斯掌權的時期。

它的預言瞻望到希臘人的威脅，尤其是安提阿古・伊彼凡尼的凶殘。新約啟示文學的範例為啟示錄，而它是約翰被流放在拔摩海島時所寫（啟一9）。

在啟示文學中，我們看見大規模而恐怖的邪惡，以及對拯救的迫切呼求，這些可以從壓迫來解釋。啟示文學一般的主要功能，是安慰受逼迫者，但以理書尤其如此。先知與啟示文學作者之間最簡潔的區分為：先知讓安舒的人感到痛苦，而啟示文學的作者卻安慰受苦的人。

啟示文學中一個最常出現的主題，就是神為戰士。啟示性先知預見神將大力干預，以致他們能得解救，逼迫者則受到審判。

對歷史的決定論，以及隨之而來的樂觀看法。 典型的先知是警告百姓，神的審判即將來到，因此，先知呼籲百姓要悔改。然而，但以理宣稱審判是必然的。他的預言是要通知民中忠誠的少數人（智慧人，但十二）。

因此，許多人將但以理歸為悲觀者。審判是不能免的。然而，從作者與他忠誠讀者的角度來看，情況卻正相反。神即將來拯救他們。拯救的盼望或許要到遙遠的未來才會實現，但仍是確定的事。

匿名與事後的預言。 啟示文學通常是用假名寫成（以諾、西番雅、以斯拉，Charlesworth 1983, 3-772）。不過，雖然許多啟示文字是匿名的，卻非全部如此。如，許多學者都同意，約翰寫了啟示錄。至於但以理書一案，卻爭論不休（見上文）。

在匿名的遮掩下，啟示文學的作者為了使自己的預言顯得具威信，一開始會針對一些已經發生的事寫下預言。例如，在以諾書斯拉夫啟示下，以諾預言有洪水，可是，這卷書顯然寫於以諾和洪水的幾千年之後。

含義與出處。 我們所定啟示文學的大部分特徵，但以理書的下半顯然都具備。它對末世的預言，是透過一位天使為中介傳達，又有十分希奇甚至怪異的意象。這些異象的目的，不是在激起悔改，而是要在艱難的時刻，成為忠誠者的鼓勵。

閱讀但以理書，會得到怎樣的啟發呢？首先，我們會注意到本

書的意象。由於它寫作的情境是逼迫，其中的意象具雙重功能，既啟示，又隱藏。由於巴比倫在掌權（但七1），運用隱喻，並私下流傳巴比倫必滅的信念，比用簡明的散文安全得多。大量運用意象，也不鼓勵按字面來解讀所謂的啟示時間表（例，但九25～27）。想從但以理的七十個七來計算末時的時間，是誤用了這段經文，因為「啟示性時間的量度（象徵性極強），只是為但以理和他的百姓所要明白的重要真理提供一個框架」（Mickelsen 1984, 196）。

啟示性隱喻的特殊性質，也促使我們去探究借用近東神話的可能。舉個例子，波特（1983, 15）有力地辯道，但以理書七章與八章「最終可以追溯到米所波大米的占卜智慧傳統」。

文體的辨認總是給研究提供了文學的情境。認真研讀但以理書的人，應當探討兩約之間的啟示文學，可是更重要的，卻是聖經中其中的例子，諸如以賽亞書二十四至二十七章，以及撒迦利亞書。文體的辨認，也凸顯出舊約中的但以理書和新約中的啟示錄之間的關係。

聖經啟示文學的起源是先知的傳統。其中也可辨認出智慧書的影響。過去有一種流行的說法，以為波斯文學對後期的聖經經卷有所影響，尤其是但以理書的啟示部分。但是，近日的研究已經顯示，啟示文學並不成為但以理書日期較晚的證據，因為古代近東早在主前一千二百年，就有啟示性的文字（Longman 1991）。不過，最接近但以理書啟示段落的近東文集，的確是西流基時期的朝代預言（Grayson）。

語言

但以理書不單採用兩種文體，也使用兩種語言。在一卷書中大量使用兩種語言，是非常獨特的。但以理書一1至二4上與八1至十二13是希伯來文，而二4下至七28為亞蘭文。

這種安排所引出的一些問題，並不容易回答。例如，為何亞蘭文從第二章開始？引介的話是「星象家用亞蘭文回答王」，因此有

些人認爲，亞蘭文從這裏開始，是因爲敘事者想要用故事人物所講的語言來寫。當然，新巴比倫宮廷中是用亞蘭文爲官方用語，可是爲何第一章的對話沒有用亞蘭文來寫？另外，敘事部分爲何用亞蘭文？最後，爲何報導異象的第七章，不像其他異象一樣，用希伯來文？

很少人懷疑但以理書的亞蘭文是原著，因爲「沒有一絲痕跡顯示，這幾章的任何部分是希伯來原文的『亞蘭文翻譯』」（Hartman and DiLella 1977, 11）。不過，這卷書爲什麼有兩種語言，卻很難解釋。有些學者認爲，第二至七章原來與其他部分不在一起。金斯伯（H. L. Ginsberg 1954）主張，整本書最初是亞蘭文，後來第一章和最後幾章才譯爲希伯來文，「以保證本書能獲得正典的認可」（Hartman and DiLella 1977, 14）。或許第七章仍然保持亞蘭文，是因爲其信息與第二章類似。

這些問題不可能得到確定的答案。它們也不影響我們對全書最終形式的了解。最有意思的是，語言與文體互相重疊，這就使我們讀本書時可以視它爲一個整體——即使原初不然，至少最終的形式是如此。

風格

在現代時期，學者對但以理書的風格，並沒有給予很高的評價（見這裏的引句和 Preminger 與 Greenstein 1986, 291-98 中其他的引句）：「到處可見不調和之處，與希臘的協調律正好相反。」（E. Renan 1896）費弗說：

「但以理書的作者，宗教的熱誠遠超過文學的技巧。……但以理書的文筆很粗糙，情節很原始，而完滿的結局缺乏微妙性，突然插入的解圍式人物，也顯得很不自然。」（Pfeiffer 1941）

今日所公認舊約最頂尖的文學成就，是諸如約瑟與大衛的故

事，而但以理書與此絕緣，除了風格和語言的混合之外，還有幾項因素。

舉例來說，按現代的標準而言，角色的刻劃深度不足。與亞伯拉罕、摩西、撒母耳等人——甚至其他所有的舊約人物——比較起來，但以理和他的三位朋友好像只具兩度空間。故事中完全沒有提到他們的懷疑或軟弱。他們是理想的義人。

這種人物刻劃的方式，會讓讀者質疑外邦元首的宗教立場。尼布甲尼撒不只一次宣告，萬有之神是主。他是否成為敬拜雅巍的人？還是他只肯定祂為諸神中的一位？他作出這種宣告後，是否很快又背道了？經文並沒有意思要回答這類問題。

雖然經文將但以理描繪成理想人物，但是這並不意味其報導不合歷史。但以理是位極其公義的人。理想化乃是一種選擇式的報導，但並非歪曲或欺騙。事實乃是：經文沒有報導但以理的瑕疵或犯錯，並非指在歷史上他沒有這方面的軟弱。本書對但以理的處理，讓我們想到歷代志對所羅門的寫法。我們從申命記式記載得知，所羅門犯了背道的罪。可是若單單讀歷代志，絕對看不出這一點。因為後者的目標不同。

事實上，要尋求但以理被理想化的原因，就要探討本書的目的。這卷書將他刻劃為受逼迫時期的典範人物。他是公義在歷史上的實現。

因此，但以理書的前半情節相當簡單，有解圍式的插入、理想化的人物，這些都是不容否認的。我們也不能否認，本書的下半很難了解，因為意象很怪異，希伯來散文也十分突兀。儘管如此，若視它為太簡單或太粗糙，而一筆勾銷其價值，也不正確。簡單的情節、理想的人物和生動的意象，可以大有能力地觸動人的想像力，不單對孩童如此，對成人亦然，他們可以在但以理書中，看到現今的安慰與未來的盼望。

但以理書的合一性

　　但以理書的風格、語言既然多樣化，其合一性就成爲長久以來的爭論問題。一方面，大部分現代註釋家相信，本書前半與後半對外邦君王不同的態度，顯示前半寫作時間比後半爲早（Gammie 和 Collins）。另一方面，保守派學者爲本書的合一性辯護，因爲他們想以先知但以理爲整卷書的作者（Young）。此外，偶爾亦有非保守派的學者確信本書具合一性（Rowley）。

　　首先必須澄清何謂合一性。現代聖經學者愈來愈注重經文最終的形式，不論其來源爲何。即使但以理書最初是組合而成，現今卻是一個整體，也應當按其正典形式來作解釋。不過，探究經文原初的合一性仍然很有意思，尤其因爲經文本身如此宣稱。因此，經文合一性的問題，與以上所討論寫作日期和作者等問題糾結在一起。但以理書本文只是宣稱，但以理是本書後半看見異象的人，也是本書前半故事的對象。傳統則進一步將整卷書都視爲他所寫。在前文中，我們已經提出支持傳統對作者與日期之看法的理由。

　　即使本書只有一位作者，是否意味這位作者一口氣寫成全書，或是經過一段時間才寫成？如果我們採取傳統立場，視全書爲但以理一人所寫，這種合一性並不一定指他是在某一時刻裏寫完全書。但以理可能是分別在他生平的各個階段，寫下本書的內容。這樣長的時間，可以說明本書內會有不一樣的地方，但即使這卷書是在同一個時期內所寫——如他的晚年，其中仍可能出現某些差異。

　　我們大可承認，要解決合一性的問題，無法作到讓人人滿意的地步。本書雖然在語言和風格上有差異，可是在主題方面（見「神學信息」）卻是從頭到尾都一致。同一位作者寫一卷書，用一種以上的風格，對合一性並不是眞正的障礙。事實上，風格和語言的不同，並未互相阻攔。就分類而言，本書第一至六章是故事，七至十二章是異象；而一 1 至二 3 與八 1 至十二章是用希伯來文寫成，二 4 至七章則是用亞蘭文寫成。異象的頭一章（七章）又以交錯的方

式與故事相連：

表十七
但以理書中的交錯結構

二 a	三 b	四 c
四國的異象	拯救的故事	外邦的君王
七 a'	六 b'	五 c'

　　另外一個與但以理書正典合一性相關的問題，是在七十士譯本中出現的三個故事；這三個故事在基督教的聖經中沒有，可是僞經中卻有。第一則是亞撒利亞的禱告與三位青年的頌歌。所增加的這一段，與但以理書三章火爐的熬煉相關。在火爐中，亞撒利亞作了禱告，事後，這三位吟唱了一篇詩。第二則故事，是蘇珊娜追訴但以理的智慧，因爲有兩位長老試圖對蘇珊娜不軌，卻未能成功，但他們反咬她一口，告她犯了淫行，而但以理則將他們的惡意揭發出來。僞經的第三則故事是貝爾與龍。這故事也強調但以理的智慧，他揭發了巴比倫祭司的欺騙，因他們愚弄百姓，要他們相信他們的神祇眞的把獻給牠們的食物吃了。

　　這些書中的三個故事都具娛樂性，甚至有教導的目的，不過其歷史的眞實性相當不可靠。這三個故事缺乏正典但以理書那樣的主題，正如瓦茲（H. H. Watts）所說：「在貝爾與龍的故事和蘇珊娜史中，但以理並不是一位見異象者，也不是敢於冒犯外邦權勢者（如他在正典中所作的），而是一位聰明的世俗人，憑他的機智，把事情處理得當。」（Preminger 和 Greenstein 所引用，1986, 294）

神學信息

　　想到要將但以理書的神學信息作一總結，不免令人退避三舍。

畢竟，這卷書的前後兩部分似乎非常不同，而啓示的異象又極其複雜。

然而，雖然本書在神學上包羅萬象，無法盡述，可是每一章都傳出一個清楚的信息：神掌權；祂統管人類的邪惡，並且至終將勝過它。這個主題在兩部分都出現。

前面六個故事（一～六章）的環境，顯然比後半友善。經文對於外邦君王的態度，大半而言是親和的。然而，對於代表神子民的但以理和他的三位朋友，多半的故事中都有很大的威脅，甚至性命的危險；總之，被擄的陰影一直隨著這些人物。

在本書的前半，我們看見神干預這些人物所處的環境，救他們脫離危險，甚至利用他們的災難來使他們升官。但以理書第六章最突出。想要害書中英雄的，不是大利烏，而是嫉妒他的總督。他們設計，讓王不得不將但以理處死。但以理被丟到獅子坑中，而王整夜痛苦難眠。第二天，大利烏衝到獅子坑，發現但以理安然無恙。因爲神干預了，祂派天使「封住獅子的口」（六 21）。

神能止住罪惡，帶來公平。設惡謀的人想要將但以理置於死地，自己反遭處死（六 24），而王則因此事讚美但以理的神（六 26～27）。

總之，這個故事旨在教導神的子民，在面對逼迫時應當如何應對。這些故事很像約瑟和以斯帖的故事，而這兩卷書過去曾拿來與智慧文學相較。這三者顯然都將箴言所教導的作人原則，具體表彰了出來。但以理是智慧人的化身，他知道在帶敵意的君王面前如何自處。所有的聖經故事都有教訓意味（Longman 1987, 70），但以理書尤其如此。

但以理書的後半，也向活在受壓制，甚至受逼迫中的神子民說話。不過，在這裏，神的拯救比較是一種未來的盼望，而不是歷史的事實。其實在本書的前半，但以理和他的三位朋友也知道，他們的得救與伸冤可能並不會立時發生。沙得拉、米煞、亞伯尼歌說了一句意義深遠的話，表明即使會死在火爐中，他們對神依然強烈信靠：「尼布甲尼撒啊，這件事我們不必回答你。即便如此，我們所

事奉的神能將我們從烈火的窯中救出來；王啊，祂也必救我們脫離你的手。即或不然，王啊，你當知道，我們決不事奉你的神，也不敬拜你所立的金像。」（三 16～18）他們承認，他們可能會被活活燒死，不過，他們仍然相信，神會眷顧他們。他們要順服祂。

但以理在本書後半，有力地刻劃出罪惡的權勢。第七章的意象具說明意味。異象的起頭（七 2）描寫波濤洶湧的大海。在那時候，海的意象讓人想到罪惡與混亂。山代表秩序與神性，海則象徵混亂與無序、邪惡與敗壞（詩四十六）。

從海中起來一頭可怕的怪獸。它是個雜種，有獅子、鷹和人的特色。這些獸的象徵是否出自米所波大米的預言智慧（Porter 1983）、迦南的神話（Collins 1981），或是歷史性的象徵，在這裏並不重要，不過可能與三者都相關。這個象徵既為混種，就觸犯了以色列對創造秩序和食物律法的宗教良心。但最重要的是，這四頭獸代表了罪惡的權勢與恐怖。

但以理的用意，是以這些獸代表剝削神子民的外邦政權（七 17），這是無可置疑的；這些國度究竟指那幾國，歷代以來爭論不休。傳統的看法（Young）為：

第一頭獸：巴比倫
第二頭獸：瑪代波斯
第三頭獸：希臘
第四頭獸：羅馬

這似乎是最佳的安排；低估預定式預言的觀點，最主要的看法，是視這四國為巴比倫、瑪代、波斯與希臘（Rowley 1935）；不過有些福音派學者主張，希臘才是有鐵牙的那頭獸（Gurney, Walton）。

無論如何，人類邪惡權勢的可怕——尤其是政權方面，在此顯露無遺。這些大帝國都讓神的子民備嘗受壓迫的痛苦。可是但以理書七章的意象（以及但以理其他的啟示異象）告訴我們，這些邪惡

的國度會自相吞咬，沒有一國能長久。從歷史上，我們知道巴比倫落入波斯之手（由瑪代人執政）、波斯落入希臘之手，希臘落入羅馬之手。

　　至於這種可怕邪惡的源頭，但以理也昭示出來。但以理再三指出，人如何傲氣沖天。例如，我們讀到尼布甲尼撒狂言道：「這大巴比倫不是我用大能大力建為京都，要顯我威嚴的榮耀麼？」（但四30）在但以理書十一章的異象中，我們讀到將來有一位王，「自高自大，超過所有的神，又用奇異的話攻擊萬神之神。……他必不顧他列祖的神，也不顧婦女所羨慕的神，無論何神他都不顧，因為他必自大，高過一切」（十一36～37）。但以理書中的邪惡角色，都是憑傲慢行事。

　　但以理不單只將邪惡圖示出來，也刻劃出它的對手。但以理書七9突然插入轉折，畫面由混亂的大海換為神寶座的所在：

> 我觀看，
> 見有寶座設立，
> 　　上頭坐著亙古常在者。
> 祂的衣服潔白如雪，
> 　　頭髮如純淨的羊毛，
> 寶座乃火燄，
> 　　其輪乃烈火。
> 從祂面前，
> 　　有火像河發出，
> 事奉祂的有千千，
> 　　在祂面前侍立的有萬萬。
> 祂坐著要行審判，
> 　　案卷都展開了。（但七9～10）

　　這幅亙古常在者──以及下面即將出現的人子──的圖中，首先讓人注意的，是這些都不是獸像。這裏以人的形像來描繪神，視

祂為可崇敬、有智慧、有權力的審判者。這種人的意象與獸的意象成為對比，也凸顯出獸是要表達人類的罪惡。本章以及但以理書其餘各章正是要表明，這兩種國度（人的國與神的國）是何等不同。一邊是人類，他們憑著自己的驕傲拒絕了神，試圖自擁權力。另一邊則是那位從亙古常在者、人子、天使，以及不與罪惡妥協的男女。

但以理書教導，人的邪惡國度和神的榮美國度（包括義人在內），各自在天上與地上進行（十 12～14）。在但以理生活、預言的時期，神的子民正受到壓制與迫害，可是但以理預言的信息為：神的國終將得勝。這場勝利是必然的、完全的。論到這異象前半的高潮，就是說大話的小角（七 8），天使解釋道：

> 然而審判者必坐著行審判，他的權柄必被奪去、毀壞、滅絕，一直到底。國度、權柄和天下諸國的大權，必賜給至高者的聖民。祂的國是永遠的，一切掌權的都必事奉祂，順從祂。
>
> （但七 26～27）

總之，但以理的信息符合整個舊約，其實也符合整本聖經。神在與罪惡爭戰，祂必定會勝過罪。這個信息為但以理時代的忠誠以色列人帶來安慰，也同樣能安慰今天的人。

可惜，基督徒對但以理書的興趣，常集中在本書的各時期之謎。七十個「七」（九 25～27）或一千三百三十五日（十二 11～12）是否提供了年代的藍圖？但以理書真的告訴我們末日何時會到嗎？

既然這些數字出現在象徵意義極強的上下文中，新約又警告我們，沒有人知道末日的時間（可十三 32～36；徒一 7～8），因此在解釋這些數字時，我們不能過於專斷。米克森（Mickelsen 1984, 186）說得最好：「啟示時間的衡量（象徵性極高），只是為但以理和那時的百姓，提供了某些重要真理的框架，並沒有意思要講明確定的時期。」

展望新約

那麼，這卷書對基督徒有無意義？神將決定性地一次擊敗罪惡，這事在新約中實現了。耶穌在世上工作時，與撒但和惡勢力爭戰，並且以奇妙的方式，在十架上擊敗了罪的權勢（西一13～15）。

不過，這場勝利還有前景，其高潮在基督的二次再來。啟示錄就是講論這一未來的勝利，其中常引用但以理書，使這兩卷書關係密切。例如，啟示錄中最後的罪惡意象，是從海中上來的獸（啟十三），讓人想到但以理書七章從海中上來的四頭獸。更令人詫異的，是耶穌被刻劃為天上的戰士，祂來將罪惡的權勢一舉殲滅（啟十九11～21）。該書的起頭（啟一7）就引用但以理書七13，描述祂駕雲降臨。亙古常在者的特徵，也加在祂身上（啟一12～16）。

由啟示錄可以肯定，但以理書是在預言基督的再來，祂將除盡世上一切的罪惡，將祂的子民從壓迫者手下拯救出來。在但以理書的時代，這個信息安慰了忠誠的以色列人；而今天，我們這些住在一個不完全，甚至非常恐怖之世界中的人，也同樣可以從中得到安慰。

12/14/2003

何西阿書

　　何西阿書最爲人熟悉的，往往只是前三章。在這幾章中，何西阿以他失敗的婚姻爲喻，描繪以色列人與神的關係，讓讀者震驚不已。這幾章雖有一些難解之處，但何西阿的信息十分清楚，也讓人悸動：神既愛以色列，又要審判她。

　　相形之下，其餘各章（四～十四章）乃是整卷聖經中最困難的部分之一。安德生與傅理曼（Freedman）的註釋（66）中說，「在希伯來聖經中，（何西阿書）的難明段落直可與約伯記相媲美」，就這一段而言，確實不錯。

　　這些困難讓許多人對正典的這一部分裹足不前。我們不否認問題的存在，可是若因此而不去研讀何西阿書，就很可惜，因爲其中用了一些極其動人的語句，講論神與祂子民的關係。

書目

註釋

Andersen, F. I. and D. N. **Freedman** *Hosea* (AB; Doubleday, 1980); **Davies,** G. I. *Hosea* (NCB; Eerdmans, 1992); **Hubbard,** D. A. *Hosea* （TOTC; InterVarsity, 1989/中譯：赫伯特著，《丁道爾舊約聖經註釋：何西阿書》，校園，1998）; **Marti,** K. *Das Dodekapropheton* (Tübingen, 1904); **Mays,** J. L. *Hosea* (OTL; Westminster, 1969); **McComiskey,** T. "Hosea," in *The Minor Prophets: An Exegetical and Expository Commentary* (Baker, 1992) 1-237; **Stuart,** D. K. *Hosea-Jonah* (WBC; Word, 1987); **Wolff,** H. W. *Hosea* (Hermeneia; Fortress, 1965).

文章與專論

Brueggemann, W. *Tradition for Crisis: A Study in Hosea* (John Knox, 1968); **Buss,** M. J. "Tragedy and Comedy in the Latter Prophets," *Semeia* 32 (1984): 71-82; **Daniels,** D. R. *Hosea and Salvation History* (De Gruyter, 1990); **Day,** J. "Pre-Deuteronomic Allusions to the Covenant in Hosea and Psalm LXXVIII," *VT* 36 (1986): 1-12; **Emmerson,** G. I. *Hosea: An Israelite Prophet in Judean Perspective* (JSOT, 1984); **Fensham,** F. C. "The Marriage Metaphor in Hosea for the Covenant Relationship Between the Lord and His People (Hos. 1:2-9)," *JNWSL* 12 (1984): 71-78; **Forseth,** P. A. "Hosea, Gomer, and Elective Grace," *Reformed Journal* 35 (1985): 15-18; **Hall,** G. "The Orgin of the Marriage Metaphor," *HS* 23 (1982): 169-71; **Janzen,** J. G. "Metaphor and Reality in Hosea 11," *Semeia* 24 (1982): 7-44; **Kaiser,** W. C., Jr. "Inner Biblical Exegesis as a Model for Bridging the 'Then' and the 'Now' Gap: Hos. 12:1-6," *JETS* 28 (1985): 33-46; **Kruger,** P. A. "Prophetic Imagery: On Metaphors and Similes in the Book of Hosea," *JNWSL* 14 (1988): 143-51; **Mays,** J. L. "Response to Janzen: Metaphor and Reality in Hosea 11," *Semeia* 24 (1982): 45-51; **McKenzie,** S. "The Jacob Tradition in Hosea XII 4-5," *VT* 36 (1986): 311-22; **Peckham,** B. "The Composition of Hosea," *HAR* 11 (1987): 331-52; **Rowley,** H. H. *Men of God* (London, 1963), 65-73; **Weems,** R. J. "Gomer: Victim of Violence or Victim of Metaphor?" *Semeia* 47 (1989): 87-104; **Wyrtzen,** D. B. "The Theological Center of the Book of Hosea," *BibSac* 141 (1984): 315-29; **Yee,** G. A. *Composition and Tradition in the Book of Hosea: A Redaction Critical Investigation* (Scholars, 1987).

歷史背景

日期與作者

乍看之下，何西阿書的日期與作者，似乎是件相當明確的事。本書的標題語稱作者為「備利的兒子何西阿」，並且以典型的方式提供了日期的資料，就是說明他工作期間誰在作王：那時「烏西雅、約坦、亞哈斯、希西家作猶大王」，「約阿施的兒子耶羅波安作以色列王」（一 1）。

可是，一旦將這幾句話套入我們的年代系統，問題就出現了。這個標題語雖然將何西阿的生平與工作，牢牢地放在主前第八世紀，可是若要再準確一點來看，就明顯有矛盾與困難。

例如，對於耶羅波安二世究竟治理到何時，頗有爭議（Hubbard 1989, 22-23），這與如何處理比加的作王時間有關（例如，他作王時，有多長時間單獨統治整個北國，有多長是共同攝政時期）。無

論如何，對耶羅波安二世政權結束的時間，看法大致在主前七五三
至七四六年之間。

南國猶大諸王的治理時間比較明確。烏西雅於主前七九一年登
基（耶羅波安二世大約於七九三年於北國即位），而希西家王死於
主前六八七／六年。當然，何西阿作先知不可能長達百年之久，而
從內證間接來看，他開始工作是在耶羅波安治理的晚期，而工作的
結束則在希西家王的早期（他於主前七一五年作王）。

因此，這標題語告訴讀者，何西阿的活躍時期約在主前七五〇
至七一五年。他屬小先知中最早的一批（與阿摩司和彌迦同時）。
以賽亞則是主前第八世紀先知中的最後一位。

問題與不同的觀點

有些人反對聖經所陳明何西阿書的寫作情形，在討論與本書相
關的歷史背景之前，我們必須先思考這些意見。

有人認為，標題語中已經暗示，本書是綜合作品。何西阿顯然
是北國的先知（以下我們將說明），他的預言主要是針對北國。這
個觀察使人起疑，為何本書會以南國諸王來註明日期，而且在結束
的時間上，南方的名單又與北方不符。此外，書中偶爾會提到猶
大，有人主張這是後來的編輯加進何西阿書中的資料。艾默森（Em-
merson 1984, 56-116）列出直接論到猶大的地方（一 7，二 2，四
15，五 5、10、12、 13、14，六 4、11，八 14，十 11，十二 1、
3），和惟一提到大衛王之處（三 5），並加以討論。他的看法讓許
多批判學者信服，認為本書後來經過猶大式的增修，例如：「它的
出處為北國，它的傳流歷史則大半在猶大。」（Emmerson 1984, 1）

批判學者最注意的，是針對猶大的拯救神諭。從前曾有人主
張，何西阿的拯救神諭不真實（如 Marti 1904），理由只因一種偏
見，即：眾先知並未傳出盼望的話；如今這種見解已經過時。然而
卻有一種思想認為；何西阿的預言在南方流傳，而該地跟隨他的
人，將這些信息應用在自己的處境當中，因此他的預言隨著時間而
增添。

　　有關這方面，必須進入詳細的經文探討（諸如註釋書），在個別經文的層面上，才能眞正辯論；在這裏必須聲明，這類批判式的結論，大大限制了先知對未來的異象（審判與盼望），以及對神所有子民（北國與南國）的關切。近日批判學界對作者問題比較開放，認爲本書大部分爲何西阿書所寫。借用安德生和傅理曼的話（1980, 59, 與 Wolff 類似）：「我們相信，本書主要是一個人寫成，而經文基本上是可靠的。」

　　儘管如此，仍然有一種可能，即追隨這位先知的忠誠後人，在先知過世幾十年之後，看到南國的情形有類似之處，而將有關猶大的事插入在經文中。這可以說明，經文中爲何有時會突兀地出現猶大的情形。[1] 這種增添是本卷聖經寫作的過程，對於經文的正典權威，卻一點都沒有妨礙（類似五經的資料更新，參 41～42 頁）。

歷史時期

　　因此，何西阿的先知工作，大約始於北國耶羅波安二世的末期、南國烏西雅的時期，而於南國希西家王的早期結束。

　　由此觀之，他工作的開始，正逢北國與南國都十分興盛，並向外擴張之際。亞述正爲自己的北界與東界煩惱（受到烏拉圖人的侵犯），亞蘭人也積弱不振（Davies 1992, 26）；因此以色列不像以往一樣，常感受到從北方而來的壓力（王下十四 25）。與何西阿同時的阿摩司，在預言中也提到，國內的繁榮，並沒有讓百姓對雅巍更忠誠，反倒使他們愈發不敬虔，濫用各種權利（摩三～六章）。

　　何西阿的焦點在北國，而耶羅波安二世之後，政局急速惡化。赫伯特（Hubbard 1989, 24-25）將這段歷史作了簡短的摘要；「在耶羅波安去世之後，以色列一直落在王朝不穩定的陰影之下，三十年間換了六位王，其中三位只統治不到兩年，四位被暗殺（王下十五；何七 7，八 4，十 3，十三 9～11），而第五位被廢掉（王下十七 4～5）。」耶羅波安二世之後的時期，亞述重新振作，大有力量，向外侵略，首先由提革拉毘列色三世帶領（主前 745-727 年），後來則由撒縵以色五世率軍，他的出征，導致北國於主前七二二年

完全亡於亞述。

但在最後的失敗之前，北國與南國之間起了一場重要的衝突，這件事對何西阿書影響深刻。

正如前面所提，耶羅波安二世去世之後不久，提革拉毘列色就向西侵略。頭一次在主前七三八年，他拿下哈馬特。這使得敘利亞與巴勒斯坦大為不安，因為以色列和敘利亞的王知道，亞述帝國的興趣不會止於哈馬特。然而，敘利亞的利汛和以色列的米拿現試圖以納貢來緩和侵略（王下十五 19～20）。

四年之後，提单拉毘列色三世才再度西進，那時反亞述的比加暗殺了米拿現的兒子比加轄，篡位作王（王下十五 23～25）。

他和敘利亞的利汛決定不再隸屬於亞述。有人認為，他們期待埃及的支援，這事仍有爭議，不過，他們要猶大合作則是必然的；那時的猶大王是亞哈斯。

因為亞哈斯拒絕加入聯盟，比加和利汛就出兵，要勉強他加盟（約主前 735 年）。這場戰爭通常稱為敘利亞－以法蓮之戰（王下十六 1～9；代下二十八 5～7；賽七 1～八 22；彌七 7～20），由於邊界告急，亞哈斯求助於提革拉毘列色三世，救他脫離北方緊鄰的威脅。亞述王征討北國（約 733 年），擄去了一部分人口，並指派親亞述的何細亞為北國的王。這場戰爭規模雖不大，卻使猶大政局愈來愈受制於外國，因為提革拉毘列色三世不會白白出兵幫助（王下十六 7～8）。

何西阿有幾則神諭可以和這些歷史事件相連，[2] 我們在此只提一兩個例子（更詳盡的討論，見 Hubbard [1989, 25]和 Davies [1992, 28-29]）。例如，本書的開始有一則預言，說耶和華「再過片時，必討耶戶家在耶斯列屠殺的罪」（一 4）。這則神諭可以定在耶羅波安二世的時期，預料耶戶家的結束，因耶羅波安的兒子撒迦利亞，成了這個王朝的最後一位王，他被沙龍所弒（王下十五 8～12）。戴維斯（Davies 1992, 28）也主張，二章 2～5 節、8～13 節，四章 1～19 節，十二章 2～10 節都屬於經濟繁榮、信仰不虔的這段早期。

從這一些神諭及其他記載看來，要了解何西阿的工作，最好是從主前第八世紀下半，發生的歷史事件亮光中來詮釋。

何西阿其人

除了本卷書的標題語之外，何西阿再沒有其他的資料；標題語以典型的父名方式介紹他爲「備利的兒子」（一1）。

至於他的個人資料，我們惟有從本書的前三章得知一些；不過，連這一點也有許多爭論。這幾章的主題或信息並沒有人置疑。由先知的神諭可知，以婚姻來比喻神和祂子民的關係，這種震撼人心的用法很早就已出現（見「神學信息」）。以色列對她神聖伴侶的不忠，由何西阿的妻子反映出來。這個問題婚姻所生子女的名字，代表雅巍和以色列之約的破裂（一5、6、9）。

問題在於比喻和歷史的關係，以及第一至三章描寫的婚姻關係之細節。

經常有人指出，這些經文讀來像典型的歷史故事——連採用不同結論的人也如此認定。問題出在：若按經文直接來看，會讓人以爲神命令何西阿去娶一位淫婦。神的命令爲：「你去娶有淫行的妻（NKJV：「娶淫婦爲妻」），收那從淫亂所生的兒女。」（一2）新國際本聖經（NIV）的翻譯已經帶有解釋意味，它選用的譯法，與經文的歷史讀法稍有不同。換言之，神並沒有命令何西阿去娶一位妓女，而是說，他所娶的婦人有淫蕩的傾向，以後會背叛他而行淫。如此，神並沒有下一道讓許多註釋家覺得不道德的命令。

批判學者和保守派學者，同樣感受到這個問題的張力。有人嘗試用其他方式解決。歷代以來大家一向認爲，從經文本身雖然看不出明確的記號，但它必須解讀爲一則象徵性事件，或一個異象，而非歷史事實（近日主張這看法的，有 Gressmann 1921 和 Young *IOT*, 253）。司圖特（1987, 11）也嫌歷史觀不妥，他主張，歌篾作妓女的性質，應當與所有以色列人相同，亦即，她是拜偶像的人。不過，即使這樣主張，似乎也不能說神的作法很好。雖然祂沒有命令先知去娶一個犯了第七誡的婦人，但卻要他娶犯了第一、第二條誡

的人。渥爾夫（Wolff）提出的辦法最有創意，他不認為歌篾是街上的妓女，也不認為她是廟裏的妓女，而說她只是參與在迦南人新婦的儀式中，其中包含了宗教性的交合儀式（Wolff 1974, xxii；亦見 Fensham 1984）。

對這個問題，我們無法提出肯定的答案。司陶特說，這幾章的用意，並非要提供我們何西阿的傳記資料，這話誠然不差（1987, 11）。雖然如此，在此必須重新強調，若直接讀經文，最自然的結論，就是何西阿奉神之命去娶一位行淫的婦人，以象徵神與以色列的關係。如果單單因為我們認為這命令有道德問題，就撇棄這種讀法，在方法上有危險；下文會對此提出質疑。聖經中，神只曾命令祭司不可以娶淫婦，並沒有命令其他人不可如此（見 Hill 與 Walton *SOT* 362，引用利二十一 7、14）。[3]

儘管有這一切問題，我們不應該忘記，這一段清楚的教訓為何。何西阿與歌篾的婚姻（無論是歷史、象徵、比喻或異象），被神用來表達祂對與祂立約之民的憎嫌與愛（見「神學信息」）。

12/17/2003

文學分析

文體與語法形式

何西阿書是預言，就是神諭的收集。本書的標題語註明了這種文體，稱它為「雅巍的話」（一 1）。

全書大部分是詩體，只有兩大段是散文的神諭（一 2～二 1 和三 1～5）。一般認為，詩體的神諭原本是口述的，不過這無法確定。無論是否如此，這件事對於本書的解釋沒有重大影響，除非認定先知原初口述的話才具權威，而文字的形式卻沒有這樣的價值；但這觀點是錯誤的（Yee 的辯駁很正確，27-50）。

何西阿書第一至三章的神諭，比四至十四章容易解明（見「結構」）。例如，何西阿書一 2～9 顯然是審判的話（更準確地說，是用先知的自傳當作審判的信息），而一章 10 節至二章 1 節則是拯救

的話。

　　至於何西阿書四至十四章，要從語氣上分辨究竟是在說拯救還是審判並不困難，但若要將每一則神諭區分出來，就困難得多。何西阿書缺少引介語（如「雅巍如此說」，或其他預言的結尾模式）。要分辨特殊性質的神諭，如審判的神諭，也不容易，不過渥爾夫強調，何西阿的言論中充滿律法用語（Wolff, xxiii-xxiv），此言不差。

　　還有一點值得注意，就是以第一人稱論神（神發言）和第三人稱論神（先知發言）的區別，不過戴維斯的看法很正確，他指出，這兩者的轉換相當微妙，可見何西阿與神緊密認同。

結構

　　何西阿書的結構很難。頭三章很容易分爲大段，而且多數註釋家看法一致，但是後面十一章只能分出大綱。我們必須承認，任何一種大綱都無法完全捕捉，本書預言迅速與微妙的轉換，因此只能視爲初讀的指南。

　　每個人都同意，何西阿書一至三章和四至十四章是兩個大段。第一部分主要是婚姻的類比，而第二大段中則用了許多意象。

　　也有人主張，十一與十二章之間還可以分段，使得四至十四章之間呈現審判與盼望的兩個循環，很像第一部分中兩度從審判（一 2～9，二 2～13）轉到盼望（一 10～二 1，二 14～三 5；這裏又可以再分爲兩則拯救的神諭：二 14～23，三 1～5）。還有學者看出何西阿的三段分法，如渥爾夫（1974, xxix-xxxii）和易儀（Yee 1987, 51）。

標題語（一 1）	
一、一 2～三 5	何西阿的問題婚姻反映出神與以色列的關係
1. 一 2～二 1	何西阿、歌篾和他們的兒女
1）一 2～9	先知以行動預表審判

文學體裁

　　前面曾提到，本書主要是詩體，不過有兩段是散文（一 1〜二 1 和三 1〜5）。[4] 而全書最主要的詩體性，在於使用隱喻和明喻。

　　這些意象依據所指的對象（神或以色列），可以分爲兩大類。另外一種劃分法，是看神對以色列的態度爲正面，抑或負面。

　　例如，神是忌邪的丈夫（二 2〜13）、痛心的牧人（四 16）、毀壞衣物的蛀蟲或可憎的腐蝕物（五 12）、掠奪的獅子（五 14，亦參十三 7〜8）、捕鳥的網（七 12）。可是，另一方面，祂亦是赦免的丈夫（三 1〜5）、治療的醫師（六 1〜2）、甘雨（六 3）、慈愛的父母（十一 3〜4）、保護的獅子（十一 10〜11）、甘露（十四 5）和青翠的松樹（十四 8）。

　　全書對以色列的描述，是以北國爲主，但偶爾也將南國包括在

內；最常出現的為不忠的妻子（一2～9，三1～5，九1）。其餘對以色列帶地方性色彩的形容，計有：快速消失的晨霧（六5）、火爐（七4～7）、愚蠢的鴿子（七11）、翻背的弓（七16）和野驢（八9）。

神將加給以色列的審判，則像收割暴風（八7）、水面的沫子滅沒（十7）、加軛於不馴的母牛犢（十11）。

其他的文學技巧也支持這些意象，其中最重要的或許是文字遊戲。何西阿的孩子名為「耶斯列」，因為神將追討耶戶家在耶斯列所犯的罪；「羅路哈瑪」（「不蒙憐憫」），因為神將不再憐憫以色列；「羅阿米」（「非我民」），因為祂不再視以色列為祂的子民。還有一個文字遊戲也值得注意，就是「以法蓮」（'eprayîm）、野驢（pr'）和不結果子（pry）。

神學信息

何西阿是一卷深奧的書，很難作總結。先知用極多的隱喻刻劃神和祂子民的關係，這裏只能舉一些來談。

聖約

何西阿的信息是以聖約（尤其是摩西之約）為依據與動機，這點與所有先知都一樣（見 Brueggemann 1968）。我們同意司陶特的說法（1987, 6-7）：「要了解何西阿書，必須先了解西乃之約。本書內一系列的祝福與咒詛，是神透過何西阿向以色列說的。每一項祝福或咒詛，都有摩西的律法為根據。」

司陶特將何西阿的許多審判講論，和聖約中的咒詛對照來看。其中一個例子，是他對何西阿書四10～11上的分析（按他的翻譯）：

> 他們將吃而不得飽；
> 他們將行淫而不得後；
> 因為他們棄絕雅巍，推崇淫行。

　　他認為，這段審判的講論是源自聖約中「饑荒與不孕」的咒詛，並引用申命記二十八 17～18 和三十二 24～28 來支持；這見解相當正確。

　　偶爾何西阿在信息中，會直接講到聖約的角色。以色列人既然違約，就必經歷審判（六 7，八 1）。

何西阿的婚姻

　　前面（「何西阿其人」）我們曾提到，何西阿的婚姻被用作一種象徵，具神學含義。何西阿奉命娶一位婦人，她的不貞代表了以色列對神的不忠。聖經用人間的婚姻來比擬神人之約的親密，何西阿是最早這樣寫的作者之一；而這個比方在聖經中一直不斷沿用（見下文「展望新約」部分）。

　　其實，世上只有兩種關係應當具排他性，就是婚姻與約。這兩種關係都不容許第三者插入。因此，歌蔑的淫亂可以代表以色列在宗教上的淫亂。

　　在前三章中，何西阿充分發揮了問題婚姻與拜偶像之間的關係，而全書其他部分也提到這一點（見六 10，七 4，九 1）。

審判與拯救

　　聖約既以婚姻為象徵，在這個基礎之上，神的審判便臨到不順服的以色列，而對神未來會拯救的盼望，也由此而生（見前文「結構」部分）。

　　以色列的不順服，在許多方面都表現出來，不過最主要的是背道。他們不敬拜真實的神，卻以偶像來取代（尤其二 7，四 1～13，五 11，八 6，十三 2）。以色列的領袖更是帶頭走偏：祭司（四 6，五 1，六 9，十 5）、先知（四 5）和政治領袖（五 1、10，七 3～7，九 15）。因此，神的「民因無知識而滅亡」（四 6）。他們對神缺乏信心，也可以從外交上看出：他們只想和外邦結盟，來解決鄰國的威脅，卻不信賴這位全權的神會保護他們的應許（五 13，七 8～10，八 9）。

　　神警告說，他們會受到嚴厲的處罰。在文學體裁部分，我們已經列出何西阿描寫將臨之審判的隱喻。還有一則隱喻來自以色列的歷史傳統。[5] 何西阿把將臨的審判描繪成回到曠野。他們會再度遠離神而流浪（二 14）。回顧歷史，當北國諸支派於主前七二二年被亞述所敗，他的預言第一度應驗，而主前五八六年巴比倫完全治服猶大，毀掉聖殿，將大部分百姓擄走，這預言又再度應驗。

　　不過，何西阿的審判信息，又爲未來的盼望所遮掩。在全書最深刻的一段話中，何西阿描寫神爲了祂的子民，心中的起伏何等強烈：

> 以法蓮哪，我怎能捨棄你？
> 以色列啊，我怎能棄絕你？
> 我怎能使你如押瑪？
> 怎能使你如洗扁？
> 我回心轉意；
> 我的憐愛大大發動。
> 我必不發猛烈的怒氣，
> 也不再毀滅以法蓮。
> 因我是神，並非世人——
> 是你們中間的聖者。
> 我必不在怒中臨到你們。（何十一 8～9）

　　神不會永遠讓祂的子民淪落在審判與被擄之下。祂將讓以色列經歷第二次出埃及（二 14～15）。最後，祂將醫治以色列背道的病，並在這地上重新建立他們（十四 1～9）。

展望新約

　　首先，新約中引用何西阿書的地方不多，但卻意義深長。保羅（羅九 25）和彼得（彼前二 10）都引用先知孩子的名字，從負面轉

到正面，來支持他們的理論，即，外邦人如今已成為神子民的一部分。何西阿用擬人化說法向死（也許代表迦南的神祇莫特）發出譏嘲：「死亡啊，你的災害在哪裏呢？陰間哪，你的毀滅在哪裏呢？」（十三 14）保羅則用這句話來頌讚基督勝過死亡（林前十五55）。最後，也是最困難的，是馬太福音二 15 對何西阿書十一 1 的引用（「以色列年幼的時候，我愛他，從埃及召出我的兒子來。」），說這是預言耶穌將到埃及作短暫停留，然後再回來。

　　不過，要了解這件事，必須明白新約的看法，即耶穌是神公義的兒子，祂不像以色列人，乃是全然順服祂的天父。因此，福音書——尤其是馬太福音——大部分都在反映出埃及的事（見 Stock, Dennison）。

　　最後，我們要提一個題目，這是始自何西阿，延及其他先知（特別是耶利米與以西結），並一直伸展到新約的，即：人類的婚姻為神人之約的一面鏡子。以弗所書五 22～33，是從基督徒的角度對這個題目最徹底的發揮。

12/17/2003

備註：

1 例如，十二 2 提到猶大，讓人注意到它與本節第二部分雅各的平行，以及其相關的上下文。所以我們贊同艾默森的看法（1984, 64）：「這裏以猶大來代替以色列，使得審判的預言可以用在新的情境中。」
2 有些學者對將神諭和歷史事件相連很樂觀（見 Wolff 1974），有些則不然（Andersen and Freedman 1980, 35），我們應當注意其差異。
3 由於篇幅所限，與何西阿婚姻有關的問題，在此無法詳談，例如，第一與第三章中兩婦人的關係，以及第二章是否為故事的延續，還是以比喻的方式來講這一實際婚姻。詳細的探討，見 Rowley, Stuart, McComiskey, Andersen and Freedman 等。
4 這句話稍嫌簡略，因為有人主張，何西阿的詩中有時包含一些散文的成分。例如，Andersen 和 Freedman（1980, 60-66）在書中將這些成分作了數據分析，而下結論說，本書無法清楚分類為詩體或是散文。
5 由於篇幅所限，本書無法詳述何西阿對以色列歷史傳統的運用，這方面可以參考 D. R. Daniels。

約珥書

約珥書的標題語（一 1）聲明，作者為毘土珥的兒子約珥；這位先知再無其他資料。雖然舊約中還有十幾個人名叫約珥，但無法肯定其中任何一位會是這位先知。由標題語未提供其他資料看來，約珥在當時應當廣為人知，所以不必再聲明他是哪一位。這位先知或許住在耶路撒冷近郊，因這是本書的背景。由於他對聖殿很熟悉，又關心在那裏的敬拜，有些人認為他是禮儀或聖殿的先知（Kapelrud, Ahlström）。

書目

註釋

Allen, L. C. *The Books of Joel, Obadiah, Jonah, and Micah* (NICOT; Eerdmans, 1976); **Bewer,** J. A. *The Book of Joel* (ICC; T. & T. Clark, 1911); **Bič,** M. *Das Buch Joel* (Berlin: Evang. Verlagsanstalt, 1960); **Craigie,,** P. *Twelve Prophets,* vol. 1 (DSB; Westminster, 1984); **Dillard,** R. B. *Joel*, Baker Commentary on The Minor Prophets: (Baker, 1992); **Jones,** D. R. *Isaiah 56-66 and Joel* (TBC; SCM, 1972); **Keller,** C. A. *Joël, Abdias, Jonas* (CAT 11a; Neuchâtel: Delachaux et Niestlé, 1965); **Kline,** M. G. *Images of the Spirit* (Baker, 1980); **Romerowski,** S. *Les livres de Joël et d'Abdias* (CEB; Vaux-sur-Seine: Édifac, 1989); **Rudolph,** W. *Joel, Amos, Obadia, Jona* (KAT 13/2; Gütersloh: Mohn, 1971); **Stuart,** D. *Hosea-Jonab* (WBC 31; Word, 1987); **Watts,** J. D. W. *The Books of Joel, Obadiah, Nahum, Habbakuk and Zephaniah* (CBC; London: Cambridge University Press, 1975); **Weiser,** A. *Die Propheten Hosea, Joel, Amos, Obadja, Jona, Micha* (ATD 24; Göttingen: Vandenhoeck und Ruprecht, 1979); **Wolff,** H. W. *Dodekapropheten: Joel* (BKAT 14/5; Neukirchen: Neukirchen Verlag, 1963); idem. *Joel and Amos,* trans. W. Janzen et al. (Hermeneia; Fortress, 1977).

專論與文章

Ahlström, G. W. *Joel and the Temple Cult of Jerusalem* (VTSup 21; Leiden: Brill, 1971); **Baron,** S. *The Desert Locust* (Scribner, 1971); **Baumgartner,** W. "Joel 1 and 2," in *Karl Budde zum siebzigsten Geburtstag,* ed. Karl Marti (*BZAW* 34; Giessen, 1920): 10-19; **Bourke,** J. "Le Jour de Yahve dans Joel," *RB* (1959): 5-31, 191-212; **Evans,** C. A. "The Prophetic Setting of the Pentecost Sermon," *ZNW* 74 (1983); **Freund,** Y. "Multitudes, Multitudes in the Valley of Decision," *Beth Mikra* 65 (1975): 271-77; **Gray,** G. B. "The Paralle Passages of Joel and Their Bearing on the Question of Date," *Expositor* 8 (1983): 208-25; **Kapelrud,** A. S. *Joel Studies* (Uppsala: Almqvust och Wiksell, 1948); **Keimer,** L. "Pendeloques en forme d'insectes faisant partie de colliers égyptiens," *Annales de Service des Antiquités de l'Egypte* 32 (1932): 129-50; 33 (1933): 97-130; 37 (1937): 143-64; **Kerrigan,** A. "The Sensus Plenior of Joel III: 1-5 in Act.II: 14-36," *Sacra Pagina* 2 (1959): 295-313; **Kutsch,** E. "Heuschreckenplage und Tag Jahwes in Joel 1 und 2," *TZ* 18 (1962): 81-94; **Myers,** J. M. "Some Considerations Bearing on the Date of Joel," *ZAW* 74 (1962): 177-95; **Ogden,** G. "Joel 4 and Prophetic Response to National Laments," *JSOT* 26 (1983): 97-106; **Prinsloo,** W. S. *The Theology of the Book of Joel* (*BZAW* 163; Berlin: Walter de Gruyter, 1985); **Reicke,** Bo. "Joel und seine Zeit," *ATANT* (Fs. Walter Eichrodt): 59 (1970): 133-41; **Rudolph,** W. "Wann wirke Joel?" *BZAW* 105 (1967): 193-98; **Sellers,** O. R. "Stages of Locust in Joel," *AJSL* 52 (1935-36): 81-85; **Stephenson,** F. R. "The Date of the Book of Joel," *VT* 19 (1969): 224-29; **Thompson,** J. A. "The Date of Joel," in *A Light Unto My Path,* Fs. J. M. Myers; ed. A. Bream, et al. (Philadelphia: Temple University Press, 1974); idem. "Joel's Locusts in the Light of Near Eastern Parallels," *JNES* 14 (1955): 52-55; idem. "The Use of Repetition in the Prophecy of Joel," *On Language, Culture, and Religion,* Fs. E. A. Nida; ed. M. Black (Hague: Mouton, 1974): 101-10; **Treves,** M. "The Date of Joel," *VT* 7 (1957): 149-56; **Whiting,** J. D. "Jersualem's Locust Plague," *National Geographic* 28, 6 (1915): 511-50.

歷史背景

約珥書的大綱可以略述如下：

標題語（一 1）

一、蝗蟲之災：眼前的災難（一 2～20）

　　1. 這災的效果與程度（一 2～12）

　　　1) 長老與居民（一 2～4）

　　　2) 醉漢（一 5～7）

　　　3) 祭司與農夫（一 8～12）

　　2. 到聖殿禁食禱告的呼籲（一 13～14）

　　既然我們對先知一無所知，就只能考查本書的內證，來判斷他
所處時代的社會、宗教、政治、文化狀況，希望能由此得知本書寫
作日期和動機的線索。

　　1. 多數人同意，本書是在某次蝗災之後寫的（一章）。不過，
這類災害或許相當普通；即使在歷史上有這類事的記錄，我們也無
法定出本書所記載的是哪一次。

2. 由本書可見，聖殿已經存在，其活動相當正常（一 9、13～16，二 15～17），因此，寫作日期不可能在主前五八六與五一六年之間，對這一點可以有把握。

3. 書中提到幾個國家，主要是雅巍將報復的一些仇敵（腓尼基、非利士、埃及、以東、希臘和示巴——第三章［MT 四章］）。然而，這幾國大半歷代以來都是以色列的仇敵；若將本書的日期定在這些仇敵活躍的時期，似乎不太可能。從亞述的資料來看，希臘與地中海東部各國的貿易（三 6［MT 四 6］），早在第八世紀就有記錄。雖然示巴人第五世紀在東方的貿易路線上稱霸（三 8［MT 四 8］），可是他們在所羅門的時代就已經積極從事貿易（王上十；代下九）。

有關這方面，讓人注意的，不是這些出現的名字，而是沒有提到的各國。我們立刻就看出，其中沒有亞述或巴比倫，而這兩個軍事強國征服了以色列和猶大，對他們影響巨大。由此可見，本書或是寫於亞述的勢力擴及地中海（主前第八世紀中葉）之前，或是寫在巴比倫傾倒（主前第六世紀末葉）之後。

4. 這卷書顯示，領導民眾的是長老與祭司（一 2、13，二 16）；這裏沒有提到君王或王室官員。由此亦可推論，在這個時期沒有王朝（被擄歸回後），或王室的角色很微弱（如第九世紀末葉幼年的約阿施——王下十一～十二章；代下二十三～二十四章）。

5. 另外一個來自書中未提事件的理論，因為其中沒有講到北國。稱猶大為「以色列」（二 27，三 2、16［MT 四 2、16］），多半是假定北國諸族已經被擄（主前 722 年）；被擄歸回的著作中，也常稱呼猶大為「以色列」。

6. 約珥和其他先知書在用詞和觀念上，相同的地方很多。這可以有幾種解釋：(1) 約珥也許大量採用從前先知的文字，或(2) 他的預言對後人有重大影響，他們常引用他的話，或(3) 約珥常用的，是流通的先知片語集，他並沒有倚賴某些人的作品，或(4) 每一處引用的話都必須個別衡量，來決定是約珥借用他人，還是別人借用他。多數人認為，乃是約珥倚重較早的經文（參 Gray 1893）。

7. 本書的神學概念也可作為判斷寫作日期的參考。神並沒有一下子就將自己完全啟示給以色列，而是將祂與以色列之關係的性質，透過先知、經過一段時間、逐漸啟示出來。許多時候，我們可以找出某些題目、要義或意象，隨著時間的過去而逐一使用，並經變遷，以致某個觀念的發展可以用時間順序呈現出來。約珥描寫，列邦聚集，要與雅巍爭戰（三9～17 [MT四9～17]），這觀念主要出現在較晚的文字中（結三十八～三十九；亞十二1～5，十四1～7;參賽六十六18）。聖殿中有泉源流出的形容（三18 [MT四18]），在以西結書四十七1～12和撒迦利亞書十四3～8中都有。雖然這幾個例子都是取自聖經文字較晚的時期，但也有可能它們是倚賴較早的資料；因此，這個證據亦很難斷定約珥書的日期。

8. 早期學者常認為，內文提到城牆（二7、9），暗示本書的日期是在尼希米建完城牆之後。現在這個論點多半已不被採納。雖然耶路撒冷的城牆破壞得很厲害（耶五十二14；王下二十五10；代下三十六19），可是在尼希米時，重修的是城牆**破裂之處**（尼二13，三8，四1），顯示主前五八六年城毀之時，城牆並非全然拆平；而如果城牆完全沒有了，尼希米和他的同工不可能僅用五十二天就完成工作（尼六15）。阿爾斯壯（Ahlström 1971, 114-15）將尼希米記二7、9提到的牆，和耶利米書四十一5提到的聖殿作比較，雖然聖殿已被摧毀，個人還可以帶貢物到「耶和華的殿」去；整個建築雖然被毀，但仍有一部分殘留，讓人可以認出是聖殿，在這種情況下提到聖殿，並不意味它已被重建。

9. 文中提到猶太人被分散到周圍各地方（三1～2 [MT四1～2]），或許暗示被擄歸回的日期，不過這類分散的作法，並不限於巴比倫而已（亞一18～21 [MT二1～4]）。亞述人也經常採取移置百姓的政策；西拿基立的年代誌中記載，他已經制伏猶大，將一大批人遷離，因此提到分散，並不一定指巴比倫的侵略。

10. 從文體與用語的日期來立論，也泰半無功。約珥書有許多用語和聖經晚期的經卷相似，可是我們沒有充分的資料可以判斷，這些特色是否為希伯來文晚期的發展，還是僅只巧合而已。以用語作

理由，只能作其他主張的支持理論之一，可是我們缺乏足夠的整體理由，所以沒有信心可以這樣運用。許多人認為是晚期的用語特色，卻遭到加普路德（Kapelrud 1948, 86-87, 111-12）和阿爾斯壯（1971, 1-22）的反駁。

11. 約珥書在希伯來正典中，是列在主前第八世紀的先知何西阿與阿摩司中間，許多人認為這可以作為日期的指標；但是在七十士譯本中，約珥書是放在彌迦之後。它在何西阿與阿摩司中間的位置，可能是因阿摩司書一 2、九 13 與約珥書三 16、18（MT 四 16、18）類似，而且阿摩司和約珥都提到推羅、非利士與以東（Allen 1976, 21）。

12. 全書並沒有對混雜的崇拜或敬拜外邦神祇提出指責，而在被擄之前，先知卻常控訴這件事；這個理由，雖然又是出於書中沒有提到的事，不過仍值得注意。約阿施的時期，偶像崇拜稍受壓制，不過若約珥書寫於那個時代，至少應當會提到這方面，尤其本書講論的是降雨和繁殖，而那些講究繁殖的宗教，和以巴力為風暴之神的地區，特別看重這些事。加普路德（1948）試著從迦南地繁殖宗教的背景，來解釋約珥對這方面的關注，但是他的嘗試並不讓人信服。

綜覽為判斷約珥書日期所提出的各種主要證據，可以發現仍然無法下定論，不過可以說，整個證據比較偏向被擄歸回之後的日期。在學界的研究歷史中，曾有許多人對日期提出建議。以下所列的，是好些學者的意見；至於詳細的討論，請參考普林斯盧（1985, 5-8）和亞倫（Allen 1976, 19-24）的書：

* 第九世紀，約阿施時期：K. A. Credner, G. C. Aalders, E. J. Young, M. Bič
* 第七世紀末：A. S. Kapelrud, C. A. Keller, K. Koch
* 第六世紀初：W. Rudolph
* 第六世紀末到第五世紀中葉：W. F. Albright, J. M. Myers, B. Reicke, G. Ahlström, L. Allen

* 第五世紀末到第四世紀中葉：A. Weiser, W. Wolff, J. A. Bewer, F. R. Stephenson
* 第三世紀初：M. Treves
* 第二世紀：B. Duhm

司陶特（1987, 226）將本書的寫作動機，與亞述或巴比倫於主前七○一、五九八，或五八八年的入侵相連。

儘管德里慈認為，「杜麥、墨克斯（Merx）、司泰得（Stade）等人，將約珥書的日期拉到被擄歸回之後，這是批判法最糟糕的果子」[1]，不過，阿爾斯壯、麥爾斯（Myers）和亞倫的立場與理由，似乎是對以上證據最佳的處理。

文學分析

約珥書如此難定日期，也反映出本書的另一個重要特色。有些特點顯示，整體而言，約珥書或許是儀式用經文，適用於全國遭災的時刻，至少也是歷史上某一次發生這類事件時，所用的哀歌之例。

有些詩篇似乎特別是為這種情景而寫，也有幾則故事提供了這種作法的例子。每逢遇到自然災害或軍事威脅，(1)百姓通常會被召集起來，在聖所禁食（珥一 13～14，二 15～17；參代下二十 3～4；王上二十一 9～12；賽二十二 12，三十二 11～14；拉八 21；耶三十六 8～10，四十九 3～6；拿三 7～8），而(2) 他們會藉禱告將苦況向神陳明，並提醒祂過去曾如何施恩（珥一 2～12、15～20，二 1～11；參代下二十 5～13；詩十二 1～4，六十 1～5，八十五 1～7），並且(3) 從神得到祝福或咒詛的回答（珥二 12～三 21[MT 四 21]；參代下二十 14～17；詩十二 5～6、六十 6～12，八十五 8～13）；見狄拉德（Dillard, *2 Chronicles*, 154-55）和歐格登（Ogden, 1983, 97-106）的書。

倘若約珥書的用意，是在聖殿儀式中使用，我們便較容易明白

本書的日期為何難以判斷。儀文既要重複使用，內容就需要適用於許多不同的狀況，無論是天災，或是軍事的威脅。如果提到特殊的歷史事件，就會限制了經文的應用範圍，或許也不再適合於儀式中使用。請注意，經文在提到認罪時，也「非歷史化」：雖然呼籲悔改（一 13～14，二 13～14），卻沒有提到百姓遭災的原因是什麼。儀式用文字若愈不明確指定狀況，可以應用的範圍就愈廣。本書的這個特色，或許不單可以解釋為何寫作日期如此難定，也使它的文字在今日仍顯得十分有力。

直到本世紀初，幾乎沒有人向約珥書的合一性挑戰。不過，二十世紀一開始，杜麥就主張，本書至少出於兩個人之手。一位是被擄之前的先知，他講到當地的蝗蟲之災，主要記在一章 1 節至二章 27 節。後來有一位馬喀比時代的啟示文學作者，講論耶和華的日子，而把這位早期先知的作品納入其中。杜麥將二 28 至三 21 [MT三 1～四 21]、一 15、二 1～2、10～11 都算是第二位作者所寫。有些學者追隨杜罕的看法，但略加修訂。

近日的學者（Allen, Chary, Dillard, Kapelrud, Keller, Myers, Romerowski, Rudolph, Stuart, Thompson, Weiser, Wolff）都認為本書是一位作者所寫，不過可能經過編輯稍微增修。贊成本書主要是一個整體，最強的理由為：全書的文學結構為一首哀歌。從前被視為後期作者插入第一、二章的部分，如今則被視為上下文中不可分割的內容。

第一章和二章 1～11 節對蝗災的描述，兩者之間的關係，在約珥書的解釋史中，一直是辯論的要點。比較突出的立場有幾個，支持的學者不分古今；還有一些次要的看法居於其間。代表性的看法可分為以下三類。

1. 有些詮釋者認為，第二章是另一種說法，或是(1)指同一次蝗災，或是(2) 指歷史上的一次蝗災，發生於第一章所描述的季節之後。這種看法事實上否定了第二章的隱喻性，而主張其中所刻劃的神的軍隊（二 25），就是蝗蟲。至於二章 1～11 節是在描寫蝗蟲，而那裏所描繪的情景（黑暗、聲響、不可抗拒、被風吹入海中、惡

臭等），正反映出蝗災的情形，這一點沒有人提出嚴重的爭議。此外，耶和華要補還猶大蝗災年日的損失，或許也意味此災不只發生一次。

2. 有人認爲，第二章的描寫或是(1) 一種隱喻，指未來外國軍隊——以色列世仇——的入侵，或(2) 一種寓意，指以色列所有的世仇。這種看法認爲，最近的蝗災（一章）乃是一個預兆，顯示未來世仇的侵略將更可怕。近代註釋家將二章 1～11 節的敵人視爲亞述或巴比倫的，是司陶特（1987, 206, 232-34, 250）。司陶特也認爲，第一章所描寫的蝗災亦是隱喻，指世仇。入侵者被形容爲行進的軍隊；入侵的結果爲外邦人統轄耶路撒冷（二 17）。第三章受審判的，是外邦的軍隊（三 [MT四] 4～14、19），而猶大得到應許，她將不再受到外邦的羞辱（二 19、26～27）。大家都承認，約珥書和出埃及記第十章有一些關聯；出埃及記中的蝗災，與勝過當日最強的國家有關，由此觀之，約珥書也應該是論到勝過強大的國。以色列的世仇主要是來自北方的軍隊（二 20）。其他先知曾用出埃及記的事件，來指亞述和巴比倫（Stuart 1987, 234）。以色列的世仇亦曾被描寫爲昆蟲（賽七 18）。可是經文中有些內容不像在講實際的軍隊，例如，天空的黑暗（二 2）或在山頂蹦跳（二 5）。如果作者眞是在講軍隊，以蝗蟲來作比方也很奇怪，似乎這隱喻有中性化之嫌。

3. 現代註釋家較屬意的看法，是將蝗蟲入侵的這段描繪，視爲第一章蝗災的擴大隱喻；先知用最近的災難作爲預兆，來講論耶和華的日子即將臨到，就是審判之日，耶和華將親自前來，率領天上的衆軍與罪惡進行聖戰。這樣的解釋，不以爲威脅來自某個世仇，而是來自耶和華自己的軍隊（二 11）。贊成這種看法的理由爲，二章 1～11 節的用語多半只限於用在描寫神的顯現。這解釋也保留了這些辭彙的隱喻性：神的軍隊常被比作人的軍隊。亞倫（64）說，在二章 1～11 節中，先前講到的蝗災，「被提昇到更高的層次，背景更嘈雜，速度更驚人」，所以不能再視爲是描寫猶大面對另一批昆蟲的侵襲。此外，在本書的末尾部分，耶和華應許猶大，不單將

不再受近日蝗災的影響，也將脫離末日的審判。以色列中凡呼求主名的人，都將得救（二 28 [MT 三 5]），耶和華將成為祂子民的避難所（三 [MT 四] 16），而列邦卻將面對神的軍隊（三 [MT 四] 1～3、9～15）。先知花了許多篇幅描寫末日威脅之解除，顯示他第二次所描繪的蝗蟲軍隊，乃是頭一回講到這種威脅。

這幾種看法，以及居間的一些見解，對於如何了解這兩段記載的關係，都提出了相當合理的說明；不過最後一個看法最能反映全書整體的論述。然而我們仍要問，近代約珥書的讀者感到不清楚第一、二章之間的關係，是因為不明白原初寫作的情境，還是由於作者有意使其模糊不清。倘若約珥書真是儀式用經文，本書的模糊可以增加其適用性，不只限於原初寫作的狀況；若是如此，它的模糊便是刻意的。

神學信息

約珥傳講神的權能、聖潔與憐憫。聖潔的神不會忽略選民的罪。先知從近日的蝗災中，看出是神的手在管教，要以色列悔改。這個蝗災乃是一項警告，倘若以色列不肯悔改，將有摧毀力更大的軍隊臨到這個國家。以色列經常期待，在世仇入侵之時，神會伸手相救。可是約珥以諷刺的詩文，將這種意念倒轉過來（Kline, 119-20）：以色列期待爭戰之神的侍從，就是飛行的喀嘓帕，前來保護；耶和華固然會帶這些飛行的戰士來，但他們是前來審判以色列，正像如密雲的蝗蟲一般（二 1～11）。

可是神的權能不限於以色列而已。祂掌管列邦；天使的軍隊將要來，在列邦中高舉神的名（三章 [MT 四章]）。約珥不單刻劃以色列勝過某個世仇，好像其他先知書責備列國的神諭一樣；他乃是講到普世性、末世性、決定性的宇宙戰役，就是耶和華的日子對罪惡的爭戰。

審判列邦的可怕之日，也將是神向祂的子民──就是向那些悔改、呼求耶和華之名的人──表同情、施憐憫的日子（二 32 [MT 三

5]）。

展望新約

教會也需要從約珥書來聽神的信息，因爲祂仍然管教祂所愛的人（箴三 11～12；來十二 5～11），祂也仍然會在列邦中高舉自己的名。

約珥書對基督徒而言很熟悉，因爲新約多處使用二章 28～32 節[MT 三 1～5]。

在舊約中，神的靈主要是賜下能力、讓人說預言的靈。摩西曾說：「惟願耶和華的百姓都是先知，願耶和華把祂的靈降在他們身上。」（民十一 29）約珥預見有一天神會應允摩西的禱告，而先知的靈將澆灌在祂所有的子民身上（二 28～29）。彼得在五旬節的事上（徒二 14～21），看出約珥預言的應驗，因有神如火一般的顯現（珥二 30 [MT 三 3]）。神如火一般的同在，對新以色列，就是教會，並不是威脅，反而使他們有傳講的能力。

在古代的以色列，社會上以年長自由的猶太男性最有權威。大部分以色列的先知都屬於這群人。古代猶太男人清早的祈禱，可以反映出這個結構；在禱告中，男人感謝神，他沒有生爲「奴隸、外邦人和女人」。約珥的禱告卻不相同，因爲在以色列中，約珥預見，先知之靈不單會加在男人身上，也會加在女人身上（「女兒……男人和女人」），不單加給老人，也加給少年人（「你們的兒子和女兒……少年人」），不單加給自由人，也加給被奴役的人（「僕人，或男或女」）。約珥在二章 28 節 [MT 三 1] 提到「所有的人」，是指猶大的公民；至於新以色列，就是教會，乃是由猶太人和外邦人所組成，所以這一層隔膜也打破了。當保羅說，在基督裏「並不分猶太人、希利尼人、自主的、爲奴的，或男或女，因爲你們在基督耶穌裏都成爲一了」（加三 28），他心中或許也是在想這段經文。在羅馬書十 12，保羅引用約珥書二 28 [MT 三 5]，主張「猶太人和希利尼人並沒有分別」；「凡求告」的人，應當將兩方

都包括在內。雖然在約珥書中，這一段是單向以色列人說的，保羅卻將它解釋為，是向真以色列人說的，而不是單向肉身為以色列之人說的（羅九 6～15）。求告主名之人，就是神所呼召的人（羅九 24；參珥二 32 下 [MT 三 5 下]），包括猶太人和外邦人。

加力量給古時先知的靈，也同樣將加力量給教會，因為教會在聖靈降臨之後，也得到能力，為神作見證（徒一 8）。復原派神學常提到「信徒皆祭司」；或許我們也應當說，「信徒皆先知」。

新約經常講到「求告」主或主名（徒四 9～12，九 14、21，二十二 16；林前一 2；提後二 22）。在這方面，讓人想到彼得在五旬節講道時（徒二 21），提到約珥書二 32 [MT 三 5]。彼得講得很清楚，「求告主名」的意思，就是求告耶穌的名，這是我們惟一可以靠著得救的名（徒四 12）。

12/18/2003

備註：

1 *Old Testament History of Redemption*, 譯者為 S. Curtiss (Scribner and Welford, 1881), 113。

阿摩司書

　　阿摩司書不長，總共只有九章，146 節，2,042 個字。儘管它相當短，但卻成為深入研究的對象。在《了解阿摩司書》（*Understanding the Book of Amos*）中，黑索（G. Hasel 1991, 26）注意到，自一九六〇至一九八〇年代的三十年中，有六本阿摩司書的註釋問世。黑索（1991, 14）也發現，從一九六九到一九九〇年，共有八百篇有關這卷小書的文章發表。范德瓦（A. van der Wal 1986）出版了一本研究本書的書目資料綜覽。

書目

註釋

Amsler, S. *Amos* (Neuchâtel: Delachaux & Niestlé, 1982); **Andersen,** F. I. and D. N. **Freedman.** *Amos* (AB; Doubleday, 1989); **Auld,** A. G. *Amos* (Sheffield: JSOT, 1986); **Craigie,** P. C. *Twelve Prophets,* 2 vols. (DSB; Westminster, 1985); **Harper,** W. R. *Amos and Hosea* (ICC; T. & T. Clark, 1905); **Hubbard,** D. A. *Joel and Amos* （TOTC; InterVarsity, 1989/ 中譯：《丁道爾舊約聖經註釋：約珥書－阿摩司書》，校園出版中）; **Limburg,** J. *Hosea-Micah* (*Interp.*; John Knox, 1988); **Martin-Achard,** R. and S. Paul **Re'emi.** *Amos and Lamentations* (ITC; Eerdmans, 1984); **Mays,** J. L. *Amos* (OTL; Westminster, 1979); **Motyer,** J. A. *Amos: The Day of the Lion* (BST; InterVarsity, 1974); **Niehaus,** J. "*Amos*" in *The Minor Prophets: An Exegetical and Expository Commentary,* ed. T. McComiskey (Baker, 1992); **Paul,** S. M. *Amos: A Commentary on the Book of Amos* (Hermeneia; Fortress, 1991); **Rudolph,** W. *Joel, Amos, Obadja, Jona* (KAT; Gütersloh; Gütersloher Verlagshaus Gerd Mohn, 1971); **Smith,** G. A. *The Book of the Twelve Prophets,* 2 vols. (Armstrong, 1928); **Smith,** G. V. *Amos: A Commentary* (Zondervan, 1988); **Soggin,** R. *The Prophet Amos: A Translation and Commentary* (SCM, 1987); **Stuart,** D. *Hosea-Jonah* (WBC 31; Word, 1987); **Vawter,** B. *Amos, Hosea, Micah, with an Excursus on Old Testament Priesthood* (OTM; Wilmington: Michael Glazier, 1981); **Watts,** J. D. W. *Vision and Prophecy in Amos* (Leiden: Brill, 1958); **Wolff,** H. W. *Joel and Amos* (Hermeneia; Fortress,

1977).

專論與文章

Alger, B. "The Theology and Social Ethics of Amos," *Scripture* 17 (1965): 109-16, 318-28; **Allen, L. C.** "Amos, Prophet of Solidarity," *Vox Evangelica* 6 (1969): 42-53; **Amsler, S.** "Amos, prophéte de la onziéme heure," *TZ*21 (1965): 318-28; **Bailey, J. G.** "Amos, Preacher of Social Reform," *The Bible Today* 19 (1981): 306-13; **Barstad, H. M.** *The Religious Polemics of Amos* (Leiden: Brill, 1984); **Barton, J.** *Amos's Oracles Against the Nations: A Study of Amos* 1:3-2:5 (Cambridge University Press, 1980); **Bright, J.** "A New View of Amos," *Interp.* 25 (1971): 355-58; **Coote, R.** *Amos Among the Prophets: Composition and Theology* (Philadelphia: Fortress, 1981); **Craigie, P.** "Amos the nôqēd in the Light of Ugaritic," *Studies in Religion* 11 (1982): 29-33; idem. "The Tablets from Ugarit and Their Importance for Biblical Studies," *BARev*9 (1983): 62-73; **de Waard, J.** "The Chiastic Structure of Amos v 1-17," *VT*27 (1977): 170-77; idem. "Translation Techniques Used by the Greek Translators of Amos," *Bib* 59 (1978): 339-50; **de Waard, J. and W. A. Smalley.** *A Translator's Handbook on the Book of Amos* (United Bible Societies, 1979); **Dearman, J.** *Property Rights in the Eighth-Century Prophets: The Conflict and Its Background* (Atlanta: Scholars, 1988); **Dillard, R. B.** "Remnant," *Baker Encyclopedia of the Bible* (Baker, 1988):2:1833-36; **Doorly, W. J.** *Prophet of Justice: Understanding the Book of Amos* (New York: Paulist, 1989); **Epstein, L.** *Social Justice in the Ancient Near East and the People of the Bible* (SCM, 1986); **Freedman, D. N.** "Confrontations in the Book of Amos," *Princeton Sem Bull* 11 (1990): 240-52; **Garrettt, D. A.** "The Structure of Amos as a Testimony to Its Integrity," *JETS* 27 (1984): 275-76; **Gese, H.** "Komposition bei Amos," *VTSup* 32 (1981): 74-95; **Geyer, J. B.** "Mythology and Culture in the Oracles Against the Nations," *VT* 36 (1986): 129-45; **Gitay, Y.** "A Study of Amos's Art of Speech: A Rhetorical Analysis of Amos 3: 1-15," *CBQ*42 (1980): 293-309; **Gosse, B.** "Le recueil d'oracles contre les nation s du livre d'Amos et l' 'Histoire deuteronomique,' " *VT* 38 (1988): 22-40; **Hasel, G.** "The Alleged 'No' of Amos and Amos' Eschatology," *AUSS*29 (1991): 3-18; idem. *Understanding the Book of Amos* (Baker, 1991); **Hayes, J. H.** *Amos, His Time and His Preaching: The Eighth-Century Prophet* (Abingdon, 1988); **Huffmon, H.** "The Covenant Lawsuit in the Prophets," *JBL* 78 (1959): 285-95; idem. "The Social Role of Amos' Message," in *The Quest for the Kingdom of God: Studies in Honor of G. E. Mendenhall,* ed. H. B. Huffmon et al. (Eisenbrauns, 1983); **Kapelrud, A.** "God as Destroyer in the Preaching of Amos," *JBL* 71 (1952): 32-38; **Koch, K.** *Untersucht mit den Methoden einer strukturalen Formgeschichte* (Neukirchen-Vluyn: Verlag Butzon & Burcker Kevelaer, 1976); **Lang, B.** "The Social Organization of Peasant Poverty in Biblical Israel," in *Anthropological Approaches to the Old Testament,* ed. B. Lang (Fortress, 1985): 83-99; **Limburg, J.** "Sevenfold Structures in the Book of Amos," *JBL* 106 (1987): 217-22; **McComiskey, T.** "The Hymnic Elements of the Prophecy of Amos: A Study of Form-Critical Methodology," in *A Tribute to Gleason Archer,* ed. W. Kaiser and R. Youngblood (Moody, 1986), 105-28; **Melugin, R.** "The Formation of Amos: An Analysis of Exegetical Method," in *SBL 1978 Seminar Papers* (Missoula: Scholars, 1978), 369-91; **Petersen, D. L.** *The Social Roles of Israel's Prophets* (Sheffield: JSOT, 1981); **Polley, M. E.** *Amos and the Davidic Empire: A Socio-Historical Approach* (New York: Oxford University Press, 1989); **Rosenbaum, S. N.** *Amos of Israel: a New Interpretation* (Macon: Mercer University Press, 1990); **Routtenberg, H. J.** *Amos of Tekoa: A Study in Interpretation* (Vantage,

1971); **Ryken,** L. "Amos," in *A Complete Literary Guide to the Bible,* ed. L. Ryken and T. Longman III (Zondervan, 1993), 337-47; **Schottroff,** W. "The Prophet Amos: a Socio- Historical Assessment of His Ministry," in *God of the Lowly: Socio-Historical Interpretations of the Bible,* ed. W. Schottroff et al. (Orbis, 1984), 27-46; **Seilhamer,** F. H. "The Role of the Covenant in the Mission and Message of Amos," *A Light unto My Path: Old Testament Studies in Honor of Jacob M. Myers,* ed. H. Bream et al. (Temple University Press, 1974), 435-51; **Sinclair,** L. A. "The Courtroom Motif in the Book of Amos," *JBL* 85 (1966): 351-53; **Smalley,** W. A. "Recursion Patterns and the Sectioning of Amos," *The Bible Translator* 30 (1979): 118-27; **Super,** A. S. "Figures of Comparison in the Book of Amos," *Semitics* 1 (1970): 67-80; **Terrien,** S. "Amos and Wisdom," in *Israel's Prophetic Heritage: Essays in Honor of James Muilenburg,* ed B. Anderson and W. Harrelson (Harper & Brothers, 1962), 108-15; **Thorogood,** B. A. *A Guide to the Book of Amos, with Thema Discussions on Judgement, Social Justice, Priest and Prophet* (London: SPCK, 1971); **Tromp,** N. J. "Amos V 1-17: Towards a Stylistic and Rhetorical Analysis," *OTS* 3 (1984): 65-85; **van der Wal,** A. *Amos: A Classified Bibliography,* 3d ed. (Amsterdam: Free University Press, 1986); idem. "The Structure of Amos," *JSOT* 26 (1983): 107-13; **Vawter,** B. "Were the Prophets *nabî's?*" *Bib* 66 (1985): 206-19; **Walker,** L. "The Language of Amos," *SWJT* 9 (1966): 37-48; **Waltzer,** M. "Prophecy and Social Criticism," *The Drew Gateway* 55 (1984-84): 13-27; **Ward,** J. "The Eclipse of the Prophet in Contemporary Prophetic Studies," *USQR* 42 (1988): 97-104; **Williams,** D. L. "The Theology of Amos," *RevEx* 63 (1966): 393-403; **Williamson,** H. G. M. "The Prophet and the Plumb-line," in *In Quest of the Past,* ed. A. van der Woude (OTS 26; Leiden: Brill, 1990): 101-21.

作者與歷史背景

這本書告訴我們不少關於阿摩司的事。他生在主前第八世紀上半葉，當時的以色列王是耶羅波安二世（主前 793-753 年），猶大王是烏西雅（791-740；一 1）。至於阿摩司作先知究竟有多久，看法相當分歧，從一次「二十分鐘的大聲疾呼」（Rosenbaum 1990, 76, 100）、一天、數天，到更長的時期都有；從本書的資料中，無法作出判斷。由標題語來看，或許是在某次大地震之前，時段不算太長（一 1；參亞十四 5）。

他是在北國傳信息，背景爲耶羅波安與烏西雅的太平盛世。對這兩國而言，那段時期是分裂以來最繁榮的日子。這兩位王使以色列和猶大的疆界，拓展到接近大衛和所羅門的時期，正如約拿論到耶羅波安的預言（王下十四 25）。軍事成功與疆界拓寬的結果（王下十四 25～28，十五 2；代下二十六 6～8），兩國都富裕起來。撒

瑪利亞出現了有錢有勢、放蕩不羈的階級；阿摩司的信息，大半以
撒瑪利亞的有錢人為焦點，指責他們濫用錢財、權力和特權。不
過，此刻這兩個以色列國家的經濟與軍事猶如夕陽，好景不長，亞
述人已經在北方形成大帝國，這兩個國家再過不久就落入它的掌
中。阿摩司傳信息的時間，正是入侵的陰影籠罩之時（三 11，五
3、27，六 7～14，七 9、17，九 4）。

　　雖然阿摩司在北國傳道，但他卻來自猶大的提哥亞城，位於伯
利恆南方五哩。根據傳統的說法，他出身於古代以色列甚卑微的階
級。他是個牧人，照顧羊群（一 1）。在炎熱的夏季，牧人將羊群
帶到較低的地帶，在那裏，阿摩司也作「修理」或「刺穿」小無花
果樹[1]的工作（七 14），也許是為了換取羊群吃草的權利（Hasel 1991,
53）。

　　從某方面而言，學者的工作就是鑽牛角尖。雖然經文論到阿摩
司的話，乍看之下淺顯易明，且前後一致，但是學者仔細鑽研之
後，卻對本書和其作者的每一句宣告，都提出質疑。所提的問題涵
蓋阿摩司的社會地位、與其他先知和宗教禮儀的關係、他的家鄉提
哥亞的地點，以及本書有多少成分，反映出先知本人的寫作或傳
道。　　　　　　　　　　　　　　　　　　　　　*12/17/2003*

　　先知的社會地位。初看之下，阿摩司似乎地位卑微，是牧羊人，
兼流動園丁；屬於社會中的窮人，被剝削的階級；他代表社會下層
的人士發言。可是，自從一九五〇年代以來，許多學者主張，實情
正好相反：阿摩司乃是出身於以色列的高階層。阿摩司「牧人」的
稱呼（一 1），不是這個行業常用的名詞（*rôʿēh*），而是另一個字
（*nôqēd*）。參考烏加列文這個字的同源字，看來阿摩司可能是大批
羊群的飼養者，或羊群的捐客（Craigie 1982, 1983）。另有人用亞
喀得文的同源字（*nāqidu*），這個字是指米所波大米神廟中階層的
官員，因此他們認為，阿摩司可能是照管屬於耶路撒冷聖殿之羊的
人。雖然米所波大米的神廟中有這種牧人和羊群，但是聖經中卻沒
有清楚提到，耶路撒冷的聖殿曾投資在牲畜和土地上。

　　無論是有錢的個體戶或聖殿僱用的經理，具備這樣身分的阿摩

司絕不是單純的農夫，而是社會上的有錢階級，是他所責備的那一類人。還有人撇開修理小無花果樹的稱呼，主張阿摩司書七 10～17乃是後來插入本書的（例如，Auld 1986, 40）[2]，或再用語言學重新解釋「修理小無花果樹的」（七 14），視之為「收稅的」或「政府委任人員」（Rosenbaum 1990, 48-49）。

　　不過，分析到最後，阿摩司究竟是否屬於以色列中較有錢的一員，並不能確定。用烏加列語或亞喀得文立論，需要跳過文化、時間與地理，也許無法反映出希伯來文 *nôqēd* 的實際用法。阿摩司的確稱自己為「跟從羊群」的人（七 15），亦就是牧羊人，而不是有錢的牲畜經紀人。根據語意學而將「修理小無花果樹」解釋為其他意義，理由並不足取信，而若單單將七章 10～17 節切除，在方法上並不令人滿意。傳統的看法依然十分可取。

　　提哥亞在何處？聖經中惟一的提哥亞，是在伯利恆南邊的一個猶大村莊，傳統上便以此為阿摩司的家。可是，由於阿摩司的工作是在北國，而小無花果樹並不生長在猶大的提哥亞附近，有幾位學者（最近的一位是 Rosenbaum 1990）便主張，阿摩司乃出身於另一個同名的村莊，地點在北國，或許是在加利利湖邊。這個立場的理由並不充分，很容易化解（見 Hasel 1991, 49-55）。

　　阿摩司與其他先知。「我原不是先知，也不是先知的門徒」（七14），這是聖經中最常被引用的話之一，也是先知書中最常引起辯論的經節之一。希伯來經文直譯為「我不是先知；我不是先知的兒子（或「先知的門徒」）」。倘若這兩個子句用過去式來譯，就成為：「我從前不是先知，也不是先知的兒子」，如此，阿摩司便是在回想，在神叫他離開牧羊的工作（七 15），吩咐他去作先知之前，他毫無這方面的經驗，或得過這種呼召。

　　不過，如果這句話譯為現在式（「我現在並不是先知，也不是先知的兒子」），阿摩司就是將自己與那些被視為先知的人區分出來，而他自己也從未自稱為先知（*nabî'*），至少不像北國的祭司亞瑪謝所以為的那類人。這種立場不免讓讀者質疑，為何阿摩司避免用這個名詞來自稱，(1) 後來這個名詞成為這類職分的正式頭銜，(2)

在上下文中（七12），亞瑪謝用「先見」（*hôzeh*）來稱他，而他似乎沒有拒絕。許多人認為，這只是時間上的問題：當時*nabî'*還沒有成為先知標準的稱呼。還有人建議，在阿摩司的時候，這個名詞有侮蔑的含義，因此先知要避嫌。彼得森（Petersen 1981）將這兩個名詞作出區分，認為*hôzeh*是南國猶大用的名詞，而*nabî'*則是北國的用語；若是如此，阿摩司便接受「先見」之稱（適合從猶大來之人），而拒絕被稱為以色列的「先知」。可是在上下文中，這兩個名詞是否有這種差異，並不清楚；而七章12、15節用到*hôzeh*和*nabî'*兩個字，很可能先知視這兩個字基本上意義相同。無論如何，從上下文看來，用過去式翻譯，才是正確的。阿摩司曾經是牧人和修樹工人，但是神立他為先知，這是他從未作過的事。阿摩司的舉止與先知符合：他見到異象，並傳信息。說他避免用這個名詞，實在沒有道理。亞瑪謝和阿摩司都用動詞「說預言」（*hitnabbe'*，七12、13、15）來描述他的行為，這個動詞的字根來自名詞「先知」（*nabî'*），這又說明，阿摩司本人和亞瑪謝都認為阿摩司是「先知」（與 Vawter 1985 相反）。

先知與本書的關係。傳統和批判學之前的看法，都認為本書既以第一人稱寫作，其神諭便出於先知之手；甚至七章10～17節的第三人稱記載，也與先知相關，或至少是他同時代的見證人所寫。批判學將先知與本書斷開，至於其程度，則有多種說法。阿摩司書的研究，反映出各種批判方式的發展。黑索（1991, 20-27）辨認出批判研究史的三個主要階段。

第一階段時期，與五經來源批判之興起與盛行相同，目標為將阿摩司真正說過的話，與後來加入的話分開。這種努力是要找出歷史的阿摩司，正像在福音書的批判中，要找出歷史的耶穌一樣。學者嘗試將先知的 *ipsissima verba*（「實際說的話」），和本書中不真切、不真實的材料區分出來。史密斯（1928）和哈普（W. R. Harper 1905）的註釋，便是這種方法的代表。他們將阿摩司與以色列宗教認知的新階段相連，這種倫理一神論的創見，成為以色列古典先知所傳信息的基礎。

　　形式批判與傳統歷史批判，開發出阿摩司書批判研究的第二階段。把這些方法用在阿摩司書上，著重點除了本書中哪些是阿摩司原先說的話，還有兩方面：(1) 查究社會背景與他原初話語的結構（亦即，探究經文背後的情形），(2) 注意經文寫作過程的發展階段，考查其編輯層。研究阿摩司和古代以色列傳統的關係，成績相當不錯，修正了早先的批判學，發現阿摩司並沒有在以色列宗教中發明新的句子；反倒是浸淫在歷史傳統之中。

　　嘗試發掘阿摩司書的編輯歷史，好像把它當作一塊千層糕，可以一層層剝下來評估。在數目與範圍方面，學者對於阿摩司書的編輯層，所得的結論各有差異；這也像其他舊約經卷的編輯研究一樣。渥爾夫和庫特（Coote）是這種方法的代表。渥爾夫（1977, 106-14）辨認出六個發展階段；庫特（1981, 1-10）則發現三個層次。編輯批判的共通點，就是認為書卷是逐漸累積增長而成的。原先阿摩司講過的話，先知的門徒和後期的編輯再不斷加以補充。

　　阿摩司書中有一些段落被視為屬次要。七章 10～17 節的故事，常被視為後期加添的材料，一方面因為這是本書中惟一第三人稱的故事，另一方面因為它似乎打斷了異象（七 1～八 3；見上文）。這則傳記故事的前面，是兩個阿摩司代禱有效的異象（七 1～3、4～6），接著的兩個異象是審判不可避免（七 7～9，八 1～3），而這個故事卻插在第三與第四個異象之間。至於編輯為何將此段材料放在這裏，理論層出不窮（Freedman 1990; Williamson 1990）。

　　在責備外邦的神諭中（一～二章），指責推羅（一 9～10）、以東（一 11～12）和猶大（二 4～5）的話常被視為次要，因為與指責上述其他國家的神諭比較，它們在形式上稍有一些差別。這三則神諭沒有用結尾公式「這是雅巍說的」，而且審判的話也比較短。

　　本書中有幾處被視為「讚美詩片斷」（一 2，四 13，五 8～9，八 8，九 5～6），且被認為是在耶路撒冷的一位編輯插入的。另有人則主張，這些「片斷」和整個論點交織在一起，不能視為單獨的信息，因此不應該是後來插入的（McComiskey 1986）。

　　九章 11～15 節拯救的應許，常被視為被擄歸回之後的產品，反

映出一位後期編輯親猶大或親耶路撒冷的立場（這一辯論的摘要見 Hasel 1991, 12-15）。學者對於這段話語氣突然轉變的困惑，可以借威爾浩生的話表達，[3]「血與鐵換成了玫瑰與香草」。不過，仍有一些學者認為，最後的這則神諭真正出於先知（Hasel 1991, 15）。

還有一些短的段落，常被視為次要的添加材料；例如，三章 7 節有關預言的聲明，常被算作主前第六世紀申命記式來源的傑作，而五章 13 節的警語，則被視為後期編輯所寫。

愈來愈多的學者質疑，批判學界所容許切割聖經各卷的工具是否恰當，尤其是否適用於像阿摩司這麼短的一卷書；而學者所得的結果差異又如此大，更讓人懷疑這方法是否有用。

在研究阿摩司書的第三階段，學者對它的文學結構和修辭學的發展格外有興趣。較近代的方法，不再注意歷史性的問題（這卷書如何形成），而看重不具歷史性的問題（本書現況的意義）。採取這方法的人，基本上是視全書由一個人寫成，或是阿摩司本人，或是一位編輯，他曾是先知的同工，將所有的資料統合起來，形成前後一致的整體。安德生與傅理曼（1989）、包爾（S. Paul 1991）、尼浩斯（Niehaus 1992）、史密司（G. V. Smith 1988）和司陶特（1987）是這種新方法的代表。若將赫門尼亞（Hermeneia）系列所出的前後兩本阿摩司書註釋對照來看（Wolff 1977; Paul 1991），這種方法上的轉變就清楚可見。

文學結構

阿摩司書分為三大段：責備列邦的神諭（一～二章）、責備以色列的一連串講論（三～六章）和異象的報導，高潮為拯救的神諭（七～九章）。

責備列邦的神諭（一～二章）

阿摩司先向八個國家發出先知的責備，最後才將焦點專注於以色列。[4] 這些責備彷彿將以色列置於一種「地理交錯的中心」（Niehaus 1992, 323）：敘利亞在東北、非利士在西南、推羅在西北，再過來是西南的以東、亞捫和摩押，猶大在南邊，最後才回到以色列本身。外邦受責備，主要是戰爭中犯下的罪行。每一則神諭都用了許多「X 和 X+1」的設計（「爲三項罪，甚至四項」），這是智慧文學常見的筆法。該雅爾（Geyer 1986）注意到，阿摩司責備列邦的神諭，和以賽亞書、耶利米書及以西結書中，指責列邦的段落不同，缺乏了神話式的主題；在阿摩司書中的神諭，主要是一種修辭學的設計，爲要導出他對以色列的責備。他的聽衆一定十分贊同對鄰邦暴行的責難，可是最後卻會大吃一驚，發現自己社會上的不公成爲指責的對象。李肯（Ryken 1993, 342）看出，這些神諭語氣愈來愈急切，到了對以色列的責備，便臻於高潮。這些神諭的安排相當睿智，破壞力很強；責備周圍敵國的神諭，轉了一圈之後，變成一個網羅，落在毫無防備的以色列身上。

　　對於阿摩司責備之言的道德權威基礎，學者長久以來爭論不休（參 Barton 1980）。他是用普世公認的國際律法嗎？還是某種形式的自然律？抑或阿摩司是根據以色列自己立約的律法作某些應用？既然運用智慧文學的文學設計，就暗示此處援用了普世性皆承認的觀念，即深植人心的道德律。古代的赫特人條約文字中，對於戰爭的行爲和如何對待戰俘有明確的規定，證實阿摩司話語背後的道德準則，是一般人都接受的。

責備以色列的講論（三～六章）

　　在第三至六章，阿摩司用了各種文學的形式。先知式的訴訟最爲常見。先知成爲提出訴訟者，代表神來控訴以色列（Niehaus, 318-19）。聖經中的先知式訴訟，和聖經以外類似的話相仿（Huffmon 1959），具立約關係的宗主國或主人，差遣使者提醒悖逆的藩屬或侍從，根據條約他們應當盡什麼義務，而他們在哪些方面沒有做到。這種背景類似法庭：(1) 首先介紹原告兼審判者，(2) 再回顧過去立約雙方的關係，尤其是藩屬這一方最近的不順服，(3) 傳見證人前來，(4) 宣告控訴，(5) 經常有修辭式的審查，(6) 提供悔改的機

會，即重修立約關係的可能性，(7) 提出責罰的具體威脅。

舉例來說，阿摩司書三 1～15 包含了以上大半的成分。首先聲明原告與被告（三 1 上），接著是過去關係的簡史，與關係的裂痕（三 1 下～2）；審查部分為修辭式的問題（三 3～6），而先知式訴訟的使者地位也得到肯定（三 7～8）。見證人從列邦中召出（三 9），來聽審判的宣告（三 10～15）。

除了先知式訴訟的成分之外，阿摩司也用審判的講論（四 1～13，五 1～17）和警告式神諭（五 18～27，六 1～14）。過去學者的研究，專注於三章 1 節至六章 14 節中假定的編輯層，和各個講論時間上的關係。近代的研究法，則側重於觀察這些材料的結構中，內部刻意安排的一致性與合一性。因此，過去所假定的年代誌編輯似乎不再需要了（Hubbard 1989, 119; 參 Gitay 1980; de Waard 1977; Tromp 1984）。

異象的報導（七～九章）

先知記下了他所領受的五個異象。前四個（七 1～3、4～6、7～9，八 1～3）彼此很相像，但與第五個（九 1～10）非常不同。在前四個異象中，神「指示」（七 1、4、7，八 1）先知某樣東西或某件事；祂與先知互相對話。在最後一個異象中，對象乃是主自己；神與先知之間沒有對話，也沒有特殊的動作；先知只是靜默，聆聽神的話語。

前四個異象彼此相關，成為一組，自有其結構。前兩個異象是講事件（蝗災與旱災）；下面兩個為物件（準繩和果籃）。在前兩項中，阿摩司為民向神祈求成功，免去了災難；在後兩項中，異象的預示再也無法避免。前兩個異象代表向農業社會的威脅（蝗蟲和乾旱），不需要解釋；但後兩個異象則需要說明。準繩代表神的標準，祂的律法；它是正直的尺度，與以色列的不順服成為反比。若城牆未按準繩而建，一座城就不可能持久。最後一個異象，夏日的果籃，阿摩司是用文字遊戲，類似耶利米的異象（一 11～14）：夏天（qayiṣ）的水果引出以色列到了末時（qēṣ）的信息；這個國家已

經成熟，可以審判了。這兩組異象，或許反映出阿摩司工作的時間順序：他早期傳道時，審判或許還可以避免（第一、二個異象），但到了後來，他的信息遭拒絕（七 10～17），審判就無法免除了。

本書的結尾，突然轉成拯救的神諭。那不按準繩建的國，曾經毀壞（七 7～9），現在則得以重建（九 11～12）；熟過頭的子民（八 1～3）能再度歡喜，回到果實纍纍的土地。以色列變成恢復的伊甸園（九 13～15）；在先知的描寫中，豐收常代表末世中的祝福（如，結四十七；珥三 17～21 [MT 四 17～21]；亞三 10）。雖然許多人認為這則神諭是後來的編輯添加的（見上文），但先知這裏似乎是對未來王國的聯合大有盼望，將來北國與南國要在大衛的帳下合而為一（九 11）。

阿摩司在表達神諭時，用了各種文學方法：隱喻、比擬、別名、箴言、短故事、諷刺、責備、異象、嘲弄、對話、反諷、挖苦、打油詩，有如「先知形式大觀」（Ryken 1993, 342）。農業的意象大量出現，或許反映出他身為牧人與園丁的背景（一 3，二 13，四 9，五 11、16～17，七 1～2、14～15，八 1～2，九 9～15）。這位先知似乎喜愛重複的架構（如責備列邦的神諭，或異象的報導）、修辭式的問題（三 3～6），以及重複的片語（三 4、8）。他經常使用「摘要的引句」，這種文學方法就是引用對手的話（二12，四 1，六 2、13，七 11、16，八 5～6、14，九 10）。他用了幾則雙關語（五 5，六 1、6、7，八 1～2），又常用重複的召喚來吸引聽眾的注意（三 1，四 1，五 1，參八 4）。

神學主題

阿摩司的講道，多半可以歸類為以下幾項主題。

神的掌權與審判

阿摩司和正典中其他的先知一樣，都相信以色列的神在掌管歷史，這是無可置疑的。阿摩司宣佈，神拒絕北國的宗教與社會行

為，因著他們不順服，祂已定意要刑罰這個國家。赫伯特（1989,
108-9）看出，神的掌權與審判是在四個不同的層面實施。首先，就
神本身的層面來說，是雅巍主動要來審判（如一 4，三 2、14，九
4）；不順服的對象是祂，祂有義務要施行刑罰。第二，就創造的層
面而言，全宇宙都挺身反對邪惡；當神以戰士的身分，前來刑罰這
個國家時，只見地動天搖（二 13，八 8，九 1、5，參一 1）。第三
個層面為道德報應，行惡的人會受到惡報（三 11，五 11）；拒絕神
藉先知所傳的話，在道德上導致的後果，是缺乏神話語的饑荒（八
11～12）。這種刑罰與所犯的罪相稱。第四，是政治歷史層面，神
在世界諸國中掌權。它們不但在祂的審判之下（一～二章），也按
著祂的命令，使審判臨到以色列。它們來侵略這地（三 11）、擊潰
以色列的軍隊（五 3）、掠奪百姓（六 9～10）、霸佔土地、毀壞城
邑（三 14，六 14）、擄走領袖（四 2～3，五 27）。神在宇宙的各
方面都彰顯出祂的權柄。祂的審判無處能逃──海洋的深處、高山
的頂峰、墳墓或天上都無法藏身（九 2～4）。

偶像與社會的不公

阿摩司所傳神的審判，主要針對兩方面：偶像和社會的不公。
在阿摩司的日子，偶像在以色列中司空見慣（二 8，五 5、26，七
9～13，八 14）。雅巍的敬拜亦十分腐敗，只重視外表的獻祭（四
4～5，五 21～26）、安息日的命令（八 5），卻忽略了「律法上更
重要的事」，毫無敬虔的實意。還有人更公開藐視神的誡命（二
7～8）。

耶羅波安二世在政治與軍事上的成功，帶來了社會的繁榮，因
此以色列出現了有錢有勢的上層階級（三 12、15，六 4～6）。閒來
無事又有錢可花，這種新的光景帶來了光天化日下的敗壞（二
7～8）；甚至連婦女也有醉酒的問題（四 1；參二 8）。有錢的人可
以買通法官（五 12），不幸的人連家產也失喪（二 6～7，八 6）；
有權勢的欺壓窮人（二 7，四 1，五 11，八 4）。神曾啟示說，祂保
護窮人、寡婦和孤兒；祂會為被壓制的人伸冤。權力與財富的濫

用，為北國帶來禍害。不義之財會成為別人的掠物，奴役自己同胞
的以色列人，會在遙遠的外邦作別人的奴隸（九 4）。父親和兒子
既然與同一名婦人行淫（二 7～8），必親眼看見自己的妻子成為妓
女，孩子死於刀下（七 17）。凡欺壓窮人的（二 7，四 1），將被
欺壓（二 13）。公義的神要求與祂立約之子民也要行公義（五
15），順服勝於獻祭（五 18～24）。

聖約和餘民

阿摩司並不像早期聖經批判學者所描寫的，是一位激進的宗教
改革者。他的身分是聖約律法的訴訟使者，因此便假定了聖約的存
在。這卷書充滿五經用語的影射（見 Niehaus 1992, 322 的圖表），
對聖約的辭彙也相當熟悉。例如，阿摩司在二 8（出二十二 26；申
二十四 12～13）、二 12（民六 2～21）、四 4（申十四 28）、四 11
（創十九），顯然使用了五經早期的資料。阿摩司視自己為承接摩
西先知傳統之人（三 7；申十八 14～22）。神向以色列宣告的審
判，是取自申命記二十八章與利未記二十六章的咒詛表。阿摩司並
未要求以色列，要用某種新的宗教形式；他就像耶利米一樣，呼籲
處在十字路口的這個國家，要選擇「古道」，並「行在善道」中
（耶六 16）。

在本書中，以色列身為選民，是蒙救贖的國，與雅巍有立約的
關係，這個地位十分重要（三 1～2）。耶和華已經委身於亞伯拉罕
的後代，絕不反悔，但祂也要求，他們要成為聖潔的國度。若不遵
守約的規條，神的忿怒與刑罰就會臨到。在以色列國中，神因委身
而施恩於祂的子民，和全國不遵守誡命的情況，一直呈現著張力。
在先知書中，這種張力主要藉著餘民的題目來談（Dillard 1988; Has-
el 1991）：神的聖潔要求祂審判全國的罪，可是祂對以色列的委
身，意味著總有一批餘民，就是經過神的審判仍存留的人，成為神
子民能繼續延續的核心。這些倖存的餘民將重新承繼神對祂子民的
應許。阿摩司默想神的審判，擔心以法蓮與瑪拿西是否仍能存在
（五 15，六 9）。這個國家將如同穀子在篩中，沒有一粒會落在地

上，民中所有的罪人都會死亡（九9~10）。可是神仍將在這塊地上栽種祂的民，並且祝福他們（九11~15）。

耶和華的日子

一般以色列人都以為，「耶和華的日子」是全國得勝之時，神要像戰士一樣，審判以色列的仇敵。可是阿摩司卻將這個觀念倒轉過來：耶和華的日子將成為以色列受審判的時刻，神要像戰士一樣，將仇敵帶來，攻擊祂自己的子民，審判他們的罪（摩五18~20）。以色列和列邦並沒有兩樣，在祂忿怒的日子也不會受到更好的待遇。阿摩司的末世論引起許多爭議（Hasel 1991, 5-8）。有人認為阿摩司書中「耶和華的日子」不含末世的觀念；但另有人主張，阿摩司乃是與流行的末世論抗衡，還有人聲稱，阿摩司以這一詞作末世的宣告。對這個問題的答案，一部分要看詮釋者的「末世觀」為何。如果將這個詞彙解作宇宙性、末時、大災難的事件，阿摩司用「耶和華的日子」可能不應當算具末世性；但如果認為，阿摩司對這概念的用法，是指未來神必定會施行審判（雖然不是指歷史結束的時刻），他的使用便可以稱為具末世性。

神的話

阿摩司和其他先知一樣，都對神藉先知啟示的話滿有信心，認為這話具有能力，必定應驗（三1，四1，五1，七14~16，八12）。耶和華從祂的居所發言，全地便都戰兢（一2）。獅子吼叫，眾獸必有反應，但以色列卻認為，他們可以忽略神藉祂先知所傳的話語（三3~8）。

展望新約

新約也和阿摩司書一樣，關心社會公義、窮人受壓迫的問題。教會裏對富人和窮人不可以有差別待遇（林前十一22；雅二1~10）。真正的信仰表現在看顧有需要的人，而不是欺壓他們（雅

一 27，五 1～6）。窮人是神特別關懷的對象（雅二 5）。在福音書中，路加福音特別強調耶穌對有需要之人的關注（路四 18，六 20，七 22，十一 41，十四 13、21，十八 22，十九 8，二十一 2～3；參徒九 36，十 4、31，二十四 17）。

　　新約有幾處特別引用阿摩司書。保羅勸勉信徒「惡要厭惡、善要親近」，或許是引自阿摩司書（五 15；羅十二 9）。司提反引用這位先知的話，提醒以色列過去的歷史中曾拜偶像，就是在曠野漂流之時（五 25；徒七 42）。最令人注意的，或許是使徒行傳十五 16～17 引用了阿摩司書九 11～12。雖然使徒行傳所用的實際經文來源為何，並不容易判斷，可是在耶路撒冷會議中，雅各似乎在聲明，外邦人被納入教會，是應驗神重新統一以色列的應許。重建大衛倒塌的帳幕，修復其中的破口（聯合王國的分裂），不單是指以色列國的實際狀況，而是將列邦都包括在內。

12/18/2003

備註：

1 這種樹（sycamore fig, 和合本譯為桑樹）與北美的無花果樹不同。在古代的以色列，它主要生長於平原（王上十 27; 代上二十七 28; 代下一 15，九 27）。它可以當作食物吃，但是價錢不如一般的無花果，所以主要是窮人的食物。果實要切開，才熟得快；切開可以增加乙烯氣的生成，使果子早熟（O. Borowski, *Agriculture in Iron Age Israel* [Eisenbrauns, 1987]）。

2 批判學者常認為七 10～17 是後來插入的，因為全書只有這裏是第三人稱。例如，Hayes (1988) 將本段自其上下文中取出，放在他註釋書的最後，以它為另一個段落。還有人也主張它是後來插入的，但是卻認為與上下文很能配合（Andersen and Freedman 1989; Hubbard 1989; Stuart 1987; 見 Hasel 1991, 41-42）。

3 J. Wellhausen, *Die Kleinen Propheten: Übersetzt unde erklart*, (1892, 4th unchanged ed., 1963), 96, 引用於 Hasel 1991, 12。

4 有關責備列國神諭的一般性討論，見下一章，俄巴底亞書。

俄巴底亞書

古人云：「包裹小，東西好。」這句話用在舊約這卷最短的書上正合適。相反來說，許多人也同意耶柔米對本書的評語：「雖短卻難」（ *quanto brevius est, tanto difficilius* ）。

書目

註釋

Allen, L. C. *The Books of Joel, Obadiah, Jonah, and Micah* (NICOT; Eerdmans, 1976); **Baker,** D. W., T. D. **Alexander,** and B. K. **Waltke.** *Obadiah, Jonah, and Micah*（TOTC; Leicester: Inter-Varsity, 1988/中譯：貝克、亞歷山大、華奇著，《丁道爾舊約聖經註釋：俄、拿、彌》，校園，1999）；**Coggins,** R. J., and S. P. **Re'emi.** *Nahum, Obadiah, Esther: Israel Among the Nations* (ITC; Eerdmans, 1985); **Eaton,** J. H. *Obadiah, Nahum, Habakkuk, Zephaniah* (TBC; SCM, 1961); **Keller,** C. A. *Joël, Abdias, Jonas* (CAT 11a; Neuchatel; Delachaux et Niestlé, 1965); **Limburg,** J. *Hosea-Micah* (Interp.; Louisville: Knox, 1988); **Rudolph,** W. *Joel, Amos, Obadia, Jona* (KAT 13/2; Gütersloh: Mohn, 1971); **Smith,** J. M. P., W. H. **Ward,** and J. H. **Bewer.** *Micah, Zephaniah, Nahum, Habakkuk, Obadiah and Joel* (ICC; T. & T. Clark, 1911); **Stuart,** D. *Hosea-Jonah* (WBC 31; Word, 1987); **Thompson,** J. A. "Obadiah," *IB* 6 (1956) 855-67; **Watts,** J. D. W. *The Books of Joel, Obadiah, Nahum, Habbakuk and Zephaniah* (CBC; London: Cambridge University Press, 1975); **Weiser,** A. *Die Propheten Hosea, Joel, Amos, Obadja, Jona, Micha* (ATD 24; Göttingen: Vandenhoeck und Ruprecht, 1979); **Wolff,** H. W. *Dodekapropheten* (BKAT 14/5; Neukirchen: Neukirchen Verlag, 1963); idem. *Obadiah and Jonah* (Augsburg, 1986).

專論與文章

Bič, M. "Zur Problematik des Buches Obadja," *Congress Volume,* Copenhagen, 1953 (VTSup 1; 1953): 11-25; **Clark,** D. J. "Obadiah Reconsidered," *Bible Translator* 42 (1991): 326-36; **Lillie,** J. R. "Obadiah-a Celebration of God's Kingdom," *CurrTM* 6 (1979): 18-22; **Ogden,** G. S. "Prophetic Oracles Against Foreign Nations and Psalms of Communal Lament: the Relationship of Jeremiah 49:

7-22 and Obadiah," *JSOT* 24 (1982): 89-97; **Robinson,** R. B. "Levels of Naturalization in Obadiah," *JSOT* 40 (1988): 83-97; **Snyman,** S. D. "Cohesion in the Book of Obadiah," *ZAW* 101 (1989): 59-71; **Weimar,** P. "Obadja: eine redaktionskritische Analyse," *BN* 27 (1985): 35-99; **Wolff,** H. W. "Obadja: ein Kultprophet als Interpret," *EvT* 37 (1977): 273-84.

歷史背景

作者與歷史時期

先知書的標題語通常會提供一些資料，講到先知生活的時代、家鄉何在，以及父親是誰。俄巴底亞書卻一樣也沒有，甚至有人質疑這是否是他真正的名字。希伯來文俄巴底亞的意思是「雅巍的敬拜者」；在七十士譯本（*Abdiou*）和武加大本（*Abdias*）中，他的名字母音的讀法卻不同，意思成為「雅巍的僕人」。司陶特（1987, 406）建議，這些乃是同一個名字的兩種形式，類似英文的 Bert 和 Burt、Beth 和 Betty 是同一個意思。舊約中至少有十幾個人名叫俄巴底亞；還有一個常見的名字，俄備得，是這個名字的簡稱（縮寫，「綽號」）。但是本書的先知無法與其中任何一位認同。[1] 由這種資料缺乏的情形看來，俄巴底亞在當代必定相當出名。有些學派認為，責備外邦的神諭是在聖殿中發出的，因此有人主張俄巴底亞是執行宗教禮儀的先知，與耶路撒冷的聖職人員有關；進一步說，本書可能與某個節慶或宗教儀式相連。但這些結論猜測性的成分很高。亞倫（1976, 136）注意到，本卷書有特別的歷史情境，因此就排除了禮儀作品的可能性，因為禮儀作品的語氣大多更加一般化。

標題與資料貧乏的先知書，諸如那鴻、哈巴谷、約珥，以及本書，只能藉考查書中的內證，來判斷寫作日期和歷史背景。然而，從學界的研究史看來，單根據這類資料，很難達到一致的結論。

多數學者同意，俄巴底亞的日期應當定在主前第六世紀，或許是在猶大被擄的早期，或許是在該世紀的晚期。定這個日期，主要的證據是俄巴底亞對以東的斥責，說他們在耶路撒冷陷落的時候參

與掠奪（11～16節）；聖經也有其他經文述說這事（詩一三七7;哀四21～22）。偽經以斯得拉前書（四45）責備以東焚燒耶路撒冷的聖殿，可是歷史卻無法證實這個聲明。

有些學者主張日期更晚。包衛（Bewer 1911）等人認為，以東被毀的預言乃是 "*vaticinium ex eventu*"（「事後的預言」）；他們主張，這類預言一定是在第五世紀末拿巴田斯毀掉以東之後寫的。可是，第2～9節乃是先知的威脅，而不是對過去事件的描述。

開爾（Keil）、楊以德等學者卻選定較早的日期，將本書與主前第九世紀耶羅波安時代的事相連（王下八 20～22；代下二十一 8～10）。如果有人認為，目前十二小先知書在正典中的順序，具有時間用意，這種較早的日期就顯得很有吸引力。這些書卷中，凡是有明確日期的，的確是按時間排列，但是日期不明顯的，似乎是按主題的相關、用字的雷同來安插的；七十士譯本的順序與希伯來經文不同。

俄巴底亞是責備以東的神諭。這塊地又名西珥（創三十二 3，三十六 20～21、30；民二十四 18），在死海的東南邊，從瓦地西列德直到亞奎巴灣；地形狹長，勉強可作耕地。全境有兩條南北向的大道：(1)所謂的王道，貫穿農業區，當地取水容易，不過需要跨越東西向很深的狹谷；(2)東邊另一條通道，沿著農業區的外圍，但不需要跨越深谷。這些貿易路線是約但河東主要的幹道。歐、亞、非三地的貨物和商品，都必須行經這些道路，以東收入的基礎，就是向來往的商隊抽稅。

按聖經記載，以色列和以東接觸頻繁，主要是常有軍事衝突。以東人乃是雅各／以色列之兄以掃的後裔（創三十六 1、9）。在以色列出埃及之後，以東不讓他們經過自己的地（民二十 14～21；士十一 17～18）。巴蘭預言，以東會被征服（民二十四 18）。聯合王國的君王，掃羅、大衛和所羅門，都與以東人爭戰，最後終於暫時制伏該地（撒上十四 47；撒下八 13～14；王上九 26～28，十一 14～22）。主前第九世紀時，以東與摩押和亞捫人結盟，在約沙法作王時進犯猶大（代下二十章）。幾年之後，以東成功地背叛了約

蘭，脫離以色列的轄制四十年之久（王下八 20～22；代下二十一
8～10）。第八世紀初，猶大的亞瑪謝王再度征服以東，但為贏得勝
利，自己也損失重大（王下十四 7；代下二十五 11～12）。到了第
八世紀，在亞哈斯作王時，以東已經能夠侵犯猶大，擄走百姓（代
下二十八 17）；那時她脫離了以色列的軛，從此再沒有被制伏過。

　　亞述與巴比倫時期，以東成為強權的藩屬。有一陣子，以東想
要背叛巴比倫（耶二十七章）。在耶路撒冷陷落之後，以東利用機
會，或是與巴比倫人合作，或是自行掠奪猶大和耶路撒冷，這事導
出了俄巴底亞書（見上文）。

　　考古學的證據建議，在波斯帝國時期，以東受阿拉伯的影響與
滲透日深（主前第六世紀末到第四世紀；尼二 19，四 7，六 1）。
到了主前第四世紀末，阿拉伯王國拿巴提亞是以彼特拉為中心。因
著拿巴提亞人的壓力，許多以東人被迫遷到猶大的南地。這個地區
後來被稱為以土買，保留了以東的古名。

文學分析

　　自從有先知以來，先知發言的對象就不止於以色列，也包括外
邦在內。摩西奉命向埃及的法老說話（出三 10）；耶利米被立為
「列國的先知」（耶一 5），「在列邦列國之上」（耶一 10）。所
有的先知書，除了何西阿書和哈該書之外，都有責備外邦的神諭，
篇幅較長的計有：以賽亞書十三至二十三章、耶利米書四十六至五
十一章、以西結書二十五至三十二章、三十五章，與阿摩司書一至
二章。

　　在其餘的先知書中，對某個外邦的神諭常是全書中的一則而
已，但俄巴底亞則成了一卷獨立的書。責備以東的神諭，還有以賽
亞書三十四 5～15；耶利米書四十九 7～22；以西結書二十五
12～14、三十五章；阿摩司書一 11～12 和彌迦書一 2～5。在各卷
先知書責備列國的神諭中，以東被指責的次數最多，語句較簡短，
多半提到他們的仇恨（Stuart 1987, 404；參珥三 19 [MT 四 19]；賽

十一 14；耶二十五 21；哀四 21）。俄巴底亞書 1～9 節有許多動詞
與主題，和耶利米書四十九 7～16 相仿，以致兩者顯然有關。不過，
究竟是哪一方倚賴另一方，則不清楚；俄巴底亞可能在耶利米之
前，也可能在他之後。這兩處神諭都有同樣的引言（俄 1；耶四十
九 7）；兩則神諭都講到以東缺乏智慧（俄 8；耶四十九 7）。俄巴
底亞書 1 下～4 節很像耶利米書四十九 14～16，第 5 節像耶利米書
四十九 9，第 6 節像耶利米書四十九 10 上。歐格登（1982）認為，
兩者都是聖殿中一種哀歌儀文的回應。

　　俄巴底亞書雖然很短，但是批判學者仍和研究其他先知書一
樣，找到理由，質疑它的一體性和文學的真實性。司圖特（1987,
403）指出，學者對聖經某部分的辯論，常會按倒轉的比例，擴展到
判斷該問題的資料。嘗試定出這卷書寫作階段的努力，主要有兩條
路線，其下再分為許多分枝。第一條（Bewer, Keller 等人）將
1～14、15 節下歸於俄巴底亞，其餘部分（15 上、16～21 節）歸於
一位後期的作者，或幾位作者。這種分法的理由主要為：本書的第
一部分是在處理一個具體的歷史情境，反思耶路撒冷的陷落，和以
東將面臨的審判。但其餘部分則比較帶啟示文學的特色，宣告耶和
華的日子，神審判的對象，和以色列所勝過的仇敵，不止以東而
已，還包括列國。第二條路線（Weiser, Rudolph 等人）只否定
19～21 節為俄巴底亞所寫，並認為 15 節上、16～18 節真為先知的
作品，可是卻為單獨的神諭。而 15 節上、16～18 節與 1～14 節、
15 節下的歷史情境相同。在第一部分中，列國責罰以東，而在第二
部分中，列國和以東同樣是受責罰者。在第一部分，發言的對象是
以東；在第二部分，則是以色列。

　　以上的嘗試，是要在這卷短短的書中找出寫作歷史；相反的，
另外有人卻為它的合一性辯護（Thompson, Allen, Stuart）。所有責
備列邦的神諭，雖然發言者所假定的聽眾，是某個外邦權勢，但真
正的聽眾是在以色列或猶大；所以從向以東發言轉到向猶大說話，
並不奇怪。布洛慶登（Brockington）、湯普森、亞倫注意到本書與
約珥書的類似：約珥書視眼前的事（蝗蟲之災）為一種徵兆，預示

耶和華審判列邦的時刻，包括近日內與末後的時期。俄巴底亞書也出現相同的神學進展。以東已經併吞了猶大的土地，將來狀況會倒轉：因著從以色列點燃的火，以東將只剩斷株殘梗，她的山嶺將被佔領（18～19 節）；耶和華將興起列國與以東爭戰（1 節下），錫安山將產出「治理以掃山」的人（21 節）。從眼前的歷史情境，轉到啓示性的觀點，並不能成爲區分編輯層的標準。雖然本書的第二部分比較寬闊，論到以色列和各國，但是以東仍舊是第一個對象（19、21 節）。

對這卷小書的結構分析，也有許多不同的看法。學者區分的段落，有兩段、三段、四段、五段、六段不等，作大綱的方式也各不相同；參閱亞倫（1976, 140-42），或司尼曼（Snyman 1989, 59-71）的書中，對這方面研究歷史的討論。先知將自己刻劃爲天庭的使者，奉耶和華之命招聚列國，向以東爭戰（1 節）。耶和華宣佈祂對以東的審判（2～9 節），並說明審判的理由（10～14 節）。以東所嘗到耶和華的日子，不過是一個預兆，將來還有一個更大的日子，神的忿怒會臨到祂的敵人，爲祂的子民伸冤（15～21 節）。

12/18/2003

神學信息

俄巴底亞這卷小書，與其他責備外邦的神諭，基本的神學觀點相同。這些神諭至少有三個共通點：

1. 它們表達出雅巍掌管全宇宙。以色列的神不只是一個國家的神，而是各國各地的主。祂話語的能力不侷限在以色列的疆界之內；無論祂在哪個時間、向哪個地方說話，祂的旨意必定能實現。祂掌握各國的歷史，並將祂的旨意啓示給祂的先知。

2. 它們表達出亞伯拉罕之約如何在以色列實現出來：「爲你祝福的，我必賜福與他；那咒詛你的，我必咒詛他。」（創十二 3）雅各和以掃，就是以色列和以東之間長時間的爭戰，對以東的意義爲：「你怎樣行，他也必向你這樣行；你的報應必歸到你頭上。」（俄 15 節下）

3. <u>它們反映出以色列的先知參與在聖戰中，彷彿天上戰士的使</u><u>者</u>。在歷史書中，尤其是在正典所記的諸先知出現之前，以色列的先知經常參與全國的戰事，傳達出神的旨意，指出應到何處爭戰，以及如何進行戰事。責備列邦的神諭，乃是先知參與戰事的延伸；先知不談某個歷史上爭戰的細節，而是傳達出天上戰士對列邦的心意，或在近期，或在遙遠的未來。這等於是將聖戰轉成話語的層面。從前在作戰之前，先有宣戰的聲明，此處乃是以責備外邦的神諭來表達，因軍隊還未真正在戰場上佈陣。

這卷小書充滿怒氣，怒火向以東直冒。儘管它的歷史情境難以肯定，但是由於內容與其他經文之間的關係很多，因此可以從更廣的文學範疇來解讀。對以色列人而言，俄巴底亞書可以越過本身的範圍，引出一連串相關的話。書中一再使用以掃之名（6、8、9、18、21節），並形容雅各是他的兄弟（10、12節），讓我們超脫國際政治，進入家庭關係中。這兩個國家（以色列和以東），從兩兄弟在以撒與利百加的帳棚中出生之時開始，就糾纏在一起。俄巴底亞宣告，以東將在列國中被**藐視**，這個字就是形容以掃**輕看**了長子名分的字（2節；創二十五34）。以掃得到的「祝福」，是要服事他的弟弟雅各／以色列（創二十五23，二十七27～40），就是承受亞伯拉罕應許之子；以掃在神計畫中的角色，從那個時候起已經決定了（Robinson 1988, 92）。在整個歷史中，以東一直想掙脫他弟弟的軛（創二十七40），可是以掃並未攻擊他的弟弟雅各（創三十三）。俄巴底亞書的文學背景，就是神賜給亞伯拉罕的應許，以及雅各和以掃的骨肉關係，難怪書中對以掃的叛逆如此忿怒。以東對以色列的攻擊，不只是國際政治和機會主義的問題，乃是兄弟之間的鬩牆，也是對神安排的反擊——就是幾個世紀之前，當這兩兄弟還在利百加腹中時，神定下的計畫。這個遠古時代就定下的計畫，在末世之時還會實現：以東仍會像神所定規的，來服事他的弟弟（Robinson 1988, 94-95）。

除了強調神的主權，和祂實踐祂旨意的能力之外，俄巴底亞對神的公義也格外注意。他的同胞備受欺壓，而俄巴底亞仍然相信，

神的公義必定得勝，神的旨意至終必要實現。本書宣告了報應律（*lex talionis*）：「你怎樣行，他也必照樣向你這樣行；你的報應必歸到你頭上。」（15 節下）以東剪除猶大中逃脫的，而她則必無餘剩的（14、18 節）。以東佔據了猶大的土地（13、16 節），但到最後，錫安山管轄以掃（21 節）。

展望新約

雅各與以掃、以色列和以東，這場自古以來的鬩牆和長久的衝突，在新約中也有回響。大希律是以土買人，是以東的後裔，在耶穌出生的時候，他就想除滅祂（太二 16）。是以土買／以東人要除掉那位代表以色列一切意義的嬰孩。

保羅也提到這個古老的故事。他為神揀選的主權辯護。利百加的兩個兒子同有一位父親，而這兩個孩子是雙胞胎。但神卻定意，將來「大的要服事小的」（創二十五 23；羅九 13），正如瑪拉基所說：「我愛雅各，惡以掃。」（瑪一 2～3）

12/20/2003

備註：

1 巴比倫他勒目（*Sanh.* 39b）有一個傳統，指認先知俄巴底亞為亞哈王朝廷內的一個臣子（王上十八 3～16），耶柔米也知道這個說法；他是宮廷中的總管，與以利亞站在一邊，保護了許多先知的性命。這個指認一定不正確；這卷書似乎出於主前第六世紀，而那位俄巴底亞卻活在主前第九世紀。這種指認反映出一些學者的癖好，總是想將某個地點或人名與已知的事件或個人相連。

約拿書

聖經中約拿是最出名的故事之一。許多人都知道，這位先知被大魚吞進腹中。這個故事令多人驚訝，也遭來不少譏諷。可惜，大半的辯論只圍繞著這故事的歷史性打轉，卻疏忽了它的文學之美與神學的重要性。

沒有人能否認，約拿書不像正典中其他先知書一樣。大部分先知的預言都和講道有關；然而約拿書卻是一則散文故事。先知很不情願講道，整卷中只有一節記載他傳的道（三 4），而其中連神的名字都沒提到。約拿書雖然非常獨特，有時並不容易明白，可是其中的神學信息卻能與今日發生關聯。

書目

註釋

Allen, L. C. *The Books of Joel, Obadiah, Jonah and Micah* (NICOT; Eerdmans, 1976); **Baker,** D. W., T. D. **Alexander,** and B. K. **Waltke.** *Obadiah, Jonah, Micah* （TOTC; InterVarsity,1988/ 中譯：貝克、亞歷山大、華奇著，《丁道爾舊約聖經註釋：俄、拿、彌》，校園，1999）; **Berlin,** A. *Poetics and Interpretation of Biblical Narrative* (Almond, 1983); **Craigie,** P. C. *Twelve Prophets* (DSB; Westminster, 1985); **Rudolph,** W. *Joel, Amos, Obadja, Jona* (KAT; 1971); **Stuart,** D. *Hosea-Jonah* (WBC; Word, 1987); **Wolff,** H. W. *Obadiah and Jonah: A Commentary,* trans. M. Kohl (Augsburg, 1986).

文章與專論

Aalders, G. Ch. *The Problem of Jonah* (London: Tyndale, 1948); **Alexander,** D. "Jonah and Genre," *TB* 36 (1985): 35-59; **Hart-Davies,** D. E. "The Book of Jonah in the Light of Assyrian Archaeology," *Journal of the Transactions of the Victoria Institute* 69 (1937): 230-47; **Magonet,** J. D. *Form and Mean-*

ing: Studies in the Literary Techniques in the Book of Jonah (Bern: Herbert Lang, 1976); **Wilson,** R. D. "The Authenticity of Jonah," *PTR* 16 (1918): 280-98; **Wolff,** H. W. *Studien zum Jonahbuch* (1964, 2d ed. 1975).

歷史背景

這卷書沒有表明作者是誰、寫作日期爲何（參 Young, *IOT*, 261）。主角約拿乃是耶羅波安二世作王時（786-746）的一位先知，他的家鄉是迦特希弗（又名 el-Meshded），在拿撒勒的東北。根據列王紀下，他預言北國的疆界會擴展，這件事在耶羅波安時實現了。

有些保守派學者堅稱，這卷書一定是眞實的歷史故事。因爲，我們從列王紀知道，約拿的確是一位先知。並且，本卷書的形式與舊約所謂的歷史書很接近。第三，主張此說的人辯稱，耶穌提到約拿與尼尼微（太十二 39～40；路十一 29～30），顯示祂相信本書爲歷史的報導。

有人反對直接將本書當歷史來讀。最著名的是有關約拿三天在魚腹中的辯論。懷疑論者認爲這個故事太離譜；還有人認爲，這一點可以顯示本書整體而言並不是歷史的報導。保守派則舉出現代人的例子回覆，說有些水手曾在一條大魚的內臟待過，卻仍存活（不過遭到很大的傷害；Aalders 5-6）。這種論點並不能滿足細心的讀者，因爲聖經的記載意味，這件事完全是神蹟。

約拿書還有一些特色，暗示作者並沒有意思要讀者以爲他的記載是眞實的歷史。例如，這個故事的時代背景相當含糊。約拿是故事中惟一有名字的人。甚至「尼尼微的王」也沒有名稱，他的頭銜頗不尋常，因爲尼尼微只是首都的名字，不是整個帝國之名。

這卷書是文學的精心傑作。它的結構、諷刺性、修辭的裝飾語（見下段），都非常高明。有些人認爲，這些文學技巧像是一種記號，暗示這個故事屬於小說，而非歷史實況報導。

除了大魚的事件，還有一些內容也被解釋爲誇大的編造。其中

最著名的，乃是「動物的悔改」（三7～8）和對尼尼微城大小的描述（三3～5）。

　　由於這些論點，有些學者拒絕了歷史性的解釋（最出名的是亞倫），用別的方法來取代。過去有一段時間，寓意法相當流行，但今天主流的看法是視它為寓言。在這裏要小心，不可以過度簡化，以為所有主張寓言解釋的人都否定神蹟。當然，有些人採取非歷史性的觀點，是因為他們不相信大魚事件有可能發生。但是，還有些人，如亞倫，卻認為，這位受靈感的作者要讀者從寓言來了解本書，不要把它當作歷史報導。

　　所有論據都列舉出來之後，可以看出兩點。第一，兩種觀點都不可能提出絕對的證明。對抗反歷史觀的理由，有些十分可取，但是無法證實（為歷史觀點作辯護，寫得最好的是亞歷山大）。例如，以約拿書的文體為歷史報導的人，指出希羅多德的一段經文，其中也提到動物在哀慟的儀式中有分，並引用旁經猶底特書四10。他們說，敍事者描寫尼尼微的大小時，是指行政管理的地區，而不是指城市本身。另一方面，對偏向歷史觀的論點，也有可取的答辯，但同樣無法證實。歷史觀最有力的理由為：耶穌提到約拿和尼尼微，意味祂相信本書是歷史。當然，這是可能的，但卻不一定絕對如此。即使這個故事是個寓言，耶穌也可以在講道中提到。就好像今天的傳道人可以勉勵會眾效法好撒瑪利亞人，而很少人會相信好撒瑪利亞人是歷史人物。

　　第二點為，這個問題與本書的詮釋無關。這並不是說這個問題不重要。倘若本書有意報導歷史，可是卻作了錯誤的報導，在神學上便相當嚴重。可是歷史用意的問題，對本書神學信息的解釋，甚至個別段落的解經，影響力都非常小。

文學分析

文體

　　由於經文的文體與歷史性的問題息息相關，我們覺得必須在前一段討論這個問題。分析到最後，這個問題無法給予斬釘截鐵的答案。由於時代距離我們太遠，文體的記號有時偏向歷史觀，有時又有按寓言解釋的可能。我們應當保留空間，容許不同意見的存在。

體裁

　　即使約拿是歷史記載，這一部散文無疑為傑出作品。作者用高妙的文學技巧烘托出他的信息。

　　對修辭的注意，可以從重複使用一些詞（*Leitwörter*）看出，這些詞或貫穿全書，或集中在某個段落，形成連線（Magonet）。這類 *Leitwort* 之一便是動詞「起來」（*qûm*）。在一章 2 節，神命令約拿：「起來，往尼尼微去」（RSV）。第二節的開始，讓讀者以為這道命令已經遵行：「於是約拿起來……」。但是這句話的結尾出人意料，不是「到尼尼微」；作者－敍事者卻寫上「逃往他施」（KJV）。這個動詞另外一處反諷的用法，出現在一章 6 節。約拿逃向他施，神卻追逐他，在海中興起大浪，威脅到他所搭之船的安全。船上的水手是異教徒，他們拼命努力要保住船，卻發現約拿在底艙睡覺。我們聽到船主對約拿說：「起來，求告你的神！」（RSV）當初神要約拿「起來」的命令，彷彿又在我們耳際迴盪。這個故事第一部分的結局，出現在三章 2～3 節，就是約拿在「大魚」腹中待了幾晚之後，神第二次命令先知，「起來，往尼尼微去」。這一次約拿順服了，他就「起來，去了」（RSV）。

　　以上簡短的分析，只是約拿書文體中常見的一個例子。類似的研究還可以用在其他詞彙上，如：「大」（*gādôl*：一 2、4、10、13，三 2，四 6）、「安排」（*mānâ*：一 17，四 6、7、8）、「下

到」（*yārad*: 一 3 [兩次]、6，二 6）。

結構

全書可以分爲兩幕，各有兩景。兩幕是由神兩次給先知的命令來區分：一章 1～2 節和三章 1～2 節。第一幕大部分發生在海上。這一幕的兩景爲 (1) 船上，(2) 魚腹中。下來兩章（三、四章）是第二幕，每一章各是一景。第二幕的第一景，講到約拿在尼尼微傳道，尼尼微人悔改的事。最後一景轉到尼尼微的柬邊，約拿在那裏爲神的審判和拯救的方式與神爭論。

約拿的詩

約拿書的一體性，只有一個問題比較嚴重，就是第二章的詩。有些學者認爲，這篇詩與上下文相當不配，和全書所描寫約拿的特色也不相稱。

例如，乍讀之下，我們會以爲這篇詩應當是另一種形式。約拿剛剛被吞進魚腹中，我們覺得他既然遭到困難，就應該吐露哀歌的詩篇。但是這篇詩竟是感恩之詩，讓我們十分意外。尤其是二章 1、6、9 節的話，就好像他已經得救了。

然而，這類問題乃是因爲對約拿的狀況評估錯誤而來。大魚並不是神審判的工具，它乃是前來拯救，讓約拿不致淹死。

但更令人困惑的是，約拿在詩中表達願意深深向神效忠，可是在下一章中，他又表現出不情願的態度。事實上，到了最後一章，他也向神大表不滿。

要回答這個問題，只需指出，約拿的個性很複雜，並不是呆板的。換言之，他就像普通人一樣，靈性起起伏伏。這種活潑率直的個性（Berlin, 23-42），正是約拿書所以變化多端、引人入勝之處。

神學信息

前面已經提到，約拿書在許多方面相當特殊。從舊約的背景來

看，它對不屬神之國的態度，讓人感到吃驚。神關切外邦人並非史無前例（創二十一8～21；王下五），可是在舊約中實在不常見。

約拿書提到，對於以色列之外的人，神的憐憫在兩方面表達出來。首先，本書將靈裏敏銳的異教徒與不情願的以色列先知作對比。第一章中，因神的怒氣狂風大作，異教徒的水手戰慄，約拿卻到船底睡覺。他們將約拿丟入海中時，祈求神不將約拿之死的帳算在他們頭上。在本書的後半，約拿向尼尼微人傳道（三4），可是他既沒有提到神的名字，也沒有說明悔改的可能性。儘管如此，百姓還是悔改了（三5），而王只是聽說了約拿傳的信息，就叫全城悔改（三7～9）。第二方面，本書最後一句話表達出神對尼尼微人的感受，祂用修辭式的問句問約拿：「我豈能不愛惜呢？」

本書既表明神對非以色列人的憐憫，也向以色列人傳出嚴厲的責備。約拿在本書中代表以色列人；事實上，他是本書內惟一的以色列人。他既是先知，靈性應當是頂尖的。先知乃是耶和華的僕人。然而，這位僕人卻竭盡一切力量，不去實行神的命令。最後，當他無可奈何地到尼尼微去，仍舊是心不甘情不願。尼尼微人悔改了，神免去了他們的刑罰，而約拿則心情低落，向神發怒。約拿實在是和神脫節了。整個以色列就更不用說了！

約拿心情低落的事，引起不少討論。有人相信，約拿不願意向尼尼微人傳道，因為他怕會被人認作是假先知（Rendtorff *OT*, 226）。亦即，神要他到尼尼微去，警告城中的人毀滅將臨，但神既不輕易發怒（四2），就可能後悔而不降災，以致他的預言不能實現。

蔡爾茲反對這樣推理（*OTI*, 420-21），先知的目的乃是呼召走偏的人悔改。先知毀滅的信息是有條件的，要看百姓的反應如何。

約拿的不情願，以及後來的心情低落，最佳的解釋應當為：神憐憫的對象不是普通的一個外邦國家，而是一個非常兇殘、對他的祖國不斷威脅的帝國。約拿感到，就以色列的情況而言，神不應該赦免她的仇敵。詩人經常呼求神來毀滅仇敵；而在這裏，神竟赦免他們。

從這件事，我們學到：神不只是以色列的神，祂乃是普天下的神。這個信息也藉另一種方式點明，在研究另一個重複詞（*Leiwort*）「安排」（*mānâ*）時，便可以看出。在整個故事裏，約拿一直想逃避神，可是神運用祂所造的東西來挽回他。神安排了一條大魚（一 17）、一棵蓖麻（四 6）、一條蟲子（四 7）和炎熱的東風（四 8），讓約拿明白，他無法逃避神。祂是以色列的神、尼尼微的神，也是全宇宙的神。

展望新約

當然，新約宣告：外邦人都可以就近神，成為新約的子民。耶穌基督被差到世上，是為世上所有的人，不單是為以色列人而已（約一 6～14）。

耶穌親自將祂的工作和約拿的工作比較（太十二 38～45；路十一 24～32）。有人要祂顯個神蹟，祂回答道，祂將三天三夜在地裏頭；祂以這件事和約拿在魚腹中相較；祂所指的乃是祂釘十架與復活之間的時段（路二十四 46）。然而，祂「比約拿更大」，因為約拿傳道，救了整城的人，卻心不甘情不願；但耶穌乃是甘心捨命，來救眾人。

12/18/2003

彌迦書

　　馬丁路德曾說：「先知講話的方式很奇怪，不按照條理一件件說明，卻從一件事跳到另一件，讓你摸不著頭尾，看不清他們的要義何在。」（Smith 引用，8）彌迦書是這句話最好的例子。他的審判與拯救的信息混在一起，常常讓人分不清楚，無法捉摸其結構。

　　另一方面，彌迦，這小先知書中的第六位，[1] 在修辭的流暢與筆力方面，可以與以賽亞媲美。彌迦書中有一些話，是舊約中最為人熟知的經文，講到神的山將堅立，超乎諸山（四 1～5），預言有一位掌權者將出於伯利恆（五 2），並指出神對祂子民的要求乃是行公義、好憐憫、存謙卑的心（六 6～8）。

書目

註釋

Allen, L. C. *The Books of Obadiah, Jonah, and Micah* (Eerdmans, 1976); Baker, D. W., T. D. Alexander, and B. K. Waltke. *Obadiah, Jonah, Micah*（TOTC; InterVarsity, 1988/中譯：貝克、亞歷山大、華奇著，《丁道爾舊約聖經註釋：俄、拿、彌》，校園，1999）; Hillers, D. *Micah* (Hermeneia; Fortress, 1984); Longman III, T. "Micah," in *Evangelical Old Testament Commentary*, ed. W. A. Elwell; (Baker, 1989), 659-764; Mays, J. L. *Micah* (OTL; Westminster, 1976); Smith, R. L. *Micah-Malachi* (WBC; Word, 1984).

文章與專論

Dawes, S. "Walking Humbly: Micah 6:8 Revisited," *SJT* 41 (1988): 331-39; Jeppesen, K. "New Aspects of Micah Research," *JSOT* 8 (1978): 3-32; idem. "How the Book of Micah Lost Its Integrity: Outline of the History of the Criticism of the Book of Micah with Emphasis on the 19th Century,"

StTh 33 (1979): 101-31; **Jeremias**, J. "Die Bedeutung der Gerichtswörte Michas in der Exilszeit," *ZAW* 83 (1971): 330-53; **Kapelrud**, A.S. "Eschatology in the Book of Micah," *VT* 11 (1961): 392-405; **Renaud**, B. *Structure et attaches littéraires de Michee IV-V* (Paris, 1964); idem. *La Formation du Livre de Michee* (Paris, 1977); **Smith**, L. P. "The Book of Micah," *Interp.* 6 (1952): 210-27; **Stade**, B. "Bemerkungen über das Buch Micha," *ZAW* 1 (1881): 161-72; **Van der Woude**, A. S. "Micah and the Pseudo-Prophets," *VT* 19 (1969): 244-60.

歷史背景

作者與日期

第 1 節（一 1）是典型的先知式標題語，列出先知的家鄉（摩利沙人彌迦），並以當時在位的王來表明他工作的日期。在舊約之中，彌迦是個很普通的名字（較長的形式爲米該雅），意思是「誰像雅巍？」

摩利沙是一個村莊，在耶路撒冷西南方約二十五哩。這個村莊位於示非拉丘陵地的邊緣，靠近沿海的平原。學者不清楚爲何這裏沒有提到彌迦的父親是誰，或許他的家世並不顯赫。以家鄉來說明他的身分，或許是因爲他的工作乃是在另一個地方（可能在耶路撒冷）。

舊約只有另外一個地方提到彌迦（耶二十六 17～19）。約雅敬作猶大王的時候，祭司與假先知想要將耶利米處死。一些長老替他求情，提出彌迦的工作來辯護，說耶利米講審判的預言並沒有罪。約雅敬因爲耶利米說審判的預言，就要殺他；希西家卻相反，他願意悔改。[2]

批判學者一如往常，提出眞確性的問題。這些以彌迦爲發言人的神諭眞是他所說的嗎？批判派最常見的立場爲：只有前三章眞正是彌迦的神諭（見下文「研究史」）。然而，如果容許預言具預測性，那麼，否定彌迦爲本書任何一部分的作者，理由都不充分。

第 1 節提供了彌迦工作的日期。彌迦在百姓中間傳講審判與拯救的信息，共經過了三位王：約坦（主前 750-732 年）、亞哈斯（主

前 732-716 年）和希西家（主前 715-686 年）。彌迦的工作也許始於約坦作王的末年，而終於希西家作王之初，我們無法確定他工作的長短。不過，他乃是與以賽亞同時（Smith, 211）。

彌迦提到撒瑪利亞即將受到審判（一 6），這顯示他的工作在主前七二二年之前已經開始，因為撒瑪利亞於那一年被亞述滅掉。另外一則神諭日期約略可以推測，就是一章 8～16 節的哀歌。這一段提到的城市，與西拿基立於七○一年進攻耶路撒冷的可能路線符合。耶利米書二十六 18 引用彌迦書三 12，認為那則神諭是在希西家作王時傳出的。

歷史時期

鳥瞰彌迦說預言時期的以色列與猶大史，撒瑪利亞淪喪在撒縵以色帶領的亞述軍隊手下（主前 722 年）。在撒爾根二世作王時，以色列人沒有背叛，但這位有能力的王一死，他的兒子西拿基立即位，希西家便加入了巴比倫的反叛聯盟，帶頭的是米羅達巴拉但（王下十八以下）。西拿基立的反應，是進攻耶路撒冷（主前 701 年），但是透過以賽亞和彌迦的工作，希西家悔改，神饒過了這城。然而，在希西家去世後不久，猶大的執政者又背叛了耶和華。例如，他的兒子瑪拿西使猶大陷入罪中。彌迦的預言講到猶大將陷落在巴比倫手中，這件事於主前五八六年發生；但他又進一步預言，被擄之人將歸回（539）。

研究史

前面已經提到，批判派常認為，真正屬於彌迦的神諭只限在頭三章中。葉庇森（Jeppesen, 1978）曾寫了一部很有見地的著作，將達到這結論的研究經過作摘要說明，並對它提出質疑。

彌迦的詮釋史，轉捩點為一八八一年司泰得寫的一篇文章。不過，在追述那篇文章之前，葉庇森先陳明他這部著作的背景。他講到啓蒙運動對先知書的研究前提，如何一步步侵犯，以致否定了超自然預言的可能。十八世紀末，先知書的一體性首先遭到懷疑的，

是以賽亞書。

十九世紀的前幾十年，對彌迦書的日期與眞確性的探討屬過渡時期，一片混亂，無法達到結論。主要的辯論之一，爲先知書的標題語（一1）和耶利米書二十六章的先知與希西家王之關係，兩者之間的關聯。大部分學者感到，先知所有的工作都應當在這位王的時期，而不在他之前。這個結論與內容的眞確性有關。書中也有後人的旁註。葉庇森（1978, 114-15）注意到，這段時期艾渥德使學術界相信，第六、七章所假設的背景與前五章不同，屬於晚期的情形。

後來，司泰得（Bernhard Stade 1881）首先提出一項學界一致同意的理論，即：彌迦眞正的神諭只限於頭三章，本書目前最終的形式，是於被擄歸回時期形成的。他同意艾渥德對第六、七章的看法，並將它定在第二以賽亞時期。

自從司泰得之後，主張彌迦爲合成的作品、最終的日期爲被擄歸回時期，已經成爲批判派的常見立場。

近日的努力朝向發掘本書發展過程的編輯史。這些學者的結論爲：本書是經過很長時期才形成，直到被擄歸回之後才定型。不過，他們雖然在大原則上彼此同意，但是對於本書寫作過程的描繪，卻常各說各話（最值得看的是 Jeremias, Mays, Renaud, 對這方面的評語，參閱 Childs[3] [431-34] , *IOTS*）。

文學分析

彌迦書的結構引起許多辯論，意見相當分歧。有人認爲，本書並沒有整體的結構，乃是鬆散的先知神諭文集。另有人則辨識出非常複雜、繁瑣的結構。不過有幾點可以確定：

1. 彌迦並非一次講完所有的神諭。這卷書最好視爲他多年工作所傳信息的集錦。

2. 日期並非本書結構的關鍵，不過彌迦書前面的部分，的確預言了撒瑪利亞的陷落與西拿基立的入侵，而在結尾部分，則預期百

姓將被擄到巴比倫，並且要歸回。

3. 預言大致上是以威脅和盼望輪流出現為結構。透過先知，神與祂的子民作了兩回合的辯論。第一回合為一至五章，其中有嚴厲的審判信息（一 2～三 9；二 12～13 或許是例外），但也有拯救的話語（四～五章；五 10～15 或許是例外）。第二回合（六～七章）開始也是審判（六 1～七 7），但結尾卻為極大的盼望（七 8～20）。

大綱

標題語（一 1）

一、 第一回合的審判與拯救（一 2～5）

　　1. 神審判撒瑪利亞和猶大的背道與社會的罪（一 2～三 12）

　　2. 神給以色列的盼望話語（四～五章）

二、 第二回合的審判與拯救（六～七章）

　　1. 神與以色列的辯論（六 1～8）

　　2. 神責備以色列社會的罪（六 9～16）

　　3. 先知感嘆以色列的狀況（七 1～7）

　　4. 盼望與讚美的詩（七 8～20）

體裁

彌迦的文體非常有力，但過去卻被忽略，原因有二。第一，本卷書的希伯來文很難，其結構對現代讀者亦非一目了然。第二，彌迦書被與它同時、卻更加出名的以賽亞書遮掩住了。

不過，先知彌迦在用字和意象方面，不愧為大師。最能表達這一點的，是彌迦書一 10～16。就歷史而言，這是用先知式的話語，描繪西拿基立的軍隊逐步逼近耶路撒冷的路線。彌迦逐一提到各城，並且用極妙的雙關語來敍述將要發生的事，就是將城市的名字和其命運相連。一般而言，翻譯很難將這種關聯性表達出來，不過摩法特的意譯讓讀者能略窺其形貌（Smith 引用於 213）：

不要在宣揚城宣揚！
不要在哀號城哀號！
灰塵莊園將吃塵土，
華服鎮將赤身而逃，
安全堡將不再安全，
堅牆堡的牆要倒塌，
苦水鎮要喝苦飲料。
（耶路撒冷，平安之城，
耶和華送來爭戰。）
套上戰馬吧，
鬥場市的人！
（錫安犯罪的起頭，
等於以色列罪的總和。）
享福城將與福永遠告別！
陷阱城逮到了以色列的君王。

神學信息

彌迦書的神學主要是講神對罪的審判。雅巍命令彌迦向百姓傳這道審判的信息。以色列和猶大都偏離了耶和華的道路，犯了罪，觸怒了祂。他們在宗教上（一 5～7）和社會上（二 1～2）都犯了罪。以色列的政治（三 1～3）和宗教領袖（二 6～11，先知；三 11，祭司）都拒絕了神的道路。他們對神有安全感，但卻是錯誤的。

這種想法可以由假先知的態度看出，彌迦則經常與他們唱反調。他們教導說，以色列很安全，因此他們所說的不是神的話語。范得武（Van der Woude）說明，彌迦經常借用與他對立之先知的話，例如，彌迦書三 11：

> 首領為賄賂行審判，
>
> 祭司為雇價施訓誨，
>
> 先知為銀錢行占卜。
>
> 他們卻倚賴耶和華，說：
>
> 「耶和華不是在我們中間嗎？
>
> 災禍必不臨到我們。」

因此，神向違約的子民提出控訴。祂啟示自己為戰士，與祂的百姓爭戰（一3～4）。神渴望祂的百姓愛祂，並且行公義。祂呼召他們回頭歸向祂。

或許本書最感人，也是今日最為人熟知的一段話，就是六章6～8節，猶太人傳統上將它視為律法的總綱：

> 我朝見耶和華，
>
> 在至高神面前跪拜，
>
> 當獻上什麼呢？
>
> 豈可獻一歲的牛犢為燔祭嗎？
>
> 耶和華喜悅千千的公羊，
>
> 或是萬萬的油河嗎？
>
> 我豈可為自己的罪過，
>
> 獻我的長子嗎？
>
> 為心中的罪惡，
>
> 獻我身所生的嗎？
>
> 世人哪，耶和華已指示你何為善。
>
> 祂向你所要的是什麼呢？
>
> 只要你行公義、好憐憫，
>
> 存謙卑的心，與你的神同行。

有些人認為，這段話是反對所有祭司制的宗教，但是道衛斯

（Dawes 1988）的看法很正確，他說，這只不過是要扭轉一些以色列人不健康的態度，因為他們過分重視宗教的外表（亦見摩五21～27; 何六6；賽一10～17）。

本書的主調雖然是對罪的審判，但是並不缺乏盼望。早在二章12～13節，雅巍在審判信息之後，就說出安慰的話語。最後對神的描繪（七18～20）顯出，因著祂向亞伯拉罕信守約的應許，祂的恩典與誠實何等廣大。祂向大衛的應許並沒有消逝，將來必定實現（五1～2）。

展望新約

彌迦的審判與盼望的信息，雖然是向當日的以色列和猶大人說的，但他所用的話語超越了眼前歷史上的危機，因此便讓讀者望向更遠的未來（對彌迦的末世論，較溫和的批判派觀點之分析，可參Kapelrud）。

新約的作者看出了這一點。馬太福音引用彌迦書四2，講到耶穌生於伯利恆（見太二5）。在彌迦書的上下文中，這則神諭是展望未來如同大衛的掌權者。在伯利恆出生的重要性，就在於此。

彌迦書四1～5描繪出一幅圖：神的山高舉，而世界各地的人都將湧來敬拜神。普世和平，不再有爭戰。這則神諭由「末後的日子」之規格引進。救贖歷史一步步進展，這則預言在最後完全應驗之前，已經事先應驗了幾次。沃特克這樣說：

> 在這個異象中，彌迦提出了錫安山最後將出現的光景：成為萬國的宗教與道德中心。以下幾則神諭中，他提出這件事將如何逐步實現。

> 這項預言的第一步應驗，是從巴比倫回歸，重建第二座聖殿。第二次更偉大的應驗，則是基督昇到天上的聖所，廢棄了地上的預表。第三個步驟，就是最終的一刻，將在新天新地中成就，那時地上的君王要將一切榮華，都帶到從天而降的新耶

路撒冷中（啓二十一 1、10、 22～27）。 12/24/2003

備註：

1 換言之，彌迦書在馬索拉傳統中排在第六卷。希臘文舊約將彌迦書排在第三卷，在阿摩司與何西阿書之後，這兩位與他同時，但年歲稍長一些。

2 按 A. F. Kirkpatrick 的看法，「希西家的改革乃是彌迦傳道的結果」（Allen 引於 240）。

3 他自己主張，彌迦的信息是由處理以賽亞書材料的同一批人士塑造成的。

那鴻書

先知那鴻的名字，意思是「憐憫」，他在卞前第七世紀向亞述傳出一道嚴厲的審判信息。本書的語氣很尖銳，其中的信息是針對某個時期的某個國家，所以許多人覺得與自己無關。這個評估並不正確，但是不少基督徒卻因此而不去研究。本書的藝術價值無人能否認；如果從它的歷史與神學背景來了解，會對今日的人產生很大的影響。

書目

註釋

Achtemeir, E. *Nahum-Malachi* (*Interp.*; John Knox, 1986); **Baker,** D. W. *Nahum, Habakkuk and Zephaniah* (TOTC; InterVarsity, 1988/中譯：貝克著，《丁道爾舊約聖經註釋：鴻、哈、番》，校園，1998）; **Keller,** C. A. *Nahoum* (Neuchâtel: Delachaux et Niestlé, 1971); **Longman Ⅲ,** T. "Nahum." In Commentary on the Minor Prophets, ed. T. McComiskey (Baker, 1993); **Maier,** W. A. *The Book of Nahum: A Commentary* (Concordia, 1959〔reprint Baker, 1980〕); **Rudolph,** W. *Micha, Nahum, Habakuk, Zephanja* (Guterslow: Verlagshaus Gerd Mohn, 1975); **Smith,** J. M. P. *A Critical and Exegetical Commentary on the Book of Nahum* (ICC; T. & T. Clark, 1912); **Smith,** R. L. *Micah-Malachi* (WBC; Word, 1984); **Van der Woude,** A. S. *Jona, Nahum* (Nijkerk, 1978).

文章與專論

Cathcart, K. J. *Nahum in the Light of Northwest Semitic Philology* (Rome: Pontifical Biblical Institute, 1973); idem. "The Divine Warrior and the War of Yahweh in Nahum," in *Biblical Studies in Contemporary Thought,* ed M. Ward; Somerville, **Mass.,** 1975), 68-76; **Cochrane,** J. S. "Literary Features of Nahum," Th. M. thesis (Dallas Theological Seminary, 1954); **Glasson,** T. F. "Final Question in Nahum and Jonah," *ExposT* 81 (1969): 54-55; **Haldar,** A. *Studies in the Book of Nahum* (Uppsala,

1947); **Horst,** F. "Die Visionsschiderungen der alttestamentlichen Propheten," *EvTh* 20 (1960): 193-205; **Janzen,** W. *Mourning Cry and Woe Oracle* (*BZAW* 125; Berlin: De Gruyter, 1972); **Jeremias,** J. *Kultprophetie und Gerichtsverkundigung in den spaten Konigszeit Israels* (*WMANT* 35; Neukirchen-Vluyn, 1970); **Longman III,** T. "The Divine Warrior: The New Testament Use of an Old Testament Motif," *WTJ* 44 (1982): 290-307; idem. "Psalm 98: A Divine Warrior Victory Song," *JETS* 27 (1985): 267-74; idem. "The Form and Message of Nahum: Preaching from a Prophet of Doom," *Reformed Theological Journal* 1 (1985): 13-24; **Longman III,** T. and D. **Reid,** *God Is a Warrior* (Zondervan, 1995); **Lowth,** R. *Lectures on the Sacred Poetry of the Hebrews* (1753; reprint, London: T. Tegg and Son, 1835); **Naudé,** J. A. "*Maśśā'* in the Old Testament with a Special Reference to the Prophets," *OTSWA* 12 (1969): 91-100; **Schulz,** H. *Das Buch Nahum* (*BZAW* 129; Berlin-New York, 1973); **Sister,** M. "Die Typen der prophetischen Visionen in der Bible," *MGWJ* 78 (1934): 399-430; **Van de Woude,** A. S. "The Book of Nahum: A Letter Written in Exile," *OTSWA* 20 (1977); **Van Doorslaer,** J. "No Amon," *CBQ* 11 (1949): 280-95; **von Voigtlander,** E. "A Survey of Neo-Babylonian History," Ph. D. diss. (University of Michigan, 1963); **Zawadzki,** S. *The Fall of Assyria and Median-Babylonian Relations in Light of the Nabopolassar Chronicle* (Delft: Eburon, 1988).

歷史背景

作者

本書的標題語告訴我們，作者名叫那鴻。我們只知道他來自伊勒歌斯，其他全無資料。可惜，這個城鎮的地點也無法確定。在詮釋史中曾提出四種假說：(1) 中世紀東方傳統，認為伊勒歌斯是在尼尼微近郊（阿古施遺址），並主張那鴻是北方以色列被擄家族的後裔。(2) 另有人（古時有耶柔米，近代有范得武）將伊勒歌斯放在加利利叫以勒考實的遺址。(3) 還有人提出北國境內的一個地點，就是加利利海北岸的迦百農。迦百農的字義有一個可能為「那鴻之城」。(4) 有人主張這個地方在猶大。這個傳統始自偽經伊比凡尼斯，今天承繼者有哈理遜（*OTI*, 26），他們認為伊勒歌斯是在比格巴附近，就是現在的貝特奇布林（Beit Jibrin）。

這四個地點包括了亞述、從前的北國，和猶大境內所有的可能性。可惜若再多說，就變成純屬猜測，對於了解本書並無幫助。

歷史時期

那鴻書與其歷史背景密不可分。現代讀者若要明白本書的信息，首先必須了解當時的情況。

這卷書的預言與主前第七世紀有關。書中提到提比斯城遭毀，這件事發生於主前六六四年（三8），而整個預言的焦點爲尼尼微的淪陷，這件事發生於主前六一二年。倘若本書眞爲預言，那鴻書的日期至少在該城淪陷之前幾年。我們無法提出更加準確的日期。有些學者（Maier, 35-36）主張，這裏對提比斯的陷落描述得非常生動，因此這個預言應當偏向早期，並不靠近它應驗的時期。然而，從先知作詩的能力來看，這種論證相當薄弱。那鴻非常擅用意象，意即他可以使古時的事件「活化」在人眼前。另一個論證爲：那鴻書必然寫於亞述帝國明顯式微之前（這個過程大約從主前 630 年開始）。此說比較可取，它是根據那鴻書一 12，亞述被描寫爲「原封不動」、地界遼闊。因此這卷書預言的日期雖然很難肯定，但比較可能是在主前六五二年（內戰時期，見下文）到六二六年之間，就是巴比倫開始長期抗戰，推翻亞述獨霸局面的那年。

預言的焦點是亞述受審判。因此我們必須對亞述帝國這段時期的歷史有所了解。主前第八世紀下半到第七世紀，是亞述勢力擴張的時期。在提革拉毘列色三世（主前 745-727 年）、撒縵以色五世（主前 726-722 年）、撒珥根二世（主前 721-705 年）、西拿基立（主前 704-681 年）、伊撒哈頓（主前 680-669 年）等英明領袖的帶領之下，亞述帝國達到了前所未有的高峰。在亞述班尼帕的早年（主前 668-627?年），亞述的權柄與文化睥睨全球。他的父親伊撒哈頓曾入侵埃及，不過，在亞述班尼帕拿下了古埃及的首都提比斯之後（主前 664 年），亞述才可以說到達了巔峰狀態。

然而，自從主前六五二年開始，就出現了重大的問題。多年來，巴比倫一直是亞述的藩屬國，可是經常出狀況。伊撒哈頓曾經想了一個辦法，要解決巴比倫的問題，希望在他死後，它不致叛變，危害到他的繼承人。古代近東的歷史，兄弟爲王位自相殘殺的

故事屢見不鮮。伊撒哈頓下令，他死後，一個兒子（亞述班尼帕）登上亞述的寶座，另一個兒子，撒瑪桑木金，則登上巴比倫的王位。當然，撒瑪桑木金要臣服於亞述班尼帕，就像巴比倫對亞述一樣。可是，這個安排只保持了十年太平。到主前六五二年，撒瑪桑木金帶領迦勒底人，背叛了他的兄弟。亞述班尼帕雖然打贏了仗，但是損失慘重。亞述的精力消耗殆盡，逐漸衰敗，至終一蹶不振。

亞述班尼帕的最後幾年，以及他過世的那年，因缺乏記錄而不詳，但是從巴比倫人的記錄（Wiseman）我們知道，有位迦勒底的領袖叫拿波布拉撒，帶領他的族人反叛亞述，交戰多年。最高潮的一戰發生於主前六一二年，尼尼微被毀。

巴比倫和後代對尼尼微陷落的描述，並不清楚（Zawadzki），但似乎最先是瑪代人摧毀了這城。事實上，巴比倫人在記錄中很謹慎，並未說自己參與了這座大城的擄掠，尤其是其中神廟的破壞。但是，瑪代人顯然保不住這座城，或是對此不感興趣，以致最後到手的，是他們的同盟巴比倫人。

文學分析

體裁

那鴻書的詩體非常出色。它的優美與信息的嚴厲正成對比。羅特主教（Bishop Lowth）寫得好：

> 在勇敢、熱情、莊嚴方面，沒有一位小先知能與那鴻相匹。他的預言亦是正常、完美的詩：序言不僅優美，更是宏偉；對預備毀滅尼尼微的描寫、對它淪陷和荒涼的刻劃，都極其生動，既雄渾又鮮明，實在一流（234）。

從意象和簡短對偶句的使用，可以看出那鴻是位不可多得的天才詩人。

文體

本書開頭的標題語中，有三個詞描寫出讀者在下面預言中會碰到的情形。這三個詞爲：「書」、「異象」和「神諭」；我們將按這個次序來討論。

「書」（*seper*）一詞，意指那鴻的預言和其他人有所不同。其餘先知大部分是傳道人，他們的預言爲他們從前所傳神諭的收集。而那鴻似乎是在寫一卷書。本書中幾個詩的設計——例如：那鴻書第一章部分的字母詩（Longman 1993）——有助於眼看，卻無助於耳聞。本書的預言既爲寫作形式，便可以解釋爲何它結構明顯（見下一段），而許多預言則更像講道集（彌迦書）。

這卷書又聲明裏面有「異象」（*ḥᵃzôn*）。雖然整個預言並不是一個異象，但是有兩段裏面含有事件的異象，非常生動（Horst 和 Sister）：二 3～10 和三 2～3。

不過，最重要的文體指標，則是「神諭」（*maśśā'*）一詞。這個詞過去被譯爲「負擔」，但是現代譯者已經決定，正確的意思是「神諭」（Naudé）。事實上，「神諭」的譯法或許太寬，因爲這個字出現的主要場合，多半爲先知痛斥某個外邦國家。因此，*maśśā'* 似乎是所謂「戰爭神諭」或「責備外邦神諭」的古代說法。

結構

標題語（一 1）
一、向戰士之神所發的讚美詩（一 2～8）
二、戰士之神審判祂的百姓，又拯救他們（一 9～二 2）
三、尼尼微崩潰的異象（二 3～10）
四、獅子的嘲諷（二 11～13）
五、尼尼微遭災的神諭（三 1～3）
六、行邪術淫婦的嘲諷（三 4～7）
七、歷史的嘲諷——提比斯與尼尼微的比較（三 8～10）
八、對尼尼微更大的嗤笑（三 11～15 第三句）

　　仔細分析本書，可以看出其結構十分緊密。全書的開頭是典型的先知式標題語（一 1），提供了先知的名字、城市名和主題：「有關尼尼微的神諭」。預言部分，一開始為優美的戰士之神勝利的讚美詩（一 2～8），與許多詩篇相仿（例如，詩二十四與九十八）。這篇詩未註明歷史，高舉神審判惡人，保護祂的子民。第二段（一 9～二 2）很自然地隨著這首雙叉的勝利之歌而來。那鴻將猶大得救的神諭（一 12、13、15，二 2）和尼尼微受審判的神諭（一 9～11、14，二 1）糾結在一起，這種作法在先知書中非常特別。這一段的戲劇效果為：接受拯救和審判的對象，到後來才宣佈。猶大一直到一章 15 節才提到，而尼尼微的名字並未出現在這一段。

　　接下去的預言，為本書兩則異象中的一則（二 3～10）。這是一則事件異象，那鴻彷彿置身在尼尼微，親眼看見她被毀的光景。既然知道這座大有權柄、逼人太甚的城，會有怎樣的結局，那鴻就向尼尼微發出嘲諷。那鴻書二 11～三 7 的結構似乎是同心圓（Schulz）。二章 11～13 節和三章 4～7 節都是隱喻式的嘲諷，結構相同（注意，二 13 和三 5 結尾的審判模式）。前一則譏諷亞述就像被撕碎的獅子，第二則將她比作行邪術的淫婦。在當中，那鴻插入了一段災難的神諭，後面附加事件異象（三 1～3）。這種形式的來源為出殯的哀歌。那鴻乃是在說，尼尼微「氣數已盡」。

　　嘲諷一直持續到本書的末了。首先，那鴻將尼尼微與提比斯相較，加以諷刺，這段可以說是「歷史的嘲諷」。接下來的預言繼續用一連串短短的嘲諷，其根據似乎是條約中的咒詛部分（三 12～13）。預言的結束是一段哀歌，諷刺尼尼微的末日（三 18～19）。另外一卷以修辭式問句作結尾的，是約拿書，就是傳尼尼微得救預言之書。這種安排顯然有意凸顯其中的對比（Glasson）。

神學信息

那鴻書一7～8總結了先知那鴻的主要信息：

> 耶和華本為善，
> 在患難的日子為人的保障。
> 並且認得那些投靠祂的人，
> 但祂必以漲溢的洪水
> 淹沒尼尼微，
> 又驅逐仇敵進入黑暗。

在那鴻書中，神彷彿是位戰士，為祂的子民出征。對主前第七世紀初讀這卷書的猶太人而言，這個預言帶來了莫大的盼望，是他們期待已久的。多年以來，他們一直活在亞述入侵的陰影之下；現在神要向他們的仇敵採取行動了。審判亞述人的信息，尤其是尼尼微的傾倒，就是向神子民傳達了祂的憐憫。

神應驗了這則預言，尼尼微於主前六一二年為瑪代和巴比倫人所滅。然而，猶大人仍然背道，試驗神的耐心。結果，他們不久就發現，巴比倫人注意到巴勒斯坦，他們有大麻煩了。主前五八六年，巴比倫的偉大國王尼布甲尼撒終於征服了猶大。

展望新約

許多人看不出那鴻書和今日的教會有什麼關係。這卷書的預言既有特定的對象，又十分血腥，和耶穌基督似乎沒有一點關聯。

我們已經看到，那鴻書是從一般原則轉到特定的歷史情境。那鴻書恆久的價值，從一章2～8節最容易看出。這一段頌讚神是戰士，要拯救祂的子民，審判祂的仇敵。

舊約中以神為戰士的圖畫，預表耶穌期督的再來；新約也常將

祂描繪成戰士（Longman 1982; 1985a, b; Longman and Reid 1995）。不過，新約中爭戰的對象與舊約十分不同。在舊約中，雅巍乃是與以色列的世仇爲敵（迦南人、非利士人、亞述人等），最後則懲罰了不順服的以色列（哀二 6）。然而，就保羅而言，基督的死亡、復活和昇天，乃是大勝撒但和牠的隨從（西二 14、15；弗四 7～11）。舊約以神爲戰士的圖畫，以及基督與撒但的爭戰，預期在啓示錄中這個主題將有完結篇（參，如啓十九 11～21），那時耶穌將帶領祂的天軍，在最後之戰中殲滅撒但和屬牠的魔鬼與人類大軍，將罪惡完全消除。因此，雖然尼尼微不再存在，但那鴻書仍具長遠的價值，因爲新約中提到了基督的爭戰。

12/24/2003

哈巴谷書

　　這位先知沒有什麼資料。他的名字只出現在本書和其中詩篇的標題語內（一1，三1）。這個名字或許來自一個希伯來動詞，意思是「擁抱」；有人則認為，他的名字是亞喀得文的一種植物之名。

　　許多人認定哈巴谷為宗教界的先知。這卷書的確用了哀歌的風格，這種文學形式常與聖殿相關；第三章詩篇的音樂用語，也暗示要在禮儀中使用。利未人的樂師是有先知功能（代上二十五1～6）。對神顯現的描述（三章），或許也是在宗教禮儀中最自然。可是「宗教界先知」一詞，本身的定義並不清楚。先知與聖殿究竟有什麼關係，是舊約研究中辯論最多的題目之一。如果「宗教界先知」是指宗教界正式的職位，靠聖殿的供應維持生計，在聖殿儀式中來盡先知的職責，那麼，我們的資料就不足以證明哈巴谷是這樣一位先知，而聖經所提到的其他先知，也似乎都不符合這種身分。有些先知亦是祭司（如，以西結、撒迦利亞），可是他們並不是因祭司的職分才作先知的。先知的職分並非世襲。不過，如果這個詞的意思是指，某位先知經常因事奉的緣故來到聖殿附近，這個稱謂便可以用在哈巴谷身上，也可以用在其他許多先知身上。蔡爾茲（452）主張，雖然哈巴谷書中大半的材料或許來自儀式的背景，但其中自傳式的部分（二1，三2、16～19）卻顯示，它目前的形式應該不是受宗教禮儀的影響。

　　由於這位先知的資料奇缺，因此傳聞甚多。有一卷貝爾與龍的抄本（添加在但以理書之後的偽經）說哈巴谷是利未人，這個傳說反映出他與聖殿的關係。另外一些拉比的來源，說他是一位書念婦

人的兒子，這種看法或許是因列王紀下四 16 的「擁抱」一詞而來。還有人說他是以賽亞書二十一 6 的守望者，這無疑是由哈巴谷書二 1 所用的意象推理而得。以上有關這位先知的傳說，沒有一項可靠。

他勒目（Makkot 23b）記載，有位拉比評論道：「摩西賜給以色列六一三條誡命，大衛減到十條，以賽亞減爲二條，而哈巴谷則濃縮爲一：義人必因信得生。」（二 4）

書目

註釋

Baker, D. W. *Nahum, Habakkuk, and Zephaniah*（TOTC;InterVarsity, 1988/中譯：貝克著，《丁道爾舊約聖經註釋：鴻、哈、番》，校園，1998）；**Bruce,** F. F. "Habakkuk," in *Commentary on the Minor Prophets*, ed. T. McComiskey (Baker, 1993); **Eaton,** J. H.*Obadiah, Nahum, Habakkuk, and Zephaniah* (TBC; SCM, 1961); **Elliger,** K. *Das Buch der zwölf kleinen Propheten*(ATD 25; Göttingen: Vandenhoeck und Ruprecht, 1950); **Gowan,** E.E. *The Triumph of Faith in Habakkuk* (John Knox, 1976); **Keller,** C. A. *Nahoum, Habacuc, Sophonie* (CAT 11b;Neuchâtel: Delachaux et Niestlé, 1971); **Robertson,** O. P. *The Books of Nahum, Habakkuk, and Zephaniah* (NICOT; Eerdmans, 1990); **Rudolph,** W. *Micha-Nahum-Habakuk-Zephanja* (KAT 13:3;Gütersloh: Mohn, 1975); **Smith,** R. L. *Micah-Malachi* (WBC 32; Word, 1984); **Ungern-Sternberg,** R. F. von, and **Lamparter,** H. *Der Tag des Gerichtes Gottes. Die Propheten Habakuk, Zephanja, Jona, Nahum* (Botschaft des AltenTestaments; Stuttgart: Calwer Verlag, 1960); **Watts,** J. D. W. *Joel, Obadiah,Jonah, Micah, Nahum, Habakkuk, Zephaniah* (CBC; Cambridge University Press, 1975).

專論與文章

Albright, W. F. "The Psalm of Habakkuk," in *Studies in Old Testament Prophecy Dedicated to T. H. Robinson*, ed. H. H. Rowley (T. & T.Clark, 1950), 1-18; **Brownlee,** W. M. "The Composition of Habakkuk," in *Homages à Andre Dupont-Sommer* (Paris: Librairie d'Amerique et d'Orient Adrien-Maisonneuve, 1971), 255-75; idem. *The Text of Habakkuk in the Ancient Commentary from Qumran* (Philadelphia: JBL Monograph Series, 1959); idem. *The Midrash Pesher of Habakkuk* (Missoula: Scholars, 1979); **Coleman,** S. "The Dialogue of Habakkuk in Rabbinic Doctrine," *Abr Naharain* 5 (1964-65): 57-85; **Gunneweg,** A. H. J. "Habakkuk and the Problem of the Suffering Just," in *Proceedings of the Ninth World Congress of Jewish Studies* (Jerusalem: World Union of Jewish Studies, 1986), A: 85-90; **Hiebert,** T. *God of My Victory:The Ancient Hymn in Habakkuk* 3 (Scholars, 1986); **Janzen,** J. G. "Eschatological Symbol and Existence in Habakkuk," *CBQ* 44 (1982):394-414; **Jöcken,** P. *Das Buch Habakuk: Darstellung der Geschichte seiner kritischen Erforschung mit einer eigenen Beurteilung*

(BBB 48; Bonn: Hanstein, 1977); **Keller**, C. A. "Die Eigenart des Propheten Habakuks," *ZAW* 85 (1973): 156-67; **Margulis**, B. "The Psalm of Habakkuk: A Reconstruction and Interpretation," *ZAW*82 (1970): 409-42; **Nielsen**, E. "The Righteous and the Wicked in Habaqquq," *ST* 6 (1953): 54-78; **O'Connell**, K. G. "Habakkuk, Spokesman to God," *Currents in Theology and Mission* 6 (1979): 227-31; **Otto**, E. "Die Theologie des Buches Habakuk," *VT* 35 (1985): 274-95; **Patterson**, R. D. "The Psalm of Habakkuk," *Grace TJ* 8 (1987): 163-94; **Peckham**, B. "The Vision of Habakkuk," *CBQ* 48 (1986): 617-36; **Rast**, W. "Habakkuk and Justification by Faith," *Currents in Theology and Mission* 10 (1983): 169-75; **Sanders**, J. A. "Habakkuk in Qumran, Paul and the Old Testament," *JR* 38 (1959): 232-44; **Walker**, H. H. and N. W. **Lund**. "The Literary Structure of the Book of Habakkuk," *JBL* 53 (1934): 355-70; **Zemek**, G. J. "Interpretive Challenges Relating to Habakkuk 2:4b," *Grace TJ* 1(1980): 43-69.

歷史背景

　　哈巴谷書寫於「迦勒底人興起」之時（一6），亦即主前第七世紀末或第六世紀初。亞述已於主前六二五年左右迅速式微，約在那時，尼布甲尼撒的父親拿波布拉撒登上巴比倫的寶座。他父親死後，尼布甲尼撒即位，當時卡實米施之戰正在進行中（604）；後來巴比倫軍隊勝過了過去亞述帝國在這裏的餘民，接著，他們的注意力就轉到敘利亞－巴勒斯坦諸國。主前五九八年，尼布甲尼撒把猶大王約雅斤擄去，同時帶走許多貴族和耶路撒冷的民間領袖（王下二十四 8～17；代下三十六 9～10）。從迦勒底人興起（一6）看來，本書的寫作日期大約在主前六二五年～六〇四年之間，而文中提到巴比倫軍隊頻頻得勝（二5、8～10），卻顯示日期更晚一些。哈巴谷或許與耶利米、西番雅、那鴻等人同時，也可能與約珥同代。

　　雖然按本書的內證看來，似乎相當能肯定寫作日期的範圍，可是批判學者仍對這份資料不滿。他們所定的日期，從主前第七世紀初到第二世紀初不等，姚肯（Jöcken 1977）對這方面作了深入的探討。[1] 日期的問題主要與一章 4 節和 13 節提到的惡事有關。在一章 4 節中，行惡的似乎是猶大與耶路撒冷敗壞的居民；但是，有些學者認為這些乃是亞述人，就是被迦勒底人所擊敗的以色列世仇。然而，用「癱瘓律法」（一4）來描寫邪惡的亞述人，似乎不太可能，

這個片語比較適合用在描述猶大內部的腐化。在一章 13 節，行惡的似乎是迦勒底人。

　　還有一些學者質疑，是否有一種早期版本，不以第三章的詩篇爲結尾。這篇詩有單獨的標題語（三 1），這項事實暗示，它或許曾獨立存在，原來不屬於現今這部較長的作品之內。再說，一九四八年在昆蘭第一洞中發現的哈巴谷書註釋，結尾爲第二章，不包含這篇詩。不過，這個事實或許反映出，昆蘭派認爲第一、二章更能配合他們的目標，因此沒有寫第三章的註釋。所有七十士譯本的抄本，和第二世紀的瓦地木拉巴特經文，都有這篇詩（Brownlee 1959, 92）。

文學分析

哈巴谷書的大綱可以這樣列：

2. 戰士之神的顯現（三 3～15）
3. 先知靠信心而活（三 16～19）

本書的第一部分（一 2～二 5）是神和先知的對話。在一章 2～4 節和一章 12～17 節中，先知以哀歌的形式，將他的埋怨帶到神面前，與哀歌式的詩篇類似（詩六、十二、二十八、三十一、五十五、六十、八十五篇）。在詩篇中，這種哀歌常有神的回應，肯定祂會垂聽抱怨者，將拯救他、扶持他，並審判他或以色列人的仇敵（詩六 8～10 [MT9～11]，十二 5～8 [MT6～9]，二十八 6～9，三十一 22～23 [MT23～24]，五十五 22～23 [MT23～24]，六十 8～10 [MT10～12]，八十五 8～13 [MT9～14]）。

哈巴谷最初是抱怨猶大中間橫行的邪惡、不公和強暴（一 2～4）。先知所提的，乃是長久以來的老問題：「邪惡爲何興盛？」神的回答和先知的期待截然不同：神審判猶大之邪惡的辦法，是興起迦勒底人，他們要侵犯猶大，帶來毀滅與死亡（一 5～11）。這個答覆毫無安慰可言！神的回答不是要解決先知的問題，而是將它提昇到更高的層次。神會審判惡人，可是祂的方法是用比猶大人更邪惡的一個器皿。而這些更邪惡的人還會更加昌盛。

這就引出先知的第二個埋怨（一 12～17）。神既是聖潔的，怎麼能容忍詭詐呢？祂怎能讓惡人吞滅比他們更公義的人呢（13 節）？他們難道會一直昌盛，滿載而歸，享受奢華（16、17 節）？先知好像守望者一樣，耐心等候，看神如何回答（二 1）。神告訴先知，要寫下他即將得到的啓示，到應驗的時候可以作爲見證（二 2～3）。神仍將審判不義的人。巴比倫的傲慢不會逃過祂的審判（二 4～5）。人間對與錯的看法，無法評估神在歷史中的作爲；真正的義人必須靠信心而活，相信神會成就祂的應許（二 4 下）。亞伯拉罕因信神而受到稱許（創十五 6），同樣，先知也必須不斷相信神。

神將來必定會審判迦勒底人，以下五個連續的禍害神諭肯定了這一點（二 6～20）。惡人不會永遠昌盛。全地將充滿認識神榮耀

的知識（14 節），<u>在祂面前肅敬靜默（20 節）</u>。<u>即使景況愈來愈</u><u>糟，神仍舊在掌管，祂必會自顯爲義</u>。

先知對這異象的回應，是一首讚美詩，這首得勝之歌描述戰士之神駕著戰車顯現出來。祂來的時候，天地都要戰慄（三 3～7）。神在翻騰的大水以上掌權，正如創世時一樣；祂帶著武器來審判列邦，正如對埃及人一樣（三 8～15）。哈巴谷從神過去的作爲得到把握與信心，並「安靜等候災難之日臨到，犯境之民上來」（三16）。

第三章的詩篇似乎是用古希伯來文的形式寫的。有人認爲，先知乃是刻意用古語，因他在複述神從前的作爲。另有人認爲，這篇詩或許是取材自一首上古史詩，如今已經不存在（Patterson 1987）。

神學信息

哈巴谷向猶大和耶路撒冷發言的時刻，是他們在歷史舞台上的最後時段。這個國家內部腐敗，而巴比倫人興起，即將導致聖殿與聖城的毀滅。可是面對這兩種惡，在先知看來，神似乎無動於衷，並不採取行動。

許多人將哈巴谷對罪惡勃興、義人受苦的埋怨，與約伯記相較。<u>先知和約伯一樣，都學到</u>：<u>儘管外在的一切天翻地覆，時局變</u><u>得艱難萬分，但是他必須仍然相信，仍然信賴神的應許，確信全地</u><u>的主不會作錯</u>（三 16～19）。<u>哈巴谷學會靠信心而活</u>（二 4）。<u>面</u><u>對災難，先知仍然可以歌頌他的救贖主</u>。

展望新約

在哈巴谷之後幾百年，邪惡與不公仍然猖狂，就像從前一樣。神的殿再度受到威脅——但這次神的殿乃是由基督來代表。百姓嘲笑基督，同樣問道：「神在那裏？」（太二十七 41～43）神並沒有

來救祂，從表面看來，邪惡似乎再度得勝。可是祂信靠神（太二十七 43；來十 38 上），而神則叫祂從死裏復活，顯明祂的義（羅一 4）。耶穌的復活等於神宣稱：祂並沒有遠離，邪惡也沒有得勝。

保羅繼續勸勉剛成立的教會，耶穌要跟隨祂的人過信心的生活。保羅引用哈巴谷書（二 4），證實義——從頭到尾，對亞伯拉罕、約伯、哈巴谷，和所有人都一樣——是藉信而來（羅一 17）。雖然我們活在罪惡的世代中（加一 4），「義人必因信得生」（加三 11）。信心是「所望之事的實底，未見之事的確據」（來十一 1）。古人在所有環境都顯示信心毫無回報時，仍然相信神，因而得著稱許（來十一 2～40）。我們也同樣蒙召，要過信心的生活，因為神必以戰士的身分前來，榮耀祂自己的聖名（啟十九 11～16）。

12/24/2003

備註：

1. 本書的日期最晚被定於亞歷山大或西流基時期，這種極端的看法，是將 *kasdim*（迦勒底人）修改為 *kittim*（希臘人）。Duhm 和 Happel 於二十世紀初提出這種修訂讀法，但是大半學者拒絕他們的結論。可是後來有人發現，昆蘭派人士對哈巴谷書的註釋居然作了同樣的改變；然而，對昆蘭派的成員而言，*kittim* 乃是指羅馬人的暗語。哈巴谷書在昆蘭聖經中存在的事實，就可證明日期不可能這麼晚。

西番雅書

　　西番雅書是惟一以詳盡的家譜介紹先知的書。他的祖先追溯到第四代，一位名叫希西家的人（一 1）。雖然這位希西家並不是那個有名的君王，但是記這樣冗長的家譜，必定有其原因。[1] 或許因為身為皇族的一員，他能進入宮廷，而看見猶太領袖的罪，於是他便發出譴責（一 8、11～13，三 3～4）。

　　標題語將西番雅的工作定在約西亞作王的時期，如此，西番雅便可能與哈巴谷和耶利米同屬一個時代。先知成長的期間，可能正逢瑪拿西與亞們作王，全國悖逆神，又遭亞述壓迫。

書目

註釋

Baker, D. W. *Nahum, Habakkuk, and Zephaniah*（TOTC; InterVarsity, 1988/中譯：貝克著，《丁道爾舊約聖經註釋：鴻、哈、番》，校園，1998）; Eaton, J. H. *Obadiah, Nahum, Habakkuk, and Zephaniah*(TBC; SCM, 1961); Elliger, K. *Das Buch der zwölf kleinen Propheten* (ATD 25; Göttingen: Vandenhoeck und Ruprecht, 1950); Keller, C. A. *Nahoum, Habacuc, Sophonie* (CAT 11b;Neuchâtel: Delachaux et Niestlé, 1971); Robertson, O. P.*The Books of Nahum, Habakkuk, and Zephaniah* (NICOT; Eerdmans, 1990); Rudolph, W. *Micha-Nahum-Habakuk-Zephanja* (KAT 13:3;Gütersloh: Mohn, 1975); Sabottka, L. *Zephanja* (Rome: Biblical Institute Press, 1972); Smith, R. L. *Micah-Malachi* (WBC 32; Word, 1984); Ungern-Sternberg, R. F. von, and H. Lamparter, *Der Tag des Gerichtes Gottes. Die Propheten Habakuk, Zephanja, Jona, Nahum* (Botschaft des Alten Testaments; Stuttgart: Calwer Verlag, 1960); Watts, J. D. W. *Joel, Obadiah,Jonah, Micah, Nahum, Habakkuk, Zephaniah* (CBC; Cambridge University Press, 1975).

專論與文章

Anderson, G. W. "The Idea of the Remnant in the Book of Zephaniah," *Annual of the Swedish Theological Institute* 11(1977/78): 11-14; **Ball,** I. J. "The Rhetorical Shape of Zephaniah," in *Perspectives on Language and Text*, ed. E. Conrad and E. Newing (Eisenbrauns, 1987); **Cazelles,** H. "Sophonie, Jérémie et les Scythes en Palestine," *RB* 74 (1964): 24-44; **Dillard,** R. "Remnant," *Baker Encyclopedia of the Bible* (Baker, 1988), 2:1833-36; **Gerleman,** G. *Zephanja: textkritisch und literarisch untersucht* (Lund: Gleerup, 1942); **House,** P. R. *Zephaniah:A Prophetic Drama* (Sheffield: Almond, 1988); **Hyatt,** J. P. "The Date and Background of Zephaniah," *JBL* 7 (1949): 25-29; **Kapelrud,** A. S. *The Message of the Prophet Zephaniah* (Oslo: Universitetsforlaget, 1975); **Langohr,** G. "Le livre de Sophonie et la critique d'authenticité," *EphTL* 52 (1976):1-27; **Renaud,** B. "Le livre de Sophonie: le jour e YHWH theme structurant de la synthese redactionnelle," *R Sci Rel* 60 (1986):1-33; **Rice,** T. T. *The Scythians* (London: Thames and Hudson, 1957); **Smith,** L. P. and E. R. **Lacheman.** "The Authorship of the Book of Zephaniah," *JNES* 9 (1950): 137-42; **Williams,** D. L. "The Date of Zephaniah," *JBL* 82 (1963): 77-88; **Yamauchi,** E. M. *Foes from the Northern Frontier* (Baker, 1982).

歷史背景

　　西番雅書的詮釋，與兩個問題密切相關，就是本書的歷史背景：(1)約西亞的改革與主前六二一年發現律法書有關，而西番雅的工作是在它之前，還是之後？(2)先知期待仇敵會立刻入侵，而究竟是哪一個國家？

西番雅工作的時間

　　律法書發現之後，改革活動便推展開來（王下二十二～二十三章），但是這卷書並沒有清楚提及這方面的事。此外，再加上書中講到民間宗教種種敗壞與膚淺的光景（一 4～6、8～9、12，三 1～3、 7），大多數註釋家便認為，西番雅工作的時間是主前六二一年之前。然而，「剩下的巴力」（一 4）一語，可能意指巴力教已經遭到壓抑，改革已經在進行。究竟約書亞的改變是否等到六二一年才開始，也並不清楚。列王紀描寫，改革是以同心圓的方式推展，首先為在聖殿找到律法書，接下來為整個耶路撒冷城，然後再向周圍各支派推動。另一方面，歷代志則按時間順序描述改革，所

以，列王紀中許多記在約西亞王十八年（主前 621 年；王下二十二
3／代下三十四 8）以後的事，其實是在他十二年（主前 627 年；代
下三十四 2～7）就開始了，那時約西亞正二十歲，不再是少年人。
我們也可能需要將君王的官方改革活動，和民間有錢人的濫權作一
區分，因此，本書所斥責的罪，不能用來判斷西番雅的工作是在約
西亞改革之前或之後。改革活動一定會影響民間宗教的表達方式，
但是若以爲它能除去商業和宗教上的一切錯誤，就太不實際了。分
析到最後，對西番雅工作的背景，我們無法絕對肯定。

誰是侵略者？

　　先知似乎期待，立刻會有外邦人入侵，毀滅耶路撒冷（一 4、
10～13，二 1，三 1～4）。至於先知預期的敵軍是誰，學者的看法
不一。

　　1. 許多學者（如 Smith, 123）主張，預期的仇敵是亞述。在主
前第七世紀，猶大多半時間是亞述的衛星國；亞述的入侵、人民的
遷徙，已經發生於北國，而對猶大一直是可能的威脅。然而，大約
在亞述班尼帕作王（主前 669-627 年）的中段時期，亞述帝國迅速
式微。到了六二七年，亞述已大權旁落，再也不構成猶大的威脅。
書中提到尼尼微（二 13～15）是神審判的對象，並不意味亞述仍是
猶大的威脅（參照 Kapelrud, 122）；相反地，先知似乎在回顧亞述
的大權如何已然消逝（二 15）。即使西番雅的工作可以定在約西亞
的改革之前，亞述似乎也不再是猶大最嚴重的威脅。

　　2. 西古提人是一種遊牧民族，住在俄羅斯南部的乾草原，主要
在黑海以北。希羅多德（一 105）寫說，西古提人在撒米提古一世
時（主前 664-610 年），曾大舉侵犯非利士的亞實基倫，並與埃及
人作戰。這次的入侵可能是在主前六三三至六一〇年之間（Yamau-
chi, 84）。長久以來，學者就辯論，西番雅書所提外邦人的攻擊，
以及耶利米書對來自北方之仇敵的預言（耶四～六，八～九章），
是否以這件事爲背景。許多人對於希羅多德報導的可靠性存疑，不
過考古學的證據愈來愈傾向眞有西古提人入侵一事（Yamauchi,

87-99）。然而，希羅多德所報導的西古提人入侵，顯然時間很短，或許只限於沿海的國際大道諸城（Via Maris），若是如此，對猶大就沒有什麼影響。在第六、第七世紀的遺址中，一些城市，如撒瑪利亞、拉吉和安曼，都發現了一種特殊的箭頭，與西古提人有關（Yamauchi, 87）。這些箭頭暗示，或是西古提人曾入侵該地，或是後來巴比倫入侵時，西古提的傭兵曾來過。雖然如此，我們仍要注意古代近東兵器的買賣與軍事技術的播散狀況；西古提人發明的技術，不一定只有他們會使用。

3. 西番雅所期待的毀滅，是在「主的日子」實現，會影響到周圍列國（二4～12），甚至亞述（二13～15）。他似乎期待耶路撒冷被毀滅，百姓被擄走，因此他瞻望餘民的存留與聚集（三10～20）。這種影響力龐大的毀滅，似乎不是西古提人的劫掠所能辦到的；倘若亞述也是目標之一，這個威脅就不可能來自亞述。剩下的惟一可能，就是西番雅在期待巴比倫。列王紀的作者報導，早在約西亞時代就有人預期巴比倫會入侵（王下二十二15～20）。然而，在約西亞王過世時（主前609年），巴比倫才剛剛興起，而直到卡實米施戰役（主前604年）之後，巴比倫才開始侵犯敘利亞—巴勒斯坦。除非我們接受先知有洞見或預見之能，否則就不會將本書的日期定在約西亞時期（一1），[2] 或者認為反映出巴比倫被擄與歸回的經文，乃是後人添加的。

文學分析

西番雅書的大綱可以分析如下：

標題語（一1）
一、責備猶大的神諭（一2～二3）
　　1. 普世的審判（一2～3）
　　2. 神的祭物（一4～9）
　　3. 耶路撒冷的審判（一10～13）

　　傳統批判學界一直要將先知原先、眞實的話，和後來的添加與旁註區分出來。每位學者所用衡量後代添加話語的尺度都不同，因此這種方式的結果並不一致。多半人認爲，三章 14～20 節拯救的神諭是後期的添加；還有人也刪除二章 7～9 節上、10～11 節、15 節，三章 1～4 節，以及其他段落或零碎字句。藍格爾（Langohr 1976）探討這種研究的歷史，並提供了最近的一個例子。分離出這些段落，視爲二手作品的主要理由爲：三章 4～20 節具被擄歸回的觀點、用詞和觀念，與以西結書和以賽亞書後半類似，末世的盼望與啓示文學相仿（Childs, 458）。蔡爾茲（461）認爲，這些二手的添加成分乃是正典形成過程之例，亦即，以色列人按照各人的歷史背景，代代重新解釋西番雅書。

　　另有些方法注意到本書的邏輯與思路的順序，因此強調西番雅書是一卷經過仔細架構的書。先知宣告了普世的審判（一 2～3，三 8），然後詳談它在猶大（一 4～二 3，三 1～7）和列國（二 4～15）實施的狀況；接下來是普世祝福的宣告，以及它對猶大和列國的影響（三 9～20）。包爾（Ball 1987）認爲本書是一個整體，以二章 1～7 節爲核心，作修辭式的擴展，他強調本書的眞確性。郝斯（House 1988）注意到第一人稱神的發言，與第三人稱先知的輪流發言；

他因此指認本書為先知式的戲劇，將它分為幾幕、幾場。雖然郝斯的分析並不令人信服，但是他將一種文學形式應用到這卷書上，顯示出其中不少饒有趣味的修辭特性。

許多人看出，西番雅書的結構和其他先知書類似。大體而言，以賽亞書、以西結書、七十士譯本的耶利米書和西番雅書，都 (1) 開始為一系列的神諭，論到與猶大當時的歷史情境有關的事，然後 (2) 轉到責備列邦的神諭，最後 (3) 以未來末世的祝福神諭作結束。

神學信息

全卷書充滿審判、恩典和憐憫的主題。審判大半是用耶和華的日子為意象；恩典則主要是以餘民和恢復為題材。

1. 耶和華的日子是先知書中經常出現的題目；西番雅似乎知道從前阿摩司（摩五 18～20，八 3～13）和以賽亞（賽二 6～22）用過類似的觀念。這個日子是神彰顯祂自己的榮耀，並審判、刑罰罪的時刻，或是在外邦當中（二 4～15），或是在以色列中間（一 14～二 3）。大地都融化：普世震動，回到原始的混亂（一 2～3、15～18，三 6～8）；宇宙返回原始無生命、無形狀的情況（一 3）。在擊敗邪惡的聖戰大日，雅巍如同戰士前來（一 14～16）。祂出現的記號是如火般的榮光顯現（三 8）。對西番雅而言，這個大日隨時可能出現在歷史中。不過，神在歷史中的干預，也是一種預表，顯示終有一日末後的審判要來，罪惡將永遠從地上除滅（一 3）。

2. 先知一方面預期神的怒火將臨，但另一方面，又興緻高昂地論到神對餘民的信實與憐憫（三 12～13）。聖經有許多卷都講到餘民這題目。一群人遭遇大難，消亡殆盡，是由於犯罪而受到嚴厲的刑罰；剩下的人成為人類或神子民能延續的核心，這些便是餘民（見 Dillard 1988）。神子民的未來，完全繫於這些煉淨、聖潔的餘民，他們重新承受了神的應許。先知聲稱，在耶和華的日子求存活是可能的（二 3）。西番雅所預期的神的怒火，將燒盡全國的不義，

只留下無罪的餘民（三 13）；這些餘民將從各國中收回，重返故土，再蒙神恩（二 7，三 19～20）。神揀選以色列的旨意，不會因為眼前將臨的審判而失效，至終將透過蒙揀選的餘民來實現。全能的神不會容忍狂妄之輩（一 12～13，二 10、15），但卻會保守卑微的人（三 12）。

3. 以色列的神是普世的神。祂不單掌管地中海東岸那條狹長的地帶，更掌管列國列邦，他們都要向祂的聖潔負責，也要為自己如何待祂的子民交帳（二 4～15）。祂創造了大地，祂的審判遍及各方（一 2～3）。這位掌管宇宙的神，對萬邦一直有意施恩（創十二 3，二十二 18）。祂召集列邦來聽審判（番三 8），也召集他們來得恩惠（9 節）；所有人都將呼求神的名。

展望新約

基督徒讀者會發現，西番雅書中有許多意象與題目，新約都用到了。西番雅預期神的審判會在歷史中隨時出現。巴比倫的征服與擄掠，是耶和華的日子在歷史上出現，但它不過是末後那大而可畏之日的預表，到時候天地都要震動。保羅常寫到主的日子，基督的日子（羅二 16；林前一 8；腓一 6、10，二 16；提後四 8），並展望神在歷史末了的顯現，證實祂的公義。約翰描寫，戰士之神將帶領天軍來執行審判（啟十九 11～16）。西番雅宣告，神將親自獻上可怕的祭（一 7），約翰在形容主的日子時，也用了同樣的意象（啟十九 17～18；參結三十九 18～20）。

西番雅和其他先知一樣，展望有一日萬邦都將認識以色列的神，並敬拜祂（三 9～10）。教會就是新以色列，由猶太人和外邦人所組成（加三 8～9、14、26～29），在她而言，這件事已成為事實。教會也同樣知道，並盼望：有朝一日，全世界都將承認，神才是真正的大君王（腓二 9～11）。　12/24/2003

備註：

1 Bentzen (*Introduction to the Old Testament* [Copenhagen: G. E. C. God, 1948-49], 2:153) 主張，既然聖經稱奴比亞北部爲古實，西番雅的父親古示可能是伊索比亞人，或奴比亞黑人神廟中的奴隸，因此，這個長家譜是爲了表明他在以色列中具合法地位。不過，單憑這個名字就作如此的推想，基礎太過薄弱。

2 Hytt (1949) 和 Williams (1963) 承認，西番雅書中預期的敵人是巴比倫，因此他們將本書定在約雅敬時期（主前 609-598 年）。

哈該書

除了本書的資料以外，我們對先知哈該所知極為有限。可以確定的是，他與撒迦利亞同時在耶路撒冷傳道；見「撒迦利亞書」那章中的時間表，第 532 頁。書中只稱他為「先知」，也沒有提到他的父親或祖先，可見當時的人都知道他是誰（拉五 1，六 14）。撒迦利亞書是俗稱小先知書中最長的一卷，也是最受注意的，相形之下，哈該書則是舊約最短的書卷之一。

哈該的名字取自希伯來文「筵席、節慶」一字，這個事實暗示，他或許出生在以色列的某個宗教節日時。這可以與拉丁文的非斯都（*Festus*）或希臘文的希拉蕊（*Hilary*）相比。哈該之名（創四十六 16；民二十六 15）與哈及（撒下三 4）類似；還有一個名字也相仿，即，沙比太〔Shabbethai，拉十 15，或許意為「生於安息日（sabbath）」〕。

根據耶柔米對哈該書的註釋，這位先知亦是祭司，就像與他同時的撒迦利亞一樣，不過這個傳說未經證實。七十士譯本和別西大譯本有一些詩篇，歸於他的名下。

書目

註釋

Amsler, S. *Agee, Zacharie, Malachie* (CAT llc; Paris: Delachaux et Nestlê, 1981); **Baldwin,** J. G. *Haggai, Zechariah, Malachi* (TOTC; London: Tyndale, 1972/中譯：包德雯著，《丁道爾舊約聖經註釋：該、亞、瑪》，校園，1998); **Jones,** D. R. *Haggai, Zechariah, and Malachi* (TBC; SCM, 1964); **Petersen,** D. *Haggai and Zechariah 1-8* (OTL; Westminster, 1984); **Rudolph,** W. *Haggai-Sachar-*

ja1-8/9-14-Maleachi (KAT 13/4; Gutersloh: G. Mohn, 1976); **Smith,** R. L. *Micah-Malachi* (WBC 32; Word, 1984); **Verhoef,** P. *The Books of Haggai and Malachi* (NICOT; Eerdmans, 1987).

專論與文章

Ackroyd, P. R. *Exile and Restoration* (OTL;Westminster, 1968); idem. "The Book of Haggai and Zechariah 1-8," *JJS* 3 (1952): 151-56; idem. "Studies in the Book of Haggai," *JJS* 3 (1952): 163-76; **Beuken,** W. *Haggai-Sacharja 1-8. Studien zur Überlieferungerungsgeschichte der frühnachexilischen Prophetie* (SSN 10; Assen: van Gorcum, 1967); **Chary,** T. "Le culte chez les prophetes Aggee et Zacharie," *Les prophetes et le culte a partir de l'exil* (Paris: Gabalda, 1955), 119-59; **Gelston,** A. "The Foundation of the Second Temple," *VT* 16 (1966): 232-35; **Hanson,** P. *The Dawn of Apocalyptic* (Fortress, 1975), 246-62; **Mason,** R. A. "The Purpose of the 'Editorial Framework' of the Book of Haggai," *VT* 27 (1977): 415-21; **North,** F. S. "Critical Analysis of the Book of Haggai," *ZAW* 68 (1956): 25-46; **Petersen,** D. "Zerubbabel and Jerusalem Temple Restoration," *CBQ* 36 (1974): 366-72; **Verhoef,** P. "Notes on the Dates in the Book of Haggai," *Text and Context,* ed. W. Classen (*JSOTS* 48; Sheffield; JSOT, 1988): 259-67; **Wessels,** W. J. "Haggai from a Historian's Point of View," *OTE* 1, 2 (1988): 47-61; **Wolf,** H. "The Desire of All Nations' in Haggai 2:7: Messianic or Not?" *JETS* 9 (1976): 97-102; **Wolff,** H. W. *Haggai* (BS 1; Neukirchen: Buchhandlung des Erziehungsvereins, 1951); **Wright,** J. S. *The Building of the Second Temple* (London: Tyndale, 1958).

歷史背景

請參考撒迦利亞書那章對歷史背景的討論。

當古列王下詔（主前 539 年；代下三十六 23；拉一 2～4），容許猶太人從巴比倫歸回時，或許我們以為，會有一大群人離開，就像當年出埃及一樣。經過被擄與強迫遷徙，還有誰不願意回歸「故鄉」呢？但是事實則不然。被擄的人已經聽從耶利米的意見，「蓋造房屋，住在其中，栽種田園，娶妻生子」（耶二十九 5～6），巴比倫興旺，他們也跟著昌盛（7 節）。耶路撒冷被毀已經過了快五十年。被擄去的那一代大多已經過世；對被擄時期出生的人，巴比倫就是家鄉。因此，大部分在巴比倫的人，並沒有加入回歸耶路撒冷的行列，而選擇留在被擄之後所建立的安定環境之中。

選擇回去的人約有五萬（拉二 64；尼七 66）。他們回到家鄉，立刻面對一些困難：(1) 土地十分荒涼，先人的房屋也殘破不堪。要做的事很多。(2) 猶太人中最貧賤的人留在當地（耶五十二

15～16），已經將被擄之人的居所據爲己有（結十一3、15）。回歸人士和留在本土之人，不斷產生權益方面的法律問題，需要和解。回歸的人和留下的人中間產生了張力，這種摩擦一個世紀之後仍然可以感受到（尼五6～8）。(3) 耶路撒冷和聖殿的重建，也遭到附近各族和當地波斯官員的反對（拉四1～5，五3～5）；在修復了聖殿前院的祭壇，並立下了聖殿的根基之後，就似乎再也沒有進展了（拉三2～10）。(4) 最初想要重建聖殿的努力，也受到曾見過舊日聖殿之人的批評，認爲大不如前（拉三12～13；該二3；亞四10）。

問題旣然這麼多，難怪回歸之人覺得，重建聖殿的事並不急迫，該全力以赴的乃是建造自己住的房子，恢復農業生產（該一3～11）。許多年就這樣過去，直到主前五二〇年，神興起了兩位先知，哈該和撒迦利亞，他們鼓勵百姓，優先順序要放正確，聖殿必須重建。百姓對他們信息積極回應，聖殿終於在五一六年建成（拉六15）。

在所有的先知書中，以西結書的預言日期最多，但這卷短短的哈該書，卻是有日期之材料中，「濃度」最大的一卷。本書的四則神諭，都註明了宣講的時間（該一1，二1、10、20；參一15）。所有信息都是在大利烏一世（主前522-486年）第二年的四個月中所傳。古列王死於主前五三〇年的一場戰役中；他的繼承人是甘比斯（主前530-522年）。甘比斯即位後，暗殺了他的兄弟巴迪亞，消除可能的對手，以鞏固自己的權利。甘比斯似乎自盡而死，大利烏原是皇家侍衛，他趁機奪權。當大利烏登上寶座時，波斯帝國的四境皆發生叛變。最大的叛變是由一位自稱巴迪亞的人率領；主前五二二年九月，大利烏擊敗這位假巴迪亞。至於他何時弭平其他的叛變，日期不詳。許多學者對哈該和撒迦利亞種種講論的解釋，都反映出大利烏登基之初，波斯境內的這段動盪時期（如該二6～7；亞一11～15，二7～9）。或許波斯帝國的不穩定，激起脫離外邦轄制、恢復大衛王室的盼望（該二20～23）。回歸的團體十分看重以賽亞所講論未來榮耀的盼望（如：四十9～10，四十一11～16，四

十三 1～7　四十四 1～5、21～23）；古列王乃是開啓新紀元之人
（賽四十四 28～四十五 1～4、13）。

除了本書所載四個月的公開事奉之外，我們對哈該的事一無所
知。有些人從二章 3 節推論，他本人是被尼布甲尼撒擄去的耶路撒
冷居民，若是如此，他在事奉的時候，已經是垂垂耆老。一旦重建
聖殿的工作開始，他的先知呼召便已完成，或許他不久就過世了。

文學架構與神學

哈該書由四則神諭構成，日期皆在大利烏王一世第二年（Hys-
taspes）。考古學找到天文觀測的記錄，可以將從前這些年代轉成我
們現今的日曆，準確度相當高。

先知書大半是先知講道與神諭的文集。而哈該書則爲直接傳講
的神諭，置於散文敍事的架構中（一 1、3、12、15，二 1、10、
20），因此這卷書似乎是在報導哈該的講論，以及對聽衆的影響
（Verhoef, 9）。由於架構是以第三人稱來提到哈該，許多學者認
爲，他並不是本書的作者，而是另外一位編輯將這位先知的話放入
故事的架構中。魯道夫（Rudolph）認爲，這位編輯是哈該的朋友或
門徒，他想加強哈該在重建聖殿事工上的影響力，與撒迦利亞一較
高下。阿克若德和包肯（Beuken）都主張，這位編輯比先知晚一、
兩個世紀，又受到歷代志作者的影響。不過，哈該書與歷代志的相
像之處，可能應當歸因於哈該書與撒迦利亞書已經存在，影響了歷
代志的作者，而不是相反的狀況。還有人認爲，哈該本人是作者，
他用第三人稱框架來敍述，是要強化這些記錄的客觀性與歷史眞實
性，或是凸顯出他的神諭眞正是神的話。

第一則神諭（一 1～11；主前 520 年，8 月 29 日），是一段簡
短的辯論與審判之言。傳講的時間是那個月的第一天（按古時的曆
法），很可能是群衆聚集來慶祝新月的時候（民二十八 11，十 10，
詩八十一 3 [MT4]；拉三 5）。衆民與領袖聚在聖殿廢墟，成爲先知
第一篇神諭最佳的場景。建殿的工作總能找到延遲的理由（一 2）。

但是回歸的人儘管全力追求自己的福祉，蓋房舍、種田產，卻遇到壞收成、通貨膨脹和乾旱；他們的努力似乎全都白費了。哈該強調，這些挫折都是因為他們忽略聖殿的緣故。請注意，神對這個國家的稱呼，表明了祂的不悅：祂稱他們為「這百姓」，而非「我的百姓」（一 2）。收成欠缺（申二十八 38～40）、糧食不足（48節）、乾旱（23～24 節）、勞而無獲（20 節），都是違約所受的咒詛。

以色列對於先知講道的回應，常常是漠不關心、嘲笑或仇視，但是這一次，百姓承認先知所言甚是，而且立刻熱切順服（一 12～15）。二十三天之後，工作就開始了（一 15；主前 520 年 9 月 21 日）。

哈該的第二則神諭（二 1～9；主前 520 年 10 月 17 日），是聖殿開始重修後不到一個月時傳的。七月是提實月（亦稱伊他敏月），是守住棚節的月分，從該月的十五日開始，連續七天（利二十三 33～43；民二十九 12～39；申十六 13～15；結四十五 24）。因此，這個月的二十一日應當是這個節慶的最後一天（Verhoef 1988, 263）。從「這殿」（二 3）一語看來，這則神諭也應當是在聖殿院中的群眾大會中所講的。在這個場合中，把現況與所羅門的聖殿（二 3）相較，十分恰當，因為那殿也是在住棚節的時候獻殿的（代下七 8～10；王上八 2）。如今工作人員已經努力了三個星期，可以看得出來，這第二座聖殿遠遠不如第一座。對從前聖殿有印象的人，應當都七十多歲了。先知向所有人傳出鼓勵的話，向他們肯定，這第二座聖殿的榮耀將超過先前的殿（二 6～9）。

哈該的第三、四則神諭（二 10～19、20～23）是同一天傳講的（主前 520 年 12 月 18 日），在重修的工作開始之後三個月時（一 15）。第三則神諭有兩部分：(1) 有關妥拉的問題(二 10～14；見亞七 1～3 的說明)，是以雅巍和先知的對話來表達，(2) 鼓勵的信息（二 15～19）。律法的定規為，聖潔並沒有傳染性——在聖殿工作並不能使人成聖——但是不潔或玷污卻有傳染性，而若百姓不聖潔，聖殿也會遭玷污。這個國家若要蒙神悅納，惟一的盼望是神施

恩惠。聖殿不能成爲護身符。或許在重修工作開始後的三個月中，百姓感到有一些失望，所以先知鼓勵他們，並保證神必定祝福。十二月是作物成長的季節，先知向百姓保證，雖然他們沒有照顧田園，而在聖殿工作，但收成不但不會減少，相反的，必定能夠大大豐收（參一 5～11）。

哈該的第四則神諭（二 20～23）是向所羅巴伯說的，他是猶大的省長，出於約雅斤的家室，爲大衛的後裔。在耶利米書中，神曾描述約雅斤爲祂手上帶印的戒指（耶二十二 24～25），這個戒指會被脫下來，扔掉。在哈該書中，神用了同一個意象，但是卻反過來，描述這位約雅斤的後裔爲神手上有效的戒印。雖然哈該、撒迦利亞和當代的人，或許期待很快便能脫離外邦的轄制，重建大衛的王位，但是所羅巴伯卻不是這位大衛家的王。他們仍需向前瞻望，直到末後的那日，神才會來震動天地（二 6～7、21）。

展望新約

在舊約時代，若神悅納一個聖所或祭壇，常會有火顯現，尤其是火柱與雲柱，拉比稱之爲「舍吉拿榮光」（出四十 34～38；士六 21；王上八 10～11，十八 38；代下二十一 26；代下五 13～14，七 1～3）。「榮光」一詞也可以指財富。回歸團體存著以賽亞的期待（賽六十六），盼望有朝一日萬國的財富都將流往耶路撒冷。哈該在二 3、7～9 用「榮光」一詞時，似乎運用了這種模稜兩可的含義（Wolf 1976）。波斯人雖然同意建造第二座聖殿，在其中進行聖禮（拉一 6～7，六 7～10，七 15～18），但與先知所描寫，外邦的財富將要傾入該城的狀況，還差了一大截。以西結曾描述神的榮光回到城中（結四十三 1～7），可是沒有任何記錄暗示，第二座聖殿上面曾出現過雲柱、火柱。因此，雖然猶大地的猶太人在波斯的治理下，可以享有某種程度的自治，但是外邦的權勢並未傾覆（二 22），猶太人仍繼續事奉了好幾個異族。

古列的詔書帶來了新的時期，聖殿得以重建，大衛王室的所羅

巴伯有了管理權。但這只是爲未來事件的一種預備。神可以看得見的同在，終將出現在第二座聖殿中，就是耶穌「住在我們中間，我們見到祂的榮光」（約一14），因爲祂乃是「神榮耀所發的光輝，是神本體的眞像」（來一3）。外邦的財富經由外邦的博士送來（太二1～12），在用活石蓋的新聖殿中，猶太人與外邦人再無區別（林前三16～17；彼前二4～10）。新的國度——不是世上的國，乃是超越世界、統治萬有的國——由另一位大衛的後裔帶來，祂現在正在掌權，將萬有服在祂的腳下。

這些事乃是邁向萬物結局的一步，到時候一切都將更新，神要與人同在，那座城的豐富無法形容，所有的眼淚都將擦乾（啓二十一）。

所羅巴伯蒙揀選，不單是因他出身大衛家；這件事也預表天地將經歷大震動（二6～7、21～22）。希伯來書的作者認爲，由於基督的來到，這個末世已經開始了（來十二26～29；參出十九18；太二十七51）。

12/26/2003

撒迦利亞書

撒迦利亞書是小先知書中最長的一卷，或許也是最困難的一卷。耶柔米稱它爲希伯來聖經中「最不清楚」的書，後人常引用他的看法，深表同感。由於本書難以明瞭，於是對其中各部分的日期和作者，以及其詮釋，未免衆說紛紜。但是這卷書對基督徒又很重要：撒迦利亞書九至十四章是受難故事中，引用最多的舊約經文（Lamarche, 8-9），而它對啓示錄作者的影響，僅次於以西結書。

撒迦利亞是一個常見的名字，聖經中有二十五位以上用這個名字。這位先知被指認爲易多的孫子比利家的兒子（一 1），或許另一種簡略的說法爲易多的孫子撒迦利亞（拉五 1，六 14；尼十二 16）。如果這個指認正確，撒迦利亞就是出自被擄歸回之人中祭司的家族；這一點可以說明他對聖殿事務的熟悉與興趣（如：一 16，三～四，六 9～15，八 9、20～23，十四 16～21）。

書目

註釋

Amsler, S. *Aggée, Zacharie, Malachie* (CAT11c; Paris: Delachaux et Niestlé, 1981); **Baldwin,** J.G. *Haggai, Zchariah, Malachi* (TOTC; Tyndale, 1972/中譯：包德雯著，《丁道爾舊約聖經註釋：該、亞、瑪》，校園，1998); **Gaide,** G. *Jérusalem, voici ton Roi. Commentaire de Zacharie* 9-14(Paris: L'editions Cerf, 1968); **Jones,** D. R. *Haggai, Zechariah, and Malachi* (TBC; SCM, 1964); **Lamarche,** P. *Zacharie ix-xiv: Structure, Litteraire, et Messianisme* (Paris: J. Gabalda, 1961); **Petersen,** D. *Haggai and Zechariah 1-8* (OTL; Westminster, 1984); **Petitjean,** A.*Les oracles du Proto-Zacharie* (Paris: J. Gabalda, 1969); **Rudolph,** W. *Haggai-Sacharja 1-8/9-14-Maleachi* (KAT 13/4; Gütersloh: G. Mohn, 1976); **Smith,** R. L. *Micah-Malachai* (WBC 32; Word, 1984).

專論與文章

Ackroyd, P.R. *Exile and Restoration* (OTL;Westminster, 1968); **Amsler**, S. "Zacharie et l'origine d'apoca-lyptique," *VTS*up 22(1972): 227-31; **Beuken**, W. *Haggai-Sacharja 1-8 Studien zur Überlieferungerungsgeschichte der frühnachexilischen Prophetie* (SSN 10; Assen: van Gorcum, 1967); **Bič**, M. *Das Buch Sacharja* (Berlin: Evangelische Verlagsanstalt, 1962); **Bruce**, F. F. "The Book of Zechariah and the Passion Narrative." *BJRL* 43 (1961):336-53; **Gese**, H. "Anfang und Ende der Apo-kalyptik, dargestellt am Sacharjabuch," *ZTK* 70 (1973); 20-49; **Halpern**, B. "The Ritual Background of Zechariah's Temple Song," *CBQ* 40 (1978); 167-90; **Hanson**, P. "In Defiance of Death: Zechariah's Symbolic Universe," *Love and Death in the Ancient Near East,* ed. J. Marks and R. Good(Guilford, Conn.: Four Quarters, 1987): 173-79; idem. *The Dawn of Apocalyptic* (Fortess, 1975); **Hill**, A. E. "Dating Second Zechariah: A Linguistic Reexamination," *HebAnnRev* 6(1982): 105-34; **Jeremias**, C. *Die Nachtgeschichte des Sacharja* (Göttingen: Vandenhoect und Ruprecht, 1977); **Johnson**, A. R. *Sacral Kingship in Ancient Israel*(Cardiff: University of Wales Press, 1955); **Kremer**, J. *Die Hirtenal-legorie im Buck Zacharias* (Munich: Aschendorff, c.1930); **Lipiński**, E. "Recherches sur le livre de Zacharie," *VT* 20 (1970):25-55; **Mason**, R. A. "The Relation of Zech. 9-14 to Proto-Zechariah," *ZAW*88 (1976): 227-39; **Petersen**, D. "Zechariah's Visions: a Theological Perspective," *VT*34 (1984): 195-206; **Portnoy**, S. and D. **Petersen**. "Biblical Texts and Statistical Analysis: Zechariah and Beyond," *JBL* 103 (1984): 11-21; **Radday**, Y. and D. **Wickmann**. "The Unity of Zechariah Examined in the Light of Statistical Linguistics," *ZAW*87 (1975): 30-55.

歷史背景

　　撒迦利亞書的背景，是從巴比倫回歸的第一代。他夜間的異象是在大利烏王第二年所見（主前 520/519 年）。雖然主前五三九年波斯王古列下詔，讓猶太人回歸耶路撒冷，重建聖殿，可是回來的人發現當地反對的勢力甚大（拉三 8～四 5、24，五 1～六 22），而他們內部也有人事和實際的困難（該一 5～11，二 15～19; 亞八 9～13）。建殿的工作一直耽擱，直到神興起了兩位先知，哈該和撒迦利亞，他們激勵百姓，致力於建殿的工作（拉五 1～2）。到了主前五一六年，建殿的工作終於完成。既然哈該與撒迦利亞的對象相同，歷史環境也一樣，他們的信息主題相仿，就不讓人意外（參該一 5～11，二 15～19 和亞八 9～13，及該二 20～23 和亞四 6～10）。

　　撒迦利亞中的首八章，主要是與回歸團體直接相關的事。夜間

的異象探討外邦人的報應（一7～21 [MT二4]，六1～8）、耶路撒冷的安全（二　1～12 [MT5～17]）、聖殿的建造與完工（四1～14），和應當已煉淨的回歸團體，卻仍然犯罪的問題（三1～10，五1～11）。猶太人被擄者的代表來到這城，要澄清紀念這座城被毀的幾個禁食的日子是否還需要守（七～八章）。這幾章反映出回歸初期當地的狀況。但是，最後六章似乎與當時的事無關，而是講到末世與啟示性的意象，關係到遙遠的未來。為這緣故，再加上其他原因，批判學者便一致認為，九至十四章是不同的作者於另一個時期所寫。

表十八
哈該書與撒迦利亞書日期對照表

經文	大利烏王年/月/日	日期（主前）	內容
該一 1	2/6/1	8月29日，520年	聖殿應當重建
該一 15	2/6/24	9月21日，520年	恢復建殿工作
該二 1	2/7/21	10月17日，520年	聖殿的榮耀
亞一 1	2/8/-	10月/11月，520年	撒迦利亞的權柄
該二 10、20	2/9/24	12月18日，520年	未來的祝福
			所羅巴伯是神的戒印
亞一 7	2/1124	2月15日，519年	第一個夜間異象
亞七 1	4/9/4	12月7日，518年	禁食的問題
拉六 15	6/12/3	3月12日，515年	聖殿完工

文學分析

批判學界一致同意，撒迦利亞書一至八章和九至十四章是兩個

時期、不同作者所寫；理由如下：(1) 如上文所提，這兩段所注重的時期不同；一至八章是關注與回歸團體密切相關的事件，而九至十四章則多半爲啓示性和末世性的意象。(2) 這兩段在文學形式上也不相同；一至八章主要是撒利亞夜間的異象，和答覆禁食問題的講論（七～八章）；而九至十四章則分爲兩大段（九～十一，十二～十四章），各爲一則「神諭」（*maśśā'*，九 1，十二 1；參瑪一 1）。(3) 有些字與文法結構只出現在某一部分，而另一部分卻完全沒有；這個證據常被用來支持作者的不同。拉玳和韋克曼（Wickmann，1975）重新評估了這個傳統論證，所用的統計方法比從前更爲複雜，因他們可以用電腦來計算資料。他們的發現爲：九至十一章和一至八章作者不同的論證，證據不足；而根據統計資料，十二至十四章很可能與十至十一章同出於一位作者。波特諾（Portnoy）和彼得森（1984）批判拉玳和韋克曼所用的統計方法，認爲他們的統計模式有錯誤，因此結論無效。波特諾和彼得森提出另一種統計模式，結果肯定了傳統批判學的一致看法，甚至不單一至八章與九至十四章的作者不同，連九至十一章與十二至十四章的作者也不同。

　　(4) 九至十四章的日期，從內證看來，與一至八章的回歸早期並不一樣。例如，迦薩的君王（九 5）、埃及和亞述爲仇敵（十 11）等說法，比較配合被擄以前的時期，這個日期似乎太早；至於希臘（九 13），一般人認爲這意味亞歷山大征服之後的時期，比第一至八章至少晚兩百年。(5) 十一章 4～17 節甚難理解，常被用來指馬喀比時代不同的階段。有人認爲好牧人是指歐尼亞斯三世（馬喀比二書四 1），被除滅的三個牧人（十一 8）則爲多比亞的兒子西門、利西馬庫斯、米尼勞斯。(6) 第一至八章，眞實的人物扮演重要的角色（撒迦利亞、約書亞、所羅巴伯，都參與在六 10～11，七 2），但九至十四章沒有提到任何人名。(7) 一至八章中，日期很重要；九至十四章卻未註明日期。(8) 一至八章中，大祭司約書亞和大衛的後裔所羅巴伯，是民衆的領袖；九至十四章卻用牧人的隱喻，所指的人並未說明。批判學界將撒迦利亞書九至十四章與一至八章區分出來，主要的理由大致如上，也有人略加變化。

　　以上的論證需要詳細的應對，但本書在此僅能作大體的回應。
上述 1、2、6、7、8 點的前提都相同，即觀察到本書前後兩半有差
異；他們感到這些差異夠多，也夠重要，能支持作者不同、歷史背
景不同的建議。可是或許也有其他的建議，足以說明這些差異。如
果現代有位作者將他的作品仔細分類，或按主題，或按文學形式，
我們會以為，這是一位頭腦清楚之人的作為，並不會感到這些作品
必然出於不同的作者。同樣，如果某位古代的作者，按文學形式
（異象、神諭）、主題（眼前的事、遙遠的事），或規範（如，註
明日期或不註明日期），將作品分類，從西方思想來看，這位作家
乃是有理性、有秩序的一個人。這些項目本身並不能構成多位作家
的理由，除非我們持一種不近情理的觀念，即，一位作家只能寫出
一種文學作品。

　　至於上述的第 3 點，我們必須提出幾項警示。(1) 在觀察語言所
用的文法時，我們應當有個概念，就是倘若主題改變了，句子的長
度、用字、文句結構等也會跟著改變。舉個最近的例子：巴克禮
（William F. Buckley）在寫社論的時候，所用的文字、句子長短和
文句結構，與他的小說差異甚大；但語言的資料並不能反映作者不
同，而是因寫作的風格、題材都不一樣。讀者也會發現，自己在高
中或大學時代，在學校寫的學術作品，和家書或靈修小品十分不
同。因此，以散文為主（一～八章）和以詩體為主（九～十四章）
的作品，有顯著的差異，實不足為奇。波特諾和彼得森（1984, 12）
注意到，撒迦利亞書的差異性不一定能代表作者不同的問題。(2) 本
書寫作的時期，以複雜的統計模式來評估作者的方式，在聖經學術
界還在起步階段。拉珓與韋克曼所用的方式，與波特諾和彼得森的
方式各說各話，顯示這個範疇在理論方法上還有不少困難；我們對
這類研究所得的結論，還沒有太大的信心；只能按其他論證推展出
假設之後，將它列為整體論據之一。(3) 若要使用統計方法，撒迦利
亞書的內容還嫌太少，結果不足採信（Portnoy and Petersen 1984,
12）。

　　我們對撒迦利亞所知甚少。根據合理的推論，在撒迦利亞書一

至八章的事件之後，他還活了一段日子；因此本書前後兩半可能相隔了一段不算短的時間。撒迦利亞書一至八章有幾處顯出啓示文學的特性，而九至十四章則頻率更高；一般常認為這是「高一層」的啓示文學，所以，是晚期所寫。然而，啓示文學的發展是否為簡單的直線式，還值得懷疑。倘若九至十四章出於先知的晚年，因為經過了相當長的時間，社會情境必定已發生了很大的變化，從一至八章的樂觀，轉變為渴望期待神直接的干預，就是下面幾章的特色。這種時間的間隔甚至並不必要，因為同一個人或同一個社會，也會有這兩種態度並存的可能。

至於以上的第 4 點，就是希臘（九 13）的提及，暗示寫作日期在亞歷山大的征服之後；其實這種假設並無必要。撒珥根二世和西拿基立的石刻，顯示希臘商人和傭兵，早在主前第八世紀就在近東活動了（參結二十七 13；珥三 6 [MT 四 6]）。至於上述第 5 點，意見相當分歧。克理莫（Kremer 1930, 83-87）舉出三十種以上辨認這三位牧人的方式（參 Harrison, 953）。

總結來說，整體的論據似乎可以導向撒迦利亞書九至十四章與一至八章為不同時期、不同作者所寫，但是卻不必一定下此結論。相反的，大部分偏向多位作者的論證，其實也可以說明本書這兩半的一體性。再說，本書的前後部分有一些相同的主題（Smith 1984, 242, 248; Childs 1979, 482-83）：(1) 耶路撒冷的重要性（一 12～16，二 1～13 [MT 二 5～17]，九 8～10，十二 1～13，十四 1～21）；(2) 社會的潔淨（三 1～9，五 1～11，十 9，十二 10，十三 1～2，十四 20～21）；(3) 外邦國家在神國度中的地位（二 11 [MT 二 15]，八 20～23，九 7、10，十四 16～19）；(4) 對從前先知的倚賴（一 4；七 4～10 用賽五十八；九 1～8 用摩一 9～10 五 27～62；十一 1～3 用耶二十五 34～38；十四 1～4 用結四十七 1～10）；(5) 田產恢復豐收（八 12，十四 8）；(6) 約的更新（八 8，十三 9）；(7) 被擄者的歸回（二 6 [MT 二 10]，八 7，十 9～10）；(8) 聖靈的澆灌（四 6，十二 10）；(9) 彌賽亞（三 8，四 6，九 9～10）。

　　上文曾提及，批判學者一致認爲，九至十四章與一至八章的作者不同。不過，除了這一點之外，他們中間的相同點甚少。關於本書後半的日期與背景，他們的建議五花八門，從主前第八世紀到馬喀比時期都有。有人主張，以法蓮爲獨立政體（九 10、13）、亞述與埃及爲敵人的情形（十 10，十四 19），暗示寫作日期在撒瑪利亞陷落之前。早在十七世紀，有位劍橋的學者米德（Joseph Mead）已經提出，旣然馬太福音二十七 9 似乎將撒迦利亞書十一 13 歸於耶利米，撒迦利亞書九至十一章就是耶利米所寫。

　　另有人建議，九章 13 節提到希臘，假定了統一的希臘帝國的成立，而九章 1～8 節乃是描寫希臘軍隊在亞歷山大的帶領下，進展神速。這段時期的戰爭與局勢的不安，成爲九至十四章的背景，也可以解釋彌賽亞盼望的興起。

　　還有些學者主張寫作日期爲馬喀比時期，他們認爲十一章 4～17 節、十三章 7～9 節的意象，以及十二章 10 節所提到的謀殺，刻劃出馬喀比諸領袖的命運。持這種看法的人也強調，本書下半較「前進」的啓示性，偏向主前第二世紀的背景。

　　除了本書第二部分的日期問題之外，學者也質疑它的合一性。有些學者認爲九至十一章與十二至十四章的背景不同。另有人認爲，九至十四章是許多不同來源拼湊而成。

　　還有人嘗試將本書後半，與古代以色列的宗教或被擄歸回時期的社會背景相連。強森（A. R. Johnson 1955, 58-59）將撒迦利亞書九至十四章與一種假定的以色列新年節慶相連。但是，古代以色列究竟是否有這種節慶，還成問題；它的存在，是基於四周文化和聖經經文幾處非直接的影射推測而來。韓森（P. Hanson 1975）主張，撒迦利亞書九至十四章是護教作品，由第二以賽亞學派的後人和失去權利的利未人所寫，他們反對被擄歸回早期的祭司化的勢力與統治。按韓森的說法，管理的祭司一黨人對現況感到滿意，主張保持現狀的神學。而利未人與先知（見異象者、得啓示者）想要推翻現況，堅持神會干預，改變現有的社會結構。但有人則認定，韓森將早期被擄歸回之人的神學極端化是錯誤的，扭曲了事實。

　　總而言之，一旦決定將撒迦利亞書九至十四章與前面幾章分割，本書後半的歷史與社會背景問題，就變成舊約研究最複雜的問題。

神學信息

　　首先讓我們看撒迦利亞書的大綱，然後再分別探討前後兩部分的內容。

一、 撒迦利亞對權柄的宣稱（一 1～6）
二、 夜間異象（一 7～六 8）
　　1. 將領和巡視的使臣（一 7～17）
　　2. 四個角與四位匠人（一 18～21 [MT 二 1～4]）
　　3. 持準繩的人（二 1～13 [MT 二 5～17]）
　　4. 穿污穢衣服的大祭司（三 1～10）
　　5. 金燈臺與橄欖樹（四 1～14）
　　6. 飛行書卷（五 1～4）
　　7. 量器中的婦人（五 5～11）
　　8. 四輛戰車（六 1～8）
三、 大祭司的冠冕（六 9～15）
四、 禁食的問題（七 1～八 23）
五、 兩則神諭（九～十一，十二～十四章），論到以色列的仇
　　　敵，以及錫安之王與牧人的來臨

撒迦利亞書一至八章

　　有幾卷先知書記載了先知蒙召的經過；他們就像當初的摩西一樣（出三章），在任命的異象中進到神的面前（賽六章；耶一章；結一～二章；參士六章；王上二十二章）。這些蒙召的故事成為先知權威的告白。雖然撒迦利亞書一開始並沒有蒙召的異象，但是這位先知顯然認為自己是承繼摩西的先知傳人，像他一樣能以權柄向

以色列人說話（一1～6）；這一段引介的經文代替了蒙召的故事。先知警告全國，要聽從他的話，因爲他的話和在他之前的先知一樣有效（一4～6）。回歸的團體應當反省過去，不要再像祖先一樣犯罪。

撒迦利亞的八個夜間異象，似乎是以鬆散的交錯架構排列。第一與第八個異象（一7～17，六1～8）都講到四組顏色不同的馬，且與外邦的命運相關。另外兩組異象的相似處較不明顯：第二、第三（一18～21 [MT 二1～4]，二1～12 [MT 二5～17]）和第六、第七（五1～4、5～11），都論到回歸團體所面對的障礙，一方面來自外邦諸國（第二、第三個異象），另一方面則是立約團體內部的罪（第六、第七個異象）。這兩組異象都講到神的審判（一21 [MT 二4]、五4）和被擄的事（二6 [MT 二10]，五10～11）。中間的一組（第四與第五；三1～10、四1～14）是在聖殿院內，與回歸團體的民間與宗教領袖相關（約書亞、所羅巴伯）；這兩個異象都提到神的七眼（三9，四10）。整體來看，這些異象構成了同心圓的模式，從外邦世界（一、八章），到對城市（二、三、六、七章）和對聖殿的關注（四、五章）。

第一個夜間異象（一7～17）講到末世尚未實現的問題：猶太人曾經體驗到主的日子，知道至聖之神的怒氣，但是外邦人卻似乎「安息平靜」（一11）。神的使者——在這裏是以神軍隊將領的角色出現——向神祈求，希望祂的怒氣平息，爲祂的子民伸冤。先知聽見肯定與安慰的話，說神沒有忘記祂的子民；這裏的話語和以賽亞書四十2類似，列國是神刑罰以色列的工具，但因他們過分驕傲放肆，神必要責罰。列邦將會嘗到主的日子，而錫安將再成爲祂施恩的對象。

第二個夜間異象（一18～21 [MT 二1～4]），在解釋上，主要的問題爲四個角與四個匠人代表什麼。大半解經家將四角與但以理書中的四截大像或四獸相連（但二，七章）；另有人認爲，「四」這個數字在此代表普世的反對，有點像「天的四風」之用法（二6 [MT 二10]，六5）。這個異象的細節或許不容易肯定，但是重點相

當清楚：不論反對神子民的勢力是什麼，都將被擊碎。

　　沒有牆的城毫無防守力；古代的征服者通常都會將城牆拆毀，使它無力抵禦。被擄歸回的人一定對自己人數稀少、缺乏防守力很擔心。在第三個夜間異象中（二 1～13 [MT5～17]），先知看見神如同火牆，圍繞著全城，而全城則繁榮無比。這個意象是整座城都在火焰之內，就是在舍吉拿榮光之中；神的同在不再限於聖殿中的至聖所，整個城都成為神的居所。這個主題在撒迦利亞書十四20～21 再度出現，啟示錄二十一 3、22～27 也加以使用。

　　聖經有幾處描寫，邪惡有如人形，能進到神的面前（伯一～二章；王上二十二 21～23）。在第四個夜間異象中（三 1～10），撒迦利亞看到審判的景象：神的使者坐著審判，有位起訴人（「撒但」意思就是「控訴者」）在控告大祭司，而他穿著污穢的衣服。對這個異象的場合問題，看法不一。這段經文有一些特色，似乎最配合贖罪日，因它所關注的景況，是大祭司站立在神面前；就以色列的宗教禮儀而言，最自然的情形，乃是大祭司在贖罪日進入至聖所。這段經文也注意到大祭司的衣服，這亦是贖罪日的重點之一（利十六 4）；除去全地的罪，也是那天禮儀的主要目的（三 9）。另有人建議，這乃是祭司任職的場合，或其他的禮儀。這個異象在好些方面對未來有所期待，而新約則將這些題目加以發揮，因此它甚至可以稱作「撒迦利亞的福音」。神潔淨大祭司，為他預備了義袍，不是他自己作的（三 4），神的舉動除去了控訴者所有的訴狀。幾個世紀之後，保羅說道：「神若幫助我們，誰能敵擋我們呢？……誰能控告神所揀選的人呢？有神稱他們為義了。」（羅八31～33）祭司的工作不能除去罪（來十 1～4、11～13），但神可以在一日之間除掉全地的罪（三 9）。在撒迦利亞的時代，祭司代表全國，神潔淨他，便是向回歸者肯定，他們那一代能夠建造神所悅納的聖殿。

　　在第五個夜間異象中（四 1～14），先知看見一座燈臺，是一個底座，邊緣有七盞燈圍繞，每一盞都有噴嘴，內有七個燈蕊，因此總共有四十九個火苗。這座燈的油來自橄欖樹，和其上成串的果

實。有管子將樹上的油連到燈上。祭司通常一天要清理聖殿的燈兩次，早上一次，晚上一次，剪去燒過的燈蕊，重新加油。然而，這座燈臺卻不需要人清理。這個異象的重點也很清楚：聖殿的工作是神的工作（四6），祂會負責到底（四9）。雖然有人對目前建所的聖殿感到失望（該二2～3；拉三12～13），但神喜悅這項工程（四10）。新國際版聖經對四章10節的翻譯不太清楚；這一節最好譯為：「誰敢輕視這日為小事之日呢？耶和華的眼目正遍察全地，見到所羅巴伯手拿線鉈就歡喜。」所羅巴伯和約書亞是神所使用，來完成這項使命的人（四12～14）。約翰後來將這異象略加修改，用在另一方面（啟十一4）。

第六、第七個夜間異象（五1～11），事實上是同一齣戲的兩幕。飛行書卷似乎是十誡的摘要：前四誡為得罪神的事，由指神的名起假誓作代表（五4；出二十7）；後六誡為得罪人的事，由偷竊作代表（五4；出二十15）。被擄一事意在煉淨以色列人，產生一批純潔的子民。然而，律法（書卷）卻在回歸團體中發現罪，這些罪仍將受到審判。接著，先知看到一個量器，裏面有一個人，代表罪。這個罪將再被帶到巴比倫（示拿，五11），回到審判之地。在第二、第三個異象中，回歸團體要做的事遭到外力的阻撓，可是在第六、第七個異象中，阻撓來自內部。

第八個夜間異象（六1～8），再度使用了第一個異象中（一7～17）各色馬匹的意象。其中的細節雖難解釋，但是重點很清楚：神將懲罰列邦，施加報復。

本書前半其餘的部分，不再是異象的形式，而是報導，或歷史記載。六章9～15節說，有些被擄人士回來拜訪耶路撒冷，代表仍在被擄之地的人為聖殿獻禮。所帶來的金子是要為大祭司作冠冕的。許多註釋家認為這是個難題：冠冕理當加在皇家人士頭上，如大衛的後裔所羅巴伯，他才是有資格作王的人。雖然有些聖經譯本將約書亞的名字換成所羅巴伯（六11），但所有古代經文都不支持這種改法。代表彌賽亞的「苗裔」（六12）一詞，固然屬於大衛家的人士（賽四2；耶二十三5，三十三15），撒迦利亞書三8卻已

經將它與約書亞相連。基督徒註釋家傳統的解釋為，這一段表明彌賽亞兼具祭司與君王的職分。

在被擄期間，要守四次禁食，紀念耶路撒冷被毀前後的事。現在被擄已成過去，聖殿已經完成，猶太人開始問，是否還需要守與聖城被毀相關的禁食。有個代表團來到耶路撒冷，問祭司如何定奪（七 1～3；參該二 11；瑪二 7）。撒迦利亞利用他們的問題，講了幾篇道，論到虛偽的禁食，和對律法的細節吹毛求疵，卻不從內心真正順服（七 4～八 23）。雖然在回歸的時期，以色列十分注重與外邦人隔離（拉九～十章；尼十三 23～30），撒迦利亞卻預見，有一日列邦都要與猶太人站在同樣的地位上，一起敬拜神（八 20～23，十四 16～21）。

撒迦利亞書九至十四章

近日有些學者強調撒迦利亞書九至十四章的合一性，且更進一步，指認它與前幾章是一個整體，或時間上大致相同（Bič 1962; Lamarche 1961; Jones 1964; Baldwin 1972）。拉瑪赫（Lamarche）主張，九至十四章整個是複雜的交錯結構，由一位作者所安排，其中重複的主題為：以色列和列國經由戰爭所得的拯救與審判（九 1～8，九 11～十 1，十 3 下～十一 3，十二 1～9，十四 1～15），主的日子是由彌賽亞王的顯現引進（九 9～10，十一 4～17，十二 10～十三 1，十三 7～9），以及偶像的敗落（十 2～3 上，十三 2～6）。

無論對本書前後半作者問題的看法如何，它目前的形式乃是一個整體的文學作品。詮釋者必須注意各部分的解釋如何互相影響。在以色列先知式的期待中，回歸實現了神對以色列的許多應許；回歸團體在神計畫中的地位，乃是第一至八章中最關注的事。回歸是新的出埃及，新的救贖——但仍不是最後的救贖。儘管從被擄之地歸回，有很重要的代表性，但是未來仍將有更完滿的救贖；這種完全的救贖，主要是第九至十四章所關注的事。從被擄之地歸回，實現了以色列先知式期待的許多項目（見以上「文學結構」），但回

歸只是一個開端，是神將實現最終救贖的初階。從被擄之地歸回，不過是個象徵，預嚐未來偉大救贖的滋味。

展望新約

　　讀這卷先知書的基督徒，一定會立刻注意到，未來完美救贖時代的開始，是一位彌賽亞君王的出現，祂的形像卻十分卑微；祂會將公義與救恩帶到耶路撒冷，但卻將騎在驢背上進城（九9；太二十一5）。祂是牧者君王，但卻是被擊打的牧者（十三7；太二十六31），被刺傷、遭背叛（十一12～13，十二10；太二十六15，二十七9～10；約十九34、37）。可是這位君王卻將制伏列邦（十二8～9），在人間建立祂的國度（十四3～9）。

12/27/2003

瑪拉基書

　　瑪拉基書是小先知書中的第十二卷，也是希伯來正典三部分中，第二部分（*Nebi'im*）的結尾。英譯本聖經是根據希臘文版本的傳統，以瑪拉基書作舊約聖經的結束。它列在第十二，可能因爲瑪拉基乃是最後一位事奉的先知。雖然這樣的安排並非刻意，但是本書以展望先知以利亞的來臨作爲舊約的結束，卻值得注意，因爲新約時期最初的發言人之一，就是施洗約翰，而耶穌指出他就是以利亞（太十一 15）。

書目

註釋

Achtemeier. E. *Nehum-Malachi* (*Interp.*: John Knox, 1986); **Baldwin.** J. G. *Haggai, Zechariah, Malachi* (TOTC; Inter Varsity, 1972/中譯：包德雯著，《丁道爾舊約聖經註釋：該、亞、瑪》，校園，1998); **Craigie,** P. C. *Twelve Prophets* (DSB; Westminster, 1985); **Isbell,** C. D. *Malachi*(Zondervan, 1980); **Kaiser,** W. C. *Malachi: God's Unchanging Love* (Baker, 1984); **Mitchell,** H. G., J. M. P. **Smith,** and J. A.**Bewer.** *Haggai, Zechariah,Malachi, and Jonah* (ICC; T. & T. Clark, 1912); **Ogden,** G. S. and R. R. **Deutsch** *Joel and Malachi: A Promise of Hope, a Call to Obedience* (ITC; Eerdmans, 1987); **Smith,** R. L. *Micah-Malachi* (WBC; Word, 1984); **Verhoef,** P. A. *The Books of Haggai and Malachi* (NICOT; Eerdman, 1987).

文章與專論

Allison, D. C., Jr. " 'Elijah Must Come First,' " *JBL* 103 (1984): 256-58; **Baldwin,** J. G. "Malachi 1:11 and the Worship of the Nations in the Old Testament," *TynBul* 23(1972):117-24; **Berquist,** J. L. "The Social Setting of Malachi," *BibThBul* 19(1989): 121-26; **Blomberg,** C. L. *Criswell Theological Review* 2 (1987): 99-117; **Clendenen,** E. R. "The Structure of Malachi: A Textlinguistic Study,"

Criswell Theological Review 2 (1987): 3-17; **Dumbrell,** W. J. "Malachi and the Ezra-Nehemiah Reforms," *RTR* 35 (1976):42-52; **Fischer.** J. A. "Notes on the Literary Form and Message of Malachi," *CBQ* 34 (1972): 315-20; **Fishbane,** M. "Form and Reformulation of the Biblical Priestly Blessing," *JAOS* 103(1983): 115-21; **Fitzmyer,** J. A. "More About Elijah Coming First," *JBL* 104 (1985): 295-96; **Glazier-McDonald,** B. *Malachi: The Divine Messenger* (SBLDS 98; Atlanta: Scholars, 1987); **Johnson,** D. E. "Fire in God's House: Imagery from Malachi 3 in Peter's Theology of Suffering (1 Pet. 4:12-19)," *JETS 29 (1986): 285-94;* **Klein,** G. L. "An Introduction to Malachi," *Criswell Theological Review 2 (1987): 19-37;* **McKenzie,** S. L. and H. N. **Wallace.** "Covenant Themes in Malachi," *CBQ* 45 (1983): 549-63; **Malchow,** B. V. "The Messenger of the Covenant in Malachi 3:1," *JBL* 103(1984): 252-55; **Meyers,** E. M. "Priestly Language in the Book of Malachi," *HAR* 10 (1986): 225-37; **Proctor,** J. "Fire in God's House: Influence of Malachi 3 in the NT," *JETS* 36 (1993): 9-14; **Torrey,** C. C. "The Prophecy of Malachi," *JBL* 17 (1898): 1-17.

歷史背景

作者

第 1 節只簡單地說：「一則神諭：耶和華藉瑪拉基傳給以色列的話。」本節的形式是先知式的標題語，但是其簡潔卻帶來問題。它不像其他的標題語，告訴我們先知的祖先或家鄉；他沒有被稱為「先知」，也沒有任何頭銜。大部分標題語都會提供這方面的資料，瑪拉基書卻只講了先知的名字，不過這並非無先例可循。

不過，有些學者主張，瑪拉基不是姓名，而是一個名詞，譯為「我的使者」，他應該就是三章 1 節提到的「使者」。[1] 但是，那位使者是將來才會出現的（見 Childs *IOTS*, 493），不應當與作者混為一談。

為要明白主張瑪拉基書為匿名作品之人的想法，我們需要回頭看一下撒迦利亞書。在夜間異象之後，是兩段信息，起頭都是「神諭」（*maśśā'*；參九 1 和十二 1）。這兩段的內容都是預測未來，距離先知撒迦利亞的歷史時期相當遙遠，因此不願意承認預言具預測性質的學者就主張，這些段落乃是匿名的預言，附加在這卷書的後面。瑪拉基書也是用「神諭」（*maśśā'*）一詞作開頭，但是它被分開，當作第十二卷小先知書，只因為十二這個數目很合適作完結

之用，使這部文集顯得完整。

對肯定超自然的啓示和預言具預測性的人而言，這個論點毫無說服力（如，Baldwin, 221）。

這個標題語最自然的讀法，就是視瑪拉基爲先知的名字，而其中沒有提到地名或任何資料。[2] 他的名字或許包含了神名字的簡稱（與王下十八 2 的亞比類似；參代下二十九 1 的亞比雅），因此「雅是我的使者」，很可能眞正的意思是「我的（雅巍的）使者」。

日期與歷史背景

絶大多數學者都同意葛拉齊麥當諾（Glazier-McDonald 1987, 14）的看法，即，瑪拉基是「波斯時期的人」。此證據十分充分。聖殿已經重建，[3] 可是失望的情緒業已浮現。此外，一章 8 節所用的「省長」（peḥâ）一字，是波斯時期特有的名詞。

雖然我們有把握本書出於波斯時期，但卻不容易作更精確的推斷。不過，既然對聖殿的失望已經產生，或許聖殿已經完工了幾十年。而由於本書沒有提到以斯拉和尼希米，一般都假定，瑪拉基在他們之前。所以大部分學者的結論爲：本書寫於主前四七五至四五〇年之間。

這段時期以色列的日子十分灰暗。回歸（主前五三九年古列下詔）時期之初，充滿了樂觀的氣氛。他們能重新回到巴勒斯坦；重建工作也開始進行。而城中代表神同在的聖殿也已經修復。

然而，猶大仍是波斯境內微不足道的一個省分。神似乎並沒有讓祂的子民格外成功。所以失望之情瀰漫，而道德隨之墮落。華德・凱瑟指出，瑪拉基所面對的許多問題，與尼希米處理的倫理問題相仿。他列出五點（Kaiser 1984, 16）：

1. 與外族通婚（瑪二 11〜15；參尼十三 23〜27）
2. 不守十一奉獻（瑪三 8〜10；參尼十三 10〜14）
3. 不守安息日（瑪二 8〜9，四 4；參尼十三 15〜22）
4. 祭司腐敗（瑪一 6〜二 9；參尼十三 7〜9）

5. 社會問題（瑪三 5; 參尼五 1～13）

文學分析

文體與結構

標題語（一 1）是一個標籤，指出了本書的文體爲預言（「神諭」和「耶和華的話」）。全書的內容也支持這種風格，因爲作者痛斥宗教與社會的罪惡，並預測有朝一日審判將臨到，而忠心的人將蒙救贖。

再仔細閱讀，便可發現瑪拉基書的預言有其獨到之處。許多學者（Clendenen 是少數的例外）認爲，本書的中心爲一連串的辯論，神透過先知陳明祂的本性，向偏離路途的百姓發出挑戰，並宣佈祂的審判。

在標題語之後，瑪拉基和百姓辯論了六個回合。

1. 第一回合（一 2～5）設定了辯論的模式。一開始，神向百姓陳明一項關乎祂本性的眞理：「我愛你們。」百姓卻反過來質詢神：「祢怎樣愛我們？」神對這句挑釁的回覆，是描述以掃的後代以東人的毀滅。以東是以色列人的世仇（見「俄巴底亞書」），他們遭毀滅，是以色列最開心的事，這便是神愛以色列的明證。

另外還有五回合較長的辯論，模式大致相同：

2. 有關祭司藐視神的辯論（一 6～二 9）
   1) 前言：神是父親與主人，配得尊榮。
   2) 問題：「我們怎樣污蔑祢？」
   3) 回答：「你們將污穢的食物放在我的壇上。」
3. 有關以色列人毀約的辯論（二 10～16）
   1) 前言：神是父親與造物主。
   2) 問題：「我們破壞了什麼互信關係，而污損了列祖的約？」

　　　　3) 回答：你們離棄「幼年所娶的妻」。

　　4. 有關神公義的辯論（二 17～三 5）

　　　　1) 前言：神對祂子民的話語感到厭煩。

　　　　2) 問題：「我們怎樣令祂厭煩？」

　　　　3) 回答：你們指控當榮耀的神，又忽略罪惡。

　　5. 有關悔改的辯論（三 6～12）

　　　　1) 前言：神不會改變，但你們必須改變。

　　　　2) 問題：「要我們怎樣回頭？」

　　　　3) 回答：不要奪取神的十分之一

　　6. 有關頂撞神的辯論（三 13～四 3 [MT 三 13～21]）

　　　　1) 前言：神控訴百姓，說他們頂撞祂。

　　　　2) 問題：「我們說了什麼頂撞的話？」

　　　　3) 回答：你們說「事奉神是徒然的。」

　　這樣分析之後，還剩下三節，形成兩重附記。(1) 四 4 [MT 三 23] 是呼召人記念神；(2) 四 5～6 [三 24～25] 宣告，在主的日子未到之前，先知以利亞將會先來。而瑪拉基書，這最後一卷書按照希臘文和英文的傳統，便以這個信息作為結束。

　　大體而言，本書的合一性無人爭議；只有一處例外：所謂的附記。司密斯（R. L. Smith 1984, 340-41）主張，這幾節與前文並沒有什麼關聯，而內容則在兩方面顯為不同。第一，這位使者和三章 1 節的使者名字不同，功用也不同。第二，在附記和前文中，主的日子所用的名稱不同。

　　但是，詳細研究的結果，發現這都是很容易就可以協調的。在這兩方面，附記只是將前面概略介紹的觀念，作更詳盡的描寫而已（Clendenen 1987, 17 n.26）。對於瑪拉基書的合一性，並沒有重大的問題值得質疑。

體裁

　　在體裁方面，瑪拉基書最富創意、讓人激賞的，就是辯論的形式（見上文的討論）。

　　至於瑪拉基書究竟是散文作品，還是詩體，則有人爭辯（請比較 W. Kaiser 和 B. Glazier-MacDonald 的書）。最通用的希伯來聖經（BHS）視它為詩的形式，而最通用的英文聖經（NIV）則視它為散文。這種討論顯示，在希伯來聖經中詩體的判斷何等困難，而這兩種方式之間的交流又何等密切（見「導論」：文學分析，25～35頁）。

　　在很早的時候就有人認為，瑪拉基書是希伯來文學作品在舊約時代末期退化的代表（De Wette, Duhm, Torrey 的書中引用，1898, 14-15）。這種看法並不公平。瑪拉基書的形式極富創意，信息清晰易明，論點亦具說服力。

神學信息

　　瑪拉基對以色列人的信息，是以聖約為中心。其中特別提到三個約：利未之約（二8）[4]、列祖之約，和婚姻之約（二10～16）。瑪拉基向以色列宣告，神向著他們的愛是建立在約之上（一2～5），祂的審判是基於他們違背了立約的關係。提到利未之約，是要指出祭司沒有在神面前負起當盡的責任。費須班（Fishbane 1983）的看法很有見地，他說，有關祭司的辯論（一6～二9）用了民數記六22～27的祭司祝福之語，但卻是為要咒詛祭司的罪。究竟列祖之約是指與先祖立的約，還是西乃之約，不容易判斷，可是這個約成為有力的控訴，指責百姓破壞了與神所立的約。瑪拉基引用婚姻之約，因為顯然有以色列人離棄本族的妻子，而娶拜偶像的外族人為妻。這個行動也顯明，在瑪拉基事奉的時期，以色列人的心態如何。

　　因此，瑪拉基向百姓說，神固然仍舊顯出祂愛以色列的證據（一2～5），但是祂卻懷疑以色列是否愛祂。從前的被擄已經證實，違約的結果會導致審判和被擄，因此瑪拉基用上述辯論的方式警告以色列人。正如費雪（Fischer）所指出，這六回合的辯論，每一次都有所教導，講到神基本、正面的特性。他分析了所有辯論的

前言，對神和百姓的關係，得出以下幾個要點：

1. 神愛祂的子民（一2）
2. 神是以色列的父親與主人（一6）
3. 神是以色列的父親與創造者（二10）
4. 神是公義的神（二17）
5. 神不會改變（三6）
6. 神是誠實的（三13）

　　瑪拉基不單要以色列為過去的罪悔改，也為他們的未來帶出充滿盼望的異象。正如前文所述，瑪拉基是在失望情緒瀰漫的時代中事奉。從前的先知指出，回歸的以色列將經歷榮耀與能力（以賽亞書四十章以後的部分，對回歸之人的影響，見 Klein 1987, 29-30）。但是經過了相當長的時間，他們仍在外邦的統治之下。

　　所以，瑪拉基不單注意其他方面，也刻意要重燃盼望之火，指出將來必有更榮耀的事會發生。必有一日臨到，那日神將干預人間之事，使順服神律法與判斷之人，勝過那些不這樣行的人（三1～5，四1～6）。

展望新約

　　馬可福音的開頭，是將瑪拉基書三1與以賽亞書四十3放在一起：

> 我要差遣我的使者在祢前面，
> 　預備祢的道路——
> 在曠野有人聲喊著說：
> 　「預備主的道，
> 　修直祂的路。」（可一2）

　　在所謂瑪拉基書的附記中，又說明這位使者乃是以利亞。以利亞會在主得勝與審判之日以先來到。在新約中，預備道路的使者是施洗約翰，他帶來嚴厲的信息，正如瑪拉基書三 1～5 所言。他在耶穌之前，引進了祂在地上的事工；耶穌親自指認約翰為以利亞，他先鋒式的工作，瑪拉基書早已預期了（太十一 7～15，亦見路七 18～35）。布隆保（Blomberg，詳盡的討論見 1987, 104）注意到這裏有明顯的基督論，因為耶穌清楚指出，自己就是瑪拉基書中要來的主。總之，瑪拉基書末世的盼望，已經實現在福音書的篇章之中。

12/27/2003

備註：

1　Torrey (1898, 1)甚至認為，他可以「肯定」這個觀點。

2　有一些早期的證據，的確認為瑪拉基具其他含義，而非人名。七十士譯本將它譯為「祂的使者」，顯然將最後的字母 *yad* 誤認為 *waw*。然而，在七十士譯本的傳統中，本書的書名也是「瑪拉基」，意指名字。Klein (1987, 22) 說：「七十士譯本的見證並不像有些人所以為的，絕對贊同匿名的看法。」

3　聖殿重建完工於主前 516/515 年。

4　這個約的起源，在辨認方面略有困難，見 McKenzie 和 Wallace；不過在瑪拉基書的上下文中，清楚顯明這個約是指祭司的特權與責任。

人名索引

—————— C ——————

D

E

F

G

N

O

P

—————— U ——————

—————— T ——————

—————— V ——————

— Y —

— Z —